Recht des Angeklagten auf Vertretung

Internationales und Europäisches Strafverfahrensrecht

Herausgegeben von Hans-Heiner Kühne und Robert Esser

Band 13

PL ACADEMIC RESEARCH

Jennifer Pöschl

# Recht des Angeklagten auf Vertretung

## Menschenrechtliche Standards und ihre Auswirkungen auf den deutschen Strafprozess

PL ACADEMIC RESEARCH

**Bibliografische Information der Deutschen Nationalbibliothek**
Die Deutsche Nationalbibliothek verzeichnet diese Publikation in der Deutschen Nationalbibliografie; detaillierte bibliografische Daten sind im Internet über http://dnb.d-nb.de abrufbar.

Zugl.: Passau, Univ., Diss., 2015

D 739
ISSN 1611-275X
ISBN 978-3-631-66509-1 (Print)
E-ISBN 978-3-653-05779-9 (E-Book)
DOI 10.3726/978-3-653-05779-9


PL Academic Research ist ein Imprint der Peter Lang GmbH.

Peter Lang – Frankfurt am Main · Bern · Bruxelles · New York · Oxford · Warszawa · Wien



Diese Publikation wurde begutachtet.

www.peterlang.com

# Vorwort

Die vorliegende Arbeit wurde im Wintersemester 2014/2015 von der Juristischen Fakultät der Universität Passau als Dissertation angenommen. Das Manuskript wurde Anfang Dezember 2014 fertig gestellt.

Ich danke vor allem meinem Doktorvater, Herrn Professor *Dr. Robert Esser* für die großartige Betreuung meiner Promotion. Er regte die Untersuchung dieses Themas an und begleitete sie konstuktiv in zahlreichen Fachgesprächen. Zudem danke ich ihm für die zügige Erstellung des Erstgutachtens. Besonderer Dank gebührt auch Herrn *Dr. Martin Asholt* für die rasche Erstellung des Zweitgutachtens. Herrn *Prof. Dr. Jochen Bung* möchte ich für seine Mitwirkung an der Disputatio danken.

Von all denen, die mich im privaten Bereich unterstützt haben, gilt mein herzlichster Dank meinem Onkel *Ludwig Pöschl*, der mir auf meinem Werdegang stets beistand und mich gefördert hat.

Ich widme diese Arbeit meinen Eltern, *Luitgard* und *Anton Pöschl*, die immer an mich geglaubt haben und ohne deren Unterstützung weder das Studium der Rechtswissenschaften noch diese Arbeit möglich gewesen wären.

München, Mai 2015 *Jennifer Pöschl*

# Inhalt

# Abkürzungsverzeichnis

| | |
|---|---|
| A | Österreich |
| a.A. | andere Ansicht |
| abl. | ablehnend |
| ABl. EU. | Amtsblatt der Europäischen Union |
| Abs. | Absatz |
| Absch. | Abschnitt |
| a.F. | alte Fassung |
| AK | Anwaltskommentar |
| ALB | Albanien |
| Alt. | Alternative |
| AltKomm | Alternativkommentar |
| a.M. | am Main |
| AnwK | AnwaltKommentar |
| Art. | Artikel |
| ASE | Aserbaidschan |
| AVR | Archiv des Völkerrechts |
| ÄndA | Änderungsantrag |
| B | Belgien |
| BayObLG | Bayerisches Oberstes Landesgericht |
| Bd. | Band |
| BeckOK | Beck'scher Online-Kommentar |
| BeckRS | Beck-Rechtsprechung |
| ber. | berichtigt |
| Beschl. | Beschluss |
| BGBl. | Bundesgesetzblatt |
| BGH | Bundesgerichtshof |
| BGHSt | Entscheidungen des Bundesgerichtshof in Strafsachen |
| BGHZ | Entscheidungen des Bundesgerichtshofs in Zivilsachen |
| BR | Bundesrepublik |
| BR-Drs. | Bundesratsdrucksache |
| BT-Drs. | Bundestagsdrucksache |
| BUL | Bulgarien |
| BVerfG | Bundesverfassungsgericht |
| BVerfGE | Entscheidungen des Bundesverfassungsgerichts |
| BVerwG | Bundesverwaltungsgericht |
| BVerwGE | Entscheidungen des Bundesverwaltungsgerichts |
| bzgl. | bezüglich |
| bzw. | beziehungsweise |
| ca. | circa |
| CH | Schweiz |

| | |
|---|---|
| CCPR | Convenant on Civil and Political Rights |
| CS | Tschechische Republik |
| D | Deutschland |
| DAR | Deutsches Autorecht |
| ders. | derselbe |
| d.h. | das heißt |
| DÖV | Die Öffentliche Verwaltung |
| DRiZ | Deutsche Richterzeitung |
| E | Entscheidung |
| ECCC | Extraordinary Chambers in the Courts of Cambodia |
| ECHR | Reports of Judgements and Decisions |
| EG | Europäische Gemeinschaft |
| EGMR | Europäischer Gerichtshof für Menschenrecht |
| EGStGB | Einführungsgesetz zum Strafgesetzbuch |
| Einl | Einleitung |
| EKMR | Europäische Kommission für Menschenrechte |
| EMRK | Europäische Menschenrechtskonvention |
| ErwG | Erwägungsgrund |
| EST | Estland |
| EUC | Europäische Charta der Grundrechte |
| EuGH | Europäischer Gerichtshof |
| EuGRZ | Europäische GRUNDRECHTE-Zeitschrift |
| EuGVÜ | Europäisches Gerichtsstands- und Vollstreckungsübereinkommen |
| EuR | Europarecht |
| EUV | Vertrag über die Europäische Union |
| EuZW | Europäische Zeitschrift für Wirtschaftsrecht |
| F | Frankreich |
| f. | folgende(r) |
| FD-StrafR | Fachdienst Strafrecht |
| ff. | fortfolgende |
| FIN | Finnland |
| Fn. | Fußnote |
| FS | Festschrift |
| GA | Goldhammer's Archiv für Strafrecht |
| GedS | Gedächtnisschrift |
| GG | Grundgesetz |
| GK | Große Kammer |
| GR | Griechenland |
| GrS | Großer Senat |
| H | Ungarn |
| Halbbd. | Halbband |
| HChE | Herrenchiemseer Entwurf |
| Hdb. | Handbuch |
| HdK | Handkommentar |

| | |
|---|---|
| HGR | Handbuch der Grundrechte |
| HK | Heidelberger Kommentar |
| h.M. | herrschende Meinung |
| Hrsg. | Herausgeber |
| HStR | Handbuch des Staatsrechts |
| I | Italien |
| i.d.S. | in diesem Sinne |
| i.H.v. | in Höhe von |
| IMT | Internationaler Militärgerichtshof |
| insb. | insbesondere |
| IPBPR | Internationaler Pakt über bürgerliche und politische Rechte |
| IRL | Irland |
| i.S.d. | im Sinne des/der |
| i.S.e. | im Sinne eine/s/r |
| IStGH | Internationaler Strafgerichtshof |
| i.S.v. | im Sinne von |
| i.V.m. | in Verbindung mit |
| JA | Juristische Arbeitsblätter |
| JGG | Jugendgerichtsgesetz |
| JGGÄndG | Gesetz zur Änderung des Jugendgerichtsgesetzes und anderer Gesetze |
| JIStGH | Internationaler Strafgerichtshof (Jugoslawien) |
| JöR | Jahrbuch des öffentlichen Rechts |
| JR | Juristische Rundschau |
| jurisPR-StR | juris Praxisreport Strafrecht |
| JuS | Juristische Schulung |
| JZ | JuristenZeitung |
| KG | Kammergericht |
| KK | Karlsruher Kommentar |
| KMR | Kleinknecht, Müller, Reitberger |
| KRO | Kroatien |
| LET | Lettland |
| LG | Landgericht |
| lit. | „littera" (=Buchstabe) |
| LR | Löwe-Rosenberg |
| m. Anm. | mit Anmerkung |
| MR | Ministerrat |
| MüKo | Münchener Kommentar |
| m.w.N. | mit weiteren Nachweisen |
| NJOZ | Neue Juristische Online Zeitschrift |
| NJW | Neue Juristische Wochenschrift |
| NJW-RR | Neue Juristische Wochenschrift Rechtsprechungs-Report |
| NL | Niederlande |
| Nr. | Nummer |

| | |
|---|---|
| NStZ | Neue Zeitschrift für Strafrecht |
| NStZ-RR | Rechtsprechungs-Report Strafrecht |
| NV | Neue Richtervereinigung |
| NVwZ | Neue Zeitschrift für Verwaltungsrecht |
| OLG | Oberlandesgericht |
| OWi | Ordnungswidrigkeit |
| OWiG | Ordnungswidrigkeitengesetz |
| ÖJZ | Österreichische Juristen-Zeitung |
| P | Portugal |
| PL | Polen |
| R | Russland |
| RB | Rahmenbeschluss |
| RefE | Referentenentwurf |
| RGBl. | Reichsgesetzblatt |
| RGSt | Entscheidungen des Reichsgerichts in Strafsachen |
| RiL | Richtlinie |
| RiStBV | Richtlinien für das Strafverfahren und das Bußgeldverfahren |
| RIStGH | Internationaler Strafgerichtshof (Ruanda) |
| Rn. | Randnummer |
| Rs. | Rechtssache |
| RStPO | Reichsstrafprozessordnung |
| S | Schweden |
| S. | Satz |
| S. | Seite |
| SK | Systematischer Kommentar |
| Slg. | Sammlung |
| SLO | Slowakische Republik |
| sog. | sogenannte(r) |
| SSW | Satzger, Schluckebier, Widmaier |
| StGB | Strafgesetzbuch |
| STL | Spezialgerichtshof (Libanon) |
| StPO | Strafprozessordnung |
| StraFo | Strafverteidigerforum |
| StrÄndG | Strafrechtsänderungsgesetz |
| StRR | StrafRechtsReport |
| StV | Strafverteidiger |
| StVRG | Erstes Gesetz zur Reform des Strafverfahrensrechts |
| SVR | Straßenverkehrsrecht |
| SWE | Schweden |
| TRK | Türkei |
| u. | und |
| u. a. | unter anderem |
| UAbs. | Unterabsatz |
| UK | Großbritannien |

| | |
|---|---|
| UKR | Ukraine |
| UN | United Nations |
| Urt. | Urteil |
| v. | vom |
| VerfO | Verfahrensordnung |
| vgl. | vergleiche |
| VO | Verordnung |
| Vol. | Volume |
| Vorb. | Vorbemerkung |
| VRR | VerkehrsRechtsReport |
| VRS | Verkehrsrechts-Sammlung |
| WÜK | Wiener Übereinkommen über konsularische Beziehungen |
| WVK | Wiener Übereinkommen über das Recht der Verträge |
| ZAP | Zeitschrift für die Anwaltspraxis |
| ZaöRV | Zeitschrift für ausländisches öffentliches Recht und Völkerrecht |
| ZfJ | Zentralblatt für Jugendrecht und Jugendwohlfahrt |
| zfs | Zeitschrift für Schadensrecht |
| Ziff. | Ziffer |
| ZIS | Zeitschrift für internationale Strafrechtsdogmatik |
| ZJJ | Zeitschrift für Jugendkriminalrecht und Jugendhilfe |
| ZJS | Zeitschrift für das Juristische Studium |
| ZP | Zusatzprotokoll |
| ZPO | Zivilprozessordnung |
| ZRP | Zeitschrift für Rechtspolitik |
| ZStrR | Schweizerische Zeitschrift für Strafrecht |
| ZStW | Zeitschrift für die gesamte Strafrechtswissenschaft |
| ZYP | Zypern |

# 1. Kapitel: Einführung

„In den ersten Jahrzehnten ihrer Geltung hat die EMRK in einem fast ungestörten Dornröschenschlaf verbracht. (...) Inzwischen ist die Zeit des Tiefschlafs jedoch vorbei."[1]

## § 1. Einordnung des Themas

So leitete *Weigend* im Jahr 2000 einen Aufsatz zur Europäischen Menschenrechtskonvention ein.

Im Jahr 2014 ist vielleicht der Tiefschlaf der EMRK vorbei, doch die Benommenheit, die aus dem jahrzehntelangen Schlaf resultiert, hält in Deutschland nach wie vor an.

Die EMRK ist ein völkerrechtlicher Vertrag, der am 4.11.1950 in Rom unterzeichnet wurde und der alle Mitglieder des Europarats verpflichtet, die in der EMRK garantierten Menschenrechte zu wahren.[2] Deutschland hat der EMRK durch Gesetz v. 7.8.1952 auf der Ebene des einfachen Bundesrechts Gesetzeskraft verliehen.[3] Seit dem 3.9.1952 sind die Verbürgungen der EMRK damit nicht „nur" Völkervertragsrecht, sondern auch unmittelbar geltendes nationales Recht.

Diese Tatsache wird häufig übersehen, wenn es darum geht, dem deutschen Strafprozessrecht den Grundrechtsstandard zu verleihen, den die EMRK vorschreibt. Dies liegt daran, dass bei Unterzeichnung der EMRK vor mehr als einem halben Jahrhundert wohl die Ansicht vorherrschte, dass das deutsche Recht ohnehin dem Schutzniveau dieser Konvention gleichkommt und so Konflikte ausgeschlossen sind. Dabei wurde allerdings nicht bedacht, dass die EMRK kein statisches Regelkonstrukt ist, sondern zur Gewährleistung effektiven Menschenrechtsschutzes mit dem Wandel der Zeit als sog. „living instrument"[4] fungiert. Dem Wortlaut der EMRK wird folglich ständig neues Leben eingehaucht; verantwortlich hierfür ist vor allem der EGMR, der in seinen Urteilen regelmäßig den Inhalt der Konvention fortentwickelt. Aufgrund von Art. 46 Abs. 1 EMRK sind die jeweils verurteilten Vertragsstaaten verpflichtet, das Urteil zu befolgen und auf nationaler Ebene durchzuführen. Daraus erklärt sich auch die große Bedeutung der Urteile des EGMR, die eine Dimension hat, die beispielsweise den Verfahren vor dem Menschenrechtsausschuss der Vereinten Nationen (HRC), der über die Gewährleistung des Standards des IPBPR wacht, aufgrund ihres unverbindlichen Charakters fremd ist.[5]

---

1 *Weigend* StV 2000, 384.
2 LR-EMRK/*Esser* Einführung Rn. 42.
3 BGBl. II 1952, S. 685, ber. S. 953; zuletzt neu bekanntgegeben am 22.10.2010, BGBl. II 2010, S. 1198.
4 Vgl. nur EGMR Tyrer ./.UK, 25.4.1978, Serie A Nr. 26, § 31 = NJW 1979, 1089.
5 Eingehend hierzu LR-EMRK/*Esser* Verfahren HRC Rn. 353 ff.

So hatte der EGMR bereits in 11 Individualbeschwerdeverfahren gegen fünf verschiedene Vertragsstaaten[6] darüber zu befinden, ob ein Angeklagter[7], der ordnungsgemäß zur mündlichen Hauptverhandlung geladen worden ist und es dennoch vorsätzlich vermeidet zu erscheinen, weiterhin i.S.d. Art. 6 Abs. 3 lit. c EMRK berechtigt ist, den Beistand eines Verteidigers zu erhalten („The question accordingly arises whether an accused who deliberately avoids appearing in person remains entitled to „legal assistance of his own choosing" within the meaning of Art. 6 Abs. 3 lit. c.")[8]. Gemäß Art. 6 Abs. 3 lit. c EMRK hat jede Person, die einer Straftat angeklagt ist („charged with a criminal offence") drei[9] Mindestrechte: Das Recht sich selbst zu verteidigen („to defend himself in person"), das Recht sich durch einen Verteidiger der eigenen Wahl verteidigen zu lassen („to defend ... through legal assistance") und das Recht unentgeltlich Verteidigerbeistand zu erlangen, wenn die Mittel zur Bezahlung fehlen und dies im Interesse der Rechtspflege erforderlich ist („if he has not sufficient means to pay for legal assistance, to be given it free when the interests of justice so require"). Der EGMR hat die Verteidigungsgarantie gemäß Art. 6 Abs. 3 lit. c EMRK in seinen Urteilen zu obig aufgeworfener Fragestellung stets als Aspekt des fairen Verfahrens nach Art. 6 Abs. 1 EMRK aufgefasst.[10] Trotz aller Sachverhaltsunterschiede der einzelnen Konstellationen hat er im Ergebnis jeweils ein Recht auf Verteidigung in Abwesenheit bejaht und folglich eine Verletzung von Art. 6 Abs. 1 i.V.m. Abs. 3 lit. c EMRK festgestellt.[11]

---

6 EGMR Poitrimol ./. F, 23.11.1993, Serie A Nr. 277-A = ÖJZ 1994, 467; Lala ./. NL, 22.9.1994, Serie A Nr. 297-A = ÖJZ 1995, 196; Pelladoah ./. NL, 22.9.1994; (GK) Van Geyseghem ./. B, 21.1.1999, ECHR 1999-I = NJW 1999, 2353; Van Pelt ./. F, 23.5.2000; Krombach ./. F, 13.2.2001, ECHR 2001-II = NJW 2001, 2387; Stroek ./. B, 20.3.2001; Goedhart ./. B, 20.3.2001; Harizi ./. F, 29.3.2005; Kari-Pekka Pietiläinen ./. FIN, 22.9.2009; Neziraj ./. D, 8.11.2012 = StraFo 2012, 490.

7 Dieser Arbeit liegt der Begriff des „Angeklagten" zugrunde, da das Recht auf Verteidigung in der *Hauptverhandlung* im Fokus steht und gemäß § 157 StPO *Angeklagter der Beschuldigte oder Angeschuldigte* ist, *gegen den die Eröffnung des Hauptverfahrens beschlossen ist.*

8 Vgl. EMGR Poitrimol ./. F (Fn. 6) § 32; Neziraj ./. D (Fn. 6) § 46.

9 Das Verhältnis dieser drei Varianten ist aufgrund des divergierenden Wortlauts in der französischen und englischen Fassung der EMRK umstritten. Vgl. IntKomm-EMRK/*Kühne* Art. 6 Rn. 535; ausführlich hierzu unten 4. Kapitel § 5 I.

10 Vgl. statt aller EGMR Poitrimol ./. F (Fn. 6) § 29 („As the requirements of paragraph 3 of Article 6...are to be seen as particular aspects of the right to a fair trial guaranteed by paragraph 1 ... the Court will examine the complaints unter both provisions taken together.").

11 EGMR Poitrimol ./. F (Fn. 6) § 39; Lala ./. NL (Fn. 6) § 35; Pelladoah ./. NL (Fn. 6) § 42; (GK) Van Geyseghem ./. B (Fn. 6) § 36; Van Pelt ./. F (Fn. 6) § 70; Krombach ./. F (Fn. 6) § 91; Stroek ./. B (Fn. 6) § 25; Goedhart ./. B (Fn. 6) § 28; Harizi ./. F (Fn. 6) § 55; Kari-Pekka Pietiläinen ./. FIN (Fn. 6) § 35; Neziraj ./. D (Fn. 6) § 67.

Auch Deutschland ist mit Urteil v. 8.12.2012 in der Sache *Neziraj* vom EGMR i.S.d. „Rechtsprechungstradition" verurteilt worden.[12] Aufhänger dieses Urteils war die berufungsrechtliche Vorschrift des § 329 Abs. 1 S. 1 StPO, die folgendermaßen lautet:

> *Ist bei Beginn einer Hauptverhandlung weder der Angeklagte noch in den Fällen, in denen dies zulässig ist, ein Vertreter des Angeklagten erschienen und das Ausbleiben nicht genügend entschuldigt, so hat das Gericht eine Berufung des Angeklagten ohne Verhandlung zur Sache zu verwerfen.*

Der Angeklagte *Neziraj* hatte gegen ein Urteil des AG Köln, wonach er wegen Diebstahls zu 100 Tagessätzen zu je 15 € verurteilt worden war, Berufung zum Landgericht eingelegt. Jedoch wollte er trotz ordnungsgemäßer Ladung nicht zum Termin der Berufungshauptverhandlung erscheinen, da er die Vollstreckung eines Haftbefehls in einer anderen Sache fürchtete. Stattdessen entsandte er seinen Verteidiger als Vertreter in die Verhandlung. Das OLG Köln verwarf jedoch die Berufung des Angeklagten nach Maßgabe des § 329 Abs. 1 S. 1 StPO, da der Angeklagte trotz ordnungsgemäßer Ladung unentschuldigt ausgeblieben sei und kein Fall zulässiger Vertretung nach den Regeln der StPO vorgelegen habe.[13]

*Meyer-Mews* hat vor über zehn Jahren bereits geahnt, dass sich die innerstaatliche Rechtsprechung zu § 329 Abs. 1 S. 1 StPO ändern muss. Sein Aufsatz endet mit der Fragestellung, „ob dies freiwillig oder erst unter dem Eindruck einer Verurteilung der Bundesrepublik durch den *EGMR* geschehen wird."[14] Seit November 2012 kennen wir die Antwort. Die in Deutschland geltende Regelung des § 329 Abs. 1 S. 1 StPO bzw. die in der Rechtsprechung vorherrschende Verwerfungspraxis bei unentschuldigtem Ausbleiben des Angeklagten *muss* geändert werden. Nun stehen Rechtsprechung und Wissenschaft vor einer neuen Frage: *Wie* sollen die Vorgaben des EGMR im nationalen Strafverfahren umgesetzt werden?

Wollte man meinen, auf nationaler Ebene würden sich nun Literatur und Judikatur eifrig der Aufgabe stellen, das „Wie" der Umsetzung der Rechtsprechung des EGMR zu bewerkstelligen, ist dies bedauerlicherweise falsch gedacht. Überwiegend[15] wird versucht, das „Ob", d.h. die Umsetzungspflicht als solche, zu umgehen. Landgerichte als Berufungsgerichte sowie Oberlandesgerichte als Revisionsgerichte haben mittlerweile eine eigene „Rechtsprechungstradition" entwickelt, in der sie dem Recht auf Verteidigung in *Abwesenheit* gemäß Art. 6 Abs. 1 i.V.m. Abs. 3 lit. c EMRK im deutschen Berufungsverfahren die Geltung versagen, weil dieses Recht angeblich gegen den im Strafprozess vorherrschenden Grundsatz der Anwesenheitspflicht des Angeklagten (§ 230 Abs. 1 StPO)[16], das Recht auf rechtliches Gehör gemäß Art. 103 Abs. 1 GG, die

---

12 EGMR Nezirai ./. D (Fn. 6) sowie zum nachfolgenden Text.

13 OLG Köln, Beschl. v. 26.9.2003 – Ss 377/03 (unveröffentlicht).

14 *Meyer-Mews* NJW 2002, 1928, 1929.

15 Anders hingegen beispielsweise *Esser* StV 2013, 331; *ders.* StraFo 2013, 251; *Püschel* StraFo 2012, 493.

16 § 230 Abs. 1 StPO: „Gegen einen ausgebliebenen Angeklagten findet eine Hauptverhandlung nicht statt.".

strafverfahrensrechtliche Prozessmaxime der materiellen Wahrheitserforschung, die Grundsätze der Unmittelbarkeit und Mündlichkeit der Hauptverhandlung sowie nicht zuletzt gegen die Stellung des Strafverteidigers im deutschen Strafprozess verstoßen soll.[17] Als letzter „Ausweg" gilt die Nichteinhaltung der Vorschrift § 234 StPO, wonach sich der Verteidiger zur Vertretung des Angeklagten durch eine *schriftliche Vollmacht* ausweisen können muss.[18] Die Gerichte berufen sich folglich auf ihre Bindung an Recht und Gesetz gemäß Art. 20 Abs. 3 GG und schieben die Lösung des Konflikts mit Art. 6 Abs. 3 lit. c i.V.m. Abs. 1 EMRK dem deutschen Gesetzgeber zu. Erste Reaktionen sind insofern bereits zu verzeichnen: Die Bundesregierung hat am 17.10.2014 einen Gesetzesentwurf *zur Stärkung des Rechts auf Vertretung durch einen Verteidiger in der Berufungshauptverhandlung*[19] vorgelegt, der insbesondere die Anpassung von § 329 StPO an die Rechtsprechung des EGMR bezweckt.

Folglich liegt die Wurzel des Problems, dass die Umsetzung der Judikate des EGMR in Deutschland so schwer fällt, darin begründet, dass sich Deutschland, anders als beispielsweise Österreich, nicht für eine Verortung der EMRK auf der Ebene der Verfassung, sondern des einfachen Bundesrechts entschieden hat.[20] Die EMRK und die Regeln der deutschen StPO begegnen sich folglich in der Normenhierarchie auf gleicher Ebene – die Chance für die deutschen Gerichte, den „schwarzen Peter" dem Gesetzgeber zuzuschieben. Ob die Judikatur ihrer Bindung an Recht und Gesetz (Art. 20 Abs. 3 GG) damit aber tatsächlich gerecht wird, wird Teil dieser Arbeit sein. Es soll folglich ein Beitrag zur eigentlichen Aufgabe der Wissenschaft und Rechtsprechung geleistet werden und sich offen aus der Perspektive der EMRK sowie der StPO folgende Frage gestellt werden:

---

17 Vgl. etwa OLG München, StV 2013, 301; OLG Celle, NStZ 2013, 615; OLG Bremen, StV 2014, 211; zusammenfassend vgl. BVerfG, StraFo 2007, 190.

18 Beispielhaft: OLG Hamm, zfs 2014, 470; OLG Karlsruhe, Beschl. v. 25.9.2013 – 2 (6) Ss 386/13 – AK 101/13, BeckRS 2014, 11569; OLG Düsseldorf, StV 2013, 299, 302.

19 Vgl. Gesetzesentwurf der Bundesregierung, Entwurf eines Gesetzes zur Stärkung des Rechts des Angeklagten auf Vertretung in der Berufungsverhandlung und über die Anerkennung von Abwesenheitsentscheidungen in der Rechtshilfe, BR-Drs. 491/14 v. 17.10.2014, abrufbar unter: http://www.bundesrat.de/SharedDocs/drucksachen/2014/0401-0500/491-14.pdf?__blob=publicationFile&v=1 (Stand: 6.12.2014); vgl. hierzu auch Stellungnahme des Bundesrates zum Entwurf eines Gesetzes zur Stärkung des Rechts des Angeklagten auf Vertretung in der Berufungsverhandlung und über die Anerkennung von Abwesenheitsentscheidungen in der Rechtshilfe v. 28.11.2014, BR-Drs. 491/14 (Beschluss), abrufbar unter: http://www.bundesrat.de/SharedDocs/drucksachen/2014/0401-0500/491-14(B).pdf?__blob=publicationFile&v=1 (Stand: 6.12.2014); BMJV, (Referenten-) Entwurf eines Gesetzes zur Stärkung des Rechts auf Vertretung durch einen Verteidiger in der Berufungshauptverhandlung, Bearbeitungsstand: 19.12.2013, abrufbar unter: http://www.bmj.de/SharedDocs/Downloads/DE/pdfs/RefE-Recht-auf-Vertretung-in-der-Berufungshauptverhandlung.pdf?__blob=publicationFile (Stand: 6.12.2014).

20 Vgl. LR-EMRK/*Esser* Einführung Rn. 85 f.

„Das erledigt mein Anwalt für mich." – Hat der Angeklagte ein Recht darauf, sich in der Hauptverhandlung vertreten zu lassen?"[21]

Dabei soll jedoch nicht bei der Regel des § 329 Abs. 1 S. 1 StPO stehen geblieben werden. Vielmehr muss beachtet werden, dass das Recht auf Vertretung im deutschen Strafprozess allgemein ein „Schattendasein"[22] fristet. Es ist stets akzessorisch zu den Ausnahmen vom grundlegenden Prinzip der Anwesenheitspflicht des Angeklagten ausgestaltet.[23] Damit muss auch untersucht werden, ob Art. 6 Abs. 1 i.V.m. Abs. 3 lit. c EMRK gebietet, das Recht auf Verteidigung in der ersten Instanz von den engen Fesseln des Anwesenheitsgebots zu befreien.

Wirft man einen Blick ins OWiG, findet sich in § 74 Abs. 2 OWiG eine dem § 329 Abs. 1 S. 1 StPO vergleichbare Regelung. Danach hat das Gericht den Einspruch gegen einen Bußgeldbescheid durch Urteil ohne Verhandlung zur Sache zu verwerfen, wenn der Betroffene[24] ohne genügende Entschuldigung ausbleibt, obwohl er von der Verpflichtung zum Erscheinen nicht entbunden war. Dass auch in diesem Bereich umgehend Handlungsbedarf besteht,[25] zeigt sich daran, dass in der Sache *Tolmachev* gegen Estland eine Individualbeschwerde betreffend das Recht auf Verteidigung in Abwesenheit im Verfahren wegen einer OWi anhängig ist.[26]

Darüber hinaus ist auch der Tatsache Rechnung zu tragen, dass das deutsche Jugendstrafrecht nicht als „Tatstrafrecht", sondern als „Täterstrafrecht" konzipiert ist.[27] Es gilt also zu eruieren, ob die gefundenen Ergebnisse gemäß § 2 Abs. 2 JGG[28] auf das Jugendstrafrecht und dessen Eigenheiten übertragen werden können.

Schließlich ist zu verzeichnen, dass ein Umsetzungshemmnis bezüglich der Rechtsprechung des EGMR ebenso darin besteht, dass sie als zu starker Eingriff in die nationale Souveränität verstanden wird.[29] So wird befürchtet, dass nicht nur das „Ob" des Rechts auf Vertretung, sondern auch das „Wie" der Vertretung und damit ganze Teile der Hauptverhandlung nun konventionsrechtlich oktroyiert sind.[30] Ob diese Einschätzung tatsächlich richtig ist, ist auch Teil dieser Arbeit.

---

21 *Weigend* in: FS für Kühl, S. 947.

22 BRAK, Stellungnahme Nr. 13/2014, S. 10.

23 Vgl. nur § 234 StPO i.V.m. §§ 231 Abs. 2, 231a, 231b, 232, 233, 411 Abs. 2, 387 Abs. 1, 350 Abs. 2 StPO.

24 Eingehend zum Begriff des „Betroffenen" im OWi-Verfahren vgl. *Klesczenwski* OWi, Rn. 757 ff.

25 So auch *Sitzer* StraFo 2014, 1.

26 EGMR Tolmachev ./. EST, lodged on 16 November 2013; communicated on 11 February 2014.

27 *Streng* Jugendstrafrecht, Rn. 15; *Scholz* ZJJ 2012, 190, 192.

28 § 2 Abs. 2 JGG: „Die allgemeinen Vorschriften gelten nur, soweit in diesem Gesetz nichts anderes bestimmt ist."

29 Vgl. nur *Weigend* in: FS für Kühl, S. 947, 955 f.; BRAK, Stellungnahme Nr. 13/2014, S. 10 f.

30 BRAK, Stellungnahme Nr. 13/2014, S. 10 f.

## § 2. Aufbau der Darstellung

Begonnen werden soll mit der Darstellung der Entwicklung der Rechtsprechung des EGMR zum Recht des Angeklagten auf Verteidigung in Abwesenheit gemäß Art. 6 Abs. 1 i.V.m. Abs. 3 lit. c EMRK. Neben den Urteilsgründen werden dabei auch die jeweiligen Sachverhalte dargestellt.

Da das Recht auf Verteidigung in Abwesenheit ein Teilaspekt eines Strafverfahrens in Abwesenheit des Angeklagten ist, wird im folgenden Kapitel auf die Frage der Zulässigkeit von Abwesenheitsverfahren nach den Grundsätzen der EMRK bzw. der Rechtsprechung des EGMR eingegangen. Insofern lohnt auch ein Blick in das Recht der Europäischen Union bzw. das internationale Strafverfahrensrecht, um herauszufinden, ob Abwesenheitsverfahren im Grundsatz tendenziell anerkannt sind oder eher den Ausnahmefall bilden.

Im Folgenden wird durch Auslegung ermittelt, ob eine Interpretation der Konvention als „Recht des Angeklagten auf Vertretung" überhaupt mit Art. 6 Abs. 3 lit. c, Abs. 1 EMRK vereinbar ist.

In einem weiteren Kapitel wird sodann der tatsächliche Inhalt bzw. die Reichweite der Rechtsprechung des EGMR zum Recht auf Verteidigung in Abwesenheit herausgearbeitet. Über den Tellerrand der Rechtsprechung des EGMR hinaus werden dabei weitere Fallkonstellationen untersucht, so dass letztlich verallgemeinerungsfähige Grundsätze hinsichtlich des Rechts des Angeklagten auf Verteidigung in Abwesenheit gemäß Art. 6 Abs. 1 i.V.m. Abs. 3 lit. c EMRK aufgestellt werden können, die Grundlage für die Umsetzung im deutschen Strafprozess sind.

Im Anschluss daran soll allgemein aufgezeigt werden, welche Konsequenzen bzw. Pflichten sich aus den Urteilen des EGMR, sei es gegen Deutschland selbst oder gegen andere Vertragsstaaten, konkret für das deutsche Strafverfahrensrecht ergeben.

Eingedenk der Umsetzungspflicht in der Sache *Neziraj* wird sodann versucht, § 329 Abs. 1 S. 1 StPO konventionskonform auszugestalten. Zunächst wird hierzu im Detail der Rechtszustand *de lege lata* aufgezeigt. Auf diese Weise kann genau eruiert werden, wo die Konventionswidrigkeit tatsächlich sitzt. Im Folgenden wird der Versuch einer völkerrechtskonformen Auslegung von § 329 Abs. 1 S. 1 StPO unternommen. Des Weiteren wird der Gesetzesentwurf der Bundesregierung zu § 329 StPO[31] auf seine Vereinbarkeit mit der Konvention und der Rechtsprechung des EGMR untersucht. Schließlich werden noch alternative Lösungsmodelle begutachtet.

Im Anschluss daran wird von der zweiten in die erste Tatsacheninstanz gewechselt und untersucht, ob nach den Grundsätzen des EGMR nicht auch hier Handlungsbedarf besteht, insbesondere ob der Grundsatz der ständigen Anwesenheitspflicht durch die Rechtsprechung des EGMR erschüttert worden ist.

---

31 BR-Drs. 491/14 (Fn. 19).

Sodann wird der Bereich des klassischen Strafprozessrechts verlassen und das Verfahren nach Einspruch gegen einen Bußgeldbescheid auf seine Konventionskonformität untersucht.

Sämtliche gefundenen Resultate werden schließlich auf ihre Anwendbarkeit im Jugendstrafverfahren begutachtet.

Die Arbeit schließt mit der Beurteilung der Frage, ob die Rechtsprechung des EGMR nicht nur das „Ob" der Verteidigung in Abwesenheit vorschreibt, sondern auch das „Wie" der Verteidigung in einer solchen Konstellation und damit den Ablauf der mündlichen Hauptverhandlung bestimmt.

# 2. Kapitel: Recht auf Vertretung in der Rechtsprechung des EGMR

Zunächst soll dargelegt werden, wie sich die Rechtsprechung des EGMR zu der Frage entwickelt hat, ob ein Angeklagter, der ordnungsgemäß zur mündlichen Hauptverhandlung geladen worden ist und es dennoch bewusst vermeidet zu erscheinen, weiterhin i.S.d. Art. 6 Abs. 3 lit. c EMRK berechtigt ist, den Beistand eines Verteidigers zu erhalten[32].

## § 1. EGMR Poitrimol ./. Frankreich

Den Auftakt der Rechtsprechung bildet das Urteil in der Sache *Poitrimol* gegen Frankreich v. 23.11.1993.

### I. Damalige französische Rechtslage und Sachverhalt

Im französischen Strafprozessrecht galt der Grundsatz der Anwesenheitspflicht (Art. 410 französische StPO)[33]. Bei ordnungsgemäßer Ladung und unentschuldigtem Fernbleiben des Angeklagten wurde jedoch ein Abwesenheitsverfahren mit Verhandlung zur Sache durchgeführt und der Angeklagte so behandelt, als sei er anwesend (Art. 410 französische StPO). War mit dem Anklagevorwurf eine Geldstrafe oder eine Freiheitsstrafe bis zu zwei Jahren verbunden, bestand die Möglichkeit einer Abwesenheitsverhandlung, in der der Angeklagte durch einen Verteidiger vertreten werden konnte (Art. 411 französische StPO). Wenn das Gericht die persönliche Anwesenheit des Angeklagten jedoch für erforderlich hielt, konnte er erneut geladen werden. Kam er dieser Ladung unentschuldigt nicht nach, wurde er behandelt, als sei er anwesend. Eine Vertretungsmöglichkeit bestand dann jedoch nicht (Art. 411 französische StPO). Bei einer Verurteilung zu einer Freiheitsstrafe von mehr als sechs Monaten wurde dem Angeklagten die Revision aus Rechtsgründen versagt, wenn er einem Haftbefehl keine Folge leistete und von dieser Pflicht auch nicht befreit wurde (Art. 583 französische StPO).[34]

Dem Strafverfahren in der Sache *Poitrimol* ging ein Scheidungsverfahren voraus. In dieser familienrechtlichen Angelegenheit wurde der Ehefrau zunächst das alleinige Sorgerecht für die beiden gemeinsamen Kinder zugesprochen und *Poitrimol* nur ein Umgangsrecht.

---

32 Vgl. EMGR Poitrimol ./. F (Fn. 6) § 32; Neziraj ./. D ( 6) § 46 („The question accordingly arises whether an accused who deliberately avoids appearing in person remains entitled to „legal assistance of his own choosing" within the meaning of Art 6 Abs. 3 lit. c").

33 Die zitierten Normen beziehen sich auf die geltende Rechtslage im Zeitpunkt des Urteils des EGMR.

34 Vgl. zur Rechtslage EGMR Poitrimol ./. F (Fn. 6) §§ 23 ff.

*Poitrimol* nahm bei Gelegenheit seines Besuchsrechts seine Kinder mit in die Türkei. Er beantragte beim Gericht in Marseille, dem Wohnort der geschiedenen Frau, das gemeinsame Sorgerecht, das beiden auch zugesprochen wurde. Jedoch verfügte das Gericht, dass er mit den Kindern innerhalb von drei Monaten nach Frankreich zurückkehren musste, damit eine Vernehmung der Kinder durchgeführt werden konnte. Dem kam *Poitrimol* nicht nach, weshalb ein Strafverfahren vor dem Strafgericht in Marseille wegen Kindesentführung auf Anzeige der geschiedenen Frau eingeleitet wurde. *Poitrimol* beantragte eine Verhandlung in Abwesenheit i.S.d. Art. 411 französische StPO. Diese wurde ihm in erster Instanz auch gewährt, so dass seine beiden Verteidiger auch zur Sache gehört wurden. Er wurde in Abwesenheit zu einer Freiheitsstrafe verurteilt und ein Haftbefehl gegen ihn erlassen. Sowohl die Verteidigung als auch die Staatsanwaltschaft legten gegen dieses Urteil Berufung ein. Trotz Ladung erschien *Poitrimol* auch zu dieser Verhandlung nicht. Sein Verteidiger begehrte die Vertretung des Angeklagten sowie die Vernehmung seines Mandanten und dessen Kinder im Rechtshilfeweg. Das Berufungsgericht vertagte die mündliche Verhandlung und verfügte die erneute Ladung des Angeklagten gemäß Art. 411 Abs. 3 französische StPO, da es die Anwesenheit des Angeklagten für erforderlich hielt. Dennoch nahm der Angeklagte am neuen Termin nicht teil. Eine Vertretung wurde nicht gestattet und das erstinstanzliche Urteil aufrechterhalten. Das Rechtsmittel zum Revisionsgericht wurde abgelehnt, weil *Poitrimol* dem Haftbefehl keine Folge geleistet hatte und so auch kein Verteidiger für ihn die Beschwerde betreiben konnte. Auch ein Gnadengesuch wurde abgelehnt.[35]

## II. Urteil des EGMR

Der EGMR hat die Gründe des Urteils in der Sache *Poitrimol* mit einer Negativabgrenzung eingeleitet und so den Prüfungsgegenstand klargestellt: Dem Urteil soll nicht die Frage zugrunde liegen, ob ein Abwesenheitsverfahren mit der EMRK vereinbar sei.[36] Der EGMR hat insofern keinen Zweifel daran gehegt, dass der Angeklagte ausreichend durch Ladung über die mündliche Verhandlung informiert worden war und sich dennoch entschlossen hatte, nicht zu erscheinen („the applicant was notified of each of the hearing dates ... and decided of his own accord not to appear").[37] Es wird deutlich, dass nach Ansicht des EGMR Abwesenheitsverfahren nicht per se mit der Konvention unvereinbar sind, wenn die Möglichkeit besteht, eine erneute Überprüfung des Urteils hinsichtlich Tatsachen- und Rechtsfragen zu erlangen („Proceedings held in an accused's absence are not in principle incompatible with the Convention if the person concerned can subsequently obtain from a court which has heard him a fresh determination of the merits of the charge, in respect of both law and fact"). Der EGMR hat jedoch offen gelassen, ob dies auch gelten muss, wenn der Angeklagte auf sein Recht auf Selbstverteidigung bzw. Anwesenheit und sein Recht sich verteidigen zu lassen verzichtet hat. Denn jedenfalls auf das Recht auf Verteidigung habe der Angeklagte

35 EGMR Poitrimol ./. F (Fn. 6) §§ 7 ff.
36 Vgl. EGMR Poitrimol ./. F (Fn. 6) § 30.
37 EGMR Poitrimol ./. F (Fn. 6) § 30.

nicht verzichtet.[38] Auch in den nachfolgenden Urteilen des EGMR wird nicht die Frage der Rechtmäßigkeit einer Abwesenheitsentscheidung behandelt, sondern die Frage der Verletzung des Rechts auf Verteidigung durch einen Verteidiger.[39]

Der EGMR hat vielmehr die allgemeine Frage aufgeworfen, ob ein Angeklagter, der es vorsätzlich („deliberately") vermeidet zur mündlichen Verhandlung zu erscheinen auch weiterhin das Recht hat, sich eines Verteidigers seiner Wahl i.S.v. Art. 6 Abs. 3 lit. c EMRK zu bedienen.[40]

Die Meinung der französischen Regierung, dass der Wortlaut von Art. 6 Abs. 3 lit. c Alt. 2 EMRK nicht als Vertretung durch einen Verteidiger, sondern nur als Beistand des Verteidigers verstanden werden könne, hat der EGMR deutlich als zu eng abgewehrt („cannot adopt the ... narrow interpretation of the word „assistance"). Der Gerichtshof hat in diesem Zusammenhang betont, dass das Recht jeder einer Straftat angeklagten Person auf wirksame Verteidigung durch einen Verteidiger, gegebenenfalls durch einen bestellten Pflichtverteidiger, zwar kein absolutes Recht sei, jedoch eines der wesentlichen Elemente eines fairen Verfahrens darstelle. Eine Person, die einer Straftat angeklagt sei, verliere dieses Recht nicht allein aufgrund ihrer Abwesenheit bei der Verhandlung.

> „Although not absolute, the right of everyone charged with a criminal offence to be effectively defended by a lawyer, assigned officially if need be, is one of the fundamental features of a fair trial. A person charged with a criminal offence does not lose the benefit of this right merely on account of not being present at the trial."[41]

Dieser Aspekt stellt in der späteren Rechtsprechung des EGMR einen wesentlichen Abwägungsfaktor dar.[42] In der Sache *Poitrimol* hat der EGMR hinsichtlich dieser Argumentation versucht, Rückhalt in seiner bisherigen Rechtsprechung zu finden. Hierzu hat er sich auf das Urteil *Campbell and Fell*[43] berufen. Jedoch ist zu sehen, dass dem Angeklagten in diesem Urteil bereits der Zugang zu einem Verteidiger verwehrt worden ist. Der EGMR hat hier nicht konkret ein Recht auf Verteidigung in Abwesenheit formuliert, indem er geurteilt hat, dass ein Angeklagter, der wünscht, sich nicht selbst zu verteidigen, Rückgriff auf einen Verteidiger seiner Wahl nehmen können muss („must be able to have recourse to legal assistance of his own

38 EGMR Poitrimol ./. F (Fn. 6) § 31 f.

39 EGMR Lala ./. NL (Fn. 6) § 30 ; Pelladoah ./. NL (Fn. 6)§ 37 ; Krombach ./. F (Fn. 6) § 83.

40 EGMR Poitrimol ./. F (Fn. 6) § 32.

41 EGMR Poitrimol ./. F (Fn. 6) § 34.

42 EGMR (GK) Van Geyseghem ./. B (Fn. 6) § 34; Goedhart ./. B (Fn. 6) § 23; Stroek ./. B (Fn. 6) 26; Krombach ./. F (Fn. 6) § 89; Kari-Pekka Pietiläinen ./. FIN (Fn. 6) § 32; Neziraj ./ D (Fn. 6) § 50.

43 EGMR Campbell u. Fell ./. UK, 28.6.1984, Serie A Nr. 80 = EuGRZ 1985, 534: Gegenstand des Urteils war ein Disziplinarverfahren vor dem Überwachungsausschusses eines Gefängnisses. *Campbell* verweigerte die Teilnahme an der nichtöffentlichen Sitzung, da ihm der Beistand eines Anwalts nicht zugestanden wurde (§§ 12 ff.).

choosing").[44] „Rückgriffnehmen" ist dabei ein weiter Begriff, der noch nichts über eine etwaige Vertretung des Angeklagten in einer mündlichen Verhandlung aussagt. Vielmehr könnte auch der Beratungsaspekt durch einen Verteidiger im Vordergrund stehen. Auf dieses Urteil kann damit nur insofern zurückgegriffen werden, als sich daraus ergibt, dass die Wahlverteidigung nicht verwehrt werden darf, nur weil die Selbstverteidigung ausreichend erscheint.[45]

Problematisch ist auch der Rückgriff auf das Urteil in der Sache *F.C.B.*[46]. Denn darin hat sich der EGMR mit der Wirksamkeit des Verzichts auf das Anwesenheitsrecht und damit der Rechtmäßigkeit des durchgeführten Abwesenheitsverfahrens beschäftigt – ein Aspekt, der in der Sache *Poitrimol* gerade – wie der EGMR selbst betont hat – keine Relevanz haben soll.

Schließlich hat sich der EGMR noch auf die Sache *Goddi*[47] berufen. In diesem Urteil ging es um die fehlende Mitteilung des Verhandlungsdatums an den Wahlverteidiger, wobei der Angeklagte dem Verfahren wegen einer Inhaftierung ferngeblieben war. Der Verteidiger konnte folglich keine effektive Verteidigung für den Angeklagten wahrnehmen. Jedoch ist zu sehen, dass der EGMR zu einer Vertretung des Angeklagten in der Sache nicht Stellung nehmen musste, da der Verteidiger in der Verhandlung nicht zugegen war. Darin liegt der Unterschied zur Sache *Poitrimol*. Das Recht auf Verteidigung durch einen erschienenen Verteidiger trotz Abwesenheit des Angeklagten ist damit erstmals richtungsweisend in *Poitrimol* dargelegt worden.

Der EGMR hat jedoch nicht nur das Menschenrecht der effektiven Verteidigung in seine Würdigung einbezogen, sondern auch die nationale Obliegenheit des Angeklagten zur Anwesenheit in der Verhandlung.[48] Er hat klargestellt, dass im Interesse eines fairen Strafverfahrens das Erscheinen eines Angeklagten von größter Bedeutung ist, und zwar sowohl aufgrund seines Rechts auf Gehör als auch wegen der Notwendigkeit, den Wahrheitsgehalt seiner Aussagen zu prüfen und mit denen des Opfers, dessen Interessen zu schützen sind, und der Zeugen zu vergleichen. Der Gesetzgeber müsse dementsprechend in der Lage sein, ungerechtfertigten Abwesenheiten entgegenzuwirken.

> „It is of capital importance that a defendant should appear, both because of his right to a hearing and because of the need to verify the accuracy of his statements and compare them with those of the victim – whose interests need to be protected – and of the witnesses. The legislature must accordingly be able to discourage unjustified absences."[49]

44 EGMR Campbell u. Fell ./. UK (Fn. 43) § 99.
45 Vgl. so auch *Gaede* S. 262.
46 EGMR F.C.B. ./. I, 28.8.1991, Serie A Nr. 208-B, § 33 = ÖJZ 1992, 35.
47 EGMR Goddi ./. I, 9.4.1984, Serie A Nr. 76, § 30 = EuGRZ 1985, 234.
48 A.A. *Volk* in: FS für Böttcher, S. 213, 218 (Fn. 15), wonach der EGMR allein die Möglichkeit einer Abwesenheitshauptverhandlung betone.
49 EGMR Poitrimol ./. F (Fn. 6) § 35.

Damit hat der EGMR die Weichen für eine Abwägung gestellt. In der späteren Rechtsprechung des EGMR werden diese Aspekte immer wieder herangezogen.[50]

In der Sache *Poitrimol* hat es der EGMR jedoch noch dahinstehen lassen, ob es grundsätzlich zulässig ist, derartige Abwesenheiten damit zu „bestrafen", dass das Recht auf Verteidigerbeistand aberkannt wird. Denn nach den Einzelfallumständen sei die Verdrängung dieses Rechts jedenfalls unverhältnismäßig („disproprionate in the circumstances"). Für den Angeklagten sei die Verhandlung vor dem Berufungsgericht nämlich die letzte Chance gewesen, seine Argumente in Bezug auf die gegen ihn vorgebrachte Anschuldigung in rechtlicher und tatsächlicher Hinsicht vorbringen zu lassen („his only chance of having arguments of law and fact presented at second instance in respect of the charge against him").[51] Dieser Aspekt wird auch in den folgenden Urteilen des EGMR betont.[52] Auch hat der EGMR die Unzulässigkeit der Revision aus Gründen, die mit der Flucht des Angeklagten zusammenhängen, ebenfalls als eine unverhältnismäßige Sanktion erachtet. Er hat bemängelt, dass im französischen System das Recht, Argumente gegen eine Anklage vorbringen zu können, wesentlich von einer gültigen Entschuldigung abhänge. Demzufolge müsse es auch die Möglichkeit geben, die rechtlichen Gründe zu überprüfen, derentwegen ein Rechtsmittelgericht eine Entschuldigung zurückgewiesen habe.[53]

## III. Zwischenergebnis

Das Urteil *Poitrimol* ist im Ergebnis noch als Einzelfallrechtsprechung zu kategorisieren, da der EGMR eine generelle Entscheidung ausdrücklich abgelehnt hat. Vielmehr beruht die Verletzung des Rechts auf Verteidigung darauf, dass der Angeklagte wegen der drohenden Vollstreckung der Haft nicht zur mündlichen Verhandlung erschienen war und es sich in der Berufungsinstanz um die letzte Instanz gehandelt hatte, in der rechtliche und tatsächliche Argumente zur Entkräftung des Anklagevorwurf angeführt werden konnten. Hinzu treten die Unzulässigkeit der Revision aus Gründen der Flucht und die fehlende Möglichkeit, die Entscheidung über die Gültigkeit der Entschuldigung überprüfen zu lassen. Die Weichen für eine Abwägung zwischen dem Recht auf Verteidigung gemäß Art. 6 Abs. 1 i.V.m. Abs. 3 lit. c EMRK und der berechtigten Forderung nach Anwesenheit des Angeklagten in der Hauptverhandlung hat der EGMR jedoch bereits in seinem ersten Urteil gestellt.

---

50 Zur Wichtigkeit der Anwesenheit: EGMR (GK) Van Geyseghem ./. B (Fn. 6) § 33; Krombach ./. F (Fn. 6) § 86; Harizi ./. F (Fn. 6) § 49; Neziraj ./. D (Fn. 6) § 47; vgl. auch Lala ./. NL (Fn. 6) § 33; Pelladoah ./. NL (Fn. 6) § 40; zur Möglichkeit ungerechtfertigten Abwesenheiten entgegenzuwirken: (GK) Van Geyseghem ./. B (Fn. 6) § 33; Van Pelt ./. F (Fn. 6) § 66; Neziraj ./. D (Fn. 6) § 47.

51 EGMR Poitrimol ./. F (Fn. 6) § 35.

52 EGMR Lala ./. NL (Fn. 6) § 31 ; Pelladoah ./. NL (Fn. 6) § 38 ; (GK) Van Geyseghem ./. B (Fn. 6) § 29.

53 EGMR Poitrimol ./. F (Fn. 6) § 38.

# § 2. EGMR Lala ./. Niederlande und Pelladoah ./. Niederlande

Kurze Zeit später war der EGMR mit der Frage des Rechts auf Verteidigung in Abwesenheit in den Sachen *Lala* und *Pelladoah* gegen die Niederlande befasst. In beiden Fällen erging das Urteil am 22.9.1994.

## I. Niederländische Rechtslage und Sachverhalte

Im Gegensatz zum französischen Recht gab es im niederländischen Recht außer im Verfahren gegen Jugendliche keinen Grundsatz der Anwesenheitspflicht. Leistete der Angeklagte einer ordnungsgemäßen Ladung des Gerichts – egal ob verschuldet oder unverschuldet – keine Folge, wurde ein Abwesenheitsverfahren durchgeführt. Zwar hatte das Gericht die Möglichkeit, die Anwesenheit des Angeklagten anzuordnen und zwangsweise durchzusetzen, doch wurde davon in der Regel kein Gebrauch gemacht. Gegen ein Abwesenheitsurteil gab es grundsätzlich die Möglichkeit des Einspruchs, so dass eine Neuverhandlung der Sache vor dem gleichen Gericht erreicht werden konnte. Doch das galt nicht für die Fälle, in denen Berufung möglich war, d. h. nur bei einer Verurteilung zu einer geringen Geldstrafe oder einer Entscheidung des Landgerichts in erster Instanz über eine OWi. Auch galt diese Möglichkeit nicht bei einer Abwesenheitsentscheidung in der Berufungsinstanz. Eine Vertretung des Angeklagten in Abwesenheit war nur ausnahmsweise möglich, wenn die Anklage vor dem Landgericht den Erlass einer Freiheitsstrafe nicht trug. Der Verteidiger musste jedoch ein Anwalt sein und dem Gericht darlegen, dass er speziell zur Vertretung ermächtigt worden war. In diesem Fall war die Vertretung in erster und in zweiter Instanz möglich. Zudem wurde vom Obersten Gerichtshof die Vertretung bei Vorliegen eines zwingenden Grundes („compelling reason") für die Abwesenheit des Angeklagten zugelassen. Die drohende Vollstreckung eines Haftbefehls wurde nicht als derartiger Grund akzeptiert. Zur Vertretung des Angeklagten war jedoch eine ausdrückliche Genehmigung durch das Gericht notwendig. Die schlichte Anwesenheit des Verteidigers in der Verhandlung war nicht ausreichend.[54]

In der Sache *Lala* wurde der Angeklagte in erster Instanz in Abwesenheit zu einer Freiheitsstrafe von vier Wochen wegen Versicherungsbetrugs verurteilt. In der Berufungshauptverhandlung, zu der der Angeklagte ordnungsgemäß geladen worden war, erschien nur sein Verteidiger. Dieser erklärte, dass sich der Angeklagte weigere zu erscheinen, weil er eine Geldstrafe, die in einem anderen Verfahren gegen ihn verhängt worden war, nicht zahlen könne und eine Festnahme zur Verbüßung der Ersatzfreiheitsstrafe fürchte. Das Berufungsgericht führte eine Verhandlung in Abwesenheit durch und verhängte eine herabgesetzte Freiheitsstrafe. Die Nichtigkeitsbeschwerde, die sich darauf stützte, dass das Berufungsgericht es unterlassen hätte, dem Verteidiger die Gelegenheit zu geben, den Angeklagten zu verteidigen,

54 Vgl. zur Rechtslage EMGR Lala ./. NL (Fn. 6) §§ 14 ff.

wurde abgewiesen. Aus dem Hauptverhandlungsprotokoll ergebe sich nicht, dass der Verteidiger einen solchen Wunsch vorgebracht hätte.[55]

Im Fall *Pelladoah* wurde der Angeklagte in Anwesenheit in erster Instanz wegen unvorsätzlicher Drogeneinfuhr zu einer Freiheitsstrafe von sechs Monaten verurteilt, jedoch gleichzeitig seine Freilassung angeordnet, weil der Angeklagte diese Zeit bereits in Untersuchungshaft verbracht hatte. Verteidigung und Staatsanwaltschaft legten beide Berufung ein. Der Angeklagte wurde in der Zwischenzeit in sein Heimatland Mauritius ausgewiesen. In der mündlichen Verhandlung erschien nur der Verteidiger, der einen Antrag auf Verteidigung des abwesenden Angeklagten stellte. Er erklärte, dass *Pelladoah* wegen seines Wohnsitzes auf Mauritius nicht zur Verhandlung erscheinen konnte. Der Antrag wurde abgelehnt, weil dies kein zwingender Grund i.S.d. anerkannten Rechtsprechung für eine Verteidigung in Abwesenheit sei. Weitere Anträge des Verteidigers auf Vertretung wurden auch abgelehnt, weil zunächst eine spezielle Ermächtigung der Vertretung durch den Angeklagten fehlte. Als diese endlich vorlag, wurde die Vertretung wegen Fehlens eines gesetzlich zulässigen Vertretungsfalls verweigert. Nach einer Verhandlung zur Sache, in der der Staatsanwalt Fragen an die Zeugen stellen durfte, der Verteidiger hingegen nicht, wurde der Angeklagte wegen vorsätzlicher Drogeneinfuhr zu neun Jahren Freiheitsstrafe verurteilt. Ein Einspruch gegen das Abwesenheitsurteil war nicht möglich. Die eingelegte Nichtigkeitsbeschwerde hatte keinen Erfolg.[56]

## II. Urteile des EGMR

Der EGMR hat eine Parallele zu seinem *Poitrimol*-Urteil darin erkannt, dass es sich in beiden Fällen für die Angeklagten um die letzte Instanz gehandelt hatte, in der Tatsachen- und Rechtsfragen behandelt worden waren.[57]

Er hat in seinen Urteilen jedoch auch gesehen, dass sich die niederländischen Fälle von *Poitrimol* insbesondere dadurch unterschieden, dass in den Niederlanden anders als in Frankreich grundsätzlich keine Anwesenheitspflicht bestand. Diesen Umstand hat er sogar als wichtig erachtet.[58] Da der EGMR auch betont hat, dass die Anwesenheit des Angeklagten für ein faires Verfahren besonders wichtig sei, hätte man meinen können, dass gerade dieser Unterschied eine andere Entscheidung des EGMR als in *Poitrimol* bewirkt hätte. Doch er hat sich von nationalen Grundsätzen nicht beirren lassen. Vielmehr hat er geprüft, ob nicht doch faktisch in der nationalen Regelung eine „Bestrafung“ für das Fernbleiben der Angeklagten in der mündlichen Verhandlung zu sehen ist. Diesen Umstand hat er bejaht. Denn nur ein zwingender Grund für die Abwesenheit des Angeklagten ermögliche die

55 EMGR Lala ./. NL (Fn. 6) §§ 8 ff.
56 EGMR Pelladoah ./. NL (Fn. 6) §§ 8 ff.
57 EGMR Lala ./. NL (Fn. 6) § 31 ; Pelladoah ./. NL (Fn. 6) § 38.
58 EGMR Lala ./. NL (Fn. 6) § 32; Pelladoah ./. NL (Fn. 6) § 39.

Vertretung. In allen anderen Fällen ergeht eine Abwesenheitsentscheidung ohne Vertretungsmöglichkeit.[59]

Hatte der EGMR in der Sache *Poitrimol* noch eine Verletzung der Konvention aufgrund Unverhältnismäßigkeit im Einzelfall bejaht, hat er nun klar Stellung bezogen. Er hat die in *Poitrimol* bereits aufgezeigten Pole der Wichtigkeit der Anwesenheit des Angeklagten und das Recht auf effektive Verteidigung, beides sowohl in erster Instanz wie auch im Rechtsmittelverfahren, einander gegenüber gestellt und klar entschieden, dass letzteres Interesse überwiege:

> „In the Court's view the latter interest prevails."[60]

Nur ergänzend hat der EGMR angeführt, dass dies umso mehr („the more so") gelte, weil im niederländischen Recht gegen ein im Rechtsmittelverfahren ergangenes Abwesenheitsurteil kein Widerspruch möglich sei. Nach Ansicht des EGMR rechtfertige daher der Umstand, dass der Angeklagte trotz ordnungsgemäßer Ladung nicht erscheine, selbst dann nicht die Aberkennung des Rechts auf einen Verteidiger, wenn es dafür keine Entschuldigung gebe („even in the absence of an excuse").[61]

Zudem lässt sich die steigende Selbstsicherheit des EGMR für ein Recht auf Verteidigung in Abwesenheit erkennen, wenn man die Schlussformeln der Feststellung des Verstoßes in Sachen *Poitrimol* und *Lala / Pelladoah* vergleicht. Während sich der Gerichtshof in *Poitrimol* nochmals auf die Zusammenschau aller Umstände des Einzelfalls bezogen hatte („In the light of all these considerations")[62], ist er sich bei *Lala / Pelladoah* mit der Formulierung „In conclusion"[63] der Allgemeingültigkeit seiner Aussagen bereits sehr sicher gewesen.

Überdies ist auffällig, dass die Begründungen der Urteile *Lala* und *Pelladoah* im Wortlaut nahezu identisch sind, obwohl die zugrunde liegenden Sachverhalte sich vor allem in den Motiven, weshalb die Angeklagten der Verhandlung ferngeblieben sind, unterschieden haben. *Lala* hat die Angst vor der Vollstreckung einer Ersatzfreiheitsstrafe vom Erscheinen abgehalten, während *Pelladoh* aus Kostengründen und der Entfernung seines Wohnsitzes der Verhandlung ferngeblieben war. Der EGMR hat den Motiven der Angeklagten für ihr Fernbleiben in seiner Urteilsbegründung folglich keine Bedeutung beigemessen.

Eine echte Besonderheit stellt die Absage an die niederländische Formanforderung für die Vertretung des Angeklagten dar. Der EGMR hat deutlich gemacht, dass sich an dem Recht auf Verteidigung durch einen Verteidiger nichts ändere, nur weil der Verteidiger es unterlassen habe die Erlaubnis des Gerichts einzuholen. Jedermann, der einer strafbaren Handlung beschuldigt sei, habe das Recht, durch einen Verteidiger verteidigt zu werden. Damit dieses Recht praktisch und wirksam

---

59 EMGR Lala ./. NL (Fn. 6) § 32 f.; EGMR Pelladoah ./. NL (Fn. 6) § 39 f.
60 EGMR Lala ./. NL (Fn. 6) § 33 ; EGMR Pelladoah ./. NL (Fn. 6) § 40.
61 EGMR Lala ./. NL (Fn. 6) § 33 ; EGMR Pelladoah ./. NL (Fn. 6) § 40.
62 EGMR Poitrimol ./. F (Fn. 6) § 39.
63 EMGR Lala ./. NL (Fn. 6) § 35.

und nicht nur theoretischer Natur sei, dürfe seine Ausübung nicht an die Erfüllung ungebührlich formalistischer Bedingungen geknüpft werden:

> „For this right to be practical and effective, and not merely theoretical, its exercise should not be made dependent on the fulfillment of unduly formalistic conditions".[64]

## III. Zwischenergebnis

Der EGMR ist in *Lala* und *Pelladoah* dazu übergegangen, sich klar zu positionieren: Das Recht des Angeklagten auf Verteidigung überwiegt die Forderung nach seiner Anwesenheit unabhängig von den Motiven des Angeklagten für sein Fernbleiben. Insbesondere kommt es nicht auf die Frage der Entschuldigung für das Ausbleiben des Angeklagten an. Schließlich dürfen auch ungebührliche Formanforderungen der Gewährleistung des Rechts auf Verteidigerbeistand nicht entgegenstehen.

# § 3. EGMR (GK) Van Geyseghem ./. Belgien

In der Sache *Van Geyseghem* wurde Belgien erstmals am 21.1.1999 vom EGMR (GK) endgültig verurteilt.

## I. Belgische Rechtslage und Sachverhalt

Im belgischen Recht herrschte der Grundsatz der Anwesenheit in der Hauptverhandlung. Jedoch war es dem Angeklagten möglich, sich in Bagatellfällen, die keine Freiheitsstrafe nach sich zogen, vertreten zu lassen. Gleiches galt, wenn der Angeklagte nachgewiesen hatte, dass es ihm unmöglich war, zur Verhandlung zu erscheinen (Art. 185 Abs. 2 belgische StPO). Das Gericht konnte aber jederzeit das persönliche Erscheinen des Angeklagten anordnen, wogegen kein Rechtsmittel möglich war. Bei Nichterscheinen wurde ein Abwesenheitsverfahren durchgeführt. Gegen dieses Urteil war Einspruch zum gleichen Gericht möglich. Jedoch herrschte hier Anwesenheitspflicht. Bei Nichterscheinen wurde der Einspruch verworfen. Die gleiche Möglichkeit bestand auch für ein Abwesenheitsurteil im Berufungsrechtszug.[65]

Das Strafgericht erster Instanz verurteilte die Angeklagte *Van Geyseghem* in Abwesenheit wegen Drogeneinfuhr zu einer Freiheitsstrafe von vier Jahren sowie zu einer Geldstrafe und erließ einen Haftbefehl. Der Einspruch zum gleichen Gericht führte in Anwesenheit der Angeklagten zu einer Verminderung der Freiheitsstrafe auf drei Jahre. Der Haftbefehl wurde nicht aufrechterhalten. In der Berufungsverhandlung erschien weder die Angeklagte noch ihr Verteidiger. Das Urteil erster Instanz wurde vollumfänglich bestätigt und Haftbefehl erlassen. Die Angeklagte erhob Einspruch

---

64 EMGR Lala ./. NL (Fn. 6) § 34; Pelladoah ./. NL (Fn. 6) § 41; *Meyer-Mews* NJW 2002, 1928.

65 EGMR (GK) Van Geyseghem ./. B (Fn. 6) §§ 20 ff.

gegen dieses Urteil, doch erschien im Einspruchstermin trotz ordnungsgemäßer Ladung nur ihr Verteidiger. Dieser erklärte, er beabsichtige, die Angeklagte zu vertreten und Anträge zur Verjährung zu stellen. Er berief sich dabei auf die Möglichkeit der Vertretung gemäß § 185 Abs. 2 belgische StPO. Dieses Gesuch wurde vom Gericht mit der Begründung abgelehnt, dass die Angeklagte nicht erschienen sei und ihr Ausbleiben nicht mit höherer Gewalt entschuldigt habe.[66]

## II. Urteil des EGMR

Anders als in den Niederlanden hat es nach belgischem Recht die Möglichkeit eines Einspruchs gegen eine Abwesenheitsentscheidung gegeben. Die belgische Regierung hat deshalb sogleich versucht, mit dieser Möglichkeit eine Verurteilung durch den EGMR abzuwenden.[67] Diesem Aspekt hat der EGMR jedoch eine Absage erteilt. Die Feststellung der fehlenden Möglichkeit des Einspruchs sei in den Fällen *Lala* und *Pelladoah* nicht entscheidend gewesen („the more so") und gehöre nicht zu den tragenden Gründen der Urteile.[68]

Erstmals hat der EGMR vorgetragen, dass der berechtigten Forderung nach Anwesenheit des Angeklagten bei der gerichtlichen Verhandlung mit anderen Mitteln als durch die Entziehung des Rechts auf Verteidigung Nachdruck verliehen werden könne:

> „The legitimate requirement that defendants must attend court hearings can be satisfied by means other than deprivation of the right to be defended."[69]

Diese Aussage ist Teil der ständigen Rechtsprechung des EGMR geworden.[70] Der EGMR hat insofern darauf hingewiesen, dass es nach belgischem Recht die Möglichkeit gegeben hätte, die Anwesenheit des Angeklagten anzuordnen, wogegen es keine Rechtsmittel geben hätte („In any event, the Criminal Court may order the accused to attend. No appeal shall lie against such a decision.").[71] Eine Lösung dafür, wie diese Pflicht dann auch durchgesetzt werden könnte, hat er jedoch nicht aufgezeigt.

Weiter hat der EGMR klargestellt, dass das Überwiegen der Verteidigungsgarantie umso mehr („the more so") gelte, als im vorliegenden Fall die Verteidigung einen rechtlichen Gesichtspunkt betroffen habe.[72] Aus der Formulierung „the more so" lässt sich erneut ableiten, dass dies kein Aspekt ist, der für den Gerichtshof entscheidend

---

66 EGMR (GK) Van Geyseghem ./. B (Fn. 6) §§ 8 ff.

67 EGMR (GK) Van Geyseghem ./. B (Fn. 6) § 31.

68 EGMR (GK) Van Geyseghem ./. B (Fn. 6) § 34.

69 EGMR (GK) Van Geyseghem ./. B (Fn. 6) § 34.

70 EGMR Van Pelt ./. F (Fn. 6) § 67; Harizi ./. F (Fn. 6) § 50; Kari-Pekka Pietiläinen ./. FIN (Fn. 6) § 32; Neziraj ./. D (Fn. 6) § 51.

71 EGMR (GK) Van Geyseghem ./. B (Fn. 6) § 34. Die Übersetzung in EGMR, NJW 1999, 2353, 2354 mit „Vorführung" verfälscht damit den wahren Inhalt der Norm. Eine am Wortlaut orientierte Übersetzung findet sich in EGMR, EuGRZ 1999, 9.

72 EGMR (GK) Van Geyseghem ./. B (Fn. 6) § 35.

gewesen ist. Dennoch hat der EGMR dadurch gezeigt, dass er bei Rechtsfragen die Stellungnahme des Verteidigers für wichtiger erachtet als die des Angeklagten, der regelmäßig ein juristischer Laie ist. Dem Verteidiger sei auch das Wort zu erteilen gewesen, obwohl die Rechtsfrage der Verjährung nach innerstaatlichem Recht von Amts wegen zu behandeln gewesen sei. Der Verteidiger leiste nämlich einen unersetzlichen Beitrag zur Lösung von Streitigkeiten.[73] Damit steht fest, dass es nicht dem EGMR darauf ankommt, ob eine Rechtsfrage nur auf Vortrag oder bereits von Amts wegen zu beurteilen ist. Denn das Wort des rechtskundigen Verteidigers kann auch bei von Amts wegen zu bewertenden Fragen zur Rechtsfindung durch das Gericht beitragen.

## III. Zwischenergebnis

Im Ergebnis kann die Möglichkeit eines Einspruchs gegen ein Abwesenheitsurteil nichts an der Gewährleistung des Rechts auf Verteidigung ändern. Zudem ist einer ungerechtfertigten Abwesenheit auf andere Weise als durch Beschneidung des Rechts auf Verteidigung zu begegnen. Eine Antwort darauf, wie ein solcher Weg aussehen könnte, hat der EGMR nicht gegeben. Zudem muss dem Verteidiger auch zu Rechtsfragen, die von Amts wegen zu beachten sind, das Wort erteilt werden.

# § 4. EGMR Van Pelt ./. Frankreich

In der Sache *Van Pelt* wurde Frankreich am 23.5.2000 erneut wegen einer Konstellation verurteilt, die das Recht des Angeklagten auf Verteidigung in Abwesenheit betrifft.

Der Angeklagte wurde in der Sache *Van Pelt* in erster Instanz in Anwesenheit wegen Drogendelikten zu einer Freiheitsstrafe verurteilt. Auf die Berufung des Angeklagten hin wurde die Verurteilung aufgehoben. Die Staatsanwaltschaft legte hiergegen Rechtsmittel ein. Die Entscheidung des Berufungsgerichts wurde vom Kassationsgerichtshof aufgehoben und an ein anderes Berufungsgericht zurückverwiesen. Zum ersten Termin der mündlichen Verhandlung war der Angeklagte persönlich mit seinen Verteidigern erschienen. An den weiteren Terminen nahm der Angeklagte nicht teil, da dieser im Krankenhaus war. Die vorgelegten Atteste wurden zum einen wegen inhaltlicher Mängel und zum anderen wegen Formmängeln nicht akzeptiert. Die ursprüngliche Verurteilung wurde aufrechterhalten, ohne die Verteidiger zu Tatsachen- und Rechtsfragen gehört zu haben.[74]

Der EGMR hat klargestellt, dass unabhängig davon, ob das vorgelegte Attest anzuerkennen gewesen wäre,[75] das Recht auf Verteidigung hätte gewährt werden müssen. Der Gerichtshof hat keinen Unterschied zu den bisherigen Urteilen festgestellt.[76]

73 EGMR (GK) Van Geyseghem ./. B (Fn. 6) § 35.
74 EGMR Van Pelt ./. F (Fn. 6) §§ 7 ff.
75 EGMR Van Pelt ./. F (Fn. 6) § 64: Die Beantwortung dieser Frage obliegt den nationalen Gerichten und nicht dem EGMR.
76 EGMR Van Pelt ./. F (Fn. 6) § 69.

Erneut zeigt sich damit, dass der Grund für das Fernbleiben für den EGMR keine Rolle für die Gewährung des Rechts auf Verteidigung spielt.

## § 5. EGMR Krombach ./. Frankreich

Der Fall *Krombach* nimmt eine herausragende Stellung innerhalb der Rechtsprechung des EGMR zum „Recht auf Vertretung“ ein. Neben seinen Neuerungen in der Begründung war auch der Sachverhalt spektakulär. Er beschäftigt die Justiz sogar bis heute.[77]

### I. Sachverhalt

Der Arzt *Krombach* ist deutscher Staatsbürger. Seine Ehefrau und deren Kinder besitzen hingegen die französische Staatsbürgerschaft. Während eines Aufenthalts der Kinder bei *Krombach* in Deutschland kam seine Stieftochter nach Verabreichung eines Eisenpräparats unter nicht geklärten Umständen ums Leben. Das Ermittlungsverfahren in Deutschland gegen *Krombach* wurde gemäß § 170 Abs. 2 StPO eingestellt. In Frankreich hingegen sah man die Tötungsabsicht *Krombachs* als erwiesen an und erhob Anklage vor dem Schwurgericht. Es wurde ein Haftbefehl gegen *Krombach* erlassen und er wurde mehrmals zur Vernehmung zur Person persönlich geladen. Eine Rechtsbeschwerde gegen die Anklage blieb erfolglos. Er wurde über seinen Verteidiger sowie durch öffentlichen Aushang zur mündlichen Verhandlung des Schwurgerichts geladen. *Krombach* erklärte sich unter der Bedingung, in Freiheit zu bleiben, bereit, zur mündlichen Verhandlung zu erscheinen. In der mündlichen Verhandlung waren jedoch nur seine Verteidiger anwesend, die beantragten, den abwesenden Angeklagten verteidigen zu dürfen und zu allen Fragen der Rechtskraft („ne bis in idem“) Stellung nehmen zu dürfen. Die Anträge der Verteidiger wurden unter Hinweis auf § 630 französische StPO, der die Vertretung des Angeklagten durch einen Anwalt vor dem Schwurgericht verbot, abgelehnt. In Abwesenheit wurde *Krombach* zu einer Freiheitsstrafe von 15 Jahren verurteilt und ein internationaler Haftbefehl gegen ihn erlassen. Die dagegen eingelegte Rechtsbeschwerde wurde zurückgewiesen. Es hätte die Möglichkeit der Wiederaufnahme dieses Urteils gegeben, wenn sich *Krombach* freiwillig gestellt hätte oder inhaftiert worden wäre (§ 639 französische StPO).[78]

---

77 *Bamberski* entführte am 18.10.2009 den mutmaßlichen Mörder seiner Tochter und verbrachte ihn von Lindau am Bodensee nach Mulhouse im Elsass, wo er gefesselt und geknebelt vor dem Gerichtsgebäude gefunden wurde. Vgl. hierzu Netzer ZJS 2009, 752. Die Hauptverhandlung gegen *Bamberski* wegen der mutmaßlichen Entführung *Krombachs* hat am 22.5.2014 vor dem Tribunal correctionel in Mulhouse begonnen. Vgl. hierzu Spiegel online v. 22.5.2014, http://www.spiegel.de/panorama/justiz/kalinka-fall-prozess-wegen-entfuehrung-gegen-bamberski-in-mulhouse-a-970670.html (Stand: 6.12.2014).

78 Zur Rechtslage im Verfahren vor dem Schwurgericht EGMR Krombach ./. F (Fn. 6) §§ 56 ff.; zum Sachverhalt §§ 9 ff.

*Krombach* wurde zudem vom Schwurgericht im Adhäsionsverfahren zur Zahlung eines Schadensersatzes von 350.000 Französische Francs an den Kläger und Vater des verstorbenen Mädchens *Bamberski* verurteilt. Auf Antrag von *Bamberski* wurde das Urteil vom LG Kempten für vollstreckbar erklärt, wogegen sich *Krombach* erfolglos mit der Beschwerde an das OLG wandte. Auf die Rechtsbeschwerde hin, legte der BGH dem EuGH die Vorlagefrage vor (Art. 234 EGV a.F.), ob das Gericht des Vollstreckungsstaats im Rahmen der öffentlichen Ordnung i.S.v. Art. 27 Nr. 1 EuGVÜ berücksichtigen dürfe, dass das Strafgericht des Ursprungsstaats die Verteidigung des Schuldners durch einen Rechtsanwalt in einem zivilrechtlichen Adhäsionsverfahren zurückgewiesen habe, weil der in einem anderen Vertragsstaat wohnende Beklagte wegen einer vorsätzlichen Straftat angeklagt und nicht persönlich erschienen sei.[79]

## II. EuGH Rs. C-7/98 (Krombach ./. Bamberski)

Der EuGH hat die Vorlagefrage des BGH mit Urteil vom 28.3.2000 bejaht.[80] Art. 27 Nr. 1 EuGVÜ[81] regelte ein Anerkennungshindernis einer EU-ausländischen Entscheidung für den Fall, dass die Anerkennung der öffentlichen Ordnung des Staates, in dem sie geltend gemacht wird, widersprechen würde. Der EuGH hat entschieden, dass diese *ordre-public*-Klausel nur herangezogen werden könne, wenn es sich bei dem fraglichen Verstoß um eine offensichtliche Verletzung einer in der Rechtsordnung des Vollstreckungsstaats als wesentlich geltenden Rechtsnorm oder eines dort als grundlegend anerkannten Rechts handle.[82] Das Recht auf einen Verteidiger sei für die Gestaltung und Durchführung eines fairen Prozesses von herausragender Bedeutung und gehöre zu den Grundrechten, die sich aus den gemeinsamen Verfassungstraditionen der Mitgliedstaaten ergäben.[83] Der EuGH hat die strafrechtliche Rechtsprechung des EGMR zum Recht auf Verteidigung in Abwesenheit herangezogen, um festzustellen, dass ein nationales Gericht berechtigt sei, es als offensichtliche Grundrechtsverletzung anzusehen, wenn dem Verteidiger eines nicht in der Hauptverhandlung anwesenden Angeklagten verwehrt wird, für diesen aufzutreten.[84] Der EuGH hat im Fall *Krombach*, dem die vorsätzliche Begehung einer Straftat zur Last lag, auch keinen Umkehrschluss aus Art. II des Protokolls zum EuGVÜ, das gemäß Art. 65 EuGVÜ Bestandteil des EuGVÜ war, bejaht. Darin war

79 BGH, EuZW 1999, 26.

80 EuGH Rs. C-7/98 (Krombach ./. Bamberski), 28.3.2000, Slg C-7/98 = NJW 2000, 1853 m. Anm. *von Bar* JZ 2000, 725.

81 Übereinkommen über die gerichtliche Zuständigkeit und die Vollstreckung gerichtlicher Entscheidungen in Zivil- und Handelssachen v. 27.9.1968, BGBl. II 1972, S. 774. Das Übereinkommen ist mittlerweile durch die VO (EG) Nr. 44/2001, ABl. L 12 v. 16.1.2001, S. 1, ersetzt worden, die *ordre public*-Klausel findet sich nun in Art. 34 Nr. 1 EuGVO.

82 EuGH Rs. C-7/98 (Krombach) (Fn. 80) § 37.

83 EuGH Rs. C-7/98 (Krombach) (Fn. 80) § 38.

84 EuGH Rs. C-7/98 (Krombach) (Fn. 80) §§ 39 f.

für das Adhäsionsverfahren geregelt, dass unbeschadet günstigerer innerstaatlicher Vorschriften, Personen, die ihren Wohnsitz in einem Vertragsstaat hatten und die vor den Strafgerichten eines anderen Vertragsstaats, dessen Staatsangehörigkeit sie nicht besitzen, wegen einer *fahrlässig begangenen Straftat* verfolgt werden, sich von hierzu befugten Personen verteidigen lassen durften, selbst wenn sie persönlich nicht erschienen waren. Der EuGH hat vielmehr betont, dass die Wahrung der Verteidigungsrechte in allen Verfahren, die zu einer den Betroffenen beschwerenden Maßnahme führen können, einen fundamentalen Grundsatz des (früheren) Gemeinschaftsrechts bildeten, der auch dann sicherzustellen sei, wenn eine Regelung für das fragliche Verfahren fehle.[85]

Der EuGH hat damit bereits vor dem Urteil des EGMR in der Sache *Krombach* das Recht auf Verteidigung in Abwesenheit aus ex-Art. 6 Abs. 2 EUV i.V.m. der bisherigen Rechtsprechung des EGMR zu Art. 6 Abs. 3 lit. c EMRK hergeleitet[86] und so bereits vor dem Inkrafttreten des Vertrags von Lissabon und dem Beitritt der EU zur EMRK in diesem Punkt einen Gleichlauf in der Rechtsprechung der voneinander unabhängigen Gerichte hergestellt[87].

## III. Urteil des EGMR

Der EGMR hat am 13.2.2001 im Einklang mit dem EuGH auf eine Verletzung von Art. 6 Abs. 3 lit. c i.V.m. Abs. 1 EMRK erkannt.[88] Die Besonderheit des Falles liegt darin, dass der EGMR erstmals nicht über die Verteidigung in Abwesenheit des Angeklagten in einer *Berufungsinstanz*, sondern im *ersten Rechtszug* zu befinden hatte. Dieses Urteil ist damit der Grund dafür, dass überhaupt ein generelles „Recht auf Vertretung" bzw. „Verteidigung in Abwesenheit" diskutiert werden kann.

Die nach französischem Recht mögliche Wiederaufnahme eines Verfahrens nach Verurteilung in Abwesenheit bei Inhaftierung bzw. freiwilliger Befolgung des Haftbefehls hat der EGMR zuerst nicht als zu erschöpfendes Rechtsmittel i.S.v. Art. 35 Abs. 3 EMRK angesehen[89] und dann auch nicht als Kompensation für die Nichtgewährung des Rechts auf Verteidigung in Abwesenheit. In der Wiederaufnahmeverhandlung wäre das Urteil einer neuerlichen vollumfänglichen Prüfung in Anwesenheit des Angeklagten unterzogen worden. Es könne jedoch nicht darum gehen, einen Angeklagten zu verpflichten sich zu stellen, um in den Genuss einer dem Art. 6 EMRK entsprechenden Verhandlung zu gelangen. Dies würde die

85 EuGH Rs. C-7/98 (Krombach) (Fn. 80) § 42. Zum Fortgang des Falls Krombach, vgl. *Netzer* ZJS 2009, 752.
86 *Esser* in: Hdb. Europäisches Strafrecht, § 58 Rn. 28.
87 Vgl. *Netzer* ZJS 2009, 752, 758; *von Bar* JZ 2000, 725, 727.
88 EGMR Krombach ./. F (Fn. 6) § 91. Der EGMR bezieht sich in den Entscheidungsgründen jedoch nicht auf die Rechtsprechung des EuGH.
89 EGMR Krombach ./. F (Fn. 6) § 67.

Wahrnehmung des Rechts auf ein faires Verfahren an eine Art Kaution knüpfen, nämlich die der persönlichen Freiheit der Person.[90]

Damit stellt sich jedoch die Frage, ob das Verlangen nach Anwesenheit des Angeklagten überhaupt zwangsweise durchgesetzt werden kann. Zwar betrifft die Aussage des EGMR ein außerordentliches Rechtsmittel, doch die Verteidigungsgarantie soll nach seiner Ansicht in jeder Instanz gelten. Folglich kann man bezweifeln, ob eine mündliche Verhandlung, zu der nur ein verteidigungsbereiter Rechtsvertreter erschienen ist, unterbrochen werden kann, um zum nächsten Termin die Anwesenheit des Angeklagten zwangsweise herzustellen.[91] Dies zeigt, dass sich der EGMR mit der Frage, wie „auf sonstige Weise" einer ungerechtfertigten Abwesenheit zu begegnen ist, nicht auseinandergesetzt hat. Er hat sich vielmehr nur mit der Durchsetzung der Verteidigungsgarantie beschäftigt. Dass seine Worte zur Achtung der Forderung nach Anwesenheit des Angeklagten dadurch in eine inhaltsleere Formel zu verkümmern drohen, hat er nicht gesehen. Es ist nicht klar, auf welche Weise die Anwesenheit des Angeklagten sonst effektiv hergestellt werden soll als durch Beeinträchtigung des Freiheitsrechts. Jedoch ist zu beachten, dass es sich im Urteil *Krombach* nicht nur um einen Haftbefehl zum Zweck der Durchführung der Hauptverhandlung gehandelt hat, sondern die Durchführung der Überprüfung einer Abwesenheitsentscheidung an die Kaution der persönlichen Freiheit geknüpft war. Möglicherweise hat deshalb eine Freiheitsentziehung bzw. -beschränkung Bestand, die zur Durchführung der Hauptverhandlung erfolgt.

Ein weiterer Gesichtspunkt in der Entwicklung der Rechtsprechung des EGMR ist, dass der Gerichtshof an der Geltung des Verteidigungsrechts keinen Zweifel hat aufkommen lassen, nur weil es sich um ein Strafverfahren wegen eines Verbrechens vor dem Schwurgericht und nicht wegen eines Vergehens vor einem Gericht niederer Ordnung gehandelt hat.[92] Eine Differenzierung nach dem Anklagevorwurf bzw. dem zuständigen Gericht ist damit ausgeschlossen.

Der EGMR hat wie schon in der Sache *Van Geyseghem* deutlich gemacht, dass die Verteidiger Gelegenheit hätten haben müssen, zur Rechtsfrage der Rechtskraft und zu „ne bis in idem" zu plädieren. Die Regierung habe nicht geltend gemacht, dass das Schwurgericht, wenn es den Anwälten gestattet hätte, zu plädieren, jene Frage nicht hätte prüfen dürfen.[93]

## IV. Zwischenergebnis

Damit kann festgehalten werden, dass das Recht auf Verteidigerbeistand unabhängig von der Abwesenheit des Angeklagten nicht nur im Rechtsmittelverfahren, sondern auch bereits in der ersten Instanz gilt. Eine Wiederaufnahmemöglichkeit

90 EGMR Krombach ./. F (Fn. 6) § 87.

91 So *Esser/Gaede/Tsambikakis* NStZ 2011, 140, 148, jedoch für den Fall der unbedingten Erforderlichkeit der Anwesenheit des Angeklagten.

92 EGMR Krombach ./. F (Fn. 6) § 86.

93 EGMR Krombach ./. F (Fn. 6) § 90.

um den Preis der persönlichen Freiheit kann eine Verletzung der Verteidigungsgarantie nicht abwenden. Mit welchen Mitteln, außer mit Freiheitsentzug, die Anwesenheit des Angeklagten herzustellen ist, bleibt auch weiterhin unklar. Es kommt schließlich nicht auf die Art des zuständigen Gerichts bzw. die Kategorisierung des Anklagevorwurfs als Vergehen oder Verbrechen an.

Nach dem Urteil des EuGH in der Sache *Krombach* steht zudem fest, dass das Recht auf Verteidigung in Abwesenheit auch ein allgemeiner Grundsatz des (früheren) Gemeinschaftsrechts war.

## § 6. EGMR Stroek ./. Belgien und Goedhart ./. Belgien

Belgien wurde am 20.3.2001 in zwei weiteren Fällen vom EGMR wegen Verletzung des Rechts auf Verteidigung verurteilt.

In der Sache *Stroeck* waren zwei Brüder wegen Drogenimports in erster Instanz in Abwesenheit zu acht Jahren Freiheitsstrafe und einer Geldstrafe verurteilt worden. Die Vertretung durch die Verteidiger wurde jedoch gestattet. Es wurde Haft angeordnet. Die Angeklagten legten Berufung ein, erschienen jedoch trotz ordnungsgemäßer Ladung nicht zum Termin. Die Vertretung durch die Verteidiger wurde versagt, die Verurteilung erster Instanz bestätigt und die Haft erneut verfügt. Das Rechtmittel der Angeklagten hatte keinen Erfolg.[94]

Dem Urteil *Goedhart* lag eine ähnliche Konstellation zugrunde. Der Angeklagte wurde in erster Instanz in Abwesenheit wegen Drogendelikten zu sieben Jahren Freiheitsstrafe und einer Geldstrafe verurteilt. Es erging ein Haftbefehl. Hiergegen legte der Angeklagte Einspruch ein, der jedoch verworfen wurde, da er zum Einspruchstermin nicht erschienen war und auch kein Fall zulässiger gesetzlicher Vertretung vorlag. Der Angeklagte legte Berufung ein, zu der er trotz ordnungsgemäßer Ladung erneut nicht erschien. Der Antrag der Verteidigung auf Vertretung wurde vom Berufungsgericht abgelehnt. Das Urteil aus erster Instanz wurde bestätigt und erneut die Haft angeordnet. Hiergegen wandte sich der Angeklagte mit dem Einspruch. Dieser wurde jedoch verworfen, weil der Angeklagte wieder nicht zur Anhörung erschienen war. Die Vertretung durch die Verteidigung wurde verweigert, obwohl die Anwälte ein Dokument vorgelegt hatten, aus dem hervorging, dass der Angeklagte nicht in Person erscheinen konnte. Auch eine Revision war erfolglos.[95]

Der EGMR hat befunden, dass diese beiden Sachverhalte keine Besonderheiten aufweisen, die ein Abweichen von seiner bisherigen Rechtsprechung zum Recht auf Verteidigerbeistand bei Abwesenheit rechtfertigen könnten.[96]

94 EGMR Stroek ./. B (Fn. 6) § 9 ff.
95 EGMR Stroek ./. B (Fn. 6) § 24; Goedhart ./. B (Fn. 6) § 8 ff.
96 EGMR Stroek ./. B (Fn. 6) § 24; Goedhart ./. B (Fn. 6) § 27.

# § 7. EGMR Harizi ./. Frankreich

In der Sache *Harizi* wurde Frankreich am 29.3.2005 zum vierten Mal wegen Verletzung des Rechts auf Verteidigerbeistand bei Abwesenheit des Angeklagten in der Hauptverhandlung verurteilt.

## I. Sachverhalt

Gegen den algerischen Angeklagten *Harizi* war ein Abschiebebefehl ergangen. Er weigerte sich jedoch, in das Flugzeug zu steigen, was zu einem Strafverfahren in Frankreich gegen ihn führte. In erster Instanz wurde er in Anwesenheit freigesprochen. Die Staatsanwaltschaft legte hiergegen Berufung ein. Während das Verfahren noch anhängig war, wurde *Harizi* abgeschoben. Da eine Freiheitsstrafe von mehr als zwei Jahre zu erwarten war, war eine Vertretung des Angeklagten in Abwesenheit ausgeschlossen. Der Antrag des Verteidigers auf Einreiseerlaubnis für die mündliche Verhandlung wurde abgelehnt. Er wurde in Abwesenheit zu sechs Monaten Haft und einem zehnmonatigen Einreiseverbot nach Frankreich verurteilt. Der Angeklagte machte von der Möglichkeit des Einspruchs keinen Gebrauch.[97]

## II. Urteil des EGMR

Das Urteil *Harizi* verdient besondere Aufmerksamkeit, weil es dem Angeklagten zum einen wegen seiner Abschiebung nach Algerien und der Ablehnung der Einreiseerlaubnis faktisch nicht möglich war, nach Frankreich für die mündliche Berufungsverhandlung einzureisen und sich damit selbst zu verteidigen. Zum anderen war es ihm aber auch nicht möglich, seine Verteidigung gemäß Art. 6 Abs. 3 lit. c Alt. 2 EMRK über einen Verteidiger wahrzunehmen, weil kein gesetzlich zulässiger Vertretungsfall gegeben war.

Die maßgebliche Beschwer hat der EGMR in der fehlenden Anhörung des erschienen Verteidigers gesehen. Der EGMR hat deshalb eine Verletzung der Konvention festgestellt[98] – dies obwohl der Angeklagte nicht die Möglichkeit des Einspruchs gegen das Abwesenheitsurteil genutzt hat. Der EGMR hat jedoch gesehen, dass der Angeklagte, auch wenn er von seinem Verteidiger über den Gerichtstermin informiert worden war, tatsächlich keine hinreichende Kenntnis vom Verfahren in seiner Abwesenheit gehabt hatte und dass das Rechtsmittel wegen der Abwesenheit des Angeklagten nach französischem Recht ohnehin faktisch aussichtslos gewesen wäre.[99]

---

97 EGMR Harizi ./. F (Fn. 6) §§ 8 ff.
98 EGMR Harizi ./. F (Fn. 6) § 55.
99 EGMR Harizi ./. F (Fn. 6) § 52.

## III. Zwischenergebnis

Der Fall *Harizi* ist besonders hervorzuheben, weil der Angeklagte nicht nur an der Verteidigung durch einen Strafverteidiger, sondern bereits an der Selbstverteidigung durch Abschiebung gehindert war.

# § 8. EGMR Kari-Pekka Pietiläinen ./. Finnland

Am 22.9.2009 wurde auch Finnland in der Sache *Pietiläinen* vom EGMR wegen Verletzung des Rechts des Angeklagten auf Verteidigung in Abwesenheit in der Hauptverhandlung verurteilt.

## I. Finnische Rechtslage und Sachverhalt

Nach der strafprozessualen Rechtslage in Finnland wurde eine Berufung verworfen, wenn der ordnungsgemäß geladene Angeklagte ohne genügende Entschuldigung der Hauptverhandlung fernblieb. Dies galt auch, wenn ein Verteidiger als Vertreter erschienen war. Nach der Rechtsprechung des Obersten Gerichtshofs sollte das Rechtsmittel jedoch nicht verworfen werden, wenn die Anwesenheit des Angeklagten für die Verhandlung nicht notwendig war. Notwendig sollte das persönliche Erscheinen sein, wenn der Angeklagte vernommen werden sollte, nicht hingegen, wenn Zeugen gehört werden sollten oder es um die Erörterung von Rechtsfragen ging.[100]

Der Angeklagte *Pietiläinen* wurde in erster Instanz in Anwesenheit wegen schweren Betrugs zu einer Freiheitsstrafe von einem Jahr und acht Monaten auf Bewährung verurteilt. Gegen dieses Urteil legte er – wie seine Mitangeklagten – Berufung ein. Es wurde eine mündliche Verhandlung anberaumt, die über mehrere Verhandlungstage ging. In der Ladung wurden alle Angeklagten darauf hingewiesen, dass sie an jedem Verhandlungstag persönlich erscheinen mussten und für den Fall der Nichterfüllung wurde eine Geldbuße angedroht. Am ersten Verhandlungstag, an dem der Angeklagte nicht gehört werden sollte, erschien dieser nicht persönlich, sondern nur sein Verteidiger. Wie gesetzlich vorgesehen, wurde die Berufung ausgesetzt und der Angeklagte aufgefordert, binnen 30 Tagen einen Entschuldigungsgrund glaubhaft zu machen. In einem der folgenden Verhandlungstermine legte der Angeklagte ein ärztliches Attest vor, das vom Gericht jedoch nicht akzeptiert wurde. Das Rechtsmittel wurde verworfen, ohne dass der Sachvortrag von *Pietiläinen* in der laufenden Verhandlung berücksichtigt worden war. Das Rechtsmittel zum Obersten Gerichtshof hatte keinen Erfolg. *Pietiläinen* rügte, dass aus der Ladung nicht hervorgegangen sei, dass Abwesenheit von nur einem Verhandlungstag gleichzusetzen sei mit Abwesenheit von der gesamten Hauptverhandlung. Zudem sei seine Anwesenheit am fraglichen Verhandlungstag nicht unbedingt erforderlich gewesen.[101]

---

100 EGMR Kari-Pekka Pietiläinen ./. FIN (Fn. 6) §§ 20 ff.
101 EGMR Kari-Pekka Pietiläinen ./. FIN (Fn. 6) §§ 5 ff.

## II. Urteil des EGMR

Der EGMR hat in der Sache *Pietiläinen* einen zusätzlichen Gesichtspunkt zur mittlerweile üblichen Abwägung des Rechts auf Verteidigung gemäß Art. 6 Abs. 3 lit. c EMRK und der Bedeutung der persönlichen Anwesenheit des Angeklagten in der Hauptverhandlung angeführt. Das Recht auf ein faires Verfahren garantiere den Beteiligten das Recht ihren Vortrag zu Gehör des Gerichts zu bringen. Dieses Recht könne nur effektiv gewährleistet sein, wenn der Angeklagte tatsächlich gehört werde. Das bedeute, dass das Gericht eine genaue Überprüfung des Parteivortrags, der Argumente und der vorgebrachten Beweise unternehmen müsse, unabhängig davon, ob diese für die Entscheidung des Gerichts relevant seien.[102] Daraus könnte folgen, dass in Abwesenheit des Angeklagten stets eine Verhandlung zur Sache stattfinden muss, wenn ein vertretungsbereiter Verteidiger erschienen ist. Jedoch ist zu beachten, dass *Pietiläinen* nur in einem Termin nicht anwesend gewesen war und aus diesem Grund sein sonstiger Vortrag in der laufenden Verhandlung keine Berücksichtigung gefunden hatte. Folglich kann aus dieser Passage nur gefolgert werden, dass der Vortrag des Angeklagten an den übrigen Verhandlungstagen bei der Entscheidungsfindung des Gerichts Berücksichtigung hätte finden müssen.

Der EGMR hat eine Verletzung des Rechts auf Verteidigung festgestellt, weil die Vertretung des Angeklagten nicht gestattet worden ist. Ergänzend führt der EGMR an, dass dies vor allem deshalb gelte („That was particualarly true"), weil der fraglichen Verhandlungstermin offensichtlich keine Themen betroffen habe, für die die Anwesenheit des Angeklagten unbedingt erforderlich gewesen sei („strictly necessary").[103]

Ebenfalls ergänzend („In addition") bemängelt der EGMR, dass aus der Ladung nicht hervorgegangen sei, dass die Abwesenheit von einem Verhandlungstag auch Abwesenheit von der gesamten Hauptverhandlung bedeute.[104]

---

102 EGMR Kari-Pekka Pietiläinen ./. FIN (Fn. 6) § 33 (Moreover, the Court reiterates that the right to a fair trial, guaranteed under Article 6 § 1 of the Convention, comprises inter alia the right of the parties to the proceedings to present the observations which they regard as pertinent to their case. As the Convention is intended to guarantee not rights that are theoretical or illusory but rights that are practical and effective ... this right can be regarded as effective only if the applicant is in fact "heard", that is, his observations are properly examined by the courts. Article 6 § 1 of the Convention places the courts, inter alia, under a duty to conduct a proper examination of the submissions, arguments and evidence adduced by the parties, without prejudice to its assessment of whether they are relevant to its decision.).

103 EGMR Kari-Pekka Pietiläinen ./. FIN (Fn. 6) § 34.

104 EGMR Kari-Pekka Pietiläinen ./. FIN (Fn. 6) § 34.

## III. Zwischenergebnis

Das Urteil *Kari-Pekka Pietiläinen* bringt in materieller Hinsicht nichts Neues mit sich. Der EGMR nimmt nur ergänzend Stellung zur fehlenden Notwendigkeit der Anwesenheit des Angeklagten am fraglichen Verhandlungstag und bemängelt die Unvollständigkeit der Ladung. Das Recht auf Verteidigung in Abwesenheit besteht für jeden Angeklagten auch dann, wenn das Verfahren gegen mehrere Angeklagte zusammen betrieben wird.

# § 9. EGMR Neziraj ./. Deutschland

In der Sache *Neziraj* ist nun auch Deutschland am 8.11.2012 wegen der Verletzung der Verteidigungsgarantie bei Abwesenheit des Angeklagten in einer Berufungshauptverhandlung verurteilt worden.

## I. Deutsche Rechtslage und Sachverhalt

Im deutschen Strafprozess ist der Angeklagte grundsätzlich nicht nur berechtigt, sondern auch verpflichtet, an der mündlichen Hauptverhandlung teilzunehmen. Dieses Anwesenheitsprinzip gemäß §§ 230 Abs. 1, 231 Abs. 1 StPO gilt nicht nur in der ersten Instanz, sondern über § 332 StPO auch in der Hauptverhandlung wegen einer Berufung.[105] Legt der Angeklagte gegen ein erstinstanzliches Urteil des Amtsgerichts Berufung zum Landgericht ein und erscheint er bei Beginn der Berufungsverhandlung trotz ordnungsgemäßer Ladung[106] unentschuldigt nicht, ist seine Berufung durch Urteil gemäß § 329 Abs. 1 S. 1 StPO ohne Verhandlung zur Sache zu verwerfen,[107] wenn er in den gesetzlich zulässigen Fällen nicht durch einen Verteidiger vertreten wird. Die Fälle zulässiger Vertretung finden sich in der StPO im Verfahren nach einem Einspruch gegen einen Strafbefehl in § 411 Abs. 2 StPO, im Privatklageverfahren in § 387 Abs. 1 StPO und in § 234 StPO, wobei letzteres wieder davon abhängt, ob eine Verhandlung in Abwesenheit gemäß §§ 231 Abs. 2, 231a Abs. 1, 231b Abs. 1, 232, 233 StPO zulässig ist. Zudem kann sich der Angeklagte auch in einer Berufungshauptverhandlung vertreten lassen, wenn die Staatsanwaltschaft die Berufung eingelegt hat (§ 329 Abs. 2 StPO).[108] Darüber hinausgehende Fälle zulässiger Vertretung werden nicht anerkannt.[109] Nur, wenn das Gericht nach § 329 Abs. 1 StPO die Berufung des Angeklagten nicht verwerfen kann oder

---

105 Vgl. SK-StPO/*Frisch* § 329 StPO Rn. 1; LR-StPO/*Gössel* § 329 Rn. 1.

106 *Meyer-Goßner* § 329 StPO Rn. 9; AnwK-StPO/*Rotsch*/*Gasa* § 329 Rn. 7.

107 LR-StPO/*Gössel* § 329 Rn. 60.

108 Vgl. LR-StPO/*Gössel* § 329 Rn. 46 ff.; SK-StPO/*Frisch* § 329 Rn. 12 ff.

109 Zum „numerus clausus“ der Vertetungsfälle vgl. nur OLG München, StV 2013, 301; OLG Celle, NStZ 2013, 615; OLG Bremen, StV 2014, 211, 212; OLG Hamburg, Beschl. v. 3.12.2013 – 1–25/13 (REV), BeckRS 2014, 00512; OLG Düsseldorf, StV 2013, 299; OLG Hamm, StRR 2012, 463; OLG Köln, NStZ-RR 1999, 112; BayObLG, NStZ-RR 2000, 307; OLG Oldenburg, NStZ 1999, 156.

nach § 329 Abs. 2 StPO auf die Berufung der Staatsanwaltschaft hin, nicht in Abwesenheit des Angeklagten verhandeln kann, hat es gemäß § 329 Abs. 4 StPO die Möglichkeit, den Angeklagten vorführen oder verhaften zu lassen.[110] Gegen ein Verwerfungsurteil kann der Angeklagte Revision gemäß § 333 StPO einlegen oder die Wiedereinsetzung in den vorigen Stand gemäß § 329 Abs. 3 StPO beantragen.[111]

Der Angeklagte *Neziraj* wurde in Anwesenheit in erster Instanz vom AG Köln wegen Körperverletzung zu einer Geldstrafe von 100 Tagessätzen zu je 15 € verurteilt. Gegen dieses Urteil legte er Berufung ein. Zur mündlichen Verhandlung vor dem LG Köln erschien der Angeklagte nicht. Der anwesende Verteidiger erklärte, dass in einer anderen Sache ein Haftbefehl gegen den Angeklagten erlassen worden sei. Er habe daher entschieden, nicht persönlich zu der Verhandlung zu erscheinen, sich aber durch seinen Rechtsbeistand vertreten zu lassen. Das Berufungsgericht verwarf die Berufung nach Maßgabe des § 329 Abs. 1 S. 1 StPO mit der Begründung, der Angeklagte sei trotz ordnungsgemäßer Ladung und ohne genügende Entschuldigung zu der Verhandlung vor dem Landgericht nicht erschienen. Er habe sich auch nicht durch einen Verteidiger vertreten lassen können. Da die Berufung des Angeklagten in seinem eigenen Interesse sei, sei die Anordnung der Vorführung oder Haft keine Option, um die Anwesenheit herzustellen. Es liege am Angeklagten, den Konflikt zwischen der drohenden Inhaftierung und der Durchführung des Rechtsmittels zu seinen Gunsten zu lösen.[112] Die Revision des Angeklagten zum OLG Köln, die auf einer Verletzung von Art. 6 EMRK fußte, wurde als unbegründet verworfen, weil keine Rechtsfehler erkennbar seien.[113] Gegen dieses Urteil legte *Neziraj* erfolglos Verfassungsbeschwerde zum BVerfG ein.[114]

## II. BVerfG, Nichtannahmebeschluss v. 27.12.2006

Das BVerfG hat die Verfassungsbeschwerde in der Sache *Neziraj* mit Beschluss vom 27.12.2006 nicht zur Entscheidung angenommen (§ 93b BVerfGG).[115] Es hat das Recht auf effektive Verteidigung als Ausprägung des Anspruchs auf ein faires Verfahren gemäß Art. 2 Abs. 1 i.V.m. Art. 20 Abs. 3 GG selbst unter Berücksichtigung der Rechtsprechung des EGMR zu Art. 6 Abs. 1 i.V.m. Abs. 3 lit. c EMRK nicht als verletzt erachtet.[116]

---

110 Zur Nachrangigkeit der Anwendung von Zwangsmitteln vgl. nur BVerfG, NStZ 2001, 209, 210; LR-StPO/*Gössel* § 329 Rn. 91; SK-StPO/*Frisch* § 329 Rn. 54.

111 AnwK-StPO/*Rotsch/Gasa* § 329 Rn. 19. Zur Rechtslage in Deutschland vgl. EGMR Neziraj ./. D (Fn. 6) §§ 23 ff., sowie ausführlich unten 8. Kapitel § 1 I.

112 LG Köln, Urt. v. 11.6.2003 – 153–89/03 (unveröffentlicht).

113 OLG Köln, Beschl. v. 26.9.2003 – Ss 377/03 (unveröffentlicht). Zum Sachverhalt vgl. auch EGMR Neziraj ./. D (Fn. 6) §§ 6 ff.

114 BVerfG, StraFo 2007, 190.

115 BVerfG, StraFo 2007, 190.

116 BVerfG, StraFo 2007, 190, 191.

Der Gesetzgeber habe sich entschieden, ein Abwesenheitsverfahren auch für die Berufungsinstanz grundsätzlich nicht vorzusehen. Im Verfahren nach § 329 Abs. 1 S. 1 StPO finde daher keine Verhandlung zur Sache statt.[117] Die Verwerfung der Berufung trotz Erscheinens eines vertretungsbereiten Verteidigers soll mit der EMRK und der Rechtsprechung des EGMR in Einklang stehen, weil es der Angeklagte durch sein Prozessverhalten selbst in der Hand habe, seine Rechte in der zweiten Instanz ein weiteres Mal wahrzunehmen. Dass über seine Sache nicht erneut verhandelt werde, sei Folge seiner eigenen Entscheidung.[118] Dass der Verteidiger in einer solchen Situation eines Verzichts des Angeklagten bzw. einer Verwirkung des Rechtsmittels eine Verhandlung nicht als Vertreter für den ausgebliebenen Angeklagten verlangen könne, bedeute auch keinen Verstoß gegen den Grundsatz der Waffengleichheit. Eine Verhandlung zur Sache, in der dieser Grundsatz wirksam werden müsse, finde im Verfahren nach § 329 Abs. 1 S. 1 StPO nicht statt.[119] Der Beistand des Verteidigers i.S.d. Art. 6 Abs. 3 lit. c EMRK werde dem Angeklagten durch die Regelung des § 329 Abs. 1 S. 1 StPO nicht vorenthalten. Der Verteidiger könne für den Angeklagten geltend machen, dass die Voraussetzungen für die Anwendung der Vorschrift nicht gegeben seien. Die Berücksichtigung der vom EGMR entwickelten Grundsätze gebe unter Beachtung der durch die Strafprozessordnung vorgegeben Prozessstruktur und des in ihr angelegten Rechtsmittelsystems keine Veranlassung, ein Abwesenheitsverfahren gleichsam durch die Hintertür einzuführen.[120]

## III. Urteil des EGMR

Die Begründung des BVerfG, die auch von der deutschen Bundesregierung fruchtbar gemacht worden ist,[121] hat den EGMR nicht davon abgehalten, eine Verletzung der Konvention in Art. 6 Abs. 1 i.V.m. Abs. 3 lit. c EMRK festzustellen.

Der EGMR hat – ähnlich wie im Fall *Van Geyseghem* – auch der deutschen Anwesenheitspflicht eine Absage als Rechtfertigung für die Beschneidung des Rechts auf Verteidigung in der Berufungsinstanz erteilt, obwohl er die vorgebrachten Gründe der Regierung für die Anwesenheitspflicht respektiert hat.[122]

Auch die Tatsache, dass im deutschen Verfahren gerade keine Abwesenheitsverurteilung in erster Instanz erfolgt war, hat an der Rechtsprechung des EGMR nichts geändert.[123]

---

117 BVerfG, StraFo 2007, 190, 191.
118 BVerfG, StraFo 2007, 190, 193.
119 BVerfG, StraFo 2007, 190, 193.
120 BVerfG, StraFo 2007, 190, 193.
121 Vgl. EGMR Neziraj ./. D (Fn. 6) §§ 38 ff.
122 EGMR Neziraj ./. D (Fn. 6) § 55 f.
123 EGMR Neziraj ./. D (Fn. 6) § 58 f.

Der EGMR hat wie in der Sache *Van Geyseghem* betonen müssen, dass es irrelevant ist, ob Rechtsfragen bzw. Prozessvoraussetzungen von Amts wegen Beachtung finden, da der Vortrag des Verteidigers an sich für wichtig zu erachten ist.[124]

Auch die Möglichkeit der Wiedereinsetzung in den vorigen Stand bei genügender Entschuldigung gemäß § 329 Abs. 3 StPO bzw. die Möglichkeit der Revision ändern nach Ansicht des Gerichtshofs nichts an der Verletzung der Verteidigungsgarantie.[125]

Schließlich hat der EGMR klargestellt, dass seine Rechtsprechung nicht von der Frage abhänge, ob die Unzulässigkeit der Berufung nach innerstaatlichem Recht als eine dem Angeklagten wegen seiner Flucht auferlegten Sanktion gelten müsse. Er hat zwar eingeräumt, dass in einigen Fällen ein Haftbefehl erlassen worden sei. Jedoch sei auch dieser Umstand für die Erwägungen des Gerichtshofs nicht ausschlaggebend gewesen.[126]

Abschließend hat der EGMR seine Rechtsprechung in der Sache *Krombach* verdeutlicht. Dort hätte man erwägen können, dass nur die Wiederaufnahme des Verfahrens nicht an die Kaution der persönlichen Freiheit geknüpft werden darf und deshalb das Recht auf Verteidigung zu gewähren ist. Diesen Zweifel hat der EGMR in der Sache *Neziraj* jedoch ausgeräumt. Ein Angeklagter sei nicht verpflichtet, sich zu stellen, um sich das Recht auf eine *(erneute)* Verhandlung („right to be (*re*)tried") zu sichern, die den Voraussetzungen des Art. 6 der Konvention entspreche.[127] Aufgrund dieser „Klammerlösung" steht folglich auch die zwangsweise Durchsetzung der Anwesenheitspflicht in der *ersten* Hauptverhandlung auf dem Prüfstand. Erneut wird die Befürchtung geschürt, dass ein Eingriff in das Freiheitsrecht des Einzelnen zur Herstellung der Anwesenheit generell unmöglich ist. Jedoch ist zu beachten, dass in der Sache *Neziraj* gerade keine Hauptverhandlungshaft bzw. Vorführung gemäß § 329 Abs. 4 StPO angeordnet worden war, sondern die drohende Haft aus einer anderen Sache resultierte. Folglich sind die Optionen der zwangsweisen Herstellung der *Anwesenheit zur Ermöglichung einer Hauptverhandlung* nach wie vor offen.

Das Urteil bietet materiell folglich wenig „Neues aus Straßburg"[128].

Es findet sich jedoch insofern „Neues aus Straßburg", als der EGMR erstmals seine über zwei Jahrzehnte entwickelte Rechtsprechung als „Grundsätze" tituliert und zusammenfasst hat („recapitulation of the relevant principles")[129].

---

124 Vgl. EGMR Neziraj ./. D (Fn. 6) § 60 f.

125 EGMR Neziraj ./. D (Fn. 6) § 62 f.

126 EGMR Neziraj ./. D (Fn. 6) § 65.

127 EGMR Neziraj ./. D (Fn. 6) § 65.

128 Vgl. *Esser* StV 2013, 331, der die Überschrift mit „(Nichts) Neues aus Straßburg" offen formuliert; *Gerst* StRR 2013, 23, 24 bezeichnet das Urteil als „wenig überraschend".

129 EGMR Neziraj ./. D (Fn. 6) § 45 (Überschrift).

Zu diesen allgemeinen Grundsätzen gehört,

> (...) dass im Interesse eines fairen Strafverfahrens das Erscheinen eines Angeklagten von größter Bedeutung („capital importance") ist, und zwar sowohl aufgrund seines Rechts auf Gehör als auch wegen der Notwendigkeit, den Wahrheitsgehalt seiner Aussagen zu prüfen und mit denen des Opfers, dessen Interessen zu schützen sind, und der Zeugen zu vergleichen.[130] Dies gelte grundsätzlich auch bei einer Neuverhandlung im Berufungsrechtszug.[131] Der Gesetzgeber müsse dementsprechend in der Lage sein, ungerechtfertigten Abwesenheiten entgegenzuwirken.[132]

Zudem zählt die Abwägungsentscheidung zugunsten des Rechts auf Verteidigung bei Abwesenheit des Angeklagten zu den Grundprinzipien des EGMR:

> Es sei für die Fairness eines Strafrechtssystems ebenfalls von entscheidender Bedeutung („crucial importance"), dass der Angeklagte angemessen verteidigt werde, und zwar sowohl in der ersten Instanz als auch im Berufungsverfahren.[133]
> Es habe letzteres Interesse Vorrang und das Ausbleiben des Angeklagten trotz ordnungsgemäßer Ladung rechtfertige es auch dann, wenn er keine Entschuldigung dafür habe, nicht, ihm das Recht zu entziehen („depriving him of his right"), sich nach Art. 6 Abs. 3 lit. c EMRK durch einen Anwalt verteidigen zu lassen.[134]
> Der Gerichtshof betont in diesem Zusammenhang, dass das Recht jeder einer Straftat angeklagten Person auf wirksame Verteidigung durch einen Rechtsanwalt, gegebenenfalls durch einen Pflichtverteidiger, zwar kein absolutes Recht sei, jedoch eines der wesentlichen Elemente eines fairen Verfahrens („one of the fundamental features of a fair trial") darstelle. Eine Person, die einer Straftat angeklagt sei, verliere dieses Recht nicht allein aufgrund ihrer Abwesenheit bei der Verhandlung.[135]

Schließlich zählt er auch seine Aussagen zur Notwendigkeit der Anwesenheit des Angeklagten in der mündlichen Verhandlung zu seinen tragenden Grundsätzen:

---

130 EGMR Neziraj ./. D (Fn. 6) § 47; Harizi ./. F (Fn. 6) § 49; Krombach ./. F (Fn. 6) § 86; (GK) Van Geyseghem ./. B (Fn. 6) § 33; Poitrimol ./. F (Fn. 6) § 35; vgl. auch Lala ./. NL (Fn. 6) § 33; Pelladoah ./. NL (Fn. 6) § 40.

131 EGMR Neziraj ./. D (Fn. 6) § 47; Lala ./. NL (Fn. 6) § 33; Pelladoah ./. NL (Fn. 6) § 40.

132 EGMR Neziraj ./. D (Fn. 6) § 47; Van Pelt ./. F, 23.5.2000, § 66; (GK) Van Geyseghem ./. B (Fn. 6) § 33; Poitrimol ./. F (Fn. 6) § 35.

133 EGMR Neziraj ./. D (Fn. 6) § 48; Kari-Pekka Pietiläinen ./. FIN (Fn. 6) § 31; Harizi ./. F (Fn. 6) § 49; Van Pelt ./. F (Fn. 6) § 66; (GK) Van Geyseghem ./. B (Fn. 6) § 33; Lala ./. NL (Fn. 6) § 33; Pelladoah ./. NL (Fn. 6) § 40.

134 EGMR Neziraj ./. D (Fn. 6) § 49; Kari-Pekka Pietiläinen ./. FIN (Fn. 6) § 31; Harizi ./. F (Fn. 6) § 49; Van Pelt ./. F (Fn. 6) § 66; Krombach ./. F (Fn. 6) § 84; (GK) Van Geyseghem ./. B (Fn. 6) § 33; Lala ./. NL (Fn. 6) § 33; Pelladoah ./. NL (Fn. 6) § 40.

135 EGMR Neziraj ./ D (Fn. 6) § 50; Kari-Pekka Pietiläinen ./. FIN (Fn. 6) § 32; Stroek ./. B (Fn. 6) § 26; Goedhart ./. B (Fn. 6) § 23; Krombach ./. F (Fn. 6) § 89; (GK) Van Geyseghem ./. B (Fn. 6) § 34; Poitrimol ./ F (Fn. 6) § 34.

Obwohl der Gesetzgeber in der Lage sein müsse, unberechtigtem Fernbleiben entgegenzuwirken, könne er ein solches Fernbleiben nicht bestrafen, indem er Ausnahmen vom Recht auf anwaltlichen Beistand schaffe („it could not penalise them by creating exceptions to the right to legal assistance"). Der berechtigten Forderung nach Anwesenheit des Angeklagten bei der gerichtlichen Verhandlung könne mit anderen Mitteln als durch die Entziehung des Rechts auf Verteidigung Nachdruck verliehen werden („The legitimate requirement that defendants must attend court hearings could be satisfied by means other than deprivation of the right to be defended").[136] Es sei Aufgabe der Gerichte sicherzustellen, dass ein Verfahren fair sei und dass dementsprechend ein Rechtsanwalt, der offensichtlich an der Verhandlung teilnehme, um einen abwesenden Angeklagten zu vertreten, die Gelegenheit erhalte, dies zu tun.[137]

## IV. Zwischenergebnis

Das Urteil des EGMR in der Sache *Neziraj* verdeutlicht, dass der Abwägungsvorgang zwischen der vom EGMR anerkannten nationalen Forderung nach Anwesenheit des Angeklagten in der ersten und zweiten Instanz und dem Recht auf effektive Verteidigung im Fall der Abwesenheit zu den allgemeinen Prinzipien gehört, an denen sich ein nationales Strafverfahren messen lassen muss.

Die Prüfung des deutschen Strafverfahrens durch den EGMR im Einzelfall anhand dieser Grundsätze hält jedoch wenig Neues bereit.

Am Ergebnis des Abwägungsvorgangs zugunsten der Verteidigungsgarantie ändert auch die Tatsache nichts, dass im erstinstanzlichen Verfahren ein Urteil in Anwesenheit ergangen war. Ebenso wenig ist entscheidend, dass in zweiter Instanz keine Abwesenheitsverhandlung stattgefunden hat, sondern aufgrund der Abwesenheit des Angeklagten das eingelegte Rechtsmittel verworfen wurde. Faktisch bedeutet das, dass das deutsche Berufungsgericht eine Abwesenheitsverhandlung hätte durchführen müssen. Weiter spielt die Frage der Überprüfbarkeit von Entschuldigungsgründen für das Recht auf Verteidigung durch einen Strafverteidiger keine Rolle. Offen bleibt nach wie vor, wie die Vertragsstaaaten ungerechtfertigten Abwesenheiten „auf andere Weise" entgegenwirken sollen. Die Möglichkeit der Freiheitsentziehung ist kritisch zu beurteilen.

# § 10. Ergebnis

Der EGMR hat in seinem (vorläufig) letzten Urteil klargestellt, dass es zum Recht auf Verteidigerbeistand allgemeine Grundsätze gibt, an denen sich ein nationales Strafverfahren messen lassen muss. In allen Urteilen, die der EGMR gegen bislang fünf Vertragsstaaten erlassen hat, hat er im Fall der Abwesenheit des Angeklagten

---

136 EGMR Neziraj ./. D (Fn. 6) § 51; Kari-Pekka Pietiläinen ./. FIN (Fn. 6) § 32; Harizi ./. F (Fn. 6) § 50; Van Pelt ./. F (Fn. 6) § 67; (GK) Van Geyseghem ./. B (Fn. 6) § 34.

137 EGMR Neziraj ./. D (Fn. 6) § 51; Kari-Pekka Pietiläinen ./. FIN (Fn. 6) § 31 (GK) Van Geyseghem ./. B (Fn. 6) § 33.

eine Verletzung von Art. 6 Abs. 3 lit. c i.V.m. Abs. 1 EMRK bejaht, wenn ein vertretungsbereiter Verteidiger zu einer mündlichen Verhandlung erschienen ist und ihm das Wort nicht erteilt worden ist.

Der EGMR hat einem Angeklagten ein Recht auf Verteidigung in Abwesenheit zugebilligt, unabhängig davon

- ob die nationale Rechtsordnung eine Anwesenheitspflicht normiert oder nicht,
- vor welchem Gericht das Verfahren eröffnet worden ist,
- ob der Anklagegenstand ein Vergehen oder Verbrechen ist,
- ob der Angeklagte ordnungsgemäß geladen worden ist,
- ob der Angeklagte der mündlichen Verhandlung entschuldigt oder unentschuldigt ferngeblieben ist,
- ob bei genügender Entschuldigung die Möglichkeit der Wiedereinsetzung in den vorigen Stand bzw. der Revision, die sich nur auf Rechtsfragen bezieht, besteht,
- ob die Vollstreckung eines Haftbefehls droht, sei es, dass dieser aus der gleichen oder einer anderen Sache stammt,
- ob es dem Angeklagten aus einem sonstigen Grund (Krankenhausaufenthalt, fehlende Einreisegenehmigung, Wohnsitz im Ausland) nicht möglich gewesen ist, zu erscheinen,
- ob die Gewährung effektiver Verteidigung in erster oder zweiter Instanz in Frage steht,
- ob der Verteidiger zu Tatsachen- und/oder Rechtsfragen Stellung nehmen will,
- ob ein Rechtsaspekt von Amts wegen oder nur auf Vortrag vor Gericht Berücksichtigung findet,
- ob nach nationalen Formvorgaben besondere Anforderungen an die Vertretung des Angeklagten zu stellen sind,
- ob in erster Instanz ein Abwesenheits- oder Anwesenheitsurteil ergangen ist,
- ob in zweiter Instanz ein Abwesenheitsurteil oder eine Abwesenheitsverwerfung stattfindet,
- und ob nach nationalem Recht die Wiederaufnahme / der Einspruch gegen ein Abwesenheitsurteil um den Preis des Erscheinens des Angeklagten möglich ist.

Diese Rechtsprechung steht im Einklang mit der Rechtsprechung des EuGH, der im Urteil *Krombach* das Recht auf Verteidigung in Abwesenheit als allgemeinen Grundsatz des (früheren) Gemeinschaftsrechts anerkannt hat.

# 3. Kapitel: Zulässigkeit und Voraussetzungen von Abwesenheitsverfahren

Der EGMR hat in seiner Rechtsprechung zwar stets betont, dass es nicht um die Frage der Rechtmäßigkeit einer Abwesenheitsentscheidung geht. Da jedoch ein Recht auf Verteidigung in Abwesenheit gerade davon abhängt, dass überhaupt in Abwesenheit des Angeklagten verhandelt werden darf, sind im Folgenden die Voraussetzungen eines konventionskonformen Abwesenheitsverfahrens aufzuzeigen.

## § 1. Recht auf Anwesenheit in der mündlichen Verhandlung, Art. 6 EMRK

Betrachtet man Art. 6 EMRK, erkennt man, dass er nur Rechte regelt und keine Pflichten. Weiter fällt auf, dass die EMRK anders als Art. 14 Abs. 3 lit. d IPBPR („To be tried in his presence“) nicht einmal ein Recht auf Anwesenheit normiert.

### I. Anerkennung des Rechts auf Anwesenheit

Auch der EGMR stellt regelmäßig fest, dass das Recht auf Anwesenheit nicht ausdrücklich in Art. 6 EMRK geregelt ist.[138] Jedoch betont er stets die Wichtigkeit der Anwesenheit des Angeklagten für ein faires Verfahren („In the interests of a fair and just criminal process it is of capital importance that the accused should appear“).[139] Er hat aus den Zielen und der Gesamtstruktur von Art. 6 EMRK („object and pupose of the Article taken as a whole“) ein Recht auf Anwesenheit und Teilnahme an der gerichtlichen Verhandlung entwickelt. Dabei zieht er die in Art. 6 Abs. 3 lit. c, d u nd e EMRK garantierten Mindestgarantien der Selbstverteidigung, des Konfrontationsrechts und des Rechts auf einen Dolmetscher zur Begründung heran. Denn es sei schwierig diese Rechte auszuüben, ohne selbst anwesend zu sein („and it is difficult to see how he could exercise these rights without being present“).[140]

---

138 EGMR Colozza ./. I, 12.2.1985, Serie A Nr. 89, § 27 = EuGRZ 1985, 631; EGMR Brozicek ./. I, Serie A Nr. 167, § 45 = EGMR-E, 438; Zana ./. TRK, 25.11.1997, Reports 1997-VII, § 68 = ÖJZ 1998, 715; (GK) Sejdovic ./. I, 1.3.2006, ECHR 2006-II, § 81; Marcello Viola ./. I, 5.10.2006, ECHR 2006-XI, § 52 („not expressly mentioned in paragraph 1 of Article 6“).

139 EGMR Poitrimol ./. F (Fn. 6) § 35; Lala ./. NL (Fn. 6) § 33; Pelladoah ./. NL (Fn. 6) § 40; (GK) Van Geyseghem ./. B (Fn. 6) § 33; Goedhart ./. B (Fn. 6) § 26; Stroek ./. B (Fn. 6) § 23; Krombach ./. F (Fn. 6) § 84; Marcello Viola ./. I (Fn. 138) § 50; Kari-Pekka Pietiläinen ./. FIN (Fn. 6) § 31; Neziraj ./. D (Fn. 6) § 47; LR-EMRK/*Esser* Art. 6 Rn. 657.

140 EGMR Somogyi ./. I, 18.5.2004, ECHR 2004-IV, § 65; (GK) Hermi ./. I, 18.10.2006, ECHR 2006-XII, § 59; Sibgatullin ./. R, 23.4.2009, § 33; Seliwiak ./. PL, 21.7.2009, § 54; Seyithan Demir ./ TRK, 28.7.2009, § 37.

## II. Bedeutung der Anwesenheit für ein faires Verfahren

In der ersten Instanz misst der EGMR dem Anwesenheitsrecht des Angeklagten grundsätzlich im Hinblick auf ein faires Verfahren eine herausragende Bedeutung zu („With regard to proceedings at first instance it flows from the notion of a fair trial that a person charged with a criminal offence should, as a general principle, be entitled to be present at the trial hearing.“).[141] Dabei genügt allein die Garantie der physischen Anwesenheit nicht. Der Angeklagte muss auch fähig sein, der Verhandlung intellektuell zu folgen und sich aktiv zu verteidigen.[142]

Allerdings ist zu beachten, dass das Recht auf Selbstverteidigung und das Recht auf Anwesenheit ausnahmsweise keineswegs absolut gelten. Es gibt nach Ansicht des EGMR kein uneingeschränktes Recht des Angeklagten, in jedem Stadium der Hauptverhandlung anwesend zu sein.[143] Aus überwiegenden Interessen der Rechtspflege, aus Gründen des Zeugenschutzes oder zum Schutz des Angeklagten selbst, kann eine teilweise Verhandlung in Abwesenheit des Angeklagten erforderlich sein.[144] Die Einschränkung des Anwesenheitsrechts ist damit konventionskonform.

Auch in der Rechtsmittelinstanz besteht grundsätzlich ein Anwesenheitsrecht.[145] Die EMRK garantiert zwar keinen Instanzenzug. Wenn das nationale Recht jedoch einen solchen vorsieht, sind die Grundsätze der EMRK in jeder Instanz zu wahren.[146] Für die Rechtsmittelinstanz kommt dem Anwesenheitsrecht allerdings nicht mehr die gleiche Bedeutung zu, wie in der ersten Instanz, so dass es leichter einschränkbar ist.[147] Die Frage der Gewährung des Anwesenheitsrechts

---

141 Vgl. EGMR Colozza ./. I (Fn. 138) §§ 27, 29; Monnell u. Morris ./. UK, 2.3.1987, Serie A Nr. 115, § 58 = EGMR-E 3, 415; Ekbatani ./. SWE, 26.5.1988, Serie A Nr. 188, § 25; Belziuk ./. PL, 25.3.1998, Reports 1998-II, § 37 = ÖJZ 1999, 117.

142 EGMR Liebreich ./. D (E), 8.2.2008 („Effective participation" in this context presupposes that the accused has a broad understanding of the nature of the trial process and of what is at stake for him or her, including the significance of any penalty which may be imposed."); S.C. ./. UK, 15.6.2004, ECHR 2004-IV, § 28 („right...to hear and follow the proceedings“).

143 EKMR Ensslin, Baader, Raspe ./. D, 8.7.1978, § 21 ff. (Verhandlung in Abwesenheit der Angeklagten aufgrund vorsätzlich herbeigeführter Verhandlungsfähigkeit); *Villiger* Art. 6 EMRK Rn. 475; *Simon* S. 47.

144 EGMR Marcello Viola ./. I (Fn. 138) §§ 51, 71 (Videokonferenz im Rechtsmittelverfahren); LR-EMRK/*Esser* Art. 6 Rn. 676, 721; Frowein/*Peukert* Art. 6 EMRK Rn. 160; IntKomm-EMRK/*Kühne* Art. 6 Rn. 538, 385.

145 EGMR Monnell u. Morris ./. UK (Fn. 141) § 54; Ekbatani ./. SWE (Fn. 141) § 24; Belziuk ./. PL (Fn. 141) § 37.

146 EGMR Delcourt ./ B, 17.1.1970, Serie A Nr. 11, § 25; Khalfaoui ./. F, 14.12.1999, ECHR 1999-IX, § 37; (GK) Kudła ./ PL, 26.10.2000, ECHR 2000-XI, § 122; Lalmahomed ./. NL, 22.2.2011, § 34 ff.

147 EGMR Helmers ./. SWE, 29.10. 1991, Serie A Nr. 212-A, § 36 = NJW 1992, 1813; Kucera ./. A, 3.10.2002, § 25 = ÖJZ 2003, 156; Pobornikoff ./. A, 3.10.2002, § 24; Nefedov ./. R, 13.3.2012, § 37.

geht dabei einher mit der Frage des Anspruchs auf eine mündliche Verhandlung.[148] Der EGMR betont stets, dass ein Abweichen vom Grundsatz der Anwesenheit möglich ist.[149] Dabei zieht er als Maßstab heran, dass die Anwendung von Art. 6 EMRK im Rechtsmittelverfahren von den speziellen Eigenschaften des gesamten Verfahrens („by the special features of the proceedings at issue"), von der Rolle des Rechtsmittelgerichts in diesem Verfahren („nature of the domestic appeal system"), dem Prüfungsumfang des Gerichts („scope ... of the court's power") und der Art und Weise abhängt, in der die Interessen des Angeklagten tatsächlich geltend gemacht und geschützt werden („manner in which the applicant's interests were actually presented and protected").[150]

## III. Voraussetzungen eines Verzichts

Der EGMR ist in der eingangs dargestellten Rechtsprechung regelmäßig davon ausgegangen, dass der Angeklagte auf sein Recht auf Anwesenheit verzichtet hat. Neben der staatlichen Einschränkbarkeit des Anwesenheitsrechts, ist damit die Dispositionsbefugnis des Angeklagten über sein Anwesenheitsrecht angesprochen.

Es ist anerkannt, dass weder der Wortlaut noch der Sinn und Zweck von Art. 6 EMRK einem Verzicht des Angeklagten auf die Gewährleistungen entgegenstehen („Neither the letter nor the spirit of Article 6 of the Convention prevents a person from waiving of his own free will").[151] Im Folgenden sollen nun die Voraussetzungen eines ordungsgemäßen Verzichts dargestellt werden.

### *1. Formen des Verzichts und Schutzmaßnahmen*

Die Voraussetzungen eines Verzichts sind im Hinblick auf die Wichtigkeit des Anwesenheitsrechts des Angeklagten sehr streng. Der Verzicht kann grundsätzlich ausdrücklich oder konkludent erklärt werden („either expressly or tacitly"). Maßgebend ist allein, dass der Verzicht unmissverständlich erfolgt („unequivocal manner"). Er muss jedoch auf einem freien Willensentschluss beruhen („of his own free will").[152]

---

148 IntKomm-EMRK/*Kühne* Art. 6 Rn. 381.

149 EGMR Ekbatani ./. SWE (Fn. 141) § 28.

150 EGMR Sutter ./. CH, 22.2.1984; Serie A Nr. 74, § 28 = EuGRZ 1985, 229; Monnell u. Morris ./. UK (Fn. 141) § 56; Ekbatani ./. SWE (Fn. 141) § 27 f.; Jan-Åke Andersson ./. SWE, 29.10.1991, Serie A Nr. 212-B, § 22 f.; Fejde ./. SWE, 29.10.1991, Serie A Nr. 212-C, § 26 f.; EGMR Kremzow ./. A, 21.9.1993, Serie A Nr. 268-B, § 59 = EuGRZ 1995, 537; Helmers ./. SWE (Fn. 147) § 31; Seliwiak ./. PL (Fn. 140) § 55; ausführlich zu den einzelnen Merkmalen: *Esser* S. 780 ff.

151 EGMR (GK) Hermi ./. I (Fn. 140) § 73; allgemein zur Verzichtbarkeit von Menschenrechten, vgl. *Grabenwarter/Pabel* § 18 Rn. 32.

152 EGMR (GK) Idalov ./: R, 22.5.2012,§ 172; Damir Sibgatullin ./. R, 24.4.2012, § 46; *Ast* JZ 780, 782 mit Verweis auf EGMR Deweer ./. B, 27.2.1980, §§ 49 ff. = EuGRZ 1980, 667.

Die Wirksamkeit eines Verzichts wird nur anerkannt, wenn der Staat ausreichende Schutzmaßnahmen getroffen hat, um die Anwesenheit des Angeklagten sicherzustellen („be attended by minimum safeguards commensurate to its importance").[153] Überdies dürfen keine öffentlichen Interessen entgegenstehen („it must not run counter to any important public interests").[154]

## *2. Ausreichende Information über Ort und Zeit der Verhandlung*

Sowohl ein ausdrücklicher als auch ein konkludenter Verzicht setzen dabei grundsätzlich voraus, dass der Angeklagte über das gegen ihn geführte Strafverfahren sowie Ort und Zeit der mündlichen Hauptverhandlung in einer für ihn verständlichen Sprache[155] offiziell persönlich informiert worden ist.[156] Nur unter diesen strengen Voraussetzungen kommen die Behörden ihrer Sorgfaltspflicht („diligence") nach.[157] Eine vage und inoffizielle Kenntnis über die Einleitung der Strafverfolgung ist nicht ausreichend.[158] Vielmehr verweist der EGMR in diesem Zusammenhang auf die Anforderungen an die Unterrichtung gemäß Art. 6 Abs. 3 lit. a EMRK.[159] Dazu ist es auch nötig, dass die Ladung an den Ort zugestellt wird, an dem sich der Angeklagte aktuell befindet.[160] Es ist jedoch nicht von vornherein ausgeschlossen, dass der Angeklagte über seinen Verteidiger geladen wird, wenn der Angeklagte tatsächlich Kenntnis von der Verhandlung nimmt. Das Vorliegen der Voraussetzungen des Verzichts auf das Anwesenheitsrecht ist jedoch dann mit erhöhter Sorgfalt zu prüfen.[161] Nur ausnahmsweise kann es genügen, dass der Angeklagte auf nicht offiziellem Weg von der Beschuldigung erfahren hat.[162]

---

153 EGMR (GK) Sejdovic ./. I (Fn. 138) § 86; Poitrimol ./. F (Fn. 6) § 31; ausführlich hierzu: LR-EMRK/*Esser* Art. 6 Rn. 665 ff.; *Warnking* in: Esser/Harnich u.a (Hrsg.), Bedeutung der EMRK, S. 55, 58 ff.

154 EGMR (GK) Sejdovic ./. I (Fn. 138) § 86; Sibgatullin ./. R (Fn. 140) § 46.

155 EGMR Kamasinski ./. A, 19.12.1989, Serie A Nr. 168, § 89 = ÖJZ 1990; (GK) Hermi ./. I (Fn. 140) § 68.

156 Vgl. LR-EMRK/*Esser* Art. 6 Rn. 665 ff.; SK-EMRK/*Paeffgen* Art. 6 Rn. 135; *Villiger* Art. 6 EMRK Rn. 474; *Pierini* ZStW (125) 2014, 951.

157 EGMR F.C.B. ./. I (Fn. 46) § 33; T. ./. I, 12.10.1992, Serie A Nr. 245-C, § 29 = EuGRZ 1992, 541; *Esser* S. 724; *Warnking* in: Esser/Harnich u.a (Hrsg.), Bedeutung der EMRK, S. 55, 59; *Paul* S. 219; LR-EMRK/*Esser* Art. 6 Rn. 667 ff.

158 EGMR T. ./. I (Fn. 157) § 28; Somogyi ./. I (Fn. 140) § 75.

159 EGMR Brozicek ./. I (Fn. 138) § 45; *Esser* S. 723 verlangt deshalb „eine *amtliche* bzw. *behördliche* Wissensvermittlung und *persönliche* Kenntnisnahme des Beschuldigten".

160 EGMR Seliwiak ./. PL (Fn. 140) § 60 (Die Zustellung an einen Inhaftierten ist nur im Gefängnis möglich).

161 EGMR Yavuz ./. A, 27.5.2004, §§ 49 ff.; Janikova ./. A (E), 4.7.2002, § 1 b.

162 EGMR (GK) Sejdovic ./. I (Fn. 138) § 99; Seliwiak ./. PL (Fn. 140) § 60 („unofficial channels" wurden hier nicht als ausreichend erachtet).

Bleibt der Angeklagte in der Verhandlung schlicht aus, obliegt es den Behörden alle zumutbaren Nachforschungen nach dem Verbleib des Angeklagten anzustellen, um die Benachrichtigung des Angeklagten zu ermöglichen.[163] Selbst wenn danach die Ladung nicht gelingt, kann nicht ohne weiteres ein Verzicht des Angeklagten auf sein Anwesenheitsrecht angenommen werden. Vielmehr kann die Fürsorgepflicht der Behörden gebieten, dass das Verfahren ausgesetzt wird. Nur wenn sichergestellt ist, dass der Angeklagte hinreichende Kenntnis vom Verfahren hat und trotzdem nicht erscheint, kann ein Verzicht bei schlichtem Ausbleiben in der Hauptverhandlung angenommen werden.[164] Diesbezüglich obliegt den staatlichen Stellen die Beweislast.[165] Wenn die Behörden wissen bzw. wissen müssen, dass der Angeklagte zur Verhandlung nicht erscheinen kann, beispielsweise wegen einer Inhaftierung im Ausland, ist ein Verzicht auf das Anwesenheitsrecht abzulehnen.[166] Wenn der Angeklagte vorbringt, dass er trotz ordnungsgemäßer Ladung aus faktischen Gründen gehindert war an der Verhandlung teilzunehmen, kann auch dem Angeklagten aufgebürdet werden, zu beweisen, dass der Staat trotz Kenntnis der Unmöglichkeit des Erscheinens des Angeklagten verhandelt hat.[167]

### 3. *Information über die Folgen der Säumnis*

Weiter ist der Rechtsprechung des EGMR grundsätzlich zu entnehmen, dass der Angeklagte die Konsequenzen seines Handelns vorausgesehen haben muss („before an accused can be said to have implicitly, through his conduct, waived an important right under Article 6 of the Convention, it must be shown that he could reasonably have foreseen what the consequences of his conduct would be").[168]

Hierbei stellt sich die Frage, ob die Anforderungen des EGMR, die er in ständiger Rechtsprechung wiederholt, wonach der Angeklagte über die Beschuldigung sowie Ort und Zeit der Verhandlung in Kenntnis gesetzt worden sein muss, insofern ausreichen. Dadurch sind zwar alle Voraussetzungen geschaffen, um das Recht auf Selbstverteidigung und Anwesenheit wahrnehmen zu können. Jedoch ist der Angeklagte noch nicht hinreichend darüber informiert, was passiert, wenn

163 EGMR Seliwiak ./. PL (Fn. 140) § 60.

164 LR-EMRK/*Esser* Art. 6 Rn. 672; KK-EMRK-GG I/*Grabenwarter*/*Pabel* Kap. 14 Rn. 148.

165 EGMR Somogyi ./. I (Fn. 140) § 72 („Article 6 of the Convention imposes on every national court an obligation to check whether the defendant has had the opportunity to apprise himself of the proceedings against him where, as in the instant case, this is disputed on a ground that does not immediately appear to be manifestly devoid of merit"); Seyithan Demir ./. TRK (Fn. 140) § 42.

166 EGMR F.C.B. ./. I (Fn. 46) § 35; SK-EMRK/*Paeffgen* Art. 6 Rn. 135.

167 Vgl. EGMR Goddi ./. I (Fn. 47) § 29; LR-EMRK/*Esser* Art. 6 Rn. 673; kritisch SK-EMRK/*Paeffgen* Art. 6 Rn. 135.

168 EGMR Izet Haxhia ./. ALB, 5.11.2013, § 87; Seyithan Demir ./. TRK (Fn. 140) § 38; (GK) Sejdovic ./. I (Fn. 138) § 87; vgl. auch BR-Drs. 491/14 (Fn. 19) S. 83.

er von seinem Recht zu erscheinen keinen Gebrauch macht. Soll ein Verzicht auf eine Garantie des Art. 6 EMRK auch davon abhängen, dass der Angeklagte die Konsequenzen eines solchen Verzichts mitbedacht hat, muss er über diese auch informiert worden sein.

Im RB 2009/299/JI des Rates vom 26.2.2009[169] zur Vereinheitlichung der Voraussetzungen der gegenseitigen Anerkennung von Abwesenheitsentscheidungen beispielsweise ist diese Belehrungspflicht bereits positive Voraussetzung.[170] Zudem hat der EGMR dieses Belehrungserfordernis auch in der Sache *Kari-Pekka Pietiläinen* angedeutet, indem er bemängelt hat, dass aus der Ladung zum Termin nicht hervorgegangen sei, dass Abwesenheit von einem Hauptverhandlungstermin sogleich die Abwesenheit von der gesamten Hauptverhandlung bedeuteten sollte.[171] Jedoch hat er dies nur zusätzlich („in addition") angeführt. Da er in diesem Urteil auch von einer ordnungsgemäßen Ladung des Angeklagten ausgegangen ist[172], hat er die Belehrungspflicht über die Konsequenzen der Säumnis offensichtlich nicht zu den Wirksamkeitsvoraussetzungen einer Ladung gezählt. In Anbetracht dessen, dass ein Verzicht auf ein Recht auch eine abwägende Entscheidung zu den daraus folgenden Konsequenzen erfordert, sollte der EGMR seine allgemeine Verzichts-Formel um diese Forderung erweitern.

## IV. Zusammenfassung

Die EMRK regelt weder ein Anwesenheitsrecht noch eine Anwesenheitspflicht. Jedoch leitet der EGMR aus Art. 6 Abs. 1 i.V.m. Abs. 3 lit. c, d und e EMRK ein Recht auf Anwesenheit ab. Diesem kommt vor allem in der ersten Instanz überragende Bedeutung zu. Jedoch gilt es nicht absolut, so dass es aus übergeordneten Gründen wie beispielsweise dem Zeugenschutz oder in der Rechtsmittelinstanz eingeschränkt werden kann. Zudem ist anerkannt, dass der Angeklagte sowohl ausdrücklich als auch konkludent aus freiem Willen auf sein Anwesenheitsrecht verzichten kann. Die Gewähr des Anwesenheitsrechts ist dabei durch staatliche Schutzmaßnahmen abzusichern. Der Angeklagte muss offiziell über Ort und Zeit der Verhandlung sowie die Folgen seiner Säumnis informiert worden sein.

---

169 Rahmenbeschluss 2009/299/JI vom 26. Februar 2009 zur Änderung der Rahmenbeschlüsse 2002/584/JI, 2005/214/JI, 2006/JI, 2008/JI und 2008/947/JI, zur Stärkung der Verfahrensrechte von Personen und zur Förderung der Anwendung des Grundsatzes der gegenseitigen Anerkennung auf Entscheidungen, die im Anschluss an eine Verhandlung ergangen sind, zu der die betroffenen Personen nicht erschienen sind, ABl. EU Nr. L 81 v. 27.3.2009, S. 24.

170 Vgl. Art. 2 RB 2009/299/JI (Fn. 169).

171 EGMR Kari-Pekka Pietiläinen ./. FIN (Fn. 6) § 34 („In addition, the hearing was to last several days and it had not been indicated in the summons tha teven one day's absence would be regarded as absence from the whole main hearing.").

172 EGMR Kari-Pekka Pietiläinen ./. FIN (Fn. 6) § 31 („in spite of having been properly summoned").

## § 2. Vereinbarkeit von Abwesenheitsverfahren mit der EMRK

Wenn der EGMR dem Anwesenheitsrecht keinen absoluten Charakter zumisst, ist es nur konsequent, dass er unter bestimmten Voraussetzungen auch Abwesenheitsverfahren akzeptiert.

### I. Anerkennung von Abwesenheitsverfahren

Es ist in der Rechtsprechung des EGMR anerkannt, dass ein Verfahren in Abwesenheit des Angeklagten nicht grundsätzlich unvereinbar mit der Konvention ist („Proceedings held in an accused's absence are not in principle incompatible with the Convention").[173]

Hintergrund für die Anerkennung von Abwesenheitsverfahren ist, dass sich der Angeklagte nicht zum Herrn und Lenker des Verfahrens aufschwingen darf.[174] Durch sein Fernbleiben wäre der Angeklagte in der Lage, die Durchführung des Strafverfahrens lahm zu legen, was zur Verschlechterung von Beweismitteln, zum Eintritt der Verfolgungsverjährung oder zu einem Fehlurteil führen kann („may paralyse the conduct of criminal proceedings ... to dispersal of the evidence, expiry of the time-limit for prosecution or a miscarriage of justice").[175]

Bei der Anerkennungsformel des EGMR fällt jedoch auf, dass er eine doppelte Verneinung wählt („not ... incompatible"). Daraus ist zu schließen, dass einer Verhandlung in Anwesenheit grundsätzlich i.S.e. fairen Verfahrens der Vorzug zu geben ist.

### II. Voraussetzungen

Eine konventionskonforme Hauptverhandlung in Abwesenheit des Angeklagten kann durchgeführt werden, wenn der Angeklagte auf sein Selbstverteidigungsrecht und sein Anwesenheitsrecht wirksam verzichtet hat oder diese Rechte aus überindividuellen Gründen ordnungsgemäß eingeschränkt worden sind.[176]

### III. Heilung rechtswidriger Abwesenheitsverfahrens

Mangelt es an einem ordnungsgemäßen eindeutigen Verzicht auf das Anwesenheitsrecht bzw. liegt kein übergeordneter Grund für den Ausschluss des Angeklagten von

---

173 EGMR Poitrimol ./. F (Fn. 6) § 31; Krombach ./. F (Fn. 6) § 85; EGMR Medenica ./. CH, 14.6.2001, ECHR 2001-VI, § 54; (GK) Sejdovic ./. I (Fn. 138) § 82; *Gaede* NJW 2013, 1279, 1281; ausführlich zur Vereinbarkeit von Abwesenheitsverfahren mit der EMRK *Paul* S. 212 ff.

174 *Esser* S. 722.

175 EGMR Colozza ./. I (Fn. 138) § 29.

176 LR-EMRK/*Esser* Art. 6 Rn. 681. Vgl. zum Verzicht und der Einschränkung des Anwesenheitsrechts und der Selbstverteidigungsgarantie 3. Kapitel § 1 III.

der mündlichen Verhandlung vor, ist das Abwesenheitsverfahren nicht rechtmäßig durchgeführt.

### *1. Erneute Überprüfungsmöglichkeit („fresh determination“)*

Der EGMR erkennt jedoch für diese Fälle eine Heilungsmöglichkeit an, indem der Angeklagte eine neue Entscheidung über die Begründetheit der Anschuldigung erreichen kann und zwar sowohl was die Sach- als auch die Rechtslage anbelangt („a fresh determination of the merits of the charge, in respect of both law and fact“)[177], ohne dass dies von besonderen Beweisanforderungen über den Aufenthalt des Betroffenen abhängen darf.[178]

Dabei hat er in der Rechtssache *Poitrimol* den Eindruck erweckt, dass dieses neue Verfahren stets bei Erlass eines Abwesenheitsurteils notwendig ist („Proceedings held in an accused's absence are not in principle incompatible with the Convention if the person concerned can subsequently obtain from a court which has heard him a fresh determination of the merits of the charge, in respect of both law and fact")[179]. Jedoch ergibt sich aus späteren Urteilen, dass die Überprüfungsmöglichkeit nicht für jede Abwesenheitsentscheidung erforderlich ist, sondern nur, wenn das Recht auf Anwesenheit, Selbstverteidigung oder Verteidigung durch einen Verteidiger *verletzt* worden ist.[180] Dafür spricht, dass der Angeklagte, der freiwillig nicht zur Verhandlung erscheint, nicht durch eine zusätzliche Überprüfungsmöglichkeit gegenüber dem bevorteilt werden soll, der seiner nationalen Anwesenheitspflicht Folge leistet.

Wird diese Überprüfungsmöglichkeit von einer Frist abhängig gemacht, ist diese nur konventionskonform, wenn sie erst mit Kenntnis des Angeklagten von der Verurteilung zu laufen beginnt.[181] Konsequenterweise muss der Angeklagte auch umfassend über die Möglichkeit der Überprüfung belehrt worden sein.[182]

Ob im Rahmen der neuen Verhandlung ein Verschlechterungsverbot gelten muss, hat der EGMR bislang nicht entschieden. Wenn die erneute Verhandlung nur die konkrete Konventionsverletzung heilen soll, bedeutet dies konkret: „Alles auf Anfang“. Insofern steht es den Vertragsstaaten frei, dem Angeklagten ein für ihn günstiges Verschlechterungsverbot vorzusehen oder davon abzusehen. Aus der Perspektive der Konvention ergeben sich keine konkreten Einschränkungen.

---

177 EGMR Colozza ./. I (Fn. 138) § 29; Frowein/*Peukert* Art. 6 EMRK Rn. 159.

178 EGMR R.R. ./. I, 9.6.2005, § 59; *Meyer-Ladewig* Art. 6 EMRK Rn. 127; LR-EMRK/*Esser* Art. 6 Rn. 691; vgl. auch EGMR Colozza ./. I (Fn. 138) § 31: Der Angeklagte hätte nach italienischem Recht beweisen müssen, dass er nicht flüchtig war. Der EGMR hat darin einen Konventionsverstoß gesehen.

179 EGMR Poitrimol ./. F (Fn. 6) § 31.

180 Vgl. EGMR (GK) Sejdovic ./. I (Fn. 138) § 82; (GK) Idalov ./. R (Fn. 152) § 174; LR-EMRK/*Esser* Art. 6 Rn. 686; *Klitsch* ZIS 2009, 11, 13.

181 LR-EMRK/*Esser* Art. 6 Rn. 691.

182 Vgl. *Klitsch* ZIS 2009, 11, 13.

## 2. *Überprüfung in gleicher Instanz oder im Rechtsmittelverfahren*

Weiter stellt sich die Frage, wie diese Überprüfungsmöglichkeit konkret ausgestaltet sein muss.

Der EGMR lässt es ausreichen, dass in einer übergeordneten Instanz eine vollumfängliche Überprüfung des Abwesenheitsurteils stattfindet („the reopening of the time allowed for appealing against a conviction *in absentia*, where the defendant was entitled to attend the hearing in the court of appeal and to request the admission of new evidence, entailed the possibility of a fresh factual and legal determination of the criminal charge").[183]

Kritisiert wird hieran, dass dem Angeklagten dadurch eine Instanz genommen wird, was im Hinblick auf Art. 14 Abs. 5 IPBPR und Art. 2 des 7. ZP, die (bei entsprechender Ratifikation) ein Rechtsmittel in Strafsachen fordern, bedenklich sei.[184]

Für die Heilung in der gleichen Instanz spricht, dass die EMRK zwar kein Recht auf einen Instanzenzug gewährt; jedoch ist anerkannt, dass die Rechte des Angeklagten im Rechtsmittelverfahren zu wahren sind, wenn das nationale Recht ein solches vorsieht.[185] Damit erkennt der EGMR an, dass die EMRK in jeder national gewährten Instanz gilt. Wenn er nun einen Verstoß gegen die EMRK in einer übergeordneten Instanz als heilbar ansieht, leugnet er das nationale Institut des Instanzenzugs wiederum. Denn faktisch wird dem Angeklagten dadurch eine Instanz genommen, auch wenn sie den gleichen Prüfungsmaßstab hat wie die Ausgangsinstanz. Um Widersprüchlichkeiten innerhalb der eigenen Rechtsprechung zu vermeiden, sollte der EGMR dazu übergehen, eine Heilung nur bei Überprüfung des Abwesenheitsurteils in der gleichen Instanz zu bejahen.[186]

## 3. *Zusammensetzung des Gerichts*

Des Weiteren ist fraglich, wie sich das Überprüfungsgericht zusammensetzen muss.

*Klitsch* und *Ahlbrecht* sind der Ansicht, dass eine „neue" („fresh") Entscheidung in der Sache nur möglich ist, wenn auch ein völlig neuer Spruchkörper zusammentritt.

---

183 EGMR (GK) Sejdovic ./. I (Fn. 138) § 85; vgl. auch EGMR Jones ./. UK (E), 9.9.2003.

184 LR-EMRK/*Esser* Art. 6 Rn. 692; vgl. auch *Ahlbrecht* in: FS 25 Jahre AG Strafrecht, S. 1055, 1067; anders *Paul* S. 258, der es allein darauf ankommt, *dass* eine neue Aburteilung erfolgt. Die Art des Gerichts sei dabei gleichgültig. Deutschland hat das 7. ZP jedoch nicht ratifiziert.

185 Vgl. beispielhaft EGMR Wersel ./. PL (Fn. 581) § 42 („The Convention does not compel the Contracting States to set up courts of appeal or of cassation. However, where such courts do exist, the guarantees of Article 6 must be complied with.").

186 Vgl. EGMR Eliazer ./. NL, 16.10.2003, ECHR 2001-X = ÖJZ 2003, 197: Wenn es die Möglichkeit der Neuverhandlung in der gleichen Instanz gibt, ist ein Rechtsmittel zu einer höheren Instanz ausgeschlossen.

Es sei nicht ersichtlich, wie der iudex a quo ansonsten frei und unvoreingenommen über den Sachverhalt entscheiden sollte.[187]

Jedoch steht es grundsätzlich nicht in Widerspruch zum Recht auf ein unparteiisches Gericht („impartial tribunal" / „tribunal ... impartial") gemäß Art. 6 Abs. 1 EMRK, wenn nochmals der gleiche personell besetze Spruchkörper über die Sache entscheidet. In der Sache *Thomann* hat der EGMR entschieden, dass ein solches Verfahren jedenfalls auch den objektiven Test des EGMR hinsichtlich der Unparteilichkeit des Gerichts besteht.[188] Denn im Rahmen der neuen Verhandlung nimmt das Gericht eine Überprüfung des gesamten Falles vor („a fresh consideration of the whole case"). Alle Fragen, die sich in der ursprünglichen Verhandlung gestellt haben, sind wieder offen. Ist das Anwesenheitsrecht ursprünglich verletzt worden, wird die Neuverhandlung nun unter dem wertvollen Eindruck der Anwesenheit des Angeklagten neu geprüft („all the issues raised by the case remain open and this time are examined in adversarial proceedings with the benefit of the more comprehensive information that may be obtained from the appearance of the defendant in person"). Zudem würde es die Arbeit des Gerichts verlangsamen, da mehrere Richter den gleichen Fall prüfen müssten („slowing down the work of the courts") und es könnte mit der Forderung nach Entscheidung in angemessener Frist kaum in Einklang gebracht werden („reasonable time").[189]

---

187 *Klitsch* ZIS 2009, 11, 13 f., 21 unter Berufung auf EGMR Sejdovic ./. I, 10.11.2004, § 39 = EuGRZ 2004, 779. Jedoch fordert der EGMR nur eine neue Entscheidung über die Anklage. Er verlangt nicht ausdrücklich auch das Zusammentreten eines neuen Spruchkörpers. So auch *Ahlbrecht* in: FS 25 Jahre AG Strafrecht, S. 1055, 1061.

188 Vgl. Thomann ./. CH, 10.6.1996, Reports 1996-III, § 30 = ÖJZ 1996, 874: Der EGMR prüft die Unparteilichkeit des Gerichts stets hinsichtlich der subjektiven Einstellung des Gerichts und objektiv bezüglich berechtigter Zweifel („regard must be had not only to the personal conviction and behaviour of a particular judge in a given case – the subjective approach – but also to whether it afforded sufficient guarantees to exclude any legitimate doubt in this respect"). Die subjektive Unparteilichkeit ist dabei vom jeweiligen Einzelfall abhängig und kann deshalb nicht verallgemeinernd dargestellt werden.

189 EGMR Thomann ./. CH (Fn. 188) § 35 f. Der EGMR bringt dabei noch folgendes Argument vor: Wenn ein Gericht bei jeder Überprüfung einer Abwesenheitsentscheidung die Zusammensetzung ändern müsste, wären diejenigen im Vorteil, die zur mündlichen Verhandlung nicht erscheinen, da sie so im Gegensatz zu denen, die an der Verhandlung teilgenommen haben, einen Anspruch auf eine zweite mündliche Verhandlung in der gleichen Instanz mit unterschiedlicher personeller Zusammensetzung des Gerichts bekämen („such persons would be placed at an advantage in relation to defendants who appeared at the opening of their trial, because this would enable the former to obtain a second hearing of their case by different judges at the same level of jurisdiction"). Dies greift jedoch nur, wenn eine Überprüfungsmöglichkeit im nationalen Recht stets nach einem Abwesenheitsurteil vorgesehen ist und nicht nur bei Kompensation einer Verletzung des Rechts auf Verteidigung.

Die Heilungsmöglichkeit ist gesetzlich nach den Grundsätzen der EMRK intendiert und das Gericht ist dem Gesetz verpflichtet. Dieser Pflicht ist sich der Richter grundsätzlich bewusst. Nur, weil das Gericht mit der gleichen Sache bereits einmal befasst gewesen ist, kann daraus folglich nicht auf seine objektive Unvoreingenommenheit geschlossen werden. Eine davon zu trennende Frage ist die subjektive Unvoreingenommenheit, die je nach den Umständen des Einzelfalls zu prüfen ist und nicht verallgemeinernd dargestellt werden kann.[190]

## IV. Zusammenfassung

Ein Abwesenheitsverfahren ist nach den Grundsätzen der EMRK ausnahmsweise anerkannt. Es ist menschenrechtskonform, wenn das Anwesenheits- und Selbstverteidigungsrecht menschenrechtskonform eingeschränkt worden ist bzw. der Angeklagte darauf ordnungsgemäß verzichtet hat.

Ist das Anwesenheits- bzw. Selbstverteidigungsrecht verletzt worden, kann ein Verstoß geheilt werden, wenn der Angeklagte ein Recht auf eine neue Verhandlung hat, in der eine Überprüfung der Tatsachen- und Rechtsfragen erfolgt. Die Neuverhandlung muss in der gleichen Instanz erfolgen, in der auch die streitige Abwesenheitsentscheidung ergangen ist. Die Überprüfung durch einen neuen Spruchkörper ist grundsätzlich jedoch nicht nötig. Im Rahmen der neuen Verhandlung muss dem Angeklagten das jeweils verletzte Recht gewährt werden.

# § 3. Abwesenheitsverfahren im europäischen und internationalen Recht

Die Analyse der Rechtsprechung des EGMR hat bereits gezeigt, dass viele Länder wie Frankreich oder die Niederlande grundsätzlich Abwesenheitsverfahren kennen.[191] Der EGMR bringt regelmäßig zum Ausdruck, dass er Abwesenheitsverfahren ausnahmsweise akzeptiert. Zur Begründung beruft er sich jedoch stets auf seine *eigene* ständige Rechtsprechung. Um überhaupt beurteilen zu können, ob es sich bei der Anerkennung von Abwesenheitsverfahren um eine Besonderheit der Rechtsprechung des EGMR oder um ein längst anerkanntes Institut handelt, lohnt auch

---

190 Vgl. Meyer-Goßner/*Schmitt* § 23 StPO Rn. 2; § 24 Rn. 12: Im deutschen Strafprozess gilt der Grundsatz, dass die der Mitwirkung als erkennender Richter vorausgehende richterliche Tätigkeit keine Befangenheit begründet.

191 Vgl. *Paul* S. 81 ff. zur rechtsvergleichenden Untersuchung der englischen, französischen, niederländischen und österreichischen Strafprozessordnung; vgl. *Denz* zu Zulässigkeit und Umfang des Strafverfahrens gegen Abwesende im französischen, italienischen, österreichischen und schweizerischen Recht; vgl. *Bühler*, zum Abwesenheitsverfahren im züricherischen Strafprozess; zum italienischen Abwesenheitsverfahren vgl. *Pierini* ZStW (125) 2014, 951; vgl. auch *Laue* JA 2010, 294 zur Selbstverständlichkeit von Abwesenheitsverfahren in Rechtsordnungen des kontinentalen römisch-germanischen Rechts.

ein Blick auf die Ebene des Europarats losgelöst von der EMRK[192], auf das Recht der EU und das internationale Recht.

## I. Europarat – MR-Resolution (75) 11 v. 21.5.1975

Das Ministerkomitee des Europarats war sich bereits 1975 bewusst, dass mit der zunehmenden Mobilität der Bevölkerung die Zahl der Abwesenheitsverfahren steigen wird. Aus diesem Grund hat das Komittee am 21.5.1975 eine Resolution erlassen, die bestimmte Mindeststandards für Abwesenheitsverfahren vorsieht.[193]

Danach soll kein Abwesenheitsurteil ergehen, ohne dass der Angeklagte rechtzeitig zur Verhandlung geladen wurde, außer wenn feststeht, dass sich der Angeklagte dem Verfahren bewusst entziehen will. Dabei muss die Ladung auf die Konsequenzen des Ausbleibens hinweisen. Erachtet das Gericht die Anwesenheit des Angeklagten für notwendig oder ergeben sich Anhaltspunkte, wonach der Angeklagte trotz ordnungsgemäßer Ladung am Erscheinen gehindert ist, muss die Verhandlung vertagt werden. Der Angeklagte soll nicht in Abwesenheit verurteilt werden, wenn die Möglichkeit der Verhandlung in Anwesenheit in einem anderen Land besteht. Bei Abwesenheit des Angeklagten ist die Beweisaufnahme so durchzuführen, wie wenn der Angeklagte anwesend wäre. Die Verteidigung muss ein Recht zur Stellungnahme haben. Ein Abwesenheitsurteil ist dem Angeklagten zuzustellen. Die Frist für eine Berufung darf erst zu laufen beginnen, wenn der Angeklagte tatsächlich Kenntnis von dem Urteil erlangt hat. Ist der Angeklagte nicht ordnungsgemäß geladen worden, soll ihm ein Rechtsmittel gegen das Abwesenheitsurteil zustehen, wonach das Urteil aufgehoben werden kann. Ist der Angeklagte ordnungsgemäß geladen worden, soll er das Recht auf eine erneute Verhandlung („retrial") haben, wenn er beweisen kann, dass seine Abwesenheit auf Gründen beruht, die sich seiner Kontrolle entzogen haben.[194]

Dieser Resolution lässt sich damit zwar nicht entnehmen, wie die Ladung des Angeklagten genau auszugestalten ist, ebenso wenig wie ein „remedy" zur Heilung der Verletzung des Anwesenheitsrechts aussehen könnte, jedoch finden sich bereits in dieser frühen Resolution die Eckpunkte eines konventionskonformen Abwesenheitsverfahrens wieder.

---

192 Der am 5.5.1949 gegründete Europarat ist ein völkerrechtlicher Zusammenschluss von derzeit 47 Staaten und darf nicht mit dem Europäischen Rat auf Ebene der EU verwechselt werden. Vgl. hierzu *Esser* Europäisches und Internationales Strafrecht, § 8 Rn. 1.

193 Resolution (75) 11 v. 21.5.1975, https://wcd.coe.int/com.instranet.InstraServlet?command=com.instranet.CmdBlobGet&InstranetImage=591160&SecMode=1&DocId=651212&Usage=2 (Stand: 6.12.2014).

194 Vgl. Resolution (75) 11 (Fn. 193) I Nr. 1–9.

## II. Recht der EU

Auf der Ebene der Europäischen Union ist man sich der Unterschiede der verschiedenen nationalen Strafverfahrensordnungen im Hinblick auf das Anwesenheitsrecht des Angeklagten sowie die Durchführung von Abwesenheitsverfahren durchaus bewusst.

Insofern sollen der RB[195] 2009/299/JI des Rates vom 26.2.2009[196] und ein RiL-Vorschlag der Europäischen Kommission zur Stärkung bestimmter Aspekte der Unschuldsvermutung und des Rechts auf Anwesenheit in der Hauptverhandlung[197] zu einer einheitlichen europäischen Linie beitragen.

### 1. *RB 2009/299/JI*

Der RB 2009/299/JI vom 26.2.2009 verfolgt das Ziel, die Abwesenheitsurteile betreffenden Regelungen von fünf Rahmenbeschlüssen zu vereinheitlichen[198] und so zur Stärkung der Verfahrensrechte von Personen und zur Förderung der Anwendung des Grundsatzes der gegenseitigen Anerkennung von Abwesenheitsurteilen beizutragen.[199]

---

195 Das Instrument des RB fußt auf ex-Art. 34 Abs. 2 lit. b EUV. Er ist ähnlich einer RiL (vgl. Art. 82 Abs. 2 S. 1 AEUV) hinsichtlich seines Ziels verbindlich (hierzu vgl. BVerfG, NJW 2005, 2289, 2291 f.; ausführlich *Schönberger* ZaöRV 2007, 1107). Mit dem Vertrag von Lissabon ist die intergouvernementale „3. Säule" zwar in den einheitlichen Rahmen des Unionsrechts überführt worden (vgl. Art. 67, 82–89 AEUV), so dass das Institut des RB zugunsten der Handlungsform der RiL obsolet geworden ist. Rahmenbeschlüsse, die jedoch noch vor dem Vertrag von Lissabon vom Rat gefasst worden sind, bleiben gemäß Art. 9 Protokoll Nr. 36 (ABl. EU Nr. C 115 v. 9.5.2008, S. 325) solange wirksam bis sie in Anwendung der Verträge beispielsweise durch eine RiL ersetzt werden. Vgl. hierzu *Hecker* Europäisches Strafrecht, § 10 Rn. 79.

196 RB 2009/299/ JI (Fn. 169).

197 Proposal for a Directive of The European Parliament and of The Council on the strengthening of certain aspects of the presumption of innocence and of the right to be present at trial in criminal proceedings, COM (2013) 821 final v. 27.11.2013.

198 Nach dem RB 2005/214/JI vom 24.2.2005 über die gegenseitige Anerkennung von Geldbußen und Geldstrafen (ABl. EU Nr. L 76 v. 22.3.2005) beispielsweise konnte der Vollstreckungsstaat die Anerkennung eines Abwesenheitsurteils verweigern, wenn die betreffende Person nicht persönlich erschienen ist und nicht persönlich oder über einen befugten Vertreter über das Verfahren unterrichtet worden ist (vgl. Art. 7 Abs. 2 RB). Nach RB 2002/584/JI des Rates vom 13.6.2002 über den Europäischen Haftbefehl (ABl. EU Nr. L 190/1 v. 18.7.2002) konnte die Übergabe einer Person an die Bedingung geknüpft werden, dass die ausstellende Justizbehörde eine als ausreichend erachtete Zusicherung gibt, wonach die Person, gegen die der Europäische Haftbefehl ergangen ist, die Möglichkeit haben wird, im Ausstellungsmitgliedstaat eine Wiederaufnahme des Verfahrens zu beantragen und bei der Gerichtsverhandlung anwesend zu sein (vgl. Art. 5 Nr. 1 RB). Vgl. hierzu auch *Klitsch* ZIS 2009, 11, 16 und RB 2009/299/JI (Fn. 169) ErwG Nr. 3.

199 Zu den angestebten Änderungen des Gesetzes über die internationale Rechtshilfe in Strafsachen (IRG) vgl. BR-Drs. 491/14 (Fn. 19) S. 3 ff., 81 ff.

### a) Inhalt

Ähnlich der Rechtsprechung des EGMR lässt sich aus dem RB 2009/299/JI ableiten, dass grundsätzlich ein Verfahren in Anwesenheit des Angeklagten zu präferieren ist. Denn die Voraussetzungen der Anerkennung von Abwesenheitsurteilen sind als Ausnahme formuliert („es sei denn").[200] Der RB regelt drei „alternative Bedingungen"[201], bei deren Erfüllung eine Abwesenheitsentscheidung als rechtmäßig zu beurteilen ist und damit die Vollstreckung nicht verweigert werden darf, nämlich wenn die betroffene Person

- über Termin und Ort der Verhandlung zweifelsfrei erwiesen in Kenntnis gesetzt worden ist, sei es durch persönliche Vorladung oder auf anderem offiziellem Weg und auch davon in Kenntnis gesetzt worden ist, dass eine Entscheidung auch dann ergehen kann, wenn sie zur Verhandlung nicht erscheint *oder*
- in Kenntnis der anberaumten Verhandlung ein Mandat an einen Rechtsbeistand, der entweder von der betroffenen Person oder vom Staat bestellt worden ist, erteilt hat, sie bei der Verhandlung zu verteidigen, und bei der Verhandlung von einem Rechtsbeistand tatsächlich verteidigt worden ist *oder*
- nach Zustellung der Entscheidung das Recht auf Wiederaufnahme des Verfahrens oder auf ein Berufungsverfahren hat, an dem die Person teilnehmen kann und bei dem der Sachverhalt, einschließlich neuer Beweismittel, erneut geprüft und die ursprünglich ergangene Entscheidung aufgehoben werden kann. Über dieses Recht ist die betroffene Person auch in Kenntnis zu setzen. Sie muss entweder ausdrücklich erklären, dass sie die Abwesenheitsentscheidung nicht anfechten möchte oder die Wiederaufnahme- bzw. Berufungsfrist schlicht verstreichen lassen.[202]

### b) (Un-) Vereinbarkeit mit der EMRK

Aus Erwägungsgrund 1 geht hervor, dass der RB den Schutzstandard wahren soll, den die EMRK in der Auslegung durch die Rechtsprechung des EGMR hinsichtlich des Anwesenheitsrechts des Angeklagten während der Hauptverhandlung gewährt.[203] Intendiert ist damit ein Gleichlauf mit den Garantien der EMRK.

---

200 Vgl. Art. 2 Nr. 1 RB 2009/299/JI (Fn. 169).

201 RB 2009/299/JI (Fn. 169) ErwG Nr. 6.

202 Für die Vollstreckung eines Europäischen Haftbefehls ist es beispielsweise auch ausreichend, dass die Zustellung unverzüglich nach der Übergabe erfolgt und die Belehrung über die Rechte der Wiederaufnahme vorgenommen wird, vgl. Art. 2 Nr. 1 RB 2009/299/JI (Fn. 169). Bei Zusicherung dieser Möglichkeit ist dem Vollstreckungsstaat damit die Kontrolle über die tatsächliche Wahrung der Rechte des Betroffenen entzogen. Kritisch hierzu *Ahlbrecht* in: FS 25 Jahre Strafrecht, S. 1055, 1066.

203 RB 2009/299/JI (Fn. 169) ErwG Nr. 1 („Das Recht eines Angeklagten, persönlich zur Verhandlung zu erscheinen, ist Teil des Rechts auf ein faires Verfahren gemäß Artikel 6 der Konvention zum Schutz der Menschenrechte und Grundfreiheiten in der Auslegung durch den Europäischen Gerichtshof für Menschenrechte.").

Die Voraussetzungen eines Verzichts auf das Anwesenheitsrecht sollen jedoch bereits gegeben sein, wenn der Angeklagte umfassend über Ort und Termin der Verhandlung und die Möglichkeit der Abwesenheitsentscheidung informiert worden ist.[204] Der Rat hat übersehen, dass die Wirksamkeit eines Verzichts nach den Grundsätzen der EMRK nicht nur von einer umfassenden Information des Angeklagten abhängt. Vielmehr muss es dem Angeklagten auch faktisch möglich sein, an der mündlichen Verhandlung persönlich teilzunehmen. Dies ist beispielsweise nicht der Fall, wenn dem Angeklagten die Einreise verweigert wird. Der RB berücksichtigt diese Möglichkeit nicht, so dass bei Information des Angeklagten, aber faktischer Unmöglichkeit der Wahrnehmung der Verhandlung grundsätzlich von der Ordnungsgemäßheit des Abwesenheitsurteils auszugehen wäre. Dies ist mit der EMRK nicht vereinbar, wenn dem Angeklagten nicht nachträglich die Wiederaufnahme des Verfahrens in rechtlicher und tatsächlicher Sicht gewährt wird.[205] Der RB fordert dies nicht, weil die Bedingungen gerade alternativ und nicht kumulativ gelten. Im Ergebnis verstößt der RB damit gegen die EMRK.

Zudem bleibt der RB hinter dem Schutz der EMRK zurück, indem er die erneute Überprüfung der ergangenen Entscheidung sowie Aufhebung fakultativ formuliert („kann").[206] Eine Heilung einer konventionswidrigen Abwesenheitsentscheidung kommt nach den Grundsätzen der EMRK nur in Betracht, wenn der Angeklagte das Recht auf tatsächliche und rechtliche erneute Überprüfung der Entscheidung hat. Ein Entscheidungsspielraum der Vertragsstaaten darf hier nicht verbleiben.[207] Das Wahlrecht muss allein beim Angeklagten selbst liegen.

Darüber hinaus geht aus dem RB nicht hervor, ob das erneute Verfahren in der Instanz des ergangenen Abwesenheitsurteils stattfinden muss oder ob eine Durchführung in einer übergeordneten Instanz ausreicht. Diesbezüglich ist die Rechtsprechung des EGMR zwar großzügig, jedoch hätte der Rat hier die Möglichkeit gehabt, den Standard eines fairen Verfahrens anzuheben, indem der Angeklagte ein Recht auf eine neue Entscheidung in der gleichen Instanz hat.[208]

Weiterhin bleibt der RB hinter dem Schutz der EMRK zurück, da aus ihm nicht hervorgeht, dass nicht nur Tatsachen, sondern auch Rechtsfragen Gegenstand der erneuten Verhandlung sein müssen.[209]

Im Ergebnis vermag der RB das Schutzniveau der EMRK nicht zu erreichen. Eine Bestärkung der Rechte des Angeklagten kann daraus nicht abgeleitet werden. Vielmehr

---

204 Vgl. hierzu auch BR-Drs. 491/14, S. 82 f.

205 Vgl. LR-EMRK/*Esser* Art. 6 Rn. 696, 701; zur Berücksichtigung von Entschuldigungsgründen nach dem Vorbehalt des europäischen Ordre public, vgl. BR-Drs. 491/14 (Fn. 19) S. 85.

206 Vgl. RB 2009/299/JI (Fn. 169) ErwG 11.

207 Vgl. *Ahlbrecht* in: FS 25 Jahre AG Strafrecht, S. 1055, 1067.

208 So auch die Forderung von *Ahlbrecht* in: FS 25 Jahre AG Strafrecht, S. 1055, 1067.

209 *Ahlbrecht* in: FS 25 Jahre AG Strafrecht, S. 1055, 1067. Zur Anpassung des Prüfungsumfangs an die Situation des Verfahrens, in dem Abwesenheitsentscheidung ergangen ist, vgl. auch BR-Drs. 491/14 (Fn. 19) S. 87.

hat der RB durch seinen Katalog der Versagungsgründe die Verkehrsfähigkeit von Abwesenheitsverfahren[210] in menschenrechtsverletzender Weise gefördert.[211]

In der Rechtssache *Melloni*[212] hätte der EuGH die Chance gehabt, im Vorabentscheidungsverfahren (Art. 267 AEUV) die Konventionswidrigkeit des RB festzustellen. In der zweiten Vorlagefrage war der EuGH damit konfrontiert, ob Art. 4a Abs. 1 des RB 2002/584/JI in der durch den RB 2009/299/JI geänderten Fassung mit den sich aus Art. 47 und 48 Abs. 2 der Charta der Grundrechte der Europäischen Union[213] ergebenden Erfordernissen vereinbar ist.[214] Die EUC ist zwar nicht unmittelbarer Teil der Verträge (AEUV und EUV), jedoch ist sie aufgrund des Verweises in Art. 6 Abs. 1 S. 2 EUV dem Primärrecht gleichgestellt.[215] Damit kann der EuGH zwar nicht unmittelbar über die Bedeutung der Verbürgungen der EMRK entscheiden. Jedoch ist zu sehen, dass sich die Charta der Grundrechte der Europäischen Union gemäß Art. 52 Abs. 3 S. 1 EUC selbst aufgegeben hat, dass Rechte, die denen der EMRK entsprechen, die gleiche Bedeutung und Tragweite haben, wie sie ihnen darin verliehen werden. Gemäß Art. 52 Abs. 3 S. 2 EUC kann das Recht der EU jedoch auch über den Schutz der EMRK hinausgehen. Folglich hätten auch die Wertungen der EMRK und des EGMR bei der Überprüfung des RB vom EuGH eingehend beachtet werden müssen.[216] *Melloni*, der sich durch Flucht dem Strafverfahren in Italien entzogen hatte, war in Abwesenheit wegen betrügerischen Konkurses zu einer zehnjährigen Haftstrafe verurteilt worden. Im Verfahren war er durch zwei Verteidiger vertreten worden, die erfolglos ein Rechtsmittel gegen das Urteil eingelegt hatten. Aufgrund eines Europäischen Haftbefehls wurde er in Spanien festgenommen. *Melloni* wandte sich gegen die Gestattung der Übergabe an Italien mit einer Verfassungsbeschwerde, da er im Berufungsverfahren einen anderen Rechtsanwalt beauftragt hätte als die ihn tatsächlich vertretenden Anwälte, denen er zwischenzeitlich das Mandat entzogen hätte und nach italienischem Recht nicht die Möglichkeit bestünde, das Abwesenheitsurteil anzufechten. Das Verfassungsgericht stetzte das Verfahren aus und wandte sich mit insgesamt drei Vorlagefragen an den EuGH.[217] Dieser verneinte

---

210 Ähnlich BRAK-Stellungnahme Nr. 06/2008 S. 7; *Esser* in: FS für Wolter, S. 1329, 1336; *Ahlbrecht* in: FS 25 Jahre Strafrecht, S. 1055.

211 Vgl. *Bartels* S. 87 ff. zur Entwicklung eines Auslieferungshindernisses aus Art. 1 i.V.m. Art. 6 EMRK.

212 EuGH Rs. C-399/11 (Melloni ./. Ministrio Fiscal), 26.2.2013 = NJW 2013, 1215.

213 ABl. EU Nr. C 303 v. 14.12.2007, S. 1; C 326 v. 26.10.2012, S. 391.

214 Vgl. zur zweiten Vorlagefrage EuGH Rs. C-399/11 (Melloni) (Fn. 212) § 47. Grundlegend zum Fall Melloni, vgl. auch *Safferling* NStZ 2014, 545, 548 ff.

215 Vgl. hierzu auch EuGH Rs. C-399/11 (Melloni) (Fn. 212) § 48.

216 Ähnlich *Rönnau/Wegner* GA 2013, 561, 577 f.; *Gaede* NJW 2013, 1279, 1281.

217 Zum Ausgangsverfahren und den Vorlagefragen:. EuGH Rs. C-399/11 (Melloni) (Fn. 212) §§ 13 ff.: Die erste Vorlagefrage lautete, ob der RB über den Europäischen Haftbefehl die Überprüfung des Abwesenheitsurteils gestattet. Mit der dritten

eine Verletzung der Art. 47, 48 Abs. 2 EUC.[218] Zur Begründung führte er an, dass die Verletzung des Rechts auf ein faires Verfahren, auch wenn der Angeklagte nicht persönlich erschienen sei, insbesondere nicht erwiesen sei, wenn er von dem Termin und Ort der Verhandlung in Kenntnis gesetzt oder durch einen Rechtsbeistand verteidigt worden sei, dem er ein entsprechendes Mandat erteilt hätte. Der EuGH geht dabei fälschlicherweise davon aus, dass „[d]iese Auslegung der Art. 47 und 48 Abs. 2 der Charta [...] im Einklang mit der Tragweite [steht], die den durch Art. 6 Abs. 1 und 3 EMRK garantierten Rechten in der Rechtsprechung des Europäischen Gerichtshofs für Menschenrechte zuerkannt wurde."[219] Die Übereinstimmungsprüfung gemäß Art. 52 Abs. 3 EUC ist damit nicht geglückt.[220] Eine weitergehende bzw. echte Grundrechtsprüfung ist der EuGH schuldig geblieben, weil er sich im Folgenden nur zirkulär auf den Wortlaut des RB berufen hat.[221] Der EuGH, der anders als der EGMR die Möglichkeit hat, losgelöst von Einzelfallgestaltungen, allgemeine Rechtsgrundsätze zugunsten des Beschuldigtenschutzes aufzustellen, hat damit diese Chance vertan und sich für die Bestärkung der Verkehrsfähigkeit von Abwesenheitsentscheidungen entschieden. So ist ein „minimalistischer" Grundrechtsschutz auf Europäischer Ebene besiegelt.[222]

### 2. *RiL-Vorschlag zur Stärkung des Rechts auf Anwesenheit*

Im Hinblick auf die Stärkung des Anwesenheitsrechts des Angeklagten ist der RiL-Vorschlag der Europäischen Kommission vom 27.11.2013 zu beachten, der neben der Stärkung bestimmter Aspekte der Unschuldsvermutung vor allem auch das Recht auf Anwesenheit in der Hauptverhandlung sowie die Möglichkeit von Abwesenheitsverfahren[223] thematisiert.[224]

---

Vorlagefrage wollte das Verfassungsgericht wissen, ob über Art. 53 EUC ein nach nationalem Recht höheres Schutzniveau gewährleistet werden kann.

218 EuGH Rs. C-399/11 (Melloni) (Fn. 212) § 49.

219 EuGH Rs. C-399/11 (Melloni) (Fn. 212) § 50.

220 So auch *Gaede* NJW 2013, 1279, 1281. Ein Konflikt mit dem EGMR bei Beitritt der EU zur EMRK gemäß Art. 6 Abs. 2 EUV ist damit vorprogrammiert. A.A. *Streinz* JuS 2013, 661, 662. Zu begrüßen ist, dass BR-Drs. 491/14 (Fn. 19) S. 86 betont, dass der Rechtsbeistand mit dem Wissen und dem Willen der angeklagten Person den Verhandlungstermin wahrgenommen und sie verteidigt haben muss.

221 Vgl. EuGH Rs. C-399/11 (Melloni) (Fn. 212) §§ 51 f.; *Streinz* JuS 2013, 661, 663; vgl. auch *Rönnau/Wegner* GA 2013, 561, 574 (zu restriktive Auslegung der Art. 47, 48 Abs. 2 EUC).

222 Vgl. *Gaede* NJW 2013, 1279, 1281.

223 Zur Erweiterung der Überschrift von Art. 8 RiL-Vorschlag um den Aspekt des Abwesenheitsverfahrens vgl. Rechtsausschuss, Stellungnahme 2013/0407(COD) v. 8.4.2014, S. 15 (ÄndA 23).

224 KOM (2013) 821 endg. v. 27.11.2013.

*a) „Stockholmer Programm“*

Dieser RiL-Vorschlag dient der Umsetzung des sog. „Stockholmer Programms“, das am 11.12.2009 vom Rat der Europäischen Union verabschiedet worden ist.[225] Zu den darin erklärten Zielen der Union zur Sicherung des gegenseitigen Vertrauens in die Strafrechtssysteme der anderen Mitgliedstaaten gehört auch der Schutz der Rechte des Einzelnen im Strafverfahren. Zu diesem Zweck ist die Entschließung des Rates vom 30.11.2009 über einen Fahrplan zur Stärkung der Verfahrensrechte von Verdächtigen oder Beschuldigten in Strafverfahren[226] aufgenommen worden (2.4).[227] Danach sollen schrittweise über einen Zeitraum von fünf Jahren (2010–2014) die Verfahrensrechte von Verdächtigen und Beschuldigten gestärkt werden, insbesondere hinsichtlich der Übersetzungen und Dolmetscherleistungen (Maßnahme A), der Belehrung über die Rechte und Unterrichtung über die Beschuldigung (Maßnahme B), des Rechtsbeistands und der Prozesskostenhilfe, der Kommunikation mit Angehörigen (Maßnahme C), Arbeitgebern und Konsularbehörden (Maßnahme D), besonderer Garantien für Schutzbedürftige Verdächtige oder Beschuldigte (Maßnahme E) und eines Grünbuchs über die U-Haft (Maßnahme F).[228] Zur Verwirklichung dieser Ziele sind bereits drei RiL zum Recht auf Dolmetscherleistungen[229], zum Recht auf Belehrung[230] und zum Recht auf Rechtsbeistand[231] verabschiedet worden. Der neue RiL-Vorschlag soll nun das Recht auf Einhaltung der Unschuldsvermutung[232] sowie das Recht des Angeklagten auf Anwesenheit in der mündlichen Verhandlung stärken und so zur Garantie eines fairen Strafverfahrens auf EU-Ebene beitragen.

---

225 Stockholmer Programm – Ein offenes und sicheres Europa im Dienste und zum Schutz der Bürger, ABl. EU Nr. C 115 v. 4.5.2010.

226 Entschließung des Rates vom 30. November 2009 über einen Fahrplan zur Stärkung der Verfahrensrechte von Verdächtigen oder Beschuldigten in Strafverfahren, ABl. EU Nr. C 295 v. 4.12.2009.

227 „Stockholmer Programm“ (Fn. 225) S. 10.

228 Vgl. *Brodowski* ZIS 2010, 376, 382.

229 Richtlinie 2010/64/EU des Europäischen Parlaments und des Rates vom 20. Oktober 2010 über das Recht auf Dolmetscherleistungen und Übersetzung im Strafverfahren, ABl. EU Nr. L 280 v. 26.10.2010.

230 Richtlinie 2012/13/EU des Europäischen Parlaments und des Rates vom 22. Mai 2012 über das Recht auf Belehrung und Unterrichtung in Strafverfahren, ABl. EU Nr. L 142 v. 1.6.2012, S. 1 ff.

231 Richtlinie 2013/48/EU des Europäischen Parlaments und des Rates vom 22. Oktober 2013 über das Recht auf Zugang zu einem Rechtsbeistand in Strafverfahren und in Verfahren zur Vollstreckung des Europäischen Haftbefehls sowie über das Recht auf Benachrichtigung eines Dritten bei Freiheitsentzug und das Recht auf Kommunikation mit Dritten und mit Konsularbehörden während des Freiheitsentzugs, ABl. EU Nr. L 294 v. 6.11.2013, S. 1 ff.

232 Vgl. hierzu „Stockholmer Programm“ (Fn.225) 2.4. Spiegelstrich 2, wonach zur Verbesserung der Zusammenarbeit auch die Unschuldsvermutung anzugehen ist.

### *b) Inhalt*

Der RiL-Vorschlag normiert in Art. 8 Abs. 1 i.V.m. Art. 1 Abs. 2 RiL-Vorschlag ausdrücklich, dass die Mitgliedstaaten das Recht von Verdächtigen bzw. Angeklagten auf Anwesenheit in der mündlichen Verhandlung sichern sollen. Dies ist erfreulich, da das Anwesenheitsrecht, wie gezeigt, in der EMRK zwar Voraussetzung für die Wahrnehmung von diversen Verteidigungsrechten ist, jedoch nicht ausdrücklich normiert ist, obwohl ihm in einer Demokratie zur Gewährung eines fairen Verfahrens eine überragende Bedeutung zukommt.[233]

Auch wenn der RiL-Vorschlag primär das Recht des Angeklagten auf Anwesenheit in der Verhandlung stärken will, hat er sich an die Rechtsprechung des EGMR angelehnt und kein absolutes Recht auf Anwesenheit als Mindeststandard normiert. Vielmehr soll der ausdrückliche oder konkludente Verzicht auf die Anwesenheit unter Einhaltung bestimmter Schutzmaßnahmen möglich sein.[234] In einer Stellungnahme des Europäischen Wirtschafts- und Sozialausschusses v. 25.3.2014 wird hingegen gemahnt, dass es den Staaten auch möglich sein müsse, in Abwesenheit des Angeklagten zu verhandeln, wenn dessen Wohnsitz unbekannt sei. Hierzu sollte es den Mitgliedsstaaten ausdrücklich erlaubt werden, eine besondere Vorladungsart für Personen ohne bekannten Wohnsitz vorzusehen (z. B. Zustellung an die Polizeidienststelle).[235] Der Rechtsausschluss hat allerdings in seiner Stellungnahme v. 8.4.2014 eine Streichung der Möglichkeit des konkludenten Verzichts aus ErwG 22 vorgeschlagen, weil auf die Anwesenheit in der Verhandlung in Anbetracht ihrer Bedeutung für ein faires Verfahren darauf nur ausdrücklich und eindeutig verzichtet werden könne.[236] Damit werden strengere Voraussetzungen des Verzichts als nach der EMRK gefordert.

In Art. 8 Abs. 2 RiL-Vorschlag wird den Mitgliedstaaten die Möglichkeit eröffnet in Abwesenheit des Angeklagten über die Frage der Schuld zu entscheiden. Hierzu muss der Angeklagte rechtzeitig entweder persönlich geladen bzw. auf andere Weise offiziell über Tag und Ort der Verhandlung informiert worden sein, wobei zweifelsfrei sichergestellt sein muss, dass sich der Angeklagte der anberaumten Hauptverhandlung bewusst gewesen ist. Hinzukommen muss, dass der Angeklagte über die Möglichkeit einer Abwesenheitsentscheidung informiert worden ist. Eine andere Möglichkeit einer ordnungsgemäßen Abwesenheitsentscheidung ist, dass der Angeklagte im Bewusstsein der anberaumten Hauptverhandlung einen Wahl- oder Pflichtverteidiger das Mandat übertragen hat, ihn vor Gericht zu verteidigen und vor Gericht auch tatsächlich verteidigt hat.[237] Entsprechend der Stellungnahme

---

233 Vgl. auch RiL-Vorschlag, COM (2013) 821 final v. 27.11.2013 (Fn. 197) ErwG Nr. 21.

234 RiL-Vorschlag, COM (2013) 821 final v. 27.11.2013 (Fn. 197) ErwG Nr. 22.

235 Vgl. Stellungnahme des Europäischen Wirtschafts- und Sozialausschusses, Abl. EU Nr. C 226/63 v. 16.7.2014, Ziff. 1.6; 3.4.9; 3.4.10.

236 Vgl. Rechtsausschuss, Stellungnahme 2013/0407 (COD) v. 8.4.2014, S. 8 (ÄndA 9).

237 Der BRat hält die Voraussetzungen, unter denen Abwesenheitsurteile zulässig sein sollen, für zu eng. Er empfiehlt eine Ausweitung auf die aus den §§ 231 Abs. 2 ff. StPO bekannten Fälle (BR-Drucks. 788/13 v. 14.2.2014).

des Rechtsausschusses v. 8.4.2014 sollen die Mitgliedstaaten gemäß Art. 8 Abs. 2a (neu) RiL-Vorschlag gewährleisten, dass keine Entscheidung in Abwesenheit ergeht, wenn der Angeklagte eine genügende Entschuldigung für sein Ausbleiben vorbringen kann. Beispielhaft werden insofern schwere Krankheit oder der Tod eines Familienmitglieds angeführt.[238] Das Erfordernis der genügenden Entschuldigung des Angeklagten stellt zwar keine Notwendigkeit aus der Sicht der EMRK dar, jedoch ist es geeignet das Anwesenheitsrecht des Angeklagten zusätzlich abzusichern. Damit ist es begrüßenswert.

Nur, wenn diese Voraussetzungen nicht eingehalten worden sind („If the conditions of paragraph 2 have not been met"), kann die Abwesenheitsentscheidung dennoch vollstreckt werden, wenn die Entscheidung dem Angeklagten zugestellt worden ist und er ausdrücklich über sein Recht auf eine Wiederaufnahme bzw. eine Berufung belehrt worden ist, an dem der Angeklagte teilnehmen kann und bei dem der Sachverhalt, einschließlich neuer Beweismittel, erneut geprüft werden und die ursprünglich ergangene Entscheidung aufgehoben werden kann. Der Angeklagte muss entweder ausdrücklich darauf verzichten, die Entscheidung anzufechten, oder keine Wiederaufnahme bzw. Berufung innerhalb einer angemessenen Frist anstrengen, Art. 8 Abs. 3 RiL-Vorschlag. Zudem hat der Rechtsausschuss des Deutschen Bundestags in seiner Stellungnahme v. 8.4.2014 vorgeschlagen, dass Mitgliedstaaten unter Beachtung der in Art. 8 RiL-Vorschlag niedergelegten Prinzipien bei minder schweren Straftaten auf vereinfachte Verfahren zurückgreifen können sollen (Art. 8 Abs. 3a (neu) RiL-Vorschlag). Dauer und Komplexität des Strafverfahrens sollten seiner Meinung nach unbeschadet der Geltung der Unschuldsvermutung in angemessenem Verhältnis zur Schwere der Straftat stehen.[239] „Geringfügige Straftaten" sollen nach Art. 8 Abs. 3b (neu) RiL-Vorschlag vorliegen, wenn sie nach nationalem Recht nicht mit Freiheitsstrafe geahndet werden.[240]

Art. 9 RiL-Vorschlag normiert sodann ein Recht auf Wiederaufnahme. Wenn ein Angeklagter in einer Verhandlung nicht anwesend i.S.v. Art. 8 Abs. 1 RiL-Vorschlag gewesen ist und auch die Bedingungen von Art. 8 Abs. 2 und Abs. 3 RiL-Vorschlag nicht greifen, soll sichergestellt werden, dass der Angeklagte das Recht auf ein neues Verfahren („retrial") hat, in dem er das Recht auf Anwesenheit hat und bei

---

238 Vgl. Rechtsausschuss, Stellungnahme 2013/0407 (COD) v. 8.4.2014, S. 15 (ÄndA 24); vgl. auch Rechtsausschuss, Entwurf einer Stellunnahme 2013/0407 (COD) v. 7.3.2014, S. 14 (ÄndA 19).

239 Vgl. Rechtsausschuss, Stellungnahme 2013/0407 (COD) v. 8.4.2014, S. 15 (ÄndA 25); vgl. hierzu bereits Rechtsausschuss, Entwurf einer Stellungnahme, 2013/0407 (COD) v. 7.3.2014, S. 14 f. (ÄndA 20).

240 Vgl. Rechtsausschuss, Stellungnahme 2013/0407 (COD) v. 8.4.2014, S. 16 (ÄndA 26); vgl. hierzu bereits Entwurf einer Stellungnahme 2013/0407 (COD) v. 25.3.2014, S. 9 f. (ÄndA 37), wonach die Geringfügigkeitsgrenze bei Freiheitsstrafe von höchstens einem Jahr liegen sollte.

dem der Sachverhalt, einschließlich neuer Beweismittel, erneut geprüft werden und die ursprünglich ergangene Entscheidung aufgehoben werden kann.

### *c) (Un-) Vereinbarkeit mit der EMRK*

Es fällt auf, dass Art. 8 RiL-Vorschlag der Regelung des RB 2009/JI/299[241] mit Ausnahme einzelner sprachlicher Unterschiede gleicht. Dies ist ausweislich der Begründung auch beabsichtigt.[242] Folglich enthält die RiL die gleichen Fehler, die bereits beim RB 2009/299/JI als Verletzung der EMRK dargestellt worden sind (vgl. 3. Kapitel § 3 II. 1. b)). Der DAV hat in seiner Stellungnahme v. März 2014 deshalb bemängelt, dass es dem Anspruch auf ein faires Verfahren nicht gerecht werde, wenn jegliche Möglichkeit, eine Abwesenheit zu entschuldigen, ausgeschlossen werde.[243] Kann man dem RB 2009/JI/299 noch zugutehalten, dass er nicht (nur) die Stärkung der Beschuldigtenrechte im Blick hatte, sondern vor allem Mindeststandards für die Anerkennung von Abwesenheitsentscheidungen regeln wollte, greift dieses Argument für den RiL-Vorschlag nicht mehr. Der „Fahrplan", den das „Stockholmer Programm" aufgenommen hat, beinhaltet ausdrücklich, dass es an der Zeit ist, auf den Schutz der Verfahrensrechte des Einzelnen hinzuwirken.[244]

Wenn jedoch das Recht auf Anwesenheit gestärkt werden soll, muss nicht nur der „status positivus" eine Absicherung erfahren, sondern auch der „status negativus". Würde die RiL in der Fassung des RiL-Vorschlag erlassen, stellt sie einen klaren Verstoß gegen die Grundsätze der EMRK dar, da sie hinter den Standards für ein konventionskonformes Abwesenheitsverfahren zurückbleibt. Aus der EMRK und der Rechtsprechung des EGMR kann zwar entnommen werden, dass ein Verfahren in Anwesenheit des Angeklagten der zuverlässigere Weg zur Garantie eines fairen Verfahren ist, jedoch wird auch die Durchführung eines Abwesenheitsverfahrens akzeptiert. Sollen diese Grundsätze auch auf EU-Ebene fruchtbar gemacht werden, darf der Mindestschutz der RiL bezüglich des Verzichts auf Anwesenheit nicht hinter den Prinzipien der EMRK zurückbleiben. Ansonsten wird das Ziel des RiL-Vorschlags, das Anwesenheitsrecht des Angeklagten zu stärken, nicht erreicht.

Begrüßenswert ist jedoch, dass aus Art. 8 Abs. 3 RiL-Vorschlag hervorgeht, dass primär das Recht auf Anwesenheit durch umfassende Information des Angeklagten abzusichern ist und eine Heilung der Verletzung des Anwesenheitsrechts nur ausnahmsweise möglich ist („If the conditions of paragraph 2 have not been met"). Der RB 2009/299/JI hat noch den Eindruck vermittelt, als wären Wahrung des Anwesenheitsrechts und die Heilung der Verletzung gleichbedeutend. Aus Sicht der Vollstreckung einer Abwesenheitsentscheidung mag dies zu bejahen sein; zur

241 RB 2009/299/JI (Fn. 169).
242 Vgl. RiL-Vorschlag, COM (2013) 821 final v. 27.11.2013 (Fn. 197) 2.1. Nr. 41 (Fn. 26).
243 DAV, Stellungnahme 14/2014, S. 10.
244 Vgl. „Fahrplan" (Fn. 226) ErwG Nr. 10.

Stärkung der Rechte des Angeklagten muss vorrangig das Anwesenheitsrecht des Angeklagten gewahrt werden.

Eine Neuerung im Vergleich zum RB 2009/299/JI ist Art. 9 RiL-Vorschlag, wonach ein wirksamer Rechtsbehelf gefordert wird, mit dem der Angeklagte die Verletzung seiner Rechte aus Art. 8 Abs. 2 und Abs. 3 RiL-Vorschlag geltend machen kann. Dabei fällt ins Auge, dass Art. 9 RiL-Vorschlag anders als Art. 8 Abs. 3 RiL-Vorschlag nur von „retrial" und nicht von „appeal" spricht. Die Vollstreckung einer Entscheidung, die das Anwesenheitsrecht des Angeklagten verletzt hat, hängt nach den Grundsätzen der EMRK davon ab, ob ein neues Verfahren gewährleistet worden ist, in dem der Konventionsverstoß geheilt worden ist. Damit ist Art. 9 RiL-Vorschlag grundsätzlich die allgemeinere Norm, auf der Art. 8 Abs. 3 RiL-Vorschlag aufbauen müsste, um die Voraussetzungen der Vollstreckung einer derartigen Entscheidung zu regeln. Deshalb ist unklar, weshalb Art. 8 Abs. 3 RiL-Vorschlag zusätzlich von „appeal" spricht. Die einzig logische Erklärung hierfür ist, dass der RiL-Vorschlag die Formulierung des RB unreflektiert übernommen hat. Es sollte einheitlich von „retrial" die Rede sein.

Insgesamt kann die RiL zur Stärkung des Rechts auf Anwesenheit in der Hauptverhandlung, wenn sie im Sinne des Vorschlags der Kommission erlassen wird, nur zur Stärkung des „status activus" des Anwesenheitsrechts beitragen. Denn das Anwesenheitsrecht wird dann positiv normiert. Will ein Angeklagter von seinem Anwesenheitsrecht keinen Gebrauch machen, sind der RiL die gleichen Vorwürfe zu machen, die bereits beim RB 2009/299/JI als Verletzung der EMRK festgestellt worden sind. Eine Stärkung der Rechte des Angeklagten in einem Abwesenheitsverfahren kann die RiL nicht bewirken.

### 3. *Ergebnis*

Auf europäischer Ebene ist man zwar gewillt den Standard der EMRK hinsichtlich des Anwesenheitsrechts des Angeklagten einzuhalten und zu garantieren (vgl. Art. 6 Abs. 3 EUV). Der RB 2009/299/JI bleibt jedoch hinter diesem Mindestschutz zurück. Der RiL-Vorschlag der Kommission zur Stärkung des Rechts auf Anwesenheit des Angeklagten stärkt zwar den „status activus" des Anwesenheitsrechts. Ein der EMRK vergleichbarer Schutz im Rahmen einer Abwesenheitsverhandlung wird jedoch nicht gewährleistet. Im Ergebnis sind Abwesenheitsverfahren auf europäischer Ebene in einem weiteren Rahmen als nach der Rechtsprechung des EGMR zulässig anerkannt.

## III. Internationales Recht

Auf internationaler Ebene soll zunächst ein Blick auf den Internationalen Pakt für bürgerliche und politische Rechte (IPBPR) geworfen werden. Zudem wird untersucht, wie die Frage von Abwesenheitsverfahren vor dem Internationalen Strafgerichtshof in Den Haag, dem Internationalen Militärgerichtshof in Nürnberg, den UN-Tribunalen für das ehemalige Jugoslawien und Ruanda, sowie den Hybridgerichten für Sierra Leone, Kambodscha und Osttimor beurteilt wird bzw. beurteilt wurde.

### 1. *Art. 14 Abs. 3 lit. d IPBPR*

Der Internationale Pakt über bürgerliche und politische Rechte v. 16.12.1966 ist ein völkerrechtlicher Vertrag, der im Rahmen der Vereinten Nationen erarbeitet wurde. Zu den Hauptzielen des Pakts gehört entsprechend der Präambel, Art. 1 Abs. 3 IPBPR, der Schutz der Menschenrechte – im Unterschied zur EMRK jedoch auf globaler Ebene. In Deutschland wurde der IPBPR mit Gesetz vom 15.11.1973 nach Maßgabe der dort in Art. 1 IPBPR festgelegten Einschränkungen ratifiziert.[245] Er ist am 23.3.1976 in Deutschland in Kraft getreten. Bisher wurde er von 167 Staaten ratifiziert.[246]

In Art. 14 Abs. 3 lit. d IPBPR findet sich eine dem Art. 6 Abs. 3 lit. c EMRK vergleichbare Regel der Verteidigungsrechte des Angeklagten. Im Gegensatz zu Art. 6 Abs. 3 lit. c EMRK normiert Art. 14 Abs. 3 lit. d IPBPR das Recht auf Anwesenheit jedoch ausdrücklich („To be tried in his presence"). Trotzdem wird diese Konvention wie die EMRK dahin ausgelegt, dass Verfahren in Abwesenheit im Interesse der Rechtspflege zulässig sein können, wenn der Angeklagte trotz hinreichender Information über die Verhandlung, auf sein Anwesenheitsrecht verzichtet hat. Hierzu müssen jedoch die notwendigen Maßnahmen ergriffen worden sein, um den Angeklagten rechtzeitig zu laden und ihn über Ort und Zeit der Verhandlung zu informieren.[247] Werden diese Grundsätze missachtet, ist es möglich den Konventionsverstoß durch eine nochmalige Überprüfungsmöglichkeit („retrial") zu heilen.[248]

### 2. *IStGH*

Der IStGH in Den Haag (Niederlande) hat eine herausragende Rolle unter den internationalen Strafgerichtshöfen, weil er der erste *ständige* Gerichtshof auf internationaler Ebene ist und gerade nicht durch ein Organ der UN *ad hoc*[249] zur

---

245 BGBl. 1976 II, S. 1068.

246 *Viellechner* EuGRZ 2011, 203; *Krey* JA 1983, 638, 642; LR-EMRK/*Esser* Einführung Rn. 69; zum aktuellen Stand vgl. http://treaties.un.org/Pages/ViewDetails.aspx?src=TREATY&mtdsg_no=IV-4&chapter=4&lang=en (Stand: 6.12.2014).

247 Vgl. General Comment Nr. 32, 23.8.2007, CCPR/C/GC/32, § 36 („Proceedings in the absence of the accused may in some circumstances be permissible in the interest of the proper administration of justice, i.e. when accused persons, although informed of the proceedings sufficiently in advance, decline to exercise their right to be present. Consequently, such trials are only compatible with article 14, paragraph 3 (d) if the necessary steps are taken to summon accused persons in a timely manner and to inform them beforehand about the date and place of their trial and to request their attendance."); vgl. auch HRC Maleki ./. I, 15.7.1999, 699/1996, §§ 9.3 f.; Mbenge ./. Zaire, 25.3.1983, 16/1977, § 14.1; *Nowak* Art. 14 IPBPR Rn. 63; *Joseph/Castan* ICCPR, Rn. 14.141 ff.

248 HRC Maleki ./. I (Fn. 247) §§ 9.5, 11; *Nowak* Art. 14 IPBPR Rn. 63.

249 *Satzger* Internationales und Europäisches Strafrecht, § 14 Rn. 2.

Bewältigung eines geschichtlichen Ereignisses ins Leben gerufen worden ist.[250] Er beruht auf einem völkerrechtlichen Vertrag, dem Römischen Statut des Internationalen Strafgerichtshofs vom 17.7.1998,[251] das am 11.4.2002 in Kraft getreten ist.[252] Der IStGH spricht Recht gegen Einzelpersonen hinsichtlich vier besonders schwerer Kernverbrechen (sog. „core-crimes"): Völkermord, Verbrechen gegen die Menschlichkeit, Kriegsverbrechen und Aggression.[253]

Gemäß Art. 63 Abs. 1 IStGH-Statut soll der Angeklagte während der Verhandlung anwesend sein („shall be present during trial"). Art. 144 Abs. 1 der *Rules of Procedure and Evidence*[254] regelt, dass Entscheidungen der Hauptverfahrenskammer grundsätzlich in Anwesenheit des Angeklagten ergehen sollen („Decisions of the Trial Chamber concerning admissibility of a case, the jurisdiction of the Court, criminal responsibility of the accused, sentence and reparations shall be pronounced in public and, wherever possible, in the presence of the accused"). Art. 63 Abs. 2 IStGH-Statut normiert zum Anwesenheitsprinzip eine Ausnahme, wenn der anwesende Angeklagte wiederholt den Verlauf der Verhandlung stört. Dann kann ihn die Hauptverfahrenskammer aus der Hauptverhandlung entfernen lassen. Auch im Zwischenverfahren ist es nach Art. 61 Abs. 2 IStGH-Statut möglich, auf Antrag des Anklägers oder des Angeklagten in Abwesenheit des Angeklagten über die Bestätigung der Anklage mündlich zu verhandeln, wenn der Angeklagte auf sein Anwesenheitsrecht verzichtet hat (lit. a) oder flüchtig oder unauffindbar ist und alle angemessenen Maßnahmen ergriffen worden sind, um sein Erscheinen vor dem Gerichtshof sicherzustellen und ihn über die Anklagepunkte sowie über die bevorstehende Verhandlung betreffend deren Bestätigung zu unterrichten (lit. b). In Art. 67 Abs. 1 lit. d IStGH-Statut ist das Recht auf Anwesenheit während der Verhandlung vorbehaltlich der Fälle des Art. 63 Abs. 2 IStGH-Statut geregelt („[right] to be present at trial").

Obwohl der IStGH in der Sache *Ruto* der Ansicht gewesen ist, dass das Statut nicht nur ein verzichtbares Recht auf Anwesenheit (Art. 67 Abs. 1 lit. d IStGH-Statut) vor der Hauptverfahrenskammer normiert,[255] sondern grundsätzlich auch eine Pflicht des Angeklagten zur Anwesenheit gemäß Art. 63 Abs. 1 IStGH-Statut

---

250 Vgl. *Esser* Europäisches und Internationales Strafrecht, § 15 Rn. 33; § 19 Rn. 3; *Ambos* NJW 1998, 3743.

251 Unterzeichnung durch Deutschland am 10.12.1998 in New York; BGBl. II 2000, 1393 zum deutschen Zustimmungsgesetz v. 4.12.2000; Ratifizierung am 11.12.2000.

252 *Satzger* Internationales und Europäisches Strafrecht, § 14 Rn. 2 f.; § 17 Rn. 1.

253 *Esser* Europäisches und Internationales Strafrecht, § 19 Rn. 1.

254 Rules of Procedure and Evidence v. 9.9.2002, ICC-ASP/1/3 (Part II-A), http://www.icc-cpi.int/en_menus/icc/legal%20texts%20and%20tools/official%20journal/Documents/RulesProcedureEvidenceEng.pdf (Stand: 6.12.2014).

255 IStGH The Prosecutor ./. William Samoei Ruto u. Joshua Arap Sang, 18.6.2013, ICC-01/09-01/11-777, §§ 35, 104. Hinsichtlich der Verzichtbarkeit des Rechts auf Anwesenheit beruft sich der IStGH in § 37 auch auf die Rechtsprechung des EGMR Demebukov ./. BUL (Fn. 317) § 45.

(„duty“) regelt,[256] hat der Gerichtshof am 18.6.2013 einem Antrag der Verteidigung auf Befreiung des Angeklagten von der ständigen Anwesenheitspflicht während der Hauptverhandlung stattgegeben und die Pflicht zur persönlichen Anwesenheit auf bestimmte Verhandlungsteile beschränkt.[257] Er ist dabei insbesondere nicht der Argumentation der Anklagebehörde gefolgt, dass die Möglichkeiten in Abwesenheit des Angeklagten zu verhandeln, abschließend in Art. 63 Abs. 2 und Art. 61 Abs. 2 IStGH-Statut geregelt sind.[258]

*William Samoei Ruto* ist wegen Verbrechen gegen die Menschlichkeit im Zusammenhang mit den kenianischen Wahlen von 2007 angeklagt. Während das Verfahren vor dem IStGH bereits anhängig war, wurde *Ruto* zum kenianischen Vizepräsidenten gewählt.[259] Nach Ansicht des IStGH gilt zwar für den Angeklagten der Grundsatz der Anwesenheitspflicht („general rule“).[260] Dennoch soll es in Ausnahmefällen („exceptional circumstances“) gemäß Art. 64 Abs. 6 lit. f IStGH-Statut[261] im Ermessen des Gerichts („discretion“) liegen, in einer Einzelfallentscheidung („on a case-by-case basis“) gemäß Art. 64 Abs. 6 lit. f IStGH-Statut den Angeklagten von der ständigen Präsenzpflicht zu befreien.[262] Im Fall *Ruto* war vor allem die Tatsache der zwischenzeitlichen Wahl zum Vizepräsidenten entscheidend für eine zeitweise Suspendierung von der Anwesenheitspflicht.[263] Auf das Rechtsmittel („Appeal“) der

---

256 IStGH Ruto, 18.6.2013 (Fn. 255) §§ 40, 104.

257 Vgl. IStGH Ruto, 18.6.2013 (Fn. 255) § 3: „(a) Mr Ruto must be physically present in the courtroom for the following hearings: i. the entirety of the opening statements of all parties and participants, ii. the entirety of the closing statements of all parties and participants, iii. when victims present their views and concerns in person, iv. the entirety of the delivery of judgment in the case, v. the entirety of the sentencing hearings (if applicable), vi. the entirety of the sentencing (if applicable), vii. the entirety of the victim impact hearings (if applicable), viii. the entirety of the reparation hearings (if applicable), and ix. any other attendance directed by the Chamber“.

258 IStGH Ruto, 18.6.2013 (Fn. 255) §§ 54–63; abl. auch Grützner/Pötz/*Kreß* IV A 1, Rn. 137, 130.

259 Zum Hintergrund vgl. IStGH Ruto, 18.6.2013 (Fn. 255) §§ 4 ff.

260 IStGH Ruto, 18.6.2013 (Fn. 255) § 104.

261 Art. 64 Abs. 6 IStGH-Statut: In performing its functions prior to trial or during the course of a trial, the Trial Chamber may, as necessary: (...) (f) Rule on any other relevant matters.

262 IStGH Ruto, 18.6.2013 (Fn. 255) § 49.

263 Vgl. zur Abwägungsentscheidung IStGH Ruto, 18.6.2013 (Fn. 255) § 110: „What is required of the Chamber is to strike a balance that accommodates all the interests at stake. Those interests include the obligations of accountability for the crimes charged; the interests of the accused, particularly in light of the presumption of his innocence as to those charges until found guilty beyond reasonable doubt; the need to protect victims and witnesses while the charges are being tried; and, the interest of Kenya that now happens to have a man in office as Deputy President (...)“.

Anklagebehörde[264] hin, hat das Berufungsgericht am 25.10.2013 die Entscheidung der Hauptverfahrenskammer zwar aufgehoben.[265] Der Grund dafür hat jedoch nicht darin gelegen, dass nach dem IStGH-Statut Abwesenheitsverfahren aufgrund der Anwesenheitspflicht des Angeklagten als generell unzulässig anzusehen wären, sondern darin, dass die Hauptverfahrenskammer nach Ansicht der Berufungskammer die Ermessensgrenzen hinsichtlich der Entscheidung über die Befreiung von der Anwesenheitspflicht nicht eingehalten haben soll.[266] Dabei ist auffällig, dass das Berufungsgericht mehr als das Hauptverfahrensgericht die Bedeutung der Anwesenheit des Angeklagten für die mündliche Verhandlung betont hat: Der Angeklagte soll danach Prozesssubjekt des Verfahrens sein („subject of the criminal proceedings"), der aktiv daran teilnimmt. Die Interessen der Opfer und Zeugen sollen gewahrt werden und schließlich soll die Anwesenheit des Angeklagten während der Verhandlung eine wichtige Rolle für das öffentliche Vertrauen der Öffentlichkeit in die Justiz spielen.[267] Das Berufungsgericht hat betont, dass das Ermessen, das die Verfahrenskammer hinsichtlich Art. 63 Abs. 1 IStGH-Statut habe, begrenzt sei und mit Vorsicht ausgeübt werden müsse.[268]

Anlässlich der Rechtssache *Ruto* sind bereits am 27.11.2013 die *Rules of Procedure and Evidence* um die Möglichkeit der teilweisen Befreiung von der Anwesenheitspflicht erweitert worden.[269] Nach Rule 134*ter* kann allgemein jeder geladene Angeklagte schriftlich bei der Hauptverfahrenskammer beantragen, von der Anwesenheitspflicht teilweise befreit und durch seinen Verteidiger vertreten zu werden. Die Hauptverfahrenskammer muss hierzu sicherstellen, dass außergewöhnliche Umstände seine Abwesenheit rechtfertigen, alternative Maßnahmen, wie eine kurzzeitige Vertagung der Verhandlung, unverhältnismäßig sind, der Angeklagte ausdrücklich auf sein Anwesenheitsrecht verzichtet hat und seine Rechte in seiner Abwesenheit vollumfänglich gesichert sind. Rule 134*quater* regelt dabei den speziellen Fall der Befreiung von der Anwesenheitspflicht bei Bekleidung herausragender öffentlicher Ämter. In der Sache *Ruto* hat sich die Verteidigung dieser neuen Regelung bereits bedient und am 16.12.2013 sogleich einen Antrag auf Befreiung von der Präsenzpflicht ihres Mandanten gestellt.[270] Mit Entscheidung v. 15.1.2014 hat die Hauptverfahrenskammer *Ruto* für bestimmte Verhandlungsteile von seiner

264 Vgl. zum Antrag auf „Leave to Appeal", IStGH Ruto, 18.7.2013, ICC-01/09-01/11-783; zur positiven Entscheidung der Trial Chamber V(B), IStGH Ruto, 28.10.2013, ICC-01/09-01/11-817.

265 IStGH Ruto, 25.10.2013, ICC-01/09/-01/11 OA 5.

266 Vgl. IStGH Ruto, 25.10.2013 (Fn. 265) § 63.

267 Vgl. IStGH Ruto, 25.10.2013 (Fn. 265) § 49.

268 IStGH Ruto, 25.10.2013 (Fn. 265) § 61 („The discretion that the Trial Chamber enjoys under article 63 (1) of the Statute is limited and must be exercised with caution.").

269 Res. ICC-ASP/12/Res. 7, http://www.icc-cpi.int/iccdocs/asp_docs/Resolutions/ASP12/ICC-ASP-12-Res7-ENG.pdf (Stand: 6.12.2014).

270 IStGH, Ruto, 16.12.2013, ICC-01/09-01/11.

Anwesenheitspflicht befreit.[271] Der Antrag der Anklagebehörde auf Zulassung der Berufung[272] wurde am 2.4.2014 abgelehnt[273].

Damit steht im Ergebnis fest, dass selbst vor dem IStGH, der die Rechtsprechungskompetenz über vier der schwersten Verbrechenskomplexe hat, die die internationale Völkergemeinschaft in ihrer Gesamtheit berühren,[274] Abwesenheitsverfahren möglich sind, wenn auch unter engen Voraussetzungen.

### 3. *IMT Nürnberg*

Die Durchführung von Verfahren sogar in völliger Abwesenheit ist im Völkerstrafrecht kein unbekanntes Phänomen. Bereits das Statut für den internationalen Militärgerichtshof in Nürnberg[275], das von den vier Siegermächten des Zweiten Weltkriegs (USA, Frankreich, Vereinigtes Königreich, Sowjetunion) am 8.8.1945 im Londoner Abkommen „über die Verfolgung und Bestrafung der Hauptkriegsverbrecher der Europäischen Achse" unterzeichnet wurde, enthielt in Art. 12 IMG-Statut eine Regelung zur Verhandlung in Abwesenheit des Angeklagten. Danach hatte der Gerichtshof das Recht gegen eine Person, die wegen eines der in Art. 6 des Statuts erwähnten Verbrechen (Verbrechen gegen den Frieden, Kriegsverbrechen, Verbrechen gegen die Menschlichkeit) angeklagt war, ein Verfahren in ihrer Abwesenheit durchzuführen, wenn der Angeklagte nicht auffindbar war, oder wenn der Gerichtshof es im Interesse der Gerechtigkeit aus anderen Gründen für erforderlich hielt, in Abwesenheit des Angeklagten zu verhandeln.[276] Von dieser Regelung wurde in den Nürnberger Prozessen, die mit der Übergabe der Anklageschriften[277] in Berlin am 18.10.1945 begonnen,[278] nur gegen den Angeklagten *Martin Bormann* Gebrauch gemacht. Entsprechend

---

271 Vgl. hierzu Begründung der mündlichen Entscheidung: IStGH, Ruto, 18.2.2014, ICC-01/09-01/11.

272 IStGH, Ruto, 24.2.2014, ICC-01/09-01/11.

273 IStGH, Ruto, 2.4.2014, ICC-01/09-01/11.

274 *Esser* Europäisches und Internationales Strafrecht, § 19 Rn. 1.

275 Charter of the International Military Tribunal v. 8.8.1945 (London Agreement), in: Trial of the Major War Criminals before the International Military Tribunal – Nuremberg, 14.11.1945 – 1.10.1946 (1947), Vol. 1, S. 10, http://www.loc.gov/rr/frd/Military_Law/pdf/NT_Vol-I.pdf (Stand: 6.12.2014).

276 Art. 12 IMG-Statut: „The Tribunal shall have the right to take proceedings against a person charged with crimes set out in Article 6 of this Charter in his absence, if he has not been found or if the Tribunal, for any reason, finds it necessary, in the interests of Justice, to conduct the hearing in his absence."

277 Die Anklage lautete auf „Verschwörung gegen den Weltfrieden, Planung, Entfesselung und Durchführung eines Angriffskrieges, Verbrechen und Verstöße ggen Kriegsrecht sowie Verbrechen gegen die Menschlichkeit". *Esser* Europäisches und Internationales Strafrecht, § 15, Rn. 13; zur Anklage siehe (1947) Vol. 1, S. 27, http://www.loc.gov/rr/frd/Military_Law/pdf/NT_Vol-I.pdf (Stand: 6.12.2014).

278 *Esser* Europäisches und Internationales Strafrecht, § 15 Rn. 13.

Art. 2 (b) der *Rules of Procedure*[279] hatte das Tribunal angeordnet, den Angeklagten via Radio und Zeitung über die Anklage gegen ihn und die Möglichkeit einer Abwesenheitshauptverhandlung zu informieren.[280] Schließlich wurde er in Abwesenheit verurteilt.[281] Tatsächlich war er bereits vor Beginn des Prozesses tot.[282]

### 4. Ad-hoc Tribunale für das ehemalige Jugoslawien und Ruanda

Vor dem Internationalen Strafgerichtshof für das ehemalige Jugoslawien mit Sitz in Den Haag (Niederlande), der vom UN-Sicherheitsrat durch Resolution 808 v. 22.2.1993[283] zur Verfolgung humanitärer Völkerrechtsverbrechen an der Zivilbevölkerung im früheren Jugoslawien seit 1991 (vgl. Art. 1 JIStGH-Statut)[284] eingerichtet worden ist, sind bisher keine Hauptverhandlungen in Abwesenheit des Angeklagten durchgeführt worden[285] – dies obwohl Art. 21 Abs. 4 (d) JIStGH-Statut in enger Anlehnung an Art. 14 IPBPR[286] auch nur ein Recht des Angeklagten auf Anwesenheit („to be tried in his presence") normiert und gerade keine Pflicht.

Dem Internationalen Strafgerichtshof für Ruanda mit Sitz in Arusha (Tansania), der vom UN-Sicherheitsrat mit Resolution 955 v. 8. 11.1994[287] zur Verfolgung von Verstößen gegen humanitäres Völkerrecht im Zusammenhang mit dem Bürgerkrieg in Ruanda zwischen dem 1.1.1994 und dem 31.12.1994 geschaffen wurde,[288] liegt ein dem JIStGH-Statut vergleichbares Statut zugrunde[289]. Dementsprechend regelt Art. 20 Abs. 4 (d) RIStGH-Statut das Recht des Angeklagten auf Anwesenheit („To be tried in his or her presence"). In Rule 98 der *Rules of Procedure and Evidence* ist

279 Rules of Procedure v. 29.10.1945, in: (1947) Vol. 1, S. 19, http://www.loc.gov/rr/frd/Military_Law/pdf/NT_Vol-I.pdf (Stand: 6.12.2014).

280 Trial of the Major War Criminals before the International Military Tribunal – Nuremberg, 14.11.1945 – 1.10.1946 (1947), Vol. 1, S. 102 f., http://www.loc.gov/rr/frd/Military_Law/pdf/NT_Vol-I.pdf (Stand: 6.12.2014).

281 Zum vollständigen Urteil siehe (1947) Vol. 1, S. 171.

282 *Schabas* ICC, S. 750.

283 Resolution 808 v. 22.2.1993, UN Doc. s/RES/808, http://www.icty.org/x/file/Legal%20Library/Statute/statute_808_1993_en.pdf (Stand: 6.12.2014).

284 Statute of the International Criminal Tribunal for the former Yoguslavia, Resolution 827 v. 25.5.1993, http://www.icty.org/x/file/Legal%20Library/Statute/statute_sept09_en.pdf (Stand: 6.12.2014).

285 Vgl. *Oehmichen* in: FS für Kühne, S. 614, 619 f.; *Schabas* ICC, S. 751 f., unter Hinweis darauf, dass zwischen 1995 und 1996 gemäß Art. 61 der Rules of Procedure and Evidence teilweise *ex-parte* Verhandlungen hinsichtlich der Zulänglichkeit der Beweise der Anklage stattgefunden haben.

286 Vgl. Grützner/Pötz/*Kreß* IV A 2 Rn. 48; *Esser* Europäisches und Internationales Strafrecht, § 17 Rn. 57.

287 Resolution 955 v. 8.11.1994, UN Doc. S/Res/955 (1994), http://www.un.org/depts/german/sr/sr_94/sr955.pdf (Stand: 6.12.2014).

288 *Schomburg*/Lagodny/Gleß/Hackner/*Nemitz* Internationale Rechtshilfe, VI B 3 Rn. 1.

289 *Esser* Europäisches und Internationales Strafrecht, § 18 Rn. 6.

jedoch auch die Möglichkeit vorgesehen, in Abwesenheit des Angeklagten zu verhandeln.[290] In der Sache *The Prosecuter / Nahimana, Barayagwiza, Ngeze* entschied die Verfahrenskammer, dass das Verfahren auch in Abwesenheit des Angeklagten *Barayagwiza* durchgeführt werden kann, weil dieser trotz umfassender Information über die Anklage aufgrund der Erwartung eines unfairen Verfahrens nicht anwesend sein wollte. Der ICTR hat entschieden, dass die Verhandlung in Abwesenheit den Voraussetzungen entspricht, die auch der EGMR oder das HRC für ein derartiges Verfahren vorsehen.[291]

### 5. *Hybridtribunale*

Schließlich ist die Behandlung der Frage von Abwesenheitsverfahren noch aus der Perspektive der Hybridtribunale zu betrachten. Hybridtribunale sind dadurch gekennzeichnet, dass sie anders als der IStGH oder die Ad-hoc-Tribunale keine reinen internationalen Strafgerichte, sondern „Mischtribunale" darstellen, die neben internationalem Recht auch von nationalen Elementen geprägt sind.[292]

Der Spezialgerichtshof für Sierra Leone (Westafrika), der auf einem völkerrechtlichen Vertrag zwischen dem Staat Sierra Leone und der UN v. 16.1.2002[293] beruht und das Ziel der Aufarbeitung der Kriegsverbrechen während des Bürgerkriegs seit dem 30.11.1996 hat,[294] regelt in Art. 17 Abs. 4 lit. d SCSL-Statut[295] das Recht auf Anwesenheit in der Hauptverhandlung („To be tried in his or her presence"). Jedoch sind vor diesem Hybridgericht ausnahmsweise auch Abwesenheitsverfahren möglich. Diesen Ausnahmecharakter verdeutlicht Regel 60 (A)

---

290 Rule 98: „If an accused refuses to appear before the Trial Chamber for trial, the Chamber may order that the trial proceed in the absence of the accused, provided that the Trial Chamber is satisfied that: (i) the accused has made an initial appearance under Rule 64; (ii) the Registrar has duly notified the accused that the accused is required to be present for trial; (iii) the accused is physically and mentally fit to be present for trial; (iv) the accused has voluntarily and unequivocally waived, or has forfeited, his right to be tried in his presence; (v) the interests of the accused are represented by Counsel." (abrufbar unter: http://unmict.org/files/documents/rules/120608_rules_en.pdf; Stand: 6.12.2014).

291 Vgl. ICTR The Prosecuter ./. Jean-Bosco Barayagwiza, 20.11.2000, ICTR-97-19-T, §§ 5 ff., http://www.unictr.org/Portals/0/Case%5CEnglish%5CBarayagwiza%5Cdecisions%5C021100.pdf (Stand: 6.12.2014); vgl. hierzu auch *Schabas* ICC, S. 756.

292 Vgl. *Esser* Europäisches und Internationales Strafrecht, § 10 Rn. 11 f., § 15 Rn. 35; *Werle* Völkerstrafrecht, Rn. 327.

293 Agreement between the United Nations and the Government of Sierra Leone on the Establishment of a Special Court for Sierra Leone v. 16.1.2000, http://www.sc-sl.org/LinkClick.aspx?fileticket=CLk1rMQtCHg%3d&tabid=176 (Stand: 6.12.2014).

294 Zum Hintergrund ausführlich *Williams* S. 65 ff.

295 Statute of the Special Court for Sierra Leone, http://www.sc-sl.org/LinkClick.aspx?fileticket=uClnd1MJeEw%3d&tabid=176 (Stand: 6.12.2014).

der *Rules of Procedure and Evidence*[296], die klarstellt, dass nicht in Abwesenheit des Angeklagten verhandelt werden darf, außer der Angeklagte ist zu Beginn der Verhandlung erschienen und weigert sich von seinem Anwesenheitsrecht weiterhin Gebrauch zu machen (i) oder der sich auf freiem Fuß befindliche Angeklagte weigert sich, vor Gericht zu erscheinen, nachdem er zu Beginn des Verfahrens anwesend gewesen ist (ii).[297]

Eine vergleichbare Regelung findet sich auch bei den Außerordenlichen Kammern an den Gerichten in Kambodscha, die auch auf einem völkerrechtlichen Vertrag mit der UN[298] sowie einem nationalen Gesetz[299] beruhen und zur Aufarbeitung der Verbrechen während der Amtszeit der Roten Khmer von 1975–1979 geschaffen worden sind.[300] Art. 35*new* Abs. 2 lit. d ECCC-Gesetz[301] regelt ausdrücklich in Anlehnung an Art. 14 IPBPR das Recht auf Anwesenheit in der Hauptverhandlung („to be tried in their own presence"), wobei nach Regel 81 der *Internal Rules*[302] ausnahmsweise („The Accused shall be tried in his or her presence, except as provided in this Rule") Abwesenheitsverfahren möglich sind.

Auch bei den Sonderkammern („Special Panels") in Osttimor (jetzt: Timor-Leste), die durch Verordnung der UN-Übergangsverwaltung[303] zur Aufarbeitung schwerer

296 Rules of Procedure and Evidence v. 16.1.2002, in der Fassung v. 31.5.2012, http://www.sc-sl.org/LinkClick.aspx?fileticket=Psp%2bFh0%2bwSI%3d&tabid=176 (Stand: 6.12.2014).

297 Rule 60: "Trial in the Absence of the Accused
(A) An accused may not be tried in his absence, unless:
(i) the accused has made his initial appearance, has been afforded the right to appear at his own trial, but refuses so to do; or
(ii) the accused, having made his initial appearance, is at large and refuses to appear in court."

298 Vgl. Annex zur Resolution 57/228B der UN-Generalversammlung v. 13.5.2003, UN Doc. A/RES/228B (2003); in Kraft seit 29.4.2005, http://www.unakrt-online.org/Docs/GA%20Documents/A-Res-57-228B.pdf (Stand: 6.12.2014).

299 Law on the Establishment of Extraordinary Chambers in the Courts of Cambodia for the Prosecution of Crimes Committed During the Period of Democratic Kampuchea v. 10.8.2001 in der Fassung vom 27.10.2004, http://www.eccc.gov.kh/sites/default/files/legal-documents/KR_Law_as_amended_27_Oct_2004_Eng.pdf (Stand: 6.12.2014).

300 Ausführlich zum Hintergrund *Williams* S. 120 ff.

301 Law on the Establishment of the Extraordinary Chambers, with inclusion of amendments as promulgated on 27 October 2004 (NS/RKM/1004/006), http://www.eccc.gov.kh/sites/default/files/legal-documents/KR_Law_as_amended_27_Oct_2004_Eng.pdf (Stand: 6.12.2014).

302 Internal Rules (Rev. 8) in der geänderten Fassung v. 3.8.2011, http://www.eccc.gov.kh/sites/default/files/legal-documents/ECCC%20Internal%20Rules%20(Rev.8)%20English.pdf (Stand: 6.12.2014).

303 UNTAET, Regulation 2000/15 v. 6.6.2000, http://www.un.org/en/peacekeeping/missions/past/etimor/untaetR/Reg0015E.pdf (Stand: 6.12.2014).

Menschenrechtsverletzungen anlässlich eines Unabhängigkeitsreferendums von Indonesien im Jahr 1999 eingerichtet worden sind und 2005 ihre Arbeit beendet haben,[304] ist man in Art. 5.1 der *Transitional Rules of Criminal Procedure*[305] vom Grundsatz der Anwesenheit ausgegangen. Nur unter bestimmten Voraussetzungen konnte das Verfahren auch ohne den Angeklagten zu Ende geführt werden („No trial of a person shall be held in absentia, except in the circumstances defined in the present regulation.").

Der Sondergerichtshof für den Libanon, der aufgrund Resolution 1757[306] vom UN-Sicherheitsrat am 30.5.2007 ins Leben gerufen worden ist, nimmt vor allem deshalb eine besondere Rolle ein, weil er nach dem IMT in Nürnberg der erste internationale Gerichtshof ist, der Verfahren in vollständiger Abwesenheit des Angeklagten vorsieht.[307] Gemäß Art. 22 Abs. 1 LIStGH-Statut[308] soll ein Abwesenheitsverfahren nicht nur durchgeführt werden, wenn der Angeklagte ausdrücklich schriftlich auf sein Anwesenheitsrecht verzichtet hat (lit. a) oder nicht von den Behörden eines Staates an das Tribunal übergeben worden ist (lit. b), sondern auch, wenn der Angeklagte flüchtig ist oder jedenfalls nicht auffindbar ist, obgleich alle zumutbaren Schritte („reasonable steps") unternommen worden sind, um das Erscheinen des Angeklagten vor dem Tribunal sicher zu stellen und ihn über die Anschuldigungen gegen ihn zu informieren (lit. c).[309] Aufgrund des letzten Punktes hat das Statut niedrigere Anforderungen an die Zulässigkeit von Abwesenheitsverfahren formuliert als der EGMR oder das HRC sie aufstellen.[310] Auch wenn Art. 22 Abs. 2, 3 LIStGH-Statut bestimmte Sicherungsmechanismen zugunsten des Anwesenheitsrechts vorsieht und die Rules 105*bis* ff. der *Rules of Procedure and Evidence*[311] als konkretisierende Regelungen den Ausnahmecharakter des Abwesenheitsverfahrens verdeutlichen sollen[312], ist der Verhandlung in Abwesenheit von Angeklagten, die für den Terroranschlag vom 14.2.2005 auf den früheren Premierminister *Rafiq Hariri* verantwortlich gemacht werden,[313] in großem Maß Tür und Tor geöffnet.

---

304 Zum Hintergrund *Werle* Völkerstrafrecht, S. 330.

305 Transitional Rules of Criminal Procedures for East Timor v. 25.9.2000, Regulation No. 2000/30.

306 UNSC Resolution 1757 (2007), 30.5.2007, UN Doc. S/RES/1757 (2007).

307 *Oehmichen* in: FS für Kühne, S. 613, 620; *Schabas* ICC, S. 752.

308 Abrufbar unter: http://www.stl-tsl.org/en/documents/statute-of-the-tribunal/statute-of-the-special-tribunal-for-lebanon (Stand: 6.12.2014).

309 Kritisch zur Einführung von In-Absentia-Verfahren beim STL, *Oehmichen* in: FS für Kühne, S. 613.

310 Vgl. hierzu auch STL The Prosecutor ./. Salim Jamil Ayyash u. a., 1.2.2012, STL-11-01/I/TC, § 32.

311 Abrufbar unter: http://www.stl-tsl.org/en/documents/rules-of-procedure-and-evidence (Stand: 6.12.2014).

312 Vgl. Rules of Procedure and Evidence – Explanatory Memorandum by the Tribunal's President, 25.11.2010, § 42; abrufbar unter: http://www.stl-tsl.org/en/documents/rules-of-procedure-and-evidence/rules-of-procedure-and-evidence-explanatory-memorandum-by-the-tribunal-s-president-25-november-2010 (Stand: 6.12.2014).

313 Vgl. Art. 1 LIStGH-Statut zum Umfang der Gerichtsbarkeit.

## IV. Ergebnis

Die Durchführung von Verfahren in teilweiser oder vollständiger Abwesenheit des Angeklagten wird im Grundsatz nicht nur vom EGMR akzeptiert. Der Europarat hat bereits 1975 in einer Resolution (75) 11 Mindeststandards für dieses Phänomen aufgestellt. Auf der Ebene der EU wird versucht, mittels des RB 2009/299/JI die Ablehnungsgründe für die Anerkennung von ausländischen Abwesenheitsurteilen abschließend und einheitlich zu regeln. In einem aktuellen RiL-Vorschlag zur Stärkung des Anwesenheitsrechts des Angeklagten in der Hauptverhandlung wird auch die Thematik des Abwesenheitsverfahrens behandelt. Insgesamt sind Abwesenheitsverfahren in weiterem Maß als vom EGMR vorgegeben zulässig. Auf UN-Ebene wird Art. 14 Abs. 3 lit. d IPBPR wie die EMRK hinsichtlich der ausnahmsweisen Zulässigkeit von Abwesenheitsverfahren ausgelegt. Internationale Strafgerichtshöfe wie der IStGH, das IMT Nürnberg, das Ad-hoc-Tribunal in Ruanda und die Hybridtribunale für Sierra Leone, Kambodscha, Osttimor und den Libanon, die sich mit den schlimmsten Verbrechen beschäftigen, die der Völkergemeinschaft wiederfahren können, kennen Verfahren in teilweiser oder gar vollständiger Abwesenheit des Angeklagten. Abwesenheitsverfahren sind damit auf europäischer und internationaler Ebene durchaus bekannt und gebräuchlich.

# 4. Kapitel: Auslegung von Art. 6 Abs. 3 lit. c EMRK als Recht auf Vertretung

Die Rechtsprechungsanalyse des EGMR deutet darauf hin, dass für ein ordnungsgemäßes Abwesenheitsverfahren nicht nur das Recht auf Anwesenheit gewahrt werden muss, sondern auch das Recht auf Verteidigung durch einen Verteidiger. Auch der Exkurs auf die Ebene des Europarats (Resolution (75) 11) lässt vermuten, dass der Angeklagte trotz Abwesenheit ein Recht auf Verteidigung haben muss, wenn es dort heißt, dass die Verteidigung in Abwesenheit des Angeklagten das Recht zur Intervention haben muss („the defence must have the right to intervene“).[314] Auch den Rechtsakten der EU ist zu entnehmen, dass ein ordnungsgemäßes Abwesenheitsverfahren gegeben ist, wenn der Angeklagte in Kenntnis der anberaumten Verhandlung ein Mandat an einen Wahl- oder Pflichtverteidiger erteilt hat, um ihn bei der Verhandlung zu verteidigen und er bei der Verhandlung von diesem Rechtsbeistand tatsächlich verteidigt worden ist.[315] Im Folgenden ist damit zu klären, ob ein ordnungsgemäßes Abwesenheitsverfahren generell auch die Wahrung des Rechts auf Verteidigung gemäß Art. 6 Abs. 3 lit. c EMRK voraussetzt. Hierzu ist zunächst zu ermitteln, ob Art. 6 Abs. 3 lit. c EMRK überhaupt i.S.e. Rechts auf Vertretung bzw. Verteidigung in Abwesenheit ausgelegt werden kann.

## § 1. Kritik an weiter Auslegung des EGMR („representation“)

Der EGMR legt Art. 6 Abs. 3 lit. c Alt. 2 EMRK („through legal assistance“ / „d'assistance d'un défenseur“) weit aus („The Court cannot adopt the ... narrow interpretation of the word “assistance”)[316]. Er versteht das Recht auf effektive Verteidigung nicht nur im Sinne eines Beistands, sondern auch im Sinne einer Vertretung („representation by counsel“).[317]

An der Rechtsprechung des EGMR wird hauptsächlich kritisiert, dass der EGMR den Wortlaut der Konvention überspannt haben soll. Sowohl die englische („through legal *assistance*“) wie auch die französische Fassung („d'*assistance* d'un défenseur”) werden überwiegend dahingehend interpretiert, dass dem Angeklagten

314 Resolution (75) 11 (Fn. 193) I Nr. 8.

315 Vgl. Art. 2 RB 2009/299 (Fn. 169); Art. 8 Abs. 2 (b) RiL-Vorschlag, COM (2013) 821 final v. 27.11.2013 (Fn. 197).

316 EGMR Poitrimol ./. F (Fn. 6) § 34; Krombach ./ F (Fn. 6) § 89.

317 So bereits in: EGMR Poitrimol ./. F (Fn. 6) § 34; vgl. auch EGMR Demebukov ./. BUL, 28.2.2008, § 50 (Überschrift); *Esser* StV 2013, 331, 334; zustimmend *Zehetgruber* HRRS 10/2013, 397, 404; auch *Ast* JZ 2013, 780, 784 erkennt die Generalisierung als Recht auf Vertretung in der Rechtsprechung des EGMR.

ein Recht auf Beistand eines Verteidigers („present beside his counsel") und kein Recht auf Vertretung durch einen Verteidiger („representation") zukomme.[318] Damit könne die Verteidigungsgarantie nur in Anwesenheit des Angeklagten wahrgenommen werden. Eine weite Auslegung wird teils sogar als „nach allen Wortverwendungsmöglichkeiten – unvertretbare – Wortlautüberschreitung"[319] angesehen. *Ast* meint das Auslegungsproblem dadurch zu entkräften, dass er dem Recht auf Vertretung nach der Rechtsprechung des EGMR keine eigenständige Bedeutung zumisst, sondern nur als Kompensator für Beeinträchtigungen des Rechts, sich selbst zu verteidigen, beispielsweise durch die drohende Vollstreckung eines Haftbefehls sieht.[320]

Der EGMR begründet nicht dogmatisch, weshalb „assistance" mit „representation" gleichbedeutend sein soll. Er beruft sich vielmehr nur auf seine ständige Rechtsprechung.[321] In Anbetracht dessen, dass diese Rechtsprechung auf Wortlautebene jedoch fraglich erscheint, ist diese Argumentation zirkulär.

Es ist also durch Auslegung zu ermitteln, welche Tragweite die Konvention tatsächlich hat.

## § 2. Allgemeine Auslegungsgrundsätze

Es ist zu bedenken, dass die EMRK ein völkerrechtlicher Vertrag ist, der von mittlerweile 47 Staaten ratifiziert worden ist.[322] Die nationalen Auslegungsgrundsätze können damit nicht einfach übertragen werden. Vielmehr sind zunächst die Grundsätze der völkerrechtlichen Vertragsauslegung gemäß Art. 31 bis Art. 33 WVK[323] maßgeblich.[324]

---

318 EGMR Poitrimol ./. F (Fn. 6) § 3 (Regierung und abweichendes Sondervotum *Pettiti*); (GK) Van Geyseghem ./ . B (Fn. 6) (abweichendes Sondervotum *Pellonpää);* Krombach ./. F (Fn. 6) § 75 (Regierung); Neziraj ./. D (Fn. 6) (Sondervotum *Power-Forde, Nußberger*); im Anschluss hieran OLG Celle, NStZ 2013, 615, 616; SK-EMRK/*Paeffgen* Art. 6 Rn. 138a; SK-StPO/*Frisch* § 329 Rn. 3; *Hüls/Reichling* StV 2014, 242, 244; *Mosbacher* NStZ 2013, 312; *ders.* JuS 2013, 699, 700; so wohl auch *Ambos* ZStW 115 (2003) 583, 604, der eine Ersetzung des Angeklagten durch den Verteidiger ausschließt; nach *Püschel* StraFo 2012, 493 liegt eine Interpretation in Richtung „Beistand" näher als in Richtung „Vertretung"; kritisch auch *Sitzer* StraFo 2014, 1; anders deutlich *Meyer-Mews* NJW 2002, 1928; *Trechsel* ZStrR 96 (1979) 337, 365.

319 SK-EMRK/*Paeffgen* Art. 6 Rn. 138a; ähnlich *Mosbacher* NStZ 2013, 312 („schlechterdings nicht denkbar").

320 *Ast* JZ 2013, 780, 783.

321 Vgl. EGMR Poitrimol ./. F (Fn. 6) § 34.

322 Aktueller Stand abrufbar unter: http://conventions.coe.int/Treaty/Commun/ChercheSig.asp?NT=005&CM=8&DF=&CL=GER (Stand: 6.12.2014).

323 Wiener Übereinkommen über das Recht der Verträge vom 23. Mai 1969, BGBl. II 1985, 927.

324 EGMR Golder ./. UK, 21.2.1975, Serie A Nr. 18 = EuGRZ 1975, 91; LR- EMRK/*Esser* Einführung Rn. 178; SK-EMRK/*Paeffgen* Einführung Rn. 273; IntKomm-EMRK/*Fastenrath* Art. 1 Rn. 21.

Nach Art. 31 Abs. 1 WVK bildet der Wortlaut der Konvention den Ausgangspunkt der Auslegung. Hierbei ist zu beachten, dass für die Interpretation des Wortlauts nicht die deutsche Übersetzung der EMRK ausschlaggebend ist, sondern die authentischen Sprachfassungen in Englisch und Französisch. Dies ergibt sich bereits daraus, dass Deutschland auch die Schlussformel der EMRK in nationales Recht transformiert hat und sich damit auch den authentischen Sprachen verpflichtet hat. Folglich müssen sich auch die innerstaatlichen Organe an den fremdsprachigen Fassungen der EMRK orientieren.[325]

Da die Konvention damit zwei verschiedene authentische Fassungen hat, können sich für die Auslegung Probleme ergeben, wenn der Wortlaut der englischen von der französischen Fassung divergiert. Art. 33 Abs. 3 WVK stellt die Vermutung auf, dass die Begriffe in allen authentischen Texten die gleiche sprachliche Bedeutung haben. Es ist durch eine harmonisierende Auslegung nach den Grundsätzen der Art. 31 ff. WVK zu versuchen, die Divergenzen zu beheben. Nur wenn diese Auslegungsmethode scheitert, greift Art. 33 Abs. 4 WVK, wonach diejenige Auslegung zu wählen ist, die unter Berücksichtigung von Ziel und Zweck des Vertrages die Wortlaute am besten miteinander in Einklang bringt.[326]

Es gilt der Grundsatz der „autonomen" Auslegung des Wortlauts. Das heißt, dass Bedeutung sowie Tragweite der Norm unabhängig vom jeweiligen Sinn und Zweck, die den Begriffen nach dem jeweiligen innerstaatlichen Recht zukommen, ausgelegt werden.[327] Folglich ist es fehlerhaft eine Konventionsverbürgung mit einem nationalen Institut gleichzusetzen, weil es der deutschen Rechtsordnung i.d.S. bekannt ist. Dies gilt auch dann, wenn die Übersetzung der authentischen Fassungen Begriffe verwendet, die im deutschen Recht eine bestimmte Bedeutung haben.[328]

Die Entstehungsgeschichte der EMRK spielt gemäß Art. 32 WVK nur eine untergeordnete Rolle, wenn sie das Auslegungsergebnis nach Art. 31 WVK bestätigt oder, wenn die Auslegung nach Wortlaut, Ziel und Zweck zu keinem eindeutigen oder zu einem unvernünftigen Ergebnis führen würde. Anders als bei der Charta der Grundrechte der Europäischen Union fehlen Erläuterungen, die zur Auslegung heranzuziehen sind (vgl. Art. 52 Abs. 7 EUC).[329] Die sog. *travaux préparatoires* zur EMRK sind eher als „Gedankenspiele" zu kategorisieren, da die Mitwirkenden keine Organzuständigkeit zum Vertragsschluss innegehabt haben.[330] Eine Versteifung auf die

---

325 LR-EMRK/*Esser* Einführung Rn. 178; IntKomm-EMRK/*Fastenrath* Art. 1 Rn. 22; *Frowein*/Peukert Einführung EMRK Rn. 55 f.; *Grabenwarter*/*Pabel* § 5 Rn. 2 f.

326 LR-EMRK/*Esser* Einführung Rn. 185; SK-EMRK/*Paeffgen* Einführung Rn. 275; *Frowein*/Peukert Einführung EMRK Rn. 58 f.; *Grabenwarter*/*Pabel* § 5 Rn. 4.

327 *Grabenwarter*/*Pabel* § 5 Rn. 9 ff.; *Frowein*/Peukert Einführung EMRK Rn. 9; SK-EMRK/*Paeffgen* Einführung Rn. 282; LR-EMRK/*Esser* Einführung Rn. 181.

328 LR-EMRK/*Esser* Einführung Rn. 186; SK-EMRK/*Paeffgen* Einführung Rn. 276; IntKomm-EMRK/*Fastenrath* Art. 1 Rn. 22; *Frowein*/Peukert Einführung EMRK Rn. 9.

329 *Frowein*/Peukert Einführung EMRK Rn. 46.

330 SK-EMRK/*Paeffgen* Einführung Rn. 278.

Historie der EMRK würde auch einem effektiven gegenwartsorientierten Menschenrechtsschutz entgegenstehen, der im Fokus der Gewährleistungen steht.[331]

Im Zentrum der Vertragsauslegung steht vielmehr die teleologische Vertragsauslegung. Oberste Prämisse ist dabei die Gewährung eines wirksamen Menschenrechtsschutzes. Wie sich aus der Präambel der EMRK bereits ergibt, steht dabei nicht nur die Wahrung eines „Status-quo" an Menschenrechten im Vordergrund, sondern vor allem auch die „Fortentwicklung der Menschenrechte". Insofern ist es nur konsequent, dass der EGMR sich bei der Auslegung der Konvention an den Gegebenheiten der Gegenwart orientiert („present-day conditions") und sie als „living instrument" sieht.[332] Effektiver Menschenrechtsschutz bedeutet, dass keine Rechte gewährleistet werden, die theoretisch und illusorisch, sondern konkret und effektiv sind („The Convention is intended to guarantee not rights that are theoretical or illusory but rights that are practical and effective").[333] Insofern ist es verständlich, dass sich der EGMR in seiner Rechtsprechung nicht zu dogmatischen Fragen äußert.[334] Im Zentrum steht allein die praktische Umsetzung der Menschenrechte.

Mit Blick auf dieses bedeutende Ziel ist es zu begrüßen, dass der EGMR bei der Auslegung der Konvention nicht nur den systematischen Zusammenhang der EMRK insgesamt, sondern auch anderes Völkervertragsrecht und sonstige Menschenrechtssysteme wie die UN-Konventionen zum Schutz von Menschenrechten, beispielsweise die Allgemeine Erklärung der Menschenrechte (AEMR), einbezieht. Auch Unionsrecht kann dabei Einfluss auf die EMRK nehmen. Es kommt dabei nicht darauf an, ob Identität zwischen den einzelnen Vertragsstaaten besteht. Da es um das Verständnis der EMRK als Teil eines umfassenden Menschenrechtsystems geht, ist dies auch zu befürworten. Die Auslegung sollte damit möglichst breit gefächert sein und nicht auf die Unterzeichnerstaaten begrenzt sein.[335]

Diese Grundsätze sind nun auf Art. 6 Abs. 3 lit. c EMRK anzuwenden.

---

331 SK-EMRK/*Paeffgen* Einführung Rn. 278; Karpenstein/Meyer/*Mayer* Einleitung EMRK Rn. 45; *Grabenwarter*/*Pabel* § 5 Rn. 5.

332 EGMR Tyrer ./.UK (Fn. 4) § 31; LR-EMRK/*Esser* Einführung Rn. 189; SK-EMRK/*Paeffgen* Einführung Rn. 273; *Frowein*/Peukert Einführung EMRK Rn. 49 f.; *Grabenwarter*/*Pabel* § 5 Rn. 12 ff.

333 EGMR (GK) Stanev ./. BUL, 17.1.2012, ECHR 2012-I, § 231 = NJOZ 2013, 1190; Artico ./. I, 13.5.1980, Serie A Nr. 37, § 33 = EuGRZ 1980, 662; Airey ./. IRL, 9.10.1979, Serie A Nr. 32, § 24 = EuGRZ 1979, 626.

334 Vgl. SK-EMRK/*Paeffgen* Einführung Rn. 277.

335 So auch IntKomm-EMRK/*Fastenrath* Art. 1 Rn. 27; *Frowein*/Peukert Einführung EMRK Rn. 52; LR-EMRK/*Esser* Einführung Rn. 187; kritisch hierzu *Grabenwarter*/*Pabel* § 5 Rn. 11; SK-StPO/*Paeffgen* Einführung EMRK Rn. 274, 290, der die Auslegung der EMRK auf den Konventionstext begrenzt wissen will.

## § 3. Telos

Da der wichtigste Auslegungsgrundsatz eines völkerrechtlichen Vertrages die Zielsetzung der Regelung ist, ist zunächst der Telos des Rechts auf Verteidigung zu ermitteln.

### I. Gewährung einer effektiven Verteidigung

Art. 6 Abs. 3 lit. c EMRK verfolgt den Zweck, das Recht auf *effektive* Verteidigung zu schützen („this paragraph ... is designed to ensure *effective* protection of the rights of the defence").[336] In diesem Sinne führt der EGMR eine Gesamtbetrachtung der Verteidigungsrechte durch. Aus der Konvention können dabei keine speziellen Verteidigungsrechte hergeleitet werden („it does not specify the manner of exercising this right"), so dass die Konvention die Ausgestaltung einer effektiven Verteidigung grundsätzlich den Vertragsstaaten überlässt.[337]

### II. Stellung und Funktion des Strafverteidigers

Es stellt sich die Frage, ob der Verteidiger zu einer effektiven Verteidigung des Angeklagten nur in der Rolle eines „Beistands" neben dem Angeklagten oder aber auch in der Hauptverhandlung als Vertreter in Abwesenheit des Angeklagten beitragen kann. Hierzu ist es nötig, dass das generelle Verhältnis des Angeklagten zu seinem Verteidiger nach den Grundsätzen der EMRK ermittelt wird und dargelegt wird, welche Funktionen und Aufgaben der Verteidiger grundsätzlich erfüllen muss.

#### *1. Rechtsbeistand als Instrument der Verwirklichung einer effektiven Verteidigung*

Wie gezeigt, regelt die EMRK keine Rechte die nur theoretischer Natur sind. Vielmehr sollen Effektivität und Praktikabilität der Menschenrechte gewährleistet werden. Aufgrund dieser Prämisse schreibt weder die EMRK noch der EGMR ein bestimmtes Rollenverständnis des Verteidigers vor. Der Verteidiger erfüllt keinen Selbstzeck, sondern ist gepolt auf das Recht des Angeklagten auf effektive Verteidigung.[338] Aus der übergeordneten Zielsetzung der Gewährung eines fairen Verfahrens erklärt sich auch, weshalb weder die EMRK noch der EGMR konkrete Anforderungen an die Beschaffenheit des Verteidigers stellen. Vielmehr ist der Begriff des

336 EGMR Pakelli ./. D, 25.4.1983, Serie A Nr. 64, § 31 = NStZ 1983, 373; Artico ./. I (Fn. 333), § 33; Frowein/Peukert/*Meyer* Art. 6 EMRK Rn. 194.

337 EGMR Caka ./. ALB, 8.12.2009, § 85; LR-EMRK/*Esser* Art. 6 Rn. 719.

338 So auch *Gaede* S. 497.

Verteidigers autonom auszulegen.[339] So kann auch ein in der Ausbildung befindlicher Rechtsreferendar zur Verwirklichung einer effektiven Verteidigung beitragen.[340] Insofern ist es den Vertragsstaaten unbenommen, konkrete Anforderungen an die Qualifikation des Rechtsbeistands zu stellen.[341]

## *2. Verteidigung als Angelegenheit zwischen Angeklagtem und Rechtsbeistand*

Auch wenn der EGMR grundsätzlich keine dogmatischen Begründungen liefert, hat er sich hinsichtlich des Verhältnisses des Verteidigers zum Staat klar positioniert. Danach ist der Strafverteidiger, auch in der Funktion als Pflichtverteidiger, kein Organ des Staates[342] und vom Staat unabhängig.[343] In ständiger Rechtsprechung betont der Gerichtshof, dass die Führung des Strafverfahrens im Wesentlichen eine Angelegenheit zwischen dem Angeklagten und dem Verteidiger ist.[344] Insofern können die Vertragsstaaten nicht für jede Verfehlung des Verteidigers verantwortlich gemacht werden. Dennoch ist zu sehen, dass die Vertragsstaaten einer positiven Pflicht unterliegen, eine effektive Verteidigung zu gewährleisten.[345] Hierfür reicht nicht allein die Bestellung zum Verteidiger aus.[346]

---

339 Vgl. EGMR Engel u. a. ./. NL, 8.6.1976, Serie A Nr. 22, § 91 = EuGRZ 1976, 221: Der Beistand durch einen Wehrpflichtigen, der im zivilen Leben Anwalt gewesen ist, wird als ausreichend erachtet. Vgl. auch *Gaede* S. 255.

340 *Gaede* S. 255, 269; *Villiger* Art. 6 EMRK Rn. 514, 518.

341 EGMR Shabelnik ./. UKR, 19.2.2009, § 39: Die Mutter konnte die Verteidigung ihres Sohnes mangels entsprechenden juristischen Abschlusses nicht übernehmen; LR-EMRK/*Esser* Art. 6 Rn. 724.

342 EGMR Antonicelli ./. PL, 19.5.2009, § 31; Arcinski ./. PL, 15.9.2009, § 31 („the responsibility of the Contracting Parties is incurred by the actions of their organs. A lawyer, even if officially appointed, cannot be considered to be an organ of the State"); LR-EMRK/*Esser* Art. 6 Rn. 748; *Meyer-Ladewig* Art. 6 EMRK Rn. 236; SK-EMRK/*Paeffgen* Art. 6 Rn. 138; *Gaede* S. 497.

343 EGMR Czekalla ./. P, 10.10.2002, ECHR 2002-VIII, § 60 = NJW 2003, 1229; Sannino ./. I, 27.4.2006, ECHR 2006-VI, § 49 = ÖJZ 2007, 513; Arcinski ./. PL (Fn. 342) § 31.

344 EGMR Daud ./. P, 21.4.1998, Reports 1998-II, § 38 = ÖJZ 1999, 198; Cuscani ./. UK, 24.9.2002, § 39; Czekalla ./. P (Fn. 343) § 60, Arcinski ./. PL (Fn. 342) § 31; Katritsch ./. F, 4.11.2010, § 29 („the conduct of the defence is essentially a matter between the defendant and his counsel, whether appointed under a legal-aid scheme or privately financed"); LR-EMRK/*Esser* Art. 6 Rn. 748; *Gaede* S. 497.

345 EGMR Yefimenko ./. R, 12.2.2013, § 124; Balliu ./. ALB, 16.6.2005, § 33 („while States cannot be held responsible for every shortcoming on the part of lawyers appointed for legal-aid purposes, it is for the competent authorities to take steps to ensure that, in the particular circumstances of the case, applicants effectively enjoy the right to which they are entitled"); LR-EMRK/*Esser* Art. 6 Rn. 749.

346 EGMR Kamasinski ./. A (Fn. 155) § 65; Daud ./. P (Fn. 344) § 38; Sannino ./. I (Fn. 343) § 49; Bogumil ./. P, 7.10.2008, § 46; Pavlenko ./. R, 1.4.2010, § 99; Katritsch

Die zuständigen staatlichen Stellen müssen ausnahmsweise dann eingreifen, wenn ein gravierender Mangel der Verteidigung offenkundig ist oder sie von einem solchen unterrichtet werden. Dies ist insbesondere der Fall, wenn der bestellte Verteidiger verstirbt, ernsthaft krank wird, für einen längeren Zeitraum verhindert ist oder sich seiner Verpflichtung entzieht. Die staatlichen Behörden müssen dann aktiv werden und den Verteidiger entweder zur Erfüllung seiner Pflichten anhalten oder diesen ersetzen.[347] Verletzt ein Wahlverteidiger seine Pflichten, gelten die gleichen Grundsätze.[348] Hier kann effektive Verteidigung beispielsweise durch die Bestellung eines unentgeltlichen Verteidigers garantiert werden.[349]

### 3. *Herstellung von Waffengleichheit in der mündlichen Hauptverhandlung*

Der Angeklagte hat als Ausfluss eines fairen Verfahrens gemäß Art. 6 Abs. 1 EMRK ein Recht auf ein kontradiktorisches Verfahren („adversial trial"), in dem alle sich gegenüberstehenden Verfahrensbeteiligten gleichwertige Befugnisse innehaben, Einfluss auf den Verfahrensausgang zu nehmen („equality of arms").[350] Der Angeklagte soll den Fall unter Bedingungen präsentieren können, die ihn in keine nachteilige Position gegenüber der Anklagebehörde bringen.[351] In der mündlichen Hauptverhandlung bedeutet das beispielsweise, dass der Angeklagte ebenso wie die Staatsanwaltschaft ein Recht auf Teilnahme bzw. Äußerung haben muss.

Allerdings ist der durchschnittliche Angeklagte ein juristischer Laie, der seine Rechte deshalb entweder nicht kennt oder nicht weiß, wie er sie ausüben soll, so dass die Waffengleichheit im Verhältnis zu Staatsanwaltschaft und Gericht bereits dadurch gestört sein kann. Insofern vermag ein Rechtsbeistand dieses Defizit auszugleichen. Die zentrale Aufgabe des Verteidigers besteht folglich darin, Waffengleichheit zwischen

---

./. F (Fn. 344) § 29; Huseyn u. a. ./. ASE, 26.7.2011, § 180 („The competent national authorities are required (...) to intervene only if a failure by legal-aid counsel to provide effective representation is manifest or sufficiently brought to their attention in some other way."); LR-EMRK/*Esser* Art. 6 Rn. 749.

347 EGMR Artico ./. I (Fn. 333) § 33 („Article 6 par. 3 (c) (art. 6-3-c) speaks of "assistance" and not of "nomination". Again, mere nomination does not ensure effective assistance since the lawyer appointed for legal aid purposes may die, fall seriously ill, be prevented for a protracted period from acting or shirk his duties. If they are notified of the situation, the authorities must either replace him or cause him to fulfil his obligations"); Gabrielyan ./. ARM, 10.4.2012, § 65.

348 So deutlich auch LR-EMRK/*Esser* Art. 6 Rn. 749; offengelassen von IntKomm-EMRK/*Kühne* Art. 6 Rn. 568; a.A. offenbar KK-EMRK-GG/*Grabenwarter/Pabel* Kap. 14 Rn. 152.

349 So eine Möglichkeit bei EGMR Balliu ./. ALB (Fn. 345) § 35.

350 LR-EMRK/*Esser* Art. 6 Rn. 202.

351 Vgl. EGMR Coeme u. a. ./. B, 22.6.2000, ECHR 2000-VII, § 102 („a reasonable opportunity to present his case under conditions that do not place him at a substantial disadvantage vis-à-vis his opponent"); *Ambos* ZStW 115 (2003) 583, 593.

dem Angeklagten und der Justiz herzustellen.[352] Insofern kommt ihm auch eine Überwachungsfunktion hinsichtlich der Rechtsstaatlichkeit des Verfahrens („watchdog of procedural regularity") zu.[353]

### 4. *Angeklagter und Verteidiger als Einheit – Wahrnehmung von Rechten durch den Verteidiger*

Da der EGMR eine effektive Verteidigung als zu erreichendes Ziel im Blick hat, müssen nicht alle Rechte dem Angeklagten höchstpersönlich zugestanden werden. Angeklagter und Verteidiger werden als Einheit aufgefasst. So kann es ausreichend sein, wenn der Verteidiger die Rechte des Angeklagten wahrnimmt.[354]

Ein faires Verfahren ist insofern auch dann gegeben, wenn wenigstens der Verteidiger in der mündlichen Verhandlung die Möglichkeit der Teilnahme hat.[355] So kann es genügen, dass der Verteidiger der Verhandlung akustisch folgen kann[356] oder die Verhandlung bei Verwirkung des Anwesenheitsrechts durch den Angeklagten nur in Anwesenheit des Verteidigers durchgeführt wird[357]. Ist in erster Instanz bereits eine mündliche Verhandlung durchgeführt worden und ist der Angeklagte persönlich gehört worden, ist die Anwesenheit des Angeklagten grundsätzlich nicht erforderlich, wenn das Gericht das erstinstanzliche Urteil nur auf Rechtsfragen hin überprüft bzw. über die Zulässigkeit oder Annahme eines Rechtsmittels entscheidet.[358] Wird in dieser Instanz jedoch eine mündliche Verhandlung unter Teilnahme

---

352 Vgl. EGMR Pakelli ./. D (Fn. 336) §§ 29 ff.; Granger ./. UK, 28.3.1990, Serie A Nr. 174, § 47; *Gaede* S. 502 ff.; zum Grundsatz der Waffengleichheit als Ausfluss des Rechts auf ein faires Verfahren EGMR Neumeister ./. A, 27.6.1968, Serie A Nr. 8, § 22 = EuGRZ 1975, 393; *Ambos* ZStW 115 (2003) 583, 592 ff.; *Müller* NJW 1976, 1063.

353 EKMR Ensslin, Baader, Raspe ./. D (Fn. 143)§ 20; zur Notwendigkeit des Anwesenheitsrechts des Verteidigers als Kontrollinstanz in einer polizeilichen Vernehmung auch LR-EMRK/*Esser* Art. 6 Rn. 607.

354 LR-EMRK/*Esser* Art. 6 Rn. 722; IntKomm-EMRK/*Kühne* Art. 6 Rn. 539; vgl. auch Frowein/*Peukert* Art. 6 EMRK Rn. 279; *Weigend* StV 2000, 384, 385 (Fn. 13).

355 LR-EMRK/*Esser* Art. 6 Rn. 664, 684; IntKomm-EMRK/*Kühne* Art. 6 Rn. 385.

356 EGMR Stanford ./. UK, 23.2.1994, Serie A Nr. 282-A, § 30 = ÖJZ 1994, 600: Der Angeklagte konnte wegen der schlechten Raumakustik der Verhandlung nicht folgen. Die Verteidiger hingegen schon. Zudem haben weder der Angeklagte noch seine Verteidiger dem Gericht die Verständnisschwierigkeiten mitgeteilt. Insgesamt hat der EGMR eine Verletzung des Rechts auf ein faires Verfahren verneint.

357 EKMR Ensslin Baader u. a. ./. D (Fn. 143) § 21 zu § 231a, b StPO. Im Bußgeldverfahren ist das Recht auf ein faires Verfahren offenbar nicht verletzt, wenn nur der Verteidiger ein Recht auf Anwesenheit hat, vgl. hierzu EGMR Kammerer ./. A, 12.5.2010, § 27 im Vergleich zu EGMR Yavuz ./. A (Fn. 161) § 51, worin eine Verletzung eines fairen Verfahrens bejaht worden ist, da weder Angeklagter noch Verteidiger anwesend gewesen sind; LR-EMRK/*Esser* Art. 6 Rn. 679.

358 EGMR Cani ./. ALB, 6.3.2012, § 51 („Leave-to-appeal proceedings and proceedings involving only questions of law, as opposed to questions of fact, may comply with

der Staatsanwaltschaft durchgeführt, muss der Grundsatz der Waffengleichheit beachtet werden. Der Angeklagte ist folglich über die Verhandlung zu informieren, damit er für eine Verteidigung durch einen Rechtsbeistand sorgen kann.[359] Auch in der Rechtsprechung zum Recht auf Vertretung hat sich gezeigt, dass das Wort des Verteidigers selbst bei Rechtsfragen, die von Amts wegen vom Gericht zu behandeln sind, Relevanz für ein faires Verfahren hat.

Weiter wird das Recht auf Befragung und Konfrontation eines Zeugens gemäß Art. 6 Abs. 3 lit. d EMRK nicht als höchstpersönliches Recht verstanden. Teils wird hierfür der Wortlaut der Konvention angeführt, der die persönliche *oder* die Befragung durch den Verteidiger („to examine *or* have examined") normiere.[360] Auch nach Ansicht des EGMR kann die Einschränkung des persönlichen Konfrontationsrechts des Angeklagten dadurch ausgeglichen werden, dass der Verteidiger die Möglichkeit der Einvernahme der Zeugen hat und alle Fragen stellen kann, die er im Interesse der Verteidigung für geboten hält. Der Angeklagte und der Verteidiger sind insofern eine Einheit („the Convention does not preclude identification ... of an accused with his counsel").[361] Schließlich ist anerkannt, dass dem Recht auf Zugang zur Verfahrensakte[362] genüge getan ist, wenn es ausschließlich über den Verteidiger wahrgenommen

---

the requirements of Article 6 even though the appellant has not been given the opportunity to be heard in person by the appeal or cassation court, provided that there has been a public hearing at first instance").

359 EGMR Maksimov ./. ASE, 8.10.2009, § 41; Abbasov ./. ASE, 17.1.2008, § 33; Ziliberberg ./. MOL, 1.2.2005, § 41 („The Court considers, however, that the present case is distinguishable from the *Kremzow* and *Kamasinski* cases, where the accused persons were represented by lawyers and in principle each had the opportunity to present his defence. In the present case, more fundamentally, the applicant was unable to do this because he had had no prior notice of the hearing"); LR-EMRK/*Esser* Art. 6 Rn. 717.

360 LR-EMRK/*Esser* Art. 6 Rn. 776; vgl. BGHSt 46, 93, 94; *Ambos* ZStW 115 (2003) 583, 608 lehnt das Wortlautargument ab, weil der Angeklagte die bessere Sachverhaltskenntnis habe; IntKomm-EMRK/*Kühne* Art. 6 Rn. 581 sieht im Wortlaut gerade den Beleg für ein eigenes Konfrontationsrecht des Angeklagten („entgegen dem Wortlaut"). Dem ist auch zuzustimmen, da die EMRK nicht dem Staat das Wahlrecht gewährt, sondern dem Angeklagten i.S.v. Art. 6 EMRK. Eine davon zu trennende Frage ist, ob die Beschränkung des persönlichen Konfrontationsrechts des Angeklagten durch Gewährung an den Verteidiger i.S.e. fairen Verfahrens kompensiert werden kann.

361 EGMR Doorson ./. NL, 26.3.1996, Reports 1996-II, § 73 f. = ÖJZ 1996, 715; bestätigt in EGMR Van Mechelen u. a. ./. NL, 23.4.1997, Reports 1997-III, § 64 = StraFo 1997, 239 („they were heard in the presence of counsel"); BGHSt 46, 93, 95; *Esser* S. 667; *Gaede* S. 506; Frowein/*Peukert* Art. 6 EMRK Rn. 309.

362 Der Zugang zur Verfahrensakte ist zwar nicht ausdrücklich in der EMRK geregelt, jedoch gehört dieses Recht zu dem in Art. 6 Abs. 3 lit. b EMRK garantierten Recht auf effektive Vorbereitung der Verteidigung, vgl. IntKomm-EMRK/*Kühne* Art. 6 Rn. 517.

werden kann.[363] Dies gilt auch in Fällen der Inhaftierung des Angeklagten zur Vorbereitung einer Haftprüfung gemäß Art. 5 Abs. 4 EMRK.[364]

All diese Fälle zeigen, dass die Ersetzung der Person des Angeklagten bei der Wahrnehmung seiner Rechte durch den Verteidiger kein der EMRK unbekanntes Phänomen ist. Vielmehr kann die Vertretung des Angeklagten gerade dazu dienen, dem Angeklagten ein faires Verfahren und eine effektive Verteidigung zu gewährleisten.

## III. Vertretung in der mündlichen Hauptverhandlung als Mittel der effektiven Verteidigung

Der Verteidiger wird von der EMRK nicht in das Korsett einer starren Rechtsstellung gepresst, das letztlich seine Aufgaben und Befugnisse beschneidet. Vielmehr richtet sich seine jeweilige Stellung nach den sich ihm stellenden Aufgaben, die er zur Herstellung von Waffengleichheit zu bewältigen hat. Dabei wird ein faires Verfahren auch dann bejaht, wenn der Verteidiger die Rechte des Angeklagten wahrnimmt, obwohl er sie gerne selbst ausgeübt hätte. Erst recht muss ein faires Verfahren vorliegen, wenn der Angeklagte seine Rechte vom Verteidiger wahrnehmen lassen will. Verteidigung durch einen Strafverteidiger kann folglich neben dem Angeklagten und anstelle des Angeklagten effektiv gewährleistet werden. Im Ergebnis fügt sich die Vertretung des Angeklagten in der mündlichen Hauptverhandlung sehr gut in das herkömmliche Verständnis der EMRK von der Beziehung des Angeklagten zu seinem Verteidiger ein.

Problematisch könnte dabei nur sein, dass bei Vertretung des Angeklagten in der mündlichen Hauptverhandlung der Verteidiger selbstständig agiert, ohne dass er unmittelbar an den Willen des abwesenden Angeklagten gebunden ist. Auch wenn der Angeklagte in der mündlichen Verhandlung die Vertretung ursprünglich gewünscht hat, ist es einer mündlichen Hauptverhandlung geradezu immanent, dass sie Wendungen nehmen kann, die der Angeklagte im Vorfeld nicht bedacht hat. Es besteht dann die Gefahr, dass er mit dem Verteidigerverhalten des Angeklagten nicht einverstanden ist. Jedoch ist zu sehen, dass der Angeklagte mit dem Verzicht auf sein Anwesenheitsrecht seine Konventionsrechte nicht i.S.e. „Totalverzichts" verwirkt hat.[365] Vielmehr hat er jederzeit die Möglichkeit von seinem Recht auf

---

363 EGMR Kremzow ./. A (Fn. 150) § 52 („Restriction of the right to inspect the court file to an accused's lawyer is not incompatible with the rights of the defence unter Article 6"); Kamasinski ./. A (Fn. 155) § 88; LR-EMRK/*Esser* Art. 6 Rn. 643; *Gaede* S. 507. Nach *Ambos* ZStW 115 (2003) 583, 601 soll die Beschränkung des Akteneinsichtsrechts auf den Verteidiger nur dort vorgesehen werden, wo der Beschuldigte bereits einen Verteidiger hat oder ihm ein solcher gemäß Art. 6 Abs. 3 lit. c EMRK beigeordnet werden kann. Ähnlich auch *Esser* S. 428 f.

364 EGMR Garcia Alva ./. D, 13.2.2001, § 39; (GK) Nikolova ./. BUL, 25.3.1999, ECHR 1999-II, § 58 = NJW 2000, 288; *Beulke/Witzigmann* NStZ 2011, 254, 256. Unklar noch bei EGMR Lamy ./. B, 30.3.1989, Serie A Nr. 151 = StV 1993, 283; hierzu *Esser* S. 354.

365 Vgl. *Grabenwarter/Pabel* § 18 Rn. 32.

Selbstverteidigung Gebrauch zu machen. Zum anderen ist die Verteidigung grundsätzlich eine Angelegenheit zwischen dem Angeklagten und seinem Verteidiger. Im Fall der Vertretung muss folglich im Vorfeld eine konkrete Verteidigungsstrategie festgelegt werden. Ein spontanes Abweichen des Verteidigers ohne Rückversicherung beim Angeklagten kann damit nicht ohne weiteres dem jeweiligen Vertragsstaat zugerechnet werden. Vielmehr muss sich das Defizit der Verteidigung den staatlichen Behörden aufdrängen bzw. ihnen zur Kenntnis gebracht werden, damit eine positive Einstandspflicht besteht.

### IV. Zwischenergebnis

Der Sinn und Zweck von Art. 6 EMRK steht einem Recht auf Vertretung des Angeklagten in der mündlichen Hauptverhandlung nicht entgegen.

## § 4. Wortlaut

Bei der Wortlautinterpretation von Art. 6 Abs. 3 lit. c EMRK hinsichtlich des Ausdrucks „assistance" sind in der englischen Sprachfassung Synonyme wie „help" oder „support" geläufig.[366] In der französischen Fassung stellt „secours" einen gleichbedeutenden Begriff dar.[367] Damit ist zuzugeben, dass der Wortlaut („assistance") sowohl in der englischen als auch in der französischen Fassung die Funktion des Verteidigers als Beistand des Angeklagten näher legt als die eines Vertreters.[368]

Allerdings ist der Begriff „assistance" sehr weit gefasst und erfährt eben gerade keine Kontur hinsichtlich der Aufgaben des Verteidigers, die mit dieser Unterstützungsfunktion einhergehen. Anders wäre dies bei einem Begriff wie „representation", der seiner natürlichen Wortbedeutung nach bereits die Ersetzungsfunktion mit beinhaltet.[369] Dabei darf nicht der Fehler gemacht werden, die Funktion des Verteidigers auf das deutsche Rollenverständnis des Verteidigers zu beschränken, wonach der Verteidiger nach überwiegender Meinung gerade nicht als Vertreter des Angeklagten fungiert.[370] Denn die EMRK ist praktisch und effektiv auszulegen und von nationalen dogmatischen Kategorien zu lösen. Hilfe[371] und Unterstützung kann der Verteidiger auf die unterschiedlichsten Arten leisten. Dafür ist nicht die ständige Anwesenheit

366 Oxford Advanced Learner's Dictionary of Current English, Synonym für „assistance": „help or support".

367 Langenscheidt Großwörterbuch Französisch: „assistance" i.S.v. „secours" bedeutet Hilfe, Beistand, Unterstützung.

368 So wohl auch *Püschel* StraFo 2012, 493; *Villiger* Rn. 508 spricht von „Vertretung" ohne auf einen Unterschied zum „Beistand" einzugehen.

369 Vgl. Oxford Advanced Learner's Dictionary of Current English zu „representation".

370 Vgl. zur Diskussion bezüglich der Stellung des Strafverteidigers: SK-StPO/*Wohlers* Vor § 137 Rn. 4 ff.; *Gaede* S. 509 ff.

371 Interpretation als „Hilfe" klingt auch bei LR-EMRK/*Esser* Art. 6 Rn. 724 an.

des Angeklagten erforderlich.[372] Dies vor allem deshalb, weil die Anwesenheit des Angeklagten für die Gewährung eines fairen Verfahrens nicht immer notwendig ist. Dies hat der EGMR gesehen und gibt dem Angeklagten deshalb auch kein umfassendes Anwesenheitsrecht im Rechtsmittelzug.[373] Der Wortlaut der Konvention ist damit bezüglich der Verteidigungsgarantie sehr weit formuliert und schließt eine Vertretung als Unterfall der Unterstützung durch den Verteidiger gerade nicht aus.

Darüber hinaus garantiert die Konvention in der englischen Fassung die Verteidigung „durch" einen Rechtsbeistand („through legal assistance"). Die Präposition „durch" impliziert nach dem natürlichem Sprachgebrauch die Ersetzung durch eine andere Person und damit ein Recht auf Vertretung. Dagegen wendet *Weigend* berechtigterweise ein, dass die französische Fassung in diesem Punkt abweicht und nur von „avoir l'assistance *d'un défenseur de son choix*" spricht.[374] Eine Ersetzungsbefugnis kann aus dem Französischen folglich nicht abgeleitet werden. Allerdings liegt bei Konflikten zwischen den authentischen Sprachfassungen die Lösung weder in der einen noch in der anderen Fassung, sondern allein in einer harmonisierenden Auslegung (vgl. 4. Kapitel § 2 ). Insofern ist zu sehen, dass sowohl die französische als auch die englische Fassung von „assistance" sprechen. Wie gezeigt, beschreibt dieses Nomen keine bestimmte Art von Verteidigung, so dass auch die Vertretung des Angeklagten darunter subsumiert werden kann. Berücksichtigt man zudem, dass die EMRK einen möglichst effektiven Menschenrechtsschutz gewährleisten will, liegt es näher, dass Art. 6 Abs. 3 lit. c EMRK nicht nur ein Recht auf Verteidigung in Anwesenheit des Angeklagten garantiert, sondern auch ein Recht auf Verteidigung in Abwesenheit. *Weigend* kann damit im Ergebnis nicht zugestimmt werden.

## § 5. Systematik

Des Weiteren ist eine systematische Interpretation angezeigt.

### I. Verhältnis des Rechts auf Selbstverteidigung und Verteidigung durch einen Strafverteidiger

Weiter ist das systematische Verhältnis des Rechts auf einen Verteidiger zu den anderen Verteidigungsrechten des Art. 6 Abs. 3 lit. c EMRK zu betrachten.

In Art. 6 Abs. 3 lit. c EMRK werden drei Rechte aufgeführt: Das Recht sich selbst zu verteidigen („to defend himself in person"/„se défendre lui-même"), das Recht sich durch einen Rechtsbeistand seiner Wahl verteidigen zu lassen („through legal

---

372 So auch Frowein/Peukert/*Meyer* Art. 6 EMRK Rn. 192, der den Verteidiger in der mündlichen Verhandlung als von der Anwesenheit seines Mandanten unabhängig betrachtet.

373 Vgl. zur leichteren Einschränkbarkeit des Anwesenheitsrechts im Rechtsmittelverfahren beispielhaft EGMR Sutter ./. CH (Fn. 150) § 30; Ekbatani ./. SWE (Fn. 141)§ 31; Nefedov ./. R (Fn. 147) § 37.

374 Vgl. *Weigend* in: FS für Kühl, S. 947, 955.

assistance of his own choosing"/„avoir l'assistance d'un défenseur de son choix") und das Recht auf Beiordnung eines Pflichtverteidigers unter bestimmten Voraussetzungen („if he has not sufficient means to pay for legal assistance, to be given it free when the interests of justice so require"/„s'il n'a pas les moyens de rémunérer un défenseur, pouvoir être assisté gratuitement par un avocat d'office, lorsque les intérêts de la justice l'exigent").

Man könnte aus dem Wortlaut der Konvention folgern, dass sich die Passage „when the interests of justice so require" nicht nur auf das Verteidigerrecht, sondern auch auf das Recht auf einen Wahlverteidiger bezieht und so ein Alternativverhältnis zum Selbstverteidigungsrecht besteht. Jedoch hat der EGMR einer solchen Sicht in seinem *Pakelli*-Urteil eine klare Absage erteilt, da er die Einschränkung des Interesses der Rechtspflege nur auf die Alternative der unentgeltlichen Beiordnung des Verteidigers anwendet hat.[375]

Zudem stellt sich jedoch in beiden sprachlichen Fassungen die Frage, ob das Selbstverteidigungsrecht und das Recht sich eines Verteidigers zu bedienen in einem Ausschließlichkeitsverhältnis stehen. Diese Annahme folgt aus der Verwendung des Bindeglieds „oder" („or" / „ou"). Die Vertragsstaaten könnten somit nur eine von beiden Möglichkeiten gewähren müssen. Jedoch ist zu sehen, dass die Konjunktion „oder" nach ihrer natürlichen Wortbedeutung auch zwei oder mehrere Möglichkeiten, die zur Wahl stehen, verbindet, wobei man sich für eine einzige davon entscheiden muss.[376] Dabei kann man natürlich fragen, wem hier das Wahlrecht zustehen muss: Dem Angeklagten oder dem Vertragsstaat?[377] Die EMRK nimmt jedoch die Vertragsstaaten in die Pflicht und spricht dem Angeklagten Rechte zu, so dass das Wahlrecht hinsichtlich der Art seiner Verteidigung dem Angeklagten zustehen muss. Zudem ist das Ziel der Garantie einer effektiven Verteidigung zu beachten. Effektivität zeichnet sich durch Flexibilität und damit Wahlfreiheit von Situation zu Situation aus. Im Grundsatz kann es damit nicht ausreichen, nur *ein* Verteidigungsrecht zu gewährleisten. Der Angeklagte kann nicht auf sein Selbstverteidigungsrecht verwiesen werden und ihm so die Gewährung eines Rechtsbeistands verweigert werden.[378] Die deutsche Übersetzung wird dieser Auslegung gerecht, indem sie die beiden Varianten nur durch ein Komma abtrennt und damit den Charakter der Kumulation deutlich macht.[379]

---

375 EGMR Pakelli ./. D (Fn. 336) § 31; LR-EMRK/*Esser* Art. 6 Rn. 726; IntKomm-EMRK/*Kühne* Art. 6 Rn. 541; vgl. zum früheren alternativen Verständnis EKMR Ensslin, Baader, Raspe ./. D (Fn. 143).

376 Vgl. Oxford dictionary of English: „or" wird verwendet, um Alternativität zum Ausdruck zu bringen.

377 So IntKomm-EMRK/*Kühne* Art. 6 Rn. 535, der deshalb eine Ungenauigkeit der Formulierung annimmt.

378 EGMR Pakelli ./. D (Fn. 336) § 31; Campbell u. Fell ./. UK (Fn. 43) § 99; *Gaede* S. 262.

379 Im Ergebnis auch IntKomm-EMRK/*Kühne* Art. 6 Rn. 535; *Spaniol* S. 63; *Ast* JZ 2013, 780, 781.

Auf der Ebene der Europäischen Union haben der RB 2009/299/JI sowie der RiL-Vorschlag der Kommission zur Stärkung der Verfahrensrechte diese Kumulation an Rechten leider übersehen. Die Ordnungsgemäßheit einer Abwesenheitsentscheidung ist danach auch gegeben, wenn der Angeklagte in Kenntnis der anberaumten Verhandlung ein Mandat an einen Rechtsbeistand erteilt hat, um ihn in der Verhandlung zu verteidigen und er bei der Verhandlung auch tatsächlich von diesem Rechtsbeistand verteidigt worden ist.[380] Da die Verzichtsvoraussetzungen auf die Information über Ort und Zeit der Verhandlung sowie die Konsequenzen des Nichterscheinens beschränkt worden sind, reicht die Gewährung der Verteidigungsgarantie stets aus, auch wenn es dem Angeklagten faktisch unmöglich war, von seinem Anwesenheitsrecht Gebrauch zu machen. Die Rechtsakte der EU beherzigen im Grundsatz damit nicht die Gleichordnung und Kumulation der in Art. 6 Abs. 3 lit. c EMRK gewährten Rechte.

Schließlich könnte man aus der Unterscheidung zwischen dem Recht, sich selbst zu verteidigen und dem Recht, sich durch einen Verteidiger verteidigen zu lassen, schließen, dass der Verteidiger den Angeklagten gerade nicht ersetzen kann, da dem Wortlaut nach Verteidiger und Angeklagter zwei zu trennende Persönlichkeiten darstellen.[381] Allerdings bleibt der Angeklagte auch bei Vertretung durch den Verteidiger Prozesssubjekt. Denn erst auf seine Veranlassung hin fungiert der Verteidiger als Vertreter und ersetzt den Angeklagten im Prozess. Es handelt sich folglich um ein Verteidigungsmittel des Angeklagten, zu dessen Verwirklichung der Angeklagte nach seinem Willen teilweise ersetzt wird.

Damit steht fest, dass das Recht auf Verteidigung durch einen Rechtsbeistand und das Selbstverteidigungsrecht grundsätzlich kumulativ zu gewähren sind und das systematische Verhältnis der Verteidigungsrechte einer Interpretation als Recht auf Vertretung gerade nicht entgegensteht. *Ast* kann damit nicht zugestimmt werden, wenn er meint, es handle sich bei der Gewährung des Rechts auf Vertretung nur um eine Kompensation bei fehlender Möglichkeit, die Selbstverteidigungsgarantie wahrzunehmen.[382] Denn eine solche Sichtweise würde umgekehrt ein gewisses Vorrangverhältnis der Selbstverteidigung befürworten. Dies ist von der EMRK, wie gezeigt, nicht gewollt.

## II. Verhältnis der Verteidigungsgarantie zur Anwesenheit des Angeklagten

Problematisch ist, dass diejenigen Auffassungen, die eine enge Auslegung der Konvention favorisieren, mit dem Begriff „Beistand“ die Notwendigkeit der Anwesenheit des Angeklagten assoziieren. Dafür könnte sprechen, dass auch in

380 Vgl. Art. 2 RB 2009/299/JI (Fn. 169); Art. 8 Abs. 2 RiL-Vorschlag, COM (2013) 821 final v. 27.11.2013 (Fn. 197).
381 So wohl *Ambos* ZStW 115 (2003) 583, 604.
382 *Ast* JZ 2013, 780, 783.

Art. 6 Abs. 3 lit. e EMRK der Begriff „assistance" verwendet wird und die Unterstützung des Dolmetschers ohne die Anwesenheit des Angeklagten keinen Sinn macht. Dies könnte man auf die Verteidigungsgarantie übertragen.[383]

Das Wort „through" („durch") zeigt jedoch, dass es auf eine Anwesenheit des Angeklagten gerade nicht ankommt. Anders die erste Alternative, die das Recht, sich selbst zu verteidigen („to defend himself in person") regelt und notwendigerweise die Anwesenheit des Angeklagten bedingt.[384] Dies zeigt sich auch in der Rechtsprechung des EGMR zum Recht auf Anwesenheit in der mündlichen Verhandlung. Dieses Recht ist in der EMRK nicht ausdrücklich gewährleistet. Jedoch leitet es der EGMR aus denjenigen Mindestgarantien her, die ohne die Anwesenheit des Angeklagten sinnlos wären. Insofern ist es bezeichnend, dass er aus Art. 6 Abs. 3 lit. c EMRK nur auf die Selbstverteidigungsgarantie abstellt und gerade nicht auf das Recht auf Verteidigung durch einen Rechtsbeistand („Moreover, sub-paragraphs (c), (d) and (e) of paragraph 3 ... guarantee to "everyone charged with a criminal offence" the right "*to defend himself in person*", "to examine or have examined witnesses" and "to have the free assistance of an interpreter if he cannot understand or speak the language used in court", and it is difficult to see how he could exercise these rights without being present.")[385]. Daraus kann gefolgert werden, dass der EGMR die Anwesenheit des Angeklagten für die Ausübung des Rechts auf Verteidigung durch einen Verteidiger nicht für zwecknotwendig erachtet. Gerade weil der Angeklagte wünscht, sich nicht selbst zu verteidigen, sondern dies durch eine dritte Person geschehen soll, ist die Anwesenheit des Angeklagten zur Ausübung der Verteidigungsgarantie nicht erforderlich.

Hierbei ist zu beachten, dass die Vertragsstaaten ihre Verfahrensordnungen unterschiedlich hinsichtlich der Anwesenheit des Angeklagten in einer mündlichen Verhandlung ausgestaltet haben. In Deutschland herrscht der Grundsatz der Anwesenheitspflicht, während es in den Niederlanden einen derartigen Grundsatz gerade nicht gibt.[386] Wäre Art. 6 Abs. 3 lit. c Alt. 2 EMRK eng auszulegen, würde die EMRK zur Verteidigung in der mündlichen Verhandlung über die Hintertür eine Anwesenheitspflicht einführen, da bereits die Selbstverteidigungsgarantie notwendig die Anwesenheit des Angeklagten voraussetzt. Die EMRK will jedoch keine Rechtsvereinheitlichung herbeiführen, sondern nur einen gewissen Mindestschutz an Menschenrechten gewährleisten. Da die EMRK keine Anwesenheitspflicht normiert, sondern nur ein Anwesenheitsrecht kennt, steht dies einer engen Konventionsauslegung entgegen. Vor diesem Hintergrund wird deutlich, dass die Konvention keinesfalls das Recht auf Verteidigerbeistand von der Anwesenheit des Angeklagten abhängig machen wollte. Auf der anderen Seite könnte man auch argumentieren, dass die fehlende

383 So auch *Trechsel* ZStrR 96 (1979) 337, 365.

384 Unterscheidung auch bei *Esser* StV 2013, 331, 334.

385 Vgl. beispielhaft EGMR Colozza ./. I (Fn. 138) § 27.

386 Vgl. zur Rechtslage in Deutschland 2. Kapitel § 9 I.; zur Rechtslage in den Niederlanden 2. Kapitel § 2 I.

Abhängigkeit der Verteidigungsgarantie von der Anwesenheit die Vertragsstaaten verpflichtet, Abwesenheitsverhandlungen einzuführen.[387] Jedoch ist zu sehen, dass der EGMR die Option der Herstellung der Anwesenheit „auf andere Weise" als durch Beschneidung des Rechts auf Verteidigungsrechts offen hält. Auch, wenn nicht geklärt ist, wie dieser Weg konventionskonform ausgestaltet werden kann, gibt der EGMR grundsätzlich nicht die Durchführung einer Abwesenheitshauptverhandlung vor.

Überdies wird das Mindestrecht stets in Zusammenschau mit dem allgemeinen Recht auf ein faires Verfahren ausgelegt. Folglich darf wegen der hohen Bedeutung für ein rechtsstaatliches Verfahren keine Restriktion geboten sein. Bereits auf Wortlautebene kann damit das Recht auf Verteidigung nicht an die Bedingung der Anwesenheit des Angeklagten geknüpft werden.

### III. Zwischenergebnis

Eine weite Interpretation des Wortlauts der Konvention hin zu einem Recht auf Vertretung des Angeklagten durch den Verteidiger ist durchaus möglich. Es wird dadurch kein Recht konstruiert, das als solches so nicht in der Konvention gewährleistet ist.[388] Ein Rückgriff auf die Entstehungsgeschichte ist deshalb nicht angezeigt.[389]

## § 6. Vergleich mit anderen internationalen Konventionen und Verträgen

Es wurde bereits allgemein dargelegt, dass der EGMR auch anderes Völkervertragsrecht und sonstige Menschenrechtssysteme bei der Auslegung der EMRK einbezieht. Insofern soll im Folgenden das Recht auf Verteidigung durch einen Rechtsbeistand in anderen internationalen Konventionen und Verträgen als Auslegungshilfe für Art. 6 Abs. 3 lit. c EMRK herausgearbeitet werden.

### I. Art. 14 Abs. 3 lit. d IPBPR

Art. 14 Abs. 3 lit. d IPBPR enthält bei einer strafrechtlichen Anklage („criminal charge") folgende Mindestgarantien: Das Recht auf Anwesenheit in der Hauptverhandlung („To be tried in his presence"), das Recht auf Selbstverteidigung („to defend himself in person") und das Recht auf Verteidigung durch einen Wahlverteidiger („through legal assistance of his own choosing"), worüber der Angeklagte auch zu

---

387 Vgl. BVerfG, StraFo 2007, 190, 191; *Püschel* StraFo 2012, 493, 495: Sieht nach dem Urteil *Neziraj* endgültig die Tür zu einem Abwesenheitsverfahren aufgestoßen.

388 Vgl. LR-EMRK/*Esser* Art. 6 Rn. 196.

389 Die *traveaux préparatoires* geben auch keine erhellende Auskunft über die Bedeutung des Mindestrechts des Verteidigerbeistands; vgl. Collected Edition of the „Travaux Préparatoires" of the European Convention on Human Rights; vgl. auch DH(56)10 abrufbar unter: http://www.echr.coe.int/Documents/Library_TravPrep_Table_ENG.pdf.

informieren ist („to be informed, if he does not have legal assistance, of this right") bzw. unter bestimmten Voraussetzungen das Recht auf Verteidigung durch einen zu bestellenden Verteidiger („to have legal assistance assigned to him").[390] Dabei stellt sich die Frage, ob eine Verteidigung durch einen Verteidiger auch in Abwesenheit des Angeklagten gewährt wird.

Soweit ersichtlich wird auf Ebene des IPBPR nicht problematisiert, ob ein Angeklagter ein Recht auf Verteidigung auch in Abwesenheit hat. Vielmehr hat eine Analyse der einschlägigen Kommentarliteratur sowie der Dokumente des HRC ergeben, dass die Begriffe „legal assistance" und „legal representation" synonym verwendet werden.[391]

Betrachtet man zudem die Systematik des Art. 14 Abs. 3 lit. d IPBPR, fällt auf, dass, anders als in der EMRK, das Recht auf Anwesenheit des Angeklagten („To be tried in his presence") ausdrücklich geregelt ist. Nachfolgend und durch ein „and" verbunden, werden das Selbstverteidigungsrecht und das Recht auf Verteidigung durch einen Verteidiger aufgeführt. Diese beiden Rechte werden jedoch nicht durch ein „and", sondern durch ein „or" verbunden angeführt. Der Wortlaut kann folglich so ausgelegt werden, dass ein Angeklagter das Recht hat, an einer mündlichen Verhandlung teilzunehmen und sich selbst zu verteidigen. Die Selbstverteidigung ist ohne Anwesenheit des Angeklagten nicht möglich. Daraus resultiert die Verbindung dieser beiden Rechte durch ein „und" („and"). Hingegen ist das Recht sich durch einen Verteidiger verteidigen zu lassen nicht zwingend von der Anwesenheit des Angeklagten im Prozess abhängig. Daraus erklärt sich die Verbindung dieses Rechts durch ein „oder" („or"). Dabei ist jedoch zu beachten, dass sich Selbstverteidigung und Verteidigung durch einen Verteidiger nicht gegenseitig ausschließen sollen. Vielmehr muss der Angeklagte das Wahlrecht haben.[392]

Aus der Selbstständigkeit der Rechte und der systematischen Beziehung der Verteidigungsgarantie zur Anwesenheit kann gefolgert werden, dass ein Verzicht auf die Anwesenheit nicht zugleich auch einen Verzicht auf die Verteidigungsgarantie bedeutet. *Nowak* ist insofern sehr deutlich, wenn er darlegt, dass Angeklagte auf ihr Recht auf Abwesenheit und Selbstverteidigung verzichten können und *stattdessen* von ihrem Recht auf Verteidigung durch einen Verteidiger Gebrauch machen

390 *Nowak* Art. 14 IPBPR Rn. 58. Bezüglich der Auslegung des IPBPR kann auf die zur EMRK dargelegten Grundsätze verwiesen werden, vgl. LR-EMRK/*Esser* Einführung Rn. 197.

391 HRC Paul Kelly ./. Jamaica, 8.4.1991, 253/87, § 5.1 („effective *representation*") = *Joseph/Castan* ICCPR Rn. 14.162; Engo ./. Cameroon, 22.7.2009, 1397/2005, § 7.8 = *Joseph/Castan* ICCPR Rn. 14.147 („right to be *represented*"); Ismailov ./. Uzbekistan, 16.1.2008, 1769/08, § 7.4 („must be effective in the *representation* of the accused"); *Bair* Art. 14 IPBPR S. 67 („guarantees the right of *legal representation*"); *Nowak* Art. 14 IPBPR Rn. 64 („*representation* by counsel").

392 General Comment Nr. 32 (Fn. 247) § 36 = *Joseph/Castan* ICCPR, Rn. 14.145 („two types of defence which are not mutually exclusive").

können.[393] So erklärt sich, weshalb auf UN-Ebene „representation“ und „assistance“ unproblematisch synonym verwendet werden.

Folglich führt eine systematische Auslegung, wie bei der EMRK zu dem Ergebnis, dass ein Angeklagter grundsätzlich ein Recht auf Anwesenheit in der Hauptverhandlung hat und sich selbst verteidigen kann. Er kann jedoch auf seine Anwesenheit und sein Selbstverteidigungsrecht verzichten und sich durch einen Verteidiger vertreten lassen.

Da auch der IPBPR ein völkerrechtlicher Vertrag ist, ist diese Auslegung auch bei der Auslegung der EMRK gemäß Art. 31 Abs. 3 lit. c WVK zu berücksichtigen. Daraus folgt also ein weiteres Argument für die extensive Auslegung der EMRK.

## II. Art. 67 Abs. 1 lit. d IStGH-Statut

Art. 67 Abs. 1 lit. d IStGH-Statut[394] regelt neben dem Anwesenheitsrecht und dem Recht auf Selbstverteidigung („to conduct the defence in person“) das Recht, sich durch einen Verteidiger seiner Wahl verteidigen zu lassen („through legal assistance of the accused's choosing“). Dem Angeklagten ist vom IStGH unentgeltlich ein Verteidiger beizuordnen („to have legal assistance assigned“), wenn dies im Interesse der Rechtspflege erforderlich ist.

Wie Art. 6 Abs. 3 lit. c EMRK und Art. 14 Abs. 3 lit. d IPBPR spricht damit auch dieser völkerrechtliche Vertrag von „legal assistance“ und nicht von „legal representation“. Der IStGH hat sich jedoch in der Sache *Ruto* nicht damit beschäftigt, ob der Angeklagte ein Recht auf Vertretung durch seine Verteidigung hat, wenn er zeitweise von seiner Anwesenheit befreit wird – dies obwohl die Verteidigung ausdrücklich klargestellt hat, dass nicht ein Blankettverzicht auf alle Verteidigungsrechte erklärt werden soll, sondern *Ruto* nur auf die Rechte verzichten möchte, die mit der physischen Anwesenheit vor Gericht zusammenhängen. *Ruto* wolle gerade nicht auf sein Recht verzichten, sich vor Gericht durch einen Verteidiger vertreten zu lassen („but not ... that right to be represented properly through counsel“).[395] Das Schweigen des Gerichtshofs zum Thema Recht auf Verteidigung in Abwesenheit ist verwunderlich, weil der Gerichtshof seine Kompetenz über die Ausnahme von der Anwesenheitspflicht auf höchst dogmatische Weise aus einer Gesamtschau aller Regeln des IStGH-Statuts und sonstigem internationalen Recht hergleitet hat.[396] Damit hätte sich die Frage aufdrängen müssen, ob bei einem Verzicht auf die Anwesenheit die Verteidigungsgarantie bestehen bleibt und der Angeklagte damit faktisch ein

393 *Nowak* Art. 14 IPBPR Rn. 62 („they can forego [the right to be present and to defend themselves] and instead make use of defence counsel“).

394 Die Regelungen der Ad-hoc-Tribunale und Hybridgerichte werden bewusst nicht zur Auslegung herangezogen, da sie zur justiziellen Bewältigun *eines* geschichtlichen Ereignisses ins Leben gerufen worden sind und deshalb von einer Verallgemeinerungsfähigkeit der Regelungen nicht ausgegangen werden kann.

395 Vgl. ICC-01/09-01/11-T-23-Red-ENG, S. 22; IStGH Ruto, 18.6.2013 (Fn. 255) § 16.

396 Vgl. nur zum Recht auf Anwesenheit, IStGH Ruto, 18.6.2013 (Fn. 255) § 37.

Recht auf Vertretung hat. Eine mögliche Antwort könnte sein, dass dies für den IStGH selbstverständlich ist, weil der Angeklagte ausschließlich auf sein Anwesenheitsrecht und gerade nicht auf sein Recht auf Verteidigung verzichtet hat. In Anbetracht der Auslegung i.S.v. Art. 6 Abs. 3 lit. c EMRK und Art. 14 Abs. 3 lit. d IPBPR i.d.S., würde diese Antwort aus der Warte des IStGH durchaus einleuchten, da er diese Normen bei der Auslegung des Statuts über Art. 21 Abs. 1 lit. b IStGH berücksichtigt. Zudem hat er auf die Regeln vor dem ICTR zurückgegriffen.[397] Dabei hätte er erkennen können, dass Rule 98 (v) der *Rules of Procedure and Evidence* sogar die Möglichkeit eines Abwesenheitsverfahrens vorsieht, wenn der Angeklagte durch einen Verteidiger vertreten wird („the interests of the accused are represented by Counsel"). Jedoch scheint dieses Ergebnis bei genauer Betrachtung des IStGH-Statuts in seiner Gesamtheit als voreilig. Art. 61 Abs. 2 IStGH-Statut regelt, dass unter bestimmten Voraussetzungen die Bestätigung der Anklage auch ausnahmsweise ohne den Angeklagten stattfinden kann. Für diesen Fall ist im zweiten Halbsatz jedoch vorgesehen, dass der Angeschuldigte von einem Verteidiger vertreten werden soll, wenn die Vorverfahrenskammer feststellt, dass dies im Interesse der Rechtspflege erforderlich ist („In that case, the person shall be *represented* by counsel where the Pre-Trial Chamber determines that it is in the interests of justice"). Auch in Art. 63 Abs. 2 IStGH-Statut ist bei einer Verhandlung in Abwesenheit des Angeklagten zu gewährleisten, dass er seinem Rechtsbeistand von außerhalb des Gerichtssaals Weisungen erteilen kann („instruct counsel from outside the courtroom"). Damit geht das Gesetz also davon aus, dass der Angeklagte ein Recht auf Vertretung hat. Im Umkehrschluss könnte daraus folgen, dass das IStGH-Statut das Recht auf Vertretung abschließend regelt. Diese Ansicht ist konsequent, wenn man wie die Anklagebehörde im Fall *Ruto*[398] keine Ausnahme vom Grundsatz der Anwesenheitspflicht gemäß Art. 63 Abs. 1 IStGH-Statut zulassen möchte. Lässt man hingegen ausnahmsweise eine Abwesenheitsverhandlung auf einer „case-by-case-basis" zu, muss der Angeklagte erst recht ein Recht auf Vertretung haben. Denn der Gerichtshof entscheidet dann nur über eine Ausnahme vom Grundsatz der Anwesenheits*pflicht* gemäß Art. 63 Abs. 1 IStGH-Statut. Das *Recht* auf Anwesenheit und das *Recht* auf Verteidigung, die hiervon getrennt in Art. 67 Abs. 1 lit. d IStGH-Statut geregelt sind, bleiben hiervon unberührt. Auf diese Weise lässt i.S.d. IStGH dogmatisch begründen, weshalb eine Ausnahme vom Anwesenheitsgebot nicht gleichzeitig eine Ausnahme vom Recht auf Verteidigung bedeutet. Für diese Auslegung spricht auch, dass die im November 2013 geänderten *Rules of Procedure and Evidence* in Rule 134*ter* ausdrücklich vorsehen, dass der ordnungsgemäß geladene Angeklagte schriftlich bei der Hauptverfahrenskammer beantragen kann, der Verhandlung teilweise fernzubleiben und stattdessen durch seinen Verteidiger vertreten zu werden („to be represented by counsel").[399]

397 Vgl. nur IStGH Ruto, 18.6.2013, (Fn. 255) Fn. 68.
398 Vgl. ICC-01/09-01/11-713, § 6 f.
399 Res. ICC-ASP/12/Res. 7 v. 27.11.2013.

Obwohl das IStGH-Statut anders als die EMRK eine Anwesenheitspflicht normiert, kann die Auslegung des Art. 67 Abs. 1 lit. d IStGH hinsichtlich des *Rechts* auf Verteidigung, das unabhängig von der Anwesenheitspflicht gilt, für die Auslegung der EMRK gemäß Art. 31 Abs. 3 lit. d WVK fruchtbar gemacht werden.

## III. Art. 47, 48 EUC

Die Charta der Grundrechte der Europäischen Union beschäftigt sich in zwei Artikeln mit dem Recht auf Verteidigung.[400] Art. 47 Abs. 2 S. 2 EUC regelt, dass sich jede Person „beraten, verteidigen und vertreten lassen" kann. In dieser Regelung hat die Rechtsprechung des EuGH in der Sache *Krombach* Niederschlag gefunden, in der das Recht des Angeklagten, sich in Abwesenheit vertreten zu lassen, als fundamentaler Grundsatz des (früheren) Gemeinschaftsrechts anerkannt worden ist.[401] Art. 48 Abs. 2 GRC gewährleistet jedem „Angeklagten (...) die Achtung der Verteidigungsrechte"[402] und enthält damit die Vertretungsvariante nicht ausdrücklich.

Für den Bereich des Straf- und Ordnungswidrigkeitenverfahrens[403] ist Art. 48 EUC lex specialis zu Art. 47 EUC, der für alle Verfahrensarten und vor allen Gerichten gilt und im Wortlaut über Art. 6 EMRK hinausgeht.[404]

Daraus könnte man im Umkehrschluss folgern, dass aufgrund der allgemeinen Formulierung des relevanten Art. 48 Abs. 2 EUC im Gegensatz zu Art. 47 Abs. 2 S. 2 EUC, der die Vertretung ausdrücklich regelt, im Strafverfahren diese gerade ausgeschlossen werden sollte, weil auch die EMRK kein Recht auf Vertretung im Strafverfahren kennt. Auch *Esser* sieht in Art. 47 Abs. 2 S. 2 EUC ein Argument, dass zwischen einem *Recht auf Verteidigung* und einem (weitergehenden) *Recht auf Vertretung*"[405] bezüglich Art. 6 Abs. 3 lit. c EMRK zu unterscheiden ist.

Es ist richtig, dass Art. 48 Abs. 2 EUC deutlich kürzer und pauschaler ausgefallen ist als Art. 47 Abs. 2 EUC. Doch damit sollte keine Verkürzung der Rechte zum Ausdruck gebracht werden. Denn Ziel im Konvent war es, möglichst knapp zu formulieren.[406] Wie auch für das Verständnis von Art. 47 Abs. 2 EUC auf die Rechtsprechung des EGMR zurückzugreifen ist, soll auch Art. 48 Abs. 2 EUC nach den Erläuterungen des Konventionspräsidiums dem Art. 6 Abs. 3 EMRK entsprechen.[407] Art. 48 Abs. 2 EUC ist damit ein prägnanter Fall des Art. 52 Abs. 3 EUC. Die in Art. 6 Abs. 3 EMRK

---

400 Vgl. *Jarass* NStZ 2012, 611.

401 EuGH Rs. C-7/98 (Krombach) (Fn. 80) § 42; LR-EMRK/*Esser* Art. 6 Rn. 702, vgl. hierzu bereits ausführlich 2. Kapitel § 5 II.

402 Kritisch zur allgemein gehaltenen Formulierung Meyer/*Eser* Art. 48 EUC Rn. 24 ff.

403 *Frenz* in: Hdb-EuR Rn. 5074.

404 Tettinger/Stern/*Alber* Vor Art. 47 EUC Rn. 6; *Frenz* in: Hdb-EuR Rn. 5104; Vedder/Heintschel von Heinegg/*Folz* Art. 47 EUC Rn. 9.

405 *Esser* StV 2013, 331, 334.

406 Tettinger/Stern/*Alber* Vor Art. 47 EUC Rn. 7; *Esser* in: FS für Wolter, S. 1329, 1330.

407 *Bernsdorff/Borowsky* S. 39 f.; Meyer/*Eser* Art. 47 EUC Rn. 20, Art. 48 EUC Rn. 20; *Frenz* in: Hdb-EuR, Rn. 4990; *Last* S. 35; so auch *Esser* in: FS für Wolter, S. 1329, 1331.

für die „Anklage" zugeschnittenen Rechte sind als Mindeststandard ebenso dem Art. 48 Abs. 2 EUC zugrunde zu legen.[408]

Zudem hatte der EuGH in seiner Rechtsprechung im Fall *Krombach* eine zivilrechtliche Frage zu beurteilen und hat dennoch zur Entwicklung des Rechts auf Vertretung als allgemeinen Grundsatz des Gemeinschaftsrechts auf die Urteile des EGMR in Sachen *Poitrimol, Pelladoah und Van Geyseghem* zurückgegriffen.[409] Diese betreffen jedoch die Problematik des Rechts auf Vertretung im Verfahren wegen einer *strafrechtlichen Anklage*. Der EuGH hat gerade klargestellt, dass die Verteidigungsrechte „in allen Verfahren"[410] zu wahren sind.

Schließlich hatte der EuGH im Vorabentscheidungsverfahren in der Sache *Melloni* über eine strafrechtliche Angelegenheit zu entscheiden.[411] Nach der Meinung des EuGH reicht es für die Gewährung eines fairen Verfahrens und einer effektiven Verteidigung bereits aus, wenn der Angeklagte trotz erwiesener Kenntnis von Ort und Zeit der Verhandlung sowie der Möglichkeit einer Abwesenheitsentscheidung nicht persönlich erschienen ist oder ein von ihm beauftragter Verteidiger den Angeklagten im Termin vertreten hat. Der EuGH sieht sich dabei durch die Rechtsprechung des EGMR, an die er sich anlehnen will, bestärkt.[412] Ohne darauf einzugehen, dass der EuGH in der Sache das Recht auf effektive Verteidigung verletzt haben könnte, folgt daraus jedenfalls, dass die Vertretung durch einen Verteidiger durchaus vom Schutzbereich des Art. 48 Abs. 2 EUC erfasst ist.

## IV. Art. 36 Abs. 1 lit. c WÜK

Auch das Wiener Übereinkommen über konsularische Beziehungen vom 24.4.1963[413] enthält in Art. 36 Abs. 1 lit. c WÜK in seinem verbindlichen englischen Wortlaut (vgl. Art. 79 WÜK) die Regelung, dass der Konsularbeamte berechtigt ist, für die Vertretung eines Angehörigen des Entsendestaats in rechtlicher Hinsicht zu sorgen („consular officers shall have the right ... to arrange for his legal *representation*"). Anders als in der Charta der Grundrechte wird hier weder, wie in Art. 47 Abs. 2 S. 2 EUC, zwischen Vertretung und Beistand differenziert noch, wie in Art. 48 Abs. 2 EUC, umfassend formuliert, sondern einheitlich auf den markanten Begriff der rechtlichen Vertretung („representation") abgestellt. Die Wahl des Begriffs wurde von den Vertragsstaaten, die Änderungsanträge bezüglich Art. 36 Abs. 1 lit. c WÜK gestellt hatten, auch nicht moniert.[414] Daraus könnte im Umkehrschluss folgen, dass

408 *Frenz* in: Hdb-EuR, Rn. 5103.
409 EuGH Rs. C-7/98 (Krombach) (Fn. 80) §§ 39 f.
410 EuGH Rs. C-7/98 (Krombach) (Fn. 80) § 42.
411 EuGH Rs. C-399/11 (Melloni) (Fn. 212).
412 EuGH Rs. C-399/11 (Melloni) (Fn. 212) §§ 46, 49, 50, 54.
413 Wiener Übereinkommen über konsularische Beziehungen vom 24.4.1963, BGBl. II 1969, 1585; II 1971, 1285.
414 United Nations Conference on Consular Relations, Official records, Vol. II, 1963, S. 75 ff. (Dokument A/Conf.25/c.2/L.25; L.74; L.114; L.131).

Art. 6 Abs. 3 lit. c Alt. 2 EMRK, der den Begriff „assistance" normiert, gerade nicht als „representation" ausgelegt werden kann.

Das WÜK ist ein völkerrechtlicher Vertrag, der seit 1963 die multilaterale normative Grundlage der konsularischen Beziehungen der Staatengemeinschaft ist (1963: 29 Unterzeichnerstaaten; heute: 169 Unterzeichnerstaaten). Es ist am 7.10.1971 in Deutschland in Kraft getreten.[415]

Art. 36 WÜK steht im Kapitel II Abschnitt I und dient der Erleichterung der Wahrnehmung konsularischer Aufgaben, wie sich auch aus Art. 36 Abs. 1 WÜK entnehmen lässt („to facilitating the exercise of consular functions"). Damit ist in Art. 36 Abs. 1 lit. c WÜK zunächst nur eine Aussage über das Recht des Konsularbeamten enthalten, das in der Regel durch die Vermittlung eines zugelassenen Verteidigers verwirklicht wird.[416] Eine konkrete Aussage über die Funktion des Verteidigers als bloßer Beistand oder als Vertreter ist damit noch nicht getroffen.

Allerdings fällt auf, dass der Begriff „representation" für den Fall gewählt worden ist, dass sich ein Angehöriger des Entsendestaats in Straf- oder Untersuchungshaft befindet oder ihm anderweitig die Freiheit entzogen ist („who is in prison, custody or detention"). Eine Verteidigung in Gegenwart des Betroffenen ist damit faktisch nicht möglich. Es liegt nahe, dass der Rechtsanwalt den Angehörigen des Entsendestaats ersetzen kann bzw. sogar muss. Diese Auffassung wird dadurch gestützt, dass im Rahmen des WÜK der Begriff „representation" auch in Fällen verwendet wird, in denen die Vertreterfunktion in Form der Ersetzung offensichtlich ist (vgl. Art. 5 lit. i, 17 Abs. 1, Abs. 2, 27 Abs. 2 lit. a, 32 Abs. 1, 35 Abs. 2, 60 Abs. 1 WÜK). Besonders deutlich wird dies in Art. 5 lit. i WÜK, wonach es zu den Aufgaben des Konsularbeamten gehört, die Angehörigen des Entsendestaats vor den Gerichten und Behörden des Empfangsstaats zu vertreten oder für ihre angemessene Vertretung zu sorgen, wenn diese wegen der Abwesenheit oder aus einem anderen Grund ihre Rechte und Interessen nicht selbst wahrnehmen können („representing or arranging appropriate representation for nationals of the sending State before the tribunals and other authorities of the receiving State... where, because of absence or any other reason, such nationals are unable at the proper time to assume the defence of their rights and interests").[417]

Damit kann festgestellt werden, dass Art. 36 Abs. 1 lit. c WÜK nicht nur eine Aussage über die Aufgabe des Konsularbeamten trifft, sondern gleichzeitig auch dem Verteidiger eine Ersetzungsbefugnis als Vertreter zukommen lässt. Aus dem prägnanten Wortlaut kann jedoch kein Umkehrschluss für die EMRK gezogen werden. Es ist zu sehen, dass insbesondere Art. 36 WÜK für den Fall des Freiheitsentzugs konzipiert ist und damit der Verteidiger die Funktion eines Vertreters übernehmen muss. Denn eine Verteidigung im Beisein des Angeklagten („beside his counsel") ist durch den Freiheitsentzug faktisch ausgeschlossen. Art. 6 Abs. 3 lit. c EMRK

415 BGBl. II 1969, 1585; vgl. hierzu auch WÜK/*Richtsteig* S. 132.
416 WÜK/*Wagner/Raasch/Pröpstl* S. 261; WÜK/*Richtsteig* S. 200.
417 Hdb-Konsularische Praxis/*Hecker* Rn. A 10, A 108.

erfasst hingegen nicht nur den Fall des Freiheitsentzugs, sondern gilt umfassend. Der Anwendungsbereich ist damit viel weiter, was auch eine pauschale Formulierung wie „through legal assistance“ rechtfertigt.

## § 7. Zusammenfassung

Im Ergebnis ist das Verständnis des Verteidigers als Vertreter des Angeklagten mit Art. 6 Abs. 3 lit. c EMRK vereinbar. Der Verteidiger kann auch als Vertreter zur Verwirklichung des Ziels der Gewährung einer effektiven Verteidigung beitragen.

Die Auslegung des Wortlauts des Art. 6 Abs. 3 lit. c Alt. 2 EMRK ergibt, dass das Recht auf Verteidigung durch einen Rechtsbeistand („legal assistance“) mit Blick auf das Ziel einer effektiven Verteidigung einer weiten Interpretation als Recht auf Verteidigung in Abwesenheit des Angeklagten, d.h. als Recht auf Vertretung zugänglich ist.

Auch eine systematische Auslegung im Regelungsumfeld des Art. 6 EMRK ergibt nichts Gegenteiliges. Vielmehr ist das Recht auf Verteidigung durch einen Verteidiger im Gegensatz zur Selbstverteidigungsgarantie (Art. 6 Abs. 3 lit. c Alt. 1 EMRK) unabhängig von der Anwesenheit des Angeklagten in der Verhandlung zu beurteilen. Dieses Ergebnis wird durch eine systematische Auslegung von Art. 14 Abs. 3 lit. d IPBPR bestärkt, da diese Norm das Anwesenheitsrecht ausdrücklich normiert und so von der Verteidigungsgarantie abgrenzt. Auch ist ein Recht auf Verteidigung in Abwesenheit gemäß Art. 67 Abs. 1 lit. d IStGH-Statut gegeben, obwohl Art. 63 Abs. 1 IStGH-Statut sogar eine Anwesenheitspflicht normiert. Aus Art. 36 Abs. 1 lit. c WÜK, der die Vermittlung eines anwaltlichen Vertreters („legal representation“) ausdrücklich vorsieht, kann kein „argumentum e contrario“ entwickelt werden, da diese Norm auf die Fälle des Freiheitsentzugs beschränkt ist. Die EMRK bietet unabhängig davon das Mindestrecht auf Verteidigung. Schließlich kann auch aus Art. 48 Abs. 2 EUC kein Umkehrschluss entwickelt werden, weil er die Möglichkeit der Vertretung des Angeklagten durch einen Verteidiger gerade nicht ausschließt.

# 5. Kapitel: Ermittlung der Reichweite der Rechtsprechung des EGMR zum Recht auf Vertretung

Dass der Wortlaut von Art. 6 Abs. 3 lit. c EMRK eine Interpretation als Recht auf Vertretung zulässt, bedeutet nicht, dass dieses Recht generalisierend zu gewährleisten ist. Es ist zu beachten, dass der EGMR, anders als beispielsweise der Gerichtshof der Europäischen Union (EuGH) im Vorabentscheidungsverfahren (Art. 267 AEUV), stets über konkrete Einzelfälle zu entscheiden hat und die EMRK damit stets anhand des konkreten Einzelfalls ausgelegt und auf diese Weise fortentwickelt wird.[418] Deshalb könnte die Rechtsprechung des EGMR so zu verstehen sein, dass das Recht auf Vertretung das einzige Mittel gewesen ist, um dem Angeklagten im Falle seiner Abwesenheit in der Hauptverhandlung noch ein faires Verfahren zu garantieren. Damit käme dem Recht auf Vertretung nur kompensierende Wirkung für eine primäre Konventionsverletzung zu.[419]

## § 1. Prüfungsmaßstab des EGMR

Zunächst ist aufzuzeigen, wie der EGMR bei der Prüfung, ob ein Staat die Verteidigungsgarantien des Art. 6 Abs. 3 lit. c EMRK eingehalten hat, vorgeht.

### I. Gesamtbetrachtung von Art. 6 Abs. 1 i.V.m. Abs. 3 lit. c EMRK

Die Rechte der Verteidigung finden sich vor allem in Art. 6 Abs. 3 lit. c EMRK, der Teil der sogenannten „Mindest-Verfahrensgarantien" („minimum rights") ist.[420] Der EGMR prüft jedoch die dort geregelten speziellen Mindestrechte grundsätzlich nicht isoliert, sondern sieht in ihnen Teilaspekte des Rechts auf ein faires Verfahren. Deshalb nimmt er stets eine Gesamtschau aus Art. 6 Abs. 1 und Abs. 3 EMRK vor („under both provisions taken together").[421] Dies entspricht seiner üblichen Vorgehensweise, zu prüfen, ob das Verfahren in seiner Gesamtheit fair gewesen ist („whether the proceedings in their entirety ... were fair")[422]. Konkret bedeutet dies, dass die Verletzung

418 Ähnlich *Gaede* NJW 2013, 1279, 1281.

419 In diese Richtung *Ast* JZ 2013, 780, 783.

420 EGMR (GK) Al-Khawaja u. Tahery ./. UK, 15.12.2011, ECHR 2011, § 89; Frowein/*Peukert* Art. 6 EMRK Rn. 2.

421 EGMR Dvorski ./. KRO, 28.11.2013, § 86; Neziraj ./. D (Fn. 6) § 45; Lala ./. NL (Fn. 6) § 26; Pelladoah/NL (Fn. 6) § 33 ; Poitrimol ./. F (Fn. 6) § 29; allgemein hierzu LR-EMRK/*Esser* Art. 6 Rn. 244 ff., 534; Frowein/*Peukert* Art. 6 EMRK Rn. 278; offengelassen in EKMR (E) X. ./. NL, 17.12.1981.

422 EGMR Vidal ./. B, 22.4.1992, Serie A Nr. 235-B, § 33 = EuGRZ 1992, 440; G.B. ./. F, 2.10.2001, ECHR 2001-X, § 59 = StraFo 2002, 81; C.B. ./. A, 4.4.2013, § 39; vgl. auch

einzelner Verteidigungsrechte im Laufe eines strafrechtlichen Verfahrens nachträglich geheilt werden kann. Entscheidend ist, dass das Verfahren letztlich insgesamt fair gewesen und eine effektive Verteidigung gewährleistet worden ist.[423]

## II. Bedeutung des fairen Verfahrens

Der Aspekt des fairen Verfahrens entstammt Art. 6 Abs. 1 EMRK („entitled to a fair ... hearing" / „a droit à ce que a cause soit entendue équitablement"). Dabei hat der EGMR den Wortlaut der Konvention („hearing") weit ausgelegt und daraus ein Recht auf ein faires *Verfahren* („right to a fair *trial*" / „droit à *procès* équitable") entwickelt.[424] Da ein faires Verfahren für demokratische Gesellschaften essentiell ist, kommt dieser Norm eine überragende Bedeutung auch auf europäischer Ebene zu.[425] Der Grundsatz des fairen Verfahrens ist vom EuGH als allgemeiner Grundsatz des (früheren) Gemeinschaftsrechts anerkannt worden.[426] Auch die seit dem 1.12.2009 rechtsverbindliche Charta der Grundrechte normiert dieses Recht in Art. 47 S. 2 EUC. Art. 14 Abs. 1 IPBPR trifft eine entsprechende Verbürgung.[427]

Was unter einem fairen Verfahren zu verstehen ist, lässt sich nicht aus der Konvention unmittelbar beantworten. Vielmehr ist die Forderung nach einem fairen Verfahren dynamisch zu verstehen. Sie richtet sich stets in Inhalt und Umfang nach der Art des speziellen nationalen Verfahrens sowie den jeweiligen Umständen des Einzelfalls.[428] Anhand dieser Einzelfallkasuistik haben sich viele Einzelgarantien als Ausprägungen des fairen Verfahrens entwickelt, die nicht ausdrücklich in der EMRK normiert sind.[429]

Diese retrospektive Sichtweise des EGMR hat einerseits den Vorteil, dass die Vertragsstaaten in einem laufenden Verfahren die Chance haben, die Verletzung einer Verfahrensgarantie durch Heilung zu kompensieren. Andererseits ist der Begriff des fairen Verfahrens sehr unbestimmt und wird erst durch die Einzelfallrechtsprechung des EGMR ausgefüllt. Die Vertragsstaaten sehen sich damit einer gewissen Unsicherheit ausgesetzt, welche Voraussetzungen ihre Verfahrensordnungen erfüllen müssen, um dem Fairnessgrundsatz der Konvention zu genügen.

---

EGMR Dowsett ./. UK, 24.6.2003, ECHR 2003-VII, § 42; Van Mechelen u. a. ./. NL (Fn. 361) § 49.

423 Zustimmend *Gaede* S. 459 f.

424 EGMR Golder ./. UK (Fn. 324) § 36; Luedicke, Belkacem u. Koç ./. D, 28.11.1978, Serie A Nr. 29, § 42 = NJW 1979, 1091; (GK) Stanev ./. BUL (Fn. 333) § 231; (GK) Idalov ./. R (Fn. 152) § 169; *Esser* S. 401; *Pache* NVwZ 2001, 1342, 1343.

425 Frowein/*Peukert* Art. 6 EMRK Rn. 2; *Meyer-Ladewig* Art. 6 EMRK Rn. 1; Karpenstein/Mayer/*Meyer* Art. 6 EMRK Rn. 1; *Pache* NVwZ 2001, 1342, 1343; *Esser* S. 401.

426 EuGH Rs. C-7/98 (Krombach) (Fn. 80) § 26 m.w.N.

427 *Grabenwarter/Pabel* § 24 Rn. 3.

428 *Esser* S. 403; IntKomm-EMRK/*Kühne* Art. 6 Rn. 358 f.

429 Vgl. zu den ungeschriebenen Verfahrensgarantien ausführlich: *Gaede* S. 290 ff.; IntKomm-EMRK/*Kühne* Art. 6 Rn. 364 ff.; SK-EMRK/*Paeffgen* Art. 6 Rn. 70 ff.; *Grabenwarter/Pabel* § 24 Rn. 60 ff.

## § 2. Prüfung des Eingriffs in Art. 6 Abs. 3 lit. c EMRK durch Abwägung

Bei der Analyse seiner Rechtsprechung fällt auf, dass der EGMR die Gewährung einer effektiven Verteidigung gemäß Art. 6 Abs. 1 i.V.m. Abs. 3 lit. c EMRK durch Abwägung prüft. Zunächst betont er die Wichtigkeit der Anwesenheit des Angeklagten in der Hauptverhandlung für ein faires Verfahren, anschließend die herausragende Bedeutung des Rechts auf Verteidigung und schließlich wägt er diese beiden Gesichtspunkte zugunsten des Rechts auf Verteidigung ab, wobei er auf andere Methoden zur Sicherung der Anwesenheit des Angeklagten in der Hauptverhandlung als die der Beschränkung des Rechts auf Verteidigerbeistand verweist.[430]

### I. Kritik an Abwägungsvorgang bei Justizgrundrechten

Diese Vorgehensweise ist problematisch, da es sich bei Art. 6 EMRK um eine positive Verfahrensgarantie und nicht um ein Abwehrrecht handelt.[431]

Die Abwehrrechte der EMRK geben bereits in ihrem Wortlaut einen dreistufigen Aufbau der Grundrechtsprüfung bestehend aus Schutzbereichseröffnung, Eingriff und Rechtfertigung vor. So sieht beispielsweise Art. 8 Abs. 2 EMRK die Möglichkeit vor, in den Schutzbereich des Rechts auf Achtung des Privat- und Familienlebens einzugreifen. Auf der Ebene der Rechtfertigung des Eingriffs ist folglich auch eine Verhältnismäßigkeitsprüfung angezeigt.[432]

Art. 6 Abs. 1 i.V.m. Abs. 3 lit. c EMRK enthält derartige „implied limitations“[433] grundsätzlich nicht. Nur in Art. 6 Abs. 1 S. 2 EMRK sind bestimmte Ausnahmen für die Öffentlichkeit der Verhandlung vorgesehen. Rein systematisch betrachtet könnte man aus einem Umkehrschluss erwägen, dass das Recht auf effektive Verteidigung absolut gilt und damit weder gänzlich verwehrt noch eingeschränkt werden darf.[434]

---

430 Ausführlich 5. Kapitel.

431 Vgl. *Grabenwarter/Pabel* § 18 Rn. 28 f.

432 *Grabenwarter/Pabel* § 18 Rn. 1.

433 Vgl. bereits Richter *Bonello* in seinem zustimmenden Sondervotum zu EMGR (GK) Van Geyseghem ./. B (Fn. 6), der auch keine „implied limitations“ in Art. 6 Abs. 3 lit. c EMRK sieht und kritisiert, dass der EGMR mit seinem Prüfungsmuster aus einem Recht auf Anwesenheit eine Pflicht zur Anwesenheit geschaffen hat („the Court has presided over a cheerless metamorphosis of a fundamental right into a crushig duty“). Auch die Richterinnen *Nussberger* und *Power-Forde* kritisieren in ihrem zustimmenden Sondervotum zu EGMR Neziraj ./. D (Fn. 6) den Abwägungsvorgang, da dies hieße keinen Unterschied zwischen dem Recht auf anwaltlichen Beistand und dem Recht auf Abwesenheit zu machen.

434 So KK-EMRK-GG I/*Grabenwarter/Pabel* Kap. 14 Rn. 175 ff.; *Grabenwarter/Pabel* § 18 Rn. 30 f.; *Weigend* ZStW 116 (2004) 275, 279; kritisch auch *Gaede* S. 691 ff., der im Ergebnis jedoch der Eingriffsdogmatik des EGMR zustimmt; ebenso *Ast* JZ 2013, 780, 781.

## II. Dreistufige Prüfung eines Eingriffs als ständige Rechtsprechung

Der EGMR urteilt jedoch in ständiger Rechtsprechung, dass das Recht auf effektive Verteidigung nicht absolut gilt.[435] Er öffnet damit den Schutzbereich für Einschränkungen.

Dabei ist sich der EGMR der grundsätzlichen Abwägungsresistenz des Art. 6 EMRK durchaus bewusst. In der Sache *Doorson* hat er klargestellt, dass Interessen von Zeugen und Opfern von Art. 8 EMRK (und gerade nicht von Art. 6 EMRK) geschützt werden und die Vertragsstaaten das Strafverfahren so organisieren müssen, dass diese Interessen nicht ungerechtfertigt verletzt werden. Darin hat der EGMR die Rechtfertigung für die Abwägung der Zeugeninteressen gegen das Recht auf Verteidigung im Rahmen des Art. 6 EMRK im Stil einer praktischen Konkordanz gesehen.[436]

Des Weiteren ist ein Eingriffs- und Rechtfertigungsschema auch bei der Überprüfung der Garantie nach Art. 6 Abs. 3 lit. d EMRK[437] erkennbar, das der EGMR auf Art. 6 Abs. 3 lit. b EMRK[438] übertragen hat. Insofern erkennt es der EGMR an, dass im Rahmen des Strafverfahrens andere berechtigte Interessen („competing interests") berücksichtigt werden müssen, die zu einer Einschränkung des Verfahrensrechts führen. Die Einschränkung der Verfahrensgarantie muss aus wichtigen Gründen des öffentlichen Interesses resultieren („important public interest"). Der Eingriff muss dabei zur Erreichung des Ziels unbedingt erforderlich („strictly necessary")[439], folglich das relativ mildeste Mittel sein. Schließlich muss der erlittene Nachteil im nachfolgenden Verfahren ausgeglichen worden sein, um ein faires

---

435 EGMR Poitrimol ./ F (Fn. 6) § 34; (GK) Van Geyseghem ./. B (Fn. 6) § 34; Goedhart ./. B (Fn. 6) § 23; Stroek ./. B (Fn. 6) § 26; Krombach ./. F (Fn. 6) § 89; Kari-Pekka Pietiläinen ./. FIN (Fn. 6) § 32; Neziraj ./ D (Fn. 6) § 50.

436 EGMR Doorson ./. NL (Fn. 361) § 70: „It is true that Article 6... does not explicitly require the interests of witnesses in general, and those of victims called upon to testify in particular, to be taken into consideration. However, their life, liberty or security of person may be at stake, as may interests coming generally within the ambit of Article 8 ... of the Convention. Such interests of witnesses and victims are in principle protected by other, substantive provisions of the Convention, which imply that Contracting States should organise their criminal proceedings in such a way that those interests are not unjustifiably imperilled. Against this background, principles of fair trial also require that in appropriate cases the interests of the defence are balanced against those of witnesses or victims called upon to testify."

437 EGMR Van Mechelen u. a. ./. NL (Fn. 361) § 58; zur ursprünglichen dreistufigen Prüfung der Einschränkbarkeit des Konfrontationsrechts ausführlich LR-EMRK/*Esser* Art. 6 Rn. 788 ff. In EGMR (GK) Al-Khawaja u. Tahery ./. UK (Fn. 420) ist der Gerichtshof jedoch zu einer Zwei-Stufen-Prüfung übergegangen.

438 EGMR Dowsett ./. UK (Fn. 422) § 42.

439 Grundlegend EGMR Van Mechelen u. a. ./. NL (Fn. 361) § 58.

Verfahren zu gewährleisten („counterbalanced by the procedures followed by the judicial authorities“).[440]

Für den Bereich des Konfrontationsrechts hat der EGMR zwischenzeitlich in einem Urteil der Großen Kammer in der Sache *Al-Khawaja u. Tahery*[441] von einer Drei-Stufen-Prüfung Abstand genommen und ist zu einer Zwei-Stufen-Prüfung („two requirements“) übergegangen.[442] Dabei prüft er unverändert in einem ersten Schritt, ob es einen sachlichen und von der EMRK anerkannten Grund („good reason“) gibt, das Konfrontationsrecht in der Hauptverhandlung einzuschränken.[443] In einem zweiten und letzten Schritt fragt der EGMR zunächst, ob die Verurteilung des Angeklagten ausschließlich und maßgeblich auf die Aussage des nicht konfrontierten Zeugen gestützt worden ist („sole or decisive rule“), bevor er schließlich beurteilt, ob der Eingriff in das Konfrontationsrecht so weit wie möglich kompensiert wurde.[444]

### III. Abwägung als Mittel der Bestimmung der Gesamtfairness

Der Abwägungsvorgang bei den Teilhaberechten dient damit nur dazu, festzustellen, ob insgesamt ein faires Verfahren vorgelegen hat. Der EGMR beurteilt die Einhaltung der einzelnen Teilhaberechte gerade nicht punktuell, sondern aus der Retrospektive mit Blick auf das gesamte Verfahren. Der normgeprägte Schutzbereich des Art. 6 Abs. 1 EMRK schreibt die Anforderungen des fairen Verfahrens nicht abschließend fest und ist deshalb flexibel einzelfallbezogen auszufüllen. Im Ergebnis ist damit der Vorgehensweise des EGMR zuzustimmen.

Ist jedoch für eine bestimmte Fallkonstellation durch die Rechtsprechung des EGMR der Schutzbereich des fairen Verfahrens ausgefüllt, ist ein Abwägungsvorgang verfehlt, da dies den Eindruck erweckt, die Garantie der Verfahrensfairness könnte auf Abwägungsebene im Einzelfall zurücktreten. Dies steht dem Wortlaut des Art. 6 Abs. 1 EMRK jedoch eindeutig entgegen.

## § 3. Abwägungsvorgang in der Rechtsprechung des EGMR

Um zu ermitteln, ob die Verfahrensfairness generell mit einem Recht des Angeklagten auf Vertretung durch einen Verteidiger gleichzusetzen ist oder ob es sich bei der Rechtsprechung des EGMR um reine Einzelfallentscheidungen mit zufällig gleichem Ergebnis gehandelt hat, in denen nur ausnahmsweise zur Gewährleistung

440 EGMR Dowsett ./. UK (Fn. 422) § 42; (GK) Rowe u. Davis ./. UK, 16.2.2000, ECHR 2000-II, § 61 = StraFo 2002, 51; V. ./. FIN, 24.4.2007, § 75; zu den allgemeinen Grundsätzen der Einschränkungspraxis umfassend *Gaede* S. 686 ff.

441 EGMR (GK) Al-Khawaja u. Tahery ./. UK (Fn. 420).

442 EGMR (GK) Al-Khawaja u. Tahery ./. UK (Fn. 420) § 119.

443 EGMR (GK) Al-Khawaja u. Tahery ./. UK (Fn. 420) § 119.

444 Vgl. EGMR (GK) Al-Khawaja u. Tahery ./. UK (Fn. 420) § 119.

eines fairen Verfahrens die Vertretung des Angeklagten notwendig gewesen ist, sind die einzelnen Prüfschritte des EGMR kritisch nachzuvollziehen.

## I. Maßgebliche Beeinträchtigung des Rechts auf Verteidigung

Es stellt sich die Frage worin die maßgebliche Beeinträchtigung von Art. 6 Abs. 1 i.V.m. Abs. 3 lit. c EMRK zu sehen ist. Der EGMR hat regelmäßig betont, dass der jeweilige Angeklagte zwar auf sein Recht sich selbst zu verteidigen verzichtet hat, jedoch nicht auf sein *Recht auf Verteidigung durch einen Rechtsbeistand.*[445] *Ast* hingegen ist der Ansicht, dass der maßgebliche Eingriff bereits in das *Recht sich selbst zu verteidigen* zu erblicken ist.[446]

### 1. *Eingriff in das Recht auf Selbstverteidigung, Art. 6 Abs. 3 lit. c Alt. 1 EMRK*

Nach *Ast* liegt der Eingriff in den Schutzbereich bereits darin, dass das Gericht in einigen Fällen einen Verhandlungstermin anberaumt hat, obwohl der Angeklagte sich einem Haftbefehl nicht gestellt hat und das Gericht daraufhin die Verhandlung durchführt hat, obwohl der Angeklagte erwartungsgemäß nicht erschienen ist. Der Ausschluss des Verteidigers vom Verfahren sei nur eine Vertiefung dieses Eingriffs. Deshalb liege bereits ein Eingriff in das Recht auf Selbstverteidigung gemäß Art. 6 Abs. 3 lit. c Alt. 1 EMRK vor.[447] Im Fall *Pelladoah*, der diese Besonderheit gerade nicht aufweist, sieht *Ast* auch die Selbstverteidigungsgarantie verletzt, weil der Angeklagte zur mündlichen Verhandlung wegen seines Wohnsitzes auf Mauritius nicht hätte erscheinen können. Die Kosten und Mühen einer erneuten Einreise hätten den Angeklagten abgehalten, erneut einzureisen. Dies sei dem Staat zuzurechnen, weil er den Angeklagten vorher ausgewiesen habe.[448] Folglich ist das Recht auf Vertretung, seiner Meinung nach, nur eine Kompensation für die Verletzung des Rechts auf Selbstverteidigung.[449] Für *Ast* ist damit entscheidend, ob der Angeklagte gezwungenermaßen der mündlichen Verhandlung ferngeblieben ist.

Dieser These ist zunächst zuzugestehen, dass die Vollstreckung drohender Haft in einigen Fällen des EGMR tatsächlich Teil des jeweiligen Sachverhalts gewesen ist.[450] Auch die Schilderung des Sachverhalts in der Sache *Pelladoah* ist zutreffend, so dass

---

445 Vgl. EGMR Poitrimol ./. F (Fn. 6) § 31 f.; Lala ./. NL (Fn. 6) § 30 ; Pelladoah ./. NL (Fn. 6)§ 37 ; Krombach ./. F (Fn. 6) § 83.

446 Vgl. *Ast* JZ 2013, 780, 781.

447 *Ast* JZ 2013, 780, 781.

448 *Ast* JZ 2013, 780, 782.

449 *Ast* JZ 2013, 780, 783.

450 EGMR Poitrimol ./. F (Fn. 6) § 10; Lala ./. NL (Fn. 6) § 8; (GK) Van Geyseghem ./. B (Fn. 6) § 14; EGMR Van Pelt ./. F (Fn. 6) § 14; Krombach ./. F (Fn. 6) § 36; Stroek ./. B (Fn. 6) § 11; Goedhart ./. B (Fn. 6) § 10; Neziraj ./. D (Fn. 6) § 9; ausführlich zu den Sachverhalten 2. Kapitel.

ein gewisser staatlicher Druck auf die Angeklagten nicht zu leugnen ist. Andererseits war es den Angeklagten nicht genommen, sich selbst zu verteidigen. Sie konnten entscheiden, ob sie zur Wahrnehmung dieses Rechts die Einbuße der persönlichen Freiheit riskieren bzw. die Kosten und Mühen der Einreise auf sich nehmen. Man könnte also fordern, dass es an den Angeklagten lag, diesen Konflikt so aufzulösen, wie es ihnen günstig erschien.[451] Damit muss geklärt werden, ob der psychische Zwang, der von der drohenden Inhaftierung bzw. den Kosten und Mühen der Einreise ausgegangen ist, den Verzicht auf das Recht auf Selbstverteidigung ausschließen und damit ein Verstoß gegen die Selbstverteidigungsgarantie zu bejahen ist.

### *a) Inhalt des Rechts auf Selbstverteidigung*

Das Recht, sich selbst zu verteidigen („to defend himself in person") gewährt dem Angeklagten das Recht, die Verteidigung selbst zu führen und alle mit der Verteidigung verbundenen Rechte wie das Fragerecht und das Beweisantragsrecht selbst wahrzunehmen. Dies folgt aus der Menschenwürde, wonach der Angeklagte stets als Prozesssubjekt zu behandeln ist.[452] In der mündlichen Hauptverhandlung kann das Recht auf Selbstverteidigung denknotwendig nicht wahrgenommen werden, wenn der Angeklagte nicht persönlich anwesend ist. Aus diesem Grund leitet der EGMR das Recht auf Anwesenheit unter anderem auch aus dem Recht auf Selbstverteidigung her.[453] Wie gezeigt, gelten beide Rechte jedoch nicht absolut. Sie können aus übergeordneten Gründen eingeschränkt werden. Ebenso kann der Angeklagte auf sie verzichten.[454]

### *b) Verzicht*

In den vom EGMR entschiedenen Fällen hat eine ordnungsgemäße Ladung grundsätzlich kein Problem dargestellt.[455] Damit hätte bereits das schlichte Ausbleiben des Angeklagten als konkludenter Verzicht auf das Anwesenheits- und Selbstverteidigungsrecht gewertet werden können.[456] In diesen Fällen kam jedoch hinzu, dass die Angeklagten jeweils über die Verteidiger hatten mitteilen lassen, dass

---

451 So BVerfG, StraFo 2007, 190, 193 zu § 329 Abs. 1 S. 1 StPO.

452 LR-EMRK/*Esser* Art. 6 Rn. 720; IntKomm-EMRK/*Kühne* Art. 6 Rn. 536 ff; SK-EMRK/*Paeffgen* Art. 6 Rn. 135.

453 Vgl. beispielhaft: EGMR Colozza ./. I (Fn. 138) § 27; Zana ./. TRK (Fn. 138) § 68; Somogyi ./. I (Fn. 140) § 65; (GK) Sejdovic ./. I (Fn. 138) § 81; Marcello Viola ./. I (Fn. 138) § 52; (GK) Hermi ./. I (Fn. 140) § 59; Sibgatullin ./. R (Fn. 140) § 33; Seliwiak ./. PL (Fn 140) § 54; Seyithan Demir ./ TRK (Fn. 140) § 37; hierzu bereits 3. Kapitel § 1 I.

454 Vgl. 3. Kapitel § 1 III.

455 EGMR Poitrimol ./. F (Fn. 6) § 18; Lala ./. NL (Fn. 6) § 10; Van Pelt ./. F (Fn. 6) § 21; Krombach ./. F (Fn. 6) § 30; Stroek ./. B (Fn. 6) § 12; Goedhart ./. B (Fn. 6) § 10; Neziraj ./. D (Fn. 6) § 10.

456 So auch LR-EMRK/*Esser* Art. 6 Rn. 671; vgl. *Klitsch* ZIS 2009, 11, 12.

sie die Vertretung durch die Verteidiger wünschten. Insofern kann auch ein ausdrücklicher Verzicht vermittelt über den Verteidiger bejaht werden.[457]

### *c) Freiwilligkeit des Verzichts bei staatlichem Druck?*

In den Fällen der drohenden Inhaftierung sowie einem erhöhten Kostenaufwand der Einreise nach erfolgter Ausweisung ist jedoch fraglich, ob der Verzicht noch als freiwillig gewertet werden kann.

#### aa) Drohende Inhaftierung

Problematisch ist, ob ein Verzicht noch als freiwillig gewertet werden kann, wenn dem Angeklagten die Inhaftierung bei Wahrnehmung eines Rechts droht. *Ast* verneint dies unter Verweis auf die Rechtsprechung des EGMR, wonach auch die Ausübung staatlichen Zwangs der Wirksamkeit eines Verzichts entgegenstehen kann.[458] Hierbei ist jedoch zu beachten, dass es sich bei der Beurteilung des Vorliegens der Verzichtsvoraussetzungen auch um Einzelfallrechtsprechung des EGMR handelt und damit nicht jede Form von staatlichem Druck den Verzicht auszuschließen vermag.[459]

Zunächst ist zu untersuchen, welche Bedeutung der EGMR einer drohenden Inhaftierung im Kontext des Art. 5 EMRK zumisst. Der EGMR sieht in den Fällen der Flucht nicht einmal den Anwendungsbereich des Art. 5 Abs. 1 EMRK eröffnet und damit auch kein Recht auf vorzeitige Überprüfung des Haftbefehls gemäß Art. 5 Abs. 4 EMRK. Vielmehr besteht dieses Recht erst, wenn der Angeklagte tatsächlich in seinem Recht auf Freiheit beeinträchtigt ist, d.h. der Haftbefehl vollstreckt ist.[460] Auch ein Anspruch auf Zugang zu den Verfahrensakten gemäß

457 Allgemein zu einem Verzichtsrechts des Verteidigers selbst *Gaede* S. 744 und zur Rückbindung an den Willen des Angeklagten S. 756 ff.

458 *Ast* JZ 2013, 780, 782 mit Verweis auf EGMR Deweer ./. B (Fn. 152) §§ 49 ff. (Zahlung einer Geldstrafe und Einstellung des Verfahrens oder Fortführung des Verfahrens als unzulässiger Druck bezüglich des Rechts auf ein gerichtliches Verfahren); so auch *Gaede* S. 744 ff., 759 ff.

459 Vgl. *Gaede* S. 761.

460 EGMR Guliyev ./. ASE (E) (No. 2), 4.10.2011; Guliyev ./. ASE (E), 27.5.2004; vgl. auch *Gaede* NJW 2013, 1279. Es stellt jedoch einen Widerspruch in sich dar, dass der EGMR in Fällen der Flucht den Anwendungsbereich des Art. 5 EMRK nicht eröffnet sieht, obwohl durch ein vorgelagertes Verfahren gemäß Art. 5 Abs. 4 EMRK eine tatsächliche Inhaftierung vermieden werden könnte. Der EGMR ist damit der Ansicht, dass es nicht gegen die Konvention verstößt, dass ein Angeklagter seine persönliche Freiheit einbüßen muss, um ein Verfahren im Sinne des Art. 5 Abs. 4 EMRK zu erhalten. Im Fall einer Hauptverhandlung, in der dem Angeklagte bei Wahrnehmung seines Anwesenheitsrechts die Inhaftierung nur mittelbar droht, urteilt der EGMR in der Sache *Neziraj* ausdrücklich: „It would also reiterate in this connection that an accused was not obliged to surrender to custody in order to secure the right to be (re)tried in conditions that comply with Article 6 of the Convention" (§ 65). Wenn vollumfänglicher Rechtsschutz schon bei

Art. 6 Abs. 1 EMRK vor Inhaftierung des Angeklagten kann mit dem Argument der Flucht gemäß § 147 Abs. 2 StPO abgelehnt werden. Das Recht auf Verteidigung gemäß Art. 6 Abs. 1 EMRK sei dadurch nicht beeinträchtigt.[461] Der EGMR misst folglich einer drohenden, noch nicht vollstreckten Inhaftierung relativ geringe Bedeutung zu. Wenn die drohende Haft nicht einmal die unmittelbar mit der Haft verbundenen Rechte zu verletzen vermag, dann kann dies erst recht nicht für das Recht auf Selbstverteidigung im Hauptverfahren gelten. Denn die Inhaftierung ist hier nur mögliche mittelbare Folge. Wegen der fehlenden unmittelbaren Verknüpfung und vor allem wegen der geringen Bedeutung der drohenden Inhaftierung nach der Rechtsprechung des EGMR ist davon auszugehen, dass sie der Wirksamkeit des Verzichts auf die Selbstverteidigungsgarantie nicht entgegensteht.

Auch der EGMR geht bei drohender Haft von der Wirksamkeit des Verzichts auf das Anwesenheits- und Selbstverteidigungsrecht aus.[462] Er urteilt für diesen Fall in der Sache *Poitrimol*, dass der Angeklagte sich trotz ordnungsgemäßer Ladung *aus eigenem Willen* entschlossen hatte, nicht zu erscheinen („decided *of his own accord* not to appear").[463] Bekräftigt wird dies noch dadurch, dass der EGMR die Rügen der Angeklagten in rechtlicher Hinsicht als Verletzung des Rechts auf Verteidigerbeistand gewertet hat und gerade ausdrücklich nicht die Rechtmäßigkeit eines Abwesenheitsverfahrens geprüft hat.[464] Er hätte jedoch die Möglichkeit dazu gehabt, da er an die rechtliche Qualifizierung des Beschwerdevorbringens gemäß Art. 47 Abs. 1 S. 2 lit. e VerfO nicht gebunden ist[465] und damit die Tatsachengrundlage auch im Hinblick auf das Recht zur Selbstverteidigung hätte prüfen können. Selbst in der Sache *Krombach*, in der sich der Angeklagte darüber beschwert hatte, dass das Schwurgericht Paris ihn in Abwesenheit verurteilt hatte, ohne dass er sich habe verteidigen können („without being able to defend himself"), da mit der Verweisung

mittelbarer Gefährdung der Freiheit gewährleistet wird, sollte dies erst recht bei unmittelbarer Gefährdung greifen. Deshalb sollte der EGMR wie in Art. 6 EMRK zu einer extensiven Auslegung des Wortlauts von Art. 5 Abs. 1 EMRK („deprived of his liberty") übergehen und die Freiheitsentziehung bereits für den Erlass des Haftbefehls annehmen.

461 EGMR Gül ./. D (E), 4.1.2012. Anders *Beulke/Witzigmann* NStZ 2011, 254, 258 f., wonach in Fällen der Flucht grundsätzlich Akteneinsicht zu gewähren ist, nicht jedoch bei Verdunkelungsgefahr. Auch die RiL 2012/13 über das Recht auf Belehrung und Unterrichtung in Strafverfahren, ABl. EU Nr. L 142 v. 1.6.2013, legt in Art. 7 Abs. 1 RiL den Zeitpunkt des Rechts auf Einsicht in die Verfahrensakte auf den Zeitpunkt der Festnahme bzw. Inhaftierung fest („Wird eine Person ... festgenommen oder inhaftiert"). Im Fokus steht eine effektive Anfechtung der Festnahme oder Inhaftierung. Vgl. hierzu *Esser* in: FS für Wolter, S. 1329, 1346.

462 EGMR Poitrimol ./. F (Fn. 6) § 32 („the applicant had clearly expressed his wish not to attend the appeal hearings ... and thus not to defend himself in person.").

463 EGMR Poitrimol ./. F (Fn. 6) § 30.

464 EGMR Lala ./. NL (Fn. 6) § 30; Pelladoah ./. NL (Fn. 6) § 37; (GK) Van Geyseghem ./. B (Fn. 6) § 28; Krombach ./. F (Fn. 6) § 83.

465 Frowein/*Peukert* Art. 6 EMRK Rn. 19.

der Sache an das Schwurgericht seine Weigerung, sich nach Maßgabe der Anordnung seiner Festnahme zu stellen, mit dem Verbot geahndet worden ist, sich von seinen Anwälten vertreten und verteidigen zu lassen[466], hat der EGMR keinen Eingriff in die Selbstverteidigungsgarantie gesehen. Vielmehr hat er ausdrücklich klargestellt, dass der Angeklagte aufgrund ordnungsgemäßer Ladung im Stande gewesen sei, selbst zu entscheiden, ob er vor Gericht erscheinen wolle oder nicht („it was his decision not to appear").[467] Der drohenden Inhaftierung misst er bei dieser Beurteilung keinerlei Bedeutung zu. Es kommt damit für den EGMR allein auf die ausreichende Information über Verhandlungstag und Verhandlungsort an.

Zudem beruft sich *Ast* auch auf die Urteile in der Sache *Van Pelt* und *Van Geyseghem*, um seine Kompensationsthese zu stützen.[468] Jedoch war *Van Pelt* im ersten Termin der mündlichen Verhandlung trotz drohender Haft erschienen, erst im Folgetermin war er ausgeblieben.[469] Damit kann die drohende Freiheitsentziehung nicht entscheidungsleitend für sein Fernbleiben gewesen sein. Im Sachverhalt bei *Van Geyseghem* ist auffällig, dass die Angeklagte zur Berufungsverhandlung nicht erschienen war, obwohl kein Haftbefehl gegen sie vorgelegen hatte. Vor dem Einspruchstermin war zwar ein Haftbefehl erlassen worden,[470] doch kann damit nicht mit Sicherheit festgestellt werden, dass diese psychische Zwangswirkung der Grund für das erneute Fernbleiben war. Die Motivation der Angeklagten hierfür geht aus dem Sachverhalt nicht hervor. Der EGMR legt damit auf die genaue Klärung des Motivs für das Fernbleiben offensichtlich keinen Wert. Die Kompensationsthese kann auf diese beiden Urteile im Ergebnis nicht gestützt werden.

Letztlich hat der EGMR in der Sache *Neziraj* klargestellt, dass die Tatsache, dass in einigen Fällen vor der Verhandlung ein Haftbefehl gegen die Angeklagten erlassen worden ist, nicht ausschlaggebend für die Erwägungen des Gerichtshofs gewesen ist („This fact had not been decisive in the Court's reasoning").[471] *Ast* versucht diese eindeutige Stellungnahme des EGMR damit auszuräumen, dass er diese Selbsteinschätzung des EGMR als nicht tragend erachtet. Dabei betont er, dass nur die Fallentscheidung selbst, nicht aber ihre Begründung verbindlich sei.[472] Jedoch hat die drohende Inhaftierung nicht in allen Fällen, wie gezeigt, die Entscheidung für das Fernbleiben in der Hauptverhandlung gleichermaßen beeinflusst. Folglich gehört die drohende Inhaftierung selbst nicht zur tragenden

---

466 EGMR Krombach ./. F (Fn. 6) § 69.

467 EGMR Krombach ./. F (Fn. 6) § 83.

468 *Ast* JZ 2013, 780 (Fn. 10) mit Verweis auf EGMR Van Pelt ./. F (Fn. 6); (GK) Van Geyseghem ./. B (Fn. 6).

469 EGMR Van Pelt ./. F (Fn. 6) § 22.

470 EGMR (GK) Van Geyseghem ./. B (Fn. 6) §§ 14, 15, 16.

471 EGMR Neziraj ./ D (Fn. 6) § 65: „It notes, however, that in a number of applications examined by it ... an arrest warrant had been issued against the applicants prior to the hearing they failed to attend ... This fact had not been decisive in the Court's reasoning either."

472 *Ast* JZ 2013, 780.

Fallentscheidung des EGMR. Das von *Ast* vorgetragene Argument überzeugt damit nicht und kann bei genauer Analyse der Rechtsprechung des EGMR sogar gegen ihn verwendet werden.

Auch wenn der EGMR die drohende Inhaftierung nicht als entscheidungserheblich eingestuft hat, hat er die davon ausgehende Drucksituation regelmäßig erkannt und klargestellt, dass ein Angeklagter nicht seine persönliche Freiheit einbüßen muss, um eine Verhandlung i.S.d. Art. 6 Abs. 1 EMRK zu erhalten.[473]

Würde die drohende Inhaftierung einen Verzicht auf die Selbstverteidigungsgarantie regelmäßig ausschließen, wäre es den Konventionsstaaten nie möglich eine Hauptverhandlung gegen einen Angeklagten anzuberaumen, gegen den ein noch nicht vollstreckter Haftbefehl erlassen ist. Dabei könnte es keinen Unterschied machen, ob der Haftbefehl aus der gleichen Sache aufgrund eines Abwesenheitsurteils oder aus einer anderen Sache resultiert. Denn die psychische Zwangswirkung für den Angeklagten wurzelt stets in der Angst vor dem Verlust der Freiheit. Das Recht auf ein Verfahren in angemessener Zeit gemäß Art. 6 Abs. 1 EMRK („within a reasonable time") wäre zwar (nach bisheriger Rechtsprechung) gewährleistet, da die Verletzung von Anwesenheitspflichten bei Berechnung der Angemessenheit der Frist regelmäßig dem Angeklagten zugerechnet wird.[474] Jedoch würde der EGMR dadurch den Vertragsstaaten ein *An*wesenheitsverfahren in Fällen der Flucht aufbürden. Hinsichtlich der Forderung nach Anwesenheit verhält sich der EGMR jedoch gerade offen. Schließlich ist zu sehen, dass die Forderung nach persönlicher Anwesenheit in einer mündlichen Hauptverhandlung bereits per se einen gewissen staatlichen Druck auf den Angeklagten ausübt, der die Anklagebank trotz Geltung der Unschuldsvermutung als Pranger empfindet.[475] Auch dieses Empfinden kann entscheidend für das Fernbleiben von der Hauptverhandlung sein. *Ast* gibt folglich keine Antwort darauf, welcher Grad staatlichen Drucks einem Verzicht auf die Selbstverteidigungsgarantie entgegensteht. Der Einschätzung des EGMR, dass ein Angeklagter trotz ordnungsgemäßer Ladung, der nicht persönlich zur mündlichen Hauptverhandlung erschienen ist und stattdessen einen verteidigungsbereiten Verteidiger geschickt hat, nicht auf seine Verteidigung insgesamt, sondern nur partiell auf sein Selbstverteidigungsrecht verzichtet hat,[476] ist damit zuzustimmen.

---

473 EGMR Neziraj ./. D (Fn. 6) § 65; Krombach ./. F (Fn. 6) § 87.

474 EGMR Priebke ./. I (E), 5.4.2001 = EuGRZ 2001, 387, 389; Bunkate ./. NL, 26.5.1993, Serie A Nr. 248-B, § 21; Klamecki ./. PL, 28.3.2002, § 92 (Abwesenheit wegen Krankheit ohne Vorlage eines erforderlichen ärztlichen Attests); EGMR Girolami ./. I, 19.2.1991, Serie A Nr. 196-E, § 15; LR-EMRK/*Esser* Art. 6 Rn. 332; Frowein/*Peukert* Art. 6 EMRK Rn. 245, 260.

475 *Kamp* in: FS für Rudolphi, S. 661, 663; *Bernsmann* in: FS für Kriele, S. 697, 698, 709; *Volk* in: FS für Böttcher, S. 213, 216 f.; *Stein* ZStW 97, 1 (1985) 303; *Grünwald* JZ 1976, 767; vgl. *Püschel* StraFo 2012, 493, 495; *Weigend* ZStW 113 (2001) 271, 284 f.

476 EGMR Poitrimol ./. F (Fn. 6) § 31 f.

Die Anberaumung der Hauptverhandlung trotz drohender Inhaftierung stellt damit im Ergebnis keinen Eingriff in das Recht auf Selbstverteidigung gemäß Art. 6 Abs. 3 lit. c Alt. 1 EMRK dar.

### bb) Kosten und Mühen der Einreise zur Hauptverhandlung nach Ausweisung

Folglich bleibt noch zu klären, ob in der Sache *Pelladoah* bereits ein Eingriff in das Recht auf Selbstverteidigung zu sehen ist, weil Kosten und Mühen einer Einreise den Verzicht auf die Selbstverteidigungsgarantie ausschließen.

Es ist richtig, dass sich *Pelladoah* aufgrund der Ausweisung durch die staatlichen Behörden zum Verhandlungszeitpunkt auf Mauritius befand. Aus dem Sachverhalt geht jedoch nicht hervor, dass es dem Angeklagten aus zwingenden persönlichen Gründen faktisch nicht möglich war, diese Kosten und Mühen auf sich zu nehmen. Vielmehr ergibt sich aus dem Sachverhalt nur, dass er sich aufgrund dieser Anstrengungen die Vertretung durch den Verteidiger gewünscht hatte.[477] Ob dadurch seine freie Willensbestimmung aufgehoben war, kann aufgrund des dargestellten Sachverhalts nicht belegt werden. Vielmehr könnte es für den Angeklagten einfach nur der bequemere Weg gewesen sein. Der Angeklagte war durch die staatlichen Behörden an einer Einreise zur Wahrnehmung der Hauptverhandlung nicht gehindert, so dass eine faktische Wahlmöglichkeit für den Angeklagten stets bestand.[478] Zudem hat der EGMR auch in der Sache *Pelladoah* klargestellt, dass es nicht um die Rechtmäßigkeit des Abwesenheitsverfahrens ging, weil sich der Angeklagte gerade nicht über die Verhandlung in seiner Abwesenheit beschwert hatte.[479]. Die Entscheidung der Verhandlung fernzubleiben, weil der Angeklagte die Kosten und Mühen der Einreise gescheut hat, ist folglich auf seinen Willen zurückzuführen und kann dem Staat nicht zugerechnet werden.

Anders ist dies nur in der Sache *Harizi* zu beurteilen. Hier wurden dem Angeklagten nämlich die Einreise zur Verhandlung und auch die Vertretung des Angeklagten verweigert.[480] Nur mit diesem Fall ließe sich damit die These von *Ast* hinsichtlich des Rechts auf Vertretung als Kompensation der Verletzung des Rechts auf Selbstverteidigung begründen. Erstaunlicherweise beruft sich *Ast* auf diesen Fall nicht. In allen übrigen Fällen ist die Kompensationsthese nicht der entscheidende Ansatzpunkt für den Eingriff in das Recht auf Verteidigung.

Schließlich ist das Verständnis des Rechts auf Vertretung als Kompensation für die Unmöglichkeit der Selbstverteidigung im Hinblick auf das Verhältnis der Selbstverteidigungsgarantie zum Recht auf Verteidigung durch einen Rechtsbeistand problematisch. Wenn das Recht auf Vertretung als Ausfluss der Verteidigungsgarantie nur greifen soll, wenn die Selbstverteidigungsgarantie verletzt worden ist, bedeutet

---

477 EGMR Pelladoah ./. NL (Fn. 6) § 19.

478 So auch *Gaede* S. 762 zu EGMR Deweer ./. B (Fn. 152).

479 EGMR Pelladoah ./. NL (Fn. 6) § 37.

480 EGMR Harizi ./. F (Fn. 6). Zur Darstellung des Urteils ausführlich 2. Kapitel § 7.

dies umgekehrt, dass bei Möglichkeit der Wahrung der Selbstverteidigungsgarantie das Recht auf Verteidigung in Abwesenheit zurücktreten muss. Ein Vorrangverhältnis eines der beiden Garantien ist jedoch bereits im Rahmen der systematischen Auslegung der Garantien verneint worden.[481]

#### *d) Zwischenergebnis*

Der maßgebliche Eingriff in das Recht auf Verteidigung liegt nicht in der Anberaumung einer Hauptverhandlung trotz Unmöglichkeit der Wahrnehmung der Selbstverteidigungsgarantie aufgrund staatlichen Drucks, sei es durch drohende Inhaftierung oder durch Kosten und Mühen der Reise zum Verhandlungsort nach Ausweisung. Damit kann das Recht auf Vertretung nicht nur Kompensationsfunktion hinsichtlich der Verletzung des Rechts auf Selbstverteidigung haben. Auch wenn in den vom EGMR entschiedenen Fällen gewisse Zwänge bei der Entscheidung der Angeklagten der Verhandlung fernzubleiben mitgewirkt haben, ergibt sich aus den Urteilen nicht, dass das Motiv für das Fernbleiben entscheidungserheblich gewesen ist. Im Gegenteil hat der EGMR diesen Irrtum bezüglich der stärksten Zwangswirkung, der drohenden Inhaftierung eindeutig ausgeräumt. Damit ist das Recht auf Vertretung selbst dann zu gewähren, wenn der Angeklagte einfach nur wünscht, der Verhandlung fernzubleiben.

### *2. Ausschluss des Verteidigers von der Beteiligung an der Verhandlung*

Wenn die Motivation des Angeklagten für sein Fernbleiben in der mündlichen Hauptverhandlung nicht entscheidend ist für das Recht auf Verteidigung in Abwesenheit, bleibt als Ansatz für den maßgeblichen Eingriff in dieses Recht nur der Ausschluss des Verteidigers von der Mitwirkung am Verfahren.

Eine Verletzung des Rechts auf Verteidigung kann nur bejaht werden, wenn der Angeklagte durch sein Ausbleiben nicht auf seine Verteidigung insgesamt verzichtet hat. Auch das Recht auf (unentgeltlichen) Beistand eines Verteidigers ist verzichtbar. Hierzu müssen die gleichen Voraussetzungen erfüllt sein, die bereits im Rahmen der Selbstverteidigungsgarantie aufgezeigt worden sind.[482] Der EGMR hat in seiner Rechtsprechung klargestellt, dass gerade kein Verzicht auf das Recht auf Verteidigerbeistand gegeben ist, wenn für den ausgebliebenen Angeklagten in der mündlichen Verhandlung ein vertretungsbereiter Verteidiger erschienen ist.[483]

---

481 Zum systematischen kumulativen Verständnis bereits 4. Kapitel § 5.

482 LR-EMRK/*Esser* Art. 6 Rn. 736; IntKomm-EMRK/*Kühne* Art. 6 Rn. 555: Aus der EMRK ergibt sich kein Anspruch auf Beiordnung eines Verteidigers von Amts wegen.

483 EGMR Poitrimol ./. F (Fn. 6) § 31 („it is appearent from the evidence that he intended to be defended by a lawyer instructed for the purpose, who would attend the hearings."); LR-EMRK/*Esser* Art. 6 Rn. 682, 688.

Der EGMR hat darin stets die relevante Beeinträchtigung gesehen[484], selbst wenn kumulativ auch die Selbstverteidigungsgarantie angeführt worden ist[485]. Die Angeklagten haben stets zum Ausdruck gebracht, dass sie die Verteidigung durch einen Verteidiger wünschen. Damit dem Recht auf Selbstverteidigung und dem Recht auf Verteidigung durch einen Verteidiger eine eigenständige Bedeutung zukommt, darf die persönliche Abwesenheit nur mit einem Verzicht auf das Selbstverteidigungsrecht gleichgesetzt werden. Ein „Domino-Effekt" hinsichtlich der Verteidigung insgesamt wird nicht ausgelöst.

Damit steht fest, dass bei Erscheinen eines verteidigungsbereiten Verteidigers kein Verzicht auf das Recht auf Verteidigung insgesamt vorliegt und bei Verweigerung der Anhörung des Rechtsbeistands eine Beeinträchtigung der Verteidigung zu bejahen ist.

## II. Abwägungsvorgang

Zur Bestimmung der Gesamtverfahrensfairness legt der EGMR, wie bereits aufgezeigt, zunächst den Aspekt der herausragenden Bedeutung der Anwesenheit des Angeklagten in der mündlichen Verhandlung in die Waagschale und anschließend das Recht auf Verteidigung. Bei der Durchführung des Abwägungsvorgangs misst er beiden Gesichtspunkten eine herausragende Bedeutung i.S.e. fairen Verfahrens zu. Jedoch ist zu sehen, dass der EGMR bereits seit dem Urteil in der Sache *Lala* dazu übergegangen ist, allgemein festzustellen, dass das Recht auf Verteidigung überwiegt. Besonders deutlich wird dies in der Sache *Neziraj*, in der das Ergebnis des Abwägungsvorgangs bereits vor Klärung der Einzelfallumstände feststeht.[486] Daraus könnte man folgern, dass die Forderung nach Anwesenheit das Recht auf Verteidigung im Sinne einer Gesamtverfahrensfairness nie zu überwiegen vermag und deshalb das Abwägungskonstrukt nur noch ein theoretisches Konstrukt ist.

Aus der Rechtsprechung des EGMR ergeben sich jedoch einige Anhaltspunkte, die darauf schließen lassen, dass im Einzelfall doch ein Überwiegen zugunsten der Forderung nach Anwesenheit möglich ist und damit das Recht auf Verteidigung in Abwesenheit doch konventionskonform beschnitten werden kann.

---

484 EGMR Poitrimol ./. F (Fn. 6) § 28 (He „complained that the ... Court ... had convicted him in absentia without his counsel being able to put the case for the defence."); Lala ./. NL (Fn. 6) § 25; Pelladoah ./. NL (Fn. 6) § 32; (GK) Van Geyseghem ./. B (Fn. 6) § 26; Van Pelt ./. F (Fn. 6) § 50; Krombach ./. F (Fn. 6) § 83; Stroek ./. B (Fn. 6) § 21; Goedhart ./. B (Fn. 6) § 24; Neziraj ./. D (Fn. 6) § 31.

485 EGMR Krombach ./. F (Fn. 6) § 69 (hierzu bereits 2. Kapitel § 5); Harizi ./. F (Fn. 6) § 31; Kari-Pekka Pietiläinen ./. FIN (Fn. 6) § 25.

486 Vgl. EGMR Neziraj ./. D (Fn. 6) §§ 45–51, worin der Einzelfallprüfung zunächst abstrakt die allgemeinen einschlägigen Grundsätze vorangestellt werden.

### 1. *Überwiegen des Anwesenheitsgebots bei unbedingter Erforderlichkeit der Anwesenheit („strictly necessary“)*

In der Sache *Kari-Pekka Pietiläinen* hat der EGMR eine Verletzung des Rechts auf Verteidigung festgestellt, weil die Vertretung des abwesenden Angeklagten durch seinen Verteidiger nicht gestattet worden war. In den Gründen hat der EGMR jedoch auch ausgeführt, dass der fragliche Verhandlungstermin offensichtlich keine Themen betroffen hatte, für die die Anwesenheit des Angeklagten unbedingt erforderlich gewesen sei („strictly necessary“).[487] Darin könnte man das Einfallstor für die Beschränkung des Rechts auf Verteidigung in Abwesenheit des Angeklagten sehen: Der Verteidiger könnte danach in der Verhandlung für den abwesenden Angeklagten nur auftreten, *solange* die Anwesenheit des Beschuldigten nicht zwingend erforderlich ist.[488] Ist die Anwesenheit des Angeklagten jedoch für die Hauptverhandlung und für die Gewährung eines fairen Verfahrens unbedingt notwendig und erscheint der Angeklagte zur Verhandlung trotz ordnungsgemäßer Ladung nicht, könnte die Abwesenheitsverwerfung weiter Bestand haben. Dieser Ansicht ist offensichtlich *Ast*, der aus diesem Urteil herleitet, dass die Abwesenheitsverwerfung nur im Einzelfall verhältnismäßig sein muss. Dies ist seiner Meinung nach nicht der Fall, wenn am entscheidenden Verhandlungstag die Anwesenheit des Angeklagten nicht erforderlich gewesen ist.[489]

Diese These wird dadurch bestärkt, dass der EGMR bei der Prüfung, ob Art. 6 Abs. 1 i.V.m. Abs. 3 lit. b oder lit. d EMRK verletzt ist, die Eingriffsmöglichkeit durch öffentliche Interessen auch auf Fälle beschränkt, die unbedingt erforderlich sind („any measures restricting the rights of the defence should be *strictly necessary*“).[490] Da der EGMR diese Formulierung nicht nur auf den Bereich des Konfrontationsrechts beschränkt, sondern auch bei der Prüfung der effektiven Vorbereitung auf die Verteidigung anwendet[491], liegt es nicht fern, dass der EGMR diese Einschränkung des Eingriffs auch bei der Prüfung der Verteidigungsgarantie anwenden will.[492] Auch die Einschränkung der Öffentlichkeit der Verhandlung ist gemäß Art. 6 Abs. 1 S. 2 EMRK möglich, wenn es das Gericht für unbedingt erforderlich („strictly necessary“) hält. Allerdings hat der EGMR im Fall *Kari-Pekka Pietiläinen* den Gesichtspunkt der unbedingten Notwendigkeit mit „That was particularly true“

---

487 EGMR Kari-Pekka Pietiläinen ./. FIN (Fn. 6) § 34.

488 So *Esser/Gaede/Tsambikakis* NStZ 2011, 140, 147; Frowein/*Peukert* Art. 6 EMRK Rn. 192.

489 *Ast* JZ 2013, 780, 783.

490 EGMR Van Mechelen u. a. ./. NL (Fn. 361) § 58; vgl. hierzu bereits 5. Kapitel § 3 II. 1.

491 Dowsett ./. UK (Fn. 422) § 42; (GK) Rowe u. Davis ./. UK (Fn. 440) § 61; V. ./. FIN (Fn. 440) § 75.

492 Auch *Gaede* S. 686 ff. sieht in der dreistufigen Prüfung eines Eingriffs in das Konfrontationsrecht einen verallgemeinerungsfähigen Ansatz; ausführlich zur „Drei-Stufen-Theorie“ im Rahmen des Konfrontationsrechts LR-EMRK/*Esser* Art. 6 Rn. 788 ff.

eingeleitet und damit, ähnlich wie mit der Formulierung „the more so", zum Ausdruck gebracht, dass diese Passage nicht mehr zu den tragenden Gründen seines Urteils gehört. Diese Sicht wird in dem Urteil *Neziraj* bekräftigt.[493] Zudem hat der EGMR die Formulierung „strictly necessary" seither in seiner Rechtsprechung zum Recht auf Verteidigung in Abwesenheit nicht mehr wiederholt, insbesondere nicht in dem folgenden Urteil *Neziraj,* in der der EGMR nochmals alle bislang entwickelten Grundsätze aus seiner Rechtsprechung repetiert hat.[494] Anders hingegen bei Art. 6 Abs. 3 lit. b EMRK. Hier gehört die Formulierung „strictly necessary" zur ständigen Rechtsprechung.[495] Im Umkehrschluss kann folglich festgestellt werden, dass der EGMR in *Kari-Pekka Pietiläinen* nur zum Ausdruck bringen wollte, dass nicht einmal nach nationalem Recht die Anwesenheit des Angeklagten für die Entscheidungsfindung am betroffenen Tag erforderlich gewesen war. Damit hat *erst recht* kein Grund bestanden, das Recht auf Verteidigerbeistand nicht zu gewähren.

Zuzugeben ist *Ast* lediglich, dass bei einer Verwerfung des Rechtsmittels aufgrund der Abwesenheit des Angeklagten, bei der weder der Verteidigung noch der Staatsanwaltschaft Gehör geschenkt wird, das Prinzip der Waffengleichheit grundsätzlich nicht verletzt ist.[496] Die Sanktionierung für die ungerechtfertigte Abwesenheit des Angeklagten bleibt jedoch dennoch nicht aus, wenn es sich für den Angeklagten um die letzte Möglichkeit gehandelt hat, zu Tatsachen- und Rechtsfragen Stellung zu nehmen. Folglich liegt die Verletzung der Konvention bei einer Verwerfung des Rechtsmittels aufgrund der Abwesenheit des Angeklagten in der Hauptverhandlung nicht im Prinzip der Waffengleichheit, sondern im Recht auf ein faires Verfahren insgesamt.

Eine allgemeine Beschränkung des Rechts auf Verteidigung in Abwesenheit des Angeklagten und damit ein Einfallstor für die Anerkennung der Abwesenheitsverwerfung ohne den erschienenen Verteidiger zu hören, kann damit in der Formulierung „strictly necessary" nicht erblickt werden.

### *2. Keine absolute Geltung des Rechts auf Verteidigung („not absolute")*

Die Annahme, dass das Recht auf Verteidigung durch einen Verteidiger die Forderung nach Anwesenheit stets überwiegt, wird weiter dadurch erschüttert, dass der EGMR sogar im Rahmen seiner allgemeinen Erwägungen[497] betont, dass das Recht auf Verteidigung nicht absolut („although not absolute") gelte. Daraus könnte man schließen, dass doch die Möglichkeit besteht, das Verfahren in Abwesenheit des

---

493 EGMR Neziraj ./. D (Fn. 6) § 64.

494 EGMR Neziraj ./. D (Fn. 6) §§ 45 ff.

495 EGMR Dowsett ./. UK (Fn. 422) § 42; (GK) Rowe u. Davis ./. UK (Fn. 440) §§ 61 f.; V. ./. FIN (Fn. 440) § 75.

496 So auch BVerfG, StraFo 2007, 190, 193.

497 Vgl. EGMR Neziraj ./. D (Fn. 6) § 50; so bereits EGMR Poitrimol ./. F (Fn. 6) § 34; Krombach ./. F (Fn. 6) § 89; LR-EMRK/*Esser* Art. 6 Rn. 724.

Angeklagten auch ohne Anhörung des Verteidigers zu einem Abschluss zu bringen und den Angeklagten auf seine Selbstverteidigungsgarantie zu verweisen.

Folglich muss ermittelt werden, ob sich eine derartige Bedeutung hinter der Formulierung „not absolute" verbirgt.

Nach früherer Auffassung der EKMR war es durchaus möglich, den Angeklagten auf die Möglichkeit der Selbstverteidigung zu verweisen und ihm damit das Recht auf Verteidigung durch einen Verteidiger abzusprechen.[498] Jedoch ist dieses Verständnis mittlerweile überholt und der Angeklagte hat nach Auffassung des EGMR das Wahlrecht zwischen beiden Konventionsgarantien.[499] In der Literatur ist daher die Ansicht verbreitet, dass der Angeklagte ein *absolutes* Recht auf den Beistand eines Verteidigers seiner Wahl hat.[500] Einschränkungen dieser Garantie lassen sich tatsächlich nicht hinsichtlich des „Ob" der Gewährung des Rechts erkennen, sondern nur hinsichtlich des „Wie". So akzeptiert der EGMR, dass die Vertragsstaaten gewisse Qualifikationsanforderungen an den Beistand stellen.[501] Auch die Beschränkung der Anzahl der Verteidiger ist mit der Konvention vereinbar.[502] Weiterhin ist zwar anerkannt, dass auch im Rahmen der Bestellung eines notwendigen Verteidigers die Wünsche des Angeklagten hinsichtlich der Person des Verteidigers zu respektieren sind, jedoch dürfen sich die Gerichte darüber hinwegsetzen, wenn es hierfür triftige Gründe gibt.[503] Schließlich billigt der EGMR dem Angeklagten gemäß Art. 6 Abs. 3 lit. c EMRK ein Recht auf ungestörten und unüberwachten Verkehr mit dem Verteidiger bereits im Ermittlungsverfahren zu. Jedoch akzeptiert er auch im Einzelfall eine kurzfristige Beschränkung dieses Rechts, wenn hierfür zwingende Gründe vorliegen.[504]

Diese Beispiele zeigen, dass die ständige Rechtsprechung des EGMR hinsichtlich der fehlenden absoluten Geltung des Rechts auf Beistand eines Verteidigers sehr restriktiv hinsichtlich des „Wie" der Verteidigung zu verstehen ist. Man könnte zwar erwägen, dass in den Fällen der Abwesenheit des Angeklagten von der

498 Zur Auffassung der EKMR ausführlich *Spaniol* S. 57 ff.

499 Vgl. EGMR Pakelli ./. D (Fn. 336) § 31; Campbell u. Fell ./. UK (Fn. 43) § 99; *Gaede* S. 262; *Spaniol* S. 61; zum systematischen kumulativen Verständnis bereits 4. Kapitel § 5.

500 *Trechsel* ZStrR 96 (1979) 337, 356; *Spaniol* S. 62; *Gaede* S. 255; *Müller* NJW 1976, 1063, 1067; Frowein/*Peukert* Art. 6 EMRK Rn. 300; vgl. auch IntKomm-EMRK/*Kühne* Art. 6 Rn. 555; *Esser* S. 474.

501 EGMR Shabelnik ./. UKR (Fn. 341) § 39; LR-EMRK/*Esser* Art. 6 Rn. 724; *Trechsel* ZStrR 96 (1979) 337, 358.

502 EKMR Ensslin, Baader, Raspe ./. D (Fn. 143): „does not secure the right to an unlimited number of defence lawyers"; *Trechsel* ZStrR 96 (1979) 337, 358 f.

503 EGMR Breukhoven ./. CS, 21.7.2011, § 60; Mayzit ./. R, 20.1.2005, § 66; LR-EMRK/*Esser* Art. 6 Rn. 724 m.w.N.

504 EGMR Kaçiu and Kotorri ./. ALB, 25.6.2013, § 114; (GK) Salduz ./. TRK, 27.11.2008, ECHR 2008-V, § 55 = NJW 2009, 3707; *Meyer-Ladewig* Art. 6 EMRK Rn. 238, 240; ausführlich zum Zusammenhang mit der Selbstbelastungsgarantie LR-EMRK/*Esser* Art. 6 Rn. 587.

Hauptverhandlung von den Vertragsstaaten nicht das „Ob" der Verteidigung verweigert, sondern die Art und Weise der Verteidigung auf eine reine Beistandsfunktion des Verteidigers festgelegt werden sollte. Jedoch betont der EGMR regelmäßig, dass der Angeklagte sowohl in erster als auch in zweiter Instanz effektiv verteidigt werden soll.[505] Daraus kann geschlossen werden, dass er die Verweigerung der Verteidigung in Abwesenheit des Angeklagten nicht als Modifikation des „Wie" der Verteidigung, sondern als Verweigerung des Rechts auf Verteidigung überhaupt auffasst.

Folglich kann in der Wendung „not absolute" kein Einfallstor gesehen werden, um das Recht auf Verteidigung in Abwesenheit einzuschränken.

### III. Zwischenergebnis

Im Ergebnis steht damit fest, dass eine nationale Anwesenheitsobliegenheit, selbst, wenn sie im Grundsatz mit Art. 6 Abs. 1 i.V.m. Abs. 3 lit. c EMRK vereinbar ist, niemals das Recht des Angeklagten auf Verteidigung zu überwiegen vermag.[506] Ein faires Verfahren in Abwesenheit des Angeklagten kann nur gewährleistet werden, wenn der erschienene Verteidiger zur Sache gehört wird. Die „Unbekannte" der Fairness des Verfahrens hat sich damit im Laufe jahrzehntelanger Rechtsprechung konkretisiert. Jedoch ist für eine Abwägung kein Raum mehr, wenn der Rahmen der Gesamtfairness für eine bestimmte Verfahrenskonstellation allgemein feststeht. Denn die weitere Vornahme einer Abwägungsentscheidung vermittelt dann den Eindruck, als könnte die Verfahrensfairness als solche aus nationalen Bestrebungen zurücktreten. Es wäre wünschenswert, dass der EGMR künftig in seinen allgemeinen Grundsätzen Abstand von der Abwägungsentscheidung nimmt und sich klar zugunsten eines Rechts auf Vertretung in Abwesenheit des Angeklagten positioniert. Sonst muss er sich immer wieder gegen die Versuche nationaler Regierungen und Gerichte behaupten, die Forderung nach Anwesenheit als Rechtfertigung für den Eingriff auf das Recht auf Verteidigung anzuführen.[507]

## § 4. Recht auf Vertretung als Recht auf Abwesenheit?

Wenn man zu dem Ergebnis kommt, dass die Verteidigungsgarantie die Forderung nach Anwesenheit stets überwiegt, ist es grundsätzlich konsequent, die Rechtsprechung des EGMR so zu verstehen, dass ein absolutes Recht auf Vertretung und damit

505 EGMR Lala ./. NL (Fn. 6) § 33; Pelladoah ./. NL (Fn. 6) § 40; (GK) Van Geyseghem ./. B (Fn. 6) § 33; Van Pelt ./. F (Fn. 6) § 66; Harizi ./. F (Fn. 6) § 49; Kari-Pekka Pietiläinen ./. FIN (Fn. 6) § 31; Neziraj ./. D (Fn. 6) § 48.

506 Auch *Weigend* in: FS für Kühl, S. 947, 950 erachtet die Abwägung zwischen Anwesenheit und Verteidigung als verfehlt. Seiner Ansicht nach geht es um zwei voneinander unabhängige, grundlegende Fragen: Erstens, ob der Angeklagte seine Verteidigung (unter allen Umständen) durch seinen Verteidiger führen lassen darf. Zweitens, ob der Angeklagte der Hauptverhandlung fernbleiben darf.

507 Vgl. nur EGMR Neziraj ./. D (Fn. 6) § 38 ff. und (GK) Van Geyseghem ./. B (Fn. 6) § 31.

auch ein Recht auf Abwesenheit nach der EMRK besteht. Nationale Anwesenheitspflichten des Angeklagten wären dann obsolet. Genauso gut könnte man aus der Rechtsprechung des EGMR folgern, dass der Staat ein faires Verfahren garantiert, wenn für den Angeklagten stets ein Verteidiger zur Vertretung bestellt wird und die persönliche Anwesenheit des Angeklagten untersagt wird.

## I. Recht des Angeklagten auf ein Abwesenheitsverfahren

Die Richterinnen *Power-Forde* und *Nussberger* haben in ihrem zustimmenden Sondervotum zur Sache *Neziraj* die Rechtsprechung des EGMR so interpretiert, dass der Angeklagte nun ein Recht hat „dem Prozess fernzubleiben und durch einen Anwalt ersetzt zu werden".[508] Auch das OLG Hamburg hat in seinem Beschluss vom 3.12.2013 die Rechtsprechung des EGMR als Recht auf Abwesenheit des Angeklagten interpretiert.[509]

Für diese Ansicht könnte sprechen, dass die EMRK nur verzichtbare Rechte regelt und damit auch nur ein verzichtbares Anwesenheitsrecht kennt. Eine Pflicht zur Wahrnehmung des Rechts auf Anwesenheit würde dazu führen, dass der „status negativus" des Rechts aufgehoben wird. Dies könnte gegen die EMRK verstoßen.

Allerdings ergeben sich aus der Rechtsprechung des EGMR einige Anhaltspunkte dafür, dass eine nationale Anwesenheitspflicht grundsätzlich doch menschenrechtskonform sein könnte.

### *1. „capital importance"-Formel des EGMR als Indiz der Anerkennung von Anwesenheitspflichten*

Der Gerichtshof wiederholt in seinen Urteilen stets, dass die persönliche Anwesenheit des Beschuldigten von grundlegender Bedeutung ist („capital importance"), sowohl wegen seines Rechts, gehört zu werden, als auch wegen der Notwendigkeit, die Richtigkeit seiner Aussage zu verifizieren und sie mit den Angaben des Opfers – dessen Interessen geschützt werden müssen – und der Zeugen zu vergleichen. Die Rechtsprechung müsse dementsprechend über die Möglichkeit verfügen, von der ungerechtfertigten Abwesenheit des Angeklagten in der mündlichen Hauptverhandlung abzuschrecken.[510]

Wenn das Anwesenheitsrecht jedoch verzichtbar ist, könnte es ein sprachlicher Widerspruch sein von „ungerechtfertigter Abwesenheit" zu sprechen, da bei einem

---

508 EGMR Neziraj ./. D (Fn. 6) zustimmendes Sondervotum der Richterinnen *Power-Forde* und *Nussberger*; in diese Richtung auch *Weigend* in: FS für Kühl, S. 947, 951.

509 OLG Hamburg, Beschl. v. 3.12.2013 – 1 – 25/13 (REV), BeckRS 2014, 00512.

510 EGMR Poitrimol ./. F (Fn. 6) § 35; vgl. Lala ./. NL (Fn. 6) § 33; Pelladoah ./. NL (Fn. 6) § 40; (GK) Van Geyseghem ./. B (Fn. 6) § 33; Goedhart ./. B (Fn. 6) § 26; Stroek ./. B (Fn. 6) § 23; Krombach ./. F (Fn. 6) § 84; Kari-Pekka Pietiläinen ./. FIN (Fn. 6) § 31; Neziraj ./. D (Fn. 6) § 47; vgl. auch EMGR Stoichkov ./. BUL, 24.3.2005, § 55; (GK) Hermi ./.I (Fn. 140) § 58.

ordnungsgemäßen Verzicht die Abwesenheit gerade gerechtfertigt ist.[511] Der EGMR differenziert jedoch in seiner Formel zwischen der Absicherung des Rechts auf Gehör und überindividuellen Interessen. Insofern erscheint die Formulierung „unjustified absences" in einem völlig neuen Licht. Jenseits eines wirksamen Verzichts des Angeklagten auf sein Anwesenheitsrecht gibt es damit einen Bereich, der nicht verzichtbar ist, weil Drittinteressen betroffen sind. Insofern handelt es sich um keinen sprachlichen Widerspruch, sondern um einen Hinweis auf die Achtung der nationalen Anwesenheitspflicht.

### *a) Nemo-tenetur-Prinzip*

*Weigend* kritisiert jedoch die Begründung des EGMR genau in diesem Punkt. Das Argument des EGMR, die Anwesenheit des Angeklagten sei notwendig, damit die Richtigkeit seiner Angaben überprüft werden könne, beruhe auf mehreren falschen Prämissen: erstens, dass der Angeklagte sich zur Anklage äußern müsse; zweitens, dass er sich seiner persönlichen Befragung zu seinen (etwaigen) Angaben stellen müsse; und drittens, dass aus dem „Eindruck", den ein Angeklagter in der Hauptverhandlung mache, etwas über die Richtigkeit seiner etwaigen Angaben geschlossen werden könne oder dürfe. Diese Angaben sollen das Schweigerecht, das dem Angeklagten in dem von der EMRK gewährleisteten fairen Verfahren zustehe, missachten.[512] Auch Richter *Bonello* hat in seinem zustimmenden Sondervotum in der Sache *Van Geyseghem* kritisiert, dass ein Angeklagter stets ein unveräußerliches Recht zu schweigen habe. Ein schweigender Angeklagter sei für die Hauptverhandlung ebensoviel wert wie ein abwesender Angeklagter.[513]

*Weigend* und *Bonello* ist insofern zuzustimmen, als der Angeklagte nach der Rechtsprechung des EGMR ein Recht zu schweigen hat. Der Grundsatz „nemo tenetur se ipsum accusare" ist zwar nicht ausdrücklich in der EMRK verbürgt.[514] Jedoch leitet der EGMR das Recht zu schweigen und nicht zu seiner Selbstbelastung mitwirken zu müssen („right ... to remain silent and not to contribute to incriminating himself") aus dem Grundsatz des fairen Verfahrens gemäß Art. 6 Abs. 1 EMRK her.[515] Dabei

---

511 Vgl. *Esser* S. 722: „Verzichtet der Beschuldigte wirksam auf sein Teilnahme- und Anwesenheitsrecht muss man konsequent von einem *berechtigten* Fernbleiben sprechen. (...) Diesen begrifflichen und zugegebenermaßen eher formalen Widerspruch sollte der Gerichtshof beseitigen."

512 *Weigend* in: FS für Kühl, S. 947, 958.

513 EGMR (GK) Van Geyseghem ./. B (Fn. 6) zustimmendes Sondervotum („even if present, the defendant has an inalienable right to silence ... a mute defendant is almost as productive as an absent defendant.").

514 EGMR Weh ./. A, 8.4.2004, § 39 = JR 2004, 423; LR-EMRK/*Esser* Art. 6 Rn. 880. Eine ausdrückliche Regelung findet sich in Art. 14 Abs. 3 lit. g IPBPR, vgl. hierzu *Von Arnim* in: GedS für Blumenwitz, S. 265, 280; *Matt* GA 153 (2006) 323, 326; *Safferling/Hartwig* ZIS 2009, 784, 786.

515 Erstmals EGMR Funke ./. F, 25.2.1991, Serie A 256-A, § 44 = ÖJZ 1993, 532; eingehend hierzu *Esser* S. 521 ff.; LR-EMRK/*Esser* Art. 6 Rn. 880; *Safferling/Hartwig* ZIS 2009,

soll es sich um international anerkannte Standards handeln, die zum Kernbereich des fairen Verfahrens zählen („generally recognised international standards which lie at the heart of the notion of a fair procedure“).[516] Der Beschuldigte wird danach vor unangemessenem Zwang und Druck zur Selbstbelastung („improper compulsion by the authorities“) geschützt, so dass die Beweislast bezüglich der strafrechtlichen Anklage bei den Behörden verbleibt und ihnen diese Mittel zur Selbstbelastung entzogen sind.[517] Folglich ist ein anwesender Angeklagter tatsächlich nicht verpflichtet, Angaben zu machen, die mit anderen Aussagen verglichen werden könnten. In diesem Punkt kann *Weigend* und *Bonello* zugestimmt werden.

Nichtsdestoweniger ist die Aussage *Bonellos* hinsichtlich der Gleichsetzung eines schweigenden und eines abwesenden Angeklagten aus der Warte der EMRK und der Rechtsprechung des EGMR mit Vorsicht zu genießen. Denn der EGMR hatte bereits wiederholt zu entscheiden, ob das Selbstbelastungsprivileg („immunities“) absolut i.d.S. gilt, dass der Gebrauch von diesem Recht unter keinen Umständen gegen den Angeklagten verwendet werden darf und hat dies regelmäßig verneint.[518] Vielmehr hat der EGMR einen Rahmen bestehend aus zwei Extremen („two extremes“) entwickelt, worin jeweils die Einzelfallumstände[519] über einen Verstoß gegen den Fairnessgrundsatz entscheiden. Der erste Pol liegt darin, dass es selbstverständlich („self-evident“) mit dem Selbstbelastungsprivileg unvereinbar ist, eine Verurteilung

---

784, 786; *Esser* JR 2004, 98, 102. Der EGMR sieht die Selbstbelastungsfreiheit eng verbunden mit der Unschuldsvermutung, vgl. EGMR Weh ./ A (Fn. 514) § 39 m.w.N.; so auch *Böse* GA 149 (2002) 98, 124; ablehnend SK-StPO/*Rogall* Vor § 133 Rn. 131.

516 EGMR (GK) John Murray ./. UK, 8.2.1996, Reports 1996-I, § 51 = EuGRZ 1996, 587; IntKomm-EMRK/*Kühne* Art. 6 Rn. 447; *Von Arnim* in: GedS für Blumenwitz, S. 265, 271.

517 EGMR Weh ./. A (Fn. 514) § 39; (GK) John Murray ./. UK (Fn. 516) § 45; *Böse* GA 149 (2002) 98, 126. Dies stellt zwar eine Verkürzung der Mittel der Wahrheitserforschung dar, jedoch liegt darin zugleich eine Bestärkung der Wahrheitserforschung, indem nur so Fehlurteile, beispielsweise durch falsche Geständnisse, vermieden werden können und der Grundsatz des fairen Verfahrens bestärkt werden kann („contributing to the avoidance of miscarriages of justice and to the fulfilment of the aims of Article 6“).

518 EGMR (GK) John Murray ./. UK (Fn. 516) § 46 f.; Condron ./. UK, 2.5.2000, ECHR-V, § 56 = ÖJZ 2001, 610; Beckles ./. UK, 8.10.2002, § 57 = ÖJZ 2004, 67.

519 Als Beispiele werden aufgeführt: „situations where inferences may be drawn, the weight attached to them by the national courts in their assessment of the evidence and the degree of compulsion inherent in the situation“; auch ob, die Schlussfolgerungen aus dem Verhalten des Angeklagten dem gesunden Menschenverstand („common sense“) entsprechen, wurde vom EGMR berücksichtigt, vgl. EGMR (GK) John Murray ./. UK (Fn. 516) §§ 47, 51; kritisch zum „common sense“ *Esser* S. 525; zudem kommt es darauf an, ob bei einer Verhandlung vor einer Jury, diese ausreichend über die Grenzen und Möglichkeiten der Verwertung von Schweigen aufgeklärt worden ist, vgl. hierzu: EGMR Condron / UK (Fn. 518) § 61; Beckles ./. UK (Fn. 518) § 61; IntKomm-EMRK/*Kühne* Art. 6 Rn. 449.

allein oder hauptsächlich („solely or mainly") auf das Schweigen des Angeklagten bzw. seine Weigerung sich zur Sache einzulassen. Der zweite Pol besteht darin, dass es aber auch nicht ausgeschlossen sein soll, Schweigen des Angeklagten in Situationen, die klar eine Erklärung vom Angeklagten verlangen („situations which clearly call for an explanation") bei der Beurteilung der Überzeugungskraft der den Beschuldigten belastenden Beweise einzubeziehen.[520] Schließlich darf die Verwertung von Schweigen nicht zu einer Verschiebung der Beweislast bezüglich der Anklage von der Staatsanwaltschaft auf den Angeklagten erfolgen („effect of shifting the burden of proof from the prosecution to the defence").[521]

Damit ist die pauschale Gleichsetzung eines schweigenden und eines abwesenden Angeklagten verfehlt. Aus Sicht der EMRK kann ein schweigender Angeklagter durchaus auch für die Verhandlung nützlich sein. Insofern ist es bezeichnend, dass sich *Weigend* auch auf kritische Stimmen zur deutschen Anwesenheitspflicht aus nationaler Perspektive beruft.[522] Eine Vermengung mit den Grundsätzen der EMRK darf jedoch nicht vorgenommen werden, weil nach nationaler Rechtslage an das Selbstbelastungsprivileg ein strengerer Maßstab angelegt wird.[523] Der Nemo-tenetur-Grundsatz, wie er nach der EMRK gewährleistet wird, vermag damit die Begründung des EGMR, wonach die persönliche Anwesenheit des Angeklagten in der Hauptverhandlung von herausragender Bedeutung für die Gewährleistung eines fairen Verfahrens sein soll, nicht zu erschüttern.

### *b) Unschuldsvermutung, Art. 6 Abs. 2 EMRK*

Zudem kritisiert *Weigend* die Verknüpfung einer Anwesenheitspflicht des Angeklagten mit der Position des Verletzten.[524] Er sieht darin eine Verletzung der Unschuldsvermutung gemäß Art. 6 Abs. 2 EMRK.[525] Dabei erkennt er, dass der EGMR diesen Punkt nur vage andeutet, wenn er betont, dass die Rechte des Verletzten geschützt werden müssen. Er sieht sich in seiner Meinung jedoch dadurch bekräftigt, dass die Richterinnen *Power-Forde* und *Nußberger* in ihrem zustimmenden Sondervotum zur Sache *Neziraj* den inhaltlichen Zusammenhang zwischen der Position des Verletzten im Verfahren und der Anwesenheitspflicht des Angeklagten hergestellt haben.[526] Nach ihrer Ansicht muss sich der Angeklagte über die an ihn gerichteten Fragen

---

520 EGMR (GK) John Murray ./. UK (Fn. 516) § 47; Condron ./. UK (Fn. 518); Averill ./. UK, 6.6.2000, ECHR 2000-VII, § 45; Beckles ./. UK (Fn. 518) § 58; (GK) O'Halloran u. Francis ./. UK, 29.6.2007, ECHR 2007-III, § 46 = NJW 2008, 3549; *Esser* S. 524.

521 EGMR (GK) John Murray ./. UK (Fn. 516) § 54; Krumpholz ./. A, 18.6.2010, § 40 = NJW 2011, 201.

522 Vgl. *Weigend* in: FS für Kühl, S. 947, 958 (Fn. 54) unter Berufung auf *Stein* ZStW 97,1 (1985) 303; *Julius* GA 1992, 295; *Volk* in: FS für Böttcher, S. 213; *Püschel* StraFo 2012, 493, 495.

523 *Von Arnim* in: GedS für Blumenwitz, S. 265, 290; LR-EMRK/*Esser* Art. 6 Rn. 913.

524 *Weigend* in: FS für Kühl, S. 947, 959.

525 *Weigend* in: FS für Kühl, S. 947, 959.

526 *Weigend* in: FS für Kühl, S. 947, 959.

hinaus auch die Anklage, die Ausführungen der Zeugen und Sachverständigen und – insbesondere – die Darstellungen der Leiden des Opfers anhören. Die persönliche Konfrontation des Angeklagten mit seiner Tat und seiner Schuld und das Bewusstsein der öffentlichen Diskussion darüber müssten als Grundvoraussetzung für die wirksame Rehabilitation und Wiedereingliederung in die Gesellschaft gelten, die das grundlegende Ziel der Bestrafung sei.[527] Diese Einschätzung der beiden Richterinnen ist bereits von *Püschel* scharf i.S.e. völligen Verkennung der Unschuldsvermutung kritisiert worden.[528]

Art. 6 Abs. 2 EMRK normiert ausdrücklich die Unschuldsvermutung („Everyone charged with a criminal offence shall be presumed innocent until proved guilty according to law“). Bis zum gesetzlichen Nachweis der Schuld darf ein Angeklagter damit nicht als schuldig gelten bzw. behandelt werden. Insofern kann *Püschel* zugestimmt werden, wenn er den Richterinnen entgegenhält, dass eine Hauptverhandlung ein Erkenntnisprozess sei, in dem erst aufgeklärt werden solle, ob es „Täter“ und *vice versa* „Opfer“ gebe.[529] An dieser Stelle ist jedoch nochmals zu betonen, dass der EGMR die Argumente der beiden Richterinnen in seiner ständigen Rechtsprechung gerade nicht übernommen hat. Er spricht zwar auch von „victim“. Allerdings verweist Art. 6 Abs. 2 EMRK hinsichtlich der zeitlichen Geltung der Unschuldsvermutung in die jeweilige nationale Verfahrensordnung („until proved guilty according to law“). Die Verwirklichung der Unschuldsvermutung bleibt also den Vertragsstaaten vorbehalten.[530] Dies impliziert, dass der EGMR viele verschiedene Arten und Zeitpunkte für den

---

527 EGMR Neziraj ./. D (Fn. 6) zustimmendes Sondervotum („the accused must listen, not only to the questions put to him, but also to the charges, the witnesses' and experts' statements and – in particular – to the victim's report of his or her suffering. A personal confrontation with and awareness of the public discussion on the defendant's crime and guilt must be seen as a precondition for effective rehabilitation and reintegration into society, which is the basic aim of punishment.“).

528 Vgl. *Püschel* StraFo 2012, 493, 495.

529 *Püschel* StraFo 2012, 493, 495. Bereits im Votum der Regierung in der Sache EGMR (GK) Van Geyseghem ./. B (Fn. 6) § 31 klingt an, dass eher von einer „Schuldvermutung“ (so *Volk* in: FS für Böttcher, S. 213, 217 f.) als von einer „Unschuldsvermutung“ ausgegangen wird („The accused's attendance facilitated the proper administration of justice, was necessary to protect the interests of *victims* and witnesses, allowed *sentences* to be adapted to the individual offender and was essential if the *sentence* was to have a deterrent effect. Giving an accused a right to evade justice would seriously undermine the authority of the courts.“). Auch in der Sache EGMR Krombach ./. F (Fn. 6) § 73 wird bereits vor rechtskräftiger Feststellung der Schuld von „victim“ gesprochen.

530 Vgl. EGMR Windisch ./. A, 27.9.1990, Serie A Nr. 186, § 25 = ÖJZ 1991, 25 („the Court recalls at the outset that the admissibility of evidence is primarily a matter for regulation by national law, and that, as a rule, it is for the national courts to assess the evidence before them.“); SK-EMRK/*Paeffgen* Art. 6 Rn. 179; LR-EMRK/*Esser* Art. 6 Rn. 465. In England endet die Unschuldsvermutung beispielsweise bereits, wenn sich der Angeklagte in der Hauptverhandlung für „guilty“ erklärt,

gesetzlichen Nachweis der Schuld akzeptiert. Da es sich bei der Anwesenheitsformel um eine ständige Rechtsprechung des EGMR handelt, die er für jeden Vertragsstaat – mögen die nationalen Rechtsordnungen auch noch so unterschiedlich sein – anwendet, liegt folglich die Annahme näher, dass er die Wendung „victim" untechnisch verwendet. Damit soll keine vorgezogene, subjektive Schuldzuweisung an den Angeklagten verbunden sein. Vielmehr ist davon auszugehen, dass der EGMR die Interessen eines „objektiven" Opfers schützen will. Zudem ist bereits gezeigt worden, dass der EGMR im Rahmen des Art. 6 EMRK allgemein durchaus auch Opfer-Interessen berücksichtigt, obwohl sie genaugenommen dem Schutzbereich des Justizgrundrechts nicht unterfallen (vgl. 5. Kapitel § 2 II.). Daraus folgt, dass dieser Aspekt keine Besonderheit der Anwesenheitsformel darstellt und damit generell nicht als Verletzung der Unschuldsvermutung gewertet werden kann.

Im Ergebnis steht die Anerkennung einer Anwesenheitspflicht des Angeklagten in der Hauptverhandlung unter bestimmten Voraussetzungen nach der Rechtsprechung des EGMR nicht auf so „schwachen Beinen"[531] wie von *Weigend* behauptet.

### 2. Weitere Indizien

Die These der prinzipiellen Anerkennung nationaler Anwesenheitspflichten wird noch von weiteren Indizien in der Rechtsprechung des EGMR gestützt.

Es ist zunächst auffällig, dass der EGMR stets formuliert, dass der Angeklagte persönlich erscheinen *soll* („that a defendant *should* appear").[532] Angesichts dessen, dass die EMRK nur das Anwesenheitsrecht kennt, bringt der EGMR dadurch zum Ausdruck, dass mit diesem Recht auch eine gewisse Obliegenheit des Angeklagten zu erscheinen verbunden ist. Ansonsten hätte der EGMR auch Formulierungen wie „can", „may", „is free to" wählen können.

Zudem betont der EGMR regelmäßig, dass ein Abwesenheitsverfahren *nicht* grundsätzlich mit der Konvention *un*vereinbar ist („Proceedings held in an accused's absence are *not in principle incompatible* with the Convention").[533] Der EGMR formuliert gerade nicht positiv, dass ein Abwesenheitsverfahren mit der Konvention grundsätzlich vereinbar ist. Aus der doppelten Verneinung ist folglich erkennbar, dass er die Durchführung eines Anwesenheitsverfahrens im Interesse des Angeklagten präferiert. Eine Pflicht zum Erscheinen stellt die Anwesenheit des Angeklagten in der Verhandlung grundsätzlich besser sicher als nur das Recht auf Anwesenheit, das verzichtbar ist.

Zudem ist auch die Formulierung, die der EGMR bezüglich der Voraussetzungen des Verzichts über die Anwesenheit wählt, auffällig. Denn die Anwesenheit ist nicht verzichtbar, wenn öffentliche Interessen entgegenstehen („it must not run counter

---

wohingegen in Deutschland die Unschuldsvermutung trotz eines Geständnisses gilt. Vgl hierzu *Wimmer* ZStW 80 (1968) 369, 375.

531 *Weigend* in: FS für Kühl, S. 947, 959.

532 Vgl. statt vieler EGMR Neziraj ./. D (Fn. 6) § 47.

533 EGMR Poitrimol ./. F (Fn. 6) § 31; Krombach ./. F (Fn. 6) § 85; Medenica ./ CH (Fn. 173) § 54; (GK) Sejdovic ./. I (Fn. 138) § 82.

to any important public interests")[534]. Zuzugeben ist jedoch, dass noch kein Fall ersichtlich ist, in dem ein Verzicht an dieser Voraussetzung gescheitert wäre. Man mag daraus folgern, dass dieses Merkmal deshalb faktisch keine einschränkende Bedeutung hat.[535] Dies ist durchaus legitim, da die „Verzichtsformel" nicht speziell für das Anwesenheitsrecht entwickelt worden ist, sondern auch für andere Garantien verwendet wird.[536] Doch prüft der EGMR dieses Merkmal auch bezüglich des Anwesenheitsverzichts – wenn auch bisher verneinend.[537] Dies zeigt, dass eine Einschränkung des Verzichts durchaus wegen öffentlicher und damit überindividueller Interessen –wenn auch (noch) theoretisch – möglich ist.

Schließlich ist auch anerkannt, dass im Rahmen der Bemessung der angemessenen Dauer eines Strafverfahrens (Art. 6 Abs. 1 EMRK; ausdrücklich Art. 14 Abs. 3 lit. c IPBPBR), die bewusste Verletzung einer nationalen Anwesenheitspflicht durch den Angeklagten als objektives Faktum zu berücksichtigen ist und dem Staat nicht zugerechnet werden kann. Es handelt sich vielmehr um eine vorwerfbar verursachte Verfahrensverzögerung des Angeklagten.[538] Würde der EGMR die Anwesenheitspflicht dem Grunde nach nicht akzeptieren bzw. wäre die Anwesenheitspflicht ein Verstoß gegen die EMRK würde der EGMR damit selbst gegen die EMRK verstoßen.

Aus all diesen Indizien ergibt sich, dass der EGMR eine nationale Anwesenheitspflicht akzeptiert. Ein generelles Abwesenheitsrecht würde diese Rechtsprechung negieren.

## II. „Recht" des Staates auf Abwesenheitsverfahren

Ein „Recht" des Staates auf die Durchführung eines Abwesenheitsverfahrens könnte aus der Rechtsprechung des EGMR folgen, wenn es für die Gewährung eines fairen Verfahrens stets ausreicht, dem Angeklagten von Amts wegen einen Verteidiger zu bestellen, der diesen im Verfahren in Person vertritt.

---

534 EGMR Håkansson u. Sturesson ./. S, 21.2.1990, Serie A Nr. 171-A, § 67 = EuGRZ 1992, 5; (GK) Sejdovic ./. I (Fn. 138) § 86; (GK) Hermi ./. I (Fn. 140) §§ 73, 79; Bell ./. UK, 16.1.2007, § 45; (GK) Scoppola ./. I (Nr. 2), 17.9.2009, § 136 = NJOZ 2010, 2726; Nefedov ./. R (Fn. 147) § 40; (GK) Idalov ./. R (Fn. 152) § 172.

535 LR-EMRK/*Esser* Art. 6 Rn. 675: Da der Gerichtshof einen Verzicht auch für wirksam halte, wenn eine lebenslange Freiheitsstrafe drohe (EGMR Battisti ./. (E), 12.12.2006), dürfe diese Voraussetzung keine einschränkende Wirkung entfalten.

536 Vgl. hierzu: EGMR Håkansson u. Sturesson ./. S (Fn. 534) § 67; Schulder-Zgraggen ./. CH, 24.6.1993, Serie A Nr. 263, § 58 = EuGRZ 1996, 604; Protopapa ./. T, 24.2.2009, § 82 ff.; (GK) Sakhnovskiy ./.R, 2.11.2010, § 90; Nechto ./. R, 24.1.2012, § 104; Yerokhina ./. UKR, 15.11.2012, § 65 ff.

537 EGMR (GK) Hermi ./. I (Fn. 140) § 79: „it does not appear that the dispute raised any public interest preventing the aforementioned procedural guarantees from being waived".

538 EGMR Bunkate ./. NL (Fn. 474) § 21; Klamecki ./. PL (Fn. 474) § 92 (Abwesenheit wegen Krankheit ohne Vorlage eines erforderlichen ärztlichen Attests); LR-EMRK/*Esser* Art. 6 Rn. 332; Frowein/*Peukert* Art. 6 EMRK Rn. 260.

### 1. *Vereinbarkeit von Pflichtverteidigung mit Art. 6 Abs. 3 lit. c EMRK*

Art. 6 Abs. 3 lit. c EMRK regelt hinsichtlich der Verteidigungsgarantie nur das verzichtbare Recht auf einen Wahlverteidiger bzw. die staatliche Bestellung eines Verteidigers, wenn der Angeklagte mittellos ist und das Interesse der Rechtspflege die Beiordnung erfordert. Eine Pflicht des Angeklagten, sich gegen seinen Willen einen Verteidiger beiordnen zu lassen, kann der EMRK damit nicht entnommen werden. Nichtsdestoweniger erachtet der EGMR das Institut der notwendigen Verteidigung, wie es beispielsweise in § 140 StPO vorgesehen ist, auch gegen den Willen des Angeklagten für mit der EMRK vereinbar.[539] Er erkennt, dass es im Interesse der Rechtspflege liegen kann, dem Angeklagten gegen seinen Willen einen Verteidiger beizuordnen, insbesondere, um Unterbrechungen und Vertagungen der Verhandlung zu vermeiden.[540] Der EGMR hat jedoch auch angemerkt, dass stets die Interessen des Angeklagten zu beachten sind, insbesondere wenn der Angeklagte im Falle einer Verurteilung die Kosten für den Verteidiger übernehmen muss (hierzu sogleich unten).[541] Die Erforderlichkeit einer aufgedrängten Verteidigung ist damit immer an den Umständen des Einzelfalls zu bemessen, wobei die Schwere des Tatvorwurfs, das Alter bzw. die intellektuelle Auffassungsgabe des Angeklagten entscheidend sind.[542] Damit hat der EGMR zwar entschieden, dass der Angeklagte kein Recht hat, sich stets selbst ohne den Beistand eines Verteidigers zu verteidigen, jedoch nicht, dass das Recht auf Selbstverteidigung stets aufgrund Bestellung eines Pflichtverteidigers aufgehoben werden darf.

### 2. *Kostentragungslast hinsichtlich der Pflichtverteidigergebühren*

Ein weiterer Kritikpunkt ergibt sich aus der Kostentragungslast hinsichtlich der Verteidigergebühren. Selbst, wenn zunächst gemäß Art. 6 Abs. 3 lit. c Alt. 3 EMRK die Voraussetzungen einer unentgeltlichen Beiordnung eines Verteidigers vorliegen, ist umstritten, ob der Angeklagte dauerhaft von den Kosten freigestellt werden muss, wenn er später wieder über die erforderlichen Mittel verfügt. Nach überwiegender Meinung hat der Angeklagte gerade keinen Anspruch auf dauerhafte Kostenfreistellung, weil gemäß Art. 6 Abs. 3 lit. c Alt. 3 EMRK die Beiordnung eines Verteidigers anders als die Beiordnung eines Dolmetschers nach Art. 6 Abs. 3 lit. e EMRK an die zusätzliche Voraussetzung der Mittellosigkeit geknüpft ist. Es sei unbillig den Angeklagten

---

539 EGMR Croissant ./. D, 25.9.1992, Serie A Nr. 237-B, § 27 = EuGRZ 1993, 211; Mayzit ./. R, 20.1.2005, § 66.

540 EGMR Croissant ./. D (Fn. 539) § 28 („In the first place, avoiding interruptions or adjourments corresponds to an interest of justice which is relevant in the present context and may well justify an appointment against the accused's wishes.").

541 EGMR Croissant ./. D (Fn. 539) § 27.

542 Vgl. zu diesen Kriterien LR-EMRK/*Esser* Art. 6 Rn. 723.

mit den Dolmetscherkosten[543] zu belasten, nur weil der die Sprache des Gerichts nicht spricht, nicht hingegen mit den Anwaltskosten, wenn der Angeklagte nachträglich wieder leistungsfähig wird.[544] In der Sache *Coissant* hat es der EGMR akzeptiert, die Kosten der Pflichtverteidigung, die im Interesse der Rechtspflege notwendig gewesen sei, bei Verurteilung auf den Angeklagten zu übertragen.[545] Der Angeklagte wird also bei „Zwangsvertretung" doppelt bestraft: Zum einen darf er in der Verhandlung nicht anwesend sein und zum anderen muss er (nachträglich) die Kosten für einen Verteidiger übernehmen, den er überhaupt nicht haben wollte.

### 3. *Wahrung des Rechts auf Anwesenheit*

Schließlich ist gegen ein „Recht" des Staates auf ein Abwesenheitsverfahren einzuwenden, dass damit das vom EGMR entwickelte Recht des Angeklagten auf Anwesenheit[546] obsolet werden würde. Es ist zwar bereits dargelegt worden, dass das Recht auf Anwesenheit ebenso wie das Recht auf Selbstverteidigung nicht absolut gelten und ausdrücklich bzw. konkludent verzichtbar sind sowie aus übergeordneten Gesichtspunkten eingeschränkt werden können.[547] Auch ist aufgezeigt worden, dass es durchaus Konstellationen gibt, in denen die Vertretung durch einen Verteidiger zur Wahrung einer effektiven Verteidigung ausreicht.[548] Jedoch stellen diese Fälle Ausnahmen vom Grundsatz des Rechts auf Anwesenheit und Selbstverteidigung dar. Ein „Recht" des Staates auf Vorsehung eines Abwesenheitsverfahrens würde dieses Regel-Ausnahmeverhältnis umkehren. Das ist mit Art. 6 Abs. 3 lit. c i.V.m. Abs. 1 EMRK nicht vereinbar.

## III. Ergebnis

Ein generelles „Recht" auf Durchführung eines Abwesenheitsverfahrens kann weder für den Angeklagten noch für einen Vertragsstaat aus der Rechtsprechung des EGMR zum Recht auf Verteidigung in Abwesenheit abgeleitet werden.

---

543 Die dauerhafte Unentgeltlichkeit der Dolmetscherunterstützung ist unbestritten. Vgl. EGMR Luedicke, Belkacem u. Koç ./. D (Fn. 424) § 42; deutlich LR-EMRK/*Esser* Art. 6 Rn. 865.

544 IntKomm-EMRK/*Kühne* Art. 6 Rn. 569 ff.; Frowein/*Peukert* Art. 6 EMRK Rn. 307; LR-EMRK/*Esser* Art. 6 Rn. 752 m.w.N. Für den Fall der Mittellosigkeit offengelassen in EGMR Croissant ./. D (Fn. 539) §§ 37; (GK) Ezeh u. Connors ./. UK, 9.10.2003, ECHR 2003-X, § 138.

545 EGMR Croissant ./. D (Fn. 539) §§ 33 ff.; vgl. hierzu auch *Esser* S. 497 ff.

546 Vgl. hierzu bereits 3. Kapitel § 1 I.

547 Vgl. hierzu 3. Kapitel § 1 III.

548 Vgl. hierzu 4. Kapitel § 5.

## § 5. Verhältnis des Rechts auf Vertretung zur Herstellung der Anwesenheit es Angeklagten „auf andere Weise“

Zu klären bleibt noch, ob aus der Rechtsprechung des EGMR zumindest ein gewisses Vorrangverhältnis der Gewährung des Rechts auf Vertretung vor der Herstellung der Anwesenheit des Angeklagten „auf andere Weise“ abgeleitet werden kann.

### I. Meinungsstand in der Literatur

In der Literatur ist der Trend zu verzeichnen, dass die Rechtsprechung des EGMR im Sinne eines Vorrangs des Rechts auf Vertretung vor (zwangsweiser) Herstellung der Anwesenheit verstanden wird.

So interpretieren *Esser*, *Gaede* und *Tsambikakis* die Passage „strictly necessary“ aus dem Urteil *Kari-Pekka Pietiläinen* dahingehend, dass der entschuldigt oder nicht entschuldigt abwesende Angeklagte einen Anspruch darauf habe, dass sein Verteidiger in der Verhandlung für ihn auftreten könne, „[s]olange die Anwesenheit des Beschuldigten nicht zwingend erforderlich sei“. Bei Erforderlichkeit der Anwesenheit des Angeklagten sehen sie anders als *Ast* nicht die Möglichkeit der Verwerfung der Berufung eröffnet; es müsse dann zu anderen Mitteln gegriffen werden, als das Rechtsmittel zu verwerfen.[549] Damit verstehen sie die Rechtsprechung des EGMR i.S.e. abgestuften Systems: Grundsätzlich soll der Angeklagte ein absolutes Recht auf Vertretung haben. Nur, wenn ausnahmsweise seine Anwesenheit für die Hauptverhandlung erforderlich ist, darf die Anwesenheit des Angeklagten auf andere Weise hergestellt werden.[550]

In diese Richtung weist auch *Esser*, wenn er die Rechtsprechung des EGMR dahingehend interpretiert, dass ein Gericht das Verfahren nicht anders gestalten dürfe, nur weil sich der Angeklagte für die Wahrnehmung seines Rechtes entscheidet, sich von einem Verteidiger vertreten zu lassen. Im Ergebnis laufe das auf ein Recht des Angeklagten auf Vertretung durch einen Verteidiger in der Hauptverhandlung hinaus.[551]

*Weigend* geht noch einen Schritt weiter und kritisiert, dass der EGMR durch seine Rechtsprechung den Vertragsstaaten das Rollenverständnis des Verteidigers der common-law-Rechtsordnungen aufzwinge, die strikt zwischen Selbst- und Fremdverteidigung differenzieren. In kontinentaleuropäischen Rechtsordnungen

---

549 *Esser/Gaede/Tsambikakis* NStZ 2011, 140, 147; so auch *Gerst* NStZ 2013, 310, 311; ähnlich auch BRAK, Stellungnahme Nr. 13/2014, S. 3 für EGMR Neziraj ./. D (Fn. 6).

550 So der Vorschlag von *Püschel* StraFo 2012, 493, 494 für eine konventionskonforme Umsetzung der Rechtsprechung des EGMR; noch extremer NV, Stellungnahme v. 9.4.2014, https://www.neuerichter.de/details/artikel/article/gesetzentwurf-zur-staerkung-des-rechts-auf-vertretung-durch-eine.html (Stand: 6.12.2014) II. 5., wonach das Recht auf Vertretung auch in den Fällen greifen soll, in denen die Amtsaufklärungspflicht (§ 244 Abs. 2 StPO) die persönliche Anwesenheit des Angeklagten erfordert.

551 *Esser* StV 2013, 331, 334.

wie der deutschen StPO, die sich durch ein Nebeneinander von Angeklagtem und Verteidiger auszeichnen, würde daher ein Systemwechsel erzwungen.[552]

Aufgrund dieser Thesen ist es geboten, klarzustellen, worin in der Rechtsprechung des EGMR die maßgebliche „Bestrafung" des Angeklagten für seine ungerechtfertigte Abwesenheit bzw. die maßgebliche Konventionsverletzung gelegen hat und ob daraus tatsächlich ein abgestuftes Verhältnis zwischen dem Recht auf Verteidigung und der Forderung nach Anwesenheit gefolgert werden kann.

## II. Nachrangigkeit der Anwesenheit in Fällen „strictly necessary"

Die Wendung „strictly necessary" kann grundsätzlich kein abgestuftes System belegen, weil sie nicht zur tragendenden, ständigen Rechtsprechung des EGMR gehört (vgl. 4. Kapitel § 3 II. 1.).

## III. Abschließender Katalog der „capital-importance"-Anwesenheitsformel

Insofern könnte man allenfalls an der „capital-importance"-Formel des EGMR anknüpfen, wonach die persönliche Anwesenheit des Angeklagten in der Hauptverhandlung von besonderer Wichtigkeit sei und zwar sowohl im Hinblick auf sein rechtliches Gehör als auch im Hinblick auf die Notwendigkeit, die Richtigkeit seiner Ausführungen zu überprüfen und den Aussagen des Opfers, dessen Interessen zu schützen sind, sowie den Aussagen der Zeugen gegenüberzustellen.[553] Wenn man diese Aussage nicht i.S.e. generellen Anerkennung von nationalen Anwesenheitspflichten interpretiert, sondern als abschließenden Katalog auffasst, nach dem die Anwesenheit des Angeklagten ausnahmsweise „auf andere Weise" gegen seinen Willen hergestellt werden darf, könnte man daraus einen Vorrang des Rechts auf Vertretung ableiten. Würde man dies jedoch als abschließenden Katalog für die Zulässigkeit von Anwesenheitspflichten auffassen, würde der EGMR sich in Gegensatz zu seiner eigenen Rechtsprechung sowie der EMRK selbst setzen. Dann würde der EGMR den Vertragsstaaten aufgeben, die Anwesenheitspflicht als Mittel zur Selbstbelastung zu instrumentalisieren. Dies widerspricht jedoch der Anerkennung des Grundsatzes der Selbstbelastungsfreiheit.[554] Zudem spricht der EGMR in seiner Formel bereits von Opfern „victim" (Opfer). Für die Hauptverhandlung würde dies eine Vorwegnahme der Schuld noch vor deren rechtskräftiger Feststellung bedeuten. Damit würde der EGMR einen Verstoß gegen die Unschuldsvermutung i.S.v. Art. 6 Abs. 2 EMRK propagieren. Dass derartige Vorgaben offensichtlich nicht i.S.d. EGMR sind, versteht sich von selbst. Damit liegt es näher, dass der EGMR mittels

552 *Weigend* in: FS für Kühl, S. 947, 955 ff.

553 Statt vieler EGMR Neziraj ./. D (Fn. 6) § 47.

554 Eingehend hierzu m.w.N. LR-EMRK/*Esser* Art. 6 Rn. 879 ff.

seiner „capital-importance“-Formel einfach auf die grundsätzliche Anerkennung von staatlichen Obliegenheiten in Bezug auf die Anwesenheit des Angeklagten hinweisen wollte – schlicht deswegen, weil die EMRK nur Rechte regelt und keine Pflichten normiert. Nicht mehr und nicht weniger.

## IV. Relatives Recht auf Vertretung

Der EGMR hat zwar stets moniert, dass dem für den abwesenden Angeklagten erschienenen Verteidiger das Wort nicht erteilt worden ist. Jedoch sind alle Abwesenheitsverfahren ohne Gewährung des Rechts auf Verteidigung in eine Entscheidung gemündet, sei es nun ein Urteil[555] oder ein Verwerfungsbeschluss hinsichtlich eines Rechtsmittels[556]. Der EGMR hat auch regelmäßig betont, dass es die letzte Möglichkeit des Angeklagten gewesen ist, zu Tatsachen- und Rechtsfragen vorzutragen bzw. vortragen zu lassen.[557] Aus der Retrospektive des EGMR im Hinblick auf ein faires Verfahren liegt damit die relevante Beeinträchtigung der Verteidigung nicht allein darin, dass der *Verteidiger* in Abwesenheit des Angeklagten nicht zur Sache gehört worden ist, sondern darin, dass in der Sache eine Entscheidung ergangen ist, ohne dass der Vortrag der Seite des Angeklagten berücksichtigt worden ist. Das bedeutet, dass der Angeklagte für seine Abwesenheit nur „bestraft“ wird, wenn in seiner Abwesenheit eine Entscheidung ergeht, ohne dass der erschienene Verteidiger anstatt seiner gehört wird. Wenn die Vertragsstaaten hingegen einen Weg finden, den Angeklagten zum Erscheinen in der mündlichen Verhandlung zu veranlassen und damit die Vertretung in Person faktisch ausschließen, steht dies der Rechtsprechung des EGMR nicht entgegen.

Kritiker werden diesem Standpunkt entgegen halten, dass die Rechtsprechung des EGMR immer erst nach Erschöpfung des nationalen Rechtszugs (Art. 35 Abs. 1 EMRK)[558] ergehen kann und damit jeder Konventionsverstoß an eine nationale Gerichtsentscheidung gekoppelt ist. Dieses Argument ist nicht von der Hand zu weisen. Auch ist zuzugeben, dass die Auslegung des Art. 6 Abs. 3 lit. c EMRK durchaus ein absolutes Recht auf Vertretung zulässt. Solange aber der EGMR keine Verletzung des Art. 6 Abs. 3 lit. c i.V.m. Abs. 1 EMRK für den Fall feststellt, dass der Verteidiger in Abwesenheit des Angeklagten zwar zur Sache gehört worden ist, seine Ausführungen jedoch nicht gleich denen eines Angeklagten bewertet worden sind, kann aus der *Rechtsprechung des EGMR* kein vorrangiges Recht auf Vertretung hergeleitet werden.[559]

---

555 EGMR Poitrimol ./. F (Fn. 6) § 16; Lala ./. NL (Fn. 6) § 9; Pelladoah ./. NL (Fn. 6) § 13; (GK) Van Geyseghem ./. B (Fn. 6) § 10; Van Pelt ./. F (Fn. 6) § 27; Krombach ./. F (Fn. 6) §§ 40 ff.; Goedhart ./. B (Fn. 6) § 10; Stroek ./: B (Fn. 6) § 12; Harizi ./. F (Fn. 6) § 21.

556 EGMR Kari-Pekka Pietiläinen ./. FIN (Fn. 6) § 11; Neziraj ./. D (Fn. 6) § 10.

557 Vgl. EGMR Neziraj ./. D (Fn. 6) § 53.

558 Vgl. hierzu *Grabenwarter/Pabel* § 13 Rn. 22 ff.

559 In diese Richtung geht auch der DRB, Stellungnahme Nr. 6/14, wonach der Rechtsprechung des EGMR nicht zu entnehmen sei, dass der Verteidiger auch eine Sacheinlassung für den Angeklagten soll abgeben dürfen.

Im Ergebnis hat der EGMR dem Angeklagten folglich nur ein relatives Recht auf Vertretung gewährt, wenn in den Vertragsstaaten ein Abwesenheitsverfahren zu einem Abschluss gebracht wird. Eine Abwesenheitsverwerfung eines Rechtsmittels, ohne dass überhaupt eine mündliche Verhandlung stattfindet und der Verteidiger zur Sache gehört wird, ist damit grundsätzlich obsolet geworden. Entscheidet sich ein Vertragsstaat jedoch gegen die Durchführung eines Abwesenheitsverfahrens, besteht kein Recht auf Vertretung, wenn zur Durchsetzung der Anwesenheitspflicht nicht das Recht auf Verteidigung insgesamt beschnitten wird. Damit zwingt die Rechtsprechung des EGMR nicht zur Einführung des common-law-Systems. Der EGMR hat den Vertragsstaaten kein abgestuftes System vorgeschrieben, sondern zwei mögliche Wege gleichrangig eröffnet.[560]

## § 6. Formelle Anforderungen an das Recht auf Vertretung

Weiter stellt sich die Frage, ob das Recht auf Vertretung in Abwesenheit des Angeklagten an die Erfüllung besonderer formeller Voraussetzungen geknüpft ist.

Die niederländische Rechtsordnung hatte die Verteidigung in Abwesenheit nur zugelassen, wenn der Verteidiger ausdrücklich bei Gericht beantragt hatte, den Angeklagten vertreten zu dürfen. Die schlichte Anwesenheit des Verteidigers in der mündlichen Hauptverhandlung war nicht ausreichend.[561] In der Sache *Pelladoah* war die Vertretung im Berufungsrechtszug auch deswegen abgelehnt worden, weil der Verteidiger die besondere Bevollmächtigung zur Vertretung durch den Angeklagten weder dargelegt hatte und diese auch nicht offenkundig war.[562] Auch in der deutschen Rechtsprechung wird das Recht auf Vertretung bei unentschuldigter Abwesenheit des Angeklagten regelmäßig verneint und die Berufung des Angeklagten gemäß § 329 Abs. 1 S. 1 StPO verworfen, wenn der Wahl- bzw. Pflichtverteidiger nicht spätestens in der Berufungsverhandlung in einer besonderen schriftlichen Vertretungsvollmacht seine Vertretungsberechtigung nachgewiesen hat. Die Anwesenheit des Verteidigers, der seine Vertretungsbereitschaft und -willigkeit mündlich bekundet, wird nicht als ausreichend erachtet.[563]

---

560 Ähnlich auch *Börner* HRRS 2014, 132, der ohne nähere Begründung von zwei alternativen Modellen für das deutsche Recht ausgeht (Anwendung von Zwangsmitteln nach §§ 230 ff. StPO, 290 ff. StPO oder Einführung einer Abwesenheitshauptverhandlung).

561 EGMR Lala ./. NL (Fn. 6) § 21; Pelladoah ./. NL (Fn. 6) § 28 („If counsel wishes to act for the defence in the absence of his client, he should expressely ask for permission to do so. His presence alone is not sufficient.").

562 EGMR Pelladoah ./. NL (Fn. 6) § 15.

563 OLG Hamburg, Beschl. v. 3.12.2013 – 1–25/13 (REV), BeckRS 2014, 00512; OLG Celle, NStZ 2013, 615, 616; OLG München, StV 2013, 301, 302; OLG Düsseldorf, StV 2013, 299, 301; OLG Hamm, StRR 2012, 463 f.; OLG Köln, Beschl. v. 8.4.2013 – 2 Ws 161/13 (unveröffentlicht) hinsichtlich des notwendigen Vortrags im Rahmen eines Wiederaufnahmeantrags; offengelassen von OLG Bremen, StV 2014, 211, 213.

Der Wortlaut des Art. 6 Abs. 3 lit. c EMRK knüpft das Recht auf Verteidigung an keinerlei formelle Voraussetzungen.[564] Jedoch hat der EGMR die gesetzliche Formalisierung des Strafverfahrens sogar als Gebot der effektiven Verteidigung gemäß Art. 6 EMRK anerkannt.[565] In den Urteilen *Lala* und *Pelladoah* ist der EGMR den formellen Anforderungen an das Recht auf Vertretung nach der niederländischen Rechtsordnung allerdings ausdrücklich entgegen getreten. Er hat klargestellt, dass jedermann, der einer strafbaren Handlung beschuldigt werde, das Recht auf Verteidigung durch einen Rechtsbeistand habe. Damit dieses Recht praktisch und wirksam und nicht theoretisch sei, dürfe seine Ausübung nicht an die Erfüllung ungebührlich formalistischer Bedingungen („unduly formalistic conditions“) geknüpft werden. Die Gerichte hätten sicherzustellen, dass eine Verhandlung fair sei und demzufolge, dass ein Verteidiger, der der Verhandlung zu dem offensichtlichen Zweck („for the apparent purpose“), den Angeklagten in seiner Abwesenheit zu verteidigen, beiwohnt, Gelegenheit gegeben wird, dies zu tun.[566]

Damit kann aus der Rechtsprechung des EGMR geschlossen werden, dass die Formalisierung des Strafverfahrens vor der Konvention solange Bestand hat, bis das Recht auf Verteidigung in Abwesenheit in ihrer praktischen Wirksamkeit vereitelt wird. Dieser Selbstzweck ist immer dann zu bejahen, wenn die Verteidigungsbereitschaft und der Verteidigungswille des Verteidigers für das Gericht offensichtlich sind. Eine darüber hinausgehende formelle Absicherung dieser Voraussetzungen wird vom EGMR nicht als Bestärkung und Sicherung, sondern als Behinderung der Verteidigungsrechte empfunden.

Kritiker werden dem sicherlich entgegenhalten, dass die aus der Rechtsprechung des EGMR in den Fällen *Lala* und *Pelladoah* zitierte Passage nicht Teil der allgemeinen Grundsätze und damit nicht Teil der tragenden, übertragungsfähigen Entscheidungsgründe ist. Dies könnte auch ein Grund dafür sein, weshalb in der deutschen Judikatur selbst nach dem Urteil in der Sache *Neziraj* die Berufung des Angeklagten bei unentschuldigter Abwesenheit ohne Rücksicht auf einen erschienenen Verteidiger gemäß § 329 Abs. 1 S. 1 StPO aufgrund fehlender schriftlicher Vertretungsvollmacht verworfen wird.[567] Dem ist jedoch entgegenzuhalten, dass es sich bei der Formel der Gewährung von praktischen und effektiven Rechten, die nicht nur theoretisch und illusorisch sind, sozusagen um die „Grundformel“ für ein faires Verfahren handelt. Deshalb zählt sie sehr wohl zu den allgemeinen Aussagen des EGMR.

Im Ergebnis knüpft Art. 6 Abs. 3 lit. c EMRK das Recht auf Vertretung an keine besonderen Formvoraussetzungen. Sie sind nach nationalem Recht jedoch nicht

---

564 *Esser* StV 2013, 331, 337.

565 Vgl. EGMR Coëme u. a. ./. B, 22.6.2002, ECHR 2000-VII, § 102 („It imposes certain specific requirements regarding the conduct of proceedings, with a view to guaranteeing a fair trial, which entails respect for equality of arms.“); SK-StPO/*Wohlers* Vor §§ 137 Rn. 33.

566 EGMR Lala ./. NL (Fn. 6) § 34; Pelladoah ./. NL (Fn. 6) § 41; hierzu auch *Meyer-Mews* NJW 2002, 1928; *Zehetgruber* HRRS 2013, 397, 404.

567 OLG München, StV 2013, 301, 302; OLG Celle, NStZ 2013, 615, 616.

ausgeschlossen, solange sie für die Verteidigungsgarantie nicht „ungebührlich" sind, d.h. die Vertretungsbereitschaft und -willigkeit des Verteidigers nicht ohnehin für das Gericht offenkundig sind.

## § 7. Heilung der Verletzung des Rechts auf Verteidigung in Abwesenheit

Eingangs ist dargelegt worden, dass der EGMR bei Prüfung der Teilhaberechte des Art. 6 Abs. 3 EMRK stets eine Gesamtschau des Verfahrens hinsichtlich seiner Gesamtfairness vornimmt.[568] Deshalb stellt sich die Frage, ob die Verletzung des Rechts auf Verteidigung in Abwesenheit des Angeklagten im laufenden Verfahren geheilt werden könnte.

### I. Notwendigkeit einer erneuten Überprüfungsmöglichkeit

Bereits in der Sache *Poitrimol* hat der EGMR die Möglichkeit der Heilung eröffnet. Er hat zunächst dargestellt, dass Abwesenheitsverfahren nicht prinzipiell unvereinbar sind mit der EMRK, wenn ein Angeklagter eine erneute Entscheidung hinsichtlich Tatsachen- und Rechtsfragen erreichen kann. Anschließend hat er die Frage offen gelassen, ob diese Grundsätze auch gelten, wenn ein Angeklagter sowohl auf sein Recht zu erscheinen als auch auf sein Recht sich selbst zu verteidigen verzichtet hat („Proceedings held in an accused's absence are not in principle incompatible with the Convention if the person concerned can subsequently obtain from a court which has heard him a fresh determination of the merits of the charge, in respect of both law and fact ... It is open to question whether this latter requirement applies when the accused has waived his right to appear and to defend himself").[569] In den vom EGMR entschiedenen Fällen haben die Angeklagten jedenfalls nicht auf ihre Verteidigung insgesamt verzichtet, so dass ein Konventionsverstoß stets vorgelegen hat.[570] Eine erneute Überprüfungsmöglichkeit war nach den Grundsätzen der Rechtsprechung bereits aus diesem Grund notwendig.

### II. Gewährung des Rechts auf Vertretung im neuen Verfahren

Es stellt sich weiter die Frage, ob die Gewährung einer vollumfänglichen Überprüfungsmöglichkeit hinsichtlich Tatsachen- und Rechtsfragen allein bereits ausreicht, um die Verletzung des Rechts auf Verteidigung in Abwesenheit des Angeklagten zu heilen.

Eine „Heilung" zeichnet sich dadurch aus, dass das verletzte Recht nachträglich gewährt wird. Das bedeutet, dass bei Verletzung des Anwesenheitsrechts im

568 Vgl. EGMR Colozza ./. I (Fn. 138) § 29; EGMR Medenica ./. CH (Fn. 173) § 54.
569 EGMR Poitrimol ./. F (Fn. 6) § 31 f.
570 Vgl. Poitrimol ./. F (Fn. 6) § 32 ("it is apparent from the evidence that he intended to be defended by a lawyer instructed for the purpose, who would attend the hearings.").

Rahmen der Überprüfungsmöglichkeit dieses Recht gerade gewährleistet werden muss.[571] Gleiches muss also auch für die Verletzung des Rechts auf Vertretung gelten. Wird eine erneute Überprüfungsmöglichkeit eingeräumt, muss der Angeklagte das Recht haben, der Verhandlung fernzubleiben und sich durch einen Verteidiger vertreten zu lassen oder die Anwesenheit des Angeklagten wird „auf andere Weise" als durch Beschneidung des Rechts auf Verteidigung hergestellt. Daraus erklärt sich, dass der EGMR sämtliche Möglichkeiten gegen Abwesenheitsentscheidungen vorzugehen nicht als „Heilung" akzeptiert hat. Es hat entweder an einem umfassenden Prüfungsmaßstab gefehlt[572], so dass der Gerichtshof deshalb festgestellt hat, dass es sich jeweils nach nationalem Recht um die letzte Instanz gehandelt hat, in der Tatsachen- und Rechtsfragen überprüft werden konnten („the last instance where, under domestic law, the case could be fully examined as to questions of fact and law")[573] oder die erneute Überprüfungsmöglichkeit wurde wiederum an die Anwesenheit des Angeklagten geknüpft.[574]

Im Ergebnis hätten die Vertragsstaaten einer Verurteilung durch den EGMR entgehen können, wenn sie in einem nachgelagerten Verfahren das Recht auf Vertretung gewährt hätten. Jedoch ist es wenig einsichtig, weshalb eine nationale Rechtsordnung nur im Rahmen der *neuen* Entscheidung vom Anwesenheitsgebot abrücken und dem Verteidiger die Vertretung gestatten soll, obwohl der Prüfungsmaßstab der gleiche sein muss wie im Abwesenheitsverfahren. Dies ist wenig prozessökonomisch. Ebenso wenig ist es praxisgerecht, wenn der Angeklagte zunächst durch eine Aberkennung des Rechts auf Verteidigung für seine Abwesenheit bestraft wird und im Rahmen der Überprüfungsmöglichkeit die Anwesenheit des Angeklagten auf andere Weise hergestellt wird. Aus diesem Grund ist auch an dieser Stelle nicht mehr zu erläutern, wie die Überprüfungsmöglichkeit konkret auszugestalten ist, d.h. ob sie in der gleichen Instanz zu erfolgen hat und wie sich das Überprüfungsgericht zusammensetzen muss.

## III. Zwischenergebnis

Die Heilung eines Verstoßes gegen das Recht auf Verteidigung in Abwesenheit des Angeklagten ist grundsätzlich durch Gewährung einer erneuten, Tatsachen- und

---

571 Vgl. hierzu beispielhaft EGMR Demebukov ./. BUL (Fn. 317) § 45.

572 Vgl. Neziraj ./. D (Fn. 6) § 42: Mit der Revision kann nur die Rechtsfrage der genügenden Entschuldigung für die Abwesenheit geltend gemacht werden.

573 EGMR Neziraj ./. D (Fn. 6) § 53; Lala ./. NL (Fn. 6) § 31; Pelladoah ./. NL (Fn. 6) § 38.

574 Vgl. EGMR Neziraj ./. D (Fn. 6) § 42: Bei Wiedereinsetzung in den vorigen Stand muss der Angeklagte erneut zur mündlichen Verhandlung erscheinen und darf sich grundsätzlich nicht vertreten lassen. Besonders deutlich EGMR Krombach ./. F (Fn. 6) § 87: Die Wiederaufnahme des Verfahrens um den Preis der persönlichen Freiheit wird vom EGMR als konventionswidrig erachtet. Vgl. auch belgische Rechtslage (2. Kapitel § 3): Die Entscheidung im Einspruchstermin gegen das Abwesenheitsurteil ist nicht von der Anwesenheitsobliegenheit befreit.

Rechtsfragen umfassenden Überprüfungsmöglichkeit möglich. Jedoch ist dies nur theoretischer Natur, weil nicht ersichtlich ist, weshalb das Recht auf Vertretung einmal verneint und einmal bejaht werden soll, obwohl bei gleichbleibendem Prüfungsmaßstab nach nationalen Grundsätzen denknotwendig auch der Anwesenheitsgrundsatz bestehen bleiben muss. Ebenso ist es wenig einsichtig, zunächst die ungerechtfertigte Abwesenheit des Angeklagten durch Aberkennung des Verteidigungsrechts zu sanktionieren, um anschließend die Anwesenheit des Angeklagten „auf andere Weise" herzustellen.

## § 8. Zusammenfassung

Der EGMR prüft das Recht auf Verteidigung durch einen Verteidiger gemäß Art. 6 Abs. 3 lit. c EMRK nicht isoliert, sondern im Kontext der Gewährung eines insgesamt fairen Verfahrens. Zur Bestimmung des Inhalts eines fairen Verfahrens muss der EGMR die Einzelaspekte des jeweiligen Verfahrens in eine Gesamtschau einstellen, obwohl eine derartige „Eingriffs-Rechtfertigungsprüfung" im Wortlaut der Teilhaberechte nicht angelegt ist.

Die maßgebliche Beeinträchtigung des Rechts auf effektive Verteidigung ist in der Rechtsprechung des EGMR nicht bereits in einem Eingriff in das Recht auf Selbstverteidigung aufgrund Anberaumung einer mündlichen Hauptverhandlung trotz drohender Inhaftierung bzw. aufgrund von Kosten und Mühen im Zusammenhang mit der Einreise nach Ausweisung aus dem Verhandlungsstaat zu sehen. Bei ordnungsgemäßer Ladung zur Verhandlung kann bei Erscheinen eines vertretungsbereiten Verteidigers ein ausdrücklicher Verzicht auf das Anwesenheits- und Selbstverteidigungsrecht bejaht werden. Die entscheidende Beeinträchtigung liegt im Ausschluss des Verteidigers von der Mitwirkung an der Verhandlung. Das Motiv des Angeklagten für das Fernbleiben spielt für das Recht auf Verteidigung bei eigener Abwesenheit keine Rolle.

Es gibt auch keine Gründe für das Anwesenheitserfordernis, die das Recht auf Verteidigung in Abwesenheit zu überwiegen vermögen. Vielmehr gilt das Recht auf Verteidigung in Abwesenheit des Angeklagten absolut, so dass für eine Abwägung zum Erfordernis der Anwesenheit kein Raum (mehr) ist. Ein faires Verfahren erfordert generell und damit nicht nur im Einzelfall als Kompensation die Gewährung des Rechts auf Verteidigung auch in Abwesenheit des Angeklagten.

Im Gegensatz zum Recht auf Verteidigung in Abwesenheit hat der EGMR jedoch kein absolutes Recht auf Vertretung und damit kein Recht auf Abwesenheit geschaffen. Es ergeben sich für die Vertragsstaaten zwei Möglichkeiten: Sie können sich dafür entscheiden, ein Verfahren auch ohne den Angeklagten zu einem Abschluss bringen zu wollen. Dabei ist jedoch das Anwesenheitsrecht des Angeklagten zu wahren. Will er hiervon keinen Gebrauch machen, ist ein erschienener Verteidiger zu hören. Für diesen Fall ist eine Abwesenheitshauptverhandlung zwingend durchzuführen. Eine Abwesenheitsverwerfung eines Rechtsmittels ohne Verhandlung zur Sache ist damit nicht länger zulässig. Die Vertragsstaaten können jedoch auch am Erfordernis der Anwesenheit des Angeklagten festhalten und die faktische Vertretung durch den

Verteidiger ausschließen. Das Verfahren darf dann nicht zu einem Abschluss gebracht werden, ohne dass die Anwesenheit des Angeklagten sichergestellt worden ist. Auf welche Art und Weise dies zu geschehen hat, hat der EGMR bisher noch nicht konkretisiert.

Das Recht auf Verteidigung in Abwesenheit ist gemäß Art. 6 Abs. 3 lit. c EMRK auch an keine formellen Voraussetzungen geknüpft. Entsprechende nationale Anforderungen verstoßen gegen die Konvention, wenn sie für die Verteidigungsgarantie „ungebührlich" sind, d. h. insbesondere, wenn die Verteidigungsbereitschaft- und willigkeit des erschienenen Verteidigers für das Gericht offenkundig ist.

Eine Heilung eines Konventionsverstoßes im laufenden Verfahren ist zwar theoretisch möglich, doch in einer nationalen Rechtsordnung nicht prozessökonomisch umsetzbar.

# 6. Kapitel: Weitere Fallgruppen des Rechts auf Verteidigung in Abwesenheit

Die bislang ergangene Rechtsprechung des EGMR zum Recht auf Vertretung hatte stets über die Konstellation zu entscheiden, dass ein nicht erschienener Wahlverteidiger nicht gehört worden war. Es ist jedoch festgestellt worden, dass das Recht auf Verteidigung in Abwesenheit verallgemeinerungsfähig ist. Deshalb müssen noch weitere Fallgestaltungen untersucht werden.

## § 1. Recht auf Beiordnung eines unentgeltlichen (Wahl-) Verteidigers

Es ist auch folgende Konstellation denkbar:

> Der Angeklagte hat nach ordnungsgemäßer Ladung – aus der sich Ort und Zeit der Verhandlung ergeben – gegenüber den Justizbehörden angezeigt, dass er zur mündlichen Verhandlung nicht persönlich erscheinen will und sich auch nicht selbst verteidigen will, jedoch durch einen zu bestellenden unentgeltlichen Verteidiger (seiner Wahl) vertreten werden möchte.[575]

Auch, wenn sich die Rechtsprechung des EGMR bislang nur mit dem Recht auf Wahlverteidigung in Abwesenheit des Angeklagten beschäftigt hat, hat der EGMR regelmäßig seine Rechtsprechung zur Verfahrensfairness in Abwesenheit des Angeklagten nicht auf die Wahlverteidigung beschränkt, sondern auch auf das Recht auf Beiordnung eines unentgeltlichen Verteidigers bezogen, wenn dies erforderlich ist („the right ... to be effectively defended by a lawyer, *assigned officially if need be*, was one of the fundamental features of a fair trial).[576] Daraus ist ersichtlich, dass der EGMR dem Angeklagten bei einem Abwesenheitsverfahren ein generelles Recht auf Vertretung zubilligen möchte. Selbstverständlich müssen jenseits der Wahlverteidigung die Voraussetzungen der unentgeltlichen Beiordnung gemäß Art. 6 Abs. 3 lit. c Alt. 3 EMRK vorliegen.

### I. Voraussetzungen von Art. 6 Abs. 3 lit. c Alt. 3 EMRK

Das Gericht muss einen Verteidiger nur bestellen und in der mündlichen Verhandlung hören, wenn der Angeklagte einen Anspruch auf Beiordnung gemäß Art. 6 Abs. 3 lit. c Alt. 3 EMRK hat.[577]

---

575 Vgl. ähnlich auch bei LR-EMRK/*Esser* Art. 6 Rn. 687.

576 EGMR Neziraj ./ D (Fn. 6) § 50; Kari-Pekka Pietiläinen ./. FIN (Fn. 6) § 32; Stroek ./. B (Fn. 6) § 26; Goedhart ./. B (Fn. 6) § 23; (GK) Van Geyseghem ./. B (Fn. 6) § 34; Poitrimol ./ F (Fn. 6) § 34.

577 Vgl. LR-EMRK/*Esser* Art. 6 Rn. 690.

### 1. *Systematisches Verhältnis zur Selbstverteidigungsgarantie*

Dabei könnte man aus der englischsprachigen Fassung der EMRK folgern, dass der Angeklagte auf sein Selbstverteidigungsrecht verwiesen werden kann, wenn ihm die finanziellen Mittel für einen Wahlverteidiger fehlen. Denn in der englischen Fassung sind alle Rechte durch ein „oder“ („or“) verbunden. Die französische Fassung wählt hingegen nur für die ersten beiden Varianten „oder“ („ou“) als Bindewort. Die Pflichtverteidigervariante ist hingegen durch ein „und“ („et“) angehängt. Dieser sprachliche Konflikt wird vom EGMR mit Blick auf das Ziel von Art. 6 Abs. 3 lit. c EMRK, einen möglichst effektiven Schutz zu gewährleisten, zugunsten der französischen Fassung gelöst. Wenn der Angeklagte sich nicht selbst verteidigen will, muss der Angeklagte die Möglichkeit haben sich durch einen Verteidiger seiner Wahl verteidigen zu lassen und wenn ihm die finanziellen Mittel hierfür fehlen, hat er einen Anspruch auf unentgeltlichen Beistand eines Verteidigers, falls dies im Interesse der Rechtspflege erforderlich ist.[578] Damit kann der Angeklagte nicht auf sein Selbstverteidigungsrecht verwiesen werden.

Anders als die beiden anderen Verteidigungsrechte des Art. 6 Abs. 3 lit. c EMRK ist das Recht auf unentgeltliche Beiordnung („to be given it free“) eines Verteidigers nicht absolut gewährleistet, sondern es müssen zwei kumulative Voraussetzungen erfüllt sein: Der Angeklagte muss mittellos sein („he has not sufficient means to pay for legal assistance“) und die Beiordnung muss im Interesse der Rechtspflege erforderlich sein („the interests of justice so require“).[579]

### 2. *Mittellosigkeit*

Obwohl die Mittellosigkeit ein echtes „Tatbestandsmerkmal“ darstellt, hat es in der Rechtsprechung des EGMR bislang noch keinerlei Kontur durch eine autonome Auslegung erfahren.[580] Vielmehr orientiert sich der EMGR an den Feststellungen der nationalen Gerichte zur Mittellosigkeit.[581] Wenn nach nationaler Rechtsordnung die Mittellosigkeit keine Voraussetzung für die Beiordnung ist, kann es für den Nachweis auch genügen, dass der Angeklagte vor Gericht die Mittellosigkeit behauptet hat.[582] Im Zweifel wird die Mittellosigkeit vom EGMR bejaht.[583]

---

578 EGMR Pakelli ./. D (Fn. 336) § 31 unter Verweis auf die fehlende Aussagekraft der *travaux préparatoires*; IntKomm-EMRK/*Kühne* Art. 6 Rn. 534; LR-EMRK/*Esser* Art. 6 Rn. 655 (Fn. 1641); SK-EMRK/*Paeffgen* Art. 6 Rn. 134, 138b der die Konjunktion „oder“ als disjunktiv (nicht-ausschließlich) auslegt.

579 EGMR Quaranta ./. CH, 24.5.1991, Serie A Nr. 205, § 27 = ÖJZ 1991, 745; LR-EMRK/*Esser* Art. 6 Rn. 733; IntKomm-EMRK/*Kühne* Art. 6 Rn. 554; Frowein/*Peukert* Art. 6 EMRK Rn. 301; *Esser* S. 474.

580 Vgl. hierzu auch *Gaede* S. 264 f.; *Esser* S. 475 f., der erwägt die Mittellosigkeit nur noch im Rahmen der Unentgeltlichkeit zu berücksichtigen.

581 EGMR Wersel ./. PL, 13.9.2011, § 45; R.D. ./. PL, 18.12.2001, § 45 f.

582 EKMR Pakelli ./. D, 7.5.1981; LR-EMRK/*Esser* Art. 6 Rn. 737; IntKomm-EMRK/*Kühne* Art. 6 Rn. 556; *Esser* S. 475.

583 EGMR Twalib ./. GR, 9.6.1998, Reports 1998-IV, § 51 = ÖJZ 1999, 390.

### 3. *Erforderlichkeit der Beiordnung im Interesse der Rechtspflege*

Weitaus mehr konkretisiert ist das Merkmal des „Interesses der Rechtspflege“. Da der EGMR die Garantie stets im Hinblick auf die Gewährleistung eines insgesamt fairen Verfahrens für den Angeklagten prüft,[584] stehen nicht die (finanziellen) Interessen der Justizbehörden, sondern die effektive Verteidigung des Angeklagten im Fokus. In diesem Sinne ist auch das Merkmal des „Interesses der Rechtspflege“ auf den Schutz des Angeklagten ausgerichtet.[585] Bei Prüfung des Merkmals nimmt der Gerichtshof stets eine Gesamtbetrachtung des jeweiligen Falles vor, wobei er regelmäßig verschiedene Kriterien („various criteria“)[586] zur Beurteilung der Erforderlichkeit heranzieht. Dazu gehören: Die Schwere der Straftat („seriousness of the offence“), das mögliche Höchstmaß der drohenden Bestrafung („severity of the sentence“)[587], die tatsächliche oder rechtliche Schwierigkeit des Falles („complexity of the case“) sowie die persönlichen Umstände und Fähigkeiten des Angeklagten selbst („personal situation“).[588] Dabei sind diese Beurteilungskriterien nicht kumulativ zu erfüllen und es handelt sich auch nicht um einen abschließenden Katalog.[589] Wenn jedoch beispielsweise die Verhängung einer Freiheitsstrafe droht, spricht die Vermutung für die Erforderlichkeit der Beiordnung eines Verteidigers.[590] Die letztlich entscheidende Frage für das Recht auf unentgeltlichen Verteidigerbeistand („There is ... a primary, indispensable requirement ... that must be satisfied in each case“) ist, ob der Angeklagte eine realistische Chance hatte, sich während des gesamten Verfahrens selbst zu verteidigen („a realistic chance to defend himself throughout the entire trial“).[591] Es gilt also stets zu prüfen, ob das Prinzip der Waffengleichheit[592] gewahrt worden ist – dies gilt auch im Rechtsmittelverfahren.[593] Dieser Grundsatz

---

584 EGMR Wersel ./. PL (Fn. 581) § 43; Twalib ./. GR (Fn. 583) § 46; Quaranta ./. CH (Fn. 579) § 27; Artico ./. I (Fn. 333) § 32.

585 Zur Wortlautinterpretation in diesem Sinne *Spaniol* S. 73 f.; LR-EMRK/*Esser* Art. 6 Rn. 738; *Esser* S. 474; *Demko* in: HRRS-FG für Fezer, S. 1, 6, 9 f.

586 EGMR Quaranta ./. CH (Fn. 579) § 32.

587 Es kommt nicht auf die zu erwartende Strafe an. Denn diese Einschätzung ist nach Auffassung des EGMR reine Spekulation („no more than an estimation“); vgl. EGMR Quaranta ./. CH (Fn. 579) § 33.

588 EGMR Quaranta ./. CH (Fn. 579) §§ 33 ff.; vgl. R.D. ./. PL (Fn. 581) § 48; IntKomm-EMRK/*Kühne* Art. 6 Rn. 558; ausführlich zu den einzelnen Kriterien *Esser* S. 477 ff.; *Demko* in: HRRS-FG für Fezer, S. 1, 7 ff.

589 *Demko* in: HRRS-FG für Fezer, S. 1, 8.

590 EGMR Benham ./. UK, 10.6.1996, § 61 = ÖJZ 1996, 915 („where deprivation of liberty is at stake, the interests of justice in principle call for legal representation”); Boner ./. UK, 28.10.1994, Serie A Nr. 300-B, § 41 = ÖJZ 1995, 273; Maxwell ./. UK, 28.10.1994, Serie A Nr. 300-C, § 38.

591 EGMR Wersel ./. PL (Fn. 581), § 50; R.D. ./. PL (Fn. 581) § 49; LR-EMRK/*Esser* Art. 6 Rn. 739; in diese Richtung bereits *Spaniol* S. 73 ff.

592 EKMR Pakelli ./. D (Fn. 582): „equality of arms“.

593 LR-EMRK/*Esser* Art. 6 Rn. 742.

kann auch in einer Bagatellangelegenheit verletzt sein, wenn dem Angeklagten die Fähigkeit zur Selbstverteidigung fehlt.[594]

## II. Eingeschränktes Recht auf Beiordnung eines Verteidigers der eigenen Wahl

Macht der Angeklagte geltend, durch einen bestimmten Verteidiger seiner Wahl verteidigt werden zu wollen, ist dies nach der Konvention auch bei Beiordnung eines Verteidigers auf Staatskosten nicht ausgeschlossen.[595] Der EGMR erachtet ein Vertrauensverhältnis zwischen Angeklagtem und Verteidiger für eine effektive Verteidigung als sehr wichtig. Jedoch gilt dieses Wahlrecht nicht absolut, so dass die Wünsche des Angeklagten zwar Berücksichtigung finden, jedoch im Interesse der Rechtspflege zurücktreten können. Die Bestimmung der Person des Verteidigers obliegt dann den staatlichen Behörden.[596] Der Angeklagte hat keinen Anspruch auf eine gewisse Qualifikation des Verteidigers. Wie bereits dargelegt, ist der Begriff des Verteidigers autonom auszulegen, so dass im Zentrum die Effektivität der Verteidigung steht. Diese kann auch durch einen Referendar gewährleistet werden.[597]

## III. Zwischenergebnis

Sind die Voraussetzungen des Art. 6 Abs. 3 lit. c Alt. 3 EMRK erfüllt, ist dem Angeklagten ein unentgeltlicher Verteidiger (seiner Wahl) beizuordnen, der in einem Abwesenheitsverfahren ebenso wie ein Wahlverteidiger zu hören ist.

---

594 So auch *Demko* in: HRRS-FG für Fezer, S. 1, 20, der das Recht auf Beistand eines unentgeltlichen Verteidigers von jeglicher Kategorisierung lösen will, da die Verteidigungsrechte gemäß Art. 6 EMRK in *jedem* Strafverfahren gewährleistet werden müssen.

595 Vgl. IntKomm-EMRK/*Kühne* Art. 6 Rn. 563 unter Verweis auf die ablehnende Haltung der EKMR.

596 EGMR Breukhoven ./. CS (Fn. 503) § 60 („Notwithstanding, the importance of a relationship of confidence between lawyer and client, the right to choose one's own counsel cannot be considered to be absolute. It is necessarily subject to certain limitations where free legal aid is concerned and also where it is for the courts to decide whether the interests of justice require that the accused be defended by counsel appointed by them. When appointing defence counsel the national courts must certainly have regard to the defendant's wishes. However, they can override those wishes when there are relevant and sufficient grounds for holding that this is necessary in the interests of justice."); Popov ./. R, 13.7.2006, § 171; Vozhigor ./. R, 26.4.2007, § 41; Mayzit ./. R (Fn. 503) § 66; angedeutet bereits in EGMR Pakelli ./. D (Fn. 336) § 31; LR-EMRK/*Esser* Art. 6 Rn. 744; IntKomm-EMRK/*Kühne* Art. 6 Rn. 563.

597 Vgl. Int-Komm/*Kühne* Art. 6 Rn. 564; hierzu bereits 4. Kapitel § 3.

## § 2. Verzicht auf die Verteidigung insgesamt

Problematisch ist der Fall, dass trotz ordnungsgemäßer Ladung weder der Angeklagte noch ein Wahlverteidiger erscheint und auch nicht der Wunsch auf unentgeltliche Verteidigung zum Ausdruck gebracht worden ist. Hierin könnte nicht nur ein Verzicht auf die Selbstverteidigungsgarantie liegen, sondern ein Verzicht auf Verteidigung insgesamt.

Es ist jedoch zu beachten, dass ein Verzicht auf ein Recht, wie gezeigt, die umfassende Kenntnis des Rechts selbst voraussetzt. Nur, weil sich aus der Ladung Ort und Zeit der Verhandlung ergeben, bedeutet dies nicht, dass der Angeklagte auch weiß, dass er anstatt sich selbst zu verteidigen das Recht durch einen, gegebenenfalls zu bestellenden Verteidiger, wahrnehmen lassen kann. Folglich könnte man erwägen, dass dem Angeklagten durch die staatlichen Behörden als „minimum safeguard" auch diese Möglichkeit mitgeteilt werden muss. Dies könnte beispielsweise in Verbindung mit der Ladung zur Verhandlung geschehen. Problematisch ist dabei, dass die EMRK anders als Art. 14 Abs. 3 lit. d IPBPR[598] keine Belehrungspflicht hinsichtlich des Rechts auf einen Verteidiger vorsieht.

Bislang hat der EGMR in der Sache *Panovits* anerkannt, dass die staatlichen Behörden bereits bei der ersten polizeilichen Vernehmung eine aktive Belehrungspflicht haben. Ein Verzicht auf das Recht auf einen Verteidiger wurde abgelehnt, weil die staatlichen Behörden nicht alle zumutbaren Schritte unternommen hatten, um sicherzustellen, dass sich der Angeklagte seines Rechts auf einen Verteidiger bewusst war und die Konsequenzen seines Verhaltens abschätzen konnte.[599] Der Fall betraf einen Minderjährigen, der des Mordes und des Raubes beschuldigt worden war. Bei der Vernehmung wurde er nicht auf sein Recht auf einen Verteidiger hingewiesen. Der Hinweis war nur dem Vater erteilt worden, der jedoch bei der Vernehmung seines Sohnes nicht anwesend war. Der Angeklagte legte schließlich ein Geständnis ab.[600] Man könnte aus dieser Rechtsprechung nun folgern, dass der EGMR eine Belehrungspflicht nur fordert, wenn der Angeklagte besonders schutzbedürftig ist und der Tatvorwurf schwer wiegt.[601] Jedoch hat der EGMR das Alter und die fehlende Unterstützung durch eine Vertrauensperson während der Vernehmung nur verstärkend („especially") im Rahmen der Belehrungspflicht angeführt.[602]

598 Das Recht auf Belehrung „to be informed, if he does not have legal assistance, of this right" bezieht sich seiner systematischen Stellung nach nur auf das Wahlverteidigungsrecht. Sie kann aber auch für das Recht auf unentgeltlichen Verteidigerbeistand relevant sein. Vgl. hierzu *Nowak* Art. 14 IPBPR Rn. 62; LR-EMRK/*Esser* Art. 6 Rn. 755 f.

599 Vgl. EGMR Panovits ./. ZYP, 11.12.2008, § 68.

600 EGMR Panovits ./. ZYP (Fn. 599) §§ 7 ff.

601 In diese Richtung LR-EMRK/*Esser* Art. 6 Rn. 757.

602 EGMR Panovits ./. ZYP (Fn. 599) § 73 („Accordingly, the Court finds that the lack of provision of sufficient information on the applicant's right to consult a lawyer before his questioning by the police, *especially given the fact that he was a minor at*

Diese Eigenschaften gehören damit nicht zur tragenden Fallentscheidung, so dass aus der Rechtsprechung des EGMR ein allgemeines Recht auf Belehrung gefolgert werden kann.

Auch die Europäische Kommission hatte in ihrem Vorschlag zur RiL über das Recht auf Belehrung und Unterrichtung in Strafverfahren[603] das Urteil *Panovits* herangezogen, um aus der Rechtsprechung des EGMR ein allgemeines Recht auf Belehrung als zentrales Beschuldigtenrecht abzuleiten.[604] Dieses Recht hat in Art. 3 RiL 2012/2013/EU ihren Niederschlag gefunden.

Zudem betont der EGMR regelmäßig, dass das Recht auf Verteidigung nicht theoretisch und illusorisch, sondern praktisch und effektiv gewährleistet werden soll[605], so dass es nicht ausreicht, im nationalen Recht die Möglichkeit der Verteidigung vorzusehen. Der Angeklagte als juristischer Laie muss vielmehr auf dieses Recht auch aktiv hingewiesen werden.[606] Art. 6 EMRK gewährt alle Verteidigungsrechte ab dem Zeitpunkt der „Anklage".[607] Im Wortlaut findet sich keine Differenzierung, dass die Effektivität der Verteidigung nur in Fällen besonderer Schutzbedürftigkeit oder erst ab einer bestimmten Schwere der Tat gewährleistet werden soll. Insofern erkennt der EGMR in *S.C.* richtigerweise, dass es auch durchschnittlich gebildeten Erwachsenen schwerfällt, den Gerichtsverfahren der heutigen Zeit zu folgen, die durch eine Vielzahl und Vielfalt an zu beachtenden Feinheiten und rechtlichen Fragestellungen gekennzeichnet sind.[608] Insofern darf ein faires Verfahren nicht eine Frage des Alters oder eines gewissen Geisteszustandes sein. Denn zunächst sind alle Angeklagten juristische Laien und damit i.S.d. Konvention schutzbedürftig. Nur ausnahmsweise wird ein Angeklagter seine Rechte bereits kennen. Zudem stellen sich auch bei „leichteren"

*the time and not assisted by his guardian during the questioning, constituted a breach of the applicant's defence rights.* The Court moreover finds that neither the applicant nor his father acting on behalf of the applicant had waived the applicant's right to receive legal representation prior to his interrogation in an explicit and unequivocal manner."). Vgl. hierzu *Esser/Gaede/Tsambikakis* NStZ 2011, 140, 145 f.

603 Richtlinie 2012/13/EU des Europäischen Parlaments und des Rates vom 22. Mai 2012 über das Recht auf Belehrung und Unterrichtung in Strafverfahren, ABl. EU Nr. L 142 v. 1.6.2012, S. 1 ff.

604 KOM (2010) 392 endg. v. 20.7.2010, Begr. Nr. 16, S. 6; auch bei *Esser/Gaede/Tsambikakis* NStZ 2011, 140, 145 f. ist ein verallgemeinernder Ansatz bereits erkennbar.

605 Statt vieler EGMR (GK) Stanev ./. BUL (Fn. 333) § 231.

606 Für eine umfassende Hinweispflicht auch IntKomm-EMRK/*Kühne* Art. 6 Rn. 576. Vgl. EGMR Twalib ./. GR (Fn. 583) § 55: Der Angeklagte muss eine realistische Chance haben, sein Recht auf Verteidigung auch wahrzunehmen; hierzu *Esser* S. 474 f. Für eine Belehrungspflicht bereits im Ermittlungsverfahren vor der ersten Vernehmung *Esser* in: FS für Kühne, S. 539, 556.

607 Auch *Esser* in: FS für Kühne, S. 539, 541 betont, dass das Recht auf Rechtsbeistand im gesamten Strafverfahren gelten muss. Ob es um gering oder (besonders) schwerwiegende Straftaten, seltene Delikte oder Massenkriminalität gehe, könne und dürfe dabei keine Rolle spielen.

608 EGMR S.C. ./. UK (Fn. 142) § 29.

Tatvorwürfen Rechtsfragen. Dieses Defizit der Verteidigung des Angeklagten vermag nur ein rechtskundiger Verteidiger auszugleichen.

Zwar betrifft die Rechtsprechung im Fall *Panovits* die Belehrungspflicht im Ermittlungsverfahren. Jedoch könnten die darin entwickelten Grundsätze auf die Hauptverhandlung übertragen werden. Um das Recht auf Verteidigung durch einen Verteidiger in der Hauptverhandlung effektiv gewährleisten zu können, muss der Angeklagte wissen, dass er auch in Abwesenheit das Recht hat, durch einen Rechtsbeistand verteidigt zu werden. Einem Laien erschließt sich dieses Recht nicht von selbst. Ist ein Angeklagter bis zum Zeitpunkt der Anberaumung der mündlichen Verhandlung noch nicht verteidigt, muss er auf die Möglichkeit der Vertretung hingewiesen werden. Erscheint weder der Angeklagte, noch ein Verteidiger zum Termin, kann ansonsten kein Verzicht auf die Verteidigung insgesamt bejaht werden. Konkret bedeutet dies, dass die allgemeine Belehrung hinsichtlich des Rechts auf einen Rechtsbeistand im Ermittlungsverfahren dann nicht ausreicht. Die Belehrung muss sich nunmehr auf eine konkrete Verteidigungsart beziehen, wenn sich ein Vertragsstaat für die Durchführung eines Abwesenheitsverfahrens entscheidet.

Deshalb ist für die Wirksamkeit eines Verzichts auf das Recht auf (unentgeltliche) Verteidigung eine Belehrung hinsichtlich dieses Rechts auch bei Abwesenheit des Angeklagten erforderlich. Nur so kann ein faires Verfahren gewährleistet werden.

Insofern wäre es wünschenswert gewesen, dass RB 2009/299/JI und der RiL-Vorschlag der Kommission zur Stärkung des Anwesenheitsrechts des Angeklagten sich nicht damit begnügt hätten, dass der Angeklagte für einen Verzicht auf sein Anwesenheitsrecht über Ort und Zeit der Verhandlung sowie die Möglichkeit einer Abwesenheitsentscheidung zu belehren ist.[609] Ein Verzicht auf die Verteidigung durch einen Verteidiger kann nur angenommen werden, wenn dem Angeklagten auch dieses Recht bewusst vor Augen geführt worden ist.

Die RiL 2012/2013/EU zielt auf gemeinsame Mindestnormen bezüglich der Belehrung und Unterrichtung über den Tatvorwurf gegenüber einer Straftat verdächtigen und beschuldigten Person ab.[610] Damit setzt die RiL bereits zu einem im Vergleich zum Hauptverfahren früheren Zeitpunkt an. Jedoch erstreckt sich der Anwendungsbereich gemäß Art. 2 Abs. 1 RiL über die gesamte Dauer des Strafverfahrens bis zum rechtskräftigen Abschluss des Verfahrens. Art. 3 Abs. 2 RiL verlangt zwar grundsätzlich nur eine einmalige umgehende Belehrung von Verdächtigen und beschuldigten Personen,[611] jedoch ergibt sich aus ErwG Nr. 20, dass eine Wiederholung nötig sein kann, wenn besondere Umstände des Falles dies erfordern oder diese wegen besonderer Vorschriften des innerstaatlichen Rechts erforderlich ist. Gemäß ErwG Nr. 28

609 Vgl. Art. 2 RB 2009/299/JI (Fn. 169); Art. 8 Abs. 2 RiL-Vorschlag, COM (2013) 821 final v. 27.11.2013 (Fn. 197).

610 Vgl. Art. 1 RL (Fn. 603); ErwG Nr. 14 (Fn. 603). Die RiL ist in Deutschland durch Gesetz v. 2.7.2013 zur Stärkung der Verfahrensrechte von Beschuldigten im Strafverfahren umgesetzt worden, BGBl. I 2013, S. 1938. Es wurden insbesondere die §§ 114b Abs. 2, 136 Abs. 1 S. 3, 168b Abs. 1, 3 StPO geändert bzw. ergänzt.

611 Vgl. hierzu auch *Esser* in: FS für Wolter, S. 1329, 1344.

steht auch die wirksame Ausübung der Verteidigungsrechte im Fokus. In ErwG Nr. 40 wird klargestellt, dass Mitgliedstaaten die in dieser RiL festgelegten Rechte ausweiten können, um auch in Situationen, die von dieser RiL nicht ausdrücklich erfasst sind, ein höheres Schutzniveau zu bieten. Ist ein Angeklagter bereits im Ermittlungsverfahren über sein Recht auf einen *Beistand* belehrt worden, genügt diese Belehrung für den Fall der Anklageerhebung nicht, wenn ein Mitgliedstaat die Möglichkeit der Durchführung eines Abwesenheitsverfahrens vorsieht. Über sein Recht auf Vertretung ist der Angeklagte durch die Belehrung im Ermittlungsverfahren noch nicht hinreichend informiert. Der Angeklagte ist zur Gewährleistung einer effektiven Verteidigung in der Hauptverhandlung darauf hinzuweisen, dass er sich in Abwesenheit *vertreten* lassen kann. Diese Belehrung ist dann aufgrund der Besonderheiten des innerstaatlichen Rechts i.S.v. ErwG Nr. 20 erforderlich.

## § 3. Nichterscheinen des offiziell als Vertreter bestellten (Pflicht-) Verteidigers in der mündlichen Verhandlung

Denkbar ist auch diejenige Konstellation, dass der Angeklagte angekündigt hat, sich durch einen (Pflicht-)Verteidiger vertreten lassen zu wollen, ein solcher auch bestellt worden ist, jedoch in der mündlichen Verhandlung nicht erscheint.

Ein Verzicht auf das Selbstverteidigungsrecht kann unproblematisch bejaht werden. Ein Verzicht auf Verteidigung in Abwesenheit ist hingegen offensichtlich nicht gegeben. Hier stellt sich die Frage, ob das Verfahren in Abwesenheit des Angeklagten und des Verteidigers konventionskonform zu einem Abschluss gebracht werden darf.

Es ist daran zu erinnern, dass die Verteidigung grundsätzlich eine Angelegenheit zwischen dem Angeklagten und seinem Verteidiger ist. Der Staat muss nur über die Effektivität der Verteidigung wachen und sich insofern nicht jeden Verteidigungsfehler zurechnen lassen. Nur wenn ein gravierender Verteidigungsmangel offenkundig ist oder die Behörden davon in Kenntnis gesetzt worden sind, müssen sie positiv eingreifen.[612]

Wendet man diese Grundsätze auf den Fall des Ausbleibens des Verteidigers in der mündlichen Hauptverhandlung an, ist zu sehen, dass nicht das „Wie“, sondern das „Ob“ der Verteidigung in Frage steht, wenn der Angeklagte wirksam auf sein Anwesenheitsrecht verzichtet hat. Folglich kann sich das Gericht nicht damit begnügen, dass die Verteidigung grundsätzlich eine Angelegenheit zwischen dem Angeklagten und dem Verteidiger ist und das Ausbleiben des Verteidigers damit dem Angeklagten zuzurechnen ist. Eine effektive Verteidigung ist dadurch noch nicht gewährleistet. Dem Gericht obliegt eine positive Nachforschungspflicht für die Gründe des Ausbleibens des Verteidigers. Insofern kann es nötig sein, dass das Gericht mit dem Beginn der Verhandlung wartet, wenn sich der Verteidiger unverschuldet verspätet.[613] Ist dem Gericht bekannt, dass der Verteidiger untätig

612 Vgl. hierzu 4. Kapitel § 3 II. 2.
613 IntKomm-EMRK/*Kühne* Art. 6 Rn. 544.

bleiben will bzw. die Verteidigung nicht mehr übernehmen kann, muss es für eine adäquate Verteidigung sorgen. Hierfür ist es nötig, dass das Verfahren vorübergehend unterbrochen wird und in der Zwischenzeit entweder der bestellte Verteidiger zur Einhaltung seiner Pflichten angehalten wird oder ein Pflichtverteidiger bestellt wird. Im letzteren Fall muss dem Angeklagten und dem neuen Verteidiger gemäß Art. 6 Abs. 3 lit. b EMRK ausreichend Zeit gewährt werden, die neue Verteidigungsstrategie vorzubereiten. Die staatlichen Stellen müssen damit alle ihnen zumutbaren Schritte unternehmen, um die Verteidigung des Angeklagten sicherzustellen. Eine Verschleppung des Verfahrens müssen sie jedoch nicht hinnehmen.[614]

Ob diese Grundsätze im RB 2009/299/JI[615] und dem RiL-Vorschlag zur Stärkung des Rechts auf Anwesenheit des Angeklagten[616] berücksichtigt worden sind, scheint höchst zweifelhaft. Ein ordnungsgemäßes Abwesenheitsverfahren liegt danach zwar auch dann vor, wenn der Angeklagte in Kenntnis der anberaumten Verhandlung ein Mandat an einen Rechtsbeistand erteilt hat, ihn bei der Verhandlung zu verteidigen, und er bei der Verhandlung dann auch tatsächlich verteidigt worden ist. Bleibt die tatsächliche Verteidigung aufgrund eines Verschuldens des Verteidigers jedoch aus, kann immer noch auf die erste *alternative* Bedingung für ein ordnungsgemäßes Abwesenheitsverfahren zurückgegriffen werden. Danach muss der Angeklagte nur ausgeblieben sein und rechtzeitig persönlich über Ort und Zeit der Verhandlung sowie die Konsequenzen des Ausbleibens belehrt worden sein.[617] Das Recht auf Verteidigung in Abwesenheit ist unter diesen Voraussetzungen damit nicht gewahrt.

## § 4. Ergebnis

Das Recht auf (unentgeltliche Wahl-) Verteidigung in Abwesenheit des Angeklagten ist gewahrt, wenn

- bei Vorliegen der Voraussetzungen des Anspruchs auf einen unentgeltlichen (Wahl-) Beistand ein Verteidiger bestellt wird,
- Angeklagter und Verteidiger in der mündlichen Verhandlung ausgeblieben sind, der Angeklagte jedoch hinsichtlich des Rechts auf Verteidigung durch einen (unentgeltlichen) Verteidigerbeistand belehrt worden ist und davon keinen Gebrauch gemacht hat oder
- das Gericht bei Ausbleiben des bestellten (Pflicht-)Verteidigers in der mündlichen Verhandlung alle zumutbaren Anstrengungen unternommen hat, um eine effektive Verteidigung sicherzustellen.

---

614 Vgl. LR-EMRK/*Esser* Art. 6 Rn. 731; SK-EMRK/*Paeffgen* Art. 6 Rn. 145; IntKomm-EMRK/*Kühne* Art. 6 Rn. 545 unter Verweis darauf, dass jeweils die Einzelfallumstände entscheidend sind.

615 RB 2009/299/JI (Fn. 169).

616 RiL-Vorschlag, COM (2013) 821 final v. 27.11.2013 (Fn. 197).

617 Vgl. Art. 2 RB 2009/299/JI (Fn. 169); Art. 8 Abs. 2 RiL-Vorschlag, COM (2013) 821 final v. 27.11.2013 (Fn. 197).

# 7. Kapitel: Bedeutung der EMRK und der Rechtsprechung des EGMR für die deutsche Rechtsordnung

Nachdem die Rechtsprechung des EGMR zum Recht des Angeklagten auf Verteidigung in Abwesenheit sowie die Grundsätze der EMRK dargestellt und analysiert worden sind, muss geklärt werden, welche Bedeutung die Konvention und die Rechtsprechung des EGMR für die deutsche Rechtsordnung haben.

## § 1. Rang der EMRK in der deutschen Rechtsordnung

Die Wirkungen der EMRK und der Rechtsprechung des EGMR auf die deutsche Rechtsordnung hängen maßgeblich davon ab, in welchem Verhältnis die Konvention zur nationalen Rechtsordnung steht. Folglich muss zunächst der Rang der EMRK in der deutschen Normenhierarchie aufgezeigt werden.

Die EMRK ist ein völkerrechtlicher Vertrag, der am 4.11.1950 in Rom unterzeichnet wurde und der alle Mitglieder des Europarats verpflichtet, die in der EMRK verbürgten Menschenrechte zu wahren.[618] Als völkerrechtlicher Vertrag gehört er nicht zum allgemeinen Völkerrecht, das gemäß Art. 25 GG unabhängig von jeder Ratifizierung dem einfachen Bundesrecht vorgeht.[619] Vielmehr hat die EMRK erst durch die Ratifizierung und Transformierung in innerstaatliches Recht Gesetzeskraft erhalten.[620] Dabei schreibt die EMRK nicht vor, auf welche Weise die Vertragsstaaten die Konvention in nationales Recht transformieren sollen, vgl. Art. 1 EMRK.[621] Anders als Österreich hat sich Deutschland nicht dafür entschieden, der EMRK Verfassungsrang einzuräumen,[622] sondern hat sie als einfaches Bundesrecht per Zustimmungsgesetz gemäß Art. 59 Abs. 2 GG in

---

618 LR-EMRK/*Esser* Einführung Rn. 42.

619 Anders *Bleckmann* EuGRZ 1994, 149, 154 und *Frowein* in: FS Zeidler, S. 1763, 1768, die die EMRK zu den allgemeinen Regeln des Völkerrechts zählen.

620 BVerfGE 111, 307, 315; LR-EMRK/*Esser* Einführung Rn. 82 ff.

621 EGMR Schwedischer Lokomotivführerverband ./. S, 6.2.1976, Serie A Nr. 20 = EuGRZ 1976, 62; BVerfGE 111, 307, 316; *Ruffert* EuGRZ 2007, 245, 246.

622 Teils Forderung nach Verfassungsrang: *Ambos* ZStW 115 (2003) 583, 587 f., der der Konvention „faktischen Verfassungsrang“ einräumt; *Bleckmann* EuGRZ 1994, 149, 152 ff.; *Frowein* in: FS Zeidler, 1763 ff.; *Ress* in: FS für Zeidler, S. 1775, 1789 ff.; *ders.* EuGRZ 1996, 350, 353; *Cremer* EuGRZ 2004, 683, 689; vgl. Überblick über verschiedene Auffassungen bei *Weigend* StV 2000, 384, 386; *Quarthal* JURA 2011, 495, 496 f.

innerstaatliches Recht umgesetzt.[623] Die EMRK ist durch Gesetz vom 7.8.1952 am 3.9.1953 in Deutschland in Kraft getreten.[624]

Damit gehen von der EMRK für Deutschland zwei Verbindlichkeiten aus: Zum einen die nationale Gesetzesbindung der Judikative und Exekutive (Art. 20 Abs. 3 GG) an die EMRK als Umsetzungsakt in einfaches Bundesrecht und zum anderen die völkervertragsrechtliche Verpflichtung der BR Deutschland zur Achtung der Menschenrechte gemäß Art. 1 EMRK.

## § 2. Wirkung der Urteile des EGMR

Die Analyse der Rechtsprechung des EGMR hat ergeben, dass Deutschland in der Sache *Neziraj* vom EGMR in einem Individualbeschwerdeverfahren (Art. 34 ff. EMRK) verurteilt worden ist. Die anderen Urteile des EGMR zum Recht des Angeklagten auf Verteidigung in Abwesenheit haben hingegen andere Vertragsstaaten betroffen. Deshalb muss geklärt werden, welche Auswirkung das Urteil in der Sache *Neziraj* hat, sowie welche Bedeutung die Verurteilungen der anderen Vertragsstaaten für die deutsche Rechtsordnung haben.

### I. Verurteilung Deutschlands

Ist Deutschland vom EGMR nach den Art. 34 ff. EMRK verurteilt worden, stellt sich die Frage, welche Konsequenzen sich aus dem Urteil für den konkreten Fall ergeben.

#### *1. Befolgungspflicht im konkreten Fall*

Der EGMR erlässt im Individualbeschwerdeverfahren ein Feststellungsurteil. Gemäß Art. 46 Abs. 1 EMRK ist der jeweils verurteilte Vertragsstaat des Europarats verpflichtet, das endgültige Urteil des Gerichtshofs zu befolgen. Neben der formellen Rechtskraft (vgl. Art. 42, 44 EMRK)[625] kommt den *endgültigen* Urteilen auch materielle Rechtskraft i.d.S. zu, dass ihr Entscheidungstenor für die beteiligten Parteien (inter partes) im Hinblick auf den konkreten Streitgegenstand, die res iudicata, maßgeblich und verbindlich ist.[626]

Entsprechend dem Feststellungscharakter des Urteils greift es jedoch nicht unmittelbar auf den Vertragsstaat durch. Vielmehr muss der Vertragsstaat grundsätzlich selbst entscheiden, auf welche Weise er die Vertragsverletzung

---

623 BVerfGE 111, 307, 315 f.; BVerfGE 128, 326, 367; LR-EMRK/*Esser* Einführung Rn. 85; Karpenstein/*Mayer* Einleitung EMRK Rn. 78; *Krey* JA 1983, 638, 642; *Payandeh* JuS 2009, 212; *Cremer* EuGRZ 2004, 683, 686; *Engel* ZJS 2013, 339, 341.

624 BGBl. II 1952, S. 685, ber. S. 953; zuletzt neu bekanntgegeben am 22.10.2010, BGBl. II 2010, S. 1198.

625 BVerfGE 111, 307, 319 f.

626 *Gusy* JA 2009, 406, 408; *Grabenwarter* JZ 2010, 857, 859.

beseitigt.[627] Eine „schematische Parallelisierung“[628] des Völkerrechts im nationalen Recht wird damit von der EMRK nicht gefordert. Aus einer Zusammenschau der Art. 41 und Art. 46 Abs. 1 EMRK ist zu sehen, dass grundsätzlich Naturalrestitution (restitutio in integrum) zu leisten ist. Die Vertragspartei macht sich erneut vertragsbrüchig, wenn sie das als konventionswidrig erachtete Verhalten nicht beendet bzw. wiederholt.[629] Da die Konvention in Deutschland innerstaatliches Recht geworden ist, sind alle Träger der deutschen öffentlichen Gewalt grundsätzlich an die Urteile des Gerichtshofs gebunden.[630] Die Vertragsverletzung muss im Einklang mit der EMRK sowie dem Judikat des EGMR behoben werden. Darüber hinaus bleibt dem betroffenen Staat jedoch ein gewisser Spielraum bei der Umsetzung.[631]

Die Überwachung der Umsetzung des Urteils obliegt gemäß Art. 46 Abs. 2 EMRK dem Ministerkomitee des Europarats. Nach Art. 46 Abs. 4 EMRK wird der Umsetzungsdruck dadurch erhöht, dass das Ministerkomitee den EGMR auf eine vermutliche Nichtumsetzung des Urteils hinweisen kann.[632] Zur Durchführung seiner Überwachungskompetenz hat das Ministerkomitee spezielle Verfahrensregeln erlassen.[633] Gemäß Regel 6 Abs. 1 fordert das Ministerkomitee den verurteilten Vertragsstaat auf, es über die beabsichtigten bzw. bereits ergriffenen Maßnahmen zur Durchführung des Urteils des EGMR zu informieren. Nach Regel 6 Abs. 2 überwacht das Ministerkomitee, ob der verurteilte Staat einer im Urteil ausgesprochenen Zahlungspflicht nachkommt (lit. a) sowie ausreichende individuelle Maßnahmen ergriffen worden sind, die Konventionsverletzung zu beheben und den Beschwerdeführer in die ursprüngliche Ausgangssituation zu versetzen (lit. b (i)). In der Sache *Neziraj* hat die deutsche Bundesregierung bereits in ihrem *action plan* vom 5.8.2013 an das Ministerkomitee mitgeteilt, dass die Pflicht zur Erstattung von Kosten und

627 BVerfGE 111, 307, 316; 128, 326, 367; so bereits im „Pakelli-Beschluss“ des BVerfG, NJW 1986, 1425 ff.; *Pierini* ZStW (125) 2014, 951, 959; *Kirchhof* NJW 2011, 3681, 3683. Doch äußert sich der EGMR immer häufiger, wie ein festgestellter Konventionsverstoß seiner Ansicht nach zu beheben ist, vgl. z. B. EGMR Görgülü ./. D, 26.2.2004, § 64 = NJW 2004, 3397; nach *Esser* StV 2005, 348, 350 ist das Festschreiben international verbindlicher Maßstäbe zur Umsetzung von EGMR-Urteilen nur legitim, wenn die vom EGMR angedeutete Folge die einzige auf nationaler Ebene denkbare Möglichkeit zur Behebung des Konventionsverstoßes darstellt.

628 BVerfGE 128, 326, 370; vgl. 111, 307, 316.

629 BVerfGE 111, 307, 321; LR-EMRK/*Esser* EGMR Verfahren Rn. 239.

630 BVerfGE 111, 307, 316, 322 f.

631 *Esser* StV 2005, 349, 350.

632 LR-EMRK/*Esser* Einführung Rn. 43.

633 Rules of Committee of Ministers for the supervision of the execution of judgements and of the terms of friendly settlements, adopted by the Committee of Ministers on 10 May 2006, abrufbar unter: https://wcd.coe.int/ViewDoc.jsp?Ref=CM/Del/Dec%282006%29964/4.4&Language=lanEnglish&Ver=app4&Site=COE&BackColorInternet=9999CC&BackColorIntranet=FFBB55&BackColorLogged=FFAC75 (Stand: 6.12.2014).

Auslagen in Höhe von 3.500 € und der Leistung von immateriellem Schadensersatz i.H.v. 1000 €[634] bereits erfüllt worden ist.[635]

## 2. *Wiederaufnahme des Verfahrens (§ 359 Nr. 6 StPO) und ausgewählte Probleme am Beispiel „Neziraj"*

Am besten würde ein Vertragsstaat die geforderte restitutio in integrum leisten, wenn er einen außerordentlichen Rechtsbehelf vorsähe, mit dem die Rechtskraft der konventionswidrigen nationalen Entscheidung durchbrochen werden könnte.

Das Ministerkomitee hat einen derartigen Rechtsbehelf der Wiederaufnahme auch empfohlen.[636] Zudem sieht Regel 6 Abs. 2 lit. b (Fn. 1) der Regeln des Ministerkomitees zur Überwachung der Umsetzung von EGMR-Urteilen die Wiederaufnahme als individuelle Maßnahme beispielhaft vor.[637] Eine derartige Pflicht zur Normierung der Wiederaufnahme ergibt sich jedoch nicht aus der EMRK.[638] Auch der EGMR sieht die Wiederaufnahme als geeignetes Mittel zur Wiedergutmachung der Konventionsverletzung, stellt jedoch klar, dass die Entscheidung hierfür bei den Vertragsstaaten verbleibt.[639]

Im Bereich des Strafrechts hat der deutsche Gesetzgeber für den Fall konventionswidriger Urteile zur Erfüllung seiner Befolgungspflicht erst 1998 den Wiederaufnahmegrund des § 359 Nr. 6 StPO[640] geschaffen.[641] Vor diesem Zeitpunkt war eine Wiederaufnahme des Strafverfahrens nach Feststellung einer EMRK-Verletzung durch extensive Auslegung der §§ 359 Nr. 5 StPO, 79 Abs. 1 BVerfGG nach ganz herrschender Auffassung nicht anerkannt.[642]

*Neziraj* könnte damit die Wiederaufnahme seines rechtskräftig abgeschlossenen Strafverfahrens erwirken, wenn der Europäische Gerichtshof für Menschenrechte eine Verletzung der Europäischen Konvention zum Schutze der Menschenrechte und Grundfreiheiten oder ihrer Protokolle festgestellt hat *und* das Urteil auf dieser Verletzung beruht (§ 359 Nr. 6 StPO).

---

634 Vgl. EGMR Neziraj ./. D (Fn. 6) § 69 ff.

635 DH-DD (2013) 911.

636 Rec. (2000) 2 of the Committee of Ministers to member states on the re-examination or reopening of certain cases at domestic level following jugements of the European Court of Human Rights, adopted on 19 January 2000, abrufbar unter: https://wcd.coe.int/ViewDoc.jsp?id=334147 (Stand:6.12.2014).

637 Rules of Committee (Fn. 633).

638 *Gusy* JA 2009, 406, 409.

639 EGMR (GK) Öcalan ./. TRK, 12.5.2005, ECHR 2005-IV, § 210 = EuGRZ 2005, 463; *Selbmann* ZRP 2006, 124.

640 Gesetz zur Reform des strafrechtlichen Wiederaufnahmerechts vom 9.7.1998, BGBl. I 1998, 1802; zur Entstehung der Norm, vgl. *Maur* NJW 2000, 338 f.

641 BVerfGE 111, 307, 326; *Papier* EuGRZ 2006, 1, 2.

642 BVerfG, NJW 1986, 1425, 1426; KK-StPO/*Schmidt* § 359 Rn. 40 m.w.N. auch zur abweichenden Auffassung.

Das Wiederaufnahmeverfahren nach deutschem Strafprozessrecht ist zweistufig ausgestaltet. Es sind das sogenannte Aditions- sowie das Probationsverfahren zu durchlaufen.[643] Im Aditionsverfahren wird dabei die Zulässigkeit des Wiederaufnahmeantrags hinsichtlich der Einhaltung der Formalia (§§ 359–368 StPO) geprüft; im Probationsverfahren (§§ 369–371 StPO) wird die Begründetheit des Antrags dahingehend untersucht, ob das Vorbringen eine „genügende Bestätigung" gefunden hat (§ 370 Abs. 1 StPO).[644] Beim Wiederaufnahmegrund des § 359 Nr. 6 StPO sind jedoch nur Rechtsfragen betroffen, so dass eine Beweisaufnahme i.S.d. § 369 StPO in der Regel entbehrlich sein wird. Damit erscheint es gerechtfertigt ohne Einhaltung des komplizierten mehrstufigen Verfahrens bei Begründetheit des Antrags sofort die Wiederaufnahme und die Erneuerung der Hauptverhandlung gemäß § 370 Abs. 2 StPO ohne separate Zulässigkeitsentscheidung anzuordnen.[645]

An dieser Stelle soll keine umfassende Prüfung der Erfolgsaussichten eines Wiederaufnahmebegehrens *Nezirajs* vorgenommen werden, jedoch kann der Fall exemplarisch herangezogen werden, um einige konventionsrechtlich relevante Probleme des deutschen § 359 Nr. 6 StPO aufzuzeigen.

Insofern ist es bedenklich, dass es sich beim Wiederaufnahmeverfahren um kein Amtsverfahren handelt. Voraussetzung der Tätigkeit des Gerichts ist ein Antrag auf Wiederaufnahme.[646] Dies ist nicht unproblematisch, da § 359 Nr. 6 StPO gerade der Befolgungspflicht des *Staates* aus Art. 46 Abs. 1 EMRK dienen soll. Für eine Initiative des Beschwerdeführers, der nicht völkervertragsrechtlich verpflichtet ist, ist damit grundsätzlich kein Raum.[647]

Zudem ist der Antrag auf Wiederaufnahme gemäß §§ 359, 362 StPO nur statthaft, wenn ein „rechtskräftiges Urteil" vorliegt. In der Sache *Neziraj* ist die Berufung durch das Landgericht Köln durch Urteil gemäß § 329 Abs. 1 S. 1 StPO verworfen worden.[648] Durch erfolglose Einlegung der Revision zum OLG Köln ist auch formelle Rechtskraft eingetreten.[649] Problematisch ist jedoch, dass bei einem Verwerfungsurteil i.S.v. § 329 Abs. 1 S. 1 StPO keine Entscheidung in der Sache ergeht und damit auch keine materielle Rechtskraft möglich ist, die den Strafklageverbrauch erst bewirkt. Nach herrschender Ansicht ist für die Wiederaufnahme jedoch nur Raum, wenn eine Entscheidung auch in materielle Rechtskraft erwachsen ist. Denn bei bloßer formeller Rechtskraft kann die Entscheidung im Rahmen eines neuen Verfahrens korrigiert werden. Damit müsste sich die Wiederaufnahme grundsätzlich

643 *Meyer-Goßner* Vor § 359 StPO Rn. 3.
644 *Marxen/Tiemann* Wiederaufnahme, Rn. 7; *Jahn* JuS 2013, 273, 274.
645 *Marxen/Tiemann* Wiederaufnahme, Rn. 289, 531; zu § 79 Abs. 1 BVerfGG auch LR-StPO/*Gössel* Vor § 359 StPO Rn. 176.
646 *Volk/Engländer* StPO, § 38 Rn. 1; *Marxen/Tiemann* Wiederaufnahme, Rn. 12.
647 Zur Reformbedürftigkeit auch *Esser* StV 2000, 348, 352.
648 LG Köln, Urt. v. 11.6.2003 – 153–89/03 (unveröffentlicht).
649 Vgl. zur Rechtskraft *Meyer-Goßner* Einl StPO Rn. 164 f.

gegen das amtsgerichtliche formell und materiell rechtskräftige Sachurteil richten.[650] *Frister* ist hingegen der Ansicht, dass auch ein Urteil, das ein Rechtsmittel schlicht verwirft insofern in materielle Rechtskraft erwachsen kann, als es bindend feststellt, dass das eingelegte Rechtsmittel im Zeitpunkt des Erlasses des Urteils unzulässig war. Deshalb ist seiner Meinung nach die Wiederaufnahme auch bei derartigen Prozessurteilen möglich.[651]

Folgt man der herrschenden Auffassung hätte dies zur Konsequenz, dass ein Amtsgericht gemäß § 367 Abs. 1 S. 1 StPO i.V.m. § 140a Abs. 1 StPO über den Wiederaufnahmeantrag entscheiden würde und die Wiederaufnahme damit das erstinstanzliche Urteil betreffen würde, obwohl darin nicht der maßgebliche Konventionsverstoß wurzelt. Dies scheint wenig zweckmäßig. Zuzugeben ist, dass der Strafklageverbrauch erst bei Eintritt der materiellen Rechtskraft in der Sache greift und die Wiederaufnahme grundsätzlich nur in diesen Fällen notwendig ist. Jedoch spricht der Wortlaut des § 359 StPO nur von einem „rechtskräftige[n] Urteil", so dass auch das Verwerfungsurteil gemäß § 329 Abs. 1 S. 1 StPO theoretisch darunter verstanden werden kann. Zudem ist § 359 Nr. 6 StPO nachträglich eingefügt worden und bezweckt vorrangig, dass eine bestehende Konventionsverletzung durch die Wiederaufnahme beseitigt werden soll. Wenn jedoch der Konventionsverstoß in einem Urteil wurzelt, das nur der formellen Rechtskraft fähig ist, ist nicht einsichtig, weshalb das konventionskonforme erstinstanzliche Urteil bei Wiederaufnahmeanordnung gemäß § 370 Abs. 2 StPO auch wegfallen soll.[652] Dieses Urteil beruht nicht auf der Konventionsverletzung, die speziell der zweiten Instanz anhaftet und sich nur im Verwerfungsurteil niedergeschlagen hat. Es ist bereits anerkannt, dass das Berufungsurteil anzufechten ist, wenn der Wiederaufnahmegrund gerade in diesem Urteil liegt. Beispielhaft werden hierzu jedoch nur die §§ 359 Nr. 3, 362 Nr. 3 StPO angeführt.[653] Dies muss jedoch auch gelten, wenn ein nur formell rechtskräftiges Verwerfungsurteil i.S.v. § 329 Abs. 1 S. 1 StPO vorliegt und gerade darin der Konventionsverstoß begründet ist.[654] Schließlich ist zu beachten, dass bei Korrektur des Konventionsverstoßes in der Berufungsverhandlung eine mündliche Verhandlung zur Sache stattfinden muss. Damit wird mittelbar doch die materielle Rechtskraft des erstinstanzlichen Urteils durchbrochen. Ein Wiederaufnahmeantrag gegen ein Verwerfungsurteil ist damit statthaft.

---

650 LR-StPO/*Gössel* Vor § 359 Rn. 28; *Meyer-Goßner* Vor § 359 StPO Rn. 4; HK-StPO/*Temming* Vor §§ 359 ff. Rn. 4.

651 SK-StPO/*Frister* § 359 Rn. 19.

652 Zur Wirkung der Wiederaufnahmeanordnung vgl. LR-StPO/*Gössel* § 370 Rn. 35; *Marxen/Tiemann* Wiederaufnahme, Rn. 398.

653 LR-StPO/*Gössel* § 367 Rn. 10; KK-StPO/*Schmidt* § 140a GVG Rn. 5; *Marxen/Tiemann* Wiederaufnahme, Rn. 57; *Meyer-Goßner* § 140a GVG Rn. 6.

654 Auch in der Sache OLG Köln, Beschl. v. 8.4.2013 – 2 Ws 161/13 (unveröffentlicht) ist das landgerichtliche Verwerfungsurteil angegriffen worden; vgl. auch *Gerst* StRR 2013, 24, 25, der die Wiederaufnahme der „durch Verwerfungsurteil beseitigten Berufung[en]" erwägt.

Gemäß § 365 StPO gelten die Vorschriften über Rechtsmittel entsprechend. Folglich muss der jeweilige Antragsteller auch beschwert sein. Die Staatsanwaltschaft ist bei einer unrichtigen Entscheidung stets beschwert.[655] Für *Neziraj* muss sich die Beschwer hingegen unmittelbar aus dem Urteilstenor ergeben.[656] Eine Beschwer liegt dabei in jeder nachteiligen Entscheidung und damit auch in der Verwerfung einer vom Angeklagten eingelegten Berufung gemäß § 329 Abs. 1 S. 1 StPO.[657] Die Beschwer könnte jedoch entfallen sein, weil der EGMR *Neziraj* eine Entschädigung gemäß Art. 41 EMRK zugesprochen hat.[658] Zu den Voraussetzungen des Art. 41 EMRK gehört auch, dass das innerstaatliche Recht nur eine unvollkommene Wiedergutmachung für die Folgen der Verletzung gestattet. Daraus könnte man folgern, dass der EGMR davon ausgegangen ist, dass im innerstaatlichen Verfahren keine restitutio in integrum mehr geleistet werden kann und deshalb die Beschwer durch einen finanziellen Ausgleich kompensiert hat.[659] Jedoch wird Art. 41 EMRK dahingehend verstanden, dass der EGMR eine Entschädigung auch dann zusprechen kann, wenn nach innerstaatlichem Recht zwar eine Wiedergutmachung möglich ist, jedoch bis zum Entscheidungszeitpunkt des EGMR noch nicht erfolgt ist.[660] Daraus folgt, dass die Entschädigung durch den EGMR die nachträgliche Wiedergutmachung durch den befolgungspflichtigen Vertragsstaat unberührt lassen soll. Zudem hat das Urteil des EGMR keine Kassationswirkung hinsichtlich des nationalen Urteils, so dass die Beschwer aus dem Urteilstenor bestehen bleibt.

## II. Wirkung von Urteilen (gegen andere Staaten) über den konkreten Fall hinaus

Ist Deutschland seiner Befolgungspflicht im konkreten Einzelfall nachgekommen, stellt sich die Frage, ob von dem Urteil noch weitere Auswirkungen über den konkret entschiedenen Fall ausgehen. Weiter ist zu klären, ob Urteile gegen andere Vertragsstaaten Konsequenzen für die deutsche Rechtsordnung haben.

### *1. Beschränkung der Rechtskraft auf den konkreten Streitgegenstand*

Ausgangspunkt der Beurteilung des Umfangs der Bindungswirkung von Urteilen des EGMR ist der Wortlaut des Art. 46 Abs. 1 EMRK. Danach verpflichten sich die Hohen Vertragsparteien in allen Rechtssachen, in denen sie Partei sind, das endgültige Urteil des Gerichtshofs zu befolgen. Das endgültige Urteil ist dabei das

655 *Marxen/Tiemann* Wiederaufnahme, Rn. 52.

656 BGHSt 7, 153; *Meyer-Goßner* Vor § 296 StPO Rn. 11.

657 *Meyer-Goßner* Vor § 296 StPO Rn. 12.

658 EGMR Neziraj ./. D (Fn. 6) §§ 68 ff.

659 So von der Staatsanwaltschaft in OLG Celle, NStZ-RR 2010, 251, 252 erwogen; vgl. auch *Csaki* S. 174 v.a. bezüglich § 580 Nr. 8 ZPO.

660 *Meyer-Ladewig* Art. 41 EMRK Rn. 4; LR-EMRK/*Esser* EGMR Verfahren Rn. 223.

Ergebnis eines Individualbeschwerdeverfahrens, an dem ein Beschwerdeführer und eine Vertragspartei beteiligt sind und das die Frage der Verletzung der Konvention in eigenen Rechten durch ein bestimmtes staatliches Verhalten betrifft (vgl. Art. 34 ff. EMRK).[661] Damit ist der Streitgegenstand in persönlicher, sachlicher und zeitlicher Hinsicht beschränkt.[662] Das endgültige Urteil i.S.v. Art. 46 Abs. 1 EMRK bezieht sich folglich auf diesen konkreten Streitgegenstand, so dass auch die Befolgungspflicht des beteiligten Staates grundsätzlich nicht darüber hinausgeht. Damit ist Art. 46 Abs. 1 EMRK nicht mit § 31 Abs. 1 BVerfGG vergleichbar, wonach alle Verfassungsorgane des Bundes und der Länder sowie alle Gerichte und Behörden an die Entscheidungen des BVerfG gebunden sind und die Entscheidungsformel unter bestimmten Voraussetzungen gemäß § 31 Abs. 2 BVerfGG in Gesetzeskraft erwächst. Dem EGMR kommt anders als dem BVerfG keine Normverwerfungskompetenz zu.[663]

Im Ergebnis betrifft die Befolgungspflicht des verurteilten Staates grundsätzlich nur den konkret entschiedenen Fall. Dabei ist anerkannt, dass gegenüber dem jeweiligen Beschwerdeführer nicht nur eine Wiedergutmachungspflicht, sondern auch eine Nichtwiederholungspflicht besteht.[664]

## *2. „Parallelfälle" zu EGMR Neziraj ./. Deutschland*

Problematischer gestaltet sich hingegen die Frage, ob diese Nichtwiederholungspflicht auch greift, wenn ein sogenannter „Parallelfall" auftritt. Ein Parallelfall ist gegeben, wenn das Urteil des EGMR auf einer konventionswidrigen nationalen Vorschrift basiert, die Grundlage einer Reihe von gleichgelagerten Fällen ist. Zudem ist ein Parallelfall auch denkbar, wenn eine bestimmte nationale Vorschrift von Behörden oder Gerichten aufgrund einer ständigen Rechtspraxis stets entgegen der Konvention ausgelegt wird.[665]

In der Sache *Neziraj* hat sich das Urteil des EGMR an der Vorschrift des § 329 Abs. 1 S. 1 StPO entzündet, wonach die Berufung des Angeklagten ohne Verhandlung zur Sache durch Urteil zu verwerfen ist, wenn der Angeklagte unentschuldigt zur mündlichen Verhandlung nicht erschienen ist und auch kein Fall der zulässigen Vertretung durch einen Verteidiger nach den Vorschriften der StPO vorgelegen hat.[666] Die Konventionswidrigkeit wurzelt folglich in § 329 Abs. 1 S. 1 StPO

661 Zum Verfahren im Einzelnen Frowein/*Peukert* Art. 34 EMRK. Rn. 12 ff.

662 Vgl. BVerfGE 111, 307, 320; OLG Celle, NStZ 2013, 615; *Grabenwarter* JZ 2010, 857, 859; *Gusy* JA 2009, 406, 408.

663 BVerfGE 111, 307, 320; *Cremer* EuGRZ 2004, 683, 693; *Ambos* ZStW 115 (2003) 583, 589, plädiert für eine Aufgabe der inter-partes-Wirkung der Urteile des EGMR.

664 BVerfGE 111, 307, 321; LR-EMRK/*Esser* EGMR Verfahren Rn. 252; *Grabenwarter* JZ 2010, 857, 861.

665 Vgl. *Grabenwarter* JZ 2010, 857, 861.

666 Vgl. EGMR Neziraj ./. D (Fn. 6) §§ 10 f.

selbst bzw. in der Auslegung derselben durch die deutschen Gerichte.[667] Bereits vor dem Urteil des EGMR in der Sache *Neziraj* haben die Gerichte die Durchführung einer Berufungsverhandlung in Abwesenheit des Angeklagten jenseits der in der StPO zugelassenen Fälle der Vertretung verweigert.[668] Und auch nach der Verurteilung Deutschlands halten die Gerichte im Ergebnis an der Verwerfung der Berufung fest.[669] Erfreulicherweise hat das OLG Hamburg in einem Beschluss vom 3.12.2013 erkannt, dass es über einen „Parallelfall" zur Sache *Neziraj* zu entscheiden hat und die Handhabung des § 329 Abs. 1 S. 1 StPO i.S.d. bisherigen obergerichtlichen Praxis gegen die Rechtsprechung des EGMR verstoßen wird.[670] Doch auch losgelöst von der konkreten Norm des § 329 Abs. 1 StPO könnten sich Parallelfälle ergeben. So ist auch in der ersten Instanz eine Vertretung durch einen Verteidiger grundsätzlich ausgeschlossen (vgl. § 230 Abs. 1 StPO) und § 74 Abs. 2 OWiG enthält eine dem § 329 Abs. 1 S. 1 StPO vergleichbare Regelung.[671] Daraus ergibt sich die Dringlichkeit der Klärung der Frage, ob den nationalen Gerichten nicht auch in derartigen Parallelfällen eine Befolgungspflicht zukommen muss.

Wechselt man den Beschwerdeführer *Neziraj* gegen einen beliebigen Bürger der BR Deutschland aus, der gegen ein Urteil im ersten Rechtszug Berufung einlegt, zur mündlichen Verhandlung unentschuldigt nicht erscheinen will und sich stattdessen durch einen Verteidiger vertreten lassen will, sind die Grenzen des konkreten Streitgegenstandes grundsätzlich überschritten und die Befolgungspflicht des Art. 46 Abs. 1 EMRK greift nicht mehr.

An dieser Auffassung könnte man allerdings zweifeln, wenn man die Regeln des Ministerkomitees zur Überwachung der Durchführung der Urteile des EGMR betrachtet. Gemäß Regel 6 Abs. 2 lit. b (ii) soll der verurteilte Vertragsstaat auch über allgemeine Maßnahmen informieren, die neue Konventionsverletzungen in ähnlich gelagerten Fällen verhindern bzw. bereits bestehende beenden. In Fußnote 2 hierzu wird insbesondere die Änderung einer ständigen Rechtsprechung („changes of case law") sowie die der Gesetzeslage („legislative...amendments") aufgeführt.[672] Hierbei handelt es sich jedoch nur um Verfahrensvorschriften, die sich das Ministerkomitee selbst aufgegeben hat. Sie sind nicht unmittelbarer Inhalt der EMRK. Man könnte allenfalls bei der Auslegung des Art. 46 Abs. 1 EMRK ansetzen. Dieser beschränkt die Befolgungspflicht gerade nicht nur auf den Urteilstenor, sondern auch auf die Urteilsgründe, woraus man eine Verallgemeinerungsfähigkeit für Parallelfälle

667 Auch *Sitzer* StraFo 2014, 1, 2 bejaht die Möglichkeit von Parallelfällen.

668 BVerfG, StraFo 2007, 190, 193; OLG Düsseldorf, StV 2013, 299, 300; OLG Hamm, StRR 2012, 463; OLG Köln, NStZ-RR 1999, 112; OLG Oldenburg, NStZ 1999, 156.

669 OLG München, StV 2013, 301, 302; OLG Celle, NStZ 2013, 615, 616; OLG Bremen, StV 2014, 211.

670 OLG Hamburg, Beschl. v. 3.12.2013 – 1 – 25/13 (REV), BeckRS 2014, 00512.

671 Kritisch auch *Püschel* StraFo 2012, 493, 495 f.; *Esser* StV 2013, 331, 339; *Weigend* in: FS für Kühl, S. 947, 951.

672 Rules of Committee (Fn. 633); *Frowein*/Peukert Art. 46 EMRK Rn. 18 erachtet deshalb den Streit um die Befolgungspflicht eines Urteils in Parallelfällen als überholt.

ableiten könnte.[673] Dem ist allerdings entgegenzuhalten, dass auch die Urteilsgründe Gegenstand des konkreten Individualbeschwerdeverfahrens sind und damit auf den konkreten Streitgegenstand beschränkt sind. Damit ist festzuhalten, dass aus Art. 46 Abs. 1 EMRK keine Befolgungspflicht in Parallelfällen folgt.

Jedoch ist auch Art. 1 EMRK zu beachten. Danach sind alle Vertragsparteien, folglich auch Deutschland, verpflichtet ihren Bürgern die in der EMRK gewährten Menschenrechte zu sichern. Wie bereits dargelegt ist die EMRK dabei kein statisches Regelwerk, sondern wird als „living instrument" aufgrund der Auslegung durch den EGMR (vgl. Art. 32 EMRK)[674] ständig neu belebt. Dies hat auch das BVerfG in seinem *Görgülü*- Beschluss vom 14.10.2004 erkannt und der Judikatur des EGMR eine besondere Bedeutung für das Recht der EMRK zugesprochen, weil sich in ihr der aktuelle Entwicklungsstand der Konvention widerspiegle.[675] Effektiver Menschenrechtsschutz, wie ihn die EMRK propagiert, kann nur gewährleistet werden, wenn präventiv Menschenrechtsverletzungen vermieden werden. Deutschland erfüllt damit seine völkerrechtliche Pflicht zur Wahrung der Menschenrechte nicht allein dadurch, dass es sich nur dem Verurteilungsdruck des EGMR beugt. Ziel muss es sein, Verurteilungen durch den EGMR zu vermeiden. Dies wird am besten gewährleistet, wenn die EMRK in der Auslegung, die sie durch den EGMR erfährt in der nationalen Rechtsordnung umgesetzt wird.

Im Ergebnis bedeutet Pflicht zur Befolgung in Parallelfällen zwar nicht unmittelbare Bindungswirkung gemäß Art. 46 Abs. 1 EMRK, jedoch kann aus Art. 1 EMRK eine mittelbare Befolgungspflicht schlicht in dem Gebot der Sicherung der Rechte der EMRK erblickt werden.[676] Aufgrund des Transformationsaktes in innerstaatliches Recht trifft diese Pflicht auch die nationalen Behörden und Gerichte. Das einfache Bundesrecht wird damit ebenfalls durch die Rechtsprechung des EGMR ständig neu belebt.[677] Die deutschen Gerichte sind folglich verpflichtet, die Auslegung des EGMR hinsichtlich Art. 6 Abs. 3 lit. c, Abs. 1 EMRK bei der Entscheidung eines Parallelfalls zu *Neziraj* zu beachten.

Vor diesem Hintergrund ist es kaum verständlich, dass das OLG Bremen die Berufungsverwerfung gemäß § 329 Abs. 1 S. 1 StPO wegen unentschuldigten Ausbleibens des Angeklagten trotz Erscheinens eines vertretungsbereiten Verteidigers insbesondere deshalb für gerechtfertigt gehalten hat, weil das Urteil in der Sache *Neziraj* nur acht Tage vor der Entscheidung des Berufungsgerichts ergangen sei und damit für den

---

673 S o wohl LR-EMRK/*Esser* EGMR Verfahren Rn. 253.

674 Zu Art. 32 EMRK als Grundlage der Befolgungspflicht *Gusy* JA 2009, 407, 410; *Papier* EuGRZ 2006, 1; LR-EMRK/*Esser* EGMR Verfahren, Rn. 256.

675 BVerfGE 111, 307, 319.

676 *Grabenwarter* JZ 2010, 857, 861; LR-EMRK/*Esser* EGMR Verfahren Rn. 254, der auch Art. 46 Abs. 1 EMRK als Grundlage der Befolgungspflicht heranzieht.

677 Anders SK-StPO/*Paeffgen* Einleitung EMRK Rn. 392a f., der eine „Nichtwiederholungspflicht" mit dem Rang der EMRK als einfaches Bundesgesetz nicht für vereinbar hält, eine „indirekte Wirkung" von Urteilen über den konkreten Fall hinaus jedoch im Ergebnis bejaht.

Vorsitzenden der Berufungskammer kaum noch die Möglichkeit der Kenntnisnahme bestanden habe.[678] Im Ergebnis soll also der Angeklagte für die fehlende Auseinandersetzung der Gerichte mit der Rechtsprechung des EGMR sanktioniert werden. Mit den Grundsätzen eines Rechtsstaates ist diese Sicht kaum vereinbar.

Begrüßenswert ist hingegen, dass die deutsche Bundesregierung die Pflicht zur Vermeidung von Parallelfällen erkannt hat und dem Ministerkomitee auch generelle Maßnahmen zur Vorbeugung von weiteren vergleichbaren Konventionsverletzungen mitgeteilt hat. Zum einen hat sie auf die Verbreitung der Rechtsprechung des EGMR hingewirkt, indem beispielsweise eine deutsche Version des Urteils in Sachen *Neziraj* an alle Justizministerien der Länder gesandt worden ist, das Urteil in den gängigen Rechtszeitschriften wie der StraFo, der NStZ oder der StRR veröffentlicht worden ist sowie auf der Seite des BMJV eine Veröffentlichung angekündigt worden ist. Weiter ist mitgeteilt worden, dass § 329 Abs. 1 S. 1 StPO geändert werden soll.[679]

### 3. *Urteile gegen andere Staaten*

Die Analyse der Urteile des EGMR zum Recht auf Vertretung gegen andere Vertragsstaaten hat ergeben, dass die Urteile jeweils auf höchst unterschiedlichen Rechtsordnungen und Sachverhalten basiert haben.[680] Eine „Parallelität“ wie bei Verurteilungen gegen Deutschland kann damit nicht ohne weiteres bejaht werden. Folglich muss geklärt werden, ob sich aus Urteilen gegen andere Vertragsstaaten eine Befolgungspflicht ergibt.

Der Streitgegenstand ist bereits aufgrund der Verschiedenartigkeit der Vertragsparteien erschöpft, so dass Art. 46 Abs. 1 EMRK erneut nicht als Grundlage einer Befolgungspflicht herangezogen werden kann. Nach überwiegender nationaler Ansicht kommt den Urteilen des EGMR jedoch eine über den konkret entschiedenen Fall hinaus wirkende „normative Leitfunktion“[681] zu. Auch das BVerfG hat in seinem *Görgülü*-Beschluss geurteilt, dass „die Entscheidungen des Gerichthofs in Verfahren gegen andere Vertragsparteien den nicht beteiligten Staaten (...) Anlass geben würden, ihre nationale Rechtsordnung zu überprüfen und sich bei einer möglicherweise erforderlichen Änderung an der einschlägigen Rechtsprechung des Gerichtshofs zu orientieren.“[682] Das OLG Bremen hingegen erweckt den Eindruck, als würden Urteile gegen andere Vertragsstaaten die nationale Rechtsordnung völlig unberührt lassen, wenn es bei einem der Sache *Neziraj* vergleichbaren Fall schlicht feststellt, dass „[f]rühere Entscheidungen, die das Ausbleiben eines Angeklagten bei Anwesenheit eines verteidigungsbereiten Rechtsbeistands in der Hauptverhandlung zum Gegenstand hatten“ sich gegen andere Vertragsstaaten gerichtet hätten.[683] Das OLG Düsseldorf

678 OLG Bremen, StV 2014, 211, 212.
679 DH-DD (2013) 911.
680 Vgl. hierzu ausführlich 2. Kapitel.
681 BVerwGE 110, 203, 210 f.; bestätigt von BVerfG, StV 2008, 1, 2.
682 BVerfGE 111, 307, 320; *Maluga* jurisPR-StrafR 23/2013, Anm. 1.
683 OLG Bremen, StV 2014, 211.

und das OLG Hamm hingegen haben in ihren Beschlüssen vom 27.2.2012 und vom 14.6.2012 erfreulicherweise im Grundsatz erkannt, dass die Fälle der Berufungsverwerfung bei Abwesenheit des Angeklagten trotz Erscheinens eines vertretungsbereiten Verteidigers dem Fall *Kari-Pekka Pietiläinen* vergleichbar sind.[684]

Erneut ist auch hier an die Pflicht der Vertragsstaaten aus Art. 1 EMRK zu erinnern. Die Rechte der EMRK sind zu sichern, wobei der Rechtsinhalt von der Auslegung des EGMR abhängt. Das bedeutet wiederum, dass Urteile gegen verschiedenste Vertragsstaaten den Inhalt der Konvention beeinflussen. Deshalb hat das BVerfG in einem Beschluss zum WÜK, das ebenfalls einen völkerrechtlichen Vertrag darstellt, richtigerweise erkannt, dass die Urteile des IGH Orientierungswirkung auch für Staaten haben, die nicht an einem Verfahren beteiligt gewesen sind, da die darin vertretene Auslegung Autorität bei der Auslegung der Konvention entfalte.[685] Diese Aussage kann auf das Verhältnis EGMR – EMRK übertragen werden.[686]

Das OLG Bremen hätte sich also nicht nur über Verurteilungen Deutschlands informieren, wenn es um die Anwendung der EMRK im nationalen Recht ging, sondern auch über Urteile gegen andere Vertragsstaaten. Wäre das OLG Bremen dieser Pflicht nachgekommen, hätte es erkannt, dass sich die in *Neziraj* herausgebildeten allgemeinen Grundsätze bereits über zwei Jahrzehnte anhand unterschiedlichster Fallgestaltungen entwickelt haben und in dieser Eigenschaft die Auslegung der Konvention unmittelbar beeinflussen.

### *4. Wiederaufnahmerecht, § 359 Nr. 6 StPO?*

Weiter stellt sich die Frage, ob Personen, die bereits rechtskräftig verurteilt worden sind und deren Berufung aufgrund der Regelung in § 329 Abs. 1 S. 1 StPO in einem der Sache *Neziraj* vergleichbaren Fall verworfen worden ist,[687] zunächst Verfassungsbeschwerde einlegen müssen und bei Erfolglosigkeit ebenso wie *Neziraj* Individualbeschwerde zum EGMR erheben müssen. Einfacher wäre aufgrund der Parallelität der Fallgestaltungen, wenn für sie ebenfalls das Recht zur Wiederaufnahme gemäß § 359 Nr. 6 StPO bestünde.

Nach herrschender Auffassung steht das Wiederaufnahmerecht nur demjenigen zu, der das Urteil vor dem EGMR in eigener Person erstritten hat. Begründet wird dies vor allem damit, dass die Urteile des EGMR nur Wirkung „inter partes“ haben

684 OLG Düsseldorf, StV 2013, 299, 301; OLG Hamm, StRR 2012, 463 (im Ergebnis haben beide Gerichte das Recht auf Vertretung wegen fehlender besonderer Vertretungsvollmacht des Verteidigers abgelehnt).

685 BVerfG, StV 2008, 1, 3; vgl. auch BVerfG, NJW 2014, 532, 533.

686 Im Ergebnis zu Art. 1 EMRK auch LR-EMRK/*Esser* EGMR Verfahren Rn. 255; *Grabenwarter* JZ 2010, 857, 861; *Meyer-Ladewig/Petzold* NJW 2005, 15, 18.

687 OLG Bremen, StV 2014, 211; OLG Celle, NStZ 2013, 615; OLG München, StV 2013, 301; OLG Düsseldorf, StV 2013, 299.

und nach dem Willen des Gesetzgebers eine „inter omnes"-Wirkung ausgeschlossen werden sollte.[688]

Nach anderer Auffassung soll das Recht zur Wiederaufnahme jedem zustehen, sobald überhaupt ein Urteil des EGMR vorliegt und das vom Antragsteller angefochtene Urteil auf der vom EGMR festgestellten Konventionsverletzung beruht. Zur Begründung wird vorgebracht, dass der Wortlaut des § 359 Nr. 6 StPO das Wiederaufnahmerecht nicht beschränkt und die Gesetzesmaterialien lediglich missverständlich formuliert sind.[689] Das LG Ravensburg hat in einem Beschluss vom 4.9.2000 hingegen eine analoge Anwendung von § 359 Nr. 6 StPO bejaht.[690] *Esser* erwägt eine konventionskonforme Auslegung, da der entgegenstehende Wille des Gesetzgebers im Wortlaut keinen Niederschlag gefunden habe.[691]

Der Wortlaut des § 359 Nr. 6 StPO enthält keine ausdrückliche Einschränkung der Wiederaufnahmeberechtigung. Gegenteiliges könnte man lediglich aus dem Beruhens-Erfordernis ableiten. Jedoch verlangt der Wortlaut nur, dass das nationale „Urteil auf dieser Verletzung" beruht. Daraus könnte man folgern, dass die Verletzung der Konvention vom konkreten Urteil abstrahierbar ist, weil die EMRK durch die Urteile des EGMR stets neu belebt wird. Allerdings bezieht das Demonstrativpronomen „dieser" die Verletzung der Konvention auf das jeweilige Urteil des EGMR, das auf den konkreten Streitgegenstand beschränkt ist. Damit kann bereits aus dem Wortlaut des § 359 Nr. 6 StPO eine Einschränkung hinsichtlich des Anfechtungsrechts auf den jeweiligen Beschwerdeführer abgeleitet werden. Folglich ist auch einer konventionskonformen Auslegung der Boden entzogen. Der EGMR hat anders als das BVerfG gerade keine Normverwerfungskompetenz, so dass der Vergleich mit § 79 Abs. 1 BVerfGG hinkt und deshalb keine Parallelität besteht.

Da einer extensiven Auslegung des § 359 Nr. 6 StPO der Wortlaut der Norm entgegensteht, kommt nur eine Analogie in Betracht. Eine solche setzt eine vergleichbare Interessenlage sowie eine planwidrige Regelungslücke voraus.[692] Im Bereich des Strafrechts ist jedoch das Analogieverbot zulasten des Täters zu beachten,[693] das im Strafverfahrensrecht jedenfalls dann nicht gilt, wenn die Analogie keine Beschwer enthält.[694] Eine analoge Anwendung von § 359 Nr. 6 StPO würde den Einzelnen nicht belasten, sondern begünstigen, so dass eine analoge Anwendung nicht per se unzulässig ist. Bei parallelen Fallgestaltungen, deren Konventionswidrigkeit

---

688 OLG Bamberg, Beschl. v. 5.3.2013 – 1 Ws 98/13, BeckRS 2013, 05389; LR-StPO/*Gössel* § 359 Rn. 193 f.; AnwK-StPO/*Rotsch* § 359 Rn. 38; *Meyer-Goßner* § 359 StPO Rn. 52; *Weigend* StV 2000, 384, 388; *Csaki* S. 160; offengelassen von OLG Köln, Beschl. v. 8.4.2013 – 2 Ws 161/13 (unveröffentlicht).

689 *Marxen/Tiemann* Wiederaufnahme, Rn. 285; Radtke/*Hohmann* § 359 StPO Rn. 54; für eine tendenziell weite Auslegung *Esser* StV 2000, 348, 352.

690 LG Ravensburg, NStZ-RR 2001, 115, 116.

691 *Esser* StV 2005, 348. 354 f.

692 BVerfG, NJW 1990, 1593, 1594.

693 BVerfGE 126, 170, 197 (Wortlaut als absolute Auslegungsgrenze).

694 *Meyer-Goßner* Einl Rn. 198; LR-StPO/*Lüderssen*/*Jahn* Einl. Abschn. M Rn. 47.

in einer nationalen Norm bzw. einer bestimmten Auslegung wurzelt, kommt es grundsätzlich für den Erfolg eines Wiederaufnahmeantrags nicht darauf an, ob jeder einzelne ein Urteil vor dem EGMR erstritten hat oder ob gleich im Rahmen des Wiederaufnahmeersuchens die Konventionswidrigkeit beseitigt wird. Damit liegt eine vergleichbare Interessenlage vor.[695] Problematisch ist, ob die Regelungslücke der Wiederaufnahmeberechtigung für alle auch planwidrig gewesen ist. Die Materialien beschränken das Wiederaufnahmerecht zwar nicht ausdrücklich auf den Beschwerdeführer im Verfahren vor dem EGMR. Jedoch ist der Änderungsantrag der Fraktion BÜNDNIS 90/DIE GRÜNEN im Gesetzgebungsverfahren abgelehnt worden, wonach der Satz angefügt werden sollte, dass der Wiederaufnahmegrund auch dann besteht, „wenn die Konventionswidrigkeit einer bundesdeutschen Rechtsnorm oder einer deren Regelungsinhalt entsprechenden Rechtsnorm eines anderen Signaturstaates der Europäischen Konvention zum Schutz der Menschenrechte und Grundfreiheiten festgestellt wurde".[696] Hätte der Gesetzgeber keine Einschränkung hinsichtlich der Wiederaufnahmeberechtigung angestrengt, hätte er sich, eingedenk des möglichen Missverständnisses des Wortlauts von § 359 Nr. 6 StPO, für eine klarstellende Formulierung, wie von der Fraktion BÜNDNIS 90/DIE GRÜNEN vorgeschlagen, entschieden. Aus der Tatsache, dass er dies gerade nicht getan hat, kann eindeutig geschlossen werden, dass eine Beschränkung des Wiederaufnahmerechts auf den Beschwerdeführer vor dem EGMR bezweckt ist. Die Gründe sind folglich nicht missverständlich, so dass keine planwidrige, sondern eine bewusste Regelungslücke entstanden ist.[697] Die Voraussetzungen einer Analogie sind damit nicht erfüllt.

Im Ergebnis ist damit der herrschenden Auffassung zuzustimmen, dass nach geltender Rechtslage das Wiederaufnahmerecht nur demjenigen zusteht, der ein Urteil vor dem EGMR in eigener Person erstritten hat.

Der restriktive Maßstab hinsichtlich der Wiederaufnahmeberechtigung ist vor dem Hintergrund verständlich, dass eine „Flut neuer Wiederaufnahmeverfahren"[698] vermieden werden soll. Jedoch muss auch zur Alternative abgewogen werden, wenn das Urteil des EGMR anlässlich eines konkreten Einzelfalls eine nationale Rechtsnorm für konventionswidrig erachtet. Die Parallelität ist dann offensichtlich und dennoch muss jeder Einzelne den Weg zum BVerfG und schließlich zum EGMR beschreiten, um in einem letzten Schritt doch das Wiederaufnahmerecht zu erhalten. Dies ist wenig prozessökonomisch.[699] Die befürchtete „Flut" wird damit nur insofern minimiert, als die Behebung eines Konventionsverstoßes in Altfällen ausgeschlossen ist, in denen die 6-Monats-Frist gemäß Art. 35 Abs. 1 EMRK abgelaufen ist. Im

695 So auch LG Ravensburg, NStZ-RR 2001, 115, 116; kritisch zur Vergleichbarkeit *Czerner* AVR 46 (2008) 345, 364.

696 Vgl. BT-Drs. 13/10333, S. 3.

697 Ähnlich auch *Czerner* AVR 46 (2008) 345, 363 (Fn. 78).

698 So die Bedenken hinsichtlich der Absenkung des Niveaus der Prognoseentscheidung im Rahmen der Zulässigkeitsprüfung von Wiederaufnahmeverfahren, BT-Drs. 13/10333, S. 3.

699 Kritisch auch *Ambos* ZStW 115 (2003) 583, 591.

Übrigen wird die befürchtete „Flut" allenfalls in eine andere Richtung geleitet. Der Gesetzgeber wollte durch Schaffung des § 359 Nr. 6 StPO dem Prinzip der konventionsfreundlichen Ausgestaltung des innerstaatlichen Rechts Tribut zollen.[700] Dieses Ziel kann nur erreicht werden, wenn bereits auf innerstaatlicher Ebene der Konventionsverstoß beseitigt wird, ohne dass Deutschland in jedem Parallelfall einzeln verurteilt werden muss. Eine Parallelität kann dabei nur entstehen, wenn die Konventionswidrigkeit nicht in den Einzelfallumständen wurzelt, sondern in einem nationalen Gesetz selbst oder in einer üblichen konventionswidrigen Auslegung einer Norm. *Weigend* ist dabei der Ansicht, dass Parallelfälle nur bei Verletzung des materiellen Strafrechts entstehen können, da bei Verletzung prozessualer Rechte die Entscheidung des EGMR in der Sache stets auf den Einzelfall gemünzt sei.[701] Die Anwendung des § 329 Abs. 1 StPO unter Verletzung der EMRK beweist jedoch gerade das Gegenteil. Damit kann eine Einschränkung i.S.v. *Weigend* nicht befürwortet werden. § 359 Nr. 6 StPO sollte im Sinne des Änderungsantrags der Fraktion BÜNDNIS 90/DIE GRÜNEN aus dem Jahr 1998[702] in einem neuen Gesetzgebungsverfahren geändert werden.[703]

### III. Zusammenfassung

Art. 46 Abs. 1 EMRK normiert nur eine auf den konkreten Streitgegenstand beschränkte Befolgungspflicht für die Vertragsstaaten. Deutschland hat hierfür den Wiederaufnahmegrund nach § 359 Nr. 6 StPO eingeführt. Jedoch sind die Vertragsstaaten aus Art. 1 EMRK verpflichtet, Parallelfälle zu vermeiden. Parallelfälle können sich dabei für Deutschland sowohl aus Urteilen gegen Deutschland selbst als auch gegen andere Vertragsstaaten ergeben. Um dem Ziel der Konventionskonformität des innerstaatlichen Rechts gerecht zu werden, wäre eine Reform des § 359 Nr. 6 StPO dahingehend wünschenswert, dass eine Wiederaufnahmeberechtigung stets dann besteht, wenn ein Urteil des EGMR ergangen ist und ein nationales Urteil auf der Verletzung der EMRK beruht, unabhängig davon, ob der Anfechtende zugleich Beschwerdeführer vor dem EGMR im konkret entschiedenen Fall gewesen ist.

## § 3. Umsetzung in der nationalen Rechtsprechung und Gesetzgebung

Es steht nunmehr fest, dass ein nationales Strafgericht verpflichtet ist, ein konkretes Urteil des EGMR zu befolgen, wenn es mit dem Streitgegenstand befasst ist bzw.

---

700 BT-Drs. 13/10333, S. 4.

701 *Weigend* StV 2000, 384, 388.

702 BT-Drs. 13/10333, S. 3.

703 Zur Reformbedürftigkeit auch *Gerst* NStZ 2013, 310, 312; *Swoboda* HRRS 2009, 188, 192 bei Piloturteilsverfahren des EGMR; *Czerner* AVR 46 (2008) 345, 364; *Selbmann* ZRP 2006, 124, 126; SK-StPO/*Frister* § 359 Rn. 89 fordert eine Änderung bei Feststellung der Konventionswidrigkeit einer Norm durch den EGMR.

die Wertung des EGMR über Art. 1 EMRK zu berücksichtigen, wenn ein Parallelfall vorliegt. Jedoch ergeben sich daraus einige Probleme, die mit dem Rang der EMRK in der nationalen Rechtsordnung zusammenhängen. Der nationale Strafrichter ist an die nationale Rechtsordnung gemäß Art. 20 Abs. 3 GG gebunden. Das bedeutet, dass er zum einen die Verfassung als dem einfachen Bundesrecht übergeordnetes Recht und zum anderen das einfache Bundesrecht selbst beachten muss. Da die EMRK ebenfalls nach innerstaatlicher Rechtsordnung den Rang eines einfachen Bundesgesetzes einnimmt, ist zu klären, wie der Strafrichter bei Normkollisionen mit dem Grundgesetz sowie dem einfachen Recht umzugehen hat und welche Konsequenzen sich daraus für den Gesetzgeber ergeben.

## I. Vorgaben des BVerfG („Görgülü")

### 1. *„Berücksichtigungspflicht" der Gerichte*

Als Leitentscheidung kann hierzu der Beschluss des BVerfG in der Sache *Görgülü*[704] herangezogen werden, der die Umsetzung der Rechtsprechung des EGMR in die nationale Rechtsordnung verbindlich thematisiert hat. Ausgangspunkt dieser Entscheidung war zwar ein zivilrechtliches Sorgerechts- und Umgangsrechtsverfahren, jedoch enthält der Beschluss auch allgemeine, alle Verfahrensarten betreffende Vorgaben für die Umsetzung der EMRK und der Rechtsprechung des EGMR.[705]

Auch das BVerfG hat darin erkannt, dass sich ein Gericht nicht unter Berufung auf ein Urteil des EGMR von der nationalen rechtsstaatlichen Kompetenzordnung und der Bindung an Gesetz und Recht gemäß Art. 20 Abs. 3 GG lösen kann. Jedoch hat es klargestellt, dass zur Bindung an Recht und Gesetz auch die Berücksichtigung der Gewährleistungen der EMRK sowie der Urteile des EGMR im Rahmen vertretbarer Gesetzesauslegung gehört.[706]

Dabei stellt sich die Frage, was unter „Berücksichtigung" zu verstehen ist. Das BVerfG hat hierzu ausgeführt, dass sich ein Gericht mit der Judikatur erkennbar auseinandersetzen müsse und gegebenenfalls nachvollziehbar begründen müsse, warum es der völkerrechtlichen Rechtsauffassung gleichwohl nicht folge.[707] Diese Aussage isoliert betrachtet mutet an, als müsse sich der nationale Richter mit dem Urteil lediglich beschäftigen, sei aber bei der Begründung, weshalb er die Rechtsprechung des EGMR nicht anwenden möchte, völlig frei.

Deshalb ist zu beachten, dass das BVerfG zwar zu Beginn seiner *Görgülü*-Entscheidung das Verhältnis der EMRK zur nationalen Rechtsordnung noch als zwei Kreise beschrieben hat, die sich nicht treffen,[708] jedoch dann klargestellt hat, dass durch den Umsetzungsakt in nationales Recht (Art. 59 Abs. 2 GG) die Verpflichtung

---

704 BVerfGE 111, 307.
705 Vgl. *Esser* StV 2005, 348.
706 BVerfGE 111, 307, 323.
707 BVerfGE 111, 307, 324; so auch OLG Bremen, StV 2014, 211.
708 Vgl. BVerfGE 111, 307, 318.

zur Beachtung der EMRK und der Judikate des EGMR auch die nationalen Gerichte trifft. Sie sind bei der Entscheidungsfindung in den Willensbildungsprozess des berufenen Gerichts einzubeziehen.[709] Dabei gilt der Grundsatz der völkerrechtskonformen Auslegung des innerstaatlichen Rechts, wenn der Gerichtshof eine innerstaatliche Vorschrift für konventionswidrig erklärt hat.[710]

Zudem ist hervorzuheben, dass der Beschluss des BVerfG zwar auch verallgemeinernde Aussagen für das Strafrecht enthält,[711] dennoch darf nicht vergessen werden, dass das BVerfG diese Grundsätze unter dem Eindruck einer familienrechtlichen Angelegenheit aufgestellt hat. Im Hinblick auf die Abweichungskompetenz nationaler Gerichte von der völkerrechtlichen Rechtsauffassung wird dies besonders deutlich, da das BVerfG vor allem auf Fälle im Privatrecht hinweist, in denen die Gerichte mehrpolige Grundrechtsverhältnisse auszugestalten haben. Dabei komme es regelmäßig auf eine sensible Abwägung zwischen verschiedenen subjektiven Rechtspositionen an, die bei einer Änderung der Subjekte des Rechtsstreits oder durch eine Änderung der tatsächlichen oder rechtlichen Verhältnisse im Ergebnis anders ausfallen könne.[712]

Einer strafrechtlichen Entscheidung liegt allerdings grundsätzlich nur ein vertikales Verhältnis zwischen Staat und Angeklagtem zugrunde und nicht wie im Privatrecht eine horizontale Ebene zwischen zwei Privaten. Daran kann auch die Tatsache nichts ändern, dass bei der Entscheidungsfindung im Strafprozess auch die Interessen und Belange von Zeugen zu berücksichtigen sind. Es liegt kein ausbalanciertes Teilsystem des innerstaatlichen Rechts [vor], das verschiedene Grundrechtspositionen miteinander zum Ausgleich bringen"[713] muss.[714] Grundrechte Dritter[715] können von vornherein nicht entgegen stehen.

Schließlich hat das BVerfG betont, dass der Beschwerdeführer die Missachtung der Berücksichtigungspflicht als Verstoß gegen das in seinem Schutzbereich berührte Grundrecht in Verbindung mit dem Rechtsstaatsprinzip im Verfahren der Verfassungsbeschwerde rügen kann.[716] Dass dies nicht nur für den konkret vom EGMR entschiedenen Fall gilt, ergibt sich daraus, dass das BVerfG die Verfassung auch dann verletzt sieht, wenn sich die Gerichte nicht durch methodisch vertretbare Gesetzesauslegung mit den Gewährleistungen der EMRK und den Urteilen des EGMR auseinandergesetzt haben.[717]

---

709 BVerfGE 111, 307, 324.

710 BVerfGE 111, 307, 325.

711 *Esser* StV 2005, 348.

712 BVerfGE 111, 307, 324; 128, 326, 371.

713 BVerfGE 111, 307, 327.

714 Vgl. *Esser* StV 2005, 348, 351; *ders.* StV 2013, 331, 339; *ders.* StraFo 2013, 252, 255; *Warnking* S. 20; *Kühne* GA 2005, 195, 209 hält hingegen eine Abwägung des staatlichen Verfolgungsinteresses gegenüber dem Interesse des Bürgers für möglich.

715 BVerfGE 111, 307, 329.

716 BVerfGE 111, 307, 316.

717 BVerfGE 111, 307, 323.

Berücksichtigungspflicht meint damit im Bereich des Strafrechts die strikte Pflicht zur konventionskonformen Auslegung des innerstaatlichen Rechts, ohne dass Drittinteressen eine Abwägung erforderlich machen würden. Nur, wenn diese nicht gelingt, ist der Berücksichtigungspflicht trotz Nichtanwendung der Grundsätze des EGMR seitens der Gerichte genüge getan.

Inhaltlich bezieht sich die Berücksichtigungspflicht auf die allgemeinen Grundsätze losgelöst von den Einzelfallgesichtspunkten in der Rechtsprechung des EGMR.[718] Das OLG Celle meint hingegen, auch das zustimmende Sondervotum der Richterinnen *Nussberger* und *Power-Forde* in der Sache *Neziraj* zur Begründung heranziehen zu dürfen,[719] das die Wichtigkeit der Anwesenheit des Angeklagten in der Hauptverhandlung betont[720] wie dies bereits das BVerfG im Fall Neziraj im Jahr 2006[721] getan hat. Doch wie die Bezeichnung „*Sonder*votum" schon aussagt, ist es gerade nicht Teil der Rechtsprechung des EGMR geworden, auch wenn es sich um ein *zustimmendes* Sondervotum[722] gehandelt hat. Der Berücksichtigungspflicht ist damit nicht genügt.

## 2. Grundsatz der völkerrechtsfreundlichen Auslegung

Damit ist zu klären, was unter dem Grundsatz der völkerrechtsfreundlichen Auslegung zu verstehen ist.

### a) EMRK und EGMR-Urteile als Auslegungshilfe für das Grundgesetz

Stößt der nationale Strafrichter auf einen Konflikt mit dem Grundgesetz, würde sich nach nationalem Verständnis der Normenhierarchie die verfassungsrechtliche Bestimmung als lex-superior durchsetzen. Dem hat das BVerfG jedoch dadurch abgeholfen, dass es die Verbürgungen der EMRK zwar nicht als unmittelbaren verfassungsrechtlichen Prüfungsmaßstab aufgefasst hat.[723] Jedoch hat es die EMRK sowie die Judikate des EGMR über den „Kniff" des Art. 20 Abs. 3 GG zur Auslegungshilfe für das Grundgesetz erklärt. Denn zur Bindung an Gesetz und Recht (Art. 20 Abs. 3 GG) gehöre die Berücksichtigung der Gewährleistungen der Konvention zum Schutz der Menschenrechte und Grundfreiheiten und der Urteile des Europäischen Gerichtshofs für Menschenrechte im Rahmen

---

718 Vgl. hierzu 7. Kapitel § 2 II.

719 OLG Celle, NStZ 2013, 615, 616.

720 EGMR Neziraj ./. D (Fn. 6) zustimmendes Sondervotum der Richterinnen *Nussberger* und *Power-Forde.*

721 BVerfG, StraFo 2007, 190 ff.

722 Das Sondervotum ist zwar als „concurring opinion" überschrieben, jedoch offenbart der Inhalt, dass es sich in der Sache eher um ein abweichendes Votum handelt. Denn die Richterinnen sind der Meinung, dass kein Weg ersichtlich ist, wie der Wahrheitserforschung im Prozess besser gedient werden könnte als durch die persönliche Anwesenheit des Angeklagten.

723 BVerfGE 74, 358, 370; 111, 307, 317; 128, 326, 366.

methodisch vertretbarer Gesetzesauslegung.[724] Die Nichtbeachtung dieser Berücksichtigungspflicht kann als Verstoß gegen das im jeweiligen Schutzbereich berührte Grundrecht in Verbindung mit dem Rechtsstaatsprinzip vor dem BVerfG gerügt werden.[725] Die EMRK beeinflusse als Ausdruck der Völkerrechtsfreundlichkeit des Grundgesetzes die Auslegung der Grundrechte und rechtsstaatlichen Grundsätze des Grundgesetzes, sofern dies nicht zu einer – von der Konvention selbst nicht gewollten (Art. 53 EMRK) – Einschränkung oder Minderung des Grundrechtsschutzes nach dem Grundgesetz führe.[726] Das BVerfG hat in einem Nichtannahmebeschluss v. 7.11.2012 zur Mindestzellengröße bei Einzelunterbringung nochmal pointiert formuliert, dass „die Grundrechte des Grundgesetzes *nach Möglichkeit* so auszulegen sind, dass Verstöße gegen die EMRK vermieden werden können".[727] Auf diese Weise wird der Konflikt mit dem Grundgesetz als lex-superior grundsätzlich entschärft.[728] Ein Verstoß gegen die Verfassung kommt damit nur in Betracht, wenn die Verfassungsnorm ihrerseits einer Auslegung i.S.d. EMRK und des Rechtsprechung des EGMR nicht zugänglich ist.[729]

### *b) EMRK und EGMR-Urteile als Auslegungshilfe für das einfache Recht*

Auch das einfache Bundesrecht soll möglichst i.S.d. EMRK und damit i.S.d. EGMR ausgelegt werden.[730] Die deutsche Judikatur, die regelmäßig mit der Auslegung des § 329 Abs. 1 S. 1 StPO beschäftigt gewesen ist, hat die Grundsätze der *Görgülü*-Rechtsprechung[731] zutreffend rezipiert und erkannt, dass die konventionsfreundliche Auslegung endet, wenn sie nach den anerkannten Methoden der Gesetzesauslegung und Verfassungsinterpretation nicht mehr vertretbar erscheint bzw. der Wille des nationalen Gesetzgebers in der Gestalt von bestehendem Gesetzesrecht entgegensteht.[732] Insofern ist klarzustellen, dass *alle* anerkannten Methoden der Gesetzesauslegung, d.h. begonnen beim Wortsinn des Gesetzes, über die systematische Einbindung der Regelung in den Normkontext und den Telos der Norm bis zum

---

724 BVerfGE 111, 307; 128, 326, 367; OLG München StV 2013, 301, 302; *Breuer* NVwZ 2005, 412 sieht darin ein neues „Grundrecht auf Berücksichtigung eines Urteils des *EGMR*".

725 BVerfGE 111, 307, 316.

726 BVerfGE 111, 307, 317; 128, 326, 368; 74, 358, 370.

727 BVerfG, NStZ-RR 2013, 91; vgl. auch BVerfGE 111, 307, 324, 74, 358, 370.

728 *Payandeh* DÖV 2011, 382, 386.

729 *Breuer* NVwZ 2005, 412, 413.

730 BVerfGE 111, 307, 324 f.; *Mosbacher* NStZ 2013, 312, 313.

731 BVerfGE 111, 307, 329; vgl. auch 128, 326, 371.

732 OLG München, StV 2013, 301, 302; OLG Celle, NStZ 2013, 615, 616; OLG Bremen, StV 2014, 211; OLG Hamburg, Beschl. v. 3.12.2013 – 1 – 25/13 (REV) 1 Ss 68/13, BeckRS 2014, 01432.

historischen Willen des Gesetzgebers, kumulativ herangezogen werden müssen,[733] um Völkervertragskonformität herzustellen.

Das OLG München meint ein zusätzliches Argument für die Grenzen der völkerrechtsfreundlichen Auslegung in der „ständigen Rechtsprechung des BVerfG zur (vermeintlich) vergleichbaren Problematik der Bindung an RiL der EU und die Rechtsprechung des EuGH" im Hinblick auf die Grenzen der (früheren) gemeinschaftsrechtskonformen Auslegung zu finden.[734] Dem ist zwar zuzugeben, dass auch die gemeinschaftsrechtsfreundliche Auslegung durch Art. 20 Abs. 3 GG begrenzt ist.[735] Dies ist jedoch bereits die einzige Gemeinsamkeit. Die EMRK ist als völkerrechtlicher Vertrag durch den Europarat, nicht zu verwechseln mit dem Rat der Europäischen Union,[736] verabschiedet worden, sie ist insofern kein Teil des „Europarechts" i.S.d. EU, die in ihrem Aufbau und den Rechtsgrundlagen völlig anderen Regeln folgt als die Konvention.[737] Im Ergebnis kann dieses Argument den Grundsatz der völkerrechtskonformen Auslegung mit ihren Grenzen in Art. 20 Abs. 3 GG nicht stärken und ist damit überflüssig.

Problematisch ist die Konstellation, in der die EMRK einen weiter reichenden Schutz als die nationale Rechtsordnung bietet. Hierbei ist zu beachten, dass die EMRK als völkerrechtlicher Vertrag den Fortbestand nationalen Rechts voraussetzt und dieses mit ihren Garantien nur überlagern und nicht ersetzen will.[738]

Entsprechend dem nationalen Verständnis gilt zunächst der Grundsatz „lex posterior derogat legi priori". Ist also die EMRK lex posterior, sind die Vorschriften der StPO um Gewährleistungen der Konvention ergänzt worden.[739] Folglich müsste nach nationaler Methodenlehre die EMRK derogiert werden können, wenn sie lex prior darstellt. Diese Konstellation ist grundsätzlich seit 1987 höchstrichterlich zugunsten einer völkerrechtskonformen Auslegung entschieden, die den Grundsatz „lex posterior derogat legi priori" zugunsten der EMRK ausgehebelt hat:

---

733 Vgl. BVerfG, NJW 2013, 1058, 1062, Tz. 66; BVerfGE 11, 126, 130; *Larenz* Methodenlehre der Rechtswissenschaft, S. 140, 163.

734 OLG München, StV 2013, 301, 302 mit Verweis auf BVerfG, NJW 2012, 669 und EuGH Rs. C-12/08 (Mono Car Styling), 16.7.2009, Slg. 2009, I-6653, § 61; im Anschluss daran auch OLG Celle, NStZ 2013, 615, 616; OLG Hamburg, Beschl. v. 3.12.2013 – 1 – 25/13 (REV), BeckRS 2014, 00512.

735 *Hecker* Europäisches Strafrecht, § 10 Rn. 26.

736 So auch *Esser* Europäisches und Internationales Strafrecht, § 8 Rn. 1.

737 *Zehetgruber* HRRS 2013, 397, 403.

738 LR-EMRK/*Esser* Einführung Rn. 92 f. Einfach zu beurteilen ist der Fall, dass das nationale Recht mit den Verbürgungen der EMRK übereinstimmt. Hier hat das nationale Recht nur zusätzliche, übernationale Rechtsschutzgarantien erhalten. Wenn die nationalen Normen über dem Mindestschutzniveau der EMRK liegen, regelt Art. 53 EMRK ausdrücklich, dass keine Bestimmung der Konvention als Beschränkung oder Minderung eines der Menschenrechte und Grundfreiheiten ausgelegt werden darf, so dass weitergehende Rechte unberührt bleiben; vgl. *Eisele* JR 2004, 12, 14.

739 *Eisele* JR 2004, 12, 15.

„Auch Gesetze – hier die Strafprozessordnung – sind im Einklang mit den völkerrechtlichen Verpflichtungen der Bundesrepublik Deutschland auszulegen und anzuwenden, selbst, wenn sie zeitlich später erlassen worden sind als ein geltender völkerrechtlicher Vertrag; denn es ist nicht anzunehmen, daß der Gesetzgeber, sofern er dies nicht klar bekundet hat, von völkerrechtlichen Verpflichtungen der Bundesrepublik Deutschland abweichen oder die Verletzung solcher Verpflichtungen ermöglichen will."[740]

Diese völkerrechtsfreundliche Lösung des Normenkonflikts wird vom BVerfG in seinem *Görgülü*-Beschluss jedoch wieder in Frage gestellt, indem es keine klare Stellung bezieht. Es nimmt die Rechtsprechung aus 1987 auf, indem es betont, dass das nationale Recht unabhängig vom Zeitpunkt seines Inkrafttretens nach Möglichkeit im Einklang mit dem Völkerrecht auszulegen sei.[741] An späterer Stelle stellt es jedoch prägnant heraus:

„Auch auf der Ebene des Bundesrechts genießt die Konvention nicht automatisch Vorrang vor anderem Bundesrecht, zumal wenn es in diesem Zusammenhang nicht bereits Gegenstand der Entscheidung des Gerichtshofs war."[742]

Dieser vermeintliche Widerspruch hat in der Literatur die Befürchtung geschürt, dass die lex-posterior-Problematik erneut belebt worden ist[743] bzw. das nationale Bundesrecht von der EMRK i.S.e. „Souveränitätsvorbehalts" unberührt bleiben muss[744]. Jedoch ist zu sehen, dass das BVerfG bereits 1987 keinen *automatischen* Vorrang der Konvention vor innerstaatlichem Bundesrecht propagiert hat. Die Grenze des Vorrangs ist danach erst erreicht, wenn der Wille des deutschen Gesetzgebers offensichtlich der Konvention widerspricht. Die Exekutive und Judikative können sich über den Willen des deutschen Gesetzgebers nicht einfach hinwegsetzen und automatisch der EMRK Vorrang gewähren. Ihnen steht keine Normverwerfungskompetenz zu. Nichts anderes ist bei der Gesamtschau aller Aussagen des BVerfG in der *Görgülü*-Rechtsprechung zu lesen. Die Lösung des vermeintlichen Konflikts liegt also darin, dass man die einzelnen Aussagen des BVerfG nicht isoliert, sondern nur im Zusammenhang betrachten darf. Jedes einfache Bundesrecht unabhängig von seinem Entstehungszeitpunkt ist damit im Lichte der EMRK auszulegen.

### *3. Souveränitätsvorbehalt des BVerfG als Grenze der völkerrechtsfreundlichen Auslegung*

Das BVerfG hat in seinem *Görgülü*-Beschluss jedoch auch Grenzen der konventionskonformen Auslegung aufgezeigt. Es hat herausgestellt, dass die Völkerrechts-

740 BVerfGE 74, 358, 370.
741 BVerfGE 111, 307, 324.
742 BVerfGE 111, 307, 329.
743 *Esser* StV 2005, 348, 351.
744 *Roxin* in: FS 25 Jahre AG Strafrecht, S. 1070, 1078, die die Rechtsprechung des BVerfG so deutet, dass auch nationales Bundesrecht zum „Souveränitätsvorbehalt" gehört.

freundlichkeit aufgrund des „2-Kreise-Modells" ihre Wirkung nur im Rahmen des demokratischen und rechtsstaatlichen Systems des Grundgesetzes entfalte:

> „Das Grundgesetz (...) verzichtet aber nicht auf die in dem letzten Wort der deutschen Verfassung liegende Souveränität."[745]

Insofern widerspreche es nicht dem Ziel der Völkerrechtsfreundlichkeit, wenn der Gesetzgeber ausnahmsweise Völkervertragsrecht nicht beachte, sofern nur auf diese Weise ein Verstoß gegen tragende Grundsätze der Verfassung abzuwenden sei.[746]

Dieser „Souveränitätsvorbehalt" wird nicht auf den Gesetzgeber begrenzt verstanden, vielmehr haben *Meyer-Ladewig / Petzold* klargestellt, dass er auch die Gerichte betreffe.[747] Deshalb ist zwischen den einzelnen Gewalten zu differenzieren.

### *a) Bedeutung für die nationalen Gerichte*

Ein nationales Strafgericht ist an Recht und Gesetz und damit an die Verfassung gebunden, Art. 20 Abs. 3 GG. Die Souveränität der Verfassung ist damit grundsätzlich selbstverständlich. Jedoch ist zu beachten, dass das BVerfG in seinem *Görgülü*-Beschluss auch klargestellt hat, dass die Verfassung i.S.d. EMRK und der Rechtsprechung des EGMR auszulegen ist. Das bedeutet, dass ein nationales Gericht mit dem Souveränitätsvorbehalt nur in Berührung kommt, wenn die Verfassung nicht im Sinne der Konvention ausgelegt werden kann.[748] Ein nationales Strafgericht ist dann am Ende seiner Auslegungsbefugnis. Insofern wäre es wünschenswert gewesen, das BVerfG hätte klargestellt, dass die Verfassung in konventionskonformer Auslegung das letzte Wort hat.

### *b) Bedeutung für den Gesetzgeber*

Im Hinblick auf den Gesetzgeber ist der „Souveränitätsvorbehalt" eindeutig: An der Verfassung ist nicht zu rütteln. Aus nationaler Sicht ist dem zuzustimmen. Jedoch ist auch – um im Bild des BVerfG zu bleiben – der zweite Kreis, das Völkervertragsrecht, zu beachten. Art. 53 EMRK normiert insofern nur das sog. „Günstigkeitsprinzip", wonach die EMRK einen nationalen Grundrechtskatalog nicht beschränken soll. Ein genereller Vorrang einer nationalen Verfassung kann daraus nicht abgeleitet werden.[749] Das BVerfG hat hinsichtlich des einfachen Rechts erkannt, dass eine Gesetzesänderung bei Verstoß gegen die Konvention nötig werden kann, wenn die Grenzen der völkerrechtskonformen Auslegung erschöpft sind.[750] Diesen Weg hätte es konsequent zu Ende gehen müssen. Dabei hätte es erkennen müssen, dass das Völkervertragsrecht

---

745 BVerfGE 111, 307, 319; vgl. auch BVerfGE 128, 326, 369.

746 BVerfGE 111, 307, 318 f.; so auch BVerfGE 128, 326, 368.

747 *Meyer-Ladewig/Petzold* NJW 2005, 15, 16; verallgemeinernd auch *Esser* StV 2005, 348, 351.

748 Vgl. *Zehetgruber* HRRS 2013, 397, 403, wonach auch der Wille des „Quasi-EMRK-Gesetzgebers" zu beachten ist.

749 Ähnlich auch *Meyer-Ladewig/Petzold* NJW 2005, 15, 19.

750 BVerfGE 111, 307, 325.

und das nationale Recht keine Kreise sind, die ohne Berührungspunkt nebeneinander stehen, sondern Kreise, die systematisch ineinandergreifen.[751] Ein Staat kann sich unter Berufung auf sein nationales Recht nicht von den durch den Beitritt zu einem Menschenrechtspakt freiwillig übernommenen Bindungen befreien, ohne einen entsprechenden Vorbehalt erklärt zu haben. Wenn die Art der Umsetzung des Völkervertragsrechts in nationales Recht zu Konflikten zwischen den Verbürgungen führt, ist zur Vermeidung des Bruchs von Völkervertragsrecht die nationale Eitelkeit beiseite zu legen. Es ist einzusehen, dass Völkerrecht die Änderung des innerstaatlichen Rechts notwendig machen kann.[752] Auch eine Änderung des Verfassungsrechts kann angezeigt sein.[753] Nur so werden die Vertragsstaaten ihrer Pflicht aus Art. 1 EMRK gerecht, ihre Rechtsordnung jederzeit im Einklang mit der Konvention zu halten und zwar in Bezug auf alle Rechtsvorschriften jedweden Rangs.[754] Es wäre wünschenswert, dass sich das BVerfG dieser völkerrechtsfreundlichen Sichtweise ganz öffnet und erkennt, dass dies keine Einschränkung, sondern eine Bestärkung der Souveränität der deutschen Verfassung ist. Es werden nur die Pflichten erfüllt, denen Deutschland als souveräner Staat zugestimmt hat.[755]

### *4. Zwischenergebnis*

Nach den Vorgaben des BVerfG sind im Ergebnis alle innerstaatlichen Strafgerichte zunächst verpflichtet, die Urteile des EGMR bei der Urteilsfällung dahingehend zu berücksichtigen, dass sie das nationale Recht konventionskonform auslegen. Aufgrund der völkerrechtlichen Bindung und der „Hochzonung" der EMRK als Auslegungshilfe für das Grundgesetz, muss das auslegende Gericht nach der Prämisse handeln, die Auslegung bis an ihre äußerste Grenze zu führen, um Völkerrechtskonformität herzustellen.[756] Dabei ist zu erinnern, dass nach den klassisch anerkannten Auslegungsmethoden der Wortlaut zwar die äußerste Grenze der Auslegung ist, jedoch auch Historie, Systematik und vor allem die teleologische Auslegung eine Rolle spielen. Alle eröffneten Auslegungs- und Abwägungsspielräume[757] sind damit unbedingt i.S. Konvention auszufüllen. Ansonsten ist der Gesetzgeber gefragt. Hier darf er auch vor der Änderung der Verfassung i.S.d. Konvention keinen Halt machen.

---

751 *Ruffert* EuGRZ 2007, 245, 255.

752 *Cremer* EuGRZ 2004, 683, 689; *Esser* StV 2005, 348, 350 f.

753 *Meyer-Ladewig/Petzold* NJW 2005, 15, 16; vgl. BVerfGE 128, 326, 369, wonach die Verfassung die normative Grundlage eines internationalen und europäischen Dialogs sein soll.

754 *Quarthal* JURA 2011, 495, 496.

755 Ähnlich auch *Kadelbach* JURA 2005, 480, 484 zur Beschreibung des Verhältnisses zwischen nationalem und internationalem Recht.

756 *Engel* ZJS 2013, 339, 343.

757 OLG Celle, NStZ 2013, 615, 616.

## II. Konkrete Normenkontrolle zum BVerfG

Hat das Gericht nach den Regeln des BVerfG gehandelt und gelingt eine Auslegung i.S.d. Konvention immer noch nicht, hat das Gericht seiner Berücksichtigungspflicht nach dem *Görgülü*-Beschluss genüge getan. Ob damit tatsächlich alle nationalen Möglichkeiten erschöpft sind, Völkerrechtskonformität herzustellen, ist zweifelhaft. Denn einem nationalen Gericht steht auch das Institut der konkreten Normenkontrolle gemäß Art. 100 Abs. 1 GG zum BVerfG zur Verfügung.

Dies hat das OLG Bremen in seinem Beschluss vom 10.6.2013 verkannt, indem es behauptet hat, dass eine Vorlegungsmöglichkeit für Gerichte nicht bestehe.[758] In der konkreten Normenkontrolle gemäß Art. 100 Abs. 1 GG zum Bundesverfassungsgericht könnte damit ein weiterer Aspekt der Berücksichtigungspflicht liegen.[759]

Diese könnte Erfolg haben, wenn ein Gericht von der Konventionswidrigkeit einer Norm überzeugt ist.[760] Zwar stellt die EMRK wegen des Rangs eines einfachen Bundesgesetzes keinen unmittelbaren Prüfungsmaßstab dar,[761] doch hat die Rechtsprechung des BVerfG die EMRK und die Rechtsprechung des EGMR auf die Ebene der Verfassung als Auslegungshilfe „hochgezont" und als Teil des Rechtsstaatsprinzips (Art. 20 Abs. 1, Abs. 3 GG) angesehen. Damit ist sie doch mittelbar Prüfungsmaßstab im Rahmen der konkreten Normenkontrolle.[762] Da den deutschen Gerichten die Pflicht obliegt, sich auch der Verfassungsmäßigkeit des von ihnen anzuwendenden formellen Rechts zu vergewissern,[763] müssen sie darüber mittelbar auch die EMRK im Gepräge der (gesamten) Rechtsprechung des EGMR im Blick haben. Ist das Gericht von einem Verstoß gegen die EMRK überzeugt, besteht nicht nur ein Recht zur Richtervorlage, sondern sogar eine Pflicht.[764]

Die Berücksichtigungspflicht der innerstaatlichen Gerichte ist damit um diesen Aspekt zu ergänzen.

## III. Entgegenstehende Rechtskraft gemäß § 31 BVerfGG?

Der Berücksichtigungspflicht der innerstaatlichen Gerichte könnte jedoch der Nichtannahmebeschluss des BVerfG vom 27.12.2006 entgegenstehen. Darin hat das BVerfG

758 OLG Bremen, StV 2014, 211, 212. Unklar bleibt dabei, ob eine Vorlagemöglichkeit zum EGMR oder zum BVerfG gemeint ist. Jedenfalls hätte das Gericht die Vorlage zum BVerfG erkennen müssen. Anders OLG Dresden, Beschl. v. 7.3.2013 – OLG 23 Ss 56/14 (Z), BeckRS 2014, 07116, das ausdrücklich die Vorlegungsmöglichkeit gemäß Art. 100 Abs. 1 GG ablehnt.

759 *Payandeh* DÖV 2011, 382; *Esser* StV 2013, 331, 337; im Anschluss daran wohl *Engel* ZJS 2013, 339, 343; BeckOK-StPO/*Eschelbach* § 329 Rn. 7.

760 Zweifel genügen nicht, vgl. anders Art. 100 Abs. 2 GG, Maunz/Dürig-GG/*Dederer* Art. 100 Rn. 35.

761 Maunz/Dürig-GG/*Dederer* Art. 100 Rn. 220.

762 *Payandeh* DÖV 2011, 382, 388.

763 *Degenhart* Staatsrecht I, Rn. 837.

764 Vgl. auch *Esser* StV 2013, 331, 337.

die Norm des § 329 Abs. 1 StPO mit der Verfassung für vereinbar erachtet.[765] Da Entscheidungen des BVerfG gemäß § 31 Abs. 1 BVerfGG auch für Gerichte über den konkreten Streitgegenstand verbindlich sind und bei Verfassungsbeschwerden nach § 31 Abs. 2 S. 2 BVerfGG in Gesetzeskraft erwachsen, wenn das BVerfG ein Gesetz als mit dem Grundgesetz vereinbar oder unvereinbar oder für nichtig erklärt, könnten die Gerichte an einer konventionskonformen Auslegung gehindert sein. Dass diese Sicht nicht völlig abwegig ist, zeigt die ständige deutsche Rechtsprechung, die sich zur Ablehnung des Rechts auf Vertretung gemäß § 329 Abs. 1 S. 1 StPO sowohl vor dem Urteil des EGMR in der Sache *Neziraj* als auch noch danach auf die Argumente beruft, die das BVerfG 2006 vorgetragen hat.[766] Auch *Engel* sieht wohl in der Entscheidung des BVerfG ein Hindernis für die Erhebung einer konkreten Normenkontrolle. Um dieses Dilemma zu lösen, beruft er sich auf die Entscheidung des BVerfG zur Sicherungsverwahrung, in der das BVerfG proklamiert hat, dass eine spätere Entscheidung des EGMR geeignet sei, die Rechtskraft einer früheren Entscheidung des BVerfG zu durchbrechen.[767]

Jedoch ist zu beachten, dass dem Judikat des EGMR über die Konventionskonformität der nachträglichen Sicherungsverfahren ein Urteil des BVerfG vorausgegangen ist, das positiv über die Vereinbarkeit eines Gesetzes mit der Verfassung entschieden hat und die Verfassungsbeschwerde in der Sache verworfen hat.[768] Bei der Entscheidung des BVerfG in der Sache *Neziraj* hat es sich hingegen um einen Nichtannahmebeschluss i.S.v. § 93b BVerfGG gehandelt, der im Tenor lediglich besagt, dass die Verfassungsbeschwerde nicht zur Entscheidung angenommen wird.[769]

Die Gesetzeskraft einer Entscheidung des BVerfGs beschränkt sich jedoch grundsätzlich ausschließlich auf den Entscheidungstenor.[770] Das bedeutet, dass bei einem Nichtannahmebeschluss nur verbindlich ist, *dass* die Entscheidung vor dem BVerfG nicht angenommen worden ist, weil keine Annahmegründe gemäß § 93a Abs. 2 BVerfG vorgelegen haben. Für eine Bindung in der Sache ist damit kein Raum.[771]

Deshalb steht die Entscheidung des BVerfG in der Sache *Neziraj* der Berücksichtigungspflicht der nationalen Gerichte weder im nationalen Strafverfahren noch hinsichtlich eines Antrags auf konkrete Normenkontrolle entgegen. *Engels* Versuch, die Rechtskraft der Entscheidung zu beseitigen, war damit vorschnell und im Ergebnis überflüssig.

---

765 BVerfG, StraFo 2007, 190.

766 OLG Bremen, StV 2013, 211, 212; OLG Celle NStZ 2013, 614, 616; OLG München StV 2013, 301, 302. Vor dem Urteil *Neziraj*: OLG Hamm StRR 2012, 463; OLG Düsseldorf, StV 2013, 299 f.

767 *Engel* ZJS 2013, 339, 343 f. unter Berufung auf BVerfGE 128, 326.

768 BVerfGE 109, 133.

769 BVerfG, StraFo 2007, 190.

770 BVerfGE 104, 151, 197; Schlaich/*Korioth* Bundesverfassungsgericht, Rn. 485.

771 Maunz/Schmidt-Bleibtreu/Klein/*Bethge* § 31 BVerfGG Rn. 49, 84; vgl. auch LR-EMRK/*Esser* Art. 6 Rn. 706 (Fn. 1760); *Esser* in: Hdb. Europäisches Strafrecht, § 56 Rn. 23; *Zehetgruber* HRRS 2013, 397, 399 (Fn. 22).

## § 4. Zusammenfassung

Die EMRK ist in Deutschland als einfaches Bundesgesetz umgesetzt worden. Erlässt der EGMR ein Urteil gegen Deutschland, trifft vorrangig den Staat als Völkerrechtssubjekt die völkerrechtliche Befolgungspflicht der Wiedergutmachung im konkreten Fall gemäß Art. 46 Abs. 1 EMRK. Im Bereich des Strafrechts ist hierzu das Recht zur Wiederaufnahme des Strafverfahrens gemäß § 359 Nr. 6 StPO geschaffen worden.

Doch auch in sog. „Parallelfällen“, die sich aus Verurteilungen gegen Deutschland selbst oder gegen andere Vertragsstaaten ergeben können, folgt aus Art. 1 EMRK eine Berücksichtigungspflicht. Wünschenswert wäre insofern die Aufgabe der Beschränkung der Wiederaufnahmeberechtigung gemäß § 359 Nr. 6 StPO auf denjenigen, der das Urteil vor dem EGMR erstritten hat. Die Berücksichtigungspflicht trifft nicht nur den Staat, sondern auch die Staatsorgane, insbesondere die Gerichte. Sie müssen bei der Entscheidungsfindung die Verfassung und das einfache Recht bis zur äußersten Wortlautgrenze mittels aller zulässiger Interpretationsmöglichkeiten i.S.d. Konvention und damit im Sinne der Rechtsprechung des EGMR auslegen (Art. 20 Abs. 3 GG). Wenn dies nicht gelingt und das Gericht von der Konventionswidrigkeit einer Norm überzeugt ist, ist die konkrete Normenkontrolle zum BVerfG (Art. 100 Abs. 1 GG) zu erheben. Der Berücksichtigungspflicht der Gerichte steht keine rechtskräftige Entscheidung des BVerfG entgegen (§ 31 BVerfGG).

# 8. Kapitel: Auswirkungen der Rechtsprechung des EGMR zum Recht auf Vertretung auf die deutsche StPO

Soweit bereits ersichtlich[772], haben sich die anderen Vertragsstaaten nach ihren Verurteilungen durch den EGMR dazu entschieden, vor allem das Recht auf Vertretung auszuweiten.

Infolge des Urteils in der Sache *Krombach* hat Frankreich eine Gesetzesänderung dahingehend vorgenommen, dass der Angeklagte vor dem allgemeinen Strafgericht (tribunal correctionnel) in Erweiterung des § 411 CCP unabhängig von der zu erwartenden Höhe der Strafe einen Anspruch darauf hat, dass in seiner Abwesenheit verhandelt und entschieden wird. Der Angeklagte muss sich dann von einem Verteidiger vor Gericht verteidigen lassen.[773] Auch das Verfahren vor dem Schwurgericht (cour d'assises) hat eine Erweiterung des Rechts auf Vertretung erfahren, indem das Kontumazialverfahren abgeschafft wurde und, anders als früher bei Anwesenheit eines Verteidigers, eine Hauptverhandlung auch ohne den Angeklagten möglich ist (vgl. Art. 379–3 Abs. 1 CCP).[774]

In den Niederlanden ist es aufgrund der einschlägigen EGMR-Judikate zu einer Rechtsprechungsänderung gekommen. Ein „zwingender Grund“ für die Abwesenheit des Angeklagten ist nicht länger eine Voraussetzung für das Recht auf Vertretung des Angeklagten in Abwesenheit.[775]

Das belgische Strafprozessrecht ist dahingehend geändert worden, dass dem Angeklagten nun ein umfassendes Recht auf Vertretung zusteht.[776]

Damit weitere Verurteilungen Deutschlands in sog. „Parallelfällen“ künftig vermieden werden, ist nun zu überprüfen, ob bzw. wie die nationale Rechtspraxis bzw. die Gesetzeslage zu ändern ist, um Konventionskonformität herzustellen.

---

772 Bezüglich *Kari-Pekka-Pietiläinen* und *Neziraj* ist noch keine Resolution ersichtlich.

773 Vgl. Act no. 2004–204 of 9 March 2004 Art. 133 III Official Journal of 10 March 2004, in force 1 October 2004; aktuelle Fassung der französischen Strafprozessordnung abrufbar unter: http://www.legifrance.gouv.fr/Traductions/Liste-des-traductions-Legifrance (Stand: 6.12.2014); Appendix to Resolution CM/ResDH(2011)212; *Pfefferkorn* S. 195; *Paul* S. 123.

774 Vgl. Inserted by Law no. 2004–204 of 9 March 2004 art.156 III Official Journal of 10 March 2004, in force 1 October 2004; *Pfefferkorn* S. 213; *Paul* S. 123.

775 Appendix to Resolution DH (95) 241(Pelladoah); Appendix to Resolution DH (95) 240 (Lala); *Paul* S. 140.

776 Appendix to Resolution CM/ResDH(2010)2.

## § 1. Verwerfung der Berufung des unentschuldigt ausgebliebenen Angeklagten, § 329 Abs. 1 S. 1 StPO

Die Verurteilung Deutschlands durch den EGMR in der Sache *Neziraj*[777] hat sich an der Norm § 329 Abs. 1 S. 1 StPO und der Verwerfungspraxis der deutschen Gerichte entzündet. Auch im Vorfeld hat die Literatur aufgrund der Urteile gegen die anderen vier Vertragsstaaten an der Konventionskonformität des § 329 Abs. 1 S. 1 StPO gezweifelt.[778] Doch auch nach der Verurteilung Deutschlands gibt es immer noch Stimmen, die § 329 Abs. 1 S. 1 StPO für konventionskonform halten.[779] Bevor eine Lösung für den Konflikt des deutschen Rechts mit der EMRK entwickelt werden kann, muss zunächst die Rechtlage *de lege lata* genauer aufgezeigt werden, um zu eruieren, wo der Konventionsverstoß genau wurzelt.

## I. § 329 Abs. 1 S. 1 StPO de lege lata

§ 329 StPO befasst sich mit den Folgen des Ausbleibens des Angeklagten in der mündlichen Berufungshauptverhandlung.

### *1. Einordnung in den Regelungskontext*

Das Rechtsmittel der Berufung ist in den §§ 312 ff. StPO geregelt und nur gegen erstinstanzliche Urteile des Strafrichters und des Schöffengerichts (Amtsgericht) statthaft (§ 312 StPO).[780] Anders als in der Revision wird das Urteil im Berufungsrechtszug nicht nur in rechtlicher Hinsicht überprüft, sondern es erfolgt eine völlig neue und eigenständige Beurteilung der Rechts- und Tatsachenlage durch das Berufungsgericht.[781] Wenn die Berufung nicht wegen Unzulässigkeit außerhalb der Hauptverhandlung gemäß § 322 StPO[782] verworfen wird, wird eine mündliche Verhandlung (§§ 323 ff. StPO) durchgeführt. Gemäß § 332 StPO i.V.m. §§ 230 Abs. 1, 231 Abs. 1 S. 1 StPO findet gegen einen ausgebliebenen Angeklagten keine Hauptverhandlung statt, so dass der Angeklagte während der gesamten Dauer, d. h. vom Aufruf der Sache (§ 324 Abs. 1 S. 1 StPO i.V.m. § 243 Abs. 1 S. 1 StPO) bis zur

---

777 EGMR Neziraj ./. D (Fn. 6).

778 Vgl. nur *Meyer-Mews* NJW 2002, 1928, 1929; *Esser/Gaede/Tsambikakis* NStZ 2011, 140, 147 f.

779 Vgl. *Kotz* ZAP Fach 22, 647.

780 Gegen erstinstanzliche Urteile der Landgerichte und Oberlandesgerichte gibt es nur das Rechtsmittel der Revision (§ 333 StPO).

781 *Roxin/Schünemann* Strafverfahrensrecht, § 54 Rn. 1, 17.

782 Sind die Voraussetzungen der §§ 312 ff. StPO nicht erfüllt, ist die Berufung nach § 322 Abs. 1 S. 1 StPO durch Beschluss als unzulässig zu verwerfen. Vgl. hierzu BGHSt 30, 98, 100; LR-StPO/*Gössel* § 329 Rn. 3, 63; *Meyer-Goßner* § 329 StPO Rn. 7.

Urteilsverkündung (§ 332 StPO i.V.m. § 268 StPO) wie in der ersten Instanz nicht nur zur Anwesenheit berechtigt, sondern auch verpflichtet ist.[783]

Bleibt der Angeklagte trotz seiner Anwesenheitspflicht in der Berufungsverhandlung aus, differenziert § 329 StPO hinsichtlich der Konsequenzen danach, wer das Rechtsmittel der Berufung eingelegt hat.

Handelt es sich um eine Berufung des Angeklagten, greift § 329 Abs. 1 S. 1 StPO. Sein Rechtsmittel wird durch Urteil verworfen („ist"), wenn er bei Beginn der Hauptverhandlung unentschuldigt ausgeblieben ist. Nur in den Fällen, „in denen dies zulässig ist", kann sich der Angeklagte durch einen erschienenen Verteidiger vertreten lassen, so dass sein Rechtsmittel nicht verworfen wird. In allen übrigen Fällen findet eine mündliche Hauptverhandlung mit der Chance auf Gewährung rechtlichen Gehörs über den erschienenen Verteidiger nicht statt.

Hat hingegen die Staatsanwaltschaft Berufung eingelegt, kann auch ohne den Angeklagten verhandelt werden. Eine Vertretung ist dann grundsätzlich zulässig.[784] Ebenso wird verfahren, wenn ein gesetzlicher Vertreter Berufung eingelegt (§ 298 StPO) hat und der Angeklagte in der Berufungsverhandlung ausbleibt (§ 330 Abs. 2 S. 2 Hs. 2 StPO).

Nach § 329 Abs. 4 S. 1 StPO ist die Vorführung oder Verhaftung des Angeklagten nur dann anzuordnen, wenn nicht nach § 329 Abs. 1 oder Abs. 2 StPO verfahren wird. Gegen ein Urteil i.S.v. § 329 Abs. 1 oder Abs. 2 StPO kann der Angeklagte Wiedereinsetzung in den vorigen Stand gemäß § 329 Abs. 3 StPO oder Revision nach § 333 StPO beantragen.

Aus diesem Überblick ergibt sich bereits, dass der Angeklagte nur hinsichtlich seines eigenen Rechtsmittels unter bestimmten Voraussetzungen für ein ungerechtfertigtes Fernbleiben durch die Verwerfung „bestraft" werden kann. Im Übrigen wird gegebenenfalls eine Abwesenheitsverhandlung mit dem Recht auf Vertretung durchgeführt.

### 2. *Voraussetzungen*

Im Folgenden ist nun genauer aufzuzeigen, unter welchen Umständen es überhaupt zu einer Verwerfung der Berufung nach § 329 Abs. 1 S. 1 StPO aufgrund ungerechtfertigter Abwesenheit kommen kann und dem Angeklagten demzufolge sein Recht auf Verteidigung in Abwesenheit nach der EMRK abgeschnitten wird.

#### *a) Ordnungsgemäße Ladung*

Die Berufung darf nur verworfen werden, wenn der Angeklagte zum Termin ordnungsgemäß i.S.v. § 323 Abs. 1 S. 1 StPO i.V.m. §§ 216 ff. StPO geladen worden

---

783 BVerfG, StraFo 2007, 190, 191; vgl. SK-StPO/*Frisch* § 329 Rn. 1; LR-StPO/*Gössel* § 329 Rn. 1.

784 LR-StPO/*Gössel* § 329 Rn. 46, 84.

ist[785] und nach § 323 Abs. 1 S. 2 StPO in der Ladung auf die Folgen des Ausbleibens ausdrücklich hingewiesen worden ist.[786] Ein Ladungsmangel steht der Verwerfung der Berufung nur dann nicht entgegen, wenn zweifelsfrei feststeht, dass der Ladungsmangel für das Ausbleiben nicht ursächlich gewesen ist.[787]

Für den Fall der Berufung des Angeklagten bedeutet das, dass er auf die Möglichkeit des Erlasses eines Verwerfungsurteils unter den Voraussetzungen des § 329 Abs. 1 S. 1 StPO in einer ihm verständlichen Sprache[788] ausdrücklich und unmissverständlich hinzuweisen ist.[789] Fehlt dieser Hinweis, darf die Berufung nicht gemäß § 329 Abs. 1 S. 1 StPO verworfen werden.[790]

Die Belehrungspflicht geht sogar noch weiter: Ist im Berufungsrechtszug die Vertretung durch den Verteidiger möglich (§§ 232–234 StPO; § 411 Abs. 2 StPO) muss die Ladung kumulativ zu § 323 Abs. 1 S. 2 StPO[791] einen entsprechenden Hinweis enthalten.[792] Nach herrschender Auffassung sind zudem zusätzliche Hinweise zu erteilen, wenn das Gesetz für eine Verhandlung in Abwesenheit des Angeklagten ebenfalls einen besonderen Hinweis fordert (vgl. z.B. § 232 Abs. 1 S. 1 StPO).[793]

### *b) Ausbleiben des Angeklagten bei Beginn einer Hauptverhandlung*

Ein Verwerfungsurteil ergeht gemäß § 329 Abs. 1 S. 1 StPO nur, wenn der Angeklagte „bei Beginn einer Hauptverhandlung" nicht „erschienen" ist.

---

785 Inhaltlich muss sich aus der Ladung ergeben, dass der Angeklagte in dieser Eigenschaft am Verfahren beteiligt ist, welche Tat ihm zur Last gelegt wird, zur welcher Zeit, vor welchem Gericht und an welchem Ort (Anschrift und Sitzungssaal) die Verhandlung stattfindet. Vgl. hierzu BGHSt 24, 143, 150; OLG Frankfurt, NStZ-RR 1996, 75 (widersprüchliche Zeitangabe der Terminstunde); BayObLG JR 1970, 33 (falsche Angabe des Sitzungssaals); *Kotz* ZAP Fach 22, 619, 621; KK-StPO/*Gmel* § 216 Rn. 10; SK-StPO/*Frisch* § 323 Rn. 13.

786 BGHSt 24, 143, 149; OLG Hamburg, NStZ 2001, 302; HK-StPO/*Rautenberg* § 329 Rn. 16.

787 OLG Hamm, NStZ-RR 2008, 380 f.; OLG Stuttgart, NStZ-RR 2005, 319, 320; SK-StPO/*Frisch* § 329 Rn. 16; *Meyer-Goßner* § 329 StPO Rn. 9.

788 LG Heilbronn, StV 2011, 91 (Ls.).

789 LR-StPO/*Gössel* § 323 Rn. 15; SK-StPO/*Frisch* § 323 Rn. 16; HK-StPO/*Rautenberg* § 323 Rn. 3.

790 BayObLG, NJW 1962, 1928, 1929; KK-StPO/*Paul* § 323 Rn. 4; *Kotz* ZAP Fach 22, 619, 623. Streitig ist dies nur hinsichtlich eines Angeklagten, der seine Vorführung aus der Haft unberechtigterweise verweigert (OLG Karlsruhe, MDR 1974, 598). Die besondere Hinweispflicht bejahend SK-StPO/*Frisch* § 323 Rn. 17; abl. HK-StPO/*Rautenberg* § 323 Rn. 3.

791 SK-StPO/*Deiters* § 232 Rn. 6; *Küper* GA 118 (1971) 289, 292.

792 BayObLGSt 1978, 64, 65; SK-StPO/*Frisch* § 323 Rn. 16; HK-StPO/*Rautenberg* § 323 Rn. 3.

793 BayObLG NJW 1970, 1055; BayObLGSt 1960, 273, 274; SK-StPO/*Frisch* § 323 Rn. 16; HK-StPO/*Rautenberg* § 323 Rn. 3; *Kotz* ZAP Fach 22, 647.

aa) Nichterscheinen des Angeklagten

Der Wortlaut des Gesetzes legt bereits nahe, dass ein Nichterscheinen die fehlende körperliche Anwesenheit des Angeklagten im Gerichtssaal voraussetzt. Im Hinblick auf den Ausnahmecharakter des § 329 Abs. 1 S. 1 StPO ist jedoch anerkannt, dass das Gericht klären muss, ob der Angeklagte sich in der Nähe des Gerichtssaals aufhält.[794] Ebenso wird nach § 329 Abs. 1 S. 1 StPO erst verfahren, wenn der Angeklagte nach einer angemessenen Wartefrist, die in der Regel 15 Minuten ab der angesetzten Terminstunde beträgt, nicht erschienen ist.[795] Ausnahmsweise kann der Grundsatz der gerichtlichen Fürsorgepflicht sowie des fairen Verfahrens auch das Zuwarten einer längeren Zeit gebieten.[796]

Nach ganz herrschender Auffassung ist der Angeklagte vor Gericht trotz physischer Anwesenheit jedoch auch dann nicht erschienen, wenn er bei Beginn der Hauptverhandlung verhandlungsunfähig ist und diesen Zustand in Kenntnis der dadurch verursachten Vereitelung der Hauptverhandlung schuldhaft herbeigeführt hat, beispielsweise durch den Konsum von Alkohol oder anderer berauschender Mittel.[797]

Verhandlungsfähigkeit bedeutet, dass der Angeklagte seine Interessen vernünftig wahrnehmen, die Verteidigung in verständiger und verständlicher Weise führen sowie Prozesserklärungen abgeben und entgegennehmen können muss.[798]

Prinzipiell ist das Erfordernis der Verhandlungsfähigkeit in Anbetracht der Absicherung der *Rechte* auf Selbstverteidigung und Anwesenheit gemäß Art. 6 Abs. 3 lit. c Alt. 1 EMRK durchaus begrüßenswert, da der Angeklagte diese Rechte nur effektiv ausüben kann, wenn er die Bedeutung des Gerichtsverfahrens fassen kann sowie versteht, was für ihn auf dem Spiel steht, insbesondere welche Strafe ihm

794 RGSt 61, 175, 177; SK-StPO/*Frisch* § 329 Rn. 7; LR-StPO/*Gössel* § 329 Rn. 5.

795 OLG Köln, StraFo 2013, 251; OLG Hamm, NStZ-RR 2009, 251; KG, NStZ-RR 2002, 218, 219; HK-StPO/*Rautenberg* § 329 Rn. 11; a.A. KK-StPO/*Paul* § 329 Rn. 4 hinsichtlich des Beginns der Wartefrist ab dem Aufruf der Sache.

796 OLG Köln, Beschl. v. 8.7.2013 – 2 Ws 354/13, BeckRS 2013, 17036 (bejaht bei Ankündigung der Verspätung ungeachtet einer Entschuldigung); OLG Oldenburg, NJW 2009, 1762, 1763 (verneinend bei fehlender Entschuldigung der Verspätung); ebenso *Meyer-Goßner* § 329 StPO Rn. 13.

797 BGHSt 23, 331, 334; HK-StPO/*Rautenberg* § 329 Rn. 13; KK-StPO/*Paul* § 329 Rn. 4; *Pfeiffer* § 329 StPO Rn. 5; LR-StPO/*Gössel* § 329 Rn. 7; *Bloy* JuS 1986, 585, 592; für eine analoge Anwendung: *Küper* JuS 1972, 127 ff.; BeckOK-StPO/*Eschelbach* § 329 Rn. 10; SK-StPO/*Frisch* § 329 Rn. 9; a.A. *Eb. Schmidt* JR 1969, 270. Dies gilt nicht für eine nur vorgetäuschte, in Wahrheit nicht bestehende Verhandlungsunfähigkeit. Ein solcher Angeklagter ist so zu behandeln als würde er von seinem Schweigerecht Gebrauch machen. Vgl. hierzu KG, JR 1969, 270 f.; SK-StPO/*Frisch* § 329 Rn. 9; KK-StPO/*Paul* § 329 Rn. 4.

798 RGSt 1, 149, 150 f.; BGHSt 23, 331, 334; BVerfG NStZ 1995, 391; BVerfG, StraFo 2007, 190, 192; BGH, NStZ-RR 2013, 154; *Meyer-Goßner* § 230 StPO Rn. 8, Einl Rn. 97; *Rath* GA 1997, 214 ff. (Kritik an der Unbestimmtheit der Rechtsbegriffe); *Widmaier* NStZ 1995, 361, 362 (Unterscheidung zwischen Verhandlungs- und Verteidigungsfähigkeit"); ausführlich zur Verhandlungsfähigkeit *Baxhenrich*.

auferlegt werden kann.[799] Wenn jedoch der Angeklagte zwar die Durchführung der Berufungshauptverhandlung wünscht, sich selbst jedoch nicht beteiligen möchte und deshalb volltrunken zum Termin erscheint, dann wird der Angeklagte aus der Perspektive des Anwesenheitsrechts für die Nichtausübung seines Rechts gemäß § 329 Abs. 1 StPO bestraft. Durch die *extensive* Auslegung des § 329 Abs. 1 S. 1 StPO auch im Sinne von Verhandlungsunfähigkeit wird der intendierte Schutz des Angeklagten zur Bestrafung pervertiert.

### bb) Bei Beginn einer Hauptverhandlung

Jedoch führt nicht jedes Ausbleiben des Angeklagten zur Verwerfung der Berufung, sondern nur dasjenige „bei Beginn einer Hauptverhandlung".

Eine Hauptverhandlung beginnt gemäß § 324 Abs. 1 S. 1 i.V.m § 243 Abs. 1 S. 1 StPO mit dem Aufruf der Sache.[800]

Nach allgemeiner Auffassung ist die Anwendbarkeit des § 329 Abs. 1 S. 1 StPO jedoch nicht auf die *erste* Hauptverhandlung beschränkt.[801] Begründet wird dies damit, dass das 1. StVRG den Wortlaut des § 329 Abs. 1 StPO von „bei Beginn *der* Hauptverhandlung" zu „bei Beginn *einer* Hauptverhandlung" geändert hat, so dass nun § 329 Abs. 1 S. 1 StPO bei jeder neuen Hauptverhandlung in Betracht kommt.[802]

Eine neue Hauptverhandlung liegt nicht vor, wenn die Verhandlung i.S.d. § 229 StPO lediglich unterbrochen wird, das bedeutet, bei Wiedereintritt die Verhandlung nicht von Neuem begonnen wird. Der Angeklagte ist dann nicht „bei Beginn" der Berufungsverhandlung, sondern in einer fortgesetzten Verhandlung nicht erschienen.[803] Auch wenn die Säumnis des Angeklagten erst während der Hauptverhandlung eintritt, er beispielsweise nachträglich verhandlungsunfähig wird, ist kein Raum für § 329 Abs. 1 S. 1 StPO.[804] Es finden über § 332 StPO die allgemeinen Vorschriften der §§ 230 Abs. 2 ff. StPO Anwendung, um die Anwesenheit sicherzustellen oder in Abwesenheit des Angeklagten zu verhandeln.[805] Umgekehrt, wenn der Angeklagte bei Beginn der Hauptverhandlung säumig ist, jedoch noch vor Verkündung des Verwerfungsurteils erscheint, darf nach allgemeiner Auffassung wegen des Ausnahmecharakters des § 329 Abs. 1 S. 1 StPO und der deshalb

---

799 EGMR Liebreich ./. D (Fn. 142) („Effective participation" in this context presupposes that the accused has a broad understanding of the nature of the trial process and of what is at stake for him or her, including the significance of any penalty which may be imposed."); vgl. auch OLG Stuttgart, NStZ-RR 2006, 313, 314.

800 HK-StPO/*Rautenberg* § 329 Rn. 10; SK-StPO/*Frisch* § 329 Rn. 5.

801 BGHSt 27, 236, 239; SK-StPO/*Frisch* § 329 Rn. 6; LR-StPO/*Gössel* § 329 Rn. 9.

802 Vgl. Begründung des RegE eines 1. StVRG, BT-Drs. 7/551, S. 50, 86.

803 OLG Hamm, Beschl. v. 26.6.2008 – 5 Ss 266/09, Tz. 5 (juris); OLG Karlsruhe, NStZ 1990, 297; LR-StPO/*Gössel* § 329 Rn. 11; SK-StPO/*Deiters* § 228 Rn. 2 ff. zur Unterscheidung von Aussetzung und Unterbrechung.

804 BGHSt 23, 331, 332 f.; OLG Karlsruhe, NStZ 1990, 297 f.

805 HK-StPO/*Rautenberg* § 329 Rn. 9; LR-StPO/*Gössel* § 329 Rn. 8.

gebotenen restriktiven Auslegung kein Verwerfungsbeschluss ergehen, auch, wenn der Wortlaut eine dementsprechende Interpretation zulassen würde.[806]

Gemäß § 329 Abs. 1 S. 2 StPO darf auch dann die Berufung des Angeklagten bei unentschuldigtem Ausbleiben des Angeklagten bei Beginn einer Verhandlung nicht verworfen werden, wenn das Berufungsgericht erneut verhandelt, nachdem die Sache vom Revisionsgericht zurückverwiesen worden ist.

Eine neue Hauptverhandlung liegt jedoch vor, wenn das Revisionsgericht ein Verwerfungsurteil i.S.d. § 329 Abs. 1 StPO an das Berufungsgericht zurückverwiesen hat. Nach herrschender Auffassung ist in diesem Fall eine Rückausnahme zu § 329 Abs. 1 S. 2 StPO zu machen, da § 329 Abs. 1 S. 2 StPO nur dann gelten soll, wenn das Revisionsgericht eine Entscheidung in der Sache beanstandet hat und deshalb der Beschleunigungsgrundsatz hinter dem Sachaufklärungsinteresse zurücktreten muss. Beginnt die Verhandlung vor dem Berufungsgericht erneut, ist dem Spruch des Revisionsgerichts Genüge getan.[807] Eine neue Hauptverhandlung wird auch dann bejaht, wenn das Berufungsverfahren gemäß § 153a Abs. 2 StPO vorläufig eingestellt wird, die Auflage jedoch nicht erfüllt wird und der Angeklagte bei Beginn der neuen Berufungshauptverhandlung säumig ist. Eine analoge Anwendung des § 329 Abs. 1 S. 2 StPO wird abgelehnt.[808] Ebenso wird eine neue Hauptverhandlung angenommen, wenn ein Antrag auf Wiedereinsetzung in den vorigen Stand gemäß § 329 Abs. 3 StPO Erfolg hat.[809]

Gleiches gilt für eine neue Hauptverhandlung, wenn das Verfahren vor dem Berufungsgericht nicht unterbrochen, sondern ausgesetzt worden ist. Dies soll selbst dann gelten, wenn vor Aussetzung zur Verhandlung bereits zur Sache verhandelt worden ist.[810] Wird die Aussetzung der Verhandlung beschlossen, knüpft die Verhandlung nicht wie bei der Unterbrechung an den letzten Verhandlungstermin an, sondern die Verhandlung muss von vorne beginnen.[811] Daraus rechtfertigt sich die Qualifikation als neue Hauptverhandlung i.S.d. § 329 Abs. 1 S. 1 StPO. Problematisch erscheint dies jedoch, wenn vor Aussetzung der Verhandlung bereits zur Sache verhandelt worden ist und der Angeklagte sich zur Sache eingelassen hat. Die Aussetzung ist grundsätzlich den Interessen des Angeklagten dienlich, weil alle bisherigen Erkenntnisse in einer neuen Verhandlung erneut gewonnen werden müssen.[812] Bleibt der Angeklagte

---

806 Vgl. OLG Oldenburg, NJW 2009, 1762, 1763; *Meyer-Goßner* § 329 StPO Rn. 13; SK-StPO/*Frisch* § 329 Rn. 8.

807 BGHSt 27, 236, 241 ff. in Anlehnung an BT-Drs. 7/551, S. 86; OLG Stuttgart, NStZ-RR 2005, 241; SK-StPO/*Frisch* § 329 Rn. 40; LR-StPO/*Gössel* § 329 Rn. 81; *Küper* NJW 1977, 1275 f.

808 OLG Düsseldorf, MDR 1987, 517 f.; LG Köln, MDR 1992, 72; HK-StPO/*Rautenberg* § 329 Rn. 9.

809 HK-StPO/*Rautenberg* § 329 Rn. 9; *Küper* NJW 1977, 1275, 1276.

810 BGHSt 27, 236, 239; HK-StPO/*Rautenberg* § 329 Rn. 9; SK-StPO/*Frisch* § 329 Rn. 6; LR-StPO/*Gössel* § 329 Rn. 10.

811 Vgl. BGH, NStZ 2008, 113, 114; SK-StPO/*Deiters* § 228 Rn. 2.

812 Vgl. BGH, NStZ 2008, 113, 114.

in der neuen Berufungshauptverhandlung jedoch unentschuldigt aus, wird die Berufung ohne Verhandlung zur Sache verworfen. Das bedeutet, die bisherige Einlassung des Angeklagten, die ihm in der Sache möglicherweise genützt hätte, ist verloren. Diese Rechtslage erinnert an die Sache *Kari-Pekka Pietiläinen*. Das Rechtsmittel des Angeklagten wurde verworfen, weil er in einem einzigen Verhandlungstermin nicht persönlich erschienen war. Sein späterer Sachvortrag wurde nicht berücksichtigt. Der EGMR hat dies ergänzend („moreover") moniert und darauf hingewiesen, dass das Recht auf ein faires Verfahren den Parteien das Recht auf Gehör vor Gericht gibt und dass sich das Gericht mit der Einlassung, den Argumenten und den Beweisen der Parteien unvoreingenommen auseinandersetzen muss.[813] Das finnische Strafprozessrecht war zwar weiter gefasst als § 329 Abs. 1 S. 1 StPO, da das Ausbleiben des Angeklagten zu *jedem* Zeitpunkt der Hauptverhandlung mit der Verwerfung des Rechtsmittels geahndet wurde. Die Säumnis nach ausgesetzter Hauptverhandlung führt nach deutschem Recht jedoch dazu, dass der Zweck der Aussetzung, d.h. die Wiederholung der Hauptverhandlung, in ihr Gegenteil verkehrt wird, indem überhaupt keine Hauptverhandlung mehr stattfindet. Im Ergebnis unterscheiden sich die finnische und deutsche Rechtslage also nicht. Der Angeklagte wird in beiden Fällen *doppelt* sanktioniert: Sein bisheriger Sachvortrag wird nicht berücksichtigt und ein erschienener Verteidiger wird nicht gehört, wenn nicht ein gesetzlicher Vertretungsfall vorliegt.

### *c) Keine genügende Entschuldigung*

Eine Verwerfung der Berufung erfolgt jedoch nicht bei jeglichem Ausbleiben des Angeklagten, sondern nur, wenn „das Ausbleiben nicht genügend entschuldigt" ist.

#### aa) Allgemeine Anforderungen

Es ist dabei anerkannt, dass es nicht darauf ankommt, dass sich der Angeklagte genügend entschuldigt *hat*, sondern, dass er genügend entschuldigt *ist*. Das bedeutet, dass der Angeklagte grundsätzlich keine Beweislast hinsichtlich eines Entschuldigungsgrundes trägt. Vielmehr muss das Berufungsgericht konkreten Hinweisen auf einen Entschuldigungsgrund im Freibeweisverfahren von Amts wegen nachgehen.[814]

---

813 EGMR Kari-Pekka Pietiläinen ./. FIN (Fn. 6) § 33 („Moreover, the Court reiterates that the right of a fair trial ... comprises ... the right of the parties to the proceedings to present the observations which they regard as pertinent to their case ... this right can be regarded as effective only if the applicant is in fact "heard", that is, his observations are properly examined by the courts. Article 6 § 1 of the Convention places the courts ... under a duty to conduct a proper examination of the submissions, arguments and evidence adduced by the parties, without prejudice to its assessment of whether they are relevant to its decision").

814 BGHSt 17, 391, 396 f.; OLG München, StraFo 2014, 79; OLG Bamberg, SVR 2013, 238; OLG Hamm, StraFo 2012, 193; KMR-StPO/*Brunner* § 329 Rn. 19; LR-StPO/*Gössel* § 329 Rn. 22.

Allerdings trifft das Gericht unter der Prämisse der Verfahrensbeschleunigung nur eine begrenzte Nachforschungspflicht hinsichtlich der Anhaltspunkte, die für das Gericht sofort erkennbar sind. Liegt beispielsweise ein möglicher Entschuldigungsgrund allein in der Person des Angeklagten, muss der Angeklagte die der Entschuldigung dienenden Tatsachen dem Gericht schlüssig vortragen bzw. vortragen lassen, damit die Nachforschungspflicht des Gerichts überhaupt ausgelöst wird.[815] Insofern hat der Angeklagte doch eine indirekte Mitwirkungspflicht, um ein Verwerfungsurteil abzuwenden.[816] Ansonsten bleibt ihm nur der Weg des Wiedereinsetzungsverfahrens (§ 329 Abs. 3 StPO), in dem er den Entschuldigungsgrund dann jedoch glaubhaft (§ 45 Abs. 2 S. 1 StPO) machen muss.

Wann das Erfordernis der „genügenden Entschuldigung" gegeben ist, kann aus dem Gesetz nicht entnommen werden. Es handelt sich vielmehr um eine Entscheidung im Einzelfall. Dabei werden allgemein die jeweiligen Belange des Angeklagten gegen seine öffentlich-rechtliche Anwesenheitspflicht in der Hauptverhandlung abgewogen und ermittelt, ob der Grund für das Fernbleiben in diesem Verhältnis als triftig erscheint. Dies wird bejaht, wenn es dem Angeklagten in den jeweiligen Umständen des Einzelfalls billigerweise nicht zumutbar gewesen ist, zur Hauptverhandlung zu erscheinen und ihm deshalb auch kein Vorwurf schuldhafter Pflichtverletzung gemacht werden kann.[817] Dabei stellt auch die Bedeutung des Verfahrens einen zu berücksichtigenden Abwägungsfaktor dar.[818] In Anbetracht dessen, dass die Verwerfung des Rechtsmittels möglicherweise eine durch Art. 103 Abs. 1 StPO abgesicherte Äußerungsmöglichkeit beschneidet und dass § 329 Abs. 1 S. 1 StPO eine Ausnahme zum Anwesenheitsgrundsatz (§ 230 Abs. 1 StPO) darstellt, wird eine restriktive Handhabung der Ablehnung der genügenden Entschuldigung angemahnt. Zweifel des Gerichts am tatsächlichen Vorliegen eines Entschuldigungsgrunds berechtigen nicht zur Verwerfung der Berufung. Sie sind, wenn möglich, im Freibeweis auszuräumen.[819]

---

815 OLG Bamberg, Beschl. v. 26.2.2008 – 3 Ss 118/07, BeckRS 2008, 05252; OLG Bamberg, SVR 2013, 238; *Meyer-Goßner* § 329 StPO Rn. 20; LR-StPO/*Gössel* § 329 Rn. 29.

816 Ähnlich auch SK-StPO/*Frisch* § 329 Rn. 19.

817 OLG Bamberg, SVR 2013, 238; KG, Beschl. v. 28.7.2009 – (3) 1 Ss 87/09 (96/09), Tz. 7 (juris); OLG Stuttgart, NStZ-RR 2008, 312, 313; LR-StPO/*Gössel* § 329 Rn. 33; kritisch zur mangelnden Bestimmtheit und Rechtsunsicherheit SK-StPO/*Frisch* § 329 Rn. 20a.

818 OLG Bamberg, Beschl. v. 28.11.2011 – 3 Ss OWi 1514/11, BeckRS 2012, 03567; OLG Brandenburg, Beschl. v. 27.3.2008 – 1 Ss 19/08 BeckRS 2008, 07329; SK-StPO/*Frisch* § 329 Rn. 20.

819 BVerfG, Nichtannahmebeschl. v. 29.3.2007 – 2 BvR 2366/06, Tz. 16 (juris); OLG Hamm, StraFo 2012, 193, 194; LR-StPO/*Gössel* § 329 Rn. 34.

### bb) Einzelfälle anhand von Beispielen aus der EGMR-Rechtsprechung

#### (1) Krankheit

Ein Angeklagter ist bei Krankheit, auch wenn er nicht verhandlungsunfähig ist, grundsätzlich entschuldigt.[820] Die Vorlage eines privatärztlichen Attests[821] genügt prinzipiell, um das Gericht über einen Entschuldigungsgrund in Kenntnis zu setzen, da dem Angeklagten keine förmliche Beweislast obliegt.[822] Wenn das Gericht Zweifel am tatsächlichen Vorliegen einer genügenden Entschuldigung hat, weil das Attest beispielsweise nur von Verhinderung aus „medizinischen Gründen“[823] spricht, muss das Gericht diese Zweifel im Freibeweis ausräumen. Da ein ärztliches Attest als konkludente Entbindung von der ärztlichen Schweigepflicht gilt, muss das Gericht eventuell den behandelnden Arzt kontaktieren.[824]

Nach diesen Grundsätzen hätte in einem der Sache *Van Pelt*[825] ähnlich gelagerten Fall eine genügende Entschuldigung nicht ohne weiteres abgelehnt werden dürfen, da das Gericht seine Zweifel an dem vorgelegten Attest im Freibeweisverfahren hätte aufklären müssen. Eine Verneinung der Entschuldigung wegen fehlender Beweiskraft würde dem Angeklagten eine Nachweispflicht aufbürden, die § 329 Abs. 1 S. 1 StPO nicht vorsieht. Anders liegt der Fall in der Sache *Kari-Pekka Pietiläinen*[826]. Der Angeklagte hatte nach deutschem Verständnis eine Wiedereinsetzung in den vorigen Stand gemäß § 329 Abs. 3 StPO beantragt. Hierzu ist die Glaubhaftmachung des Entschuldigungsgrundes (§ 45 Abs. 2 StPO) nötig. Das bedeutet, dass alle Tatsachen

---

820 OLG Hamm, StraFo 2012, 193, 194; OLG Bamberg, Beschl. v. 28.11.2011 – 3 Ss OWi 1514/11, BeckRS 2012, 03567; SK-StPO/*Frisch* § 329 Rn. 34; Radtke/Hohmann/*Beukelmann* § 329 StPO Rn. 19.

821 OLG München, StraFo 2013, 208, wonach auch das Vertrauen auf die entschuldigende Wirkung eines privatärztlichen Attests als subjektiver Entschuldigungsgrund genügen kann.

822 OLG München, StV 2012, 79, 80.

823 OLG Bamberg, SVR 2013, 238, 239.

824 OLG Köln, StraFo 2010, 73; SK-StPO/*Frisch* § 329 Rn. 34.

825 EGMR Van Pelt ./. F (Fn. 6) §§ 24, 27: Eine Vertagung der Verhandlung wurde abgelehnt, obwohl die erschienenen Verteidiger ein ärztliches Attest über die Notwendigkeit eines Krankenhausaufenthalts nach einem Sturz auf den Kopf vorgelegt hatten. Das nationale Gericht hatte vor allem bemängelt, dass das Attest nicht unterschrieben war und es nicht beschrieb, welche Gründe für den Krankenhausaufenthalt genau entscheidend waren.

826 EGMR Kari-Pekka Pietiläinen ./. FIN (Fn. 6) §§ 11, 16 f.: Der Angeklagte hatte zur Entschuldigung seiner Abwesenheit von einem Verhandlungstag nachträglich mehrere ärztliche Atteste vorgelegt. Eine genügende Entschuldigung war vom Gericht jedoch nicht anerkannt worden, weil die Atteste nicht vom Verhandlungstag selbst gestammt hatten, sondern erst acht Tage später ausgestellt worden waren. Obwohl der Angeklagte an einer Dauerkrankheit litt, hatte das Gericht die genügende Entschuldigung verneint, weil der Angeklagte an einem anderen Verhandlungstag anwesend gewesen sei.

so genau vorgetragen werden müssen, dass sie – als wahr unterstellt – ohne weiteres einen Entschuldigungsgrund erfüllen.[827] Eine Dauerkrankheit als solche entschuldigt danach nicht per se das Ausbleiben des Angeklagten, zumal *Kari-Pekka Pietiläinen* partiell in der mündlichen Verhandlung zugegen war. Das nachträglich ausgestellte Attest kann deshalb auch nach deutschem Verständnis keine Entschuldigung für den versäumten Verhandlungstermin bieten. Der Vortrag des Angeklagten würde damit dem Erfordernis der Glaubhaftmachung nicht genügen.[828]

### (2) Drohende Inhaftierung

In einigen vom EGMR entschiedenen Fällen hatte den Angeklagten bei Erscheinen in der Hauptverhandlung die Inhaftierung gedroht.[829] So auch in der Sache *Neziraj*.[830]

Eine drohende Inhaftierung kann nach deutscher Rechtspraxis im Bezug auf das Ausbleiben in der Hauptverhandlung nur entschuldigend wirken, wenn sie erst durch die Wahrnehmung der Berufungshauptverhandlung begründet wird, beispielsweise weil sich der Angeklagte durch die Einreise nach Deutschland gemäß § 92 Abs. 2 Nr. 1 lit. a, b AuslG strafbar machen würde.[831] Anders wird jedoch die Angst vor der Vollstreckung eines bereits auf Gesetz beruhenden Haftbefehls beurteilt. Eine genügende Entschuldigung wird nach allgemeiner Auffassung verneint.[832] Das BVerfG hatte in der Sache *Neziraj* betont, dass bei Vorliegen eines Haftbefehls in anderer Sache der Angeklagte den Konflikt zwischen der Wahrnehmung der Berufungshauptverhandlung, in der Gefahr der Inhaftierung, und der Verwerfung des Rechtsmittels aufgrund Flucht selbst so auflösen müsse, wie es ihm günstig erscheine.[833]

Erst die vollstreckte Inhaftierung in der gleichen Sache oder in einer anderen Sache wirkt nach mittlerweile herrschender Ansicht grundsätzlich als objektiv entschuldigend, es sei denn der Angeklagte hat aus nicht gerechtfertigten Gründen auf seine Vorführung verzichtet,[834] weil dem Angeklagten zugutegehalten wird, dass er an den Berufungstermin nicht mehr gedacht hat und auch davon ausgehen durfte, dass die Vorführung automatisch durch die Justizverwaltung erfolgen würde.[835]

---

827 OLG Hamm, NZV 2009, 158; *Pfeiffer* § 45 StPO Rn. 2.

828 Eine Revision könnte Erfolg haben, wenn sich aus dem Verwerfungsurteil ergibt, dass das Gericht Anlass zur Nachforschung hinsichtlich einer genügenden Entschuldigung gehabt hat und dieser Pflicht nicht nachgekommen ist.

829 EGMR Poitrimol ./. F (Fn. 6) § 10; Lala ./. NL (Fn. 6) § 8; (GK) Van Geyseghem ./. B (Fn. 6) § 14; EGMR Van Pelt ./. F (Fn. 6) § 14; Krombach ./. F (Fn. 6) § 36; Stroek ./. B (Fn. 6) § 11; Goedhart ./. B (Fn. 6) § 10.

830 EGMR Neziraj ./. D (Fn. 6) § 9.

831 OLG Bremen, StraFo 2005, 381.

832 OLG Oldenburg, NStZ 1999, 156; OLG Köln, NStZ-RR 1999, 112 ; *Ast* JZ 2013, 780, 785; SK-StPO/*Frisch* § 329 Rn. 26; LR-StPO/*Gössel* § 329 Rn. 43.

833 BVerfG, StraFo 2007, 190, 193.

834 KG, Beschl. v. 9.12.1996 – (5) 1 Ss 223/96 (45/96), Tz. 4 (juris).

835 OLG Braunschweig, NStZ 2002, 163 f.; OLG Düsseldorf, StraFo 2001, 269, 270; OLG Köln, Beschl. v. 16.1.2008 – 2 Ws 27/08 (juris); *Meyer-Goßner* § 329 StPO

Teilweise wird eine Entschuldigung auch verneint, wenn der Angeklagte inhaftiert wurde, weil er *nach* Ladung zur Berufungsverhandlung und damit in Kenntnis seiner Anwesenheitspflicht eine Straftat begangen hat.[836] Eine Verwerfung der Berufung ergeht jedoch nur dann nicht, wenn dem Gericht die Umstände der Inhaftierung überhaupt bekannt gewesen sind bzw. sich Anhaltspunkte ergeben haben, die die Nachforschungspflicht ausgelöst haben. Ansonsten bleibt dem Angeklagten nur die Möglichkeit der Wiedereinsetzung gemäß § 329 Abs. 3 StPO.[837]

### (3) Ausweisung und Abschiebung

In der Sache *Harizi* war der Angeklagte vor Beginn der Berufungshauptverhandlung abgeschoben worden. Eine Einreiseerlaubnis zur Wahrnehmung der mündlichen Verhandlung war ihm nicht erteilt worden.[838]

Ist ein Angeklagter in Deutschland zwischenzeitlich ausgewiesen und abgeschoben worden, stellt dies grundsätzlich einen Entschuldigungsgrund für sein Ausbleiben dar.[839] Die Berufung des Angeklagten darf selbst dann nicht verworfen werden, wenn der Angeklagte dem Gericht seine neue Anschrift nicht mitgeteilt hat[840] oder sich nicht aktiv um eine kurzfristige Betretenserlaubnis gemäß § 9 Abs. 3 AuslG bemüht hat. Begründet wird dies vor allem damit, dass die Erteilung der Erlaubnis gemäß § 9 Abs. 3 AuslG stets eine Ermessensentscheidung der zuständigen Ausländerbehörde ist und es dem Angeklagten deshalb nicht vorgeworfen werden kann, wenn er diese Möglichkeit nicht genutzt hat.[841] Durch die Ausweisung bzw.

---

Rn. 24; a.A. KG, Beschl. v. 30.9.1998, 1 AR 841/98 – 3 Ws 430/98, 1 AR 841/98, 3 Ws 430/98, Tz. 3 (juris), wonach der Angeklagte den Zeitraum ab der Festnahme bis zur Berufungshauptverhandlung nutzen muss, um seine Vorführung zu erreichen. Vgl. zu § 231 Abs. 2 StPO auch BGH, NJW 2014, 1606, wonach der Versuch einer zwangsweisen Vorführung aus der Haft nicht zwingend zur Durchführung einer Verhandlung in Abwesenheit geboten ist.

836 OLG Frankfurt, NStZ-RR 1999, 144 (Verschulden bejaht); OLG Köln, StraFo 2006, 205, 206 (offengelassen); OLG Düsseldorf, StraFo 2001, 269, 270 (Verschulden verneint); ebenso SK-StPO/*Frisch* § 329 Rn. 37; Radtke/Hohmann/*Beukelmann* § 329 StPO Rn. 18.

837 Vgl. OLG Karlsruhe, NJW 1969, 476; SK-StPO/*Frisch* § 329 Rn. 37.

838 EGMR Harizi ./. F (Fn. 6) §§ 14 ff., vgl. zum Sachverhalt 2. Kapitel § 7; auch in der Sache EGMR Pelladoah ./: NL (Fn. 6) § 12 ist der Angeklagte zwischenzeitlich ausgewiesen worden.

839 OLG Bremen, StraFo 2005, 381; OLG Stuttgart, NStZ-RR 2004, 338, 339; SK-StPO/*Frisch* § 329 Rn. 24.

840 OLG Dresden, Beschl. v. 14.12.2010 – 1 Ss 866/10, 1 Ss 0866/10, Tz. 6 (juris); a.A. Vorinstanz LG Dresden, Urt. v. 5.8.2010 – 10 Ns 422/Js 13356/08, Tz. 8 (juris).

841 Besonders deutlich bei OLG Stuttgart, NStZ-RR 2004, 338, 339; OLG Dresden, Beschl. v. 14.12.2010 – 1 Ss 866/10, 1 Ss 0866/10, Tz. 6 (juris); KG, Beschl. v. 3.9.2001 – (4) 1 Ss 245/00 (9/01), BeckRS 2001, 16744; a.A. LG Bielefeld, NStZ-RR 1998, 343 (Notwendigkeit der Ausschöpfung aller zumutbaren Anstrengungen, insb.

Abschiebung wird ähnlich der Inhaftierung ein dem Staat zurechenbares Hindernis für die Wahrnehmung der Hauptverhandlung geschaffen. Damit keine Benachteiligung von Ausländern eintritt, ist es begrüßenswert, dass ihnen nach überwiegender Auffassung keine weiteren prozessualen Mitwirkungspflichten als bei Inhaftierung im Inland auferlegt werden.[842]

Nach deutscher Rechtspraxis wäre die Berufung in einem der Sache *Harizi* vergleichbaren Fall nicht verworfen worden, weil der Angeklagte bei Abschiebung für sein Ausbleiben entschuldigt gewesen wäre. Er hätte sich nicht einmal um eine Betretenserlaubnis bemühen müssen.

#### (4) Kosten und Mühen der Anreise zur Hauptverhandlung

In der Sache *Pelladoah* ist vorgetragen worden, dass der Angeklagte wegen der Kosten und Mühen der Anreise für die Hauptverhandlung nicht persönlich vor Gericht erscheinen wollte.[843]

Nach deutscher Rechtslage wirkt eine weite Entfernung des Angeklagten vom Gerichtsort nicht per se entschuldigend.[844] In einer Einzelfallabwägung können jedoch die privaten Belange die öffentlich-rechtliche Anwesenheitspflicht überwiegen, wenn es dem Angeklagten beispielsweise finanziell unzumutbar ist, zum angesetzten Termin anzureisen[845] oder eine Urlaubsreise bereits vor der Ladung zur Berufungsverhandlung gebucht worden ist[846] und nicht ohne größere finanzielle Verluste storniert werden kann[847]. Dabei wird die Bedeutung der Strafsache regelmäßig in der Abwägung berücksichtigt.[848]

In der Sache *Pelladoah* hätten „trouble and expense" per se auch nicht entschuldigend gewirkt, zumal eine Freiheitsstrafe wegen Drogendelikten in zweiter Instanz zu verhandeln war. Die Verwerfung der Berufung hätte in einem vergleichbaren Fall nach deutschem Verständnis jedoch abgewandt werden können, indem der

Beantragung eines Kurzvisums per Fax); so auch Radtke/Hohmann/*Beukelmann* § 329 StPO Rn. 17.

842 Ähnlich OLG Stuttgart, NStZ-RR 2004, 338, 339.

843 EGMR Pelladoah ./. NL (Fn. 6) § 19 („trouble and expense of a journey"), vgl. zum Sachverhalt 2. Kapitel § 2.

844 LG Bielefeld, NStZ-RR 1998, 343; Radtke/Hohmann/*Beukelmann* § 329 StPO Rn. 17; SK-StPO/*Frisch* § 329 Rn. 25.

845 OLG Celle, Beschl. v. 10.11.2011 – 32 Ss 130/11, BeckRS 2011, 26738 (Angeklagter befand sich bereits bei Erlass des Strafbefehls im Ausland); OLG Jena, Beschl. v. 24.5.2004 – 1 Ss 344/03, Tz. 27 (juris; Zweifel hinsichtlich Mittellosigkeit).

846 OLG Hamm, Beschl. v. 25.5.2005 – 2 Ss 210/05, BeckRS 2005, 07058; OLG Brandenburg, Beschl. v. 27.3.2008 – 1 Ss 19/08, BeckRS 2008, 07329 (keine Entschuldigung bei Buchung nach Ladung).

847 OLG Brandenburg, Beschl. v. 27.3.2008 – 1 Ss 19/08, BeckRS 2008, 07329.

848 OLG Celle, Beschl. v. 10.11.2011 – 32 Ss 130/11, BeckRS 2011, 26738; OLG Brandenburg, Beschl. v. 27.3.2008 – 1 Ss 19/08, BeckRS 2008, 07329, OLG Hamm, Beschl. v. 25.5.2005 – 2 Ss 210/05, BeckRS 2005, 07058.

Angeklagte dem Gericht schlüssig mitgeteilt hätte, dass es ihm subjektiv unzumutbar ist, die Reise zum konkreten Verhandlungstermin aufgrund übermäßig hoher Flugpreise anzutreten. Das Gericht hätte dann den Termin vertagen müssen.

cc) Zwischenergebnis

Nach deutscher Rechtslage führt zwar nur ein *unentschuldigtes* Ausbleiben des Angeklagten zur Verwerfung seiner Berufung. Bei Verneinung der Entschuldigung ist auch Restriktion geboten. Jedoch ist der Rechtsprechung des EGMR zu entnehmen, dass das Recht auf Verteidigung in Abwesenheit gemäß Art. 6 Abs. 3 lit. c i.V.m. Abs. 1 EMRK unabhängig von einem Entschuldigungsgrund („even in the absence of an excuse")[849] greifen muss.

### *d) Kein Fall zulässiger Vertretung*

Auch wenn der Angeklagte unentschuldigt ausgeblieben ist, ergeht kein Verwerfungsurteil, wenn er „in den Fällen, in denen dies zulässig ist" durch einen erschienenen Verteidiger vertreten wird. Insofern eröffnet § 329 Abs. 1 S. 1 StPO das Recht auf Verteidigung in Abwesenheit.

aa) Zugelassener Personenkreis

Als „Vertreter" kommen nur solche Personen in Betracht, die auch als „Verteidiger" nach den Regeln der StPO zugelassen sind.[850] So können gemäß § 138 Abs. 1 StPO alle nach den §§ 4 ff. BRAO zugelassenen Rechtsanwälte[851] oder Rechtslehrer an deutschen Hochschulen im Sinne des Hochschulrahmengesetzes mit Befähigung zum Richteramt zum Verteidiger gewählt werden. Dabei fallen unter die Gruppe der Rechtslehrer ordentliche wie außerordentliche Professoren, emeritierte Professoren wie auch Honorarprofessoren. Auch Fachhochschullehrer mit der Befähigung zum Richteramt sind umfasst.[852] Ein als Verteidiger gewählter Rechtsbeistand kann mit Zustimmung desjenigen, der ihn gewählt hat, die Verteidigung gemäß § 139 StPO auch einem Rechtsreferendar übertragen, der seit mindestens einem Jahr und drei Monaten im Vorbereitungsdienst beschäftigt ist.[853] Die Wahl einer anderen Person zum Verteidiger hängt gemäß § 138 Abs. 2 S. 1 StPO von der Genehmigung des Gerichts ab. Ist ein Pflichtverteidiger in den Fällen des § 140 StPO zu bestellen, sind grundsätzlich nur solche Personen geeignet, die auch zum Verteidiger

---

849 EGMR Neziraj ./. D (Fn. 6) § 49.

850 Vgl. *Hahn*, Materialien I, S. 188. Zur Vereinbarkeit nationaler Anforderungen an die Qualifikation eines Verteidigers mit der EMRK vgl. 4. Kapitel § 3.

851 SK-StPO/*Wohlers* § 138 Rn. 3; ausführlich zu den drei Möglichkeiten nach § 4 BRAO (Befähigung zum Richteramt; Eingliederung nach dem EuRAG; Eignungsprüfung nach dem EuRAG): LR-StPO/*Lüderssen*/*Jahn* § 138 Rn. 3 ff.

852 SK-StPO/*Wohlers* § 138 Rn.16 f.; LR-StPO/*Lüderssen*/*Jahn* § 138 Rn. 9.

853 Vgl. hierzu LR-StPO/*Lüderssen*/*Jahn* § 139 Rn. 2 ff.

gewählt werden könnten.[854] Im Rahmen des § 138 Abs. 2 StPO ist jedoch zu beachten, dass nach dessen Satz 2 eine Pflichtverteidigung durch eine nicht zum Kreis des § 138 Abs. 1 StPO gehörende Person nur in Gemeinschaft mit einer diesem Kreis angehörenden Person möglich ist.[855] Für das Privatklageverfahren ist die Besonderheit zu beachten, dass nach dem Wortlaut des § 387 Abs. 1 StPO nur ein Rechtsanwalt oder nach § 387 Abs. 2 i.V.m. § 139 StPO ein Rechtsreferendar für den Angeklagten auftreten darf. Die Wahl eines Hochschullehrers oder einer anderen Person gemäß § 138 Abs. 2 StPO ist nach geltender Gesetzeslage für den Privatbeklagten[856] nicht möglich.[857]

### bb) Anerkannte Fälle zulässiger Vertretung

Nach ganz herrschender Auffassung besteht ein „numerus clausus" von Fällen zulässiger Vertretung (§ 234 StPO), der sich akzessorisch nach den Ausnahmen vom Anwesenheitsgebot in der ersten Instanz richtet. Eine erweiternde Auslegung i.S.v. Art. 6 Abs. 3 lit. c EMRK in der Rechtsprechung des EGMR wird überwiegend verneint.[858] Gemäß § 332 StPO i.V.m. § 234 StPO hängt die Gestattung der Vertretung wiederum davon ab, ob ausnahmsweise ohne den Angeklagten verhandelt werden darf.

So kann der Angeklagte gemäß §§ 332, 234, 232 Abs. 1 S. 1 StPO in der Berufungsverhandlung[859] vertreten werden, wenn er ordnungsgemäß geladen worden ist, wegen des Bagatellcharakters der vorgeworfenen Straftat nur Geldstrafe bis zu einhundertachtzig Tagessätze, Verwarnung mit Strafvorbehalt, Fahrverbot, Verfall, Einziehung, Vernichtung oder Unbrauchbarmachung, allein oder nebeneinander

---

854 SK-StPO/*Wohlers* § 142 Rn. 11; KK-StPO/*Laufhütte* § 142 Rn. 4.

855 SK-StPO/*Wohlers* § 138 Rn. 24; § 142 Rn. 13. Gemäß § 142 Abs.2 StPO können jedoch in den Fällen des § 140 Abs. 1 Nr. 2 und Nr. 5 StPO sowie des § 140 Abs. 2 StPO auch Rechtsreferendare, die bereits seit mindestens einem Jahr und drei Monaten beschäftigt sind, für den *ersten* Rechtszug als Verteidiger bestellt werden, jedoch nicht bei dem Gericht, dessen Richter sie zur Ausbildung überwiesen sind. Vgl. hierzu SK-StPO/*Wohlers* § 142 Rn. 13.

856 Für den Privat*kläger* verweist § 138 Abs. 3 StPO hingegen auf § 138 Abs. 1 und Abs. 2 S. 1 StPO.

857 *Meyer-Goßner* § 387 StPO Rn. 2; KK-StPO/*Senge* § 387 Rn. 4; BeckOK-StPO/*Valerius* § 387 Rn. 2; a.A. SK-StPO/*Velten* § 387 Rn. 8.

858 BVerfG, StraFo 2007, 190, 192; OLG Hamburg, Beschl. v. 3.12.2013 – 1 – 25/13 (REV), BeckRS 2014, 00512; OLG Bremen, StV 2014, 211, 212; OLG Celle, NStZ 2013, 615, 616; OLG München, StV 2013, 301, 302; BayOblG NStZ 2000, 307, 308; OLG Köln, NStZ-RR 1999, 112; OLG Oldenburg, NStZ 1999, 156; OLG Düsseldorf, StV 2013, 299, 301 (offengelassen); OLG Hamm, StRR 2012, 463 (offengelassen); *Peglau* jurisPR-StrafR 5/2013 Anm. 3; *Mosbacher* NStZ 2013, 312, 313 f.; *ders.* Jus 2013, 699, 700 f.; Meyer-Goßner/*Schmitt* Art. 6 EMRK Rn. 20; zur Anwendbarkeit der Vorschriften aus der ersten Instanz: HK-StPO/*Rautenberg* § 329 Rn. 15, *Meyer-Goßner* § 329 StPO Rn. 15.

859 KK-StPO/*Gmel* § 232 Rn. 2; *Meyer-Goßner* § 232 StPO Rn. 2.

zu erwarten ist, der Angeklagte nach herrschender Auffassung eigenmächtig[860] ausgeblieben ist[861] und in der Ladung auf die Möglichkeit der Verhandlung in seiner Abwesenheit hingewiesen worden ist. Der Vertreter des Angeklagten kann dann die Einlassung des Angeklagten vortragen.[862]

Weiter kann sich der Angeklagte gemäß §§ 332, 234, 233 StPO in der Berufungsverhandlung[863] vertreten lassen, wenn er von der Pflicht zum Erscheinen in der Hauptverhandlung durch das Gericht entbunden worden ist. Dies kommt jedoch nach § 233 Abs. 1 S. 1 StPO nur in Betracht, wenn eine beschränkte Rechtsfolge in Form von Freiheitsstrafe bis zu sechs Monaten, Geldstrafe bis zu einhundertachtzig Tagessätzen, Verwarnung mit Strafvorbehalt, Fahrverbot, Verfall, Einziehung, Vernichtung oder Unbrauchbarmachung, allein oder nebeneinander, zu erwarten ist. Anders als bei § 232 StPO ist der Angeklagte zwingend durch einen beauftragten oder ersuchten Richter über die Anklage zu vernehmen (§ 233 Abs. 2 S. 1 StPO). Nach herrschender Auffassung ist diese Vernehmung ein vorweggenommener Teil der Hauptverhandlung. Die Niederschrift ist zu verlesen, unabhängig davon, ob ein Vertreter für den Angeklagten erschienen ist und diesen vertritt.[864] Dadurch dass das Gesetz eine Kumulation von Verlesung und Verteidigung in Abwesenheit zulässt, beschränkt das Verlesungsgebot das Recht auf Verteidigung in Abwesenheit nicht unzulässig. Damit liegt in dem Verlesungsgebot auch kein Verstoß gegen Art. 6 Abs. 3 lit. c EMRK.

Ist das Strafverfahren durch einen Strafbefehl eingeleitet worden, kann sich der Angeklagte gemäß §§ 332, 411 Abs. 2 S. 1 StPO wie im Einspruchstermin auch in der Berufungsverhandlung durch einen mit schriftlicher Vollmacht versehenen Verteidiger vertreten lassen.[865] Eine Verwerfung der Berufung gemäß § 329 Abs. 1 S. 1 StPO kommt bei Anwesenheit eines Verteidigers nur in Betracht, wenn erkennbar ist, dass der Verteidiger den Angeklagten nicht vertreten kann bzw. will. Schweigen des Verteidigers stellt dabei kein hinreichendes Indiz für die Vertretungsunfähigkeit bzw. -unwilligkeit dar, da dieses Recht auch dem Angeklagten selbst bei Anwesenheit zustehen würde.[866]

---

860 Eigenmächtigkeit wird wie bei § 231 StPO bejaht, wenn der Angeklagte in Kenntnis seiner Anwesenheitspflicht ohne Rechtfertigungs- und Entschuldigungsgründe ausbleibt. Vgl. hierzu BGHSt 37, 249.

861 OLG Karlsruhe, NStZ 1990, 505; BeckOK-StPO/*Gorf* § 232 Rn. 3; KK-StPO/*Gmel* § 232 Rn. 9; a.A. SK-StPO/*Deiters* § 232 Rn. 9.

862 BayObLGSt 1974, 35, 36; SK-StPO/*Deiters* § 232 Rn. 12; *Meyer-Goßner* § 232 StPO Rn. 15. Wird der Angeklagte nicht vertreten, wird die Niederschrift über eine richterliche Vernehmung des Angeklagten gemäß § 232 Abs. 3 StPO verlesen.

863 *Meyer-Goßner* § 233 StPO Rn. 2; SK-StPO/*Deiters* § 233 Rn. 4.

864 BayObLGSt 1974, 35, 37; *Meyer-Goßner* § 233 StPO Rn. 20; KK-StPO/*Gmel* § 233 Rn. 17; a.A. SK-StPO/*Deiters* § 233 Rn. 24 (zusätzliche Protokollverlesung nur gemäß § 254 StPO).

865 RGSt 66, 68, 71; OLG Bremen, Beschl. v. 18.12.2007 – Ss 42/07, Tz. 10 (juris); OLG Düsseldorf, NStZ 1984, 524; SK-StPO/ *Weßlau* § 411 Rn. 21; *Pfeiffer* § 411 StPO Rn. 3.

866 OLG Celle, Beschl. v. 9.4.2009 – 32 Ss 21/09, BeckRS 2009, 21955; OLG Bremen, Beschl. v. 18.12.2007 – Ss 42/07, Tz. 13 (juris); SK-StPO/ *Weßlau* § 411 Rn. 19.

Ist der Angeklagte in einem Privatklageverfahren verurteilt worden, kann er sich in der Berufungsinstanz gemäß §§ 332, 387 Abs. 1 StPO durch einen schriftlich bevollmächtigten Verteidiger vertreten lassen, ohne dass seine Berufung gemäß § 329 Abs. 1 S. StPO verworfen wird.[867]

Ein Fall zulässiger Vertretung wird auch dann angenommen, wenn der Angeklagte nach den §§ 332, 411 Abs. 2 StPO vertreten wird, sein persönliches Erscheinen jedoch gemäß der §§ 332, 236 StPO[868] angeordnet worden ist. Die Berufung darf trotz der Nichtbefolgung der Anwesenheitspflicht wegen des eindeutigen Wortlauts des § 411 Abs. 2 StPO nicht verworfen werden.[869] Gleiches muss auch gelten, wenn das persönliche Erscheinen des Privatbeklagten gemäß §§ 332, 387 Abs. 3 StPO angeordnet worden ist, er jedoch von seinem Recht auf Vertretung gemäß §§ 332, 387 Abs. 1 StPO Gebrauch macht.[870] Anders wird dies jedoch nach herrschender Ansicht beurteilt, wenn grundsätzlich ein Fall zulässiger Vertretung gemäß §§ 332, 234, 232, 233 StPO vorliegen würde, jedoch das persönliche Erscheinen des Angeklagten gemäß § 236 StPO angeordnet wird. Die Zulässigkeit einer Abwesenheitsverhandlung (§§ 232, 233 StPO) wird dann verneint, folglich soll eine Voraussetzung der zulässigen Vertretung (§ 234 StPO) entfallen, was für § 329 Abs. 1 S. 1 StPO die Verwerfung der Berufung des Angeklagten bedeutet.[871] Aus nationaler Sicht ist die Differenzierung zum Strafbefehlsverfahren bereits schleierhaft.[872] Jedenfalls wird der Angeklagte in diesen Fällen für die Nichtbefolgung der Erscheinenspflicht mit der Aberkennung des Rechts auf Verteidigung durch einen Verteidiger gemäß Art. 6 Abs. 3 lit. c i.V.m. Abs. 1 EMRK „bestraft". Diese Rechtspraxis ist damit konventionswidrig.[873]

Bleibt der Angeklagte nach Beginn der Hauptverhandlung unentschuldigt aus bzw. entfernt er sich unberechtigterweise, darf seine ungerechtfertigte Abwesenheit ohnehin nicht durch Verwerfung der Berufung geahndet werden, weil § 329 Abs. 1 S. 1 StPO nur auf ein Ausbleiben bei Beginn der Hauptverhandlung abstellt.[874] Die StPO gibt

---

867 BeckOK-StPO/*Eschelbach* § 329 Rn. 29; LR-StPO/*Gössel* § 329 Rn. 53; SK-StPO/*Frisch* § 329 Rn. 12.

868 Die Anwendbarkeit des § 236 StPO im Rahmen des Strafbefehlverfahrens ist allgemein anerkannt, vgl. eingehend LR-StPO/*Gössel* § 411 Rn. 25.

869 OLG Dresden, StraFo 2005, 299; OLG Celle, NJW 1970, 906, 907; SK-StPO/*Deiters* § 236 Rn. 6.

870 Es wird regelmäßig nur auf die Anwendbarkeit des § 329 Abs. 1 S. 1 StPO verwiesen, vgl. BeckOK-StPO/*Valerius* § 387 Rn. 5; KK-StPO/*Senge* § 387 Rn. 3; *Pfeiffer* § 387 StPO Rn. 2. Daraus ergibt sich jedoch nicht, wie zu verfahren ist, wenn die Anordnung des persönlichen Erscheinens mit der Vertretung des Angeklagten in der Berufungshauptverhandlung kollidiert.

871 BayObLG, NJW 1970, 1055; OLG Celle, NJW 1970, 906, 907; SK-StPO/*Deiters* § 236 Rn. 6; *Meyer-Goßner* § 329 StPO Rn. 15.

872 Ablehnend deshalb *Küper* in: FS für Wolter, S. 1023, 1024; KK-StPO/*Paul* § 329 Rn. 6; kritisch LR-StPO/*Gössel* § 329 Rn. 51.

873 Kritisch auch BeckOK-StPO/*Eschelbach* § 329 Rn. 27.

874 Hierzu bereits 8. Kapitel § 1 I. 2. b) bb).

dem Gericht vielmehr gemäß §§ 332 StPO i.V.m. §§ 231 ff. StPO[875] die Möglichkeit, auf die Abwesenheit des Angeklagten „auf andere Weise“ zu reagieren.

Wenn sich der Angeklagte eigenmächtig[876] aus der Berufungshauptverhandlung entfernt bzw. bei Fortsetzung einer ununterbrochenen Hauptverhandlung ausgeblieben ist, kann die Verhandlung gemäß §§ 332, 231 Abs. 2 StPO auch in seiner Abwesenheit zu Ende geführt werden, wenn der Angeklagte über die Anklage bereits vernommen wurde und das Gericht seine fernere Anwesenheit nicht für erforderlich hält.[877] Gemäß § 234 StPO kann sich der Angeklagte in der Abwesenheitsverhandlung dann durch einen mit schriftlicher Vollmacht versehenen Verteidiger vertreten lassen. Der Vorsitzende kann jedoch auch gemäß § 332 StPO i.V.m. § 231 Abs. 1 S. 2 StPO geeignete Maßnahmen treffen, um ein drohendes Sich-Entfernen[878] des Angeklagten zu verhindern. „Geeignete Maßnahmen“ können unter dem Vorbehalt der Verhältnismäßigkeit die Verweisung des Angeklagten in die umfriedete Anklagebank (vgl. Nr. 125 Abs. 2 RiStBV), die ständige Bewachung durch einen Justizwachtmeister bzw. Polizeibeamten,[879] die Fesselung[880] oder die Ingewahrsamnahme während einer Unterbrechung der Verhandlung (§ 231 Abs. 1 S. 2 HS. 2 StPO)[881] sein.

Hat sich der Angeklagte vor Vernehmung in der Hauptverhandlung vorsätzlich und schuldhaft in einen seine Verhandlungsfähigkeit ausschließenden Zustand versetzt und verhindert er dadurch wissentlich die ordnungsgemäße Durchführung oder Fortsetzung der Hauptverhandlung, ist zwingend[882] („wird ... durchgeführt“) nach § 332 StPO i.V.m. § 231a Abs. 1 S. 1 StPO eine Abwesenheitshauptverhandlung durchzuführen, wenn das Gericht die Anwesenheit des Angeklagten nicht für unerlässlich hält und der Angeklagte gemäß § 231a Abs. 1 S. 2 StPO nach Eröffnung des Hauptverfahrens Gelegenheit gehabt hat, sich vor Gericht oder einem beauftragten

---

875 Zur Anwendbarkeit der §§ 230 ff. StPO in der Berufungsinstanz BeckOK-StPO/*Eschelbach* § 332 Rn. 2; KK-StPO/*Paul* § 332 Rn. 1; SK-StPO/*Frisch* § 332 Rn. 5.

876 Nach herrschender Ansicht muss über den Wortlaut hinaus„Eigenmacht“ vorliegen, vgl. BGHSt 37, 249; *Meyer-Goßner* § 231 StPO Rn. 10; KK-StPO/*Gmel* § 231 Rn. 3; *Pfeiffer* § 231 StPO Rn. 2; zum Begriff bereits Fn. 860.

877 Nach BGH, NJW 2014, 1606 kann auch ohne einen inhaftierten Angeklagten nach §§ 231 Abs. 2, 332 StPO mündlich verhandelt werden, wenn dieser den Transport zur Verhandlung verweigert und das Gericht von einer zwangsweisen Vorführung abgesehen hat. Anders noch BGHSt 25, 317; BGH, NStZ 1993, 446, wonach „Eigenmacht“ den Versuch der zwangsweisen Vorführung voraussetzen soll.

878 Es bedarf konkreter Anhaltspunkte für die drohende Entfernung, vgl. OLG Frankfurt NStZ-RR 2003, 329, 330 (Verdacht der Prozessverschleppungsabsicht nicht ausreichend); HK-StPO/*Julius* § 231 Rn. 3.

879 *Meyer-Goßner* § 231 StPO Rn. 2; HK-StPO/*Julius* § 231 Rn. 3.

880 BGH, NJW 1957, 271; einschränkend OLG Dresden, NStZ 2007, 479 (bei Vorliegen der Voraussetzungen des § 119 Abs. 5 StPO a.F.); bei Vorliegen konkret drohender Gewalt HK-StPO/*Julius* § 231 Rn. 3; SK-StPO/*Deiters* § 231 Rn. 5.

881 Zur Beschränkung der zeitlichen Dauer: OLG Frankfurt, NStZ-RR 2003, 329, 330; vgl. *Meyer-Goßner* § 231 StPO Rn. 3; SK-StPO/*Deiters* § 231 Rn. 8.

882 BGHSt 26, 228, 234; *Meyer-Goßner* § 231a StPO Rn. 2.

Richter zu der Anklage zu äußern. Letzteres dürfte im *Berufungs*rechtszug, also in zweiter Instanz, kein Hindernis darstellen. Kommt unter diesen Voraussetzungen eine Verhandlung ohne den Angeklagten in Betracht, hat der Angeklagte nicht nur das Recht auf Vertretung, ihm ist vielmehr gemäß § 231a Abs. 4 StPO von Amts wegen ein Pflichtverteidiger zu bestellen, unabhängig davon, ob die Voraussetzungen des § 140 StPO vorliegen.[883]

Der Angeklagte kann sich auch in seiner Abwesenheit gemäß §§ 332, 234, 231b Abs. 1 StPO vertreten lassen, wenn er aufgrund eines Beschlusses nach § 177 GVG wegen ordnungswidrigen Benehmens aus dem Sitzungszimmer entfernt bzw. zur Haft abgeführt worden ist[884] und das Gericht seine fernere Anwesenheit nicht für unerlässlich hält. Die Abwesenheitsverhandlung ist nur solange möglich, als zu befürchten ist, dass die Anwesenheit des Angeklagten den Ablauf der Hauptverhandlung in schwerwiegender Weise beeinträchtigen würde. Nach § 231 Abs. 1 S. 2 StPO muss dem Angeklagten auch Gelegenheit gegeben werden, sich zur Anklage zu äußern.

Eine Verhandlung zur Sache kommt auch gemäß § 231c StPO ohne den Angeklagten in Betracht. Das Recht auf Vertretung gemäß § 234 StPO läuft hier jedoch leer, weil eine Beurlaubung eines Angeklagten in einem Verfahren gegen mehrere Angeklagte ohnehin nur bezüglich solcher Verhandlungsteile in Betracht kommt, von denen der Angeklagte „nicht betroffen" ist,[885] das bedeutet, die ohnehin kurzzeitig abgetrennt hätten werden können.[886] Für ein Verteidigungsbedürfnis ist damit kein Raum.

### cc) Besondere schriftliche Vertretungsvollmacht und Vertretungsbereitschaft

Selbst wenn ausnahmsweise ein Fall zulässiger Vertretung nach der StPO eröffnet ist, kommt eine Vertretung des Angeklagten in Abwesenheit nach den §§ 234, 411 Abs. 2, 387 Abs. 1 StPO nur in Betracht, wenn der Verteidiger durch den Angeklagten mit einer besonderen schriftlichen *Vertretungs*vollmacht ausgestattet worden ist und diese bei Beginn der mündlichen Hauptverhandlung dem Gericht vorliegt.[887]

---

883 LR-StPO/*Becker* § 231a Rn. 18; *Meyer-Goßner* § 231a StPO Rn. 16.

884 LR-StPO/*Becker* § 231b Rn. 3; KK-StPO/*Gmel* § 231b Rn. 3.

885 Vgl. LR-StPO/*Becker* § 234 Rn. 3; BeckOK-StPO/*Gorf* § 234 Rn. 2; *Pfeiffer* § 234 StPO Rn. 1 ohne Verweis auf § 231c StPO.

886 BGHSt 31, 323, 330 f.; LR-StPO/*Becker* § 231c StPO Rn. 5.

887 KG, Beschl. v. 7.2.2014 – (4) 161 Ss 5/14 (14/14), BeckRS 2014, 06969; OLG Celle, NStZ 2013, 615, 616; OLG Düsseldorf, StV 2013, 299, 301; OLG Karlsruhe, Beschl. v. 25.9.2013 – 2 (6) Ss 386/13 – AK 101/13, BeckRS 2014, 11569; OLG Hamm, Beschl. v. 14.6. 2012 – III-1 Rvs 41/12, BeckRS 2012, 24376; OLG Brandenburg, wistra 2012, 43, 44; *Meyer-Goßner* § 234 StPO Rn. 5; LR-StPO/*Becker* § 234 Rn. 7, vgl. auch OLG Oldenburg, NZV 2011, 407, 408.

Eine Vertretung des Angeklagten ist nur möglich, wenn der anwesende Verteidiger auch zur Vertretung des Angeklagten bereit ist.[888]

Die Vertretungsbereitschaft des Verteidigers ist jedoch fraglich, wenn er vor Gericht äußert, dass er den Angeklagten mangels ausreichender Informationen nicht vertreten kann. Das BayObLG hat in einem Beschluss v. 21.8.1980 die Zulässigkeit der Vertretung bejaht, weil hierzu bereits die schlichte Anwesenheit des Verteidigers zu Beginn der Hauptverhandlung ausreichen soll.[889] Dem ist *Meyer-Goßner* entgegengetreten; er differenziert danach, ob der Verteidiger erklärt, dass er mangels hinreichender Information nicht aussagen könne oder, dass er nicht aussagen wolle. Nur im letzteren Fall soll der Angeklagte ordnungsgemäß vertreten sein.[890] Zieht man eine Parallele zum Zivilrecht, erkennt man, dass ein Vertretungsgeschäft i.S.d. §§ 164 ff. BGB nicht allein durch die Bevollmächtigung nach § 167 BGB zustande kommt. Es bedarf hierfür noch der Abgabe der Willenserklärung des Vertreters im fremden Namen. Übertragen auf die StPO bedeutet das, dass der Verteidiger bei schriftlicher Bevollmächtigung zur Vertretung nicht automatisch für den Angeklagten einstehen muss. Hinzukommen muss der *Gebrauch* von der Vollmacht. Zuzugeben ist, dass der Angeklagte sich im Strafprozess auch schweigend verteidigen kann. Ein Verteidiger kann sich in Vertretung des Angeklagten aber nur dann autonom für die Ausübung des Schweigerechts entscheiden, wenn er hinreichend über den Willen des Angeklagten informiert worden ist. Nur dann kann er den Angeklagten im Prozess auch tatsächlich ersetzen. Zur Anwesenheit des Verteidigers muss also auch seine Verteidigungsbereitschaft in der Sache hinzukommen. Insofern ist der differenzierenden Rechtsauffassung von *Meyer-Goßner* zuzustimmen. Diese Sichtweise stimmt mit der des EGMR überein, wonach die Absicht, den Angeklagten in seiner Abwesenheit zu verteidigen, offen zutage treten muss („counsel who attended the trial for the apparent purpose of defending the accused in his absence").[891]

Vor diesem menschenrechtlichen Hintergrund hatte sich das OLG Jena in einem Beschluss v. 7.8.2013 damit zu beschäftigen, ob die Berufung des Angeklagten gemäß § 329 Abs. 1 S. 1 StPO zu verwerfen ist, wenn zwar ein mit schriftlicher Vollmacht versehener Verteidiger anwesend ist, dieser jedoch mit Blick auf ein anderes Strafverfahren lediglich die Einstellung nach § 154 StPO und hilfsweise die Vertagung der Verhandlung beantragt, weil er nach eigener Aussage keinerlei Kenntnis über den Verbleib des Angeklagten habe.[892] Das OLG Jena hat die Berufung des Angeklagten u. a. deshalb verworfen, weil ein Verteidiger mit derartigen Anträgen nicht als verteidigungsbereiter Verteidiger angesehen werden könne.[893] Der Antrag auf

888 OLG Brandenburg, wistra 2012, 43, 44; KG, JR 1985, 343, 344; BeckOK-StPO/*Eschelbach* § 329 Rn. 26; *Pfeiffer* § 329 StPO Rn. 5.

889 BayObLG, NStZ 1981, 112, 113; so auch BeckOK-StPO/*Eschelbach* § 329 Rn. 26.

890 *Meyer-Goßner* NStZ 1981, 112, 113; vgl. auch SK-StPO/*Frisch* § 329 Rn. 12; ähnlich KG, JR 1985, 343, 344.

891 Vgl. nur EGMR Neziraj ./. D (Fn. 6) § 51.

892 OLG Jena, Beschl. v. 7.8.2013 – 1 Ss 55/13 (180), 1 SS 55/13, BeckRS 2014, 09196.

893 OLG Jena, Beschl. v. 7.8.2013 – 1 Ss 55/13 (180), 1 SS 55/13, BeckRS 2014, 09196.

Vertagung der Verhandlung bringt grundsätzlich gerade zum Ausdruck, dass der Verteidiger von seinem Recht zur Vertretung keinen Gebrauch machen möchte und zur Verteidigung auf die Anwesenheit seines Mandanten angewiesen ist.[894] Wenn sich aus dem Antrag des Verteidigers ergibt, dass er seinen Mandanten auch nicht hilfsweise vertreten möchte,[895] fehlt auch aus menschenrechtlicher Perspektive eine Voraussetzung für eine ordnungsgemäße Vertretung. Da der Verteidiger im Fall vor dem OLG Jena ohnehin einen Haupt- und Hilfsantrag gewählt hatte, kann im Umkehrschluss davon ausgegangen werden, dass er alle weiteren Optionen, d. h. die hilfsweise Vertretung des Angeklagten ausschließen wollte. Dem OLG Jena kann im Ergebnis zugestimmt werden.

Die Forderung nach Vertretungsbereitschaft des Verteidigers ist damit ganz i.S.d. EMRK.

#### *e) Zwischenergebnis*

§ 329 Abs. 1 S. 1 StPO verstößt nach derzeitiger Rechtslage gegen Art. 6 Abs. 3 lit. c i.V.m. Abs. 1 EMRK. Der Grund hierfür liegt vor allem darin, dass die Berufung des ausgebliebenen Angeklagten nur dann nicht verworfen wird, wenn eine genügende Entschuldigung gegeben ist oder ein auf die Fälle der StPO beschränkter zulässiger Vertretungsfall gegeben ist. Ein unbeschränktes Recht auf Verteidigung in Abwesenheit besteht nicht.

### *3. Vorführung und Verhaftung als Mittel der Herstellung der Anwesenheit „auf andere Weise“*

Eine Konventionswidrigkeit des § 329 Abs. 1 S. 1 StPO wäre jedoch zu verneinen, wenn es nach nationaler Rechtslage ein Mittel gäbe, womit die Anwesenheit des Angeklagten „auf andere Weise“ als durch Entziehung des Rechts auf Verteidigung sichergestellt werden könnte.

Ein solches Mittel könnte in § 329 Abs. 4 S. 1 StPO liegen. Darin ist geregelt, dass, sofern nicht nach § 329 Abs. 1 oder Abs. 2 StPO verfahren wird, die Vorführung oder Verhaftung des Angeklagten anzuordnen ist. Gemäß § 329 Abs. 1 S. 2 StPO ist hiervon nur abzusehen, wenn zu erwarten ist, dass der Angeklagte in der neu anzuberaumenden Hauptverhandlung ohne Zwangsmaßnahmen erscheinen wird.

---

894 Ähnlich KG, JR 1985, 343, 344 zur Wiederholung eines Aussetzungsantrags wegen Verhandlungsunfähigkeit des Angeklagten.

895 Nach OLG Köln, StV 1992, 567, 568 muss auch der fehlende Vertretungswille deutlich nach außen zum Ausdruck gebracht werden.

### a) *Abgrenzung der Zwangsmittel*

Die Anwendung von Zwangsmitteln soll keine Bestrafung für ein ungerechtfertigtes Fernbleiben sein, sondern die ordnungsgemäße Durchführung des Verfahrens sichern.[896]

Der Vorführungsbefehl bezweckt dabei nur die Sicherstellung des Erscheinens des Angeklagten in der Hauptverhandlung, während der Haftbefehl die Durchführung der gesamten Hauptverhandlung sichern soll.[897] Dementsprechend unterscheiden sich beide Zwangsmittel in der Dauer und Intensität der Beeinträchtigung der Freiheit. Faktisch bewirkt eine Vorführung, anders als ein Haftbefehl, keinen stationären Aufenthalt des Angeklagten, sondern sie wird durch eine behördliche Verbringung des Angeklagten beispielsweise von seiner Wohnung in den Sitzungssaal vollzogen. Anschließend wird der Vorführungsbefehl gegenstandslos und das Festhalterecht des § 231 Abs. 1 S. 2 StPO greift ein.[898] Der Haftbefehl wirkt hingegen grundsätzlich bis zum Ende der Hauptverhandlung fort.[899]

Der Hauptverhandlungshaftbefehl ist vom Untersuchungshaftbefehl gemäß § 112 StPO abzugrenzen. Dieser geht über den Zweck des § 230 Abs. 2 StPO / § 329 Abs. 4 StPO hinaus. Neben der Sicherung des Strafverfahrens dient er auch der Sicherung des Strafvollstreckungsverfahrens.[900] Hierzu ist er bereits im Vorverfahren und nur bei dringendem Tatverdacht und Vorliegen eines Haftgrundes zulässig. Wenn also die strengeren Voraussetzungen der §§ 112 ff. StPO gegeben sind, stellt er eine Alternative zum Hauptverhandlungshaftbefehl dar. Die beiden Haftbefehlsvarianten schließen sich wegen der unterschiedlichen Ziele nicht gegenseitig aus.[901]

### b) *Mittel zur Herstellung der Anwesenheit „auf andere Weise"*

Bereits aus dem Wortlaut der Norm ergibt sich jedoch, dass die zwangsweise Durchsetzung der Anwesenheit nur in Betracht kommt, sofern nicht nach § 329 Abs. 1 oder Abs. 2 StPO verfahren wird. Nach unbestrittener Auffassung ergibt sich daraus, dass es nicht im Ermessen des Gerichts liegt, anstelle des Erlasses eines Verwerfungsurteils die Anwesenheit des Angeklagten zwangsweise herzustellen. Im Interesse der Verfahrensbeschleunigung ist stets vorrangig das Verfahren durch Formalurteil zu

---

896 KG, NJW 2007, 2345; LG Berlin, Beschl. v. 15.03.2010 – 533 Qs 33/10, Tz. 2 (juris); LG Essen, StraFo 2010, 28; *Michel* MDR 1991, 933, 934; KK-StPO/*Gmel* § 230 Rn. 8.

897 KG, NStZ-RR 1997, 75; KK-StPO/*Gmel* § 230 Rn. 8; *Rupp* NStZ 1990, 576, 577; *Scharf/Kropp* NStZ 2000, 297.

898 *Meyer-Goßner* § 230 StPO Rn. 20; *Rupp* NStZ 1990, 576, 577.

899 KG, NStZ-RR 1997, 75; *Meyer-Goßner* § 230 StPO Rn. 23; KK-StPO/*Gmel* § 230 Rn. 13; *Scharf/Kropp* NStZ 2000, 297.

900 *Oerder/Hagmann* StRR 2014, 84, 88; *Grau* NStZ 2007, 10, 14; *Kamp* in: FS für Rudolphi, S. 661, 667.

901 Vgl. OLG Oldenburg, StV 1990, 165 m. Anm. *Wendisch* StV 1990, 166 f.

beenden.[902] Das BVerfG hat in seinem Nichtannahmebeschluss v. 27.12.2006 betont, dass staatliche Zwangsmaßnahmen wie Vorführung und Verhaftung keine geeigneten Mittel sind, das eigene Interesse des Angeklagten durchzusetzen.[903]

#### c) Ergebnis

Nach geltender Rechtslage hat das Gericht im Ergebnis keine Möglichkeit die unentschuldigte Abwesenheit des Angeklagten mittels einer Zwangseinwirkung und damit „auf andere Weise" als durch Entziehung des Rechts auf Verteidigung aufgrund Verwerfung der Berufung zu sanktionieren.

### 4. Wiedereinsetzung und Revision als Heilung des Konventionsverstoßes

Die deutsche Regierung hat in der Rechtssache *Neziraj* versucht, die Möglichkeiten der Wiedereinsetzung in den vorigen Stand gemäß § 329 Abs. 3 StPO und der Revision nach § 333 StPO als Argumente gegen eine Konventionsverletzung anzuführen.[904] Der Gerichtshof hat diesen Rechtsbehelfen jedoch keine ausschlaggebende Rolle bei der Feststellung einer Verletzung von Art. 6 Abs. 1 i.V.m. Abs. 3 lit. c EMRK zugemessen.[905] Da der Gerichtshof jedoch auch eine Heilung eines Konventionsverstoßes durch die Gewährung eines neuen Verfahrens, das sowohl Tatsachen als auch Rechtsfragen umfasst („a fresh determination of the merits of the charge, in respect of both law and fact")[906] anerkennt, sollen die nationalen Rechtsbehelfe genauer auf ihre Tauglichkeit als „Heilmittel" untersucht werden.

#### a) Wiedereinsetzung in den vorigen Stand, § 329 Abs. 3 StPO

Gemäß § 329 Abs. 3 StPO kann der Angeklagte binnen einer Woche nach Zustellung des Urteils die Wiedereinsetzung in den vorigen Stand unter den in den §§ 44 und 45 StPO bezeichneten Voraussetzungen beanspruchen.[907]

Der Angeklagte muss in seinem Antrag gemäß § 45 Abs. 2 StPO glaubhaft machen, dass er ohne Verschulden am rechtzeitigen Erscheinen zu Beginn der Hauptverhandlung verhindert gewesen ist. Dabei sind nur solche Wiedereinsetzungsgründe

---

902 Vgl. BVerfG, NStZ 2001, 209, 210; OLG Brandenburg, wistra 2012, 43; OLG Karlsruhe, NStZ-RR 2004, 21, 22; OLG Stuttgart, NStZ 1982, 217; LR-StPO/*Gössel* § 329 Rn. 91; SK-StPO/*Frisch* § 329 Rn. 54; vgl. auch *Esser* StV 2013, 331, 332.

903 BVerfG, StraFo 2007, 190, 193; vgl. auch OLG Brandenburg, wistra 2012, 43; OLG Stuttgart, NStZ 1982, 217; *Mosbacher* JuS 2013, 699, 700; *ders.* NStZ 2013, 312, 314.

904 Vgl. EGMR Neziraj ./. D (Fn. 6) § 42.

905 Vgl. EGMR Neziraj ./. D (Fn. 6) § 63.

906 Vgl. hierzu 3. Kapitel § 2 III.

907 Dabei ist zu bedenken, dass die Einlegung der Revision ohne Verbindung mit dem Antrag auf Wiedereinsetzung in den vorigen Stand als Verzicht auf letztere gilt (vgl. § 354 Abs. 3 StPO).

erfolgsversprechend, die das Gericht in seinem Verwerfungsurteil noch nicht gewürdigt hat.[908] Folglich ist erneut das mangelnde Verschulden eine Voraussetzung für den Erfolg der Wiedereinsetzung – ein Aspekt, dem der EGMR im Hinblick auf das Recht auf Verteidigung in Abwesenheit eine klare Absage erteilt hat.

Zudem kann mit dem Wiedereinsetzungsantrag ohnehin nicht geltend gemacht werden, dass die Verwerfung der Berufung wegen Ausbleibens des Angeklagten rechtsfehlerhaft gewesen ist, weil der Angeklagte zulässig gemäß Art. 6 Abs. 3 lit. c EMRK vertreten worden ist. Rechtsfehler können nur mittels der Revision angegriffen werden.[909]

Schließlich ist zu bedenken, dass die Wiedereinsetzung im Erfolgsfall das Verfahren in den Stand vor Versäumung der Berufungsverhandlung zurückversetzt. Das Verwerfungsurteil wird dann zwar gegenstandslos, jedoch wird die Berufung erneut verworfen, wenn die Voraussetzungen des § 329 Abs. 1 S. 1 StPO vorliegen.[910] Es gilt folglich wiederum kein unbeschränktes Recht auf Verteidigung in Abwesenheit.

Im Ergebnis kann die Wiedereinsetzung in den vorigen Stand keine taugliche Heilungsmöglichkeit darstellen.

### *b) Revision, § 333 StPO*

Mittels der Revision (§§ 333 ff. StPO) kann grundsätzlich durch Erhebung einer Verfahrensrüge geltend gemacht werden, dass die Berufung zu Unrecht verworfen worden ist, weil der Angeklagte durch einen erschienenen und vertretungsbereiten Verteidiger ordnungsgemäß i.S.d. § 329 Abs. 1 S. 1 StPO i.V.m. Art. 6 Abs. 3 lit. c, Abs. 1 EMRK vertreten worden ist.[911]

Jedoch beschränkt sich die Prüfungskompetenz des Revisionsgerichts allein darauf, das Berufungsurteil auf Rechtsfehler zu untersuchen. Die Tatsachenbasis steht grundsätzlich fest. Selbst wenn man bedenkt, dass die Tatsachengrundlage immer mehr „verrechtlicht“ und damit vom Revisionsgericht überprüft wird,[912] ist die Revisionsinstanz keine erneute Tatsacheninstanz.[913] Eine neue Tatsachenverhandlung

---

908 OLG Frankfurt, Beschl. v. 14.11.2012 – 3 Ws 928/12, BeckRS 2013, 09050; OLG Köln, StraFo 2010, 73; KG, NStZ-RR 2006, 183, 184; AnwK-StPO/*Rotsch/Gasa* § 329 Rn. 20.

909 Vgl. OLG Hamm, StV 1997, 346, 347; LR-StPO/*Gössel* § 329 Rn. 115; *Saenger* JuS 1991, 842, 845.

910 LR-StPO/*Gössel* § 329 Rn. 123; KK-StPO/*Paul* § 329 Rn. 24; SK-StPO/*Frisch* § 329 Rn. 65.

911 Vgl. zur Rüge: OLG München, StV 2013, 301, 302; OLG Celle, NStZ 2013, 615; OLG Bremen, StV 2014, 211; OLG Hamburg, Beschl. v. 3.12.2013 – 1 – 25/13 (REV), BeckRS 2014, 00512; OLG Düsseldorf, StV 2013, 299; OLG Hamm, StRR 2012, 463; OLG Köln, NStZ-RR 1999,112; BayObLG, NStZ-RR 2000, 307; OLG Oldenburg, NStZ 1999, 156.

912 Hierzu vgl. *Klesczewski* Die Berufung im Strafprozessrecht, Beispiel Deutschland, S. 4, abrufbar unter: http://www.uni-leipzig.de/~straf/forschung/berufung.pdf (Stand: 6.12.2014).

913 AnwK-StPO/*Lohse* Vorb. § 333 Rn. 2; LR-StPO/*Franke* Vor § 333 Rn. 2.

kommt nur in Betracht, wenn das Revisionsgericht einen Rechtsfehler bejaht und die Sache an die Berufungsinstanz zurückverweist (§ 354 Abs. 2 StPO). Eine neue Verhandlung i.S.d. Rechtsprechung des EGMR, die an keine besonderen Voraussetzungen geknüpft sein darf,[914] kann im Rechtsmittel der Revision damit nicht erblickt werden. Als Heilungsmittel scheidet die Revision folglich aus.

#### *5. Ergebnis*

§ 329 Abs. 1 S. 1 StPO ist nach derzeitiger Rechtslage konventionswidrig. Die Möglichkeit der Anwendung von Zwangsmitteln i.S.v. § 329 Abs. 4 StPO (Vorführung; Verhaftung) sowie die Rechtsbehelfe der Wiedereinsetzung in den vorigen Stand (§ 329 Abs. 3 StPO) und der Revision (§ 333 StPO) vermögen diese Konventionswidrigkeit nicht zu beheben bzw. zu heilen.

## II. Versuch einer völkerrechtsfreundlichen Auslegung

Die Konventionswidrigkeit von § 329 Abs. 1 S. 1 StPO kann jedoch möglicherweise durch völkerrechtsfreundliche Auslegung behoben werden. Eine Gesetzesänderung wäre dann nicht zwingend erforderlich.

### *1. Entschuldigungslösung*

Eine Gesetzesänderung wäre nicht notwendig, wenn die Rechtsprechung des EGMR durch die Ausweitung der Entschuldigungsgründe i.S.e. Entschuldigungslösung Berücksichtigung finden könnte. Die Verwerfung der Berufung wäre dann nicht mehr zulässig.

#### *a) Drohende Inhaftierung als Entschuldigungsgrund*

*Ast* ist der Ansicht, dass die deutsche Regelung zur Berufungsverwerfung nicht der Rechtsprechung des EGMR zu Art. 6 EMRK widerspricht. Für die Anwendung von § 329 Abs. 1 StPO seien nur einige Lehren aus dieser Rechtsprechung zu ziehen.[915]

Da er den Ausschlag der Rechtsprechung des EGMR zu einem faktischen Recht auf Vertretung in der drohenden Inhaftierung des Angeklagten aufgrund eines Haftbefehls sieht, ist er der Meinung, dass die deutsche Rechtslage mit der Rechtsprechung des EGMR dadurch in Einklang gebracht werden kann, dass die drohende Inhaftierung entgegen der geltenden Rechtspraxis als Entschuldigungsgrund i.S.v. § 329 Abs. 1 S. 1 StPO anerkannt wird.[916]

Hierzu führt er aus, dass die Frage der Entschuldigung i.S.v. § 329 Abs. 1 S. 1 StPO zwar nicht nach materiell-strafrechtlichen Maßstäben zu beurteilen sei; weil aber bestimmt werden müsse, ob die Abwesenheit des Angeklagten durch die

---

914 Vgl. 3. Kapitel § 2 III.
915 *Ast* JZ 2013, 780, 785.
916 *Ast* JZ 2013, 780, 785.

Berufungsverwerfung zu sanktionieren sei, könnten die im Strafrecht geltenden Kriterien analog herangezogen werden.[917] Eine Rechtfertigung gemäß § 34 StGB scheitert seiner Ansicht nach jedoch an der gebotenen Interessenabwägung. Das Recht auf Freiheit soll danach zwar von § 34 StGB geschützt sein, jedoch soll es durch den Haftbefehl abgewertet werden und deshalb nicht höher bewertet werden können als das staatliche Interesse an der Anwesenheit des Angeklagten.[918] Allerdings gelingt nach Ansicht von *Ast* eine Entschuldigung gemäß § 35 StGB. Die Entschuldigung sei nur ausgeschlossen, wenn der Handelnde die Gefahr für die Freiheit selbst verschuldet habe (§ 35 Abs. 1 S. 1, 2 StGB). Dies lasse sich jedoch vor einem endgültigen Schuldspruch nicht unterstellen. Zudem erfasse § 258 StGB das Vereiteln der eigenen Bestrafung bereits tatbestandlich nicht. Deshalb sei der Angeklagte bei drohender Inhaftierung gemäß § 329 Abs. 1 S. 1 StPO entschuldigt. Die Berufung dürfe nicht verworfen werden.[919]

Jedoch ist bereits herausgearbeitet worden, dass die Rechtsprechung des EGMR nicht auf der Verletzung der Selbstverteidigungsgarantie aufgrund drohender Inhaftierung fußt und damit das Recht auf Verteidigung in Abwesenheit nicht nur Kompensationsfunktion hat.[920] Der Ansatz nach *Ast* kann damit nur für einen kleinen Teilbereich der Rechtsprechung des EGMR eine befriedigende Lösung bieten. Da die Verletzung der Konvention jedoch völlig ausgeräumt werden soll, kann *Ast* nicht zugestimmt werden.

#### *b) Irrtum über generelles Recht auf Vertretung / Abwesenheit als Entschuldigungsgrund*

Eine weitere Möglichkeit, die Bestrafung des Angeklagten abzuwenden, könnte darin liegen, dass der Angeklagte stets als entschuldigt zu gelten hat, wenn er trotz ordnungsgemäßer Ladung in der Berufungshauptverhandlung nicht erscheint und stattdessen ein Verteidiger für ihn auftreten möchte. Nach der Rechtsprechung des EGMR in der Sache *Neziraj* könnten Angeklagte der (irrigen) Annahme unterliegen, dass ein Recht auf Abwesenheit und Vertretung besteht und sie deshalb nicht zum Termin erscheinen müssen.[921] Diese Ansicht wird in der Regel auf einem Hinweis des Verteidigers beruhen, da sich ein Angeklagter als juristischer Laie der Rechtsprechung des EGMR kaum bewusst sein wird.

Nach dem Urteil des EGMR in der Sache *Neziraj* ist die nationale obergerichtliche Rechtsprechung auf diese Option der Entschuldigung nicht eingegangen.[922] Dies, obwohl bereits nach geltender Rechtslage anerkannt ist, dass die irrtümliche

---

917 *Ast* JZ 2013, 780, 785.

918 *Ast* JZ 2013, 780, 785.

919 *Ast* JZ 2013, 780, 785.

920 Vgl. hierzu 5. Kapitel § 3 I. 1.

921 Angedeutet bei *Lampe* jurisPR-StrafR 5/2013 Anm. 1.

922 Vgl. OLG Hamburg, Beschl. v. 3.12.2013 – 1 – 25/13 (REV) 1 Ss 68/13, BeckRS 2014, 01432; OLG Köln, Beschl. v. 8.4.2013 – 2 Ws 161/13 (unveröffentlicht); OLG Bremen, StV 2014, 211; OLG Celle, NStZ 2013, 615; OLG München, StV 2013, 301.

Annahme, durch einen Verteidiger vertreten werden zu können, das Ausbleiben des Angeklagten entschuldigen kann.[923] Der Angeklagte ist auch entschuldigt, wenn er aufgrund eines unrichtigen Rats bzw. Hinweises seines Verteidigers von der Hauptverhandlung ferngeblieben ist. Eine subjektive Pflichtverletzung[924] des Angeklagten soll dann ausscheiden. Allerdings kann sich der Angeklagte, der grundsätzlich ein juristischer Laie ist, nicht auf das Vertrauen zu seinem Verteidiger berufen, wenn sich ihm nach den konkreten Umständen des Einzelfalls Zweifel am Wahrheitsgehalt der Aussage des Verteidigers aufdrängen mussten. Der Angeklagte ist dann gehalten, diese durch entsprechende Nachfrage bei Gericht auszuräumen.[925] Zweifel können sich insbesondere dadurch aufdrängen, dass die Ladung zum Termin im Widerspruch zur Aussage des Verteidigers steht.[926]

Auch in der Literatur wird in § 329 Abs. 1 S. 1 StPO eine konventionsfreundliche Öffnungsklausel („in Fällen, in denen dies zulässig ist") erblickt,[927] so dass es durchaus verständlich ist, dass ein durchschnittlicher Angeklagter als juristischer Laie bzw. ein Verteidiger ein generelles Recht auf Vertretung für möglich halten. Jedoch wird ein Angeklagter nach nationalem Verständnis immer noch in der Form der §§ 323, 216 StPO geladen. Die Ladung weist damit ausdrücklich auf die Anwesenheitspflicht, alle denkbaren Ausnahmen davon, Fälle zulässiger Vertretung und die Folgen ungerechtfertigten Ausbleibens hin.[928] Aus dieser enumerativen Aufzählung aller Rechte und Pflichten in der Berufungshauptverhandlung muss der Angeklagte zumindest an einem generellen Recht auf Vertretung zweifeln. Er ist dann gehalten, sich bei Gericht Rechtsklarheit zu verschaffen. Im Ergebnis würde ein Irrtum des Angeklagten über ein generelles Vertretungsrecht der Verwerfung der Berufung damit nicht entgegenstehen. Eine befriedigende und vor allem dauerhafte Lösung kann darin nicht erblickt werden.

### *c) Richterliche Rechtsfortbildung*

Um Konventionskonformität herzustellen, könnte es jedoch geboten sein, sich von den nationalen Kategorien anerkannter Entschuldigungsgründe zu lösen und im Rahmen richterlicher Rechtsfortbildung das Recht auf Vertretung zukünftig generell als Entschuldigungsgrund anzuerkennen. Das Ausbleiben des Angeklagten

---

923 OLG Hamm, StraFo 2004, 211, 212; SK-StPO/*Frisch* § 329 Rn. 27; Radtke/Hohmann/*Beukelmann* § 329 StPO Rn. 16; *Meyer-Goßner* § 329 StPO Rn. 25.

924 OLG Hamm, StraFo 2004, 211, 212.

925 OLG Hamm, NStZ-RR 2010, 245; OLG Hamm, Beschl. v. 6.3.2006 – 4 Ss OWi 44/06, BeckRS 2006, 08808 zu § 74 Abs. 2 OWiG; OLG Hamm, NStZ-RR 1997, 113; SK-StPO/*Frisch* § 329 Rn. 27; LR-StPO/*Gössel* § 329 Rn. 39a; *Meyer-Goßner* § 329 StPO Rn. 25.

926 BayObLG, NStZ-RR 2003, 85, 86; vgl. auch OLG Hamm, Beschl. v. 31.1.2013 – III-1 RBs 178/12, 1 RBs 178/12, BeckRS 2013, 04005.

927 *Esser* StV 2013, 331, 338 f.; zust. OLG Hamburg, Beschl. v. 3.12.2013 – 1 – 25/13 (REV) 1 Ss 68/13, BeckRS 2014, 01432.

928 Vgl. 8. Kapitel § 1 I. 2. a).

wäre dann regelmäßig entschuldigt, wenn der Angeklagte trotz ordnungsgemäßer Ladung einen vertretungsbereiten Verteidiger entsandt hat.

Gegen eine solche Lösung spricht jedoch, dass § 329 Abs. 1 S. 1 StPO neben der Variante der Entschuldigung gleichwertig das Recht auf Vertretung als Hinderungsgrund für ein Verwerfungsurteil regelt. Diese Alternative würde folglich bei Anerkennung der Vertretung als Entschuldigungsgrund leerlaufen. Im Ergebnis kann damit auch diese Entschuldigungsvariante keine befriedigende Lösung bieten.

### 2. *Erweiternde Auslegung von „in Fällen, in denen dies zulässig ist"*

Eine Gesetzesänderung wäre auch nicht angezeigt, wenn § 329 Abs. 1 S. 1 StPO i.S.d. EMRK und der Rechtsprechung des EGMR völkerrechtskonform ausgelegt werden könnte. Als Einfallstor dafür könnte die Passage „in Fällen, in denen dies zulässig ist" dienen.[929] Im Rahmen der Auslegung ist daran zu erinnern, dass alle gängigen Auslegungsmethoden, d. h. Wortlautinterpretation, Systematik, Telos und Historie in ihrer Zusammenschau bemüht werden müssen, um Völkerrechtskonformität herzustellen (vgl. 7. Kapitel § 3 I. 2.).

#### *a) Wortlaut*

Ausgangspunkt der Auslegung muss der Wortlaut von § 329 Abs. 1 S. 1 StPO sein. Denn dieser steckt den Rahmen ab, in dem sich jede Auslegung zu bewegen hat.[930] Dabei ist vorrangig auf den Sprachgebrauch der juristischen Fachsprache abzustellen. Erst wenn ein solcher nicht feststellbar ist, ist auf den allgemeinen Sprachgebrauch zurückzugreifen.[931] Maßgeblich ist grundsätzlich der Sprachgebrauch im Zeitpunkt der Schaffung des Gesetzes.[932]

Ob der Wortlaut des § 329 Abs. 1 S. 1 StPO für eine Interpretation i.S.v. Art. 6 Abs. 3 lit. c EMRK als Recht auf Verteidigung in Abwesenheit offen ist, wird kontrovers diskutiert.

Das OLG München hat sich in seinem Beschluss v. 17.1.2013 an einer konventionskonformen Auslegung von § 329 Abs. 1 S. 1 StPO aufgrund des nicht auslegungsfähigen Wortlauts gehindert gesehen. Eine Auslegung entgegen des eindeutigen Wortlauts des Gesetzes sei nicht möglich. Eine Vertretung des Angeklagten durch einen Verteidiger sei nur in den Fällen des § 411 Abs. 2 S. 1 StPO möglich, die im vorliegenden Fall nicht gegeben seien.[933]

---

929 So *Esser* StV 2013, 331, 333; *ders.* StraFo 2013, 251, 255.

930 *Larenz* Methodenlehre, S. 142; *Bydlinski* Methodenlehre, S. 441; *Walz* ZJS 2010, 482, 487 („Wortlaut [als] äußerste Grenze der Auslegung").

931 *Muthorst* Grundlagen, § 7 Rn. 11; *Larenz* Methodenlehre, S. 142.

932 *Muthorst* Grundlagen, § 7 Rn. 11; *Larenz* Methodenlehre, S. 144.

933 OLG München, StV 2013, 301, 302; so auch OLG Braunschweig, Beschl. v. 19.3.2014 – 1 Ss 15/14, BeckRS 2014, 09731; OLG Hamm, Beschl. v. 23.7.2013 – 3 RVs 49/13,

*Esser* hat dieser Rechtsansicht entgegengehalten, dass sich der Wortlaut der Norm keineswegs nur auf die Fälle der Vertretung nach der StPO beziehe. Eine derart enge Konstruktion überrasche, weil das Gesetz selbst an dieser Stelle auf Zusätze wie „nach diesem Gesetz“ oder dergleichen verzichte.[934] Ein entgegenstehender Wille des Gesetzgebers sei gerade nicht in der sprachlichen Fassung der Norm zum Ausdruck gekommen.[935] Diese Wortlautinterpretation ist sowohl in der Literatur[936] als auch in der obergerichtlichen Rechtsprechung[937] auf breite Zustimmung gestoßen.

Die Passage „in Fällen, in denen dies zulässig ist“, ist so zu interpretieren, dass die Vertretung möglich sein soll, wenn das Gesetz diese Option eröffnet. Insofern stimmen juristischer und allgemeiner Sprachgebrauch überein. Unklar bleibt dabei jedoch, ob sich die Möglichkeiten der Vertretung durch einen Verteidiger allein aus der StPO ergeben oder ob auch Fälle aus anderen Gesetzen gemeint sind. Der Wortlaut der Norm würde vielmehr beide Interpretationen zulassen. Bedenkt man, dass die heutige Fassung des § 329 Abs. 1 S. 1 StPO in § 370 RStPO[938] ihren Ursprung hat und auch diese Norm bereits eine ähnliche Formulierung („noch in den Fällen, wo solches zulässig“) enthalten hat, könnte dies gegen eine weite Interpretation des Wortlauts sprechen, da die Reichsstrafprozessordnung aus dem Jahr 1877 stammt. Zu diesem Zeitpunkt war die EMRK noch nicht existent. Der juristische bzw. übliche Sprachgebrauch konnte sich damit eigentlich nur auf die Fälle der StPO beziehen. Bedenkt man jedoch, dass das Erste Strafverfahrensreformgesetz (1. StVRG)

---

BeckRS 2014, 03740; OLG Jena, Beschl. v. 7.8.2013 – 1 SS 55/13, BeckRS 2014, 09196 und OLG Celle, NStZ 2013, 615, 616 (eindeutiger und nicht auslegungsfähiger Wortlaut); vgl. auch OLG Düsseldorf, StV 2013, 299, 301; OLG Hamm, Beschl. v. 14.06.2012 – III-1 RVs 41/12, BeckRS 2012, 24376 (Beschränkung auf Fälle der Vertretung nach der StPO; im Ergebnis jedoch offengelassen); offengelassen von OLG Karlsruhe, Beschl. v. 25.9.2013 – 2 (6) Ss 386/13 – AK 101/13, BeckRS 2014, 11569; KG, Beschl. v. 7.2.2014 – (4) 161 Ss 5/14 (14/14), BeckRS 2014, 06969 (Auslegungsfähigkeit wegen Art. 20 Abs. 3, 97 Abs. 1 GG ablehnend); *Lampe* jurisPR-StrafR 5/2013 Anm. 1 („Der Rechtsanwender bleibt an die ihrem Wortlaut ... nach eindeutige Vorschrift des § 329 Abs. 1 S. 1 StPO gebunden“); SK-StPO/*Frisch* § 329 Rn. 3.

934 *Esser* StV 2013, 331, 333; *ders.* StraFo 2013, 251, 255; vgl. auch *Esser/Gaede/Tsambikakis* NStZ 2011, 140, 147 f.; zust. *Hüls/Reichling* StV 2014, 242, 245; ähnlich auch *Börner* HRRS 2014, 132.

935 *Esser* StV 2013, 331, 338.

936 *Zehetgruber* HRRS 2013, 397, 404; *Mosbacher* NStZ 2013, 312, 313; *Güttner* FD-StrafR 2013, 343625; *Krug* FD-StrafR 2013, 349182; wohl auch *Weigend* in: FS für Kühl, S. 947, 950 f.

937 OLG Bremen, StV 2014, 211, 212 („Öffnungsklausel“); OLG Hamburg, Beschl. v. 3.12.2013 – 1 – 25/13 (REV) 1 Ss 68/13, BeckRS 2014, 01432.

938 Reichsstrafprozessordnung v. 1.2.1877, RGBl. 1877, Nr. 8, S. 253 (abgedruckt bei *Hahn* Materialien II, S. 2394 ff.).

v. 9.12.1974[939] § 329 StPO zu der Fassung abgeändert hat, die sie heute hat, hätte der Gesetzgeber den Anwendungsbereich des § 329 Abs. 1 S. 1 StPO im Zuge der Änderungen des Wortlauts[940] auf die Fälle der Vertretung nach der StPO durch den von *Esser* vorgeschlagenen Zusatz „nach diesem Gesetz" beschränken können. Denn diese Gesetzestechnik war zum damaligen Zeitpunkt durchaus bekannt, wie sich an § 1 Abs. 2 StVG i.d.F. vom 1.1.1964 zeigt.[941] Bereits in dieser frühen Fassung ist die Legaldefinition des Kraftfahrzeugs durch die Formulierung „im Sinne dieses Gesetzes" auf den Anwendungsbereich des StVG beschränkt worden. Dass der Gesetzgeber von dieser Möglichkeit in § 329 StPO abgesehen hat, kann im Umkehrschluss bedeuten, dass der Wortlaut der Norm bewusst offen gehalten worden ist.

Dem OLG München ist im Ergebnis damit vorzuwerfen, dass es zwar grundsätzlich erkannt hat, dass der Wortlaut der Norm einer konventionskonformen Auslegung nur entgegensteht, wenn sich der Wille des nationalen Gesetzgebers in bestehendem Gesetzesrecht wiederspiegelt,[942] diesen Grundsatz jedoch tatsächlich eindimensional zulasten der EMRK entschieden hat[943]. Diese unausgewogene Argumentation vermag nicht zu überzeugen. *Esser* hingegen hat den Grundsatz der völkerrechtsfreundlichen Auslegung beherzigt. Allerdings ist der Wortlaut nur ein Auslegungskriterium unter vielen. Erst das Gesamtbild, das sich bei Abwägung der einzelnen Auslegungsschritte ergibt, vermag zu offenbaren, ob § 329 Abs. 1 S. 1 StPO tatsächlich ein Einfallstor für Art. 6 Abs. 3 lit. c EMRK enthält. Damit ist festzuhalten, dass der Wortlaut sowohl eine enge als auch eine weite Interpretation der Norm zulässt und folglich einer völkerrechtsfreundlichen Auslegung durchaus zugänglich ist.

### *b) Systematik*

Mittels der Systematik ist weiter zu eruieren, wie sich § 329 Abs. 1 S. 1 StPO in den Gesamtkontext des Gesetzes einfügt[944] und ob daraus ein Argument für bzw. gegen eine weite völkerrechtsfreundliche Auslegung folgt. Dabei ist nicht nur das Regelungsumfeld der StPO in den Blick zu nehmen, sondern auch andere Gesetze, insbesondere die Verfassung als höherrangiges Recht.[945]

---

939 Erstes Gesetz zur Reform des Strafverfahrensrechts v. 9.12.1974, BGBl. I 1974, S. 3393; vgl. auch Art. 1 Nr. 91 des Gesetzesentwurfs des Bundestags, BT-Drucks. 7/551, 11.

940 Zu den Änderungen im Einzelnen, vgl. BT-Drucks. 7/551, S. 50, 86 ff.; *Rieß* NJW 1975, 81, 89.

941 § 1 Abs. 2 StVG i.d.F. v. 1.1.1964: „Als Kraftfahrzeuge im Sinne dieses Gesetzes gelten Landfahrzeuge, die durch Maschinenkraft bewegt werden, ohne an Bahngleise gebunden zu sein."

942 Vgl. OLG München, StV 2013, 301, 302.

943 Ähnlich *Zehetgruber* HRRS 2013, 397, 403.

944 Vgl. *Bydlinski* Methodenlehre, S. 443; *Larenz* Methodenlehre, S. 146.

945 *Muthorst* Grundlagen, § 7 Rn. 14.

### aa) Meinungsstand, insb. BVerfG, Beschl. v. 27.12.2006

Die überwiegende Ansicht in Literatur[946] und Rechtsprechung[947] sieht sich zwar nicht wegen des Wortlauts von § 329 Abs. 1 S. 1 StPO, sondern wegen der systematischen Einbindung der Norm in das Gesamtgefüge der StPO an einer konventionskonformen Auslegung gehindert. Darin soll sich ein entgegengesetzter Wille des Gesetzgebers zeigen. Hierzu wird regelmäßig die Begründung des BVerfG aus seinem Nichtannahmebeschluss in der Sache *Neziraj* v. 27.12.2006 angeführt.

Darin hat das BVerfG eine Verletzung des Rechts auf effektive Verteidigung als Ausprägung des Anspruchs auf ein faires Verfahren (Art. 2 Abs. 1 i.V.m. Art. 20 Abs. 3 GG) verneint.[948] Das BVerfG hat zur Begründung vorgebracht, dass das aus dem Grundsatz des fairen Verfahrens abgeleitete Recht auf effektive Verteidigung nicht unvermittelt neben den weiteren Gewährleistungen des GG und der StPO stehe und nicht zu deren Lasten einseitig zur Geltung gebracht werden könne. Zu berücksichtigen sei nämlich auch, dass die durch § 329 Abs. 1 S. 1 StPO angestrebte persönliche Anwesenheit des Angeklagten in der Hauptverhandlung einerseits ein Recht, andererseits aber zugleich auch eine Pflicht des Angeklagten sei. Die Vorschriften der StPO über die Anwesenheit des Angeklagten sollen diesen als selbstverantwortlichen Menschen mit eigenen Verteidigungsrechten in den Mittelpunkt der Hauptverhandlung stellen. Sie seien auf dem Rechtsgedanken aufgebaut, dass das Gericht seiner Pflicht zur Erforschung der Wahrheit und zu einer gerechten Zumessung der Rechtsfolgen nur dann genüge, wenn es den Angeklagten vor sich sehe und ihn mit seiner Verteidigung höre. Damit werde Art. 103 Abs. 1 GG und dem darin enthaltenen Recht auf Selbstbehauptung in der bestmöglichen Form genügt. Das Recht auf Anwesenheit ergebe sich zudem aus der EMRK und dem IPBPR. Die Anwesenheit des Angeklagten als ein den Strafprozess beherrschender Grundsatz diene auch dazu, dem Angeklagten die Möglichkeit allseitiger und uneingeschränkter Verteidigung zu sichern. Die Anwesenheitspflicht solle aber auch der Wahrheitsfindung dienen, wie die Vorbehalte in den §§ 231 Abs. 2, 231a Abs. 1 StPO bestätigen würden. Schon die Möglichkeit eines persönlichen Eindrucks vom Angeklagten – seines Auftretens und seiner Einlassung – könne der Urteilsfindung des Gerichts dienlich sein, selbst in Fällen, in denen der Angeklagte schweige und jede aktive Mitwirkung verweigere. Aus der Zielsetzung des § 230 Abs. 1 StPO folge, dass „anwesend" nur ein Angeklagter sei, der das Geschehen der Hauptverhandlung selbst in allen Einzelheiten sicher wahrnehmen und auf den Gang der Hauptverhandlung durch Fragen, Anträge und

---

946 *Mosbacher* NStZ 2013, 312, 314; *ders.* JuS 2013, 699, 700; zust. *Hüls*/*Reichling* StV 2014, 242, 245; *Peglau* jurisPR-StrafR 5/2013 Anm. 3; vgl. auch *Kotz* ZAP Fach 22, 647.

947 Vgl. BVerfG, StraFo 2007, 190, 191 f.; OLG Hamburg, Beschl. v. 3.12.2013 – 1 – 25/13 (REV) 1 Ss 68/13, BeckRS 2014, 01432; OLG Bremen, StV 2014, 211, 212; vgl. auch OLG Düsseldorf, StV 2013, 301, 302 und OLG Hamm, Beschl. v. 14.6.2012 – III – 1 RVs 41/12, 1 RVs 41/12, BeckRS 2012, 24376 (im Ergebnis aber offengelassen).

948 BVerfG, StraFo 2007, 190, 191.

Erklärungen einwirken könne. Zwar kenne die StPO Ausnahmen von dem Verbot, in Abwesenheit des Angeklagten zu verhandeln (vgl. §§ 231 Abs. 2, 231a, 231b, 231c, 232, 233, 247, 329 Abs. 2, 350 Abs. 2, 387 Abs. 1, 411 Abs. 2 StPO). Sie seien aber nur dort und insofern am Platze, als sie das Gesetz ausdrücklich zulasse. Eine echte Hauptverhandlung gegen Abwesende i.S.v. § 276 StPO finde nicht statt. Das Anwesenheitsrecht sowie die Anwesenheitspflicht seien auf die Grundsätze der Unmittelbarkeit und Mündlichkeit des Verfahrens bezogene Strukturprinzipien der Strafprozessordnung, die zum einen eine möglichst sichere Entscheidungsgrundlage herstellen sollen, zugleich aber auch eine Ausprägung des rechtlichen Gehörs des Angeklagten darstellen sollen. Wegen der nicht allein seiner Rechtsposition dienenden Funktion der Anwesenheit könne dem unentschuldigt ausgebliebenen Angeklagten auch keine Dispositionsbefugnis über die erwähnten Verfahrensprinzipien in dem Sinne zuerkannt werden, dass er seine Anwesenheit auf den Verteidiger gleichsam delegieren könnte, um Unmittelbarkeit und Mündlichkeit sowie rechtliches Gehör zu gewährleisten. Wie sich aus § 338 Nr. 5 StPO ergebe, handle es sich um zwingende Vorschriften, auf die der Angeklagte nicht verzichten und von deren Einhaltung das Gericht nicht befreien könne.[949]

Des Weiteren wird gegen eine völkerrechtsfreundliche Auslegung angeführt, dass der Verteidiger i.S.d. StPO die Stellung eines Beistands und gerade nicht die eines Vertreters innehaben soll, was sich gerade an der Ausnahmevorschrift des § 234 StPO sowie der Zustimmungsbedürftigkeit der Rücknahme eines Rechtsmittels durch den Verteidiger gemäß § 302 Abs. 2 StPO zeigen soll.[950]

Nach Ansicht von *Krug* hingegen sollen die gesetzlichen Ausnahmen vom Grundsatz der Erscheinenspflicht des Angeklagten ein Beleg dafür sein, dass der Gesetzgeber die Notwendigkeit gesehen hat, in bestimmten Fällen auch in Abwesenheit des Angeklagten zu verhandeln.[951]

Das Vorbringen des BVerfG überzeugt zunächst, weil es ein Konglomerat von altbekannten Prozessmaximen darstellt, an denen man kaum zu rütteln wagt. Doch nur der Blick hinter diese überkommenen Prinzipien vermag zu offenbaren, ob sie tatsächlich ein so engmaschiges System darstellen, dass für eine völkerrechtsfreundliche Interpretation des § 329 Abs. 1 S. 1 StPO kein Raum mehr ist. Dabei sind zusammenfassend folgende fünf Eckpfeiler zu untersuchen:

- Abschließender Katalog der Ausnahmen vom Anwesenheitsprinzips / des Rechts auf Vertretung (enumeratio ergo limitatio)
- Grundsätze der Unmittelbarkeit und Mündlichkeit
- Recht auf Gehör, Art. 103 Abs. 1 GG
- Pflicht zur Erforschung der Wahrheit
- Stellung des Strafverteidigers im deutschen Strafprozess

949 Zum Ganzen vgl. BVerfG, StraFo 2007, 190, 191 f.

950 OLG München, StV 2013, 301, 302; OLG Bremen, StV 2014, 211, 212; OLG Hamburg, Beschl. v. 3.12.2013 – 1–25/13 (REV) 1 Ss 68/13, BeckRS 2014, 01432.

951 *Krug* FD-StrafR 2013, 34918.

### bb) Enumeratio ergo limitatio?

Indem die herrschende Meinung darauf verweist, dass die Ausnahmen von Anwesenheitsprinzip abschließend in der StPO geregelt sind, beruft sie sich indirekt auf die Auslegungsmaximen „singularia non sunt extendenda" sowie dessen Ausprägung „enumeratio, ergo limitatio". Insbesondere im Hinblick auf das Problem der Analogiefähigkeit von Ausnahmebestimmungen ist jedoch bereits anerkannt, dass diese Regeln keinen Selbstzweck verfolgen, sondern deren Anwendbarkeit vom jeweiligen Telos der Ausnahmevorschriften abhängt.[952] Ohne Blick hinter den wahren Grundgedanken der jeweiligen Bestimmungen verkümmern diese vermeintlichen Auslegungsgrundsätze zu einem reinen Formalargument, das die Befürchtung schürt, dass sich das Gericht einer stichhaltigen Begründung entziehen wollte.[953]

Auch die ständige obergerichtliche Rechtsprechung, wonach eine völkerrechtsfreundliche Auslegung des § 329 Abs. 1 S. 1 StPO aus systematischen Gründen zu verneinen sei, zieht sich auf ein vermeintlich in sich geschlossenes System von Grundsatz und Ausnahme zurück, ohne einen Blick hinter den Grundgedanken der jeweilig angeführten Normen zu werfen.[954] Es ist jedoch zu bedenken, dass jede Rechtsordnung von bestimmten Grundsätzen und Ausnahmen geprägt ist und durch dieses Zusammenspiel den Anspruch erhebt ein in sich geschlossenes System darzustellen[955]. Könnte man dies als Argument gegen eine konventionsfreundliche Auslegung verwenden, wäre eine solche niemals möglich. Unter dem Blickwinkel der Rechtsprechung des BVerfG in der Sache *Görgülü* wäre dies ein absurdes Ergebnis.

Es ist im Folgenden also derjenige notwendige Zwischenschritt zu vollziehen, den die herrschende Meinung versäumt hat. Erst dann kann festgestellt werden, ob der Grundsatz „enumeratio, ergo limitatio" für den vorliegenden Fall seine Berechtigung hat.

#### (1) § 329 Abs. 1 S. 1 und Abs. 2 StPO

§ 329 Abs. 1 S. 1 StPO regelt die Voraussetzungen, die vorliegen müssen, um eine Berufung des Angeklagten zu verwerfen. Ist der Angeklagte ausgeblieben, kommt eine Verwerfung der Berufung auch dann nicht in Betracht, wenn der Angeklagte „genügend entschuldigt" ist. Will man nun die Passage „in Fällen, in denen dies zulässig ist" konventionskonform dahin auslegen, dass der Angeklagte grundsätzlich ein Recht auf Verteidigung in Abwesenheit hat und eine genügende Entschuldigung

---

952 Vgl. *Larenz* Methodenlehre, S. 175 f.; *Engisch* Juristisches Denken, S. 184 f.; *Muscheler* in: FS für Kruse, S. 135, 136 („Dass in den Grenzen ihres Gesetzeszwecks auch Ausnahmevorschriften extensiver Auslegung und einer Analogie offenstehen, weiß jeder Anfänger"); *Würdinger* JuS 2008, 949 f.; *ders.* AcP 206 (2006) 946, 966 f.; *Schneider* JA 2008, 174, 177; *Küper* JuS 1972, 127, 130; *Weinsheimer* NJW 1959, 566; MüKo-BGB/*Säcker* Einl Rn. 120 m.w.N.

953 Vgl. MüKo-BGB/*Säcker* Einl Rn. 121.

954 Kritisch hierzu auch *Waszcznski* NStZ-RR 2014, 18, 19.

955 *Schneider* JA 2008, 174, 175.

keine Voraussetzung hierfür ist, ist § 329 Abs. 1 S. 1 StPO hinsichtlich der „Entschuldigungsvariante" sinnentleert, wenn ein Verteidiger für den Angeklagten erscheint. Umgekehrt könnte man daraus schließen, dass bereits die Systematik des § 329 Abs. 1 S. 1 StPO zum Ausdruck bringt, dass der Gesetzgeber dem Angeklagten kein Recht auf Abwesenheit zugebilligt hat.

Jedoch ist auch zu beachten, dass die „Entschuldigungsvariante" selbst bei konventionskonformer Auslegung nicht völlig an Bedeutung verlieren würde, wenn weder der Angeklagte noch sein Verteidiger zur mündlichen Verhandlung erscheinen. Bei gebotener Nachforschung des Gerichts kann unter Umständen ein Verzicht auf das Recht auf Verteidigung in Abwesenheit insgesamt angenommen werden. Nach § 329 Abs. 1 S. 1 StPO dürfte aber zur Wahrung des Rechts auf Anwesenheit kein Verwerfungsurteil ergehen, wenn der Angeklagte in Person entschuldigt ausgeblieben ist.

Zudem ist auch anerkannt, dass § 329 Abs. 1 S. 1 StPO eine Ausnahme von dem Grundsatz darstellt, dass gegen einen ausgebliebenen Angeklagten kein Urteil ergehen soll. Die Vorschrift wird als Gefahr für den Angeklagten empfunden, weil ihm dadurch wichtige prozessuale Rechte wie das Recht auf rechtliches Gehör gemäß Art. 103 Abs. 1 GG bzw. der allgemeine Justizgewähranspruch[956] abgeschnitten werden können. Deshalb entspricht es allgemeiner Meinung, dass die Vorschrift „auf das engste" auszulegen ist.[957] Für den Bereich der Anerkennung von Entschuldigungsgründen ist bereits herausgearbeitet worden, dass dies zu einer weiten Interpretation der Passage „genügend entschuldigt" führt (vgl. 8. Kapitel § 1 I. 1. c)). Würde man diesen Aspekt konsequent zu Ende führen und die „Fälle, in denen dies zulässig ist" als gleichwertige Alternative zur Abwendung eines Verwerfungsurteils einstufen, müsste man zu dem Ergebnis kommen, dass auch diese Passage weit auszulegen ist. Unter diesem Blickwinkel scheint es inkonsequent, den Grundsatz „singularia non sunt extendenda"[958] uneinheitlich anzuwenden und damit eine Alternative weit und die andere eng auszulegen, obwohl sie grundsätzlich gleichrangig sind und das gleiche Ziel verfolgen sollen.

Insgesamt steht damit die Systematik des § 329 Abs. 1 S. 1 StPO einer völkerrechtsfreundlichen Auslegung nicht entgegen.

Möglicherweise ergibt sich jedoch aus der Zusammenschau mit § 329 Abs. 2 StPO ein anderes Bild. In § 329 Abs. 2 StPO ist die Berufung der Staatsanwaltschaft geregelt. Danach kann unter den Voraussetzungen des § 329 Abs. 1 S. 1 StPO auch ohne den Angeklagten verhandelt und ohne Bindung an die Strafrahmen der §§ 232, 233 StPO

956 So SK-StPO/*Frisch* § 329 Rn. 3.

957 RGSt 60, 278, 280; BGHSt 17, 188, 189; 17, 391, 397 (weite Auslegung der Entschuldigungsgründe); LR-StPO/*Gössel* § 329 Rn. 2; *Meyer-Goßner* § 329 StPO Rn. 2.

958 Kritisch zu diesem Auslegungsgrundsatz *Schneider* JA 2008, 174; *Würdinger* JuS 2008, 949.

entschieden werden.[959] Eine Vertretung durch einen (bevollmächtigten)[960] Verteidiger ist hier nicht an die Voraussetzung eines zulässigen Vertretungsfalls i.S.d. StPO geknüpft. § 329 Abs. 2 StPO soll nämlich seinerseits ein gesetzlich vorgesehener Fall zulässiger Vertretung sein.[961] Zum Zwecke der Verfahrensbeschleunigung ist das Gericht bei Vorliegen der Voraussetzungen des § 329 Abs. 2 StPO sogar grundsätzlich verpflichtet, in Abwesenheit des Angeklagten zu verhandeln. Der Angeklagte soll es nicht in der Hand haben, das Verfahren zu verzögern.[962] Nur wenn die Aufklärungspflicht des Gerichts gemäß § 244 Abs. 2 StPO das persönliche Erscheinen des Angeklagten vor Gericht gebietet, kann das Gericht zu den Zwangsmitteln des § 329 Abs. 4 StPO greifen.[963] Die gleichen Grundsätze gelten auch bei einer Berufung des Nebenklägers (§ 401 StPO).[964] Damit stellt die Regelung des § 329 Abs. 2 StPO – abgesehen vom Vollmachtserfordernis – den Paradefall des Rechts auf Verteidigung in Abwesenheit dar, wie er in der Rechtsprechung des EGMR gefordert wird. Der Angeklagte wird für seine Abwesenheit nicht durch Verwerfungsurteil „bestraft", vielmehr kann ein erschienener Verteidiger für den Angeklagten zur Sache verhandeln, solange die Anwesenheit des Angeklagten nicht für erforderlich gehalten wird und durch Anwendung von Zwangsmitteln „auf andere Weise" sichergestellt wird. Im Umkehrschluss könnte daraus geschlossen werden, dass der Gesetzgeber den Fall der umfassenden Vertretung des Angeklagten durchaus gesehen hat und eben gerade auf die Berufung der Staatsanwaltschaft beschränken wollte.[965]

Auf der anderen Seite ergibt sich aus dieser Vorschrift entgegen der Ansicht des OLG Bremen[966], dass der Gesetzgeber sehr wohl auch jenseits von Verfahren von untergeordneter Bedeutung (vgl. §§ 411 Abs. 2, 232 StPO) bei Abwesenheit des Angeklagten eine Vertretung durch einen Verteidiger in Betracht gezogen hat. Verfolgt man also das Ziel einer völkerrechtsfreundlichen Auslegung des Gesetzes, liegt es näher, § 329 Abs. 2 StPO als Beleg dafür zu nehmen, dass ein Abwesenheitsverfahren

---

959 Vgl. BGHSt 17, 391, 394 f.; SK-StPO/*Frisch* § 329 Rn. 47; a.A. noch OLG Koblenz, NJW 1957, 1890.

960 Zur Überprüfung der Konventionskonformität dieser Formalie vgl. 8. Kapitel § 1 III. 2. a).

961 BVerfG, StraFo 2007, 190, 193; vgl. auch LR-StPO/*Gössel* § 329 Rn. 84, 46; SK-StPO/*Frisch* § 329 Rn. 47.

962 BGHSt 17, 391, 395; OLG Karlsruhe, NStZ-RR 2004, 21, 22; OLG Stuttgart, NStZ 1987, 377; OLG Köln, NJW 1963, 1265.

963 BGHSt 17, 391, 397 (Erteilung eines rechtlichen Hinweises); OLG Stuttgart, NStZ 1987, 377 (rechtlicher Hinweis); OLG Bremen, MDR 1970, 165 (Augenscheinseinnahme); zur Strafmaßberufung und der Notwendigkeit des persönlichen Eindrucks gemäß § 56 Abs. 1 StGB: OLG Köln, StraFo 2011, 360; OLG Karlsruhe, NStZ-RR 2004, 21, 22; OLG Hamm, StV 1997, 346; OLG Hamburg, StV 1982, 558.

964 OLG Köln, NStZ-RR 2013, 220.

965 In diese Richtung *Hüls/Reichling* StV 2014, 242, 245.

966 OLG Bremen, StV 2014, 211, 212 („Der Gesetzgeber hat damit zum Ausdruck gebracht, dass nur in Verfahren von untergeordneter Bedeutung bei Abwesenheit des Angeklagten eine Vertretung durch einen Verteidiger in Betracht kommt.").

i.S.d. Rechtsprechung des EGMR längst Einzug in die deutsche StPO genommen hat.[967] So gesehen ist dies ein Argument dafür, dass auch § 329 Abs. 1 S. 1 StPO in der gleichen Dimension für Art. 6 Abs. 3 lit. c EMRK geöffnet werden kann, ohne dass dies dem Willen des Gesetzgebers widerspricht.

Unter der Prämisse, dass das nationale Recht nach Möglichkeit völkerrechtskonform ausgelegt werden soll, steht die Systematik des § 329 StPO einer Öffnung für die Fälle des Art. 6 Abs. 3 lit. c EMRK nicht entgegen.

#### (2) Grundsatz der Anwesenheitspflicht, §§ 230 Abs. 1, 285 Abs. 1 S. 1, 231 Abs. 1 S. 1 StPO

Etwas anderes könnte jedoch aus dem Grundsatz der Anwesenheitspflicht gemäß §§ 230 Abs. 1, 285 Abs. 1 S. 1, 231 Abs. 1 S. 1 StPO folgen, der über § 332 StPO auch in der Berufungsinstanz Anwendung findet.

Nach § 230 Abs. 1 StPO findet gegen einen „ausgebliebenen" Angeklagten keine Hauptverhandlung statt. Das gleiche gilt nach § 285 Abs. 1 S. 1 StPO für einen „Abwesenden". Abwesend i.S.v. § 276 StPO ist ein Angeklagter, wenn sein Aufenthalt unbekannt ist oder wenn er sich im Ausland aufhält und seine Gestellung vor das zuständige Gericht nicht ausführbar oder nicht angemessen erscheint. Er gilt damit für die inländische Gerichtsbarkeit als unerreichbar.[968] Für diese Fälle findet seit dem 1. Januar 1975 eine Hauptverhandlung ausnahmslos nicht mehr statt.[969] Anders ist dies hingegen bei einem ausgebliebenen Angeklagten i.S.v. § 230 Abs. 1 StPO. Ausnahmsweise kann hier eine Hauptverhandlung auch ohne ihn durchgeführt werden. Maßgeblicher Unterschied der beiden Begriffe liegt ausgehend von der Definition des § 276 StPO in der Erreichbarkeit des Angeklagten bzw. des Beschuldigten. In den Fällen des § 276 StPO ist eine Ladung des Beschuldigten nicht möglich und damit auch nicht die Gewährung rechtlichen Gehörs. Ohne Gewährung einer Verteidigungsmöglichkeit soll jedoch niemand verurteilt werden.[970] Dies ist ganz i.S.d. Rechtsprechung des EGMR zu ordnungsgemäßen Abwesenheitsverfahren. Aus diesem Grund kann der

---

967 Ähnlich *Börner* HRRS 2014, 132 (Abwesenheitsverfahren sind „schon wegen § 329 Abs. 2 S. 1 StPO keineswegs systemfremd").

968 *Laue* JA 2010, 294, 295; *Rieß* ZStW 90 (1985) Beiheft, 175, 177 (Fn. 5); eingehend zu den einzelnen Merkmalen: *Paul* S. 44 ff.

969 Abschaffung des eigentlichen Abwesenheitsverfahrens (§§ 276 Abs. 2, 277–284 a.F. RStPO) durch Art. 21 Nr. 74–78 EGStGB v. 2.3.1974, BGBl. I 1974, 469, 511; vgl. LR-StPO/*Stuckenberg* Vor § 276 Rn. 7; SK-StPO/*Frister* § 285 Rn. 3. Vom Abwesenheitsverfahren ist nur noch das Beweissicherungsverfahren (§ 285 Abs. 1 S. 2 StPO) und die Vermögensbeschlagnahme (§§ 290 ff. StPO) übrig, die den Abwesenden veranlassen soll, sich dem Gericht zu stellen; eingehend zur Entwicklung des Abwesenheitsverfahrens *Dünnebier* in: FS für Heinitz, S. 669.

970 *Pfeiffer* § 276 StPO Rn. 1; KK-StPO/*Engelhardt* § 285 Rn. 1; LR-StPO/*Stuckenberg* § 285 Rn. 1; SK-StPO/*Frister* § 285 Rn. 4 (Differenzierung des Verbots der *Terminierung* gemäß § 285 StPO und der *Durchführung* einer Hauptverhandlung gemäß § 230 StPO); vgl. auch *Dünnebier* in: FS für Heinitz, S. 669, 670.

herrschenden Meinung nicht gefolgt werden, wenn sie die Abschaffung des echten Abwesenheitsverfahrens als Argument gegen eine völkerrechtsfreundliche Auslegung des § 329 Abs. 1 S. 1 StPO anführt. Es geht bei der Umsetzung der Rechtsprechung des EGMR nicht um die Wiederbelebung des echten Kontumazialverfahrens, sondern um die Vertretung eines „ausgebliebenen", für die Justiz durch Ladung erreichbaren Angeklagten. Interessant ist damit die Systematik der §§ 230 ff. StPO.

Wie sich aus § 230 Abs. 1 StPO und § 231 Abs. 1 S. 1 StPO ergibt, gilt in der Hauptverhandlung der Grundsatz der ununterbrochenen Anwesenheit des Angeklagten. Diese Regelungen waren bereits in den §§ 229, 230 RStPO vorhanden. Aus den Motiven geht hervor, dass der Grund für das Anwesenheitsprinzip ursprünglich darin gesehen worden ist, dass der erkennende Richter seiner Pflicht, die materielle Wahrheit zu erforschen, nicht vollkommen genügen könne, wenn derselbe nicht den Angeklagten vor sich gesehen und mit seiner Verteidigung bzw. seinem Geständnis gehört habe.[971] Ein Verzicht auf die Anwesenheit sei zu seinem eigenen Schutz nicht möglich. Auch wenn dem Angeklagten gestattet sei, im Laufe der Hauptverhandlung zu schweigen, so sei doch schon in seiner persönlichen Gegenwart und in der ihm damit gegebenen Möglichkeit, jederzeit zu seiner Verteidigung in den Gang der Hauptverhandlung eintreten zu können, eine Garantie für die Zulässigkeit des Verfahrens zu suchen, welche selbst bei ausdrücklicher Einwilligung des Angeklagten nicht entbehrt werden könne.[972] Die herrschende Auffassung sieht in dieser Begründung auch heute noch die Rechtfertigung für das Anwesenheitsprinzip.[973]

#### (3) Recht auf Vertretung als Ausnahme, § 234 StPO

Dieser Grundsatz gilt jedoch seit jeher nicht absolut. Laut § 234 StPO ist der Angeklagte befugt, *sich durch einen mit schriftlicher Vollmacht versehenen Verteidiger vertreten zu lassen, soweit die Hauptverhandlung ohne Anwesenheit des Angeklagten stattfinden kann.* Diese Vorschrift geht wortlautidentisch auf § 233 RStPO zurück.[974] Die Lektüre des Wortlauts offenbart, dass sie eine Art Blankettnorm darstellt, die erst durch die jeweiligen Ausnahmen vom Anwesenheitsprinzip ausgefüllt wird. Während § 234 StPO damit mehr als ein Jahrhundert unverändert geblieben ist, ist

---

971 *Hahn* Materialien I, S. 186.

972 *Hahn* Materialien I, S. 185.

973 RGSt 29, 44, 48 (Betonung der Pflicht des Gerichts zur Wahrheitserforschung); RGSt 60, 179, 180 (Betonung der Sicherung der Wahrheitsermittlung); BVerfG, NJW 2007, 2977, 2979 (Betonung der Wichtigkeit des unmittelbaren Eindrucks vom Angeklagten); vgl. zu beiden Aspekten: BGHSt 3, 187, 190 f.; BGHSt 26, 84, 90; BVerfG, StV 2007, 190, 191 f.; *Meyer-Goßner* § 230 StPO Rn. 3; LR-StPO/*Becker* § 230 Rn. 1 f.; *Eisenberg* Beweisrecht, Rn. 755; *Pfeiffer* § 230 StPO Rn. 1; KK-StPO/*Gmel* § 230 Rn. 1; BeckOK-StPO/*Gorf* § 230 Rn. 1; *Kamp* in: FS für Rudolphi, S. 661, 663 f.; *Niethammer* in: FS für Rosenfeld, S. 119, 120; *Maatz* DRiZ 1991, 200 f.; *Roxin/Schünemann* § 44 Rn. 42; *Jäger* S. 172 ff.; *Ko* S. 333 f.

974 Abgedruckt bei *Hahn* Materialien II, S. 2429.

im Folgenden zu zeigen, dass die sie ausfüllenden Ausnahmetatbestände durchaus eine rege Entwicklung genommen haben.

Zur Zeit der Entstehung der RStPO waren die Ausnahmen vom Anwesenheitsprinzip auf die §§ 230 Abs. 2, 231, 232 RStPO beschränkt,[975] die sich heute – teils noch identisch – in den §§ 231 Abs. 2, 232, 233 StPO wiederfinden.

Der heutige § 231 Abs. 2 StPO geht unverändert auf § 230 RStPO zurück.[976]

Auch § 232 StPO war dem Grunde nach bereits in § 231 RStPO[977] angelegt. Nach § 231 RStPO konnte die Hauptverhandlung bei „strafbaren Handlungen geringerer Art"[978], die nur „mit Geldstrafe, Haft oder Einziehung, allein oder in Verbindung mit einander" bedroht waren, komplett ohne den Angeklagten durchgeführt werden, wenn der Angeklagte in der Ladung auf diese Möglichkeit hingewiesen worden war. Mit Veränderung des Sanktionensystems in Deutschland ist jedoch auch § 232 StPO angepasst worden.[979] Über die Zeit ist der heutige § 232 Abs. 1 S. 3 StPO angefügt worden, wonach auch die Entziehung der Fahrerlaubnis zulässig ist, wenn der Angeklagte in der Ladung darauf hingewiesen worden ist.[980] Zudem ist das Fahrverbot in den Rechtsfolgenkatalog aufgenommen worden.

Eine ähnliche Entwicklung hat auch der heutige § 233 StPO genommen, der seinen Ursprung in § 232 RStPO hat. Nach damaliger Fassung konnte der Angeklagte *auf Antrag wegen großer Entfernung seines Aufenthaltsorts von der Verpflichtung zum Erscheinen in der Hauptverhandlung entbunden werden, wenn nach dem Ermessen des Gerichts voraussichtlich keine andere Strafe als Freiheitsstrafe bis zu sechs Wochen oder Geldstrafe oder Einziehung, allein oder in Verbindung mit einander, zu erwarten steht.* Das Recht auf Gehör war bereits damals dadurch abgesichert, dass der Angeklagte *durch einen beauftragten oder ersuchten Richter über die Anklage vernommen werden* musste.[981] Bis die Vorschrift die heutige Fassung aufgrund von Art. 21 Nr. 3 des

975 In der Ersten Lesung der Kommission wurde kontrovers diskutiert, ob das Recht auf Vertretung auch im Fall des § 194 Abs. 2 StPO-E III (= heutiger § 231 Abs. 2 StPO) gelten soll. Schließlich wurde die Anwendbarkeit einheitlich beschlossen. Vgl. *Hahn* Materialien I, S. 827 f.

976 Das Merkmal der Eigenmächtigkeit war auch in der RStPO nicht vorgesehen. Es soll sich dabei um eine ungeschriebene Voraussetzung zum Schutz des Angeklagten handeln. Vgl. BGHSt 56, 298, 306; 37, 249, 251; BGH, NStZ-RR 2008, 285; LR-StPO/*Becker* § 231 Rn. 11; *Meyer-Goßner* § 231 StPO Rn. 13; abl. SK-StPO/*Deiters* § 231 Rn. 19 ff. (Freiwilligkeit der Abwesenheit ausreichend); *Putzke* ZJS 2012, 383, 388. Nach früher herrschender Auffassung musste der Angeklagte versucht haben, durch Missachtung seiner Anwesenheitspflicht den „Gang der Rechtspflege zu stören" oder ihm „entgegenzutreten", vgl. beispielhaft BGH, NJW 1980, 950.

977 Abgedruckt bei *Hahn* Materialien II, S. 2329.

978 *Hahn* Materialien I, S. 187.

979 SK-StPO/*Deiters* § 232 Rn. 1; eingehend zur Entstehungsgeschichte: LR-StPO[23]/*Gollwitzer* § 232 Fn. 1.

980 Art. 3 Nr. 3 des Gesetz zur Sicherung des Straßenverkehrsrechts v. 19.12.1952, BGBl. I 1952, S. 832, 835.

981 Abgedruckt bei *Hahn* Materialien II, S. 2429.

EGStGB[982] erhalten hat, war sie Gegenstand zahlreicher Änderungen.[983] Die wichtigste Änderung ergibt sich aus § 6 der Verordnung zur weiteren Vereinfachung der Strafrechtspflege v. 13.8.1942[984], wonach die Rechtsfolgenkompetenz auf die heutigen sechs Monate Freiheitsstrafe erweitert worden ist.[985] Damit ist es möglich, kurze Freiheitsstrafen gemäß § 47 StGB, die nur in Ausnahmefällen zulässig sind, in Abwesenheit des Angeklagten zu erlassen, obwohl das Gesetz ausdrücklich vorschreibt, dass *besondere Umstände* gegeben sein müssen, die insbesondere *in der Persönlichkeit des Täters liegen.* Die Persönlichkeitserforschung kann folglich auch in Abwesenheit des Angeklagten erfolgen.

Bei aller Ausweitung der Ausnahmetatbestände §§ 232, 233 StPO hat sich nie jemand daran gestört, dass auch gleichzeitig die Blankettvorschrift des § 234 StPO und damit das Recht auf Vertretung durch den Verteidiger an Bedeutung gewinnt.

Auch § 231b StPO war bereits in § 246 Abs. 2 RStPO[986] aus dem Jahr 1879 angelegt. Seine heutige Fassung hat er aufgrund Art. 1 Nr. 10 des Gesetzes zur Ergänzung des Ersten Gesetzes zur Reform des Strafverfahrensrechts v. 20.12.1974 erhalten.[987] Das Recht auf Gehör wird dadurch abgesichert, dass dem wegen ordnungswidrigen Benehmens aus dem Sitzungszimmer entfernten bzw. zur Haft abgeführten Angeklagten gemäß § 231b Abs. 1 S. 2 StPO in jedem Fall Gelegenheit zur Äußerung gegeben worden sein muss. Zudem darf nur solange in Abwesenheit des Angeklagten verhandelt werden, wie zu befürchten ist, dass die Anwesenheit des Angeklagten

---

982 BGBl. I 1974, S. 469, 510.

983 § 31 der Emminger Verordnung v. 4.1.1924 (RGBl. I, 1942, S. 508) hat die Möglichkeit der Entbindung auf alle Angeklagten vor dem Amtsrichter und Schöffengericht erweitert. Ausgenommen waren nur Verbrechen, die nicht nur wegen Rückfalls Verbrechen waren. Diese Einschränkung ist jedoch durch die Dritte Verordnung des Reichspräsidenten zur Sicherung von Wirtschaft und Finanzen und zur Bekämpfung politischer Ausschreitungen v. 6.10.1931 beseitigt worden (vgl. RGBl. I 1931, 537, 563). Aufgrund Art. 1 Nr. 19 des Ausführungsgesetzes zu dem Gesetz über gefährliche Gewohnheitsverbrecher und über Maßregeln der Sicherung und Besserung ist § 233a eingefügt worden, wonach in Abwesenheit keine Maßregeln der Sicherung und Besserung verhängt werden dürfen (RGBl. I 1933, S. 1000, 1001). § 6 der Verordnung zur weiteren Vereinfachung der Strafrechtspflege v. 13.8.1942 (RGBl. I, 1942, S. 508, 510 f.) hat dann die damaligen §§ 232, 233, 233a zusammengefasst. Art. 3 Nr. 104 f. des Rechtsvereinheitlichungsgesetzes v. 12.9.1950 hat die §§ 232, 233 wieder getrennt und § 233a aufgehoben (BGBl. I 1950, S. 455, 491). Aufgrund Art. 3 Nr. 4 des Gesetzes zur Sicherung des Straßenverkehrs ist die Maßregel der Verhängung der Entziehung der Fahrerlaubnis in den Folgenkatalog aufgenommen worden (BGBl. I 1952, 833, 835). Eine weitere sprachliche Änderung hat § 233 Abs. 1 SPO durch Art. 2 Nr. 3 des Zweiten Gesetzes zur Sicherung des Straßenverkehrs v. 26.11.1964, (BGBl. I 1964, 921, 924) erfahren.

984 RGBl. I 1942, S. 508.

985 RGBl. I 1942, S. 508, 510 f.

986 Abgedruckt bei *Hahn* Materialien II, S. 2431.

987 BGBl. I 1974, S. 3686, 3688; vgl. BT-Drs. 7/2989, S. 7.

den Ablauf der Hauptverhandlung in schwerwiegender Weise beeinträchtigen würde (§ 231b Abs. 1 S. 1 StPO). Dem Grundsatz der Wahrheitserforschung wird dadurch Rechnung getragen, dass die Abwesenheitsverhandlung nur möglich ist, wenn das Gericht die fernere Anwesenheit des Angeklagten nicht für unerlässlich hält (§ 231b Abs. 1 S. 1 StPO). Ansonsten unterliegt die Befugnis zur Verhandlung in Abwesenheit jedoch keinen weiteren zeitlichen Grenzen.[988] Auch wenn § 231b StPO damit zwar kein Recht auf Abwesenheit regelt, sondern die ordnungsgemäße Durchführbarkeit der Hauptverhandlung sicherstellen soll[989], so eröffnet die Vorschrift dennoch die Chance des Angeklagten auf ein (zeitweises) Abwesenheitsverfahren als faktischen Reflex. Er muss sich dafür „nur“ ordnungswidrig benehmen.

Besonders hervorzuheben ist § 231a StPO. Diese Vorschrift ist erst durch Art. 1 Nr. 10 des Gesetzes zur Ergänzung des 1. StVRG vom 20.12.1974[990] in die StPO eingeführt worden und am 1.1.1975 in Kraft getreten[991]. Sie ist einem Einzelfall geschuldet: Der Garantie der Durchführbarkeit des Baader-Meinhof-Prozesses. Die inhaftierten Angeklagten wollten das Anwesenheitsprinzip des Strafprozesses zu ihrem Vorteil nutzen und sich durch Hungerstreiks in den Zustand der Verhandlungsunfähigkeit versetzen, um so die Durchführbarkeit der Hauptverhandlung zu torpedieren.[992] Dieser Missbrauchsgefahr ist der Gesetzgeber ad-hoc mit der Schaffung einer abstrakten Norm entgegengetreten. Danach muss nun ohne den Angeklagten verhandelt werden, wenn sich dieser *vorsätzlich und schuldhaft in einen seine Verhandlungsfähigkeit ausschließenden Zustand versetzt hat und er dadurch wissentlich die ordnungsgemäße Durchführung der Hauptverhandlung in seiner Gegenwart* verhindert. Er muss in Abgrenzung zu § 231 Abs. 2 StPO auch nicht in der Hauptverhandlung zur Sache vernommen worden sein.[993] Zur Wahrung des Rechts auf Gehör wird es für ausreichend befunden, wenn der Angeklagte nach Eröffnung des Hauptverfahrens Gelegenheit gehabt hat, sich vor dem Gericht oder einem beauftragten Richter zu äußern. Bei Wiedereintritt der Verhandlungsfähigkeit muss der Angeklagte bis zum Beginn der Verkündung des Urteils über den wesentlichen Inhalt dessen unterrichtet werden, was in seiner Abwesenheit verhandelt worden ist (§ 231 Abs. 2 StPO).[994] Dem Aspekt der Wahrheitserforschung ist dadurch Rechnung getragen, dass die Abwesenheitsverhandlung nur zulässig ist, soweit das Gericht seine Anwesenheit nicht

---

988 Vgl. *Rieß* JZ 1975, 265, 271.

989 Vgl. BT-Drs. 7/2989, S. 3, 7; SK-StPO/*Deiters* § 231b Rn. 1; *Rieß* JZ 1975, 265, 271.

990 Gesetz zur Ergänzung des Ersten Gesetzes zur Reform des Strafverfahrensrechts v. 20.12.1974, BGBl. I 1974, S. 3686, 3688.

991 BGBl. I, 1974, S. 3686, 3692.

992 Vgl. BGHSt 26, 228, 229 f.; BT-Drucks. 7/2989, S. 5; *Neuhaus* S. 92; SK-StPO/*Deiters* § 231a Rn. 1.

993 BT-Drs. 7/2989, S. 5 f.

994 Vgl. BVerfGE 41, 246, 249; BT-Drs. 7/2989, S. 6; *Rieß* JZ 1975, 265, 270.

für unerlässlich hält.[995] Als zusätzliche Sicherung ist der Angeklagte in Abwesenheit gemäß § 231a Abs. 4 StPO notwendig zu verteidigen.[996]

Damit kennt die StPO selbst im Rahmen der ersten Tatsacheninstanz die Möglichkeit, die komplette Hauptverhandlung ohne den Angeklagten durchzuführen[997] und stattdessen mit einem notwendigen Verteidiger mündlich zu verhandeln. Wenn jedoch die Wahrheitserforschung – wohl gemerkt in der ersten Instanz – auch ohne die persönliche Anwesenheit des Angeklagten möglich ist und das Recht auf Gehör gewährt werden kann, ohne dass der Angeklagte auch nur einmal in der Hauptverhandlung anwesend gewesen ist, kann das Argument der herrschenden Meinung nicht überzeugen, dass der Angeklagte nicht unter Einbuße dieser Gewährleistungen vertreten werden kann. Genau genommen hat der Angeklagte bereits nach geltender Gesetzeslage ein Recht und das Gericht eine Pflicht zur Abwesenheitsverhandlung. Der Angeklagte muss seinen Gesundheitszustand „nur" in dem Maße beeinträchtigen, dass der Zustand der Verhandlungsunfähigkeit eintritt. Der nächste Schritt, d.h. eine Abwesenheitsverhandlung durchzuführen, wenn der Angeklagte auf sein Anwesenheitsrecht freiwillig verzichtet hat und seine Anwesenheit zur Wahrheitserforschung nicht zwingend erforderlich ist, ist damit nicht mehr weit. Dieser Weg wäre wohl auch eher i.S.d. Grundgesetzes. Denn dem Staat kommt gemäß Art. 2 Abs. 2 S. 1 GG auch eine positive Schutzpflicht hinsichtlich der körperlichen Unversehrtheit und des Lebens des Angeklagten zu.[998] Wenn der Angeklagte die Möglichkeit hätte, der belastenden Hauptverhandlung durch schlichten Verzicht auf sein Recht zu entgehen anstelle beispielsweise eines (nicht ernstgemeinten) Selbstmordversuchs[999], wäre der Schutzpflicht des GG besser genügt. Im Ergebnis ist § 231a StPO zwar als Ausnahme vom Anwesenheitsprinzip konzipiert. Betrachtet man jedoch den dahinter stehenden Telos der Norm, ist erkennbar, dass die Befürchtung des BVerfG, durch konventionskonforme Auslegung des § 329 Abs. 1 S. 1 StPO „ein Abwesenheitsverfahren gleichsam durch die Hintertür einzuführen"[1000], unbegründet ist. Durch Schaffung des § 231a StPO ist diese Tür längst aufgestoßen.[1001] Auch in diesem Zusammenhang sind keine Stimmen ersichtlich, die den Zuwachs des Rechts auf Vertretung kritisiert hätten. Es ist folglich verfehlt, wenn die herrschende Meinung § 231a StPO als systematischen Beleg gegen eine völkerrechtsfreundliche Auslegung vorbringt. Im Gegenteil, § 231a StPO beweist, dass der StPO Abwesenheitsverfahren in weitem Umfang bereits bekannt sind.

Auch § 231c StPO kann als Beleg angeführt werden, dass Abwesenheitsverfahren längst auch als Chance für den Angeklagten verstanden werden. Diese Norm ist nachträglich aufgrund von Art. 1 Nr. 19 des Strafverfahrensänderungsgesetzes v.

---

995 Vgl. BT-Drs. 7/2989, S. 6.
996 Vgl. BVerfGE 41, 246, 249; BT-Drs. 7/2989, S. 7.
997 *Rieß* JZ 1975, 265, 269.
998 *Stern* DÖV 2010, 241, 244.
999 Vgl. *Arnoldi* NStZ 2012, 108, 109.
1000 BVerfG, StraFo 2007, 190, 193.
1001 So auch *Püschel* StraFo 2012, 493, 495 in Bezug auf alle Ausnahmen vom Anwesenheitsgrundsatz.

5.10.1978 eingefügt worden.[1002] Danach besteht die Möglichkeit der Beurlaubung für einzelne Verhandlungsteile, wenn ein Strafverfahren gegen mehrere Angeklagte betrieben wird und der Angeklagte von diesen Verhandlungsteilen nicht betroffen ist. Der Gesetzgeber hat sich damit dazu bekannt, dass der Grundsatz der ständigen Anwesenheitspflicht für den Angeklagten nicht nur vorteilhaft ist. In der Begründung hat er ausdrücklich eingeräumt, dass die uneingeschränkte Anwesenheitspflicht des Angeklagten durchaus eine Belastung für den Angeklagten sein kann, insbesondere bei umfangreichen Hauptverhandlungen gegen mehrere Angeklagte.[1003] Bei längeren Hauptverhandlungsabschnitten, die Umstände beträfen, die nur für einzelne Mitangeklagte von Bedeutung seien, und andere Mitangeklagte auch nicht mittelbar beträfen, würde die Anwesenheitspflicht zu einer inhaltsleeren, das Verfahren unnötig verkomplizierenden Formalie.[1004] Insofern ist zwar die Blankettvorschrift des § 234 StPO nicht angereichert worden, weil im Rahmen der maßgeblichen Verhandlungsteile gerade kein Verteidigungsbedürfnis bestehen darf; allerdings wird der Anschein des unabkömmlichen Werts der Anwesenheit des Angeklagten für die Hauptverhandlung sowie für diesen persönlich beträchtlich erschüttert.

Insgesamt lässt sich damit feststellen, dass das Recht auf Vertretung gemäß § 234 StPO zwar als Ausnahme vom Anwesenheitsprinzip konzipiert ist. Der Blankettcharakter der Norm sowie die Ausweitung der Ausnahmen vom Anwesenheitsgrundsatz offenbaren jedoch, dass die StPO für eine weitere Perforierung des Anwesenheitsprinzips entwicklungsoffen ist. Bereits in der ersten Instanz kann der Angeklagte eine komplette Abwesenheitsverhandlung erwirken, wenn er sich bewusst und schuldhaft in einen seine Verhandlungsfähigkeit ausschließenden Zustand versetzt.

#### (4) § 411 Abs. 2, 387 Abs. 1, 415 Abs. 1, 350 Abs. 2, 338 Nr. 5 StPO

Besonderes Augenmerk ist zudem auf die Regeln des Strafbefehlsverfahrens (§§ 407 ff. StPO) zu legen, da § 412 S. 1 StPO insbesondere auf § 329 Abs. 1 S. 1 StPO verweist. Ist der Angeklagte danach in der Hauptverhandlung aufgrund Einspruchs gegen einen Strafbefehl unentschuldigt nicht erschienen oder nicht ordnungsgemäß durch seinen Verteidiger vertreten, wird der Einspruch ohne Verhandlung zur Sache durch Prozessurteil verworfen. Im Gegensatz zu § 329 Abs. 1 S. 1 StPO kann sich der Angeklagte jedoch – abgesehen vom Erfordernis der schriftlichen Vertretungsvollmacht – ohne weiteres vertreten lassen. Diese Regelung war bereits in § 451 Abs. 2 RStPO[1005] aus dem Jahr 1877 in dieser Form enthalten. Wie selbstverständlich gehen die Motive davon aus, dass der Angeklagte sein rechtliches Gehör sowohl persönlich als

1002 BGBl. I 1978, S. 1645, 1648.
1003 BT-Drs. 8/976, S. 23, 49.
1004 BT-Drs. 8/976, S. 49.
1005 Abgedruckt bei *Hahn* Materialien II, S. 2461.

auch über einen bevollmächtigten Verteidiger als Vertreter wahrnehmen kann.[1006] Parallel zu § 329 Abs. 1 S. 1 StPO wird angeführt, dass bei Verwerfung des Einspruchs keine echte Abwesenheitsentscheidung ergeht, weil keine Verhandlung zur Sache stattfindet[1007]. Tatsächlich bewirkt die Verwerfung des Einspruchs jedoch, dass der Strafbefehl, der gemäß § 410 Abs. 3 StPO der Rechtskraft fähig ist, aufrechterhalten bleibt. Dass das Gesetz erst gar keine mündliche Verhandlung zulässt, bedeutet nicht, dass auch der Charakter eines Abwesenheitsurteils entfällt.

Aus diesem Blickwinkel betrachtet, stellt das dem Einspruchsverfahren vorausgehende Strafbefehlsverfahren seinerseits ein Abwesenheitsverfahren dar. Auf schriftlichen Antrag der Staatsanwaltschaft kann der Strafrichter und das Schöffengericht bei Vergehen die Rechtsfolgen der Tat durch schriftlichen Strafbefehl ohne Hauptverhandlung festsetzen (§ 407 Abs. 1 S. 1 StPO). Der durch das StVÄG 1987 eingefügte § 408a StPO[1008] ermöglicht dies auf Antrag der Staatsanwaltschaft selbst nach Eröffnung des Hauptverfahrens als Reaktion auf das Ausbleiben oder die Abwesenheit des Angeklagten in der mündlichen Hauptverhandlung. Bezeichnend ist dabei, dass ausweislich der Gesetzesbegründung § 408a StPO die Möglichkeit einer Entscheidung in Abwesenheit schaffen soll, wenn ein Verfahren nach § 232 StPO nicht möglich ist, weil eine Geldstrafe von mehr als 180 Tagessätzen zu erwarten ist und die Vorführung des Angeklagten unverhältnismäßig wäre.[1009] Darin zeigt sich bereits, dass die These der herrschenden Meinung hinsichtlich der Begrenzung von Abwesenheitsentscheidungen auf den Bagatellbereich längst nicht mehr haltbar ist. Neben der Beendigung „steckengebliebener Hauptverhandlungen“[1010] eröffnet § 408a StPO darüber hinaus aus Praxissicht die Möglichkeit der informellen Verfahrensabsprache zwischen Gericht, Staatsanwaltschaft und des statt des Angeklagten erschienenen Verteidigers.[1011] Denn das Strafbefehlsverfahren wirkt nur justizentlastend, wenn der Angeklagte bzw. sein Verteidiger später keinen Einspruch einlegen.[1012] Darin zeigt sich eine ganz neue

---

1006 Vgl. *Hahn* Materialien I, S. 287 („Hat der Angeklagte Einspruch erhoben, also auf rechtliches Gehör angetragen, so darf von ihm verlangt werden, daß er sich auch wirklich vor dem Gericht verteidige. Unterläßt er dies, indem er in der Verhandlung weder selbst erscheint noch sich vertreten läßt, so greift die Annahme Platz, daß er den Einspruch nur deshalb erhoben habe, um die Strafvollstreckung aufzuschieben.“); zur dogmatischen Einordnung als Verzicht oder Verwirkung vgl. LR-StPO/*Gössel* § 412 Rn. 1.

1007 Vgl. BayObLG, wistra 2004, 117; SK-StPO/*Weßlau* § 412 Rn. 1; LR-StPO/*Gössel* § 412 Rn. 1.

1008 BGBl. I 1987, 475, 477.

1009 Vgl. BT-Drs. 10/1313, S. 36.

1010 BT-Drs. 10/1313, S. 13.

1011 *Ambos* Jura 1998, 281, 289; *Martin* GA 142 (1995) 121, 130 f.; *Rieß/Hilger* NStZ 1987, 204, 205; *Werle* JZ 1991, 789, 795; SK-StPO/*Weßlau* § 408a Rn. 21; KK-StPO/*Maur* § 408a Rn. 12; in diese Richtung auch *Schellenberg* NStZ 1994, 570; *ders.* NStZ 1994, 370, 374; *Vivell* S. 234 („Handel mit der Gerechtigkeit“); zu § 408b StPO *Hohendorf* MDR 1993, 597, 598.

1012 Vgl. *Rieß/Hilger* NStZ 1987, 204, 205.

Dimension des Rechts auf Vertretung, die nicht nur die Prinzipien der Unmittelbarkeit und Mündlichkeit betrifft, sondern sogar die Festsetzung der Strafe. Zudem eröffnet die Vorschrift dem Angeklagten die Chance, durch bewusstes Ausbleiben der belastenden Hauptverhandlung zu entgehen.

Mittels des Strafbefehlsverfahrens sollen grundsätzlich einfach gelagerte Sachverhalte der kleineren und mittleren Kriminalität ohne mündliche Verhandlung möglichst schnell, ressourcenschonend und ohne unnötige Belastung des Angeklagten durch eine mündliche Verhandlung abgeschlossen werden.[1013] Erstaunlicherweise reicht die Rechtsfolgenkompetenz des Gerichts gemäß § 407 Abs. 2 S. 2 StPO bei einem verteidigten Angeklagten bis zu einem Jahr Freiheitsstrafe auf Bewährung.[1014] Auch wenn die Freiheitsstrafe nur unter der Prämisse möglich ist, dass ihre Vollstreckung zur Bewährung ausgesetzt wird, handelt es sich der Art nach um die stärkste und bedeutendste Sanktion der möglichen Rechtsfolgen, die ohne jeglichen Blick auf den Angeklagten verhängt werden kann.[1015] Der Rahmen des § 233 StPO wird sogar überschritten. Insofern ist ebenfalls zu kritisieren, dass § 47 StGB prinzipiell die Persönlichkeitserforschung vorschreibt. Zudem geht das Gesetz offenbar davon aus, dass über die Frage der Bewährung gemäß § 56 Abs. 1 StGB auch ohne persönlichen Eindruck von der Person des Angeklagten entschieden werden kann, obwohl die Persönlichkeit des Verurteilten ausdrücklich gemäß § 56 Abs. 1 S. 2 StGB in die Zukunftsprognose nach Satz 1 einzustellen ist, *wonach zu erwarten sein muss, dass der Verurteilte sich schon die Verurteilung zur Warnung dienen lassen und künftig auch ohne die Einwirkung des Strafvollzugs keine Straftaten mehr begehen wird.*[1016] Das Argument der herrschenden Meinung hinsichtlich der Unabkömmlichkeit des persönlichen Eindrucks des Angeklagten für das Gericht wird damit durch das Gesetz selbst erschüttert.

---

1013 Vgl. *Ranft* JuS 2000, 633; *Roxin/Schünemann* Strafverfahrensrecht, § 68 Rn. 1; *Beulke* Strafprozessrecht, § 26 Rn. 526; SK-StPO/*Weßlau* Vor §§ 407 ff. Rn. 7; zu den vor allem psychischen Belastungen einer Hauptverhandlung vgl. *Schmuck/Leipner* SVR 2012, 91, 92.

1014 Gemäß § 447 Abs. 2 RStPO war bereits eine Freiheitsstrafe von sechs Wochen möglich. Durch das EGStGB 1974 (BGBl. I 1974, 464, 513) ist die Möglichkeit der Verhängung einer Freiheitsstrafe abgeschafft worden, ehe das Gesetz zur Entlastung der Rechtspflege v. 11.1.1993 die heutige Regelung eingeführt hat (BGBl. I 1993, 50, 51). Vgl. hierzu auch *Meyer-Goßner* NJW 1993, 498, 500 f.

1015 Kritisch deshalb *Schellenberg* NStZ 1994, 570; *Werle* JZ 1991, 789, 795; abl. im Gesetzgebungsverfahren auch SPD-Fraktion des Deutschen Bundestages, BT-Drs. 12/3832 v. 25.11.1992, S. 42.

1016 *Martin* GA 142 (1995) 121, 126 sieht in den §§ 47, 56 StGB ein Argument gegen die Zulässigkeit der Verhängung von Freiheitsstrafen zur Bewährung im Strafbefehlsverfahren. Anders *Maleika* S. 180 f., 184 f., die darauf verweist, dass insbesondere aufgrund objektiver Erfahrungssätze eine Persönlichkeitsprognose unter Umständen auch anhand der Akte möglich sein soll.

Dieser Eindruck wird noch bekräftigt, wenn man bedenkt, dass im Einspruchsverfahren, anders als im Berufungsverfahren (§ 331 StPO), nach ganz herrschender Auffassung[1017] nicht einmal der Grundsatz des Verbots der reformatio in peius gilt. Soweit der Einspruch reicht, kann das Gericht damit gemäß § 411 Abs. 4 StPO völlig losgelöst von dem im Strafbefehl enthaltenen Ausspruch neu zulasten des Angeklagten entscheiden, ohne dass es hierbei auf dessen Anwesenheit ankäme. Das Gesetz gibt sich insofern nach § 411 Abs. 2 S. 1 StPO auch mit dessen Verteidiger zufrieden. Das Gericht hat zwar die Möglichkeit, das persönliche Erscheinen des Angeklagten gemäß § 236 StPO anzuordnen, jedoch ändert diese Anordnung nichts an der Vertretungsbefugnis des bevollmächtigten Verteidigers.[1018] Überdies ist die Anwendung von Zwangsmitteln im Strafbefehlsverfahren nur unter ganz engen Verhältnismäßigkeitserwägungen zulässig.[1019]

Das Strafbefehlsverfahren beweist eindrucksvoll, dass die StPO Abwesenheitsentscheidungen längst nicht mehr auf den Bagatellbereich beschränkt und der persönliche Eindruck des Angeklagten bei weitem nicht (mehr) den Stellenwert für die Entscheidungsfindung hat, wie ihn die herrschende Meinung als Rechtfertigung für die Anwesenheitspflicht propagiert.

Das Privatklageverfahren (§§ 374 ff. StPO) zeichnet sich hingegen tatsächlich dadurch aus, dass die privatklagefähigen Delikte weniger schwer wiegen, was sich bereits daran zeigt, dass mit Ausnahme der Bedrohung gemäß § 241 StGB alle in § 374 Abs. 1 StPO aufgeführten Tatbestände Antragsdelikte sind.[1020] Allerdings war die Vertretungsbefugnis des Angeklagten gemäß § 387 Abs. 1 StPO in dieser Form bereits in § 427 RStPO (1879)[1021] enthalten. Zum damaligen Zeitpunkt hat sich der Katalog der Privatklagedelikte jedoch auf Beleidigungen und Körperverletzungen

---

1017 Vgl. etwa OLG Stuttgart, StV 2007, 232 f.; LR-StPO/*Gössel* § 411 Rn. 56, 58; *Meyer-Goßner* § 411 StPO Rn. 11; *Ambos* Jura 1998, 281, 287; *Maleika* S. 33; vgl. auch *Hahn* Materialien I, S. 286; a.A.: *Esser* StV 2007, 235, 237 f.; *Ranft* JuS 2000, 633, 637; *Roxin/Schünemann* Strafverfahrensrecht, § 68 Rn. 12; *Ostler* NJW 1968, 486 (Verbot der reformatio in peius, wenn sich keine nachteiligen Veränderungen des Unrechts- und Schuldgehalts der Tat ergeben). Zu beachten ist das gesetzlich geregelte Verschlechterungsverbot gemäß § 411 Abs. 1 S. 3 HS. 2 StPO; kritisch hierzu *Volk/Engländer* StPO, § 33 Rn. 8.

1018 OLG Düsseldorf, NStZ-RR 1998, 180; SK-StPO/*Weßlau* § 412 Rn. 7; LR-StPO/*Gössel* § 412 Rn. 30; *Meyer-Goßner* § 412 StPO Rn. 5; *Schmuck/Leipner* SVR 2012, 91, 93.

1019 Vgl. KG, NJW 2007, 2345; LR-StPO/*Gössel* § 412 Rn. 30; KK-StPO/*Maur* § 411 Rn. 14.

1020 Vgl. SK-StPO/*Velten* § 374 Rn. 34 f.; *Roxin/Schünemann* Strafverfahrensrecht, § 63 Rn. 5.

1021 Abgedruckt bei *Hahn* Materialien II, S. 2457. Nach den Motiven sollte das Privatklageverfahren eine „dem Zivilverfahren ähnliche Gestalt" haben, so dass es auch von den Parteien selbst abhängen sollte, ob sie ihre Rechte selbst wahrnehmen wollten oder sie durch einen Rechtsanwalt ausüben lassen wollten, vgl. hierzu *Hahn* Materialien I, S. 279.

beschränkt (§ 414 RStPO).[1022] Mit der Zunahme der Privatklagedelikte[1023] ist damit auch die Vertretungskompetenz des Verteidigers gestiegen, worin auch ein Indiz dafür gesehen werden kann, dass die StPO hinsichtlich Abwesenheitsentscheidungen und Vertretungsmöglichkeiten entwicklungsoffen ist.

Auch im Rahmen des Sicherungsverfahrens (§§ 413 ff. StPO) findet sich in § 415 Abs. 1 StPO eine Regelung, wonach die Hauptverhandlung komplett ohne den „Beschuldigten"[1024] stattfinden kann, wenn *sein Erscheinen wegen seines Zustandes unmöglich ist oder aus Gründen der öffentlichen Sicherheit oder Ordnung unangebracht ist.* Gemäß § 415 Abs. 3 StPO[1025] kann die Hauptverhandlung in weiterem Umfang als in den §§ 231 Abs. 2, 231b, 247 StPO in teilweiser Abwesenheit des „Beschuldigten" durchgeführt werden.[1026] Dies überrascht, weil es im Sicherungsverfahren gerade um die Anordnung selbstständiger Maßregeln der Besserung und Sicherung (§ 413 StPO i.V.m. § 71 StGB) geht.[1027] Offensichtlich geht damit das Gesetz davon aus, dass das Gericht die Prognose im Rahmen der Entscheidung über die stationäre Unterbringung in einem psychiatrischen Krankenhaus gemäß § 63 StGB, die ausdrücklich die *Gesamtwürdigung* der Persönlichkeit *des Täters* erfordert, anstelle des Beschuldigten auch mit dessen notwendigem Verteidiger (§ 140 Abs. 1 Nr. 7 StPO) treffen kann. Gleiches gilt für die Entscheidung über die Unterbringung in einer Entziehungsanstalt nach § 64 StGB, wofür das Gericht beurteilen muss, ob eine positive Gefährlichkeitsprognose aufgrund des *Hangs, alkoholische Getränke oder andere berauschende Mittel zu sich zu nehmen* besteht. Die Vernehmung des Beschuldigten vor der Hauptverhandlung gemäß § 415 Abs. 2 StPO durch einen beauftragten Richter

1022 Abgedruckt bei *Hahn* Materialien II, S. 2456. Hinsichtlich der Körperverletzung musste die Verfolgung von einem Antrag abhängen.

1023 Erstmalige beträchtliche Erweiterung der Katalogtaten durch das Gesetz zur Entlastung der Gerichte v. 11.3.1921, RGBl. 1921, S. 229, 231; vgl. auch 1. Justizmodernisierungsgesetz v. 24.8.2004, BGBl. I 2004, S. 2198, 2203 (Einfügung von § 323a StGB); Gesetz zur beharrlichen Nachstellung (40. StrÄndG) v. 22.7.2007, BGBl. I 2007, S. 354, 355 (Einfügung von § 238 StGB). Ausführlich LR-StPO/*Hilger* § 374 Entstehungsgeschichte.

1024 Der Begriff „Beschuldigter" ist grundsätzlich verfehlt, weil das Sicherungsverfahren anders als das Strafverfahren gerade nicht an einen Schuldvorwurf anknüpft. Vgl. hierzu SK-StPO/*Weßlau* Vor § 413 Rn. 3.

1025 § 415 Abs. 3 StPO: „Fordert es die Rücksicht auf den Zustand des Beschuldigten oder ist eine ordnungsgemäße Durchführung der Hauptverhandlung sonst nicht möglich, so kann das Gericht im Sicherungsverfahren nach der Vernehmung des Beschuldigten zur Sache die Hauptverhandlung durchführen, auch wenn der Beschuldigte nicht oder nur zeitweise zugegen ist."

1026 LR-StPO/*Gössel* § 415 Rn. 6; vgl. auch *Sëyfi* S. 58.

1027 Der Zweck der Vorschrift soll darin liegen, dass die Anordnung der Maßregeln nicht daran scheitern dürfe, dass der Beschuldigte in der Hauptverhandlung nicht zugegen sein könne. Vgl. hierzu LR-StPO/*Gössel* § 415 Rn. 1 m.w.N.; kritisch *Sëyfi* S. 57 f., die eine Reform der Sicherungshauptverhandlung fordert.

kann dabei nur einen mittelbaren Eindruck von seiner Persönlichkeit vermitteln.[1028] Auch, wenn das Sicherungsverfahren anders als das Strafverfahren nicht den Zweck der Bestrafung, sondern vor allem den Zweck der Prävention verfolgt[1029], zeigt die Vorschrift des § 415 StPO sehr deutlich, dass die Anwesenheit des „Beschuldigten" in der Hauptverhandlung nicht einmal dann für zwingend befunden wird, wenn es primär auf *seine* Person ankommt.

§ 350 Abs. 2 S. 1 StPO regelt, dass der auf freiem Fuß befindliche Angeklagte in der Revisionshauptverhandlung ein Recht auf Anwesenheit und Vertretung durch einen schriftlich bevollmächtigten Verteidiger hat. Ein nicht auf freiem Fuß befindlicher Angeklagter hat zwar keinen Anspruch auf Anwesenheit (§ 350 Abs. 2 S. 2 StPO),[1030] jedoch hat er einen Anspruch auf einen Pflichtverteidiger gemäß § 350 Abs. 3 StPO.[1031] Darin sind folglich weitere Fälle des Rechts auf Vertretung zu sehen. Eine Besonderheit liegt zudem vor allem darin, dass in der Revisionsverhandlung nur ein Anwesenheits*recht* und keine Anwesenheits*pflicht* bestehen.[1032] Aus systematischer Sicht kann jedoch für § 329 Abs. 1 S. 1 StPO kein Argument gewonnen werden, weil es sich bei der Revision um ein rein rechtliches Verfahren handelt und gerade keine weiteren Tatsachenfeststellungen getroffen werden,[1033] zu deren Zweck die Anwesenheit des Angeklagten (als Rechtslaie) notwendig wäre.

Wie gezeigt wird jedoch auch regelmäßig die revisionsrechtliche Vorschrift § 338 Nr. 5 StPO als Gegenargument für eine völkerrechtsfreundliche Auslegung des § 329 Abs. 1 S. 1 StPO angeführt. Danach besteht ein absoluter Revisionsgrund, wenn *die Hauptverhandlung in Abwesenheit einer Person, deren Anwesenheit das Gesetz vorschreibt, stattgefunden hat.* Da sich ein absoluter Revisionsgrund dadurch auszeichnet, dass das Urteil ohne weiteres auf der Gesetzesverletzung beruht,[1034] kann der herrschenden Meinung grundsätzlich zugestimmt werden, wenn sie § 338 Nr. 5 StPO als Argument für die Wichtigkeit der Anwesenheit des Angeklagten anführt. Allerdings wird dieses Argument dadurch entkräftet, dass es

---

1028 Vgl. LR-StPO/*Gössel* § 415 Rn. 3.

1029 Vgl. SK-StPO/*Weßlau* Vor § 413 Rn. 3, wonach der spezifische Zweck des Sicherungsverfahrens nicht allein die Gefahrenabwehr ist, weil das Sicherungsverfahren auch an einen Lebenssachverhalt anknüpft, der einen Normbruch darstellt und nur mangels Schuldunfähigkeit des Betroffenen nicht bestraft werden kann. Der Präventionsgedanke genießt jedoch Vorrang.

1030 Vgl. LR-EMRK/*Esser* Art. 6 Rn. 718 zur Menschenrechtskonformität der Vorschrift, wenn dem Angeklagten die Anwesenheit bei entscheidender Bedeutung des Verfahrens gestattet sein muss.

1031 Zum Recht auf einen Pflichtverteidiger eines auf freiem Fuß befindlichen Angeklagten, vgl. EGMR Pakelli ./. D (Fn. 336).

1032 Vgl. *Rieß* ZStW 90 (1985) Beiheft, 175, 180, 204 f.

1033 Vgl. *Roxin/Schünemann* Strafverfahrensrecht, § 55 Rn. 1.

1034 Vgl. BGHSt 27, 96, 98 (Unwiderlegbare Vermutung der Entscheidungserheblichkeit); KK-StPO/*Gericke* § 338 Rn. 1; *Pfeiffer* § 338 Rn. 1.

ständiger Praxis entspricht, einen absoluten Revisionsgrund ausschließlich bei gesetzeswidriger Abwesenheit während *wesentlicher* Verhandlungsteile zu bejahen[1035]. Im Umkehrschluss bedeutet das, dass es auch Verhandlungsteile gibt, für die die Anwesenheit des Angeklagten völlig irrelevant ist.[1036]

Aus revisionsrechtlicher Perspektive könnte aber ein weiterer Aspekt gegen eine völkerrechtsfreundliche Handhabung des § 329 Abs. 1 S. 1 StPO sprechen: Angenommen die Gerichte würden § 329 Abs. 1 S. 1 StPO konventionskonform auslegen, so dass sich der Angeklagte in der Berufungshauptverhandlung von seinem Verteidiger vertreten lassen kann, ist zu befürchten, dass dem Rechtsmissbrauch Tür und Tor geöffnet ist. Der Angeklagte könnte regelmäßig den absoluten Revisionsgrund des § 338 Nr. 5 StPO geltend machen, weil er während der gesamten Berufungshauptverhandlung abwesend gewesen war, obwohl nach geltender Rechtslage die Anwesenheit des Angeklagten (noch) vorgeschrieben ist. Insofern ist jedoch zu beachten, dass auch § 338 Nr. 5 StPO eine Art „Blankettnorm" ist, die auf die Fälle der Anwesenheit des Angeklagten verweist, die *das Gesetz vorschreibt.* Würde man § 329 Abs. 1 S. 1 StPO völkerrechtskonform auslegen, würde das Gesetz die Anwesenheit des Angeklagten jedoch nicht länger für die Berufungshauptverhandlung vorschreiben, so dass der absolute Revisionsgrund des § 338 Nr. 5 StPO insgesamt nicht einschlägig wäre. Damit kann § 338 Nr. 5 StPO einer völkerrechtsfreundlichen Auslegung von § 329 Abs. 1 S. 1 StPO nicht entgegenstehen.

#### (5) Zwischenergebnis

Die Ausnahmen vom Grundsatz der Anwesenheitspflicht sind kein Indiz für ein in sich geschlossenes System, sondern offenbaren, dass die StPO hinsichtlich der Ausweitung von Abwesenheitsverfahren bzw. dem Recht auf Vertretung entwicklungsoffen ist. Im Ergebnis ist damit *Krug* zuzustimmen.

### cc) Mündlichkeit und Unmittelbarkeit

Weiter ist zu klären, ob die den reformierten Strafprozess kennzeichnenden[1037] Prinzipien der Mündlichkeit und Unmittelbarkeit einer Vertretung des Angeklagten in der Berufungshauptverhandlung tatsächlich entgegenstehen.

Hierzu ist zunächst klarzustellen, dass die Grundsätze der Mündlichkeit und Unmittelbarkeit keine der Verfassung entstammenden zwingenden Garantien sind,

---

1035 Vgl. beispielhaft BGHSt 55, 87, 92 (Verhandlung über Entlassung eines Zeugen); BGH, NStZ-RR 2014, 53 f. (Inaugenscheinnahme eines Lichtbildes); LR-StPO/*Franke* § 338 Rn. 84; BeckOK-StPO/ *Wiedner* § 338 Rn. 98 ff.

1036 Zu unwesentlichen Teilen einer Hauptverhandlung vgl. LR-StPO/*Franke* § 338 Rn. 85 m.w.N.

1037 Vgl. hierzu *Eser* ZStW 104 (1992) 361, 366; LR-StPO/*Kühne* Einl. Abschn. I Rn. 53; BeckOK-StPO/*Eschelbach* Vor § 261.

sondern Ausprägungen des einfachen Rechts,[1038] so dass allenfalls ein Konflikt mit der EMRK auf gleicher Normstufe in Betracht kommt.

Der Grundsatz der Mündlichkeit als Argument gegen eine völkerrechtsfreundliche Interpretation der StPO relativiert sich noch mehr, wenn man den dahinterstehenden Gehalt verdeutlicht: Er bedeutet schlicht, dass die Urteilsfindung des Gerichts allein auf dem in der Hauptverhandlung mündlich geäußerten Sachvortrag basieren darf (vgl. §§ 261, 264 StPO).[1039] Würde man § 329 Abs. 1 S. 1 StPO völkerrechtsfreundlich hinsichtlich eines Rechts auf Vertretung auslegen, würde anstelle des Angeklagten sein Verteidiger mündlich zur Sache vortragen oder von seinem Schweigerecht Gebrauch machen. Die Rechtsprechung des EGMR ist nicht so zu interpretieren, dass ein generell schriftliches Verfahren eingeführt werden soll oder gar die mündliche Hauptverhandlung abgeschafft werden soll. Am Grundsatz der Mündlichkeit der Verhandlung würde eine Erweiterung der Vertretung des Angeklagten damit nichts ändern.[1040] Die Argumentation der herrschenden Meinung, der Angeklagte dürfe nicht über den Grundsatz der Mündlichkeit disponieren, entpuppt sich folglich bereits auf den ersten Blick als inhaltsleere Formel.

Durchaus stichhaltig erscheint hingegen zunächst das Argument des Grundsatzes der Unmittelbarkeit, der vor allem in § 250 S. 1 StPO verankert ist. Danach muss das Gericht stets das sachnähere Beweismittel heranziehen und darf die Urteilsfindung nicht auf Beweissurrogate stützen.[1041] Selbst wenn man – entgegen der überwiegenden Meinung[1042] – den Unmittelbarkeitsgrundsatz jenseits des Strengbeweisverfahrens auf die Einlassung des Angeklagten (§ 243 Abs. 5 S. 2 i.V.m. § 136 Abs. 2 StPO)[1043] erstrecken will,[1044] erscheint fraglich, ob dieser einer Einlassung des Verteidigers anstelle des Angeklagten entgegenstehen würde. Teilweise wird dies deshalb bejaht, weil die Einlassung des Angeklagten der eines Zeugen

---

1038 Maunz/Dürig-GG/*Schmidt-Aßmann* Art. 103 Rn. 84; insb. zur Unmittelbarkeit vgl. BVerfGE 1, 429; *Pfeiffer* § 250 StPO Rn. 1; BeckOK-StPO/*Ganter* § 250 Rn. 1.

1039 LR-StPO/*Kühne* Einl. Abschn. I Rn. 59; HK-StPO/*Gercke*/*Temming* Einleitung Rn. 59; *Beulke* StPO, § 2 Rn. 23, § 20 Rn. 47; *Roxin*/*Schünemann* § 16 Rn. 1; *Weigend* ZStW 113 (2001) 271, 286.

1040 Nach *Waszczynski* NStZ 2014, 18, 20 soll „das Mündlichkeitsprinzip nicht eminent betroffen" sein.

1041 Sog. materielle Unmittelbarkeit, vgl. hierzu *Roxin*/*Schünemann* Strafverfahrensrecht, § 46 Rn. 4; *Meyer-Goßner* § 250 StPO Rn. 2; *Beulke* in: FS für Gollwitzer, S. 1 f.; *ders.* StPO, Rn. 410.

1042 Vgl. *Meyer-Goßner* § 250 StPO Rn. 1; BeckOK-StPO/*Ganter* § 250 Rn. 1; *Pfeiffer* § 250 StPO Rn. 1; KK-StPO/*Diemer* § 250 Rn. 1.

1043 Die Einlassung des Angeklagten ist (primär) ein Verteidigungsmittel und kein Beweismittel (im förmlichen Sinne) gegen diesen selbst. Vgl. hierzu *Schlösser* NStZ 2008, 310, 312; KK-StPO/*Ott* § 261 Rn. 1.

1044 So *Geppert* in: FS für Rudolphi, S. 643, 650; in diese Richtung wohl auch *Roxin*/*Schünemann* Strafverfahrensrecht, § 46 Rn. 4; offengelassen von BGH, NStZ-RR 349, 350, Tz. 10.

vergleichbar sei, die dieser auch in Person erbringen müsse.[1045] Eine ähnliche Argumentationsstruktur klingt auch bei den Richterinnen *Power-Forde* und *Nussberger* an, wenn sie in ihrem zustimmenden Sondervotum in der Sache *Neziraj* einwenden, dass aufgrund der vom Angeklagten gewünschten erneuten Verhandlung alle zu erscheinen hätten und Zeugen sogar zur Teilnahme an der Verhandlung gezwungen werden könnten, während der Angeklagte selbst abwesend sein dürfe.[1046] Nach *Krug* ist die Pflicht von Zeugen zur Mitwirkung kein Gegenargument gegen eine völkerrechtsfreundliche Interpretation, sondern eine Selbstverständlichkeit.[1047] Es ist zu bedenken, dass der Angeklagte im Gegensatz zu einem Zeugen, der grundsätzlich zur Aussage verpflichtet ist und hierzu auch gezwungen werden kann (vgl. §§ 48 Abs. 1, 51 StPO), sich stets auf seine Selbstbelastungsfreiheit berufen kann. Macht der Angeklagte von seinem Schweigerecht Gebrauch, steht i.S.d. Unmittelbarkeitsgrundsatzes kein sachnäheres Beweismittel zur Verfügung, auf das das Gericht zurückgreifen könnte. Ein Konfliktfall mit der Unmittelbarkeitsmaxime erscheint bereits deshalb nicht gegeben.

Die ständige Rechtsprechung[1048] beruft sich zudem auf das Recht der Beweisaufnahme – ein Argument, das das BVerfG in seinem *Neziraj*-Beschluss v. 27.12.2006 fruchtbar gemacht hat. Zunächst wird darin ein Beschluss des BGH v. 13.12.2001 angeführt, wonach es gegen den in § 250 S. 2 StPO niedergelegten Grundsatz der Unmittelbarkeit verstoßen soll, wenn der Verteidiger für den Angeklagten in einem während des Ermittlungsverfahrens abgegebenen Schriftsatzes Angaben zum Tatgeschehen gemacht hat und diese in der Hauptverhandlung durch das Gericht verlesen werden.[1049] Dass in diesem Beschluss die Unmittelbarkeitsmaxime verletzt ist, leuchtet ein, weil es dabei um das Vorrangverhältnis des Personalbeweises vor dem Urkundenbeweis geht. In diesem Fall hätte der Verteidiger über seine eigenen Wahrnehmungen vernommen werden müssen, anstatt *seine* Niederschriften *durch das Gericht* gemäß § 249 Abs. 1 S. 1 StPO vorlesen zu lassen.[1050] Es leuchtet jedoch nicht ein, dass darin ein Argument gegen die völkerrechtsfreundliche Auslegung des § 329 Abs. 1 S. 1 StPO liegen soll. In der Rechtsprechung des EGMR geht es nicht darum, dass eine Erklärung des Verteidigers in der mündlichen Verhandlung

---

1045 *Fezer* JR 1980, 82, 83; vgl. auch *Geppert* in: FS für Rudolphi, S. 643, 654 f.; *Olk* JZ 2006, 204, 206.

1046 EGMR Neziraj ./. D (Fn. 6) zustimmendes Sondervotum *Power-Forde/Nussberger*; so auch OLG Bremen, StV 2014, 211, 212; *Hüls/Reichling* StV 2014, 242, 245.

1047 *Krug* FD-StrafR 2013, 349182.

1048 OLG Hamm, Beschl. v. 23.7.2013 – 3 RVs 49/13, BeckRS 2014, 03740; OLG Düsseldorf, StV 2013, 299, 300; OLG Hamm, Beschl. v. 14.6.2012 – III-1 RVs 41/12, BeckRS 2012, 24376.

1049 BVerfG, StraFo 2007, 190, 192 mit Bezug auf BGH, NStZ 2002, 556 (wohl fälschlicherweise als BGH, NStZ 2002, 555 zitiert); ähnlich auch BGH, NStZ 2004, 163; BGH, NStZ 2004, 392.

1050 Vgl. zur Differenzierung auch *Olk* JZ 2006, 204, 205; *Roxin/Schünemann* Strafverfahrensrecht, § 46 Rn. 18.

durch das Gericht *verlesen* werden soll, sondern darum, dass der Verteidiger für den (persönlich) schweigenden Angeklagten *sprechen* dürfen soll. Das Argument des BVerfG ist in diesem menschenrechtlichen Kontext demnach verfehlt.

Zudem beruft sich das BVerfG auf einen Beschluss des BGH v. 28.6.2005, wonach die Verwertbarkeit von Erklärungen des Verteidigers in der Hauptverhandlung in Anwesenheit des schweigenden Angeklagten voraussetze, dass der Angeklagte den Verteidiger zu dieser Erklärung ausdrücklich bevollmächtigt oder nachträglich seine Genehmigung erteilt habe.[1051] Dem ist zunächst zuzugeben, dass es sich hierbei um eine Rechtsauffassung handelt, die in der Rechtsprechung und Literatur durchaus Anklang findet.[1052] Das BVerfG hat jedoch verschwiegen, dass es sich hierbei nicht um eine gefestigte höchstrichterliche Rechtsprechung des BGH handelt.[1053] Der 1. Strafsenat des BGH hat es in einem Beschluss v. 22.3.1994 für die Zulässigkeit der Vertretung ausreichen lassen, dass sich die Rückbindung der Erklärung des Verteidigers an den Willen des Angeklagten aus dem „Gesamtzusammenhang" ergibt.[1054] Der gleiche Senat ist in seinem Beschluss v. 14.8.1997 noch einen Schritt weiter gegangen und hat entschieden, dass die Äußerungen des Verteidigers für den schweigenden Angeklagten „ohne weiteres als Einlassung des Angekl. verwertet werden" können.[1055] Damit ist selbst in Anwesenheit des Angeklagten nicht gesichert, dass eine Vertretung in der Sache durch den Verteidiger ausgeschlossen sein soll. Allerdings ist das Argument des BVerfG noch aufgrund eines weiteren Aspekts zweifelhaft. Bei der Berücksichtigung der Rechtsprechung des EGMR geht es um die Vertretung des Angeklagten *in Abwesenheit*. Das BVerfG greift zur Verneinung der konventionsfreundlichen Auslegung auf Rechtsprechung zurück, die sich mit der Vertretung des Angeklagten in der Sache in dessen *Anwesenheit* beschäftigt. Dies ist bezeichnend, da es längst der ganz herrschenden Meinung entspricht, dass sich ein Angeklagter in den gesetzlich zulässigen Fällen des Abwesenheitsverfahrens von seinem Verteidiger in der Sache vertreten lassen kann (sog. Vertreterlösung).[1056] Die echte

1051 BVerfG, StraFo 2007, 190, 192 unter Berufung auf BGH, NStZ 2005, 703.

1052 BGH, NStZ 1990, 447, 448; BGH, NJW 1993, 605, 607; BGH, NStZ 2006, 408 (fehlender Widerspruch des Angeklagten gegen die Verwertbarkeit genügt nicht); KG, NStZ-RR 2008, 182; *Fezer* JR 1980, 83, 85; vgl. auch *Olk* JZ 2006, 204, 208 (bei Zulassung der Vertretung ist auch Bevollmächtigung nötig).

1053 Vgl. hierzu auch *Schlösser* NStZ 2008, 310, 311; *Olk* JZ 2006, 204 f.

1054 BGH, NStZ 1994, 352.

1055 BGH, StV 1998, 59 m. abl. Anm. *Park*.

1056 BayObLGSt 1995, 202, 203; 1982, 156, 157; OLG Frankfurt, NZV 1993, 281; *Beulke* in: FS für Strauda, S. 89, 90; *Dencker* in: FS für Fezer, S. 115, 126; *Schäfer* in: FS für Dahs, S. 441, 451; *Eisenberg/Pincus* JZ 2003, 397, 402; *Park* StV 1998, 59, 60; *ders.* StV 2001, 589, 594; *Fezer* JR 1980, 82, 83 f.; *Schorn* JR 1966, 7, 9; KK-StPO/*Gmel* § 234 Rn. 5; *Pfeiffer* § 234 StPO Rn. 1; *Olk*, S. 101 ff.; im Ergebnis auch *Püschel* StraFo 2012, 493, 495; a.A. *Spendel* JZ 1959, 737, 739 (Vertretung generell ausgeschlossen); *Geppert* in: FS für Rudolphi, S. 643, 656 f.; LR-StPO/*Becker* § 234 Rn. 14; *Fezer* JR 1980, 83 (Übermittlungslösung).

Vertretung des Angeklagten sogar bei der Einlassung zur Sache hat folglich längst Einzug in die StPO gefunden. Dies hat das BVerfG (bewusst?) verschwiegen. Kritiker werden dieser Argumentation entgegenbringen, dass sich die Vertreterlösung nur auf die durch die StPO zugelassenen Abwesenheitsverhandlungen beschränkt und damit gerade nicht erweitert werden kann. Eine derartige Argumentation ist jedoch zirkulär. Es darf nämlich nicht vergessen werden, dass es gerade darum geht, ob die StPO für eine erweiternde Auslegung im Sinne der EMRK offen steht. Dies ist jedenfalls dann zu bejahen, wenn die Möglichkeit der Vertretung nach geltender Rechtslage bereits gegeben ist.

Ferner beruft sich das BVerfG darauf, dass selbst für die sich praeter legem entwickelnden Absprachen im Strafverfahren, die in erster Linie eine Vereinbarung zwischen den professionellen Verfahrensbeteiligten (Richter, Staatsanwalt und Verteidiger) darstellen würden, die Rechtsprechung stets daran festgehalten habe, dass der Angeklagte an dem Aushandlungsprozess zu beteiligen sei. Ohne einen persönlichen Eindruck von dem Angeklagten solle das Gericht auch hier nicht über Tatbestand und Rechtsfolgen entscheiden.[1057] Diese Argumentation erscheint bereits deshalb widersprüchlich, weil das BVerfG damit versucht, das Recht auf Vertretung, das seiner Ansicht nach der StPO unbekannt sein soll, mit dem Institut der Verständigung im Strafverfahren abzulehnen – ein Institut, das seinerseits zum Zeitpunkt der Entscheidung keinerlei gesetzliche Grundlage gefunden hatte[1058]. Des Weiteren vermag das BVerfG nicht zu überzeugen, wenn es zugibt, dass die Verständigung *in erster Linie* das Resultat einer Übereinkunft zwischen den juristischen Experten ist. In der Formulierung des BVerfG wird der Eindruck erweckt als wäre die Anwesenheit des Angeklagten nur symbolisch. Dies entspricht zwar nicht dem Idealbild einer Verständigung des BGH, wonach durchaus auch der Angeklagte stets an Verständigungsgesprächen zu beteiligen ist,[1059] jedoch ist dies selbst nach Verrechtlichung der Verständigung durch das Gesetz v. 29.7.2009[1060] ständige Praxis. Die §§ 202a, 212 StPO lassen ein derartiges Schlupfloch auch durchaus offen.[1061] Der Großteil der Verständigungen erfolgt nicht in der Hauptverhandlung, wie von

---

1057 Zitiert nach OLG Hamm, Beschl. v. 23.7.2013 – 3 RVs 49/13, BeckRS 2014,03740 (diesbezüglich unveröffentlicht in BVerfG, StraFo 2007, 190, 192) mit Bezug auf BGHSt 43, 195, 206 sowie BGH (GrS) NJW 2005, 1440, 1441 f.

1058 BGH (GrS) NJW 2005, 1440, 1441 („Die Strafprozessordnung kennt die Verständigung über das Ergebnis einer Hauptverhandlung als Erledigungsart und verbindliche Zusagen über das Verfahrensergebnis nicht.")

1059 BGHSt 43, 195, 206 („Da derartige Gespräche für das weitere Verfahren und das Urteil von erheblicher Bedeutung sind, dürfen sie nur in Kenntnis und unter Mitwirkung aller am Verfahren Beteiligter und der zur Entscheidung berufenen Personen stattfinden. Nicht zulässig ist insbesondere eine Absprache ohne Beteiligung des Angeklagten selbst oder auch unter Ausschluss der Schöffen.").

1060 Gesetz zur Regelung der Verständigung im Strafverfahren, BGBl. I 2009, 2353 (in Kraft seit 4.8.2009).

1061 Vgl. zum Referentenentwurf *Altenhain/Hagemeier/Haimerl* NStZ 2007, 71, 75.

§ 257c StPO intendiert, sondern außerhalb bzw. vor der Hauptverhandlung ohne Beteiligung des (lästigen) Angeklagten als Laien.[1062] Mag die gesetzliche Regelung zur Verständigung im Strafprozess im Idealfall auch verfassungsgemäß sein,[1063] darf dies nicht darüber hinwegtäuschen, dass die Anwesenheit des Angeklagten nicht die Rolle spielt, die ihr das BVerfG im Kontext des § 329 Abs. 1 S. 1 StPO zukommen lassen will. Darüber hinaus darf nicht vergessen werden, welche Macht dem Angeklagten durch die Verständigungsmöglichkeit eingeräumt wird. Um es mit den Worten des BVerfG auszudrücken: „Mit Aussicht auf eine Verständigung wird ... eine verfahrensrechtliche Situation geschaffen, in der es dem Angeklagten in die Hand gegeben wird, durch sein Verhalten spezifischen Einfluss auf das Ergebnis des Prozesses zu nehmen. Anders als in einer nach der herkömmlichen Verfahrensweise geführten Hauptverhandlung kann er nämlich mit einem Geständnis die das Gericht grundsätzlich bindende Zusage einer Strafobergrenze und damit Sicherheit über den Ausgang des Verfahrens erreichen."[1064] Damit räumt die geltende StPO dem Angeklagten bereits eine Dispositionsbefugnis ein, die weit darüber hinausgeht, was mittels einer konventionsfreundlichen Auslegung des § 329 Abs. 1 S. 1 StPO intendiert würde. Danach soll dem Angeklagten nur das Recht eingeräumt werden, über die *Art und Weise* seiner Verteidigung frei zu entscheiden und nicht über den Verfahrensausgang. Aus dieser Perspektive betrachtet, stellt die Möglichkeit der Verständigung ein „Mehr" an Rechten des Angeklagten dar, das das „Weniger", das Wahlrecht über die Verteidigungsart, umfassen muss.

Da die StPO das Recht auf Vertretung in Abwesenheit sogar bei einem der wichtigsten Verteidigungsmittel des Angeklagten – der Einlassung zur Sache – kennt und darin offenbar kein Verstoß gegen den Grundsatz der Unmittelbarkeit liegt, ist es widersprüchlich, diese Maxime als Argument gegen eine konventionsfreundliche Auslegung anzuführen. Die Möglichkeit der Verständigung im Strafverfahren ist kein Argument *gegen*, sondern ein Argument *für* ein Recht auf Vertretung in der Berufung.

#### dd) Recht auf Gehör, Art. 103 Abs. 1 GG

Auf den ersten Blick verwundert es, dass zur Rechtfertigung der Anwesenheits*pflicht* des Angeklagten auch das *Recht* auf Gehör gemäß Art. 103 Abs. 1 GG angeführt wird. Denn der Wortlaut von Art. 103 Abs. 1 GG garantiert nur einen *Anspruch* auf rechtliches Gehör und keine Pflicht zum Gehör.

---

1062 So nach der representativen Studie von *Altenhain/Hagemeier/Haimerl* NStZ 2007, 71, 74 f. wonach 87,4% der befragten Richter, Staatsanwälte, Anwälte Verständigungsgespäche außerhalb der Hauptverhandlung als typisch bezeichneten. Nur 2,4% der Befragten bestätigten eine Beteiligung des Angeklagten bei diesen Absprachen. Bestätigung der immer noch andauernden Vollzugsdefizite durch BVerfG, NJW 2013, 1058 und SK-StPO/*Velten* Vor §§ 257b – 257c ff. Rn. 10.

1063 BVerfG, NJW 2013, 1058.

1064 BVerfG, NJW 2013, 1058, 1071, Tz. 126; vgl. bereits *Eser* ZStW 104 (1992) 361, 373 („Vertragspartner des Richters").

### (1) Umfang

Das Recht auf Gehör ist positiv in Art. 103 Abs. 1 GG normiert. Zusätzlich wird es als Teil eines rechtstaatlichen bzw. fairen Verfahrens angesehen und ist der Achtung der Menschenwürde gemäß Art. 1 Abs. 1 GG geschuldet.[1065] Aus diesem Grund ist es auch von der Ewigkeitsgarantie gemäß Art. 79 Abs. 3 GG umfasst.[1066] Ähnlich wie die EMRK normiert auch Art. 103 Abs. 1 GG nur einen Basisschutz.[1067] Die konkrete Ausgestaltung des Verfahrens i.S.d. GG obliegt dann dem einfachen Recht, folglich der StPO.[1068]

Das Recht auf Gehör gibt als Rahmen für die Verwirklichung im einfachen Recht drei Stufen vor: Das Recht auf Information, das Recht auf Äußerung und das Recht auf Berücksichtigung des Geäußerten.[1069]

Damit sich das Recht auf Äußerung überhaupt realisieren kann, muss der Betroffene jederzeit umfassend über alle maßgeblichen Tatsachen, Änderungen und den jeweiligen Stand des Verfahrens informiert sein.[1070] Der Betroffene muss stets Gelegenheit haben, sich im laufenden Verfahren zu äußern, d.h. beispielsweise Anträge zu stellen.[1071] Das Gericht hat sodann die Pflicht, die Ausführungen zur Kenntnis zu nehmen und in Erwägung zu ziehen.[1072] Negativ gewendet bedeutet das, dass das Gericht keine Tatsachen verwerten darf, zu denen der Betroffene keine Gelegenheit zur Stellungnahme hatte.[1073] Das Gericht darf auch keine sog. „Überraschungsentscheidung" in rechtlicher Hinsicht[1074] erlassen. Kurz: Das Recht auf Gehör bedeutet Garantie der Gelegenheit zur Äußerung.

### (2) Anwesenheit als optimale Ausformung

Es besteht kein Zweifel, dass diese Gelegenheit zur Äußerung durch die ständige Anwesenheit des Angeklagten in der mündlichen Hauptverhandlung in optimaler Weise garantiert wird. Ist der Angeklagte während der gesamten Hauptverhandlung anwesend, ist er über alle Änderungen tatsächlicher Art per se informiert. Er kann sofort durch eine entsprechende Stellungnahme reagieren und so das Gericht zur

---

1065 BVerfGE 9, 89, 95; 107, 395, 408 f. (unter Heranziehung von Art. 6 Abs. 1 EMRK und Art. 47 Abs. 2 EUC); Maunz/Dürig-GG/*Schmidt-Aßmann* Art. 103 Rn. 2; LR-StPO/*Kühne* Einl. Abschn. I Rn. 75.

1066 LR-StPO/*Kühne* Einl. Abschn. I Rn. 75.

1067 Maunz/Dürig-GG/*Schmidt-Aßmann* Art. 103 Rn. 21: „Minimalgarantie".

1068 BVerfGE 9, 89, 95 f.; 60, 1, 5; 67, 208, 211; *Meyer-Goßner* Einl StPO Rn. 23.

1069 BVerfGE 64, 135, 143 f.; *Bernsmann* in: FS für Kriele, S. 697, 700; Maunz/Dürig-GG/*Schmidt-Aßmann* Art. 103 Rn. 69; *Rüping* S. 199.

1070 BVerfGE 7, 275, 280; 36, 85, 88; *Dahs* S. 23.

1071 BVerfGE 6,19, 20; 36, 85, 87; 64, 135, 144.

1072 BVerfGE 42, 364, 368; 64, 135, 144.

1073 BVerfGE 64, 135, 144; Maunz/Dürig-GG/*Schmidt-Aßmann* Art. 103 Rn. 139.

1074 BVerfGE 107, 395, 410; Schmidt-Bleibtreu-GG/*Schmahl* Art. 103 Rn. 32.

Beachtung seiner Auffassung veranlassen.[1075] Damit stellt die Anwesenheitspflicht in jedem Fall keinen Verstoß gegen Art. 103 Abs. 1 GG dar. Art. 103 Abs. 1 GG kann jedoch zunächst nur das Anwesenheitsrecht des Angeklagten rechtfertigen.

### (3) Anwesenheitspflicht als Verfassungsgrundsatz?

Die Frage, ob die Anwesenheitspflicht aus Sicht der Verfassung unumstößlich ist, ist damit noch nicht beantwortet.

Nach Meinung von *Rieß* handelt es sich bei dem Recht auf Gehör um „eine in Verfassungsrang erhobene objektive Verfahrensnorm", weshalb sie nicht voll der Disposition des Berechtigten unterliege.[1076] Es ist nicht verwunderlich, dass in der Literatur Mutmaßungen angestellt wurden, welche Bedeutung der Formulierung *Rieß* beizumessen ist.[1077] Bereits auf den ersten Blick scheint ein Widerspruch in sich vorzuliegen. Denn, wenn es sich beim Recht auf Gehör insgesamt tatsächlich um eine objektive Verfahrensnorm handelt und diese der Disposition des Einzelnen entzogen ist, dann ist das Recht auf Gehör von einer Pflicht zum Gehör überlagert. Folglich würde Art. 103 Abs. 1 GG zuvörderst eine Pflicht regeln. Für eine freie Entfaltung des Rechts, insbesondere auf das Recht zu verzichten, bliebe dann kein Raum mehr. Dies würde der strafprozessualen Regelung des Anwesenheitsgrundsatzes durchaus gelegen kommen.

Systematisch betrachtet steht Art. 103 Abs. 1 GG zwar nicht im Grundrechtskatalog, dennoch ist anerkannt, dass die gängige Grundrechtsdogmatik auch auf das Recht auf Gehör als Prozessgrundrecht bzw. „grundrechtsgleiches Recht" Anwendung findet.[1078] Deshalb erwägt *Julius*, dass mit der Formulierung der „objektiven Verfahrensnorm" die Lehre von der Doppelfunktion des Art. 103 Abs. 1 GG angesprochen sein könnte.[1079] Neben der subjektiven Komponente als Prozessgrundrecht kommt Art. 103 Abs. 1 GG wegen der Verankerung im Rechtsstaatsprinzip noch eine objektive Komponente zu.[1080] Jedoch kann aus dieser objektiven Komponente keinesfalls auf eine Anwesenheitspflicht des Angeklagten im Strafprozess geschlossen werden. Denn der objektiv-rechtliche Gehalt der Grundrechte hat zwar vielfältige Funktionen, beispielsweise in Form der Ausstrahlungswirkung auf die

---

1075 So auch *Rieß* JZ 1975, 265, 267; *Krüger* in: Dogmatik und Praxis des Strafverfahrens, S. 87, 90; zu weiteren Ausprägungen des Rechts auf Gehör in der StPO, vgl. LR-StPO/*Kühne* Einl. Abschn. I Rn. 76; *Bernsmann* in: FS für Kriele, S. 697, 700 f.

1076 *Rieß* ZStW 90 (1985) Beiheft, 175, 184.

1077 Vgl. nur *Stein* ZStW 97, 1 (1985) 303, 312; *Julius* GA 139 (1992), 295, 300 ff.; *Bernsmann* in: FS für Kriele, S. 697, 700 ff.

1078 Maunz/Dürig-GG/*Schmidt-Aßmann* Art. 103 Rn. 4; Dreier-GG/*Schulze-Fielitz* Art. 103 I Rn. 13; HGR/*Graßhof* § 133 Rn. 17; zu den unterschiedlichen Bezeichnungen: HStR VIII/*Knemeyer* § 178 Rn. 15.

1079 *Julius* GA 139 (1992), 295, 300; so bereits *Hassemer* JuS 1986, 25, 28.

1080 Maunz/Dürig-GG/*Schmidt-Aßmann* Art. 103 Rn. 4; HGR/*Graßhof* § 133 Rn. 16 f.; Sachs-GG/*Degenhart* Art. 103 Rn. 2; HStR VIII/*Knemeyer* § 178 Rn. 20; *Rüping* S. 164; *Dahs* S. 8; vgl. auch BVerfGE 107, 395, 408.

gesamte Rechtsordnung.[1081] Diese Komponente richtet sich jedoch grundsätzlich nicht an den Grundrechtsberechtigten, sondern an den Staat und seine Organe, die dafür Gewähr zu tragen haben, dass es den Grundrechtsträgern überhaupt möglich ist, ihre Grundrechte auszuüben.[1082] Es ist deshalb *Bernsmann* zuzustimmen, wenn er dem Recht auf Gehör eine Ausstrahlungsfunktion für das rechtsstaatliche Strafverfahren zugedenkt.[1083] Die objektive Komponente des rechtlichen Gehörs ist im Ergebnis eine Verpflichtung des Staates, den rechtsstaatlichen Rahmen zu gewährleisten, in dem der Grundrechtsberechtigte sein Recht auf Gehör ausüben kann. Eine Überbürdung dieser Pflicht auf den Angeklagten wäre nur in Erwägung zu ziehen, wenn es für den Staat der einzige Weg wäre, dem Angeklagten Recht auf Gehör zu gewähren. Aus verfassungsrechtlicher Sicht kann dies jedoch nicht bejaht werden. Denn Art. 103 Abs. 1 GG enthält nicht einmal eine Garantie einer mündlichen Hauptverhandlung. Rechtliches Gehör kann danach auch im schriftlichen Verfahren gewährt werden.[1084] Auch wenn sich in der strafrechtlichen Dogmatik eingebürgert hat, vom „Grundsatz der Mündlichkeit" zu sprechen, so entpuppt sich dieses Prinzip als einfaches Bundesrecht. Das Prinzip der Mündlichkeit ist damit nicht in verfassungsrechtlichen Stein gemeißelt. Da eine Anwesenheitspflicht des Angeklagten ohne eine mündliche Hauptverhandlung undenkbar ist, gibt es aus der Perspektive des Verfassungsrechts neben der Verhängung der Anwesenheitspflicht noch andere Möglichkeiten, dem Angeklagten im Strafprozess Gehör zu verschaffen.

*Julius* wirft unter Hinweis auf entsprechende Literaturansichten noch die Frage auf, inwiefern mit jedem Grundrecht auch eine unverzichtbare Grundpflicht verbunden sei.[1085] Es ist jedoch zu beachten, dass jedes Grundrecht nicht nur die Freiheit beinhaltet, es aktiv wahrzunehmen, sondern auch die Freiheit, davon keinen Gebrauch zu machen.[1086] Selbst wenn man eine Grundpflicht zur Wahrnehmung des rechtlichen Gehörs bejahen würde, dann stünden aus der Perspektive der Verfassung verschiedene Möglichkeiten zur Verfügung, das Gehör auszuüben.[1087] Das enge

---

1081 *Stern* DÖV 2010, 241; *Julius* GA 139 (1992), 295, 300 f.: Verweist darauf, dass die objektive Komponente nur zum Tragen komme, wenn eine einfache Gesetzesnorm auslegungsbedürftig sei oder gänzlich fehle.

1082 So ist die von *Rieß* ZStW 90 (1985) Beiheft, 175, 184 zitierte Passage von *Rüping* S. 146 richtig zu verstehen; vgl. auch *Stein* ZStW 97, 1 (1985) 303, 312; in diese Richtung auch *Weigend* ZStW 113 (2001) 271, 295 (Kritik am beschleunigten Verfahren, da der Rahmen eine Ausübung der Rechte der Verteidigung nicht zulässt.); *Lüer* S. 167 f.

1083 *Bernsmann* in: FS für Kriele, S. 697, 703.

1084 BVerfGE 5, 9, 11; Maunz/Dürig-GG/*Schmidt-Aßmann* Art. 103 Rn. 22, 84; *Fezer* S. 9; HStR VIII/*Knemeyer* § 178 Rn. 1; Schmidt-Bleibtreu/*Schmahl* Art. 103 Rn. 19; LR-StPO/*Kühne* Einl. Abschn. I Rn. 90; *Stein* ZStW 97, 1 (1985) 303, 304: Unmittelbarkeit und Mündlichkeit stellen „keine Werte an sich dar".

1085 *Julius* GA 139 (1992) 295, 301.

1086 *Bethge* NJW 1982, 2145, 2147; *Stein* ZStW 97, 1 (1985) 303, 315; *Julius* GA 139 (1992) 295, 302.

1087 So auch *Gollwitzer* in: FS für Tröndle, S. 455.

Korsett der Mündlichkeit und der damit verbundenen Anwesenheitspflicht entstammen dem einfachen Recht und nicht der Verfassung. Würde Art. 103 Abs. 1 GG eine Grundpflicht enthalten, dürfte es im Strafprozess keinerlei Abwesenheitsverfahren geben[1088] bzw. es müssten alle Ausprägungen des rechtlichen Gehörs im Strafverfahren verpflichtend wahrgenommen werden. Dass dies gerade nicht der Fall ist, zeigt beispielsweise das Recht auf das letzte Wort gemäß § 258 Abs. 2 StPO. Der Angeklagte muss es nicht wahrnehmen.[1089] Aus verfassungsrechtlicher Sicht kann deshalb nichts anderes für die Anwesenheit des Angeklagten als Teil des rechtlichen Gehörs gelten.

Bei *Rieß* klingt noch ein weiterer Aspekt der objektiven Gewährleistung des rechtlichen Gehörs an, wenn er die Anwesenheitspflicht als eine nach heutigem Verfassungsverständnis „fürsorgerische und damit im Kern sozialstaatliche gesetzliche Maßnahme" zur Gewährleistung des rechtlichen Gehörs versteht.[1090]

Die Anwesenheitspflicht des Angeklagten könnte damit aus der Schutzpflichtfunktion der Grundrechte resultieren. Diese Komponente zeichnet sich jedoch dadurch aus, dass sich der Staat schützend vor ein Grundrecht stellt, weil ein „Dritter" in das Grundrecht einzugreifen droht.[1091] Aus der strafrechtlichen Sicht kann dabei auf die Rechtsprechung zum Schwangerschaftsabbruch verwiesen werden.[1092] Übertragen auf die Anwesenheitspflicht würde das bedeuten, dass sich der Staat zwar schützend vor das Recht des Angeklagten auf Gehör gemäß Art. 103 Abs. 1 GG stellt, jedoch der „Dritte" fehlt, der in das Recht einzugreifen droht. Der Staat müsste den Angeklagten also vor sich selbst schützen.

Auch diese „Zweier-Konstellation" ist in der allgemeinen Grundrechtsdogmatik bekannt. *Julius*[1093] zieht den Vergleich zum sogenannten „Peep-Show"- Urteil des BVerwG, wonach die Veranstaltung einer „Peep-Show" gegen die unverzichtbare Menschenwürde der darstellenden Frauen gemäß Art. 1 Abs. 1 GG verstößt,

---

1088 Schmidt-Bleibtreu/*Schmahl* Art. 103 Rn. 39: Erklärt die Nichtwahrnehmung des rechtlichen Gehörsrechts mit Art. 103 Abs. 1 GG gerade unter Bezugnahme auf die EGMR-Rechtsprechung für verfassungskonform; Maunz/Dürig-GG/*Schmidt-Aßmann* Art. 103 Rn. 81; *Julius* GA 139 (1992) 295, 298 f. (bzgl. der Rechtsstaatlichkeit des Verfahrens).

1089 Zu recht wirft *Bernsmann* in: FS für Kriele, S. 697, 702 die Frage auf, weshalb alle Ausprägungen des rechtlichen Gehörs im Strafprozessrecht verzichtbar sein sollen mit Ausnahme der Anwesenheit.

1090 *Rieß* ZStW 90 (1985) Beiheft, 175, 184; zustimmend für das Anwesenheitsrecht *Maatz* DRiZ 1991, 200, 205; ablehnend *Gollwitzer* in: FS für Tröndle, S. 455, 456 (Fürsorgecharakter hat zwar Gewicht, rechtfertigt aber nicht die Anwesenheitspflicht); *Volk* in: FS für Tröndle, S. 213, 216 („zweifelhafte Konstruktion").

1091 *Stern* DÖV 2010, 241, 246; BVerfGE 93, 1 (Kruzifix in Klassenräumen); 108, 282 (Kopftuch).

1092 BVerfGE 39, 1, 41 f.; Maunz/Dürig-GG/*Di Fabio* Art. 2 Abs. 2 Rn. 44.

1093 *Julius* GA 139 (1992) 295, 303.

obwohl sich diese freiwillig auf die Show eingelassen haben.[1094] Der Vergleich ist deshalb nicht verfehlt, weil das Recht auf Gehör neben dem Rechtsstaatsprinzip seine Verankerung in der Achtung der Würde des Menschen findet.[1095] Während in der „Peep-Show"-Entscheidung jedoch der Pranger der Bühne gerade eine Verletzung der Menschenwürde darstellen soll, soll der Pranger der Anklagebank der Menschenwürde gerade dienlich sein. Vor allem im Strafprozess ist die Degradierung des Betroffenen zum Objekt des Verfahrens ein sensibles Thema. Eine Einwilligung ist hier unbeachtlich, wie beispielsweise die Regelung des § 136a Abs. 3 S. 1 StPO deutlich macht. Hier ist die Unverzichtbarkeit der Menschenwürde sogar Gesetz geworden. Doch dass dieses Argument selbst im Paradefall nicht mehr durchweg überzeugt, zeigt die Diskussion der Zulässigkeit des Lügendetektortests zur Entlastung des Beschuldigten.[1096] Umso weniger überzeugt das Argument im Bereich der strafprozessualen Anwesenheitspflicht. Es leuchtet ein, dass das *Recht* auf Gehör Ausdruck der Menschenwürde ist, jedoch gilt das aus verfassungsrechtlicher Sicht nicht für die Pflicht zur Anwesenheit. Sie ist eine Regelung des einfachen Rechts, die das rechtliche Gehör in der Hauptverhandlung in optimaler Weise garantiert, so dass sie jedenfalls nicht gegen Art. 103 Abs. 1 GG verstößt.[1097] Jedoch ist auch anerkannt, dass das Recht auf Gehör nicht zwingend auszuüben bzw. sogar verzichtbar ist.[1098] Deshalb steht das Verfassungsrecht der Verzichtbarkeit des Anwesenheitsgrundsatzes nicht entgegen, solange der Betroffene nur die Konsequenzen seines Handelns überblicken kann.[1099] Wie diese Information zu erfolgen hat, ist wieder eine Frage der Ausgestaltung durch das einfache Recht, das sich dann erneut an der Verfassung zu messen lassen hat.[1100] Dadurch, dass die Anwesenheitspflicht nicht unmittelbar aus der Verfassung resultiert, sondern eine einfach gesetzliche Ausgestaltung des Rechts auf Gehör ist und dieses auf verschiedene Art und Weise verwirklicht werden kann, kann aus dem Verzicht auf das Gehör bzw. aus der Nichtausübung keine (Selbst-)Degradierung zum Objekt des Verfahrens gemäß Art. 1 Abs. 1 GG resultieren. Vielmehr ist es Ausdruck der Menschenwürde, selbstbestimmt darüber zu entscheiden, ob bzw. auf welche Weise das Recht auf Gehör wahrgenommen werden

1094 BVerwGE 64, 274, 278 f.; Nach *Hillgengruber* S. 109 f. gehört es zur Würde des Menschen, sich „unwürdig" zu verhalten. Die Schutzpflicht greift erst ein, wenn die Würde dritter Personen betroffen ist.

1095 BVerfGE 55, 1, 6; Maunz/Dürig-GG/*Schmidt-Aßmann* Art. 103 Abs. 1 Rn. 2 f.; HGR/*Graßhof* § 133 Rn. 12.

1096 Zum Streitstand vgl. LR-StPO/*Gleß* § 136a Rn. 68, 64 mwN.

1097 *Rieß* JZ 1975, 267; *Krüger* in: Dogmatik und Praxis des Strafverfahrens, S. 87, 90.

1098 Maunz/Dürig-GG/*Schmidt-Aßmann* Art. 103 Abs. 1 Rn. 82; *Baxhenrich* S. 14 verneint deshalb die Rechtfertigung der Anwesenheitspflicht aus Art. 103 Abs. 1 GG.

1099 Maunz/Dürig-GG/*Schmidt-Aßmann* Art. 103 Abs. 1 Rn. 82.

1100 Vgl. zum Verhältnis von Art. 103 Abs. 1 GG und dem einfachen Recht: Maunz/Dürig-GG/*Schmidt-Aßmann* Art. 103 Abs. 1 Rn. 20.

soll.[1101] Der Staat erfüllt seine objektive Schutzpflichtfunktion dadurch, dass er dem Angeklagten durchweg das Recht auf rechtliches Gehör in Form des Anwesenheitsrechts bietet. Sollte er von diesem Recht keinen Gebrauch machen wollen, gibt es aus verfassungsrechtlicher Sicht eine Vielzahl von Möglichkeiten, sein Recht auf Gehör auch weiterhin abzusichern. Anders liegt der Fall, wenn sich eine Person für eine Selbsttötung entscheidet. Hier kann der Staat seiner Schutzpflicht bezüglich des menschlichen Lebens gemäß Art. 2 Abs. 2 Satz 1 GG nur durch aktives Einschreiten gegen die Selbsttötung genügen.[1102] Denn nach einem Selbstmord gibt es keine Rettung mehr. Auch eine umfassende Aufklärung im Vorfeld kann wegen der fehlenden Vorhersehbarkeit für den Staat nicht geleistet werden. Der Angeklagte im Prozess kann jedoch im Vorfeld über alle Konsequenzen des Verzichts aufgeklärt werden ähnlich einem Patienten, der vor einer Operation über alle Risiken aufzuklären ist.[1103] Anders als ein narkotisierter Patient hat der Angeklagte aufgrund seines Anwesenheitsrechts sogar jederzeit die Möglichkeit, zu intervenieren. Wenn eine Aufklärung über die damit verbundenen Risiken im Vorfeld einer Operation, in der es um Leben und Tod gehen kann, dem Menschenwürdegehalt genügt, muss dies erst Recht für eine Verhandlung in Abwesenheit des Angeklagten gelten, bei der es im deutschen Strafprozess jederzeit ein „Zurück" gibt.

#### (4) Völkerrechtsfreundliche Auslegung von Art. 103 Abs. 1 GG

Auffällig ist, dass in der Diskussion um die Anwesenheitspflicht des Angeklagten in der Hauptverhandlung fast ausschließlich thematisiert wird, ob der Angeklagte generell auf sein Anwesenheitsrecht verzichten können muss. Vernachlässigt wird, ob der Angeklagte die Art wählen können muss, wie er das Recht auf Gehör ausübt.[1104] Wenn der Angeklagte seinen Verteidiger als Vertreter in die mündliche Hauptverhandlung schickt, macht er deutlich, dass dieser stellvertretend für ihn das Recht auf Gehör ausüben soll. Ein Verzicht auf das Grundrecht liegt dann nicht vor.

Nimmt man den *Görgülü*-Beschluss des Bundesverfassungsgerichts beim Wort, dienen die EMRK und die Rechtsprechung des EGMR auch als Auslegungshilfe für die Bestimmungen des Verfassungsrechts, sofern dies nicht zu einer Minderung

---

1101 *Bernsmann* in: FS für Kriele, S. 697, 707 f.; *Stein* ZStW 97, 1 (1985) 303, 313: Sehen in der Pflicht, Verteidigungsmöglichkeiten wahrzunehmen, sogar eine Degradierung zum Verfahrensobjekt; im Ergebnis auch *Lüer* S. 171; anders *Jäger* S. 186 f.

1102 Maunz/Dürig-GG/*Di Fabio* Art. 2 Abs. 2 Rn. 47; kritisch zum staatlichen Einschreiten bei Freitod: *Hillgruber* S. 78 ff.

1103 Der Vergleich stammt von *Bernsmann* in: FS für Kriele, S. 697, 710 f.; vgl. zur Einwilligung in eine Operation: MüKo-StGB/*Joecks* § 223 Rn. 73 ff.; *Littwin* S. 20 ff.

1104 *Volk* in: FS für Böttcher, S. 213, 215 kritisiert, dass immer nur die Rede vom Angeklagten ist, der sich selbst verteidigen will bzw. soll, nicht aber von dem, der sich verteidigen lässt.

des Grundrechtsschutzes führt.[1105] Dies gilt auch für das Prozessgrundrecht des Art. 103 Abs. 1 GG.[1106]

Art. 103 Abs. 1 GG regelt seinem Wortlaut nach nur, dass vor Gericht jedermann Anspruch auf rechtliches Gehör hat. Aus dem Wortlaut ergibt sich nicht, dass dies nur durch den Grundrechtsträger selbst geschehen soll.

Der Entstehungsgeschichte ist zu entnehmen, dass die Vermittlung eines Verteidigers nicht von Art. 103 Abs. 1 GG umfasst ist. So war in Art. 135 Abs. 2 HChE die Regelung enthalten, dass sich jeder Angeklagte eines Verteidigers bedienen kann. Jedoch konnte im Rechtspflegeausschuss des Parlamentarischen Rates keine passende Formulierung gefunden werden, so dass man eine Regelung der Reform des Strafprozessrechts vorbehielt.[1107] Dementsprechend ist es ständige Rechtsprechung, dass das Recht auf effektive Verteidigung nicht vom Recht auf Gehör umfasst ist.[1108] Das Recht des Beschuldigten, sich in einem Strafverfahren verteidigen zu lassen, ist vielmehr von Art. 2 Abs. 1 GG i.V.m. dem Rechtsstaatsprinzip bzw. als Teil des fairen Verfahrens gewährleistet.[1109]

Ist jedoch ein Verteidiger bestellt, kann er aus verfassungsrechtlicher Sicht das Recht auf Gehör für den Angeklagten wahrnehmen.[1110] Der Wortlaut von Art. 103 Abs. 1 GG enthält keine Einschränkung („jedermann“). Laut der Entstehungsgeschichte des Grundrechts ist nur ein *Anspruch* auf einen Verteidiger nicht unmittelbar aus dem Gehörsanspruch abzuleiten. Dass der Angeklagte kein Recht auf Vertretung im Gehör haben soll, kann daraus nicht geschlossen werden.[1111] Folglich steht Art. 103 Abs. 1 GG einer Auslegung dahingehend, dass der Verteidiger das rechtliche Gehör wahrnimmt, nicht entgegen.[1112]

---

1105 BVerfGE 111, 307, 317.

1106 *Gerst* NStZ 2013, 310, 312; Schmidt-Bleibtreu-GG/*Schmahl* Art. 103 Rn. 6.

1107 JöR Art. 103 S. 741 ff.; kritisch hierzu: Maunz/Dürig-GG/*Schmidt-Aßmann* Art. 103 Abs. 1 Rn. 103; *Weigend* ZStW 113 (2001) 271, 294 (Recht auf Verteidigung als besondere Ausprägung des Rechts auf Gehör).

1108 BVerfGE 9, 124, 132; 38, 105, 118; 39, 156, 168; KG, NZV 1993, 411; *Rüping* S. 139 f.; HGR/*Uhle* § 129 Rn. 96.

1109 BVerfGE 26, 66, 71; 34, 293, 302; 38, 105, 111; 39, 156, 163; HGR/*Uhle* § 129 Rn. 63, 96.

1110 Maunz/Dürig-GG/*Schmidt-Aßmann* Art. 103 Abs. 1 Rn. 108; *Dahs* S. 54 f.

1111 Vgl. JöR Art. 103 S. 741 ff.: Den Materialien ist zwar zu entnehmen, dass das Gehörsrecht auf den Grundrechtsträger, hier also den Angeklagten zugeschnitten ist, doch steht dies der favorisierten Auslegung nicht entgegen. Denn es wird hier nicht ein Recht des Verteidigers auf Gehör diskutiert, sondern des Angeklagten in Vertretung durch den Verteidiger. Grundrechtsträger bleibt folglich der Angeklagte.

1112 So auch *Dahs* S. 55, der die Vertretung in der Ausübung des Gehörsrechts für zulässig erachtet, soweit sie mit dem Wesen des Strafprozessrechts vereinbar ist. Diese Einschränkung ist jedoch wieder eine Frage des einfachen Rechts; vgl. auch Schmidt-Bleibtreu-GG/*Schmahl* Art. 103 Rn. 39 mit Verweis auf die Rechtsprechung des EGMR in Sachen *Krombach*.

### (5) Zwischenergebnis

Im Ergebnis kann festgestellt werden, dass die Anwesenheitspflicht zwar nicht gegen das Recht auf Gehör gemäß Art. 103 Abs. 1 GG verstößt, sondern es sogar in optimaler Weise garantiert und über den grundrechtlich abgesicherten Bereich hinausgeht. Jedoch folgt die Anwesenheitspflicht nicht unmittelbar aus der Verfassung, sondern sie ist eine Ausprägung des einfachen Rechts. Aus verfassungsrechtlicher Sicht ist sogar ein Verzicht auf das Recht auf Gehör zulässig. Erst recht besteht auch das Recht, das Gehör durch den Verteidiger wahrnehmen zu lassen. Weder der Wortlaut von Art. 103 Abs. 1 GG noch seine Entstehungsgeschichte stehen einer solchen Auslegung entgegen. Das Recht auf Gehör gemäß Art. 103 Abs. 1 GG steht weder einer Aufweichung des Anwesenheitsgrundsatzes noch einer Ausweitung des Rechts auf Vertretung entgegen. Die Anwesenheitspflicht hat damit ihre „verfassungsrechtliche Weihe“[1113] verloren.

### ee) Grundsatz der Wahrheitserforschung

Wie gezeigt, soll die persönliche Anwesenheit des Angeklagten auch der Wahrheitsfindung dienen. Bereits die Möglichkeit eines persönlichen Eindrucks vom Angeklagten – seines Auftretens und seiner Einlassung – könne der Urteilsfindung des Gerichts dienlich sein, selbst in Fällen, in denen der Angeklagte schweige und jede aktive Mitwirkung verweigere.[1114] Ob der Angeklagte tatsächlich diesen unabkömmlichen Beitrag zur Wahrheitserforschung leisten kann, ist nun zu prüfen.

### (1) Erforschung der materiellen Wahrheit als Ziel des Strafverfahrens

Der Grundsatz der Erforschung der materiellen Wahrheit ist eines der tragenden Ziele des Strafverfahrensrechts. Das Prinzip der möglichst vollständigen Wahrheitsermittlung wird für eine wirksame Strafverfolgung und die Funktionstüchtigkeit der Strafrechtspflege als Komponente des Rechtsstaatsprinzips zur Vermeidung von Fehlurteilen als unabdingbar erachtet.[1115] Weiter soll die Erforschung des wahren Sachverhalts der Verwirklichung des materiellen Schuldprinzips geschuldet sein.[1116] Anders als im Zivilprozess, in dem Rechtsfrieden zwischen zwei Privaten hergestellt werden soll und der Staat eine vermittelnde Funktion hat, zeichnet sich der

---

1113 *Bernsmann* in: FS für Kriele, S. 697, 700.

1114 BVerfG, StraFo 2007, 190, 192; vgl. insofern bereits die Motive bei *Hahn* Materialien I, S. 186.

1115 BVerfGE 33, 367, 383; BGHSt 47, 62, 65; LR-StPO/*Kühne* Einl. Abschn. H Rn. 23; HK-StPO/*Gercke/Temming* Einleitung Rn. 8; *Rieß* JR 2006, 269, 272; *Schmidhäuser* in: FS für Eberhard Schmidt, S. 511, 512; kritisch zur Verortung auf Verfassungsebene *Rieß* StraFo 2000, 364.

1116 BVerfGE 57, 250, 275; BGHSt 18, 274, 275 f.; *Eisenberg* Beweisrecht, Rn. 2; KMR-StPO/*Eschelbach* Einleitung Rn. 20; kritisch *Bernsmann* in: FS für Kriele, S. 697, 704 spricht von „prozessualer“ Wahrheit.

Strafprozess dadurch aus, dass sich der Angeklagte und der Staat grundsätzlich in einem Über-Unterordnungsverhältnis begegnen.[1117] Der Staat, der das Strafmonopol innehat, setzt sich dabei das hohe Ziel, die materielle Wahrheit zu erforschen. Das bedeutet, dass er die historische, der objektiven Wirklichkeit entsprechende Wahrheit bezüglich des tatsächlichen Geschehensablaufs herausfinden will. Auch wenn dieses Ziel aufgrund der begrenzten Erkenntnisquellen beispielsweise von Zeugen, die nur die subjektive Wahrnehmung wiedergeben können[1118], für das Gericht wohl ein ideelles Ziel bleiben wird,[1119] spricht nichts gegen eine derartige beschuldigten- bzw. angeklagtenfreundliche Zielsetzung.

So ehrenwert die Zielsetzung des Staates nach umfassender Wahrheitserforschung auch sein mag, so undifferenziert und unbestimmt ist dieser Grundsatz auch.[1120] Nicht zuletzt deshalb werden die Motive in der Diskussion um die Rechtfertigung der Anwesenheitspflicht wohl anders als beim rechtlichen Gehör selten wörtlich übernommen.[1121] Vielmehr versuchen die Autoren die Wahrheitserforschung zu konkretisieren, indem sie die Anwesenheitspflicht auf das Interesse der Allgemeinheit an der Vermeidung von Fehlurteilen,[1122] die Garantie einer funktionstüchtigen Strafrechtspflege[1123] stützen oder auf ihre Notwendigkeit aufgrund des Rechtsstaatsprinzips überprüfen[1124]. All diese Ansätze fallen regelmäßig in Zusammenhang mit dem Grundsatz der Wahrheitserforschung. Sie vermögen die Anwesenheitspflicht jedoch ebenso wenig durch ihren Schlagwortcharakter zu erklären wie ihr Oberbegriff der Wahrheitserforschung selbst.

Die eigentliche Frage, die sich all diese Begründungsätze stellen müssen, ist, ob die persönliche Anwesenheit des Angeklagten überhaupt einen Beitrag zur Wahrheitserforschung, der Vermeidung von Fehlurteilen, der Funktionstüchtigkeit der Strafrechtspflege und dem Rechtsstaatsprinzip leisten kann. Ist dies zu bejahen, muss man sich fragen, ob dieser Beitrag eine *umfassende* persönliche Anwesenheitspflicht des Angeklagten im Grundsatz rechtfertigt.[1125]

---

1117 *Weigend* ZStW 113 (2001) 271, 304.
1118 *Odenthal* StaFo 2013, 62, 63.
1119 Zum Begriff der Wahrheit: LR-StPO/*Kühne* Einl. Abschn. H Rn. 24 ff.; *Weigend* ZStW 113 (2001) 271, 277, 304.
1120 So auch LR-StPO/*Kühne* Einl. Abschn. H Rn. 23; *Stein* ZStW 97, 1 (1985) 303, 320.
1121 So jedoch *Kamp* in: FS für Rudolphi, S. 661, 664.
1122 *Gollwitzer* JZ 1976, 767, 771 (lässt offen, welchen Rechtsgrund dieses Interesse hat); *Baxhenrich* S. 15 f.
1123 *Kamp* in: FS für Rudolphi, S. 661, 662.
1124 *Bernsmann* in: FS für Kriele, S. 697, 704.
1125 Ähnliche Fragestellung auch bei *Bernsmann* in: FS für Kriele, S. 697, 704.

### (2) Zeitweise Entfernung des Angeklagten zur Erforschung der Wahrheit, § 247 StPO

Die Notwendigkeit der persönlichen Anwesenheit des Angeklagten zur Erforschung der materiellen Wahrheit wird systematisch bereits dadurch erschüttert, dass das Gericht gemäß § 247 Satz 1 StPO anordnen kann, *dass sich der Angeklagte während der Vernehmung aus dem Sitzungszimmer entfernt, wenn zu befürchten ist, ein Mitangeklagter oder ein Zeuge werde bei seiner Vernehmung in Gegenwart des Angeklagten die Wahrheit nicht sagen.* § 247 S. 1 StPO normiert damit eine Ausnahme von der persönlichen Anwesenheitspflicht im Interesse der Wahrheitserforschung.[1126] Wenn jedoch die *Abwesenheit* des Angeklagten in der mündlichen Hauptverhandlung sogar für die Wahrheitsfindung förderlich sein kann, kann nicht gleichzeitig die *ständige Anwesenheit* des Angeklagten zum gleichen Zweck erforderlich sein.[1127] § 247 S. 1 StPO deckt damit die Widersprüchlichkeit der Aussage des BVerfG auf.

### (3) Inkaufnahme eines unrichtigen Urteils gemäß § 329 Abs. 1 S. 1 StPO

Darüber hinaus erscheint es mehr als paradox im Rahmen des § 329 Abs. 1 S. 1 StPO den Grundsatz der Wahrheitserforschung als Beleg gegen eine konventionskonforme Auslegung anzuführen, da nach dieser Regelung gerade billigend in Kauf genommen wird, dass ein sachlich unrichtiges erstinstanzliches Urteil rechtskräftig wird, nur weil der Angeklagte in der Berufungsverhandlung ohne genügende Entschuldigung ausgeblieben ist[1128]. Nur wenn das Revisionsgericht die Unrichtigkeit des Urteils attestiert hat und deshalb an ein Berufungsgericht zurückverwiesen hat, ist eine Verwerfung der Berufung gemäß § 329 Abs. 1 S. 2 StPO nicht zulässig. In allen übrigen Fällen verschließt das Gericht damit zur Disziplinierung des Angeklagten bewusst die Augen vor der Wahrheit.

### (4) Nemo-tenetur-Prinzip als Einschränkung

Ein Angeklagter, der seinen Verteidiger zur mündlichen Hauptverhandlung schicken möchte, bringt damit zum Ausdruck, dass er sich selbst nicht zur Sache einlassen möchte. Wird er zur Anwesenheit gezwungen, stellen sich zwei Fragen: Stellt der Zwang zur Anwesenheit einen Verstoß gegen das Nemo-tenetur-Prinzip dar? Wenn nein, ist es der Wahrheitserforschung überhaupt dienlich, wenn sich der Angeklagte nicht zur Sache einlässt? Richter *Bonello* hat in seinem zustimmenden

---

1126 Vgl. BVerfG, Beschl. v. 16.3.2006 – 2 BvR 168/04, Tz. 10 (juris); BGHSt 22, 142, 145; 15, 194, 195; BGH, StV 2008, 230, 231; SK-StPO/*Frister* § 247 Rn. 20; HK-StPO/*Julius* § 247 Rn. 1 f.; Radtke/Hohmann/*Kelnhofer* § 247 StPO Rn. 1; *Hassemer* JuS 1986, 25, 27; *Laue* JA 2010, 294, 297.

1127 Ähnlich *Volk* in: FS für Böttcher, S. 213, 216.

1128 Vgl. BGHSt 17, 188, 189; 23, 331, 335; OLG Bamberg, SVR 2013, 238, 239; Radtke/Hohmann/*Beukelmann* § 329 StPO Rn. 1.

Sondervotum in der Sache *Van Geyseghem* bekräftigt, dass ein anwesender, aber schweigender Angeklagter genauso viel zur Hauptverhandlung beitrage wie ein abwesender Angeklagter.[1129]

Dass diese Rechtsansicht vor dem Hintergrund der EMRK nicht haltbar ist, ist bereits dargelegt worden (5. Kapitel § 4 I. 1. a)). Zu prüfen bleibt, welche Auswirkungen die Selbstbelastungsfreiheit nach deutscher Rechtslage auf das Anwesenheitsprinzip hat.

Auf nationaler Ebene ist die Selbstbelastungsfreiheit weder in der StPO noch im Grundgesetz ausdrücklich geregelt.[1130] Ihr Verfassungsrang ist jedoch unbestritten.[1131] Uneinigkeit herrscht nur dahingehend, ob es aus dem Rechtstaatsprinzip (Art. 20 Abs. 3 GG), der Menschenwürde (Art. 1 Abs. 1 GG),[1132] dem allgemeinen Persönlichkeitsrecht (Art. 2 Abs. 1 i.V.m. Art. 1 Abs. 1 GG)[1133] oder gar dem Recht auf rechtliches Gehör (Art. 103 Abs. 1 GG) und der Unschuldsvermutung herzuleiten ist.[1134] Für die Hauptverhandlung im Strafprozess hat die Selbstbelastungsfreiheit in § 243 Abs. 5 S. 1 StPO Niederschlag gefunden.[1135]

#### *(a) Selbstbelastung durch persönliche Anwesenheit?*

*Kühne* ist der Ansicht, dass die Erzwingung der Anwesenheit gegen das Nemo-tenetur-Prinzip verstoßen könne. Er beruft sich dabei auf die Rechtsprechung des EGMR in der Sache *Van Pelt* und die ständige Rechtsprechung des Gerichtshofs, dass eine ungerechtfertigte Abwesenheit nicht mit dem Verlust von Verteidigungsrechten „bestraft" werden dürfe.[1136]

Mit der grundsätzlichen Normierung der Anwesenheitspflicht in der mündlichen Hauptverhandlung geht auch eine gewisse Zwangswirkung einher. Der Angeklagte muss zu einem bestimmten Zeitpunkt an einem bestimmten Ort sein. Dies stellt zumindest einen Eingriff in die allgemeine Handlungsfreiheit gemäß Art. 2 Abs. 1 GG dar. Folgt er dieser Pflicht nicht, besteht die Möglichkeit einer zwangsweisen Durchsetzung durch Vorführung oder Haftbefehl, die sogar die Freiheit der Person gemäß Art. 2 Abs. 2 S. 2, Art. 104 GG und Art. 5 EMRK betreffen kann.[1137]

---

1129 EGMR (GK) Van Geyseghem ./. B (Fn. 6); ähnlich *Gollwitzer* in: FS für Tröndle, S. 455; *Beukelmann* NJW-Spezial 2014, 376.

1130 SK-StPO/*Rogall* Vor § 133 Rn. 132; *Böse* GA 149 (2002) 98.

1131 LR-EMRK/*Esser* Art. 6 Rn. 886; *Dahs*/*Langkeit* NStZ 1993, 213, 214; vgl. zur kritischen Auseinandersetzung bezüglich aller Positionen: *Böse* GA 149 (2002) 98 ff.

1132 BVerfGE 38, 105, 113; 56, 37, 42; BGHSt 14, 358, 364.

1133 SK-StPO/*Rogall* Vor § 133 Rn. 132.

1134 *Böse* GA 149 (2002) 98, 127.

1135 Für das Ermittlungsverfahren: §§ 114b Abs. 2 S. 1, 127 Abs. 4, 136 Abs. 1 S. 2 StPO; für Zeugen: § 55 StPO. Zur Geltung im Verfahren wegen einer Ordnungswidrigkeit (§ 46 Abs. 1 OWiG) SK-StPO/*Rogall* Vor § 133 Rn. 152.

1136 IntKomm-EMRK/*Kühne* Art. 6 Rn. 454.

1137 Ausführlicher hierzu unten 8. Kapitel § 1 II. 3. e).

Nach herkömmlichem Verständnis ist der Angeklagte durch die Selbstbelastungsfreiheit davor geschützt, aufgrund Zwangs aktiv an seiner Überführung mitzuwirken, nicht hingegen davor, einen erzwungenen Eingriff zu dulden wie beispielsweise eine Blutprobe gemäß § 81a StPO, eine Stimmprobe oder eine Gegenüberstellung.[1138]

Jedoch erschöpft sich die Pflicht zur Anwesenheit in der Pflicht zum Erscheinen bzw. in der Erduldung der zwangsweisen Herstellung der Anwesenheit. Es folgt daraus keine Pflicht zur aktiven Selbstbelastung.[1139] In der Hauptverhandlung wird dem Angeklagten erneut die Wahl eröffnet zu schweigen oder sich zur Sache einzulassen, § 243 Abs. 5 S. 1 StPO.[1140] Zwischen den Zwang zu erscheinen und die Einlassung zur Sache tritt damit eine freiwillige Entscheidung für die Selbstbelastung. Zwar hat die Anwesenheitspflicht dann mittelbar zur Selbstbelastung beigetragen, wenn sich der Angeklagte für das „Reden" entscheidet[1141] – denn ohne Anwesenheitspflicht und ohne Gebrauch vom Anwesenheitsrecht besteht de lege lata aufgrund des Mündlichkeitsprinzips keine Gefahr der Selbstbelastung[1142] – doch wirkt dieser Zwang in der Entscheidung des Angeklagten nicht mehr fort, weil ihm vom Gericht durch eine umfassende Belehrung bezüglich seines Schweigerechts eine neue Entscheidungsposition offenbart worden ist. Dem steht auch nicht entgegen, dass die Hauptverhandlungssituation per se einen gewissen psychologischen Druck auf den Angeklagten ausübt. Denn diese Drucksituation ist jedem Strafverfahren immanent. Solange keine zusätzlichen, im Einzelfall der Selbstbelastungsfreiheit widersprechenden Druckelemente hinzukommen, liegt keine Verletzung der Selbstbelastungsfreiheit vor.[1143] *Kühne* kann damit nicht zugestimmt werden, da er übersehen hat, dass zwischen Anwesenheitspflicht und Selbstbelastung noch die Belehrung des Angeklagten tritt, die den Zwang zur Selbstbelastung unterbricht.

#### *(b) (Teilweises) Schweigen des Angeklagten zum Tatvorwurf*

Wird der Angeklagte zur Anwesenheit gezwungen und macht er konsequent von seinem Recht zu schweigen Gebrauch, fragt sich, welchen Wert er für die Ermittlung der Wahrheit hat. Ein beachtlicher Wert würde sich daraus ergeben, dass das Schweigen als Indiz für die Schuld gewertet werden könnte, wie dies nach den

---

1138 BGHSt 40, 66 (Stimmprobe); LR-EMRK/*Esser* Art. 6 Rn. 924 f.; *Verrel* NStZ 1997, 415, 417; SK-StPO/*Rogall* Vor § 133 Rn. 73 m.w.N. zum Meinungsstand.

1139 *Rieß* JZ 1976, 265, 267; *ders.* ZStW 90 (1978) Beiheft, 175, 185; *Stein* ZStW 97, 1 (1985) 303, 325; *Kamp* in: FS für Rudolphi, S. 661, 663; *Volk* in: FS für Böttcher, S. 213, 215; *Lüer* S. 173; LR-EMRK/*Esser* Art. 6 Rn. 925; *Rogall* S. 36 f.

1140 Vgl. zur Notwendigkeit der Wahlmöglichkeit LR-EMRK/*Esser* Art. 6 Rn. 894.

1141 *Kamp* in: FS für Rudolphi, S. 661, 663.

1142 Vgl. zu den unterschiedlichen Entscheidungsmöglichkeiten des Angeklagten bei bestehender Anwesenheitspflicht und Fehlen einer solchen: *Stein* ZStW 97, 1 (1985) 303, 325.

1143 Vgl. LR-EMRK/*Esser* Art. 6 Rn. 902 und 897 mit dem Hinweis auf die erhöhten Anforderungen an die Unzulässigkeit des bei einer Vernehmung ausgeübten Drucks bei einem erwachsenen Beschuldigten.

Grundsätzen der EMRK zulässig ist (5. Kapitel § 4 I. 1. a)). Dann hätte ein anwesender, aber schweigender Angeklagter auch nach deutscher Rechtslage mehr Wert für die Hauptverhandlung als ein abwesender Angeklagter.

Die deutsche Rechtsordnung ist allerdings wesentlich strenger als es die Rechtsprechung des EGMR vorgibt.[1144] Entscheidet sich der Angeklagte dafür, umfassend zum Tatvorwurf zu schweigen, ist anerkannt, dass daraus keinerlei negative wie positive Schlüsse gezogen werden dürfen, damit die Entscheidung sich zur Sache einzulassen auch tatsächlich frei bleibt.[1145] Auch der Grund, weshalb der Angeklagte sich für ein völliges Schweigen entscheidet, darf für die richterliche Überzeugungsbildung gemäß § 261 StPO nicht relevant sein.[1146]

Selbst wenn sich der Angeklagte in einem früheren Verfahrensstadium bereits zur Sache eingelassen hat (sog. zeitweises/horizontales Schweigen)[1147], darf die Tatsache, dass er in der Hauptverhandlung von seinem Schweigerecht Gebrauch macht, nicht zu seinem Nachteil verwertet werden. Natürlich ist es jedoch möglich, die früher getätigte Aussage auf andere Weise wie beispielsweise durch Vernehmung eines Zeugen vom Hörensagen oder durch Verlesung einer richterlichen Vernehmung gemäß § 254 StPO in die mündliche Verhandlung einzuführen.[1148] Weshalb dafür dann aber die Anwesenheit des Angeklagten erforderlich sein soll, erschließt sich nicht.

Nur beim sog. teilweisen bzw. horizontalen Schweigen bezüglich einer prozessualen Tat i.S.v. § 264 StPO[1149] ist umstritten, ob aus der Tatsache, dass sich der Angeklagte nur teilweise zum Tatvorwurf eingelassen hat, auch negative Schlüsse aus dem Schweigen und nicht nur aus der Teileinlassung gezogen werden dürfen. Die überwiegende Ansicht bejaht die Verwertbarkeit mit dem Argument, dass der Angeklagte sich aufgrund der Belehrung über die Selbstbelastungsfreiheit aus einem freien Entschluss heraus zu einem Beweismittel gemacht hat.[1150] Diese Konstellation

---

1144 *Von Arnim* in: GedS für Blumenwitz, S. 265, 290; LR-EMRK/*Esser* Art. 6 Rn. 913.

1145 BGHSt 25, 365, 368; 45, 363, 364 (Gleiches gilt für sonstiges prozessuales Verhalten); LR-StPO/*Sander* § 261 Rn. 75; KMR-StPO/*Stuckenberg* § 261 Rn. 53; SK-StPO/*Velten* § 261 Rn. 64; *Rogall* S. 249; *Park* StV 2001, 589; *Richter II* StV 1994, 687, 689.

1146 *Meyer-Goßner* § 261 StPO Rn. 16; KK-StPO/*Schoreit* § 261 Rn. 39; LR-StPO/*Sander* § 261 Rn. 75; *Miebach* NStZ 200, 234, 235.

1147 Zu den Begrifflichkeiten vgl. *Park* StV 2001, 589, 590 f.

1148 BGHSt 20, 281, 282 f.; 38, 302, 305 (betrifft den umgekehrten Fall des Schweigens in einer früheren Vernehmung und der Einlassung zur Sache in einer späteren Verfahrenssituation); KK-StPO/*Schoreit* § 261 Rn. 39; LR-StPO/*Sander* § 261 Rn. 80; HK-StPO/*Julius* § 261 Rn. 25; KMR-StPO/*Stuckenberg* § 261 Rn. 57; SK-StPO/*Velten* § 261 Rn. 65; *Rogall* S. 250; *Park* StV 2001, 589, 590 f.; *Richter II* StV 1994, 687, 689.

1149 Das Schweigen zu einer prozessualen Tat darf nicht nachteilig im Rahmen einer anderen prozessualen Tat verwertet werden, vgl. hierzu BGHSt 32, 140, 145 f.

1150 BGHSt 20, 298, 300; 38, 302, 307; BGH, NJW 2002, 2260 stellt einschränkende Voraussetzungen auf: „Die Schlussfolgerung ist jedoch nur dann berechtigt, wenn nach den Umständen Äußerungen zu diesem Punkt zu erwarten gewesen wären, andere mögliche Ursachen des Verschweigens ausgeschlossen werden können

ist vom EGMR noch nicht entschieden.[1151] Diese Verwertungspraxis dürfte jedoch konventionskonform sein, da nach der Rechtsprechung des EGMR unter bestimmten einschränkenden Voraussetzungen sogar vollumfängliches Schweigen als Schuldindiz gewertet werden darf. Zudem dürften in der teilweisen Einlassung des Angeklagten wohl die zusätzlichen Tatsachen zu sehen sein, die der EGMR als Interpretationshilfe für den schweigenden Teil der Einlassung fordert.[1152]

Damit lässt sich als Zwischenergebnis festhalten, dass der Angeklagte, der eigentlich der Hauptverhandlung fernbleiben will und deshalb in der mündlichen Verhandlung von seinem Schweigerecht durchweg Gebrauch macht, zur Wahrheitsforschung nicht herangezogen werden darf. Bis zu diesem Punkt ist Richter *Bonello* Recht zu geben: Der anwesende, aber schweigende Angeklagte ist für die Hauptverhandlung genauso viel wert wie der abwesende Angeklagte, nämlich nichts. Er ist nur in einem Punkt zu korrigieren. Die Bejahung dieser These hat *Bonello* nicht der Rechtsprechung des EGMR zu verdanken, sondern der strengeren Ausformung im nationalen Recht – hier dem deutschen Strafprozessrecht.

### *(c) Körpersprache des schweigenden Angeklagten*

Jedoch erschöpft sich die Kommunikation innerhalb einer mündliche Hauptverhandlung nicht allein im Reden und Schweigen der Prozessbeteiligten. Selbst wenn sich der Angeklagte dazu entschließt, sich nicht zur Sache einzulassen, ist er aufgrund der Anwesenheitspflicht gleichzeitig gezwungen, sich die gesamte Hauptverhandlung anzuhören und sich alles anzuschauen. Daraus könnte trotz Gebrauch vom Schweigerecht eine Erkenntnisquelle für das Gericht zur Wahrheitserforschung erwachsen. Um es mit den Worten *Sigmund Freuds* zu sagen:

> „Wer Augen hat zu sehen und Ohren zu hören, überzeugt sich, daß die Sterblichen kein Geheimnis verbergen können. Wessen Lippen schweigen, der schwätzt mit den Fingerspitzen; aus allen Poren dringt ihm der Verrat."[1153]

Mag diese These in psychologischer Sicht zutreffend sein, so stellt sich hier die Frage, ob aus dem nonverbalen Verhalten des Angeklagten in Form von Erröten, Herumrutschen auf dem Stuhl oder Schweißausbrüchen trotz umfangreicher

---

und die gemachten Angaben nicht ersichtlich fragmentarischer Natur sind"; BGH, NStZ 2011, 357; LR-StPO/*Sander* § 261 Rn. 78; *Meyer-Goßner* § 261 StPO Rn. 17; *Dahs*/*Langkeit* NStZ 1993, 213, 214; vertiefend *Miebach* NStZ 2000, 234, 236 ff.; a.A. *Rogall* S. 252 ff.; SK-StPO/*Rogall* Vor § 133 Rn. 206 ff.; SK-StPO/*Velten* § 261 Rn. 66; *Park* StV 2001, 589, 591 f.; *Richter II* StV 1994, 687, 690 (aus Praxisperspektive); kritisch HK-SPO/*Julius* § 261 Rn. 26; KMR-StPO/*Stuckenberg* § 261 Rn. 58 m.w.N.; offengelassen von *Keiser* StV 2000, 633, 634.

1151 Vgl. EGMR (GK) John Murray ./. UK (Fn. 516) § 56: Die Verwertbarkeit von Angaben, die vor der Ausübung des Schweigerechts gemacht wurden, hat der EGMR ausdrücklich offen gelassen; LR-EMRK/*Esser* Art. 6 Rn. 916.

1152 IntKomm-EMRK/*Kühne* Art. 6 Rn. 150.

1153 *Freud* Hysterie und Angst, S. 148.

Inanspruchnahme des Schweigerechts nachteilige Schlüsse für die Schuld des Angeklagten gezogen werden dürfen.

Aus Sicht der EMRK ist dies wohl zu bejahen, da der EGMR es in der Sache *John Murray* nicht nur für zulässig erachtet hat, aus dem Schweigen unter bestimmten Voraussetzungen nachteilige Schlüsse zu ziehen, sondern auch aus dem Verhalten des Angeklagten („applicant's behaviour"), d.h. aus Mimik, Gestik und sonstigen Verhaltensweisen in der mündlichen Verhandlung.[1154]

Aus nationaler Sicht ist diese Frage umstritten. Vor allem in den 1960er Jahren bis hin zu den 1990er Jahren war es herrschende Meinung, dass trotz Anerkennung der Unverwertbarkeit des Schweigens des Angeklagten seine Körpersprache verwertet werden darf.[1155] *Kühl* begründet dies damit, dass der Gebrauch vom Schweigerecht eine bewusste Aktion ist im Gegensatz zu unbewussten Reaktionen wie beispielsweise dem Erbleichen oder Erröten.[1156] Dies erinnert an die Kritik an dem Urteil des EGMR in der Sache *Jalloh*, in der der Gerichtshof eine Verletzung der Selbstbelastungsfreiheit durch die Gewinnung von Beweisen in Form von Drogenpäckchen mittels Brechmitteleinsatzes festgestellt hatte.[1157] Hiergegen wird vorgebracht, dass durch die Brechmitteleingabe die willensgesteuerten Körperfunktionen vollkommen ausgeschlossen worden sind, so dass eine aktive Selbstbelastung durch willensgesteuertes Verhalten nicht mehr möglich war.[1158] Nach Ansicht von *Miebach* soll nonverbales Verhalten eines sonst schweigenden Angeklagten verwertbar sein, wenn es in seiner Äußerungsform in der darzustellenden Verfahrenssituation eindeutig und erheblich ist. Die Verwertung einer spontanen, unreflektierten und in seiner Bedeutung unklaren Körpersprache sei jedoch unzulässig, weil sonst die Gefahr bestünde, das Schweigerecht zu unterlaufen.[1159] Seit einem Beschluss des BGH aus dem Jahr 1992 entspricht es allerdings herrschender Meinung, dass – sogar lebhafte – Mimik und Gestik eines Angeklagten, der von seinem Schweigerecht umfassend Gebrauch macht, der Beweiswürdigung entzogen sind.[1160]

---

1154 EGMR (GK) John Murray ./. UK (Fn. 516) § 54; *Esser* S. 525; LR-EMRK/*Esser* Art. 6 Rn. 914 (Fn. 2304).

1155 *Seibert* NJW 1965, 1706 (Fn. 4), der jedoch zur Zurückhaltung mahnt; zustimmend *Kleinknecht* JR 1966, 270; ohne Einschränkung *Günther* GA 125 (1978) 193, 196 m.w.N.; *Rogall* S. 253 sieht keinen Zusammenhang mit der Selbstbelastungsfreiheit.

1156 *Kühl* JuS 1986, 115, 118.

1157 EGMR Jalloh ./. D v. 11.7.2006, ECHR 2006-IX, § 122 = NJW 2006, 3117.

1158 *Schuhr* NJW 2006, 3538, 3541.

1159 *Miebach* NStZ 2000, 234, 236.

1160 BGH, StV 1993, 458 f.: Der Angeklagte hat vor dem Landgericht umfassend von seinem Schweigerecht Gebrauch gemacht, jedoch die Hauptverhandlung mit „lebhafter Mimik und Gestik" begleitet, woraus das Gericht negative Schlüsse gezogen hat; LG Arnsberg, Urt. v. 22.6.2010 – 2 KLs 12/09, Tz. 243 (juris; diesbezüglich unveröffentlicht in ZJJ 2010, 424); ebenso *Meyer-Goßner* § 261 StPO Rn. 16; LR-StPO/*Sander* § 261 Rn. 77; HK-StPO/*Julius* § 261 Rn. 25; KMR-StPO/*Stuckenberg* § 261 Rn. 53; SK-StPO/*Velten* § 261 Rn. 68; BeckOK-StPO/*Eschelbach* § 261 Rn. 21;

Aus psychologischer Sicht ist anzumerken, dass auch offen hervortretende Ausdrucksbewegungen normalerweise unwillkürlich und damit unbewusst erfolgen. Alle Ausdrucksformen, ob konkret wahrnehmbar oder fein und verborgen, sind regelmäßig von unbewussten Gehalten und Tendenzen mitbestimmt.[1161] Einem Richter, der kein ausgebildeter Psychologe ist, wird sich nicht erschließen, ob die körperliche Reaktion des Angeklagten einen Bruch des Schweigens darstellt und wie diese zu deuten ist.[1162] Der Angeklagte bringt durch den aktiven Gebrauch seines Schweigerechts zum Ausdruck, dass er als Beweismittel im weiteren Sinne im Rahmen der Wahrheitserforschung nicht zur Verfügung steht.[1163] Er ist aufgrund der Pflicht zur Anwesenheit gehindert, dem Gericht nicht nur seine bewussten, sondern auch seine unbewussten Körperreaktionen zu entziehen. Es ist ihm faktisch nicht möglich, diese vor dem Gericht verborgen zu halten. Wenn sich die deutsche Rechtsordnung also dafür entschieden hat, Schweigen des Angeklagten grundsätzlich nicht zu verwerten, muss dieser Weg konsequent zu Ende gegangen werden und nicht über die Hintertür eine Selbstbelastung durch die schlichte Anwesenheit eingeführt werden. Daraus kann sogar ein Argument gegen die Anwesenheitspflicht entwickelt werden. Wenn es dem Richter nicht gestattet ist, die Körperreaktionen des Angeklagten zu verwerten, wäre es für eine unbefangene Beweiswürdigung sogar besser, der Angeklagte wäre nicht in Person anwesend. Es wird für den Richter faktisch unmöglich sein, seine Wahrnehmungen bezüglich der Körperreaktionen des Angeklagten nicht in seine Urteilsfällung einfließen zu lassen, auch wenn sie tatsächlich nicht in den Urteilsgründen auftauchen.[1164] Im Ergebnis ist damit der heutigen herrschenden Auffassung zuzustimmen.

### *(d) Persönlicher Eindruck und Körperbeschaffenheit des Angeklagten*

Auch wenn damit die Körperreaktionen des vollumfänglich schweigenden Angeklagten der Beweiswürdigung entzogen sind, bleibt der Angeklagte dennoch für die gesamte Hauptverhandlung körperlich anwesend. Entscheidend für die Wahrheitserforschung könnte also allein der persönliche Eindruck des Angeklagten sein.

---

*Eisenberg* Beweisrecht, Rn. 909; *Verrel* S. 207; *Bosch* S. 293; *Lüer* S. 174; *Dahs/Langkeit* NStZ 1993, 213, 215; *Keiser* StV 2000, 633, 636; so schon *Roschmann* S. 120 und *Arndt* NJW 1966, 869, 871, die sogar den Augenschein des Angeklagten ausnehmen wollen.

1161 *Undeutsch* ZStW 87 (1975) 650, 659.

1162 Ähnlich auch Radtke/Hohmann/*Pegel* § 261 StPO Rn. 48.

1163 So auch *Dahs/Langkeit* NStZ 1993, 213, 215.

1164 Laut *Kübel* GA 153 (2006) 469, 491 ist die Körperlektüre kulturell so verfestigt, dass sie stets ein irrationaler Baustein der freien Beweiswürdigung bleiben wird. Mit normativen Mitteln ist dem kaum beizukommen.

Dies klingt bereits in den Motiven an, wenn es dort heißt, dass der erkennende Richter seiner Pflicht, die materielle Wahrheit zu erforschen, nicht vollkommen genügen könne, wenn er den Angeklagten nicht vor sich gesehen habe.[1165]

Es ist einhellige Meinung, dass trotz Ausübung des Schweigerechts, das äußere Erscheinungsbild oder auch die sich offen darbietende körperliche Beschaffenheit des Angeklagten in die Beweiswürdigung einfließen dürfen.[1166] So kann beispielsweise eine auffällige Armverletzung zur Täteridentifizierung ausschlaggebend sein.[1167] Umstritten ist nur, ob bei einem schweigenden Angeklagten ein förmlicher Augenschein nötig ist.[1168] Hierbei ist zu beachten, dass der Angeklagte von seinem Schweigerecht umfassend Gebrauch gemacht hat. Das bedeutet, dass die Beobachtung der äußeren Erscheinung bzw. bestimmter Körpereigenschaften gerade keine Begleiterscheinung einer Vernehmung des Angeklagten sein kann. Durch Ausübung seines Schweigerechts hat sich der Angeklagte grundsätzlich der Beweiswürdigung entzogen. Mag es legitim sein, dass Beobachtungen bei einer Vernehmung nicht dem Augenschein unterfallen sollen, solange es sich um „nicht aufgesuchte" Wahrnehmungen handelt[1169], kann dies bei Ausübung des Schweigerechts nicht gelten. Nur die förmliche Anordnung der Augenscheinnahme der körperlichen Eigenschaften bzw. eines persönlichen Eindrucks können den Angeklagten wieder zu einem Beweismittel vor Gericht machen.[1170] Vor dem Hintergrund des Schutzes des Nemo-tenetur-Prinzips spricht nichts gegen die Inaugenscheinnahme des Körpers des Angeklagten, da er die Beobachtung nur dulden und nicht aktiv zu

1165 *Hahn* Materialien I, S. 186.

1166 Nach BGH, Urt. v. 28.11.1973 – 3 StR 183/73, BeckRS 1973, 00120; LR-StPO/*Sander* § 261 Rn. 16; LR-StPO/*Becker* § 244 Rn. 23; *Pfeiffer* § 261 StPO Rn. 3; KMR-StPO/*Stuckenberg* § 261 Rn. 4; HK-StPO/*Julius* § 261 Rn. 5; *Meyer-Goßner* § 261 StPO Rn. 6a; Radtke/Hohmann/*Pegel* § 261 StPO Rn. 20; *Rogall* S. 31 f.; SK-StPO/*Velten* § 261 Rn. 58 zeigt genau auf, dass es sich zwar um kein Strengbeweismittel handelt, die Verwertung i.S.d. Wahrheitserforschung jedoch angezeigt ist. *Wimmer* JZ 1953, 671, 672 sieht in der gesamten Hauptverhandlung eine „fortgesetzte Augenscheinseinnahme"; klare Abgrenzung zwischen schweigendem Angeklagten und vernommenem Angeklagten *Eisenberg* Beweisrecht, Rn. 2312 ff.

1167 In BGHSt 45, 363 ist es gebilligt worden, dass die Überzeugung von der Identität des Angeklagten trotz umfassenden Gebrauchs vom Schweigerecht auf eine auffällige Armverletzung und das Aussehen des Angeklagten gestützt worden ist.

1168 Verneinend LR-StPO/*Becker* § 244 Rn. 23; LR-StPO/*Sander* § 261 Rn. 16; BGH, GA 112 (1965) 108 f. für die das Zeugnis verweigernde Zeugin; bejahend *Eisenberg* Beweisrecht, Rn. 2313; Meyer-Goßner/*Schmitt* § 86 StPO Rn. 14; LR-StPO/*Krausse* § 86 Rn. 26.

1169 Kritsch hierzu bereits *Eisenberg* Beweisrecht, Rn. 2313: Entscheidend für die Abgrenzung zwischen der Verwertbarkeit als Begleiterscheinung des Personalbeweises und förmlicher Augenscheinseinnahme sei, ob die betroffenen Merkmale ohne besondere Konzentration für alle Verfahrensbeteiligten und nicht nur für das Gericht wahrnehmbar seien.

1170 Im Ergebnis auch *Eisenberg* Beweisrecht, Rn. 2313 f.

seiner Selbstbelastung beitragen muss. Jedoch wird es in der Praxis schwierig sein, den Angeklagten nur nach seinem Aussehen zu beurteilen, ohne Mimik und Gestik einzubeziehen. Um hier eine konsequente Praxis zu entwickeln, wäre sogar zu erwägen, den vollumfänglich schweigenden Angeklagten in Person völlig der Beweiswürdigung in der Hauptverhandlung zu entziehen.[1171] Jedenfalls ist es sehr zweifelhaft, ob der schlichte persönliche Eindruck vom „Ist-Zustand" des Angeklagten ohne Verwertung von Mimik und Gestik die Wahrheitserforschung in dem Sinne fördern kann, dass dafür die ununterbrochene Anwesenheit des Angeklagten in der Hauptverhandlung nötig ist. Dass dem nicht so sein kann, zeigt bereits die Möglichkeit des Erlasses eines Strafbefehls (§§ 407 ff. StPO). Denn hier wird sogar eine der Rechtskraft fähige Entscheidung getroffen, ohne dass der erlassende Richter dem Angeklagten auch nur einmal ins Auge geblickt hat. Der Grundsatz der Wahrheitserforschung gilt jedoch ungeachtet der Schwere des Tatvorwurfs bzw. der Zuständigkeit des Gerichts. Auch wenn der persönliche Eindruck vom Angeklagten durchaus förderlich für die Wahrheitserforschung sein kann, so steht fest, dass die Betrachtung des Körpers des Angeklagten bzw. der persönliche Eindruck vom Angeklagten *erstens* nicht in jedem Fall nötig ist und *zweitens* schon gar nicht über die gesamte Dauer der Hauptverhandlung.[1172] Die ständige Anwesenheit kann dadurch nicht gerechtfertigt werden.

#### *(e) Täteridentifizierung in der Hauptverhandlung*

In der Diskussion über den Angeklagten als Mittel der Wahrheitserforschung wird auch vorgebracht, dass es nötig sein kann, den Angeklagten von Zeugen in der Hauptverhandlung identifizieren zu lassen. Die Täteridentifizierung mittels Gegenüberstellung bzw. Wahllichtbildvorlage verstößt dabei nicht gegen den Grundsatz der Selbstbelastungsfreiheit. Der Angeklagte muss nicht aktiv an seiner Strafverfolgung mitwirken, sondern die Identifizierung nur erdulden.[1173]

Richtig wird jedoch von *Stein* und *Rieß* erkannt, dass Identifizierungsmaßnahmen nur im Einzelfall notwendig werden können und damit nicht die ständige Anwesenheitspflicht rechtfertigen.[1174]

---

1171 So wohl *Roschmann* S. 120, der den Angeklagten bei Ausübung des Schweigerechts als „rechtliches Nullum" auffasst; ähnlich *Arndt* NJW 1966, 869, 871.

1172 So auch *Stein* ZStW 97, 1 (1985) 303, 323; *Rieß* JZ 1975, 265, 267; *Kamp* in: FS für Rudolphi, S. 661, 662 zieht den persönlichen Eindruck des Anklagten für die Rechtfertigung der Anwesenheitspflicht heran, entkräftet dieses Argument jedoch dadurch, dass er die Anwesenheit nur „[h]äufig" und gerade nicht immer für nötig erachtet. Im Ergebnis auch *Hassemer* JuS 1986, 25, 27 f.

1173 *Artkämper* Kriminalistik 1995, 645 (Fn. 9) lässt es offen, ob § 58 Abs. 2 StPO für das Ermittlungsverfahren eine echte Ausnahme vom Grundsatz der Selbstbelastungsfreiheit ist oder ob kein Eingriff wegen reinem passiven Erduldens gegeben ist.

1174 *Stein* ZStW 97, 1 (1985) 303, 323; *Rieß* JZ 1975, 265, 267.

Darüber hinaus ist auch zu beachten, dass Täteridentifizierungen durch Zeugen an sich sehr fehleranfällig sind.[1175] Die Wiedererkennungsleistung hängt dabei vor allem auch vom „Behalten" der Erinnerung ab.[1176] Damit eine Wiedererkennung einen möglichst hohen Beweiswert hat, muss eine Gegenüberstellung bzw. Wahllichtbildvorlage möglichst zeitnah zur Tatbegehung durchgeführt werden. Da Hauptverhandlungen jedoch aufgrund umfangreicher Ermittlungsmaßnahmen teilweise erst Jahre später stattfinden, erklärt sich, dass Identifizierungsmaßnahmen als „antizipierte Beweisaufnahme" regelmäßig bereits im Ermittlungsverfahren durchgeführt werden.[1177] Eine erstmalige Identifizierung in der Hauptverhandlung birgt verschiedene Gefahren für den Beweiswert in sich. Zum einen muss bei einer erstmaligen Gegenüberstellung in der Hauptverhandlung der komplette Ablauf (§ 243 StPO) so ausgerichtet werden, dass der Zeuge eine tatsächliche Erinnerungsleistung erbringen kann. Beispielsweise darf er bei Betreten des Sitzungssaals den Angeklagten nicht bereits auf der Anklagebank sitzen sehen, damit er weder bewusst noch unbewusst aus diesem Grund dem Angeklagten die Täterrolle zuschreibt.[1178] Zum anderen schwindet der Beweiswert des Wiedererkennens, wenn der Angeklagte bereits in den Massenmedien und auf Fahndungsfotos zu sehen war, da nicht ausgeschlossen ist, dass das Wiedererkennen das Ergebnis von Erinnerung und Suggestion ist.[1179] Auch wenn im Ermittlungsverfahren Fehler bei der Durchführung der Gegenüberstellung oder Wahllichtbildvorlage gemacht worden sind, kann eine Wiederholung in der Hauptverhandlung den Beweiswert nicht wiederherstellen, da die Erinnerung des Zeugen an die erste Durchführung nicht ausgelöscht werden kann.[1180]

All dies zeigt, dass die Täteridentifizierung in der Hauptverhandlung die Wahrheitserforschung in der Regel nicht fördern kann. Ausnahmsweise kann sie jedoch angezeigt sein. Um in der Hauptverhandlung eine möglichst hohe Wahrscheinlichkeit des Wiedererkennens zu garantieren, wäre es sogar besser, der Angeklagte wäre nicht von Anfang an anwesend. So könnte der Gefahr begegnet werden, dass der Zeuge den Angeklagten durch Begegnung im Gerichtsgebäude sofort mit dem Täter suggeriert. Die Wahrheitserforschung wird in diesem Punkt also durch die Anwesenheitspflicht eher behindert anstatt gefördert.

---

1175 Vgl. hierzu *Odenthal* StraFo 2013, 62 ff.

1176 *Eisenberg* Kriminalistik 1995, 458.

1177 *Artkämper* Kriminalistik 1995, 645 f.; *Wiegmann* StraFo 1998, 37; LR-StPO/*Ignor*/*Bertheau* § 58 Rn. 13.

1178 *Pauly* StraFo 1998, 41, 43; *Odenthal* Gegenüberstellung, S. 119.

1179 BGH, NStZ 1991, 202; zum eingeschränkten Beweiswert des Wiedererkennens in der Hauptverhandlung BGH, NStZ 2013, 725; NStZ-RR 2012, 381; NStZ 2011, 648, 650; NStZ-RR 2006, 212, 213.

1180 Vgl. zum herabgesetzten Beweiswert des wiederholten Wiedererkennens BGH, NStZ-RR 2012, 381; *Odenthal* Gegenüberstellung, S. 120.

### *(f) Erwartung von zuverlässigeren Angaben von Zeugen/Mitangeklagten*

Die Anwesenheitspflicht des Angeklagten wird teils auch damit begründet, dass im Beisein des Angeklagten zuverlässigere Angaben von Zeugen bzw. Mitangeklagten erwartet werden können.[1181] Diese Einschätzung mag teilweise zutreffend sein, jedoch vermag sie nicht den Grundsatz der ständigen Anwesenheitspflicht zu rechtfertigen. Nicht in jedem Prozess gibt es Zeugen oder gar Mitangeklagte. Darüber hinaus belegt vor allem § 247 StPO, dass die Anwesenheit des Angeklagten der Aussagebereitschaft von Zeugen und Mitangeklagten gerade entgegenstehen kann.

### *(g) Erwartung einer Selbstbelastung*

Nach alledem bleibt nur noch eine vernünftige Erklärung für die Forderung nach ständiger, persönlicher Anwesenheit des Angeklagten: Die Erwartung einer Selbstbelastung des Angeklagten aufgrund der Pflicht zum ständigen Miterleben der gesamten Hauptverhandlung.[1182] Dies klingt plausibel, da diese Chance bei Abwesenheit des Angeklagten wesentlich geringer ist. Doch wenn man den Grundsatz der Selbstbelastungsfreiheit mit seiner Verankerung im Menschenwürdegehalt ernst nimmt, ist diese Rechtfertigung auf keinen Fall haltbar, zumal die Anwesenheitspflicht enorme Belastungen für den Angeklagten mit sich bringt.[1183]

### *(h) Zwischenergebnis*

Es kann festgehalten werden, dass die Anwesenheitspflicht des Angeklagten in der mündlichen Hauptverhandlung als solche nicht gegen die Selbstbelastungsfreiheit verstößt. Da der Angeklagte aber das Recht hat, vollumfänglich zum Tatvorwurf zu schweigen, ist der Beweiswert des Angeklagten im Rahmen der Wahrheitserforschung durch das Gericht erheblich eingeschränkt. Denn nach der im Vergleich zur EMRK strengeren Rechtslage in Deutschland ist die Verwertung der Tatsache des Schweigens unzulässig. Gleiches gilt auch für Mimik und Gestik des Angeklagten. Nach hier vertretener Auffassung kann dem Angeklagten nur dann wieder Beweiswert zukommen, wenn man ihn förmlich in Augenschein nimmt. Dies kann im Einzelfall angezeigt sein, wenn ein persönlicher Eindruck vom Angeklagten nötig, die Körperbeschaffenheit des Angeklagten zu besichtigen oder eine Täteridentifizierung in der Hauptverhandlung erforderlich ist. Insofern ist Richter *Bonello* nicht zuzustimmen, dass der schweigende Angeklagte genauso viel wert ist wie der abwesende Angeklagte. Doch sind dies nur Einzelfälle, die keine ständige Anwesenheitspflicht

1181 Vgl. BGH, NJW 1992, 2494; SK-StPO/*Deiters* § 236 Rn. 1.

1182 Ähnlich auch *Lüer* S. 173.

1183 Im Ergebnis auch *Rieß* JZ 1975, 265, 267; *Bernsmann* in: FS für Kriele, S. 697, 704; *Volk* in: FS für Böttcher, S. 213, 215; *Stein* ZStW 97, 1 (1985) 303, 323 ff. sieht nur die Erwartung einer Entlastung als mit der Selbstbelastungsfreiheit vereinbar. Vgl. auch SK-StPO/*Deiters* § 236 Rn. 7, der darin ein rechtsmissbräuchliches Verhalten des Gerichts sieht.

rechtfertigen. Im Gegenteil – die ständige Anwesenheitspflicht ist in diesen Fällen der Wahrheitserforschung hinderlich, weil entweder das Gericht oder die Zeugen psychologisch durch die direkte Konfrontation mit der Person des Angeklagten vorbelastet sind. Besser wäre hier die Herstellung der Anwesenheit „ad hoc", d.h. nur in den Fällen, in denen sie für die Wahrheitserforschung wirklich dienlich sein kann.

### (5) Unschuldsvermutung als Einschränkung

Des Weiteren ist die in Art. 6 Abs. 2 EMRK ausdrücklich geregelte und im Rechtsstaatsprinzip verankerte Unschuldsvermutung zu beachten. Danach ist der Angeklagte bis zur rechtskräftigen Feststellung der Schuld als unschuldig zu behandeln. Vor diesem Zeitpunkt dürfen keine strafähnlichen Maßnahmen gegen den Angeklagten verhängt werden.[1184]

Mit der schlichten Anwesenheit des Angeklagten im Prozess ist zwar grundsätzlich noch keine obrigkeitliche Inkulpation verbunden, so dass die Anwesenheitspflicht keinen Verstoß gegen die Unschuldsvermutung darstellt. Dadurch, dass der Angeklagte in der Hauptverhandlung jedoch als unschuldig zu gelten hat und zu behandeln ist, scheint er als Beitrag zur Sachverhaltsaufklärung grundsätzlich völlig untauglich.

Dennoch gibt es Bestrebungen, die in der Anwesenheit des Angeklagten einen weitergehenden Zweck verwirklicht sehen. Im Kontext des Urteils des EGMR in der Sache *Neziraj* ist bereits das zustimmende Sondervotum der Richterinnen *Nussberger* und *Power-Forde* aufgefallen. Nach ihrer Auffassung liegt die Rechtfertigung der umfassenden Anwesenheitspflicht darin, dass die persönliche Konfrontation des Angeklagten mit seiner Tat und seiner Schuld und das Bewusstsein der öffentlichen Diskussion darüber als Grundvoraussetzungen für die wirksame Rehabilitation und Wiedereingliederung in die Gesellschaft gelten müssten, die die grundlegenden Ziele der Bestrafung seien.[1185] Die Richterinnen sind mit ihrer Ansicht nicht alleine. Bereits *Gollwitzer* hat die Anwesenheitspflicht vor allem mit der „Gemeinschaftsbindung des Einzelnen" begründet. Der Angeklagte habe den dazu berufenen Organen der Gemeinschaft für seine Verfehlungen einzustehen und sich deshalb dem Vorgang zur Klärung eines erhobenen Vorwurfs nicht zu entziehen. Darin zeige sich schon die general- und spezialpräventive Wirkung der Hauptverhandlung. Der Hauptverhandlung komme Erziehungsfunktion zu.[1186] Auch *Stein*, der zunächst die Beachtung der Unschuldsvermutung anmahnt, vertritt vorsichtig, dass

---

1184 Vgl. BVerfGE 74, 358, 370; 19, 342, 347; KK-StPO/*Graf* Vor §§ 112 ff. Rn. 8; *Krauß* in: Müller-Dietz (Hrsg.) Strafrechtsdogmatik und Kriminalpolitik, S. 153, 158; *Sternberg-Lieben* ZStW 108 (1996) 721, 731; *Weigend* ZStW 113 (2001) 271, 291 f.; vgl. auch *Stuckenberg* ZStW 111 (1999) 422, 423 zu weiteren Verankerungen im Verfassungsrecht.

1185 EGMR Neziraj ./. D (Fn. 6) zustimmendes Sondervotum *Power-Forde / Nussberger.*

1186 *Gollwitzer* in: FS für Tröndle, S. 455, 456.; vgl. auch *Eisenberg* NStZ 2012, 63, 64; in diese Richtung allgemein zum Zweck des Strafverfahrens *Weigend* S. 194 f.; *Eser* ZStW 104 (1992) 321, 380 („kann nicht aus generalpräventiven Gründen

die Anwesenheit des Angeklagten spezialpräventiv den Vorteil habe, dass dieser das ernsthafte und sorgfältige Bemühen des Gerichts um eine gerechte Entscheidung aus unmittelbarer eigener Anschauung miterlebe, was in der Regel das Akzeptieren eines Schuldspruchs erleichtern würde. Auch aus generalpräventiver Sicht sei die Anwesenheitspflicht des Angeklagten gerechtfertigt, weil die Akzeptanz des Urteils dadurch erhöht werde, dass die staatliche Gewalt in Gestalt des Richters nicht über irgendeinen Angeklagten urteile, den jener nur aus den Akten kenne und noch nie persönlich gesehen habe, sondern dass der Richter während der gesamten Hauptverhandlung einer konkreten Persönlichkeit gegenübertreten und ihr „ins Gesicht schauen" müsse.[1187] All diese Tendenzen weisen darauf hin, dass die Hauptverhandlung in Anwesenheit des Angeklagten eine der Verwirklichung der relativen Strafzwecke (Spezial- und Generalprävention) „dienende Funktion"[1188] haben soll.

Einem derartigen Verständnis ist *Püschel* entschieden entgegengetreten und hat die Rechtsauffassung der Richterinnen *Power-Forde* und *Nussberger* als klare Verkennung der Unschuldsvermutung kategorisiert. Das Verbot, dem Angeklagten bereits vor endgültiger Feststellung der Schuld Belastungen aufzubürden, um dadurch unmittelbare Wirkungen spezial- oder generalpräventiver Art zu erzielen, gehöre zum Kernbestand der Unschuldsvermutung.[1189]

Nahezu spiegelbildlich zu den Richterinnen hat bereits *Krauß* formuliert, dass kein general- oder spezialpräventives Ziel des Straf- oder Maßregelrechts Grundlage des *Verfahrens* sein dürfe. Es sei nicht Aufgabe des Strafprozesses, auf den Angeklagten erzieherisch oder resozialisierend einzuwirken, schon gar nicht diene das Verfahren dazu, potentielle Straftäter (einschließlich des Angeklagten) von der Begehung strafbarer Handlungen abzuschrecken.[1190]

Die Strafzweckdiskussion stammt aus dem materiellen Recht. Es geht darum, welchen Zweck eine verhängte Strafe haben soll. Nach dem Gedanken der Spezialprävention soll die Strafe den Täter positiv dahingehend beeinflussen, dass er künftig ein straffreies Leben führen kann und negativ soll er von der Begehung weiterer Straftaten abgeschreckt werden. Der Aspekt der Generalprävention hingegen wendet sich an die Gesellschaft, deren Rechtsbewusstsein durch die Strafe positiv gestärkt werden und die negativ von der Begehung entsprechender Taten abgehalten werden soll.[1191] Diese Definitionen zeigen bereits, dass sich ein *Straf*zweck immer

---

eine gewisse Prangerwirkung des Verfahrens gesellschaftlich sogar durchaus erwünscht sein?").

1187 *Stein* ZStW 97, 1 (1985) 303, 327.

1188 Dieser Begriff entstammt der Diskussion zum Zweck des Strafverfahrens der Verwirklichung des materiellen Strafrechts, vgl. AnwK-StPO/*Krekeler*/*Löffelmann* Einleitung Rn. 7; *Neumann* ZStW 101 (1989) 52, 53; abl. *Rieß* JR 2006, 269, 270; *Krack* S. 32.

1189 *Püschel* StraFo 2012, 493, 495; vgl. auch *Hüls*/*Reichling* StV 2014, 242, 246; *Volk* in: FS für Böttcher, S. 213, 217 f.

1190 *Krauß* in: Müller-Dietz (Hrsg.) Strafrechtsdogmatik und Kriminalpolitik, S. 153, 161.

1191 Vgl. LK-StGB/*Theune* Vor §§ 46–50 Rn. 25; MüKo-StGB/*Miebach* § 46 Rn. 25; AnwK-StPO/*Krekeler*/*Löffelmann* Einleitung Rn. 9.

erst verwirklichen kann, wenn eine Strafe durch Urteil festgelegt worden ist. Die Hauptverhandlung ist derjenige Erkenntnisprozess, der dieser Entscheidung vorgelagert ist und unter der Prämisse der Unschuldsvermutung geführt wird.[1192] Lässt man der Hauptverhandlung eine den Strafzwecken „dienende Rolle" zukommen, ist damit eine Vorwegnahme der Schuld verbunden und damit ein Verstoß gegen die Unschuldsvermutung. Dass dieser Vorwurf auch *Power-Forde*, *Nussberger* und *Gollwitzer* gemacht werden kann, zeigt sich an den verwendeten Begrifflichkeiten wie „Schuld" und „Verfehlung", die deutlich die Inkulpation durch Urteil beinhalten. Selbst wenn man dem Strafverfahren insgesamt auch eine generalpräventive Wirkung zumessen will,[1193] ist nicht einzusehen, weshalb der Angeklagte hierfür sein Gesicht zur Verfügung stellen muss. Es soll doch gerade nicht von der Person des Angeklagten abgeschreckt werden, sondern von der (objektiven) Tat als solcher. *Stein* ist zuzugeben, dass er die Grenzen der Unschuldsvermutung (noch) eingehalten hat. Jedoch ist nicht einsichtig, weshalb ein Angeklagter spezialpräventiv zur Anwesenheit gezwungen werden soll, um ein mögliches Urteil besser akzeptieren zu können. Dies erscheint als aufgedrängter Schutz, der nicht in Relation zu den Belastungen einer Hauptverhandlung steht. Zudem mahnt der Grundsatz der Unschuldsvermutung, dass von der *Unschuld* des Angeklagten auszugehen ist. Weshalb dann eine Hauptverhandlung zur besseren Akzeptanz eines die *Schuld* aussprechenden Urteils verhelfen soll, ist nicht einsichtig. Gegen den generalpräventiven Ansatz von *Stein* ist einzuwenden, dass nach hier vertretener Auffassung wohl eine Verhandlung in (teilweiser) Abwesenheit des Angeklagten zur Unvoreingenommenheit des Richters beitragen würde und gerade darauf das Vertrauen der Gesellschaft basieren muss.

Insgesamt führt der Grundsatz der Unschuldsvermutung (auch in Zusammenschau mit der Selbstbelastungsfreiheit) dazu, dass die Sachverhaltsermittlung in die Hände des Gerichts gelegt wird und der Angeklagte primär *keinen* Beitrag leisten muss. Die ständige Anwesenheitspflicht im Prozess kann vor allem nicht damit gerechtfertigt werden, dass sie zur Verwirklichung relativer Strafzwecke dient.

### ff) Stellung des Strafverteidigers im deutschen Strafprozess

> „Der Verteidiger ist Beistand des Angeklagten, aber grundsätzlich nicht dessen Vertreter."

Dieser These begegnet man in ähnlicher Form ständig in Rechtsprechung und Literatur.[1194] Und tatsächlich – in der seit jeher geführten Diskussion um die dogmatische

---

1192 Vgl. auch *Krauß* in: FS für Schaffstein, S. 411, 424; *Stuckenberg* ZStW 111 (1999) 422, 456 f. („Der Einsatz des Gerichtsverfahrens zur spezialpräventiven Therapierung des Täters verbietet sich"); vgl. im Ergebnis auch *Paeffgen* S. 15.

1193 So wohl *Krack* S. 37 ff.; *Perron* in: FS für Hanack, S. 473, 476.

1194 Vgl. beispielhaft: BGHSt 9, 356, 356; BGH, StraFo 2011, 92 f.; BayObLG, NJW 2004, 1263; Meyer-Goßner/*Schmitt* Vor § 137 StPO Rn. 1; BeckOK-StPO/*Gorf* § 234 Rn. 1;

Fixierung der Stellung des Strafverteidigers ist *von Kries* „Vertretertheorie“[1195] eine absolute Mindermeinung.[1196] Geläufig sind vielmehr die Begründungsansätze der herrschenden „Organtheorie“[1197], der von *Beulke* entwickelten „eingeschränkten Organtheorie“[1198], der von *Lüderssen / Jahn* vertretenen „Vertragstheorie“[1199], *Welps* „Interessenvertretertheorie“[1200] sowie die Beschreibung des Verteidigers als „Prozesssubjektsgehilfe“[1201] des Angeklagten. *Von Kries* ist hingegen der Auffassung, dass der Verteidiger Vertreter des Angeklagten als Partei ist; „die von ihm vorgenommenen Handlungen gelten als solche des letzteren“. Es sei falsch, dass der Verteidiger nur neben dem Angeklagten tätig werde, weil bei dieser These der herrschenden Meinung ausschließlich an die Hauptverhandlung gedacht werde. Wenn jedoch Einwendungen gegen die Eröffnung des Hauptverfahrens vorgebracht, Beweisanträge gestellt, Rechtsmittel eingelegt und begründet würden, so sei hier die Möglichkeit einer Tätigkeit neben dem Angeklagten nicht vorhanden. Aber auch für die Hauptverhandlung sei es juristisch ganz belanglos, ob der Angeklagte ebenfalls zugegen sei oder nicht.[1202] Dagegen wird vor allem angeführt, dass der Verteidiger nach der Konzeption der StPO aufgrund *eigener* Rechte tätig werde und den Angeklagten damit gerade nicht in dessen Rechten vertrete.[1203] Nur ausnahmsweise, wenn dies gesetzlich geregelt sei (vgl. nur § 234 StPO) soll der

AnwK-StPO/*Krekeler*/ *Werner* Vorb. zu §§ 137 ff. Rn. 8 f.; *Weigend* in: FS für Kühl, S. 947, 953.

1195 *Von Kries* Deutsches Strafprozeßrecht, S. 233 f.; vgl. auch *Spendel* JZ 1959, 737, 747; *ders.* in: FS für Kohlmann, S. 683, 686, wonach der Verteidiger bei Prozesshandlungen *zugunsten* des Angeklagten Vertreter sein soll. Vgl. auch *Wolf* S. 32 ff., wonach die Rechtstellung des Verteidigers als Vertreter des Angeklagten in Teilbereichen zutreffend beschrieben sein soll.

1196 Vgl. *Beulke* S. 163 („absolute Außenseiterrolle“).

1197 Danach ist der Strafverteidiger Beistand des Angeklagten und zugleich Organ der Rechtspflege und im öffentlichen Interesse an Recht und Gesetz gebunden. Vgl. BVerfGE 16, 214, 216; 34, 293, 300; BGH, NStZ 2014, 45, 46; BGH, NStZ-RR 1997, 71; OLG Düsseldorf, NStZ 1991, 299; KK-StPO/*Hannich* Vorb. §§ 137 ff. Rn. 5; Meyer-Goßner/*Schmitt* Vor § 137 StPO Rn. 1.

1198 Die „eingeschränkte Organtheorie“ betont die Aufgabe der effektiven Verteidigung und beschränkt die Achtung der öffentlichen Interessen auf den Kernbereich der prozessualen Befugnisse. Vgl. hierzu ausführlich *Beulke* S. 200 ff.; *ders.* in: FS für Strauda, S. 87, 88.

1199 Nach der „Vertragstheorie“ resultiert die Beistandspflicht des Verteidigers aus dem Vertragsverhältnis, woraus sich auch die dienende Rolle des Verteidigers gegenüber seinem Vertragspartner ergibt. Vgl. LR-StPO/*Lüderssen*/ *Jahn* Vor § 137 Rn. 33.

1200 Nach der „Interessenvertretertheorie“ ist der Verteidiger kein Organ der Rechtspflege, sondern ein Wahrer partikulärer Interessen des Angeklagten. Hierzu *Welp* ZStW 90 (1978) 804, 817, 828.

1201 SK-StPO/ *Wohlers* Vor §§ 137 Rn. 29 f.

1202 *Von Kries* Deutsches Strafprozeßrecht, S. 233 f.

1203 Vgl. *Sommer* Effektive Strafverteidigung, Rn. 220; *Weigend* in: FS für Kühl, S. 947, 954.

Verteidiger den Angeklagten auch vertreten dürfen.[1204] Die dogmatische Begründung der Rechtsstellung des Strafverteidigers als Vertreter wird damit überwiegend abgelehnt.

Aus nationaler Perspektive ist gegen eine derartige Einschätzung nichts einzuwenden. Im Grundsatz ist die Rolle des Strafverteidigers nach der gesetzlichen Konzeption der StPO tatsächlich nicht i.S.e. Vertreters angelegt. Jedoch muss auch an dieser Stelle erneut der Blick dafür geschärft werden, welche Aufgabe vorliegend zu bewältigen ist: Es geht darum, ob § 329 Abs. 1 S. 1 StPO konventionskonform hinsichtlich einer Ausweitung des Rechts auf Vertretung i.S.d. EMRK ausgelegt werden kann. Wie bereits gezeigt, darf man sich dabei nicht auf das Prinzip „enumeratio, ergo limitatio" zurückziehen. Vielmehr ist zu beachten, dass die geltende StPO bereits die Möglichkeit der Vertretung in Abwesenheit vorsieht. Es handelt sich damit um kein völlig unbekanntes Phänomen. Mit Zunahme der Möglichkeiten der Abwesenheitsverfahren (vgl. 8. Kapitel § 1 II. 2. b) bb)) hat auch das Recht auf Vertretung durch den Verteidiger an Bedeutung gewonnen. Die Rolle des Verteidigers als Vertreter ist damit seit der RStPO zunehmend gestärkt worden.[1205] Die Antwort auf die Frage, ob die Stellung des Strafverteidigers im deutschen Strafprozess einer konventionsfreundlichen Auslegung entgegensteht, gibt sich die herrschende Meinung damit eigentlich selbst, wenn sie feststellt, dass der Verteidiger „grundsätzlich" kein Vertreter des Angeklagten ist. Das Einfallstor für eine konventionskonforme Auslegung liegt nämlich gerade in den Ausnahmen begründet. Diesem Blick hat sich die überwiegende Ansicht verschlossen und sich hinter vermeintlich unumstößlichen Prinzipien versteckt. Diese Sichtweise wird dem verfassungsrechtlich abgesicherten Gebot der völkerrechtsfreundlichen Auslegung nicht gerecht.

Zudem differenziert die StPO zwar tatsächlich zwischen Rechten, die nur dem Angeklagten (z.B. §§ 233, 255, 257, 258 Abs. 2 Hs. 2 StPO), exklusiv dem Verteidiger (z.B. §§ 147, 239 StPO) oder beiden (z.B. §§ 240 Abs. 2 S. 1, 251 Abs. 1 Nr. 1, 257 Abs. 1, Abs. 2 StPO) zustehen.[1206] Dieses systematische Argument gegen eine Ausweitung der Vertretung anzuführen,[1207] leuchtet jedoch bereits aus nationaler Sicht nicht ein. Obwohl § 255 StPO das Antragsrecht auf die Protokollierung der Verlesung neben der Staatsanwaltschaft nur dem Angeklagten und gerade nicht dem Verteidiger zubilligt, schreibt der BGH dieses Recht auch dem Verteidiger aus seiner „Stellung als Beistand" zu. Die Verwendung des Begriffs „Angeklagter" sei

1204 Vgl. LR-StPO/*Lüderssen*/*Jahn* Vor § 137 Rn. 107; AnwK-StPO/*Krekeler*/*Werner* Vorb. zu §§ 137 ff. Rn. 9.

1205 Vgl. auch *Volk* in: FS für Böttcher, S. 213, 215, der darauf verweist, dass der Verteidiger zur Zeit der Schaffung der RStPO nicht mehr war als ein „Statist". Heute sollen aber nur noch wenige Verhandlungen ohne Verteidiger stattfinden. Vgl. zur Stärkung der Stellung des Verteidigers, *Schäfer* in: FS für Dahs, S. 441, 442.

1206 Überblick bei LR-StPO/*Lüderssen*/*Jahn* Vor § 137 Rn. 147 ff.; *Spendel* JZ 1959, 737, 740.

1207 So jedoch *Beulke* S. 183.

„synonym“ zu „Verteidiger“ verwendet worden.[1208] Das Argument der Systematik ist damit wertlos. Noch weniger überzeugt diese Ansicht aus völkerrechtsfreundlicher Perspektive. Es ist bereits gezeigt worden, dass die EMRK nur dem Angeklagten Rechte zubilligt und der Verteidiger grundsätzlich ein Werkzeug des Angeklagten zur effektiven Verteidigung ist. Die StPO geht damit über diesen Katalog hinaus und sichert die effektive Verteidigung „doppelt“ via Verteidiger und Angeklagten ab. Im Rahmen einer völkerrechtsfreundlichen Auslegung der StPO muss vielmehr die Überlegung sein, dass dem Verteidiger *sogar eigene Rechte* zugebilligt werden, die er primär *vom Willen des Angeklagten unabhängig* ausüben kann. *Erst recht* muss damit die Türe dafür offen stehen, dass der Verteidiger in Vertretung des Angeklagten auf dessen Veranlassung seine Rechte wahrnimmt.

Damit ist auch zugleich ein weiteres Missverständnis ausgeräumt. Die §§ 234, 302 Abs. 2 StPO[1209] werden auch angeführt, um zu demonstrieren, dass der Verteidiger nur mit Rückbindung an den Willen des Angeklagten tätig werden kann. Dieses Argument verfängt jedoch bereits deshalb nicht, weil die Rechtsprechung des EGMR nichts Gegenteiliges intendiert: Der Angeklagte soll das Recht haben, anstatt sich selbst zu verteidigen, einen Verteidiger in die Verhandlung zu schicken. Es ist also stets ein entsprechender Wille des Angeklagten nötig. Eine Verselbstständigung des Verteidigers ist keineswegs gewollt. Dass die Dynamik der Hauptverhandlung eine gewisse Verselbstständigung mit sich bringt, ist vom Willensentschluss des Angeklagten mitumfasst (vgl. bereits 4. Kapitel § 3 II.).

#### gg) Zwischenergebnis

Die Analyse der *Systematik* des Gesetzes hat ergeben, dass keiner der fünf Eckpfeiler der herrschenden Ansicht einer völkerrechtsfreundlichen Auslegung des § 329 Abs. 1 S. 1 StPO entgegensteht. Im Gegenteil: § 329 StPO selbst, die Ausnahmen vom Anwesenheitsgrundsatz, die Prozessmaximen der Unmittelbarkeit und Mündlichkeit, das Recht auf Gehör (Art. 103 Abs. 1 GG), der Grundsatz der Wahrheitserforschung sowie die Stellung des Strafverteidigers stehen einer völkerrechtsfreundlichen Interpretation offen, weil sie bereits nach geltender Gesetzeslage keine statischen Grundsätze sind, sondern sich längst zugunsten von Abwesenheitsentscheidungen geöffnet haben.

### *c) Historie*

Wie gezeigt, wird eine konventionsfreundliche Auslegung von § 329 Abs. 1 S. 1 StPO vor allem mit einer Begründung für die Anwesenheitspflicht abgelehnt, die ihren Ursprung in den Motiven zur RStPO hat. Dies erweckt den Eindruck als wolle man die völkerrechtskonforme Auslegung mit dem subjektiven Willen des historischen

---

1208 BGHSt 12, 367, 371.

1209 Nach § 302 Abs. 2 StPO darf der Verteidiger nur mit ausdrücklicher Ermächtigung des Angeklagten ein Rechtsmittel zurücknehmen.

Gesetzgebers verneinen. Entsprechend diesem Auslegungsziel wäre der Sinn des Gesetzes maßgeblich, der für den damaligen Gesetzgeber bei Schaffung des Gesetzes leitend gewesen ist.[1210] Dabei ist bereits an dieser Stelle zu bemerken, dass dieses Ziel heutzutage der Auslegung grundsätzlich nicht mehr zugrunde gelegt wird. Eine flexible Gesetzesanwendung, angepasst an den Wandel der Zeit, wäre danach nämlich kaum möglich.[1211] Vielmehr orientiert auch das BVerfG die Auslegung am objektiven Willen des Gesetzes, wonach sich der Wille des Gesetzes verselbstständigt und sich so den jeweiligen Umständen der Zeit anpassen kann.[1212]

§ 329 StPO geht zurück auf § 370 RStPO. Die RStPO wurde am 1.2.1877 verkündet und ist am 1.10.1879 in Kraft getreten.[1213] In den drei Entwürfen zu einer RStPO[1214] war keine zweite Tatsacheninstanz enthalten.[1215] Trotzdem wurde in der Reichskommission die Einführung einer Berufungsinstanz beantragt.[1216] *Esser* hat insofern ausgeführt, dass in der Berufungsinstanz die Möglichkeit einer Vertretung des Angeklagten weder in Betracht gezogen noch explizit ausgeschlossen worden sei und sich so kein der völkerrechtsfreundlichen Interpretation entgegenstehender historischer Wille des Gesetzgebers ermitteln ließe.[1217] Jedoch findet sich in § n[1218] eine dem heutigen § 329 Abs. 1 StPO in Ansätzen vergleichbare Regelung:

> (1) Hat der Angeklagte die Berufung eingelegt und erscheint derselbe in der anberaumten Sitzung weder persönlich noch in den Fällen, wo solches zulässig, dessen Vertreter, so ist die Berufung zu verwerfen.
> (2) Die in § 195 gedachten Fälle begründen keine Ausnahme.[1219]

Dieser Vorschlag hat zu kontroversen Diskussionen im Rahmen der ersten Lesung geführt. Insbesondere der Abgeordnete *Herz* hat bemängelt, dass die Freunde der Berufung geltend gemacht hätten, dass dieses Rechtsmittel eine Wohltat für den

---

1210 Beispielhaft: *Von Savigny* System des heutigen römischen Rechts, Bd. 1, S. 213; *Enneccerus/Nipperdey* Allgemeiner Teil des Bürgerlichen Rechts, Bd. 1 Halbbd. 1, § 54 II.
1211 Vgl. nur *Walz* ZJS 2010, 482, 484.
1212 Vgl. BVerfGE 1, 299, 312; 11, 126, 130.
1213 RGBl. 1877, Nr. 8, S. 253 (abgedruckt bei *Hahn* Materialien II, S. 2394 ff.).
1214 Erster Entwurf v. Januar 1873; zweiter Entwurf v. Oktober 1873; dritter Entwurf v. Juni 1876, abgedruckt bei *Hahn* Materialien I S. 4 ff.
1215 Vgl. die Motive zum Entwurf *Hahn* Materialien I, S. 242 ff., 302 ff.; vgl. auch Bericht der Kommission bei *Hahn* Materialien II, S. 1599.
1216 Vgl. 70. Sitzung der Kommission v. 13.9.1875, *Hahn* Materialien I, S. 984 ff.
1217 *Esser* StraFo 2013, 251, 256.
1218 Abgedruckt bei *Hahn* Materialien I, S. 986.
1219 § 195 StPO-E III lautet: „(1) Beim Ausbleiben des Angeklagten kann zur Hauptverhandlung und Urtheilsfällung geschritten werden, wenn die den Gegenstand der Untersuchung bildende That nur mit Geldstrafe, Haft oder Einziehung, allein oder in Verbindung mit einander, bedroht ist. (2) In solchen Fällen muß der Angeklagte in der Ladung auf die Zulässigkeit dieses Verfahrens ausdrücklich hingewiesen werden." (abgedruckt bei *Hahn* Materialien I, S. 27).

Angeklagten sein solle. Wie mit diesem Gedanken die Vorschrift des § n vereinbar sei, könne er nicht verstehen. Wenn der Appellant, vielleicht im Gefühle seiner Unschuld, der Verhandlung fern bleibe, so werde seine Berufung verworfen, ohne dass das Gericht irgendwie auf die Sache eingehen dürfe, selbst, wenn es das Urteil der ersten Instanz für ganz unrichtig halte.[1220] *Thilo* hat hieran angeknüpft und vorgebracht, dass § n dem Gericht die Möglichkeit des mündlichen Verhörs des Angeklagten abschneide, selbst wenn der Angeklagte verhaftet und am Sitze des Gerichts frei sei.[1221] Auch *Beder* und *Strudmann* meldeten Bedenken an, weil sie nicht eingesehen haben, warum in einem Fall, in dem der Angeklagte möglicherweise nur die Verletzung von Rechtsnormen als Beschwerdepunkt bezeichne, entgegen den für die Revision geltenden bzw. vorgeschlagenen Regeln, das Rechtsmittel bei Nichterscheinen des Appellanten einfach abgewiesen werden solle.[1222] *Pfafferott* hingegen war der Ansicht, dass die Verwerfung des Rechtsmittels zulässig sei, weil ein Verzicht des Beschuldigten auf das Rechtsmittel zulässig sei und man aus dem Nichterscheinen den Verzicht auf das Rechtsmittel folgern könne. Etwaigen Härten wollte er durch die Einführung eines Wiedereinsetzungsantrags abhelfen.[1223] Dieser Antrag wurde letztlich auch von der Kommission angenommen.[1224] *Strudmann* brachte vor, dass der Unterschied zwischen Berufung und Revision darin liege, dass die Berufung gerade kein schriftliches Verfahren sein solle. Die schriftliche Beschwerdeschrift sei Essentiale für die Revision, ohne die es gar nicht zur Durchführung der Revisionshauptverhandlung komme.[1225] Schließlich wurde über die Problematik diskutiert, ob die Berufung durch Beschluss oder durch Urteil zu verwerfen ist.[1226]

Der zweiten Lesung wurde dann nicht der Berufungsentwurf zugrunde gelegt, wie er in der ersten Lesung beschlossen worden war, sondern die durch den Abgeordneten *Strudmann* zur zweiten Lesung gestellten Anträge. Danach lautete § o:

> (1) Ist bei dem Beginne der Hauptverhandlung weder der Angeklagte, noch in den Fällen, wo solches zulässig, ein Vertreter desselben erschienen und das Ausbleiben nicht genügend entschuldigt, so ist, insoweit der Angeklagte die Berufung eingelegt hat, dieselbe sofort zu verwerfen, insoweit die Staatsanwaltschaft die Berufung eingelegt

---

1220 Vgl. 72. Sitzung der Kommission v. 15.9.1975, abgedruckt bei *Hahn* Materialien I, S. 1014, 1019.

1221 Vgl. 72. Sitzung der Kommission v. 15.9.1975, abgedruckt bei *Hahn* Materialien I, S. 1014, 1019.

1222 Vgl. 72. Sitzung der Kommission v. 15.9.1975, abgedruckt bei *Hahn* Materialien I, S. 1014, 1019 f.

1223 Vgl. 72. Sitzung der Kommission v. 15.9.1975, abgedruckt bei *Hahn* Materialien I, S. 1014, 1019.

1224 Vgl. 72. Sitzung der Kommission v. 15.9.1975, abgedruckt bei *Hahn* Materialien I, S. 1014, 1020.

1225 Vgl. 72. Sitzung der Kommission v. 15.9.1975, abgedruckt bei *Hahn* Materialien I, S. 1014, 1020.

1226 Vgl. Abgeordnete *Klotz* und *Reichensperger*, 72. Sitzung der Kommission v. 15.9.1975, abgedruckt bei *Hahn* Materialien I, S. 1014, 1019 f.

hat, über diese sofort zu verhandeln oder die Vorführung oder Verhaftung des Angeklagten anzuordnen.
(2) Der Angeklagte kann binnen einer Woche nach der Zustellung des Urtheils die Wiedereinsetzung in den vorigen Stand unter den in den §§ 37, 38 bezeichneten Voraussetzungen beanspruchen.[1227]

Ohne weitere Diskussion wurde dieser Antrag in der zweiten Lesung[1228], in der zweiten Beratung[1229] sowie der dritten Beratung[1230] im Plenum angenommen und ist damit unverändert in § 370 RStPO Gesetz geworden.[1231]

Dieser Abriss zeigt, dass zwar rege über die etwaigen Härten der Berufungsverwerfung diskutiert worden ist. Allerdings fällt auf, dass der Umfang der Vertretung hinsichtlich einer Beschränkung auf Fälle der RStPO zu keinem Zeitpunkt thematisiert worden ist. Zwar enthielt der ursprüngliche Vorschlag (§ n) noch einen Ausschluss der Fälle des § 195 StPO-E III, woraus man mittelbar hätte folgern können, dass der Gesetzgeber die Vertretungsmöglichkeiten auf die nach der RStPO zulässigen Fälle beschränken wollte. Allerdings ist dieser Vorschlag letztlich nicht Gesetz geworden. Ein historisch eindeutiger subjektiver Wille des Gesetzgebers, der einer erweiternden völkerrechtsfreundlichen Auslegung entgegenstehen könnte, kann damit nicht festgestellt werden.[1232] *Esser* kann damit zwar nicht in der Begründung, jedoch im Ergebnis zugestimmt werden.

Das Rechtsvereinheitlichungsgesetz v. 12.9.1950[1233] hat § 370 RStPO als § 329 StPO[1234] wortgleich übernommen. Erst das Erste Strafverfahrensreformgesetz (1. StVRG) v. 9.12.1974[1235] hat § 329 StPO zu der Fassung abgeändert, die sie heute hat.[1236] Auch im Rahmen dieser Änderungen ist der Umfang der Vertretungsmöglichkeiten nicht thematisiert worden. Demzufolge kann auch daraus keine Beschränkung des Willens des historischen Gesetzgebers auf die Fälle der Vertretung nach der StPO entnommen werden.

---

1227 Abgedruckt bei *Hahn* Materialien II, S. 1411.

1228 Vgl. 152. Sitzung v. 17.6.1876, abgedruckt bei *Hahn* Materialien II, S. 1405, 1414.

1229 Vgl. 23. Sitzung v. 2.12.1876, abgedruckt bei *Hahn* Materialien II, S. 1959, 1993.

1230 Vgl. 26. Sitzung v. 21.12.1876, abgedruckt bei *Hahn* Materialien II, S. 2100, 2116.

1231 Vgl. bei *Hahn* Materialien II, S. 2448.

1232 Zu diesem Ergebnis kommt auch *Esser* StraFo 2013, 252, 256, jedoch nur unter Heranziehung von § i Abs. 1 S. 2 („Die Ladung des Angeklagten erfolgt unter der Warnung, daß im Falle des unentschuldigten Ausbleibens die Berufung werde verworfen werden.")

1233 Gesetz zur Wiederherstellung der Rechtseinheit auf dem Gebiete der Gerichtsverfassung, ber bürgerlichen Rechtspflege, des Strafverfahrens und des Kostenrechts v. 12.9.1950, BGBl. I 1950, S. 455.

1234 Vgl. BGBl. I 1950, S. 455, 663.

1235 Erstes Gesetz zur Reform des Strafverfahrensrechts v. 9.12.1974, BGBl. I 1974, S. 3393; vgl. auch Art. 1 Nr. 91 des Gesetzesentwurfs des Bundestags, BT-Drucks. 7/551, 11.

1236 Zu den Änderungen im Einzelnen, vgl. BT-Drucks. 7/551, S. 50, 86 ff.; *Rieß* NJW 1975, 81, 89.

Damit steht fest, dass nicht einmal der subjektive Wille des historischen Gesetzgebers einer völkerrechtsfreundlichen Auslegung des § 329 Abs. 1 S. 1 StPO entgegensteht.

### *d) Telos*

Obwohl alle bisher angewandten Auslegungsmittel für die Möglichkeit der völkerrechtsfreundlichen Auslegung des § 329 Abs. 1 S. 1 StPO sprechen, soll dieses Ergebnis auch noch anhand einer objektiv-teleologischen Auslegung überprüft werden.[1237]

§ 329 Abs. 1 S. 1 StPO wird regelmäßig als Vorschrift zum Zweck der Verfahrensbeschleunigung verstanden. Der Angeklagte, der Berufung eingelegt hat, soll daran gehindert werden, das Verfahren dadurch zu verzögern, dass er sich der Verhandlung entzieht. Von ihm sei zu erwarten, dass er wenigstens zu der auf seine Veranlassung anberaumten Hauptverhandlung erscheine. Versäume er selbst das – bewusst oder aus Nachlässigkeit – so werde seine Berufung verworfen.[1238]

*Waszcynski* hat unter Zugrundelegung dieses Zwecks herausgearbeitet, dass es zu einer Verfahrensverzögerung nicht kommen könne, wenn ein verteidigungsbereiter Verteidiger in der Hauptverhandlung auftrete. Denn er stehe gerade bereit, um die Hauptverhandlung im Einverständnis mit seinem Mandanten in Wahrnehmung seiner Rechte zu führen. Da er wohl der Auffassung ist, dass eine Wortlautinterpretation i.S.v. Art. 6 Abs. 3 lit. c EMRK ausscheidet, postuliert er aufgrund des Telos der Norm eine teleologische Reduktion, wonach für diese Fälle von einer Berufungsverwerfung abzusehen sei.[1239]

Da bereits herausgearbeitet worden ist, dass die Anwesenheit des Angeklagten für die Hauptverhandlung nicht so unverzichtbar ist, wie es zunächst scheint, führt die Abwesenheit des Angeklagten in Person nicht zwingend immer zur Verfahrensverzögerung. Nur wenn die Anwesenheit des Angeklagten tatsächlich für die Urteilsfällung erforderlich ist, kann die Abwesenheit unter Umständen eine Verzögerung des Verfahrens bewirken. Allerdings könnte dem rechtzeitig durch Herstellung der Anwesenheit „auf andere Weise" entgegengewirkt werden. In allen anderen Fällen ist eine ordnungsgemäße Durchführung der Hauptverhandlung auch im Beisein des Verteidigers als Vertreter denkbar. *Waszcynski* kann damit mit der Prämisse zugestimmt werden, dass eine völkerrechtsfreundliche Auslegung des § 329 Abs. 1 S. 1 StPO auch nicht am Telos der Norm scheitert.

---

1237 Zur Nachrangigkeit dieses Auslegungsmittels vgl. *Walz* ZJS 2010, 482, 488 ff.; vgl. auch *Bydlinski* Methodenlehre, S. 455.

1238 BGHSt 27, 236, 239; 17, 188, 189; Radtke/Hohmann/*Beukelmann* § 329 StPO Rn. 1; LR-StPO/*Gössel* § 329 Rn. 1; SK-StPO/*Frisch* § 329 Rn. 1; HK-StPO/*Rautenberg* § 329 Rn. 1; *Küper* NJW 1977, 1275; *Sax* JR 1967, 41, 42.

1239 *Waszcynski* NStZ-RR 2014, 18, 20.

Umstritten ist jedoch zudem die genaue Legitimation der Verwerfung der Berufung. In Anlehnung an die Motive[1240] ist früher vor allem die sog. „Verzichtstheorie" maßgeblich gewesen, wonach bei unentschuldigtem Ausbleiben des Angeklagten und nicht gesetzlich zulässiger Vertretung der Verzicht auf das Rechtsmittel unwiderlegbar fingiert worden ist.[1241] Dem ist vor allem *Küper* bereits 1972 im Hinblick auf die Anwesenheit eines Verhandlungsvertreters („qualifizierte Säumnis") entgegengetreten. Aus nationaler Perspektive hat er verdeutlicht, dass in jedem Fall, in dem der Angeklagte einen Vertreter in die Berufungsverhandlung entsende – möge dieser ihn wirksam vertreten können oder nicht – nun aber unzweideutig sein Interesse an der Nachprüfung des angefochtenen Urteils beweise. Es könne darum schlechterdings nicht der Sinn des Gesetzes sein, dass bei unzulässiger Vertretung ein Rücknahmewille des Angeklagten unterstellt werden solle, bei zulässiger Vertretung hingegen nicht.[1242] Insbesondere auch deshalb wird § 329 Abs. 1 S. 1 StPO heutzutage überwiegend der Rechtsgedanke der Verwirkung zugrunde gelegt.[1243] Nach Ansicht von *Küper* soll die Verwerfung der Berufung aus dieser Perspektive gerechtfertigt sein, wenn der Angeklagte in die Berufungsverhandlung einen bevollmächtigten Vertreter entsende, ohne dass die Vertretung zulässig sei. Da das Gericht trotz Anwesenheit des Vertreters nicht in Abwesenheit des Angeklagten verhandeln dürfe, sei die Lage die gleiche, als wenn der ausgebliebene Angeklagte keinen Vertreter entsandt hätte. Umgekehrt bestehe bei Zulässigkeit der Vertretung kein Anlass zur Berufungsverwerfung, weil in derartigen Fällen das Prinzip des § 230 Abs. 1 StPO ohnehin eingeschränkt sei.[1244]

Ein Angeklagter, der seinen Verteidiger zur Verhandlung schickt, bekundet dadurch gerade sein Interesse an der Durchführung der Berufungshauptverhandlung. *Küper* ist damit zuzustimmen, wenn er für diesen Fall eine Fiktion des Verzichts auf das Rechtsmittel ablehnt. Hinsichtlich des Rechtsgedankens der Verwirkung ist zunächst festzuhalten, dass sich diese These nicht als Wille des Gesetzgebers im Gesetz selbst bzw. den Materialien niedergeschlagen hat, sondern ein Resultat

---

1240 *Hahn* Materialien I, S. 1019 („Es sei vollständig gerechtfertigt, auf das Nichterscheinen hier das Präjudiz der Verwerfung des Rechtsmittels zu setzen, weil ein Verzicht des Beschuldigten auf das Rechtsmittel zulässig sei und man aus dem Nichterscheinen den Verzicht auf das Rechtsmittel folgern könne.").

1241 RGSt 61, 278, 280; 64, 239, 246; BGHSt 15, 287, 289; 24, 143, 150; BayObLG, JR 2000, 80 m. zust. Anm. *Rosenau* JR 2000, 81, 82 f.; *Meyer-Goßner* § 329 StPO Rn. 1; Radtke/Hohmann/*Beukelmann* § 329 Rn. 1; *Sax* JR 1967, 41 f.

1242 *Küper* JuS 1972, 127, 128.

1243 OLG Köln, NStZ-RR 1999, 112; LR-StPO/*Gössel* § 329 Rn. 77; KK-StPO/*Paul* § 329 Rn. 1; SK-StPO/*Frisch* § 329 Rn. 2; *Schröder* NJW 1973, 308, 309; *Hanack* JZ 1973, 693, 694; *Busch* JZ 1963, 457, 458; vgl. auch BVerfG, StraFo 2007, 190, 193 („Durch sein Prozessverhalten hat es der Angeklagte in der Hand, seine Rechte in der zweiten Tatsacheninstanz ein weiteres Mal wahrzunehmen... Dass über seine Sache nicht erneut verhandelt wird, ist Folge seiner eigenen Entscheidung."); BGHSt 27, 237, 239.

1244 *Küper* JuS 1972, 127, 129.

der Rechtsprechung und Lehre zur Rechtfertigung der Verwerfung der Berufung ist. Einer völkerrechtsfreundlichen Auslegung des Gesetzes kann diese These damit nur schwer entgegengesetzt werden. Des Weiteren ist *Küper's* Versuch der Rechtfertigung der Verwerfung der Berufung bei „unzulässiger" Vertretung des Angeklagten aus nationaler Perspektive durchaus schlüssig. Entwickelt man diesen Gedanken völkerrechtsfreundlich weiter und geht vom bisherigen Auslegungsergebnis aus, wonach eine Vertretung i.S.v. Art. 6 Abs. 3 lit. c EMRK auch im Rahmen des § 329 Abs. 1 S. 1 StPO möglich ist, liegt schlicht ein weiterer Fall vor, in dem das Prinzip des § 230 Abs. 1 StPO gesetzlich eingeschränkt ist und damit eine Verwirkung des Rechtsmittels ausscheidet. Kritiker werden bemängeln, dass bei einer derartigen Betrachtung die Verwirkungstheorie schlicht leer läuft. Dem ist jedoch entgegenzuhalten, dass ein Angeklagter sein Rechtsmittel immer dann verwirkt, wenn er trotz ordnungsgemäßer Ladung weder persönlich im Termin erscheint noch sich durch einen Verteidiger vertreten lassen will.

Im Ergebnis stehen weder der Telos der Norm noch der Rechtsgrund der Berufungsverwerfung einer völkerrechtsfreundlichen Auslegung entgegen.

### *e) Erfordernis einer schriftlichen Vertretungsvollmacht*

Auch wenn damit alle Auslegungstopoi für die Möglichkeit einer völkerrechtsfreundlichen Auslegung sprechen, ist noch zu klären, ob das Erfordernis einer besonderen schriftlichen Vertretungsvollmacht dieser Interpretation nachträglich den Boden entziehen kann. Die obergerichtliche Rechtsprechung hat regelmäßig angeführt, dass eine konventionsfreundliche Interpretation des § 329 Abs. 1 S. 1 StPO jedenfalls an diesem Formerfordernis scheitern würde. Dies soll sowohl für einen Wahlverteidiger[1245] als auch für einen Pflichtverteidiger[1246] gelten. Auch *Mosbacher* stimmt dem zu und legt dar, dass sich das Formerfordernis aus § 234 StPO ergeben soll, wonach sich der Angeklagte bei zulässiger Abwesenheit in der Hauptverhandlung durch einen mit schriftlicher Vollmacht versehenen Verteidiger vertreten lassen könne.[1247] *Esser* tritt dem entschieden entgegen, indem er es als gedanklichen Zirkelschluss bezeichnet, eine konventionskonforme Auslegung an einem *nationalen* Formerfordernis scheitern zu lassen. Dieses Formerfordernis sei seinerseits auf seine Konventionskonformität zu überprüfen.[1248]

---

1245 OLG München, StV 2013, 301, 302.

1246 OLG Hamm, zfs 2014, 470 m. zust. Anm. *Krenberger*; OLG Karlsruhe, Beschl. v. 25.9.2013 – 2 (6) Ss 386/13 – AK 101/13, BeckRS 2014, 11569; OLG Düsseldorf, StV 2013, 299, 302; OLG Hamm, Beschl. v. 14.06.2012 –III-1 RVs 41/12, BeckRS 2012, 24376; OLG Düsseldorf, Urt. v. 14.2.2014 – VIII-1 StO 2/13, BeckRS 2014, 05457; OLG Hamburg, Beschl. v. 3.12.2013 – 1–25/13 (REV) 1 Ss 68/13, BeckRS 2014, 01432; OLG Celle, NStZ 2013, 615, 616.

1247 *Mosbacher* NStZ 2013, 312, 314; *ders.* JuS 2013, 699, 700.

1248 *Esser* StV 2013, 331, 336; vgl. auch *ders.* StraFo 2013, 253, 256.

Der obergerichtlichen Rechtsprechung und *Mosbacher* ist zuzugeben, dass § 234 StPO wie auch die §§ 411 Abs. 2, 387 Abs. 2, 314 Abs. 2, 350 Abs. 2 S. 1, 434 S. 1 StPO die Vertretungsmöglichkeit an eine schriftliche Vollmacht koppelt. Doch diese Tatsache kann gerade nicht gegen eine konventionskonforme Auslegung des § 329 Abs. 1 S. 1 StPO sprechen. Wie *Mosbacher* richtig erkannt hat, ist das Schriftformerfordernis in § 234 StPO geregelt.[1249] § 329 Abs. 1 S. 1 StPO selbst formuliert diese Formanforderung nicht. Die Auslegung des § 329 Abs. 1 S. 1 StPO hat jedoch ergeben, dass § 329 Abs. 1 S. 1 StPO nicht zwingend mit der Norm des § 234 StPO ausgefüllt werden muss, sondern seinerseits sofort im Sinne von Art. 6 Abs. 3 lit. c EMRK interpretiert werden kann. Die EMRK und der EGMR knüpfen das Recht auf Vertretung, wie gezeigt jedoch nicht an die Erfüllung einer Formalie (vgl. 5. Kapitel § 6). Eine völkerrechtsfreundliche Interpretation des § 329 Abs. 1 S. 1 StPO hängt damit entgegen *Esser* nicht davon ab, ob das Formerfordernis des § 234 StPO überhaupt konventionskonform ist. Diese Frage kann (noch) dahinstehen. Wenn man den Wortlaut der Norm des § 329 Abs. 1 S. 1 StPO für eine erweiternde Auslegung öffnet und sich auf die Ebene der EMRK begibt, kann das gefundene positive Ergebnis nicht mit einer Rückkehr ins nationale Recht abgelehnt werden. Mit dieser Maßgabe ist *Esser's* Zirkelschlussargument zuzustimmen.

#### *f) Fehlen der Belehrung über das Recht auf Vertretung / Verhandlung in Abwesenheit, § 329 Abs. 1 S. 2 StPO*

Einer völkerrechtsfreundlichen Auslegung von § 329 Abs. 1 S. 1 StPO durch die Berufungsgerichte könnte schließlich entgegenstehen, dass der Angeklagte nach geltendem Recht gemäß § 323 Abs. 1 S. 2 StPO nur über die Möglichkeit der *Verwerfung* seines Rechtsmittels bei unentschuldigtem Ausbleiben belehrt wird (hierzu 8. Kapitel § 1 I. 2. a)). Ein Hinweis auf sein Recht auf Vertretung und die Möglichkeit einer Abwesenheitsverhandlung ergeht nach derzeitiger Rechtslage nicht. *Börner* merkt insofern an, dass das Anwesenheitsrecht des Angeklagten in der Hauptverhandlung nicht hinreichend gewahrt wäre und deshalb gegen das Abwesenheitsurteil die Revision gemäß § 337 StPO statthaft wäre.[1250]

Dem ist zuzugeben, dass ein ordnungsgemäßer Verzicht des Angeklagten auf sein Anwesenheitsrecht gemäß Art. 6 Abs. 3, Abs. 1 EMRK auch eine hinreichende Belehrung über die Konsequenzen des Fernbleibens voraussetzt (vgl. 3. Kapitel § 1 III. 3.). Wenn jedoch sicher ist, dass der Angeklagte auch ohne entsprechende Belehrung bewusst ausgeblieben ist, um sich im Termin durch einen vertretungsbereiten Verteidiger vertreten zu lassen, war der fehlende Hinweis nicht kausal für sein Ausbleiben. Diese Fallgruppe ist bereits im Rahmen des geltenden § 329 StPO

---

1249 So auch OLG Karlsruhe, Beschl. v. 25.9.2013 – 2 (6) Ss 386/13 – AK 101/13, BeckRS 2014, 11569, das sich jedoch darauf beruft, dass das Formerfordernis erst recht im Rahmen von § 329 Abs. 1 S. 1 StPO gelten muss, wenn es selbst im Strafbefehlsverfahren gilt.

1250 Vgl. *Börner* HRRS 2014, 132, 133.

anerkannt. Eine Verletzung des Anwesenheitsrechts ist bei fehlender Ursächlichkeit ausgeschlossen, so dass auch die Revision keine Aussicht auf Erfolg hat.[1251] Dieser Ansicht ist auch *Börner*. Jedoch stuft er diese Fallgruppe als Ausnahmefall ein, weil sich der Angeklagte durch Vollmachtserteilung an den Verteidiger nicht seines Anwesenheitsrechts begebe.[1252] Insofern ist anzumerken, dass der EGMR in seiner Rechtsprechung zum Recht auf Verteidigung in Abwesenheit regelmäßig einen ordnungsgemäßen Verzicht auf das Anwesenheitsrecht des Angeklagten angenommen hat. Damit beziehen sich seine entwickelten Grundsätze ohnehin nur auf diese Fallgruppe. Wie gezeigt, kann aus den Urteilen des EGMR kein „Recht" des *Staates* auf ein Abwesenheitsverfahren abgeleitet werden (vgl. 5. Kapitel § 4 II.). Wird das Anwesenheitsrecht des Angeklagten verletzt, ist das Abwesenheitsurteil folglich zu recht revisibel und darüber hinaus ohnehin konventionswidrig.

Daraus folgt, dass das Berufungsgericht zwar nach wie vor überprüfen muss, ob das Anwesenheitsrecht des Angeklagten gewahrt ist. Die Berufung darf jedoch nicht *pauschal* mit dem Argument verworfen werden, der Angeklagte sei nicht ausreichend über die Möglichkeit der Abwesenheitsverhandlung belehrt worden. Der Schutzzweck dieser Belehrung würde ansonsten in sein Gegenteil verkehrt. Ein derartiger Formalismus ist mit den Worten des EGMR als „unduly" zu bezeichnen und verletzt den Grundsatz der völkerrechtsfreundlichen Auslegung. Im Übrigen wäre es ein leichtes, die Belehrung gemäß § 323 Abs. 1 S. 3 StPO künftig an die Konsequenzen der Rechtsprechung des EGMR zum Recht auf Verteidigung in Abwesenheit anzupassen.

### *g) Zusammenfassung*

Im Ergebnis erweist sich eine völkerrechtsfreundliche Auslegung des § 329 Abs. 1 S. 1 StPO als durchaus möglich. Eine grammatikalische, systematische, historische und teleologische Auslegung hat ergeben, dass kein einziges Auslegungstopos den Weg zu einer konventionskonformen Auslegung versperrt. Die Argumente des BVerfG, wonach die Systematik der StPO, die Prinzipien der Mündlichkeit und Unmittelbarkeit, das Recht auf Gehör oder der Grundsatz der Wahrheitserforschung entgegenstehen sollen, haben nur auf den ersten Blick als „Totschlagsargumente" gewirkt, sich jedoch letztlich als „Argumente mit toten Argumenten" entpuppt.[1253] Wenn die (Land-)Gerichte den Grundsatz der völkerrechtsfreundlichen Auslegung ernst nähmen, anstatt regelmäßig diejenige Auslegungsmethode zu wählen, die ihrer Ansicht nach am besten geeignet ist, den Weg der Konventionskonformität zu versperren, würden sie erkennen, dass bereits sie für Konventionskonformität sorgen müssten und nicht der Gesetzgeber gefragt ist.

---

1251 OLG Hamm, NStZ-RR 2008, 380 f.; OLG Stuttgart, NStZ-RR 2005, 319, 320; SK-StPO/*Frisch* § 329 Rn. 16; *Meyer-Goßner* § 329 StPO Rn. 9.

1252 Vgl. *Börner* HRRS 2014, 132, 133.

1253 Bild stammt von *Volk* in: FS für Böttcher, S. 213, 219.

## 3. Zwangsweise Herstellung der Anwesenheit des Angeklagten, § 329 Abs. 4 StPO

Wie die Analyse der Rechtsprechung des EGMR gezeigt hat, wird den Konventionsstaaten keineswegs die Durchführung eines Abwesenheitsverfahrens unter Beteiligung des Verteidigers als Vertreter aufgedrängt. Alternativ[1254] kann die Anwesenheit des Angeklagten in der mündlichen Hauptverhandlung auch auf andere Weise als durch Beschneidung des Rechts auf Verteidigung gemäß Art. 6 Abs. 3 lit. c EMRK sichergestellt werden (vgl. 5. Kapitel § 5).

Da der EGMR sich nicht dazu äußert, auf welche Weise die Anwesenheit des Angeklagten konventionskonform sichergestellt werden kann, könnten die Gerichte im Rahmen einer Berufungshauptverhandlung regelmäßig auf § 329 Abs. 4 StPO zurückgreifen.[1255] Danach *ist die Vorführung oder Verhaftung des Angeklagten anzuordnen, sofern nicht nach § 329 Abs. 1 oder Abs. 2 StPO verfahren wird.* Im Ergebnis würde damit ein Gleichlauf mit der Hauptverhandlung erster Instanz gemäß § 230 Abs. 1 StPO hergestellt, so dass gegen einen ausgebliebenen Angeklagten eine Hauptverhandlung grundsätzlich nicht stattfände.

### *a) Wortlaut*

Der EGMR hat in seiner Rechtsprechung ein Verbot der Verwerfung der Berufung des Angeklagten statuiert, wenn anstelle des unentschuldigt ausgebliebenen Angeklagten ein vertretungsbereiter Verteidiger erschienen ist. Nimmt man den Grundsatz der völkerrechtsfreundlichen Auslegung des nationalen Rechts ernst, ist danach ein Fall gegeben, in dem gemäß § 329 Abs. 4 S. 1 StPO *nicht nach § 329 Abs. 1 StPO* verfahren werden kann.[1256] Bleibt die obergerichtliche Rechtsprechung folglich auf dem Standpunkt stehen, dass eine Abwesenheitsverhandlung auf eine Berufung des Angeklagten nach der Konzeption der deutschen StPO unzulässig sei, wäre die Anwendung von § 329 Abs. 4 StPO nur konsequent.

### *b) Systematik*

Die systematische Stellung von § 329 Abs. 4 StPO als letzter Absatz im Rahmen des § 329 StPO belegt ähnlich wie der Wortlaut, dass nur ausnahmsweise von der zwangsweisen Herstellung der Anwesenheit des Angeklagten Gebrauch gemacht werden darf. Daraus kann jedoch kein Argument gegen eine konventionskonforme Auslegung von § 329 Abs. 4 StPO abgeleitet werden.

---

1254 In diese Richtung auch *Börner* HRRS 2014, 132; a.A. *Püschel* StraFo 2012, 493, 494, der die Rechtsprechung des EGMR i.S.e. Vorrangs des Rechts auf Verteidigung in Abwesenheit auslegt.

1255 Vgl. auch *Püschel/Sommer* AnwBl. 2013, 168, 172, die die Zunahme der zwangsweisen Gestellung des Angeklagten befürchten.

1256 So wohl auch *Börner* HRRS 2014, 132, 133.

### c) Historie

Kritischer ist insofern die Historie von § 329 Abs. 4 StPO einzustufen. Denn § 370 Abs. 1 RStPO hat die Möglichkeit der Vorführung und der Verhaftung des Angeklagten ausschließlich auf die Berufung der Staatsanwaltschaft bezogen.[1257] Im Zuge des 1. StVRG ist jedoch klargestellt worden, dass „die Befugnis zur Vorführung und Verhaftung auch dann gelten [muss], wenn eine Berufung des Angeklagten ausnahmsweise nicht verworfen wird."[1258] Einen derartigen Ausnahmefall kann folglich auch die Rechtsprechung des EGMR zum Recht auf Verteidigung in Abwesenheit darstellen.

### d) Telos

Bei Beurteilung des Telos der Norm ist daran zu erinnern, dass § 329 StPO grundsätzlich der Verfahrensbeschleunigung dient. Wenn dieses Prinzip jedoch nicht mit den Mitteln des § 329 Abs. 1, Abs. 2 StPO verwirklicht werden kann, lebt das Anwesenheitsgebot gemäß §§ 332, 230 StPO wieder auf, zu dessen Durchsetzung dem Gericht nach § 329 Abs. 4 StPO auch Zwangsmittel zur Verfügung stehen. Problematisch ist, dass es nicht im Ermessen des Gerichts steht, die Anwesenheit des Angeklagten zwangsweise herzustellen. Das Berufungsverfahren ist stets vorrangig durch Formalurteil nach § 329 Abs. 1, Abs. 2 StPO zu beenden.[1259] Das BVerfG hat hierzu in seinem Nichtannahmebeschluss in der Sache *Neziraj* vom 27.12.2006 ausdrücklich festgestellt, dass staatliche Zwangsmaßnahmen wie Vorführung und Verhaftung keine geeigneten Mittel sind, das eigene Interesse des Angeklagten an der Durchführung seines Rechtsmittels durchzusetzen.[1260] Dieser Aspekt könnte einer völkerrechtsfreundlichen Auslegung von § 329 Abs. 4 StPO entgegenstehen, da er gerade der Verwirklichung der Rechte des Angeklagten aus Art. 6 Abs. 3 lit. c, Abs. 1 EMRK und damit seinen eigenen Interessen an der Durchführung der Berufung dienen soll. Allerdings ist zu beachten, dass die Anwendbarkeit von § 329 Abs. 4 StPO im Rahmen der Berufung des Angeklagten nur ausgeschlossen ist, wenn der Angeklagte *bei Beginn der Hauptverhandlung* ausgeblieben ist. In allen übrigen Fällen kommt eine zwangsweise Herstellung der Anwesenheit in seinem eigenen Interesse durchaus in Betracht.[1261] Nimmt man den Grundsatz der völkerrechtsfreundlichen Auslegung ernst, stellt die Rechtsprechung

---

1257 Zu § 370 RStPO bereits 8. Kapitel § 1 II. 2.; *Hahn* Materialien I, S. 986 (ausdrückliche Ablehnung von Zwangsmitteln im Rahmen der Berufung des Angeklagten), 1019; *Hahn* Materialien II, S. 1411.

1258 BT-Drs. 7/551, S. 87.

1259 Vgl. BVerfG, NStZ 2001, 209, 210; OLG Brandenburg, wistra 2012, 43; OLG Karlsruhe, NStZ-RR 2004, 21, 22; OLG Stuttgart, NStZ 1982, 217; LR-StPO/*Gössel* § 329 Rn. 91; SK-StPO/*Frisch* § 329 Rn. 54; vgl. auch *Esser* StV 2013, 331, 332.

1260 BVerfG, StraFo 2007, 190, 193; vgl. auch OLG Brandenburg, wistra 2012, 43; OLG Stuttgart, NStZ 1982, 217; *Mosbacher* JuS 2013, 699, 700; *ders.* NStZ 2013, 312, 314.

1261 Vgl. SK-StPO/*Frisch* § 329 Rn. 55.

des EGMR zum Recht auf Verteidigung in Abwesenheit nur einen weiteren Fall dar, in dem ausnahmsweise die Anwesenheit des Angeklagten auch zwangsweise nach § 329 Abs. 4 StPO hergestellt werden kann.

### e) *Abwesenheitsverhandlung als Gebot des Verhältnismäßigkeitsgrundsatzes, Art. 5 EMRK*

Die Anordnung der Vorführung, des Hauptverhandlungshaftbefehls (§ 329 Abs. 4 StPO) oder gar der Untersuchungshaft (§§ 112 ff. StPO) könnten jedoch gegen Art. 2 Abs. 2 S. 2 GG und Art. 5 Abs. 1 EMRK verstoßen. Die Anwendung unmittelbaren Zwangs könnte unverhältnismäßig sein, wenn das intendierte Ziel der Freiheitsbeeinträchtigungen auch durch Gewährung des Rechts auf Verteidigung in Abwesenheit durch einen Verteidiger erreicht werden könnte.

Vorführung und Haft stellen grundsätzlich Eingriffe in die körperliche Bewegungsfreiheit des Angeklagten dar, so dass der Schutzbereich von Art. 2 Abs. 2 S. 2 GG eröffnet ist.[1262] Gleiches gilt im Prinzip für Art. 5 EMRK. Allerdings ist zu beachten, dass der Schutzbereich von Art. 5 EMRK nur Freiheits*entziehungen* („deprived of his liberty") umfasst, wohingegen Freiheitsbeschränkungen unter Art. 2 des 4. ZP fallen. Eine Freiheitsbeschränkung zeichnet sich im Gegensatz zu einer Freiheitsentziehung dadurch aus, dass die Freiheit sich fortzubewegen nicht vollkommen aufgehoben wird, sondern nur in eine gewisse Richtung beschränkt wird.[1263] Sowohl Vorführung als auch Haft heben die Fortbewegungsfreiheit jedoch völlig auf, so dass der Schutzbereich von Art. 5 Abs. 1 EMRK grundsätzlich eröffnet ist.

Allerdings ist umstritten, ob auch kurzfristige Freiheitsentziehungen von der Konventionsgarantie umfasst sind. Da die Vorführung oftmals von vornherein erkennbar nur auf eine sehr kurze Zeit beschränkt ist, ist fraglich ob der Schutzbereich eröffnet ist.[1264] Die EKMR[1265] bzw. der EGMR[1266] äußern sich hierzu nicht eindeutig. Manche wollen kurzfristige Freiheitsentziehungen aus dem Schutzbereich des Art. 5 EMRK ausklammern, wenn das Ziel der Freiheitsentziehung nicht

---

1262 Maunz/Dürig-GG/*Di Fabio* Art. 2 Abs. 2 S. 2 Rn. 22, 32. Nur bei ganz kurzen Sistierungen (z. B. Anhalten im Straßenverkehr zur Verkehrskontrolle) wird die Eröffnung des Schutzbereichs abgelehnt und ein Eingriff in die allgemeine Handlungsfreiheit gemäß Art. 2 Abs. 1 GG bejaht. Vgl. hierzu auch BeckOK-GG/*Lang* Art. 2 Rn. 87. Ob eine Freiheitsentziehung oder eine Freiheitsbeschränkung vorliegt, wirkt sich erst im Rahmen von Art. 104 GG aus.

1263 Zu Abgrenzungsschwierigkeiten vgl. EGMR Guzzardi ./. I, 6.11.1980, Serie A Nr. 39, § 92 f.; *Esser* S. 200.

1264 Vgl. LR-EMRK/*Esser* Art. 5 Rn. 32.

1265 EKMR X. / D, 19.3.1981 (keine Freiheitsentziehung, da Zelle als Warteraum diente und nicht der Freiheitsentziehung).

1266 EGMR K.F. ./. D, 27.11.1997, Reports 1997-VII = NJW 1999, 775: Festnahme zum Zweck der Identitätsfeststellung als Freiheitsentziehung gemäß § 163b StPO bejaht.

der Freiheitsentzug an sich ist, sondern einem anderen Zweck dient.[1267] Es wird angeführt, dass die Verfahrensgarantien des Art. 5 Abs. 2 bis Abs. 4 EMRK bei kurzfristiger Freiheitsentziehung in der Regel nicht greifen, da der Angeklagte dann meist bereits seine Freiheit zurück erhalten hätte.[1268] Da die kurzfristige Gestellung des Angeklagten der Herstellung seiner Präsenz dient, wäre sie nach dieser Ansicht aus dem Anwendungsbereich des Art. 5 EMRK auszuklammern. Nach überwiegender Meinung werden auch kurzfristige Freiheitsbeschränkungen in den Schutzbereich von Art. 5 EMRK einbezogen, so dass der Katalog des Art. 5 Abs. 1 S. 2 EMRK Anwendung findet.[1269] Entscheidendes Kriterium für die Eröffnung des Schutzbereichs darf nach dieser Ansicht nicht der Zweck der Freiheitsentziehung sein. Denn Art. 5 EMRK verfolge keinen Selbstzweck. Dies zeige bereits Art. 5 Abs. 1 S. 2 lit. b EMRK, der die Freiheitsentziehung unter anderem zur Erfüllung einer gesetzlichen Pflicht als gerechtfertigt erachte. Es komme vielmehr darauf an, ob der Zweck und die Freiheitsentziehung in einem angemessenen Verhältnis stünden.[1270] Den Schutzbereich von der Quantität der Freiheitsentziehung abhängig zu machen, führe zu Rechtsunsicherheiten, die es zu vermeiden gelte.[1271] Die Dauer der Freiheitsentziehung sei kein Kriterium zur Qualifikation der Freiheitsentziehung, sondern eine Frage der Verhältnismäßigkeit.[1272] Dass die Garantien der Art. 5 Abs. 2 bis Abs. 4 EMRK leerlaufen, dürfe nicht zur Versagung der Schutzbereichseröffnung führen. Denn die Eingriffe in die persönliche Freiheit seien meist durch den Ausnahmekatalog des Art. 5 Abs. 1 S. 2 EMRK gedeckt und außerdem gebe es auch die Möglichkeit der nachträglichen Feststellung ihrer Konventionswidrigkeit.[1273]

Letztgenannter Ansicht ist zu folgen. Die Konvention misst der Freiheit in Art. 5 EMRK unveräußerlichen Charakter zu, so dass sie überragende Bedeutung in einem Rechtsstaat hat. Aus diesem Grund darf bei der Eröffnung des Schutzbereichs kein restriktiver Auslegungsmaßstab angelegt werden. Wenn feststeht, dass

1267 *Grabenwarter/Pabel* § 21 Rn. 5; *Koschwitz* S. 249 (präferiert, dass jede gesetzlich zugelassene, nicht auf Dauer gerichtete Freiheitsentziehung der Konvention entspricht); *Trechsel* EuGRZ 1980, 514, 518; so auch EKMR X. ./. D. (Fn. 1265).

1268 *Trechsel* EuGRZ 1980, 514, 517, der auf die Schwierigkeiten bei kurzfristiger Freiheitsentziehung hinweist.

1269 *Maaß* NVwZ 1985, 151, 155; Frowein/*Peukert* Art. 5 EMRK Rn. 16; *Meyer-Ladewig* Art. 5 EMRK Rn. 8 (wenn die Dauer nicht völlig unerheblich ist); IntKomm-EMRK/*Renzikowski* Art. 5 Rn. 60 ff.; LR-EMRK/*Esser* Art. 5 Rn. 34; *Esser* S. 208; *Hodler* NJW 1953, 531, 532; Karpenstein/Mayer/*Elberling* Art. 5 EMRK Rn. 8 (offengelassen); ebenso *Franz* NJW 1966, 240, 241.

1270 Vgl. IntKomm-EMRK/*Renzikowski* Art. 5 Rn. 60.

1271 Vgl. LR-EMRK/*Esser* Art. 5 Rn. 34.

1272 Vgl. IntKomm-EMRK/*Renzikowski* Art. 5 Rn. 62.

1273 Vgl. LR-EMRK/*Esser* Art. 5 Rn. 34; IntKomm-EMRK/*Esser* Art. 5 Rn.62; *Trechsel* EuGRZ 1980, 514, 517 (Trennung der Verfahrensgarantien von der Eröffnung des Schutzbereichs).

die Bewegungsfreiheit aufgehoben wurde, muss die Garantie greifen, unabhängig von der Dauer dieser Einschränkung. Nur so wird man dem Ziel der EMRK, Mindestrechte zu garantieren, gerecht.

Die Anwendung der Gestellungsmittel (§§ 230 Abs. 2, 329 Abs. 4 StPO) zur Durchsetzung der Anwesenheitspflicht im Strafprozess ist grundsätzlich gemäß Art. 5 Abs. 1 S. 2 lit. b EMRK zulässig.[1274] Dabei soll die zweite Variante der Nichtbefolgung einer gesetzlichen Pflicht („any obligation prescribed by law") maßgeblich sein, da die Ladung durch das Gericht diese Pflicht nur konkretisiere und der Freiheitsentziehung anders als bei der ersten Alternative kein punitiver Charakter zukomme.[1275] Die Untersuchungshaft gemäß §§ 112 ff. StPO ist grundsätzlich nach Art. 5 Abs. 1 S. 2 lit. c EMRK zulässig.[1276]

Bei Überprüfung der Rechtfertigung des Eingriffs in die Freiheit der Person nach Art. 5 Abs. 1 S. 2 lit. b, lit. c EMRK ist jedoch wie im deutschen Verfassungsrecht (Art. 20 Abs. 2, Abs. 3 GG)[1277] der Grundsatz der Verhältnismäßigkeit zu beachten.[1278] Das Übermaßverbot hat auch in §§ 329 Abs. 4 S. 2 StPO Niederschlag gefunden. Danach ist von der Vorführung und der Verhaftung *abzusehen, wenn zu erwarten ist, dass* der Angeklagte *in der neu anzuberaumenden Hauptverhandlung ohne Zwangsmaßnahmen erscheinen wird.*[1279] Der Staat darf damit in das Freiheitsrecht des Angeklagten nur eingreifen, wenn er ein legitimes Ziel verfolgt, der Eingriff zur Erreichung dieses Ziels geeignet und erforderlich ist, d. h. das relativ mildeste Mittel ist und letztlich der Eingriff zum angestrebten Ziel nicht außer Verhältnis steht.[1280]

Wie bereits gezeigt verfolgt die Anwendung von Zwangsmitteln nicht den Zweck der „Bestrafung" des Angeklagten für ein ungerechtfertigtes Fernbleiben, sondern dient der Sicherung der Durchführbarkeit des Verfahrens (hierzu 8. Kapitel § 1 I. 3.).[1281] Ein legitimes Ziel ist folglich gegeben.

Der Einsatz unmittelbaren Zwangs ist auch geeignet, dieses Ziel zu erreichen.[1282]

---

1274 LR-EMRK/*Esser* Art. 5 Rn. 98; IntKomm-EMRK/*Renzikowski* Art. 5 Rn. 148.

1275 LR-EMRK/*Esser* Art. 5 Rn. 91, 94, 98; IntKomm-EMRK/*Renzikowski* Art. 5 Rn. 148; a.A. Frowein/*Peukert* Art. 5 EMRK Rn. 56, wonach auch die erste Alternative zum Tragen kommen soll.

1276 LR-EMRK/*Esser* Art. 5 Rn. 105.

1277 Maunz/Dürig-GG/*Herzog*/*Grzeszick* Art. 20 VII. Rn. 108 mit Nachweisen zum Streit bzgl. der Rechtsgrundlage des Übermaßverbots.

1278 Bzgl. Art. 5 Abs. 1 S. 2 lit. b EMRK vgl. *Grabenwarter*/*Pabel* § 21 Rn. 10; bzgl. Art. 5 Abs. 1 S. 2 lit. c EMRK vgl. EGMR Mamedova ./. R, 1.6.2006, § 77; LR-EMRK/*Esser* Art. 5 Rn. 130.

1279 Zur Geltung des Übermaßverbots BVerfG, StV 2003, 30 f.; NJW 2001, 1341 f.; SK-StPO/*Frisch* § 329 Rn. 55a.

1280 BVerfG, NJW 2007, 2318, 2319; BVerfGE 32, 87, 93; Maunz/Dürig-GG/*Herzog*/*Grzeszick* Art. 20 VII. Rn. 110 ff.; *Welp* JR 1991, 265, 269.

1281 KG, NJW 2007, 2345; *Michel* MDR 1991, 933, 934; KK-StPO/*Gmel* § 230 Rn. 8.

1282 Zur Definition der „Geeignetheit" vgl. Maunz/Dürig-GG/*Herzog*/*Grzeszick* Art. 20 VII. Rn. 112; BeckOK-GG/*Huster*/*Rux* Art. 20 Rn. 194.

Problematisch ist jedoch, ob diese Eingriffsmaßnahmen auch erforderlich sind. Das Gebot der Erforderlichkeit beinhaltet, dass der Staat aus mehreren zur Erreichung des Zwecks gleich geeigneten Mitteln, das mildeste, d. h. das geschützte Recht am wenigsten beeinträchtigende Mittel wählen muss.[1283] Ein milderes gleich geeignetes Mittel könnte darin liegen, dass die Durchführbarkeit der Hauptverhandlung ebenso in Abwesenheit des Angeklagten, gegebenenfalls in Vertretung durch einen Verteidiger gewährleistet ist. Wie bereits gezeigt, ist die Anwesenheit des Angeklagten keineswegs so unveräußerlich, wie es der Grundsatz der ständigen Anwesenheit propagiert. Nur in wenigen Fällen wird der Angeklagte sicher einen Beitrag zur Sachaufklärung leisten. In den übrigen Fällen ist die Durchführbarkeit der Hauptverhandlung auch ohne den Angeklagten gewährleistet. In diesen Fällen ist es nicht erforderlich, in das für einen Rechtsstaat unveräußerliche und bedeutende Recht auf Freiheit[1284] einzugreifen. Die Durchführung einer Abwesenheitsverhandlung ist dann das mildere, gleich geeignete Mittel. Dies gilt umso mehr, weil im Gegensatz zur erstinstanzlichen Verhandlung das Verschlechterungsverbot gemäß § 331 StPO gilt und damit die maximal zu erwartende Strafe ohnehin feststeht.[1285] Damit steht fest, dass § 329 Abs. 4 S. 1 StPO zwar völkerrechtsfreundlich i.S.d. Rechtsprechung des EGMR zu Art. 6 Abs. 3 lit. c, Abs. 1 EMRK ausgelegt werden könnte, der zwangsweisen Herstellung der Anwesenheit des Angeklagten als Regelfall jedoch der Grundsatz der Verhältnismäßigkeit entgegensteht. *Esser/Gaede/Tsambikakis*[1286] und *Püschel*[1287], die die Nachrangigkeit der zwangsweisen Gestellung des Angeklagten bereits aus der Rechtsprechung des EGMR zu Art. 6 Abs. 3 lit. c, Abs. 1 EMRK herleiten, kann damit mit der Maßgabe zugestimmt werden, dass dieses Stufenverhältnis tatsächlich erst Ausfluss des Verhältnismäßigkeitsgebots bzw. von Art. 5 EMRK ist.

### 4. *Ergebnis*

Konventionskonformität kann nicht hergestellt werden, indem die Gerichte eine sog. „Entschuldigungslösung“ anwenden. Die zwangsweise Herstellung der Anwesenheit des Angeklagten in konventionskonformer Auslegung von § 329 Abs. 4 S. 1 StPO ist nicht verhältnismäßig. Eine erweiternde Auslegung des § 329 Abs. 1 S. 1 StPO i.S.d. der Rechtsprechung des EGMR ist jedoch durchaus möglich.

---

1283 BVerfGE 100, 313, 375; Maunz/Dürig-GG/*Herzog*/*Grzeszick* Art. 20 VII. Rn. 113.

1284 Vgl. BeckOK-GG/*Lang* Art. 2 Rn. 84.

1285 *Püschel*/*Sommer* AnwBl. 2013, 168, 172.

1286 *Esser*/*Gaede*/*Tsambikakis* NStZ 2011, 147.

1287 *Püschel* StraFo 2012, 493, 494.

## III. Entwurf eines Gesetzes zur Stärkung des Rechts auf Vertretung durch einen Verteidiger in der Berufungshauptverhandlung

Obwohl eine konventionskonforme Auslegung von § 329 Abs. 1 S. 1 StPO möglich wäre, darf nicht übersehen werden, dass bereits zahlreiche Obergerichte diese Chance vertan haben. Deshalb ist es umso verständlicher, dass in der Literatur vermehrt die Forderung nach einer Gesetzesänderung zur Beseitigung der Rechtsunsicherheit aufgekeimt ist.[1288] Die Bundesregierung geht auch davon aus, dass § 329 Abs. 1 S. 1 StPO nicht völkerrechtsfreundlich ausgelegt werden kann[1289] und hat deshalb mit einem *Entwurf eines Gesetzes zur Stärkung des Rechts auf Vertretung durch einen Verteidiger in der Berufungshauptverhandlung und über die Anerkennung von Abwesenheitsentscheidungen in der Rechtshilfe* v. 17.10.2014[1290] reagiert.[1291]

### 1. *Überblick*

Zunächst soll der wesentliche Inhalt des Entwurfs vorgestellt werden.

Nach Art. 1 Nr. 5 StPO-E soll § 329 StPO zukünftig nicht nur wie bisher vier, sondern sechs Absätze haben.

§ 329 Abs. 1 StPO-E regelt dabei, wie nach geltendem Recht, die Fälle der Statthaftigkeit der Verwerfung der Berufung des Angeklagten. Dabei fällt auf, dass das Recht auf Vertretung nicht länger durch die Passage *„in Fällen, in denen dies zulässig ist"* begrenzt ist. Hingegen ist das Erfordernis der besonderen schriftlichen Vertretungsvollmacht nun ausdrücklich im Wortlaut des § 329 StPO-E verankert. Die Möglichkeit der Entschuldigung des Angeklagten für seine Abwesenheit bleibt nach wie vor erhalten. Bei Gelegenheit der Gesetzesänderung soll der Anwendungsbereich der Berufungsverwerfung jedoch offenbar nicht nur eingeschränkt, sondern i.S.d. Verfahrensbeschleunigung[1292] gleichzeitig auch ausgeweitet werden. So ist die Verwerfung der Berufung nicht länger auf den Zeitpunkt *bei Beginn einer Hauptverhandlung* begrenzt, sondern gilt nun für jeden *Beginn eines* Hauptverhandlungstermins, das bedeutet auch im Rahmen einer lediglich unterbrochenen Hauptverhandlung.[1293] Darüber hinaus kann auch das Sichentfernen während einer laufenden Hauptverhandlung die Verwerfung auslösen.

Insgesamt ist die Verwerfung der Berufung des Angeklagten nach dem Entwurf statthaft, wenn

---

1288 Vgl. nur *Beukelmann* NJW-Spezial 2014, 376; *Zehetgruber* HRRS 2013, 397, 405; *Maluga* jurisPR-StrafR 23/2013 Anm. 1; *Peglau* jurisPR-StrafR 5/2013 Anm. 3; vgl. auch BRAK, Stellungnahme Nr. 13/2014, S. 6; NV, Stellungnahme v. 9.4.2014, (Fn. 550).

1289 Vgl. BR-Drs. 491/14 (Fn. 19) S. 2, 62; ebenso DRB, Stellungnahme Nr. 6/2014.

1290 BR-Drs. 491/14 (Fn. 19).

1291 Vgl. zu diesem Vorhaben bereits DH-DD(2013)911.

1292 Vgl. BR-Drs. 491/14 (Fn. 19) S. 70.

1293 Vgl. BR-Drs. 491/14 (Fn. 19) S. 70.

- *bei Beginn eines Hauptverhandlungstermins weder der Angeklagte noch ein Verteidiger mit schriftlicher Vertretungsvollmacht erschienen und das Ausbleiben nicht genügend entschuldigt* ist (§ 329 Abs. 1 S. 1 StPO-E),
- *die Fortführung der Hauptverhandlung in dem Termin dadurch verhindert wird, dass sich der Verteidiger ohne genügende Entschuldigung entfernt hat und eine Abwesenheit des Angeklagten nicht genügend entschuldigt ist oder der Verteidiger den ohne genügende Entschuldigung nicht anwesenden Angeklagten nicht weiter vertritt* (§ 329 Abs. 1 S. 2 Nr. 1 StPO-E),
- *sich der Angeklagte ohne genügende Entschuldigung entfernt hat und kein Verteidiger mit schriftlicher Vertretungsvollmacht anwesend ist* (§ 329 Abs. 1 S. 2 Nr. 2 StPO-E),
- *sich der Angeklagte vorsätzlich und schuldhaft in einen seine Verhandlungsfähigkeit ausschließenden Zustand versetzt hat und kein Verteidiger mit schriftlicher Vertretungsvollmacht anwesend ist* (§ 329 Abs. 1 S. 2 Nr. 3 StPO-E).

Neu ist auch, dass in letzterem Fall das Gericht über die Verwerfung der Berufung erst *nach Anhörung eines Sachverständigen* entscheiden soll (§ 329 Abs. 1 S. 3 StPO-E).

Auf die Person des Verteidigers soll es dabei nicht ankommen, so dass auch ein zwischenzeitlicher Verteidigeraustausch möglich sein soll.[1294]

Unverändert bleibt hingegen, dass die Berufung nicht verworfen wird, wenn das Revisionsgericht die Sache zur erneuten Verhandlung an das Berufungsgericht zurückverwiesen hat (§ 329 Abs. 1 S. 4 StPO-E). Insofern ist jedoch nun auch die Vertretung des Angeklagten möglich.[1295]

§ 329 Abs. 2 S. 1 StPO-E normiert für die Berufungsinstanz ausdrücklich ein Recht auf Vertretung durch einen mit schriftlicher Vertretungsvollmacht versehenen Verteidiger. Unabhängig vom Zeitpunkt des unentschuldigten Sichentfernens des Angeklagten und damit unabhängig von den §§ 231 ff. StPO soll damit bei Vertretung des Angeklagten eine Verhandlung in Abwesenheit möglich sein.[1296]

Für die Berufung der Staatsanwaltschaft gilt zusätzlich gemäß § 329 Abs. 2 S. 1 StPO-E, dass in Abwesenheit des Angeklagten verhandelt wird, wenn *seine Abwesenheit nicht genügend entschuldigt* ist. Es kommt folglich nicht darauf an, dass der Angeklagte von einem Verteidiger vertreten wird. Es kann in seiner Abwesenheit verhandelt werden, wenn er bei der Verhandlung unentschuldigt ausgeblieben ist oder sich während der Verhandlung unentschuldigt entfernt hat bzw. vorsätzlich und schuldhaft in den Zustand der Verhandlungsunfähigkeit versetzt hat.[1297]

Allerdings gilt für die Berufung des Angeklagten, wie auch für die der Staatsanwaltschaft gemäß § 329 Abs. 2 S. 1 StPO-E gleichermaßen, dass eine Verhandlung

1294 Vgl. BR-Drs. 491/14 (Fn. 19) S. 72.
1295 Vgl. BR-Drs. 491/14 (Fn. 19) S. 74.
1296 BR-Drs. 491/14 (Fn. 19) S. 75.
1297 BR-Drs. 491/14 (Fn. 19) S. 75.

in Abwesenheit nur möglich ist, *soweit nicht besondere Gründe die Anwesenheit des Angeklagten erfordern.*

§ 329 Abs. 2 S. 2 StPO-E stellt klar, dass § 231b StPO unberührt bleibt und damit, dass diese Regelung anders als die §§ 231, 231a StPO nicht als lex specialis durch § 329 StPO-E verdrängt wird.[1298]

Der Anwendungsbereich der Zwangsmittel zur Herstellung der Anwesenheit des Angeklagten soll künftig in § 329 Abs. 3 StPO-E geregelt sein. Danach ist *die Vorführung oder Verhaftung des Angeklagten* nur *anzuordnen*, wenn *eine Verhandlung gegen einen ohne genügende Entschuldigung nicht anwesenden Angeklagten nach Absatz 2 oder eine Verwerfung der Berufung nach Absatz 1 Satz 4 nicht zulässig* ist. Durch diese Formulierung soll stärker als bisher zum Ausdruck kommen, dass dem Gericht bei der Anwendung von Zwangsmitteln kein Ermessensspielraum eingeräumt ist.[1299] Der bisherige § 329 Abs. 1 S. 2 StPO wird nicht übernommen, weil er Ausdruck des Verhältnismäßigkeitsprinzips ist. Stattdessen ist in § 329 Abs. 3 HS. 2 StPO-E mit der Formulierung „*soweit dies zur Durchführung der Hauptverhandlung geboten ist*" ein allgemeiner Hinweis auf den Grundsatz der Verhältnismäßigkeit aufgenommen worden.[1300]

§ 329 Abs. 4 S. 1 StPO-E zieht die Konsequenz daraus, dass auf eine Berufung der Staatsanwaltschaft in Abwesenheit des Angeklagten und seines Verteidigers verhandelt werden kann. In Anlehnung an § 231a Abs. 2 StPO[1301] *hat der Vorsitzende, solange mit der Verkündung des Urteils noch nicht begonnen worden ist, einen erscheinenden Angeklagten oder Verteidiger mit schriftlicher Vertretungsvollmacht von dem wesentlichen Inhalt dessen zu unterrichten, was in seiner Abwesenheit verhandelt worden ist.*

§ 329 Abs. 4 S. 2 StPO-E übernimmt im Grunde die bisher in § 329 Abs. 2 S. 2 StPO enthaltene Regelung, sodass in Abweichung zu § 303 S. 1 StPO die *Berufung der Staatsanwaltschaft in den Fällen des Absatzes 1 Satz 1 und 2 auch ohne Zustimmung des Angeklagten zurückgenommen werden* kann, *es sei denn, dass die Voraussetzungen des Absatzes 1 Satz 4 vorliegen.* Konsequenterweise sind allerdings auch die Fälle des Sichentfernens während einer laufenden Hauptverhandlung erfasst.[1302]

Der bisherige § 329 Abs. 1 S. 3 StPO, der die richtige Tenorierung bei Wegfall einzelner von mehreren Taten betrifft, ist in § 329 Abs. 5 StPO-E systematisch neu angeordnet worden, inhaltlich jedoch unverändert geblieben.[1303]

Gleiches gilt für die Möglichkeit des Antrags auf Wiedereinsetzung in den vorigen Stand. Die bisherige Regelung, § 329 Abs. 3 StPO, findet sich an „systematisch stimmigerer Stelle"[1304] in § 329 Abs. 6 StPO-E.

---

1298 Vgl. BR-Drs. 491/14 (Fn. 19) S. 77.
1299 Vgl. BR-Drs. 491/14 (Fn. 19) S. 77 f.
1300 Vgl. BR-Drs. 491/14 (Fn. 19) S. 77.
1301 Vgl. BR-Drs. 491/14 (Fn. 19) S. 78.
1302 Vgl. BR-Drs. 491/14 (Fn. 19) S. 78.
1303 Vgl. BR-Drs. 491/14 (Fn. 19) S. 78.
1304 BR-Drs. 491/14 (Fn. 19) S. 78 f.

Insgesamt hat sich die Bundesregierung mit dem Gesetzesentwurf zur Herstellung von Konventionskonformität für die Ausweitung des Rechts auf Vertretung entschieden und damit mittelbar Abwesenheitsverhandlungen in der Berufungsinstanz Tür und Tor geöffnet.

Dabei wird das Anwesenheits- und Selbstverteidigungsrecht des Angeklagten insbesondere durch die Beibehaltung der Entschuldigung der Abwesenheit und die Neuregelung der Belehrungspflicht des § 329 Abs. 4 S. 1 StPO-E gewährleistet. Daneben besteht jedoch stets das Recht auf Verteidigung in Abwesenheit durch einen entsprechend bevollmächtigten[1305] Verteidiger. Solange der Vertreter in dieser Funktion für den Angeklagten auftritt, ist eine Verwerfung der Berufung und damit eine „Bestrafung" des Angeklagten für seine Abwesenheit konventionskonform nicht länger möglich. Ergeht ein Verwerfungsurteil, obwohl der Angeklagte oder sein Vertreter tatsächlich entschuldigt sind, bewirkt der Rechtsbehelf der Wiedereinsetzung, dass in der neuen Berufungsverhandlung nicht nur das Anwesenheitsrecht, sondern auch das Recht auf Vertretung gewährt werden. Eine Heilung eines Konventionsverstoßes ist demnach möglich. Im Grundsatz sind damit alle Eckpfeiler eines konventionskonformen Abwesenheitsverfahrens beherzigt worden.

Der Schutz des Angeklagten durch das Erfordernis der Verhandlungsfähigkeit wird damit auch nicht länger in sein Gegenteil verkehrt, wenn sich der Angeklagte in einen seine Verhandlungsfähigkeit ausschließenden Zustand versetzt. Denn ein Vertreter des Angeklagten kann dieses Defizit stets ausgleichen. Ebenso kann selbst bei Ausbleiben des Angeklagten trotz Anordnung des persönlichen Erscheinens gemäß § 332 StPO i.V.m. § 236 StPO die Berufung des Angeklagten nicht länger verworfen werden, wenn der Angeklagte ordnungsgemäß vertreten ist.[1306] Aufgrund der Einführung eines gleichberechtigten Wahlrechts zwischen Selbst- und Fremdverteidigung ist es aus menschenrechtlicher Perspektive auch nicht zu beanstanden, dass die Bundesregierung in ihrem Gesetzesentwurf die Möglichkeiten der Verwerfung der Berufung aus dem Gesichtspunkt der Verfahrensbeschleunigung ausgeweitet hat. Das Recht auf Verteidigung in Abwesenheit sowie das Anwesenheitsrecht des Angeklagten werden auch in diesen Fällen gewährleistet. Nur wenn von beiden Rechten kein Gebrauch gemacht wird, ist die Berufung zu verwerfen. Insofern ist sogar die in den Motiven angelegte „Verzichtstheorie"[1307] gerechtfertigt. Der Gedanke der Verwirkung muss nicht länger bemüht werden.

Ebenfalls völkerrechtskonform ist es, dass aus *besonderen Gründen* die Anwesenheit des Angeklagten für die Durchführung der Hauptverhandlung notwendig sein

1305 Zur Frage der Konventionskonformität dieses Formerfordernisses siehe unten 8. Kapitel § 1 III. 2 a).

1306 Vgl. BR-Drs. 491/14 (Fn. 19) S. 71 f.

1307 Auch BR-Drs. 491/14 (Fn. 19) S. 70 bezieht sich auf die „Verzichtstheorie" und nicht auf den Gedanken der Verwirkung.

kann. Insofern regelt der Entwurf kein „Recht auf Abwesenheit".[1308] Wie gezeigt hat auch der EGMR kein derartiges Recht postuliert. Nur soweit die Anwesenheit des Angeklagten zur Durchführung der Hauptverhandlung geboten ist, darf das Gericht zu Zwangsmitteln greifen und damit die Anwesenheit des Angeklagten „auf andere Weise" als durch Beschneidung des Rechts auf Verteidigung herstellen. Insgesamt gibt der Entwurf damit der Durchführung von Abwesenheitsverfahren unter Wahrung des Rechts auf Verteidigung in Abwesenheit den Vorzug. Er normiert ein abgestuftes System zwischen der Gewährung des Rechts auf Vertretung und der zwangsweisen Herstellung der Anwesenheit, wie es bereits von *Esser/Gaede/Tsambikakis*[1309] gefordert worden ist. Dieses System wird zwar nach hier vertretener Auffassung nicht unmittelbar vom EGMR gefordert (vgl. 5. Kapitel § 5), ist jedoch eine Möglichkeit der Ausformung des nationalen Rechts, um Konventionskonformität herzustellen.

Das Regelungs*gerüst* des Gesetzesentwurfs entspricht damit den Vorgaben des EGMR zur Gewährung eines fairen Verfahrens.

### *2. Menschenrechtliche Bewertung der Regelungen im Einzelnen*

Allerdings müssen einzelne Regelungen des Entwurfs genauer auf ihre Vereinbarkeit mit der Rechtsprechung des EGMR untersucht werden.

#### *a) Besondere schriftliche Vertretungsvollmacht*

§ 329 StPO-E macht das Recht auf Verteidigung in Abwesenheit des Angeklagten ausdrücklich davon abhängig, dass der Verteidiger mit einer *schriftlichen Vertretungsvollmacht* versehen ist. Diese sprachliche Klarstellung soll zudem in den §§ 234, 314 Abs. 2, 330 Abs. 2 S. 2, 341 Abs. 2, 350 Abs. 2 S. 1, 378 S. 1, 411 Abs. 2 S. 1, 412 S. 1 StPO-E erfolgen.[1310] Die BRAK hat in ihrer Stellungnahme zum RefE diese sprachliche Neuerung begrüßt, weil der Angeklagte mit der Vertretungsvollmacht elementare Verfahrensrechte in die Hand seines Verteidigers lege und daher gute Gründe dafür sprächen, einen sicheren Nachweis für die Vertretungsbefugnis des Verteidigers zu schaffen.[1311] Der Bundesrat geht in seiner Stellungnahme zum Gesetzesentwurf v. 28.11.2014 noch einen Schritt weiter und fordert, dass in den Wortlaut des § 329 Abs. 1 S. 1, S. 2 Nr. 2, Nr. 3, Abs. 2 S. 1, Abs. 4 S. 1 StPO-E jeweils nach den Wörtern „mit schriftlicher Vertretungsvollmacht" die Wörter „für den konkreten Termin" eingefügt werden.[1312] Dadurch soll dem Missbrauch der Verwendung einer vom Angeklagten bereits im Ermittlungsverfahren ausgestellten pauschalen Vollmacht, die formularmäßig eine Vertretungsvollmacht für eine

---

1308 Vgl. BR-Drs. 491/14 (Fn. 19) S. 61 f.
1309 Vgl. *Esser/Gaede/Tsambikakis* NStZ 2011, 147 f.
1310 Vgl. Art. 1 Nr. 6, 8, 9, 19, 12 BR-Drs. 491/14 (Fn. 19).
1311 BRAK, Stellungnahme Nr. 13/2014, S. 7; vgl. auch KG, Beschl. v. 7.2.2014 – (4) 161 Ss 5/14 (14/14), BeckRS 2014, 06969.
1312 BR-Drs. 491/14 (Beschluss) (Fn. 19).

etwaige Berufungsverhandlung enthalte, vorgebeugt werden. Zudem trage die Qualifizierung der Vertretungsvollmacht dem Umstand Rechnung, dass der Abwesenheitsverhandlung in der Strafprozessordnung Ausnahmecharakter zukomme.[1313]

### aa) Problemaufriss aus der Perspektive der EMRK

Mag das Erfordernis einer besonderen schriftlichen Vertretungsvollmacht primär dem Schutz des Angeklagten dienen,[1314] darf nicht übersehen werden, dass ihr Fehlen in der Berufungsinstanz dazu führt, dass die Berufung des Angeklagten verworfen wird, selbst wenn der Verteidiger vor Gericht seine Vertretungsbereitschaft und -legitimation mündlich bekundet.

Besonders deutlich wird das Problem anhand eines Urteils des Senats für Steuerberater- und Steuerbevollmächtigtensachen des OLG Düsseldorf v. 14.2.2014.[1315] Der Berufsangehörige wandte sich mit der Berufung gegen die Ausschließung aus dem Beruf (§§ 57 Abs. 1, 2, 79 Abs. 1, 80, 89, 90 Abs. 1 Nr. 5 StBerG). Trotz ordnungsgemäßer Ladung erschien er zur mündlichen Verhandlung nicht. Der zur Vertretung bereite Verteidiger war nicht mit einer besonderen schriftlichen Vertretungsvollmacht ausgestattet. Die Berufung wurde aus diesem Grund gemäß § 127 Abs. 4 S. 1 StBerG, der auf § 329 Abs. 1 S. 1 StPO verweist, verworfen.[1316] Die Besonderheit des Falles liegt darin, dass der Berufsangehörige gemäß § 121 StBerG im berufsgerichtlichen Verfahren, anders als im Strafprozess, nicht zur Anwesenheit verpflichtet ist und damit die Verwerfung der Berufung allein darauf fußte, dass das Schriftformerfordernis der Vollmacht nicht erfüllt war. Bei Änderung des geltenden § 329 StPO würde der Anwesenheitsgrundsatz im Strafverfahren zwar nicht entfallen, jedoch würde dem Angeklagten ein menschenrechtlich garantiertes Recht auf Vertretung in der Berufung zugebilligt, das jedoch seinerseits an die Erfüllung des Schriftformerfordernisses geknüpft wäre.

Aus der Perspektive der EMRK stellt sich damit die Frage, ob sich Deutschland nicht erneut in den Fangstricken der Konventionswidrigkeit verfangen wird, wenn trotz Bevollmächtigung des Verteidigers zur Vertretung im Innenverhältnis die Berufung verworfen wird, nur weil der schriftliche Nachweis der Bevollmächtigung nicht erbracht worden ist. Die Verwerfung der Berufung könnte damit zu einer anderen Art der „Bestrafung“ des Angeklagten für seine Abwesenheit führen. Wie bereits herausgearbeitet (vgl. 5. Kapitel § 6), sind Formerfordernisse mit der Garantie der effektiven Verteidigung (Art. 6 Abs. 3 lit. c i.V.m. Abs. 1 EMRK) nur vereinbar, solange sie nicht überflüssig sind („unduly formalistic conditions“).

---

1313 BR-Drs. 491/14 (Beschluss) (Fn. 19).

1314 Hierzu ausführlich sogleich unter 8. Kapitel § 1 III. 2. a) bb).

1315 OLG Düsseldorf, Urt. v. 14.2.2014 – VIII-1 StO 2/13, 1 StO 2/13, BeckRS 2014, 05457.

1316 OLG Düsseldorf, Urt. v. 14.2.2014 – VIII-1 StO 2/13, 1 StO 2/13, BeckRS 2014, 05457.

### bb) Voraussetzungen und Zweck der Vertretungsvollmacht

Die StPO setzt für die Wahrnehmung der Verteidigungsrechte grundsätzlich nicht voraus, dass der Angeklagte dem Verteidiger eine „Vollmacht" i.S.d. § 167 BGB erteilt hat.[1317] Denn die Rechtstellung des Verteidigers ist i.S.e. reinen Beistandsfunktion und nicht i.S.e. echten Stellvertretung (§§ 164 ff. BGB) konzipiert, wie sich bereits aus dem Wortlaut des § 137 StPO („Beistand") ergibt.[1318] Deshalb reicht es für die Aufnahme dieser Funktion bei Wahlverteidigung beispielsweise aus, dass Angeklagter und Verteidiger (formlos) einen zivilrechtlichen Vertrag, in der Regel in Form eines Geschäftsbesorgungsvertrags (§§ 611, 675 BGB), geschlossen haben.[1319]

Soll der Verteidiger den Angeklagten in Abwesenheit vertreten bzw. in Person ersetzen, schreibt das Gesetz auch de lege lata bereits ausdrücklich das Erfordernis der *schriftlichen Vollmacht* vor (vgl. nur §§ 234, 411 Abs. 2, 387 Abs. 1, 350 Abs. 2, 145a Abs. 2 StPO).

Hierzu genügt jedoch nicht eine allgemeine *Verteidigungs*vollmacht, wie man nach geltender Rechtslage aus dem Wortlaut folgern könnte. Aus der Vollmacht muss vielmehr ausdrücklich die Befugnis des Verteidigers zur *Vertretung* hervorgehen, wobei er nicht explizit zur Vertretung in Abwesenheit ermächtigt worden sein muss.[1320] Diese grammatikalische Unsicherheit soll der Entwurf endgültig beseitigen.[1321]

Eine derartige zur Vertretung ermächtigende schriftliche Vollmacht soll im Interesse des Angeklagten notwendig sein, weil er für ihn wichtige Verfahrensrechte wie das Anwesenheitsrecht oder das Recht auf Gehör in die Hände seines Vertreters legt, der an seine Stelle tritt und mit Wirkung für ihn Erklärungen abgeben sowie

1317 *Mosbacher* NStZ 2013, 312, 314; *Meyer-Lohkamp/Venn* StraFo 2009, 265, 267 f.; *Reichling* StRR 2013, 27; *Schnarr* NStZ 1986, 488, 490; *Weiß* NJW 1983, 89.

1318 BGHSt 9, 356, 357; *Weiß* NJW 1983, 89, 91; *Meyer-Lohkamp* StraFo 2009, 265, 268; AnwK-StPO/*Krekeler/Werner* Vor §§ 137 ff. Rn. 8; SSW-StPO/*Beulke* § 137 Rn. 18.

1319 BGHSt 36, 259; *Meyer-Lohkamp/Venn* StraFo 2009, 265, 267; *Schnarr* NStZ 1986, 488, 490; SSW-StPO/*Beulke* § 137 Rn. 15; zum unpassenden Sprachgebrauch der „Verteidigervollmacht" bzw. „Strafprozessvollmacht" *Weiß* NJW 1983, 89, 91 f.; a.A. *Kaiser* NJW 1982, 1367, wonach der Verteidiger für sein Tätigwerden im Außenverhältnis einer Vollmacht bedarf.

1320 BGHSt 9, 356, 357; OLG Hamm, NJW 1963, 1793 („in dessen Abwesenheit zu verhandeln" bereits ausreichend); *Burhoff* Hdb. HV, Rn. 3239; *Weiß* NJW 1983, 89 f.; strenger wohl OLG Hamburg, Beschl. v. 3.12.2013 – 1–25/13 (REV) 1 Ss 68/13, BeckRS 2014, 01432, das eine Vertretungsvollmacht nicht ausreichen lässt, aus der nicht hervorgeht, für welche Fälle die Vertretung gelten soll; abl. *von Kries* Deutsches Strafprozeßrecht, S. 234, der den Verteidiger ohnehin als Vertreter des Angeklagten kategorisiert.

1321 Vgl. BR-Drs. 491/14 (Fn. 19) S. 69.

entgegennehmen kann.[1322] Zudem soll die schriftliche Vertretungsvollmacht prozessuale Sicherheit[1323] und Rechtsklarheit[1324] schaffen.

Nach wie vor soll es dem Schriftformerfordernis genügen, wenn der Angeklagte die Vertretungsbefugnis zu Protokoll der Geschäftsstelle oder bei einer kommissarischen Vernehmung gemäß § 233 Abs. 2 S. 1 StPO erklärt hat.[1325] So würde wohl auch künftig die Bestätigung einer ursprünglich widerrufenen Vollmacht durch den Angeklagten in der mündlichen Hauptverhandlung zu Protokoll ausreichend sein.[1326]

Jedoch genügt es nach der Begründung des Gesetzesentwurfs nicht länger, wenn die Vollmacht aufgrund einer mündlichen Ermächtigung durch den Angeklagten von dem zu bevollmächtigten Verteidiger selbst unterzeichnet wird.[1327] Nach bisher herrschender Auffassung reicht es für eine ordnungsgemäße Bevollmächtigung aus, wenn der Verteidiger oder ein sonstiger Dritter durch den Angeklagten bevollmächtigt worden ist, stellvertretend für ihn die Vollmachtsurkunde zu unterzeichnen. Da die Erteilung der Vollmacht gemäß § 167 Abs. 2 BGB analog formfrei möglich ist, soll eine mündliche Bevollmächtigung genügen.[1328] Für den Fall der Unterzeichnung durch den Verteidiger wird ein unzulässiges Insichgeschäft gemäß § 181 BGB abgelehnt, weil die Vollmachtsurkunde nur den Nachweis über die Bevollmächtigung durch den Angeklagten erbringen soll und damit die schriftliche Fixierung keinen klassischen Fall des § 181 BGB i.S.e. Selbstkontrahierens mit Interessenkonflikt darstellt.[1329] Diese vom Gesetzesentwurf intendierte abrupte Änderung der ständigen Rechtsprechung fußt wohl darauf, dass die bisherige Handhabung den Schwachpunkt der Überzeugungskraft für die Forderung der Einhaltung der

1322 BGHSt 9, 356, 357; OLG Karlsruhe, Beschl. v. 25.9.2013 – 2 (6) Ss 386/13 – AK 101/13, BeckRS 2014, 11569; SK-StPO/*Deiters* § 234 Rn. 1; *Mosbacher* NStZ 2013, 312, 314; *Meyer-Lohkamp*/*Venn* StraFo 2009, 265, 268; vgl. zum Erfordernis der besonderen schriftlichen Vertretungsvollmacht bereits in der RStPO 1879, *Hahn* Materialien I, S. 27, 188; vgl. auch BR-Drs. 491/14 (Fn. 19) S. 69; BRAK, Stellungnahme 13/2014, S. 7.

1323 KMR-StPO/*Paulus* § 234 Rn. 3; HK-StPO/*Julius* § 234 Rn. 1.

1324 *Esser* StV 2013, 331, 336.

1325 OLG Hamm, NJW 1954, 1856 (Kumulation von schriftlicher Vollmacht und Erklärung bei Vernehmung nach § 233 Abs. 2 S. 1 StPO); SK-StPO/*Deiters* § 234 Rn. 4; KK-StPO/*Gmel* § 234 Rn. 1; so auch BR-Drs. 491/14 (Fn. 19) S. 69.

1326 Vgl. zur bisherigen Rechtslage: OLG Düsseldorf, NStZ 1994, 524; *Schmuck*/*Leipner* SVR 2012, 91, 92.

1327 Vgl. BR-Drs. 491/14 (Fn. 19) S. 69.

1328 OLG Dresden, StRR 2013, 26 f. m. Anm. *Reichling* StRR 2013, 27; BayObLG, NStZ 2002, 277, 278 (Unterschrift durch Verteidiger); BayObLGSt 1962, 282 f. (Unterschrift durch Büroangestellte der Kanzlei); zu § 73 Abs. 3 OWiG vgl. KG, Beschl. v. 12.6.2013 – 3 Ws B) 202/13–122 Ss 62/13, Tz. 4 (juris); *Meyer-Goßner* § 234 StPO Rn. 5; HK-StPO/*Julius* § 234 Rn. 4; *Burhoff* Hdb. HV, Rn. 3240; a.A.: KK-StPO/*Gmel* § 234 Rn. 3; SK-StPO/*Deiters* § 234 Rn. 4; LR-StPO/*Becker* § 234 Rn. 8; *Mosbacher* NStZ 2013, 312, 314.

1329 Vgl. BayObLG, NStZ 2002, 277, 278, OLG Dresden, StRR 2013, 27.

Schriftformklausel bildet. Wenn der Verteidiger die Vollmacht sogar selbst unterzeichnen kann, leuchtet nämlich nicht ein, weshalb ihr Fehlen die Verwerfung der Berufung und damit die „Bestrafung“ des Angeklagten für seine Abwesenheit bewirken soll. Aus diesem Grund hat bereits *Esser* die Konventionskonformität des nationalen Formerfordernisses bezweifelt.[1330] Wenn es der Bundesregierung jedoch so wichtig ist, dass zukünftig die Vollmacht aus der Feder des Angeklagten stammen muss, verwundert es, weshalb dies im Wortlaut des Entwurfs keinen Niederschlag gefunden hat.[1331] Damit könnte gleichzeitig die Rechtsunsicherheit beseitigt werden, ob auch künftig ein sonstiger Dritte für den Angeklagten stellvertretend die Urkunde unterzeichnen darf. Dies geht aus der Begründung nicht hervor.

Aus dem Gesetzesentwurf ergeben sich auch keine Neuerungen bezüglich der Unterbevollmächtigung eines weiteren Verteidigers. Bisher muss eine derartige Untervollmacht nicht schriftlich ergehen, wenn die Hauptvollmacht die gesetzliche Form und damit den Schutzzweck erfüllt.[1332]

Insgesamt sollen diese Grundsätze nach der Begründung des Gesetzesentwurfs nach wie vor für Wahl- und Pflichtverteidigung gleichermaßen gelten.[1333] Auch der Pflichtverteidiger, der dem Angeklagten gerichtlich bestellt ist (§ 141 StPO), muss durch den Angeklagten schriftlich zur Vertretung ermächtigt werden, weil er nach einhelliger Meinung trotz des staatlichen Bestellungsakts[1334] in seiner Rechtsstellung einem Wahlverteidiger gleichgeordnet ist.[1335] Hat der Angeklagte ursprünglich seinem Wahlverteidiger eine schriftliche Vertretungsvollmacht erteilt, beantragt dieser dann die Bestellung zum Pflichtverteidiger gemäß §§ 141 f. StPO, muss die Vertretungsvollmacht nach herrschender Auffassung erneut erteilt werden, weil im Antrag auf Pflichtverteidigerbestellung die konkludente Niederlegung des Wahlmandats liegen soll und damit die Vollmacht

1330 Vgl. *Esser* StV 2013, 331, 336.

1331 So die Forderung der BRAK, Stellungnahme Nr. 13/2014, S. 7 f.

1332 BayObLGSt 1991, 41, 42; OLG Karlsruhe, NStZ 1983, 43; OLG Hamm, NJW 1963, 1793 f.; SK-StPO/*Deiters* § 234 Rn. 4; LR-StPO/*Becker* § 234 Rn. 8.

1333 Vgl. BR-Drs. 491/14 (Fn. 19) S. 69.

1334 Die Rechtsnatur des staatlichen Bestellungsakts ist umstritten: Vgl. nur: BVerfGE 39, 238, 241, 244 („eine besondere Form der Indienstnahme Privater zu öffentlichen Zwecken“; „Inhalt und Qualität eine[s] begünstigenden Verwaltungsakt[s]“); LR-StPO/*Lüderssen/Jahn* Vor § 137 Rn. 75 („hoheitlich eingeleitetes Vertragsverfahren“); AltKomm-StPO/*Stern* Vor § 140 Rn. 24 („staatliches Angebot zum Abschluss eines Vertrages zu Gunsten des Beschuldigten“).

1335 OLG Braunschweig, Beschl. v. 19.3.2014 – 1 Ss 15/14, BeckRS 2014, 09731; OLG Celle, NStZ 2013, 615, 616; OLG Düsseldorf, StV 2013, 301; OLG Karlsruhe, Beschl. v. 25.9.2013 – 2 (6) Ss 386/13 – AK 101/13, BeckRS 2014, 11569; OLG Hamm, StRR 2012, 463, 464; OLG Brandenburg, wistra 2012, 43, 44; OLG Hamm, Beschl. v. 16.5.1995 – 2 Ss 427/95, BeckRS 1995, 04993.

mit dem Grundgeschäft gemäß § 168 BGB analog bei Bestellung zum Pflichtverteidiger erlöschen soll.[1336]

#### cc) Schriftform als Schutz des Anwesenheits- und Selbstverteidigungsrechts, Art. 6 Abs. 3 lit. c Alt. 1 EMRK

Die Forderung nach einer besonderen schriftlichen Vertretungsvollmacht ist insofern zu begrüßen als sie den Angeklagten im Hinblick auf sein Selbstverteidigungsrecht und sein Anwesenheitsrecht schützt, indem das Gericht sichergehen kann, dass der Angeklagte seine Rechte in die Hände des Verteidigers legen wollte. Als besondere Absicherung *dieser* Rechte, die damit über den Schutzmechanismus des Art. 6 Abs. 3 lit. c Alt. 1 EMRK hinausgeht, kann daraus keine Behinderung, sondern eine Bestärkung der Selbstverteidigung des Angeklagten erblickt werden. Auch dass die Vollmacht genau zwischen Vertretung und Verteidigung differenziert, ist in Anbetracht dessen, dass auch Art. 6 Abs. 3 lit. c EMRK zwischen dem Recht auf Selbstverteidigung und der Verteidigung durch einen Verteidiger unterscheidet, grundsätzlich zu befürworten. Insofern kann der BRAK zugestimmt werden, wenn sie die besondere schriftliche Vertretungsvollmacht für geboten erachtet.

#### dd) Überprüfung der Notwendigkeit des Schriftformerfordernisses als Garant für die Effektivität der Verteidigung

Im Rahmen der Berufung führt die Nichterfüllung der Formalie jedoch, wie gezeigt, dazu, dass das Rechtsmittel des Angeklagten verworfen wird. Das Formerfordernis, das eigentlich *dem Schutz des Angeklagten* dienen soll, wird in der Berufungsinstanz zum Mittel der „Bestrafung" des Angeklagten pervertiert. Aus der Perspektive der EMRK gilt es damit zu beantworten, ob der Nachweis der Bevollmächtigung tatsächlich immer notwendig ist, um die Effektivität der Verteidigung zu garantieren.

Erste Zweifel ergeben sich bereits daraus, dass bei Nichtvorliegen einer schriftlichen Hauptvollmacht die Berufung des Angeklagten ohne weiteres zu verwerfen ist, ein Rechtsmittelverzicht hingegen wirksam sein soll, auch wenn sich eine Vertretungsvollmacht im Zeitpunkt des Rechtsmittelverzichtes nicht bei der Akte befindet, eine Ermächtigung zum Verzicht aber tatsächlich erteilt worden ist.[1337] Das OLG Oldenburg begründet dies damit, dass der Schutzzweck der Schriftform nicht darin bestehe, den Betroffenen vor Erklärungen seines von ihm bevollmächtigten Verteidigers zu bewahren.[1338] Weshalb in der Berufungsinstanz das Recht auf

1336 BGH, Beschl. v. 31.1.1978 – 5 StR 29/78, BeckRS 2013, 01646; OLG Hamm, zfs 2014, 470; OLG Brandenburg, wistra 2012, 43, 44; OLG München, Beschl. v. 14.7.2010 – 4 St RR 093/10, 4 St RR 93/10, BeckRS 2010, 18330; OLG Celle, NStZ 2013, 615, 616; OLG Hamm, StRR 2013, 463, 464; *Burhoff* Hdb. HV, Rn. 3239.

1337 OLG Oldenburg, NZV 2011, 407, 408 (zu § 73 Abs. 3 OWiG, § 234 StPO).

1338 OLG Oldenburg, NZV 2011, 407, 408.

Vertretung nicht gewährt wird, erscheint hinsichtlich dieser Begründung schleierhaft. Die einzig logische Erklärung lautet, dass das Gericht die „Keule des Schriftformerfordernisses" nur dann auspackt, wenn die Anfertigung einer aufwändigen Urteilsbegründung „droht". Ein Rechtsmittelverzicht ist hingegen auch bei Nichtvorliegen der schriftlichen Vollmacht zu begrüßen.

Des Weiteren ist zu beachten, dass die deutsche Rechtsordnung zwischen verschiedenen Formen der formellen Verteidigung unterscheidet: Die Verteidigung durch einen Verteidiger ist entweder fakultativ oder in Fällen der notwendigen Verteidigung gemäß § 140 StPO zwingend. Darüber hinaus kann sie vom Angeklagten jeweils gewünscht (Wahl(pflicht-)verteidigung) bzw. im Fall der notwendigen Verteidigung gegen den Willen des Angeklagten auch aufgezwungen sein (sog. „Zwangsverteidigung").[1339] Zudem ist auch die Konstellation möglich, dass ein ursprünglich gewählter Verteidiger zwischenzeitlich zum gewünschten Pflichtverteidiger bestellt worden ist.

#### (1) Erneute Erteilung der Vollmacht bei Bestellung des Wahl- zum Pflichtverteidiger

Begonnen werden soll mit der Konstellation, dass der Angeklagte seinem Wahlverteidiger sogar die gesetzlich geforderte schriftliche Vertretungsvollmacht erteilt hat, der Wahlverteidiger jedoch zwischenzeitlich zum Pflichtverteidiger bestellt worden ist und seine vorgelegte Vollmacht in der Berufungsinstanz deshalb als erloschen behandelt wird (vgl. hierzu 8. Kapitel § 1 III. 2. a) aa)).

*Schnarr* hat dies bereits aus nationaler Perspektive als wenig sinnhaft eingestuft. Seiner Ansicht nach liegt der Bruch dieser formalistisch wirkenden Rechtsansicht in der These, dass der Antrag des Verteidigers, ihn zum Pflichtverteidiger zu bestellen, die Erklärung enthalten soll, dass der der Verteidigung bislang zugrunde liegende privatrechtliche Auftrag nach dem übereinstimmenden Willen des Wahlverteidigers und des Angeklagten spätestens mit der Bestellung des Wahlverteidigers zum Pflichtverteidiger enden soll.[1340] Er sieht den maßgeblichen Grund des Verhältnisses zwischen Verteidiger und Angeklagtem im Gesichtspunkt des Vertrauens, das auch nicht verloren gehen soll, wenn der Wahlverteidiger zum Pflichtverteidiger bestellt wird, was in der Regel auf der Mittellosigkeit des Angeklagten beruhen soll.[1341] Er kategorisiert die Beiordnung eines Wahlpflichtverteidigers nüchtern als „vorläufige staatliche Kostenübernahmeerklärung", die das Vertrauensverhältnis zwischen Angeklagtem und Verteidiger unberührt lässt. Aus diesem Grund sollen die zivilrechtlichen Kündigungsvorschriften mit der Folge der analogen Anwendung des § 168 BGB nur

1339 Unterscheidung nach SK-StPO/*Wohlers* Vor §§ 137 ff. Rn. 34.
1340 *Schnarr* NStZ 1986, 488, 491 f.; zur konkludenten Niederlegung des Wahlmandats durch Antrag auf Pflichtverteidigerbestellung auch SSW-StPO/*Beulke* § 142 Rn. 11.
1341 *Schnarr* NStZ 1986, 488, 492.

dann zur Anwendung kommen, wenn das Mandat endgültig niedergelegt wird bzw. der Angeklagte die Vertretungsvollmacht ausdrücklich widerruft.[1342]

Es ist zunächst zuzugeben, dass das Wahlmandat endet, sobald der Wahlverteidiger zum Pflichtverteidiger bestellt worden ist. Denn ein Verteidiger kann nur Wahl- *oder* Pflichtverteidiger bezüglich eines Angeklagten sein.[1343] Da die Wahlverteidigung i.S.d. StPO auf einem privatrechtlichen Vertrag fußt, muss dieser konsequenterweise i.S.d. Zivilrechts erlöschen.

Spinnt man den Gedanken der analogen Anwendbarkeit des Zivilrechts konsequent weiter, ist zu beachten, dass die *Vertretungsvollmacht* ein vom Grundgeschäft zu abstrahierendes Rechtsgeschäft ist (sog. „Abstraktionsgebot"). Nach den §§ 164 ff. BGB erlischt die Vollmacht damit gerade nicht automatisch mit Untergang des Grundgeschäfts – wie es in der strafrechtlichen Judikatur anmutet. § 168 S. 1 BGB ist insofern nur ein Ausnahmefall.[1344] Das OLG München hat in seinem Beschluss vom 14.7.2010 zwar dieses Regel-Ausnahmeverhältnis umgekehrt, jedoch immerhin zugegeben, dass die Vertretungsvollmacht dann nicht erlischt, wenn besondere Umstände vorliegen, die den Schluss auf ein Nichterlöschen zulassen.[1345] Enthält eine Vollmacht keine ausdrücklichen Regelungen hinsichtlich ihres Erlöschens, ist der Wille (§ 133 BGB) des Vollmachtgebers zu ermitteln.[1346] Durch Erteilung der Vertretungsvollmacht will der Angeklagte bezeugen, dass er sich von seinem Verteidiger vertreten lassen möchte. Für den Angeklagten als juristischen Laien macht es keinen Unterschied, ob der Verteidiger zwischenzeitlich zum Pflichtverteidiger bestellt wird. Der einzige Grund für diesen Antrag bei Gericht ist regelmäßig die Mittellosigkeit des Angeklagten.[1347] Wie *Schnarr* richtig aufgezeigt hat, bezeugt der Angeklagte dadurch gerade sein fortwährendes Vertrauen[1348] in den Verteidiger, indem er diesen dem Gericht gemäß § 142 Abs. 1 StPO als Pflichtverteidiger seiner Wahl vorschlägt. Die Umstellung von Wahl- auf Pflichtverteidigung aufgrund eines hoheitlichen Aktes ist eine Besonderheit des *öffentlich-rechtlichen* Strafprozessrechts und lässt sich mit den Kategorien des

---

1342 *Schnarr* NStZ 1986, 488, 492 f.

1343 *Schnarr* NStZ 1986, 488, 492; vgl. SK-StPO/*Wohlers* Vor §§ 137 ff. Rn. 34; *Roxin/Schünemann* Strafverfahrensrecht, § 19 Rn. 17.

1344 MüKo-BGB/*Schramm* § 164 Rn. 97, § 168 Rn. 1; Staudinger/*Schilken* Vorb. §§ 164 ff. BGB Rn. 33.

1345 OLG München, Beschl. v. 14.7.2010 – 4 St RR 093/10, 4 St RR 93/10, BeckRS 2010, 18330 (im Ergebnis hat es im Berufungsurteil jedoch keine derartigen Feststellungen gesehen); OLG Hamburg, NJW 2013, 626, 627 hat für den Fall des § 434 StPO (Vertretung des Einziehungsberechtigten) zumindest ein Erlöschen der schriftlichen Vollmacht allein im „Außenverhältnis" erwogen, jedoch erhebliche zivilrechtliche Bedenken angemeldet.

1346 Staudinger/*Schilken* § 168 BGB Rn. 2.

1347 LR-StPO/*Lüderssen/Jahn* § 140 Rn. 6 (Fn. 15); SK-StPO/*Wohlers* Vor §§ 137 ff. Rn. 37.

1348 Zum verfassungsrechtlichen Anspruch auf einen Vertrauensanwalt, BVerfG, NJW 2001, 3695, 3696; *Lam/Meyer Mews* NJW 2012, 177 f.

*Privatrechts* nicht vergleichen[1349], so dass dieser Umstand nicht für eine *analoge* Anwendung der Ausnahme des § 168 S. 1 BGB spricht. Vielmehr muss es beim Grundsatz des Abstraktionsgebots bleiben. *Schnarr* kann damit mit der Maßgabe zugestimmt werden, dass selbst bei analoger Anwendung des Zivilrechts ein Erlöschen der Vollmacht gemäß § 168 S. 1 BGB nicht bejaht werden kann.

Aus der Perspektive der EMRK ist nicht daran anzuknüpfen, dass sich formal die Rechtsnatur des Vertragsverhältnisses zwischenzeitlich geändert hat. Für die Effektivität der Verteidigung ist entscheidend, dass trotz dieses Wechsels das dem Verteidiger seitens des Angeklagten entgegengebrachte Vertrauen nie unterbrochen worden ist und damit die Vertretungsbereitschaft des Verteidigers immer noch eine Rückbindung an den Willen des Angeklagten findet. Damit treffen die Argumente von *Schnarr* nicht nur aus nationaler Sicht, sondern vor allem aus menschenrechtlicher Perspektive zu. Die Forderung nach *erneuter* schriftlicher Bevollmächtigung ist im Ergebnis völlig übertrieben und damit überflüssig („unduly“) i.S.d. Rechtsprechung des EGMR.

#### (2) Wahl(pflicht)verteidigung und Zwangsverteidigung

Des Weiteren hat auch bereits die Konstellation, in der ein gerichtlich bestellter Pflichtverteidiger vor Gericht seine Vertretungsbereitschaft bekundet hat, sie jedoch nicht schriftlich nachweisen konnte, die Gerichte beschäftigt (vgl. 8. Kapitel § 1 III. 2. a) aa)).

*Esser* meint, dass jedenfalls im Fall eines durch das Gericht bestellten Pflichtverteidigers auch bei fehlender schriftlicher Bevollmächtigung wohl kaum Zweifel an dessen Vertretungs*berechtigung* bestehen dürfen.[1350] Er ist wohl der Ansicht, dass der Aussage eines *staatlich* bestellten Verteidigers besonderes Vertrauen in dessen Glaubhaftigkeit entgegengebracht werden muss, so dass ein schriftlicher Nachweis aus diesem Grund überflüssig ist.

Es ist zu beachten, dass sich ein Pflichtverteidiger von einem Wahlverteidiger nur dahingehend unterscheidet, dass die Initiative der Bestellung vom Gericht ausgeht. In der Rechtsstellung gibt es damit grundsätzlich keine Unterschiede.[1351] Der Pflichtverteidiger ist folglich wie ein Wahlverteidiger zunächst nur Beistand und nicht Vertreter.[1352] Aus der Rechtsstellung des Pflichtverteidigers als solche kann damit die Überflüssigkeit der Nachweispflicht nicht gefolgert werden.

Zudem scheint der Ansatz von *Esser* aus der Perspektive der EMRK nicht konsequent. Nach der Rechtsprechung des EGMR ist anerkannt, dass auch der Pflichtverteidiger kein Organ des Staates ist, sondern die Verteidigung primär eine Angelegenheit zwischen Verteidiger und Angeklagtem ist (vgl. hierzu 4. Kapitel § 3 II. 2.). Wie der Wahlverteidiger ist auch der Pflichtverteidiger ein „Mittel“ des

1349 Ähnlich *Schnarr* NStZ 1986, 488, 493.

1350 *Esser* StV 2013, 331, 336 mit Bezug auf OLG Düsseldorf, StV 2013, 299.

1351 RGSt 17, 315 f.; OLG Frankfurt, StV 1994, 288 f.; LR-StPO/*Lüderssen*/*Jahn* § 140 Rn. 16; SK-StPO/*Wohlers* Vor §§ 137 ff. Rn. 39.

1352 Vgl. auch *Schnarr* NStZ 1986, 488, 491.

Angeklagten zur effektiven Verteidigung. Die Antwort auf die Frage, ob es zur Gewährleistung effektiver Verteidigung des schriftlichen Nachweises der Vertretungsvollmacht bedarf, ist folglich nicht im Verhältnis Verteidiger – Staat zu suchen, sondern im Verhältnis Verteidiger – Angeklagter.

Dabei ist zu beachten, dass es nach deutschem Recht die Kategorien des Wahlpflichtverteidigers und des Zwangsverteidigers gibt. Im ersteren Fall wird dem Angeklagten ein Verteidiger seiner Wahl bestellt (vgl. § 142 Abs. 1 StPO) bzw. er ist mit der Person des Verteidigers einverstanden. Der Angeklagte hat zu dem bestellten Verteidiger also ein Vertrauensverhältnis.[1353] Behauptet ein derartiger Verteidiger vor Gericht seine Vertretungsbefugnis, ist aufgrund dieser Vertrauensbasis grundsätzlich von der Rückbindung der Aussage an den Willen des Angeklagten auszugehen. Erst recht muss dies im Rahmen der Wahlverteidigung gemäß §§ 137 f. StPO gelten.

Anders scheint dies beim Institut der Zwangsverteidigung zu sein, das der EMRK prinzipiell fremd ist, jedoch vom EGMR akzeptiert wird, wenn die Verteidigung durch einen Verteidiger im Interesse der Rechtspflege geboten ist[1354]. Die Zwangsverteidigung zeichnet sich gerade dadurch aus, dass zwischen Angeklagtem und Verteidiger kein Vertrauensverhältnis besteht. Insofern sind Zweifel des Gerichts an der tatsächlichen Vertretungsbefugnis des Verteidigers durchaus berechtigt. Allerdings rechtfertigt dies allein nicht, dass § 329 StPO-E pauschal die Verwerfung der Berufung bei Nichtvorlage einer schriftlichen Vertretungsvollmacht vorsieht.

Insgesamt spricht auch das zivilrechtliche Haftungsrisiko des Verteidigers dafür, dass die Behauptung einer tatsächlichen Bevollmächtigung zur Vertretung grundsätzlich der Wahrheit entspricht und damit eine schriftliche Bevollmächtigung überflüssig ist. Sowohl bei Wahl-[1355] als auch bei Pflichtverteidigung[1356] ist anerkannt, dass sich der Verteidiger zivilrechtlich haftbar macht, wenn er schuldhaft (§ 276 BGB) eine Pflicht aus dem Mandatsverhältnis verletzt. Da der Strafverteidiger grundsätzlich nur Beistand und nicht Vertreter des Angeklagten ist, würde es ohne Zweifel eine Pflichtverletzung begründen, wenn sich der Verteidiger vor Gericht als „Vertreter ohne Vertretungsmacht“ präsentiert. Dies ist dem Verteidiger als (Voll-) Jurist grundsätzlich auch bewusst. Aus dieser haftungsrechtlichen Perspektive streitet eine allgemeine Vermutung bzw. die allgemeine

1353 Vgl. SK-StPO/*Wohlers* Vor §§ 137 ff. Rn. 35; vgl. auch *Schnarr* NStZ 1986, 488, 491.

1354 Vgl. EGMR Croissant ./. D (Fn. 539) § 27; *Esser* S. 492 f.

1355 Das Schuldverhältnis ergibt sich aus dem vereinbarten Geschäftsbesorgungsvertrag (§§ 675, 611 BGB), vgl. *Krause* NStZ 2000, 225. Die Haftung des Verteidigers beruht damit insbesondere auf den §§ 280 ff. BGB (positive Vertragsverletzung), vgl. BGH, NJW 1964, 2402, 2403; LR-StPO/*Lüderssen*/*Jahn* Vor § 137 Rn. 46.

1356 Bei Wahlpflichtverteidigung entspricht die Haftung der bei Wahlverteidigung, vgl. SK-StPO/*Wohlers* Vor §§ 137 ff. Rn. 169. Bei Zwangsverteidigung ist von einem „gesetzlichen Schuldverhältnis“ auszugehen, vgl. OLG Düsseldorf, NJW-RR 1999, 785, 786; *Krause* NStZ 2000, 225.

Lebenserfahrung[1357] dafür, dass der Verteidiger die Vertretungsvollmacht nur behaupten wird, wenn diese im Innenverhältnis auch tatsächlich erteilt worden ist. Der Verteidiger wird wohl häufig nicht zum Schutz des Angeklagten, sondern zum eigenen Schutz in Hinblick auf einen etwaigen Schadensersatzprozess auf einer schriftlichen Vertretungsvollmacht bestehen.[1358] Der dem Verteidiger entgegengebrachte Argwohn ist damit nicht gerechtfertigt.

#### (3) Zwischenergebnis

Der Grundsatz der Verwerfung der Berufung des Angeklagten bei Nichtbeachtung des Schriftformerfordernisses ist als „Bestrafung" des Angeklagten im Sinne der Rechtsprechung des EGMR zu bewerten. Die pauschale Forderung nach Einhaltung dieser Formalie ist als überflüssig („unduly") und damit als Behinderung der effektiven Verteidigung gemäß Art. 6 Abs. 1 i.V.m. Abs. 3 lit. c EMRK zu bewerten.

### ee) Lösungsvorschläge

Da das Formerfordernis unmittelbar im Wortlaut des § 329 StPO-E verankert werden soll, wird eine konventionskonforme Auslegung bereits an der Grammatik des Gesetzes scheitern. Der Gesetzgeber muss deshalb einen anderen Lösungsweg wählen.

#### (1) Anwendung von § 234a StPO

In Betracht käme die Anwendung von § 234a StPO. Diese Vorschrift ist 1987 durch Art. 1 Nr. 15 StVÄG[1359] eingeführt worden. Danach genügt es bei zulässiger Verhandlung in Abwesenheit des Angeklagten, *wenn die nach § 265 Abs. 1 und 2 erforderlichen Hinweise dem Verteidiger gegeben werden.* Ebenso *ist das Einverständnis des Angeklagten nach § 245 Abs. 1 S. 2 und nach § 251 Abs. 1 Nr. 1, Abs. 2 Nr. 3 nicht erforderlich, wenn ein Verteidiger an der Hauptverhandlung teilnimmt.*[1360] Diese Norm verfolgt den

---

1357 OLG Karlsruhe, AnwBl. 1982, 167, 168 (pflichtbewusster Verteidiger als Ausfluss der allgemeinen Lebenserfahrung).

1358 Dabei wird nicht verkannt, dass grundsätzlich der Angeklagte im Zivilprozess die Beweislast hinsichtlich der Pflichtverletzung und damit bezüglich des Fehlens der Vertretungsbefugnis hätte. Allerdings erscheint es angesichts der Tatsache, dass der Verteidiger kraft Mandatierung grundsätzlich nur „Beistand" des Angeklagten ist, nicht ausgeschlossen, dass die Rechtsprechung vom Verteidiger ein substantiiertes Bestreiten der Negativtatsache fordern würde. Ein Beleg mit einer schriftlichen Vertretungsvollmacht wäre insofern der sicherste Weg. Vgl. BGH, NJW 1987, 1323 zum Erfordernis des substantiierten Bestreitens im Rahmen der Verletzung von Beratungspflichten des Verteidigers.

1359 BGBl. I 1987, S. 475, 476. Letzte Anpassung durch Art. 3 Nr. 10 des 1. JuMoG (BGBl. I 2004, S. 2198, 2202.

1360 Vgl. hierzu *Meyer-Goßner* NJW 1987, 1161, 1163 f.; *Rieß/Hilger* NStZ 1987, 145, 151; *Gollwitzer* in: FS für Tröndle, S. 455, 467; kritisch *Kempf* StV 1987, 215, 220. Ebenso ist auch § 325 Abs. 1 StPO erfasst, vgl. BT-Drs. 10/1313, S. 27.

Zweck der Verfahrensbeschleunigung. Wenn zulässigerweise in Abwesenheit des Angeklagten verhandelt wird, soll das Verfahren nicht deshalb verzögert werden, weil das Gesetz ausdrücklich die Information bzw. Zustimmung des Angeklagten fordert.[1361] Genau genommen wäre diese Vorschrift neben § 234 StPO überflüssig gewesen, wenn das Gesetz konsequent von der Möglichkeit der Vertretung des Angeklagten bei Vorliegen einer schriftlichen Vertretungsvollmacht ausgegangen wäre. Der Gesetzgeber hat jedoch selbst erkannt, dass die Erteilung einer schriftlichen Vertretungsvollmacht ein „formale[r] und nicht selten zufällige[r] Umstand“[1362] ist und hat deshalb für die gesetzlich genannten Informations- und Zustimmungsbefugnisse eine gesetzliche Vertretungsmacht[1363] des Verteidigers geschaffen, über die der Angeklagte nur durch persönliches Erscheinen disponieren kann[1364].

Die Bundesregierung hat in ihrem Gesetzesentwurf durchaus gesehen, dass der Verteidiger ohne schriftliche Bevollmächtigung gemäß § 234a StPO an der Hauptverhandlung mitwirken könnte.[1365] Zu bemerken ist vor allem, dass diese Möglichkeit bei der Berufung der Staatsanwaltschaft schon immer bestanden hat[1366] und auch nach Änderung der Rechtslage fortbestehen wird. Die Bundesregierung hat diese jedoch verworfen, weil diese Vorschrift nur zur Wahrnehmung der Informations- und Zustimmungsbefugnisse des Angeklagten ermächtige. Es erscheine daher sachgerecht, dass in diesem Fall als Rechtsfolge – wie im bisher geltenden Recht – die Verwerfung nach § 329 Abs. 1 StPO-E vorgesehen sei.[1367]

Die Begründung der Bundesregierung fußt damit auf einem falschen Ansatz. Richtigerweise hätte hinterfragt werden müssen, ob es zur Gewährleistung einer effektiven Verteidigung i.S.d. Rechtsprechung des EGMR ausreicht, wenn dem Verteidiger in Abwesenheit des Angeklagten die Veränderung des rechtlichen Gesichtspunkts mitgeteilt wird, er zur Verlesung von Protokollen und zum Absehen von der Erhebung einzelner Beweise zustimmen, darüber hinausgehende Befugnisse des Angeklagten jedoch nicht wahrnehmen darf. Da damit nur ein kleines Spektrum der Verfahrensrechte des Angeklagten abgedeckt würde, insbesondere keine Einlassungen zur Sache umfasst wären, muss dies verneint werden. In der Konsequenz hätte sich der Entwurf dann damit auseinandersetzen müssen, ob stattdessen bzw. jenseits dieser Befugnisse des Verteidigers die Anwesenheit des Angeklagten „auf andere Weise“ konventionskonform hergestellt werden kann.

Im Ergebnis kann § 234a StPO zwar tatsächlich keine befriedigende Lösung bieten. Die Existenz dieser Vorschrift beweist jedoch bereits, dass das Erfordernis

1361 Vgl. BT-Drs. 10/1313, S. 26 f.

1362 BT-Drs. 10/1313, S. 27.

1363 Vgl. SK-StPO/*Deiters* § 234a Rn. 1 (Fiktion einer tatsächlich nicht existenten Vollmacht).

1364 LR-StPO/*Becker* § 234a Rn. 18.

1365 BR-Drs. 491/14 (Fn. 19) S. 69.

1366 Vgl. BT-Drs. 10/1212, S. 26, wonach § 329 Abs. 2 StPO explizit aufgeführt ist.

1367 BR-Drs. 491/14 (Fn. 19) S. 69.

des schriftlichen Nachweises nicht so unumstößlich ist, wie es in Rechtsprechung und Literatur überwiegend anmutet.

### (2) Sekundäre Nachweispflicht

Wie bereits ausgeführt, kann grundsätzlich auch ohne schriftlichen Nachweis der Vertretungsvollmacht von der Vertretungsbefugnis des Verteidigers ausgegangen werden. Aus diesem Grund sollte in § 329 StPO-E das Nachweiserfordernis gestrichen werden. Stattdessen muss es genügen, wenn anstelle des Angeklagten *ein zur Vertretung bevollmächtigter Verteidiger* erscheint.

Dabei wird jedoch nicht übersehen, dass ausnahmsweise durchaus Fälle denkbar sind, in denen die Behauptung der Vertretungsbefugnis durch den Verteidiger zum Schutz des Angeklagten zu hinterfragen ist.

So lag beispielsweise dem Beschluss des BVerfG v. 14.9.2011 die Konstellation zugrunde, dass dem Verteidiger Akteneinsicht gemäß § 147 Abs. 5 StPO nur auf der Geschäftsstelle gewährt wurde, weil er bereits einmal dadurch aufgefallen war, dass er der Wahrheit zuwider behauptet hatte, bevollmächtigt worden zu sein. Tatsächlich war er in dem Verfahren jedoch von der Freundin des Angeklagten ohne bzw. sogar gegen dessen Willen „mandatiert" worden.[1368] Dieser Fall ist auch auf die wahrheitswidrige Behauptung einer Vertretungsvollmacht übertragbar. Des Weiteren hatte sich das KG am 7.2.2014 mit der Frage zu beschäftigen, ob die Verteidiger überhaupt zur Vertretung der Angeklagten in der Berufungsverhandlung befähigt waren, weil beide erklärt hatten, dass sie seit der ersten Verhandlung keinen Kontakt mehr zu den Angeklagten gehabt hätten. Im Ergebnis hat das KG dies offengelassen, weil jedenfalls kein schriftlicher Nachweis der Vertretungsvollmacht vorgetragen worden war.[1369] Richtigerweise muss eine derartige Konstellation das Gericht an der Vertretungslegitimation des Verteidigers zweifeln lassen. Wie bereits dargelegt, müssen die staatlichen Stellen nach den Grundsätzen der EMRK für die Effektivität der Verteidigung Gewähr leisten. Insofern reicht es nicht aus, *dass* ein Verteidiger in der Hauptverhandlung erschienen ist. Ihnen sollte im Rahmen ihrer Fürsorgepflicht die Möglichkeit eingeräumt werden, das Anwesenheits- und Selbstverteidigungsrecht des Angeklagten zu schützen.

Zu diesem Zweck könnte die Fallgruppe herangezogen werden, die bereits nach geltendem Recht bei Zweifeln an der Bevollmächtigung des Verteidigers als Rechts*beistand* ausnahmsweise den Nachweis durch eine „Vollmachtsurkunde" fordert.[1370] Dabei ist jedoch anerkannt, dass nicht jeder Zweifel die Vermutung der Bevollmächtigung zu erschüttern vermag. Dem Beschluss des BVerfG v. 14.9.2011

1368 BVerfG, NJW 2012, 141.

1369 KG, Beschl. v. 7.2.2014 – (4) 161 Ss 5/14 (14/14), BeckRS 2014, 06969.

1370 BVerfG, NJW 2012, 141, 142; OLG München, StV 2008, 127, 128; OLG Düsseldorf, StraFo 2009, 227 f. (gleiches gilt auch für eine Untervollmacht); LG Hagen, StV 1983, 145 f.; *Meyer-Lohkamp/Venn* StraFo 2009, 265, 269; *Schnarr* NStZ 1986, 488, 490; BeckOK-StPO/*Wessing* § 137 Rn. 10.

kann entnommen werden, dass zur Verweigerung der Aktenübersendung an einen Strafverteidiger (§ 147 StPO) jedenfalls „nachvollziehbare Zweifel“[1371] an der Bevollmächtigung des Verteidigers bestehen müssen. Ein Verweis auf die generelle Unzuverlässigkeit des Verteidigers ist nicht als ausreichend bewertet worden.[1372] Nach *Meyer-Lohkamp/Venn* muss der „Rechtsanwalt unter grober Verletzung seiner berufsrechtlichen Pflichten der Wahrheit zuwider behaupte[n], mandatiert zu sein“.[1373] Soweit ersichtlich hat die Rechtsprechung bislang noch keine Gründe anerkannt, die die Vermutung der Bevollmächtigung erschüttern konnten und damit die Pflicht zum Nachweis ausgelöst hätten.

Derart restriktiv sollte bei nachvollziehbaren Zweifeln an der *Vertretungs*vollmacht nicht vorgegangen werden. Immerhin steht der Verlust des Anwesenheits- und Selbstverteidigungsrechts des Angeklagten auf dem Spiel. Aus diesem Grund kann es nicht als „unduly“ bezeichnet werden, wenn auf zweiter Stufe das tatsächliche Vorliegen der Vertretungsvollmacht zu überprüfen ist.

Dabei könnte entweder dem Gericht eine entsprechende Aufklärungspflicht oder der Seite des Angeklagten eine Art (sekundäre) Nachweispflicht obliegen. Es ist daran zu erinnern, dass die Art der Verteidigung grundsätzlich eine Angelegenheit zwischen Angeklagtem und Verteidiger ist. Nur wenn das Gericht von gravierenden Mängeln Kenntnis erlangt bzw. diese offenkundig sind, besteht nach den Grundsätzen der EMRK eine positive Pflicht der staatlichen Stellen zur Bestellung eines anderen Verteidigers zur Gewährleistung effektiver Verteidigung (vgl. 4. Kapitel § 3 II.). Es ist jedoch zu beachten, dass der Angeklagte durch eine ordnungsgemäße Ladung in die Lage versetzt wird, darüber zu disponieren, ob er selbst zur Verhandlung erscheint oder seinen Verteidiger alleine schickt. Erscheint nur der Verteidiger, darf das Gericht deshalb davon ausgehen, dass der Angeklagte bewusst auf sein Anwesenheitsrecht verzichtet hat. Ist dies ausnahmsweise zu verneinen und der Angeklagte entschuldigt, ist er hinreichend über die Möglichkeit der Wiedereinsetzung in den vorigen Stand (§ 329 Abs. 6 StPO-E) geschützt. Das Recht auf effektive Verteidigung ist durch diese Mechanismen grundsätzlich ausreichend gesichert. Die Erteilung einer besonderen Vertretungsvollmacht ist damit eine Angelegenheit zwischen Angeklagtem und Verteidiger. Das Fehlen einer solchen ist folglich kein gravierender Verteidigungsmangel, sondern im Zweifel die freie Entscheidung des Angeklagten gegen die Möglichkeit der Vertretung und damit bei Ausbleiben des Angeklagten gegen die Verteidigung insgesamt. Aus diesem Grund scheint es gerechtfertigt der Seite des Angeklagten ausnahmsweise eine sekundäre Nachweispflicht aufzuerlegen.

Zu klären bleibt, auf welche Weise der Nachweis in derartigen Ausnahmefällen zu führen ist. Da an der Erklärung des Verteidigers gezweifelt wird, wird es als nicht

---

1371 *Burhoff* Hdb. HV, Rn. 3406.

1372 Vgl. BVerfG, NJW 2012, 141, 142 m. Anm. *Burhoff* StRR 2011, 427, 428 (offengelassen, wann der Nachweis der Vollmacht verlangt werden kann).

1373 So *Meyer-Lohkamp/Venn* StraFo 2009, 265, 269.

ausreichend erachtet, wenn er die Vollmacht selbst schriftlich bestätigt. Der Nachweis sollte vielmehr durch eine Erklärung des Angeklagten erbracht werden. Zuzugeben ist, dass das Verlangen nach einer schriftlichen Vertretungsvollmacht aus der Feder des Angeklagten der sicherste Weg wäre, die Effektivität der Verteidigung zu sichern. Allerdings würde dies stets zu Unterbrechungen und damit Verzögerungen des Verfahrens führen. Der Gesetzesentwurf sieht hinsichtlich des Widerrufs der Vertretungsvollmacht vor, dass es ausreicht, wenn der Angeklagte fernmündlich eine entsprechende Erklärung gegenüber dem Gericht oder dem Verteidiger abgibt.[1374] Da in diesem Fall die Berufung gemäß § 329 Abs. 1 S. 2 Nr. 1 Alt. 2 StPO-E verworfen wird und damit für den Angeklagten der Rechtsmittelverlust auf dem Spiel steht, zumal der Verteidiger den Widerruf auch wahrheitswidrig behaupten könnte, leuchtet nicht ein, weshalb der Angeklagte beim Widerruf weniger schutzwürdig sein soll als bei Erteilung der Vertretungsvollmacht. Beide Handlungen sind mit dem Verlust von Rechten verbunden. Wenn jedoch ein ausreichender Schutz des Angeklagten auch mittels Fernkommunikationsmittel zu erreichen ist, sollte bei Zweifeln an der Vertretungsvollmacht des Angeklagten zur Vermeidung von unnötigem Formalismus eine derartige Bestätigung ausreichen. Die Vorlage einer Vollmachtsurkunde könnte darüber hinaus verlangt werden, wenn Zweifel an der Wirksamkeit einer Untervollmacht nicht auf andere Weise als durch einen Telefonanruf in der Kanzlei[1375] behoben werden können.

Nur wenn der Nachweis der tatsächlichen Vollmacht nicht gelingt, ist davon auszugehen, dass kein Fall zulässiger Vertretung vorliegt. Ausschließlich in diesen wenigen Fällen bleibt danach noch Raum für die Verwerfung der Berufung. Insofern ist es legitim davon auszugehen, dass der Angeklagte sowohl auf sein Anwesenheitsrecht als auch auf sein Recht auf Verteidigung in Abwesenheit verzichtet hat. Das Verwerfungsurteil stellt dann keine „Bestrafung" des Angeklagten für seine Abwesenheit dar.

#### ff) Ergebnis

Aus menschenrechtlicher Perspektive ist es *geboten*, das Erfordernis des schriftlichen Nachweises aus dem Wortlaut des § 329 StPO-E zu streichen. Stattdessen sollte die Wendung *ein zur Vertretung bevollmächtigter Verteidiger* aufgenommen werden. Danach genügt für die Zulässigkeit der Vertretung des Angeklagten in der Berufungshauptverhandlung grundsätzlich die Behauptung des Verteidigers, dass er vom Angeklagten zur Vertretung bevollmächtigt worden ist. Nur wenn sich ausnahmsweise berechtigte Zweifel an der Glaubhaftigkeit dieser Erklärung ergeben, ist es gerechtfertigt, dem Angeklagten bzw. Verteidiger eine sekundäre Nachweispflicht der Vollmacht aufzubürden. Der Nachweis ist dabei nicht zwingend

---

1374 BR-Drs. 491/14 (Fn. 19) S. 73.

1375 So hinsichtlich einer Verteidigungsvollmacht von OLG Karlsruhe, AnwBl. 1982, 167, 168 vorgeschlagen.

durch schriftliche Erklärung des Angeklagten zu führen. Nur falls der Nachweis nicht gelingt, kann die Berufung des Angeklagten verworfen werden.

### *b) Voraussetzungen einer ordnungsgemäßen Ladung*

Ein ordnungsgemäßer Verzicht auf das Recht auf Anwesenheit bzw. die Entscheidung für die Wahrnehmung des Rechts auf Verteidigung in Abwesenheit setzt nach den Grundsätzen der EMRK voraus, dass der Angeklagte auch über die Konsequenzen seines jeweiligen Handelns hinreichend aufgeklärt worden ist (vgl. 3. Kapitel § 1 III. 3.).

Nach der Begründung des Gesetzesentwurfs gilt der Angeklagte als genügend entschuldigt, wenn es an einer ordnungsgemäßen Ladung gemangelt hat. Wie bisher muss danach eine ordnungsgemäße Ladung auf *die Folgen des Ausbleibens* gemäß § 323 Abs. 1 S. 2 StPO hinweisen. Die Belehrung müsse dabei den Hinweis enthalten, dass sein Rechtsmittel bei seinem ungenügend entschuldigten Ausbleiben verworfen werde, wenn er keinen Verteidiger schriftlich zu seiner Vertretung bevollmächtigt[1376] habe oder der ihn vertretende Verteidiger ohne genügende Entschuldigung nicht zu Beginn eines jeden Termins erscheine. Die in der Ladung enthaltene Belehrung müsse ferner darauf hinweisen, dass das Rechtsmittel unter den noch zu § 329 Abs. 1 S. 2 StPO-E darzustellenden Voraussetzungen verworfen werden könne und dass unter genauer Bezeichnung der entsprechenden Voraussetzungen in seiner Abwesenheit mit dem von ihm dazu ermächtigten Vertreter über seine Berufung verhandelt werde beziehungsweise über eine Berufung der Staatsanwaltschaft ohne ihn und einen Verteidiger als seinen Vertreter verhandelt werde oder andernfalls seine Verhaftung oder Vorführung angeordnet werden könne.[1377]

Aus der Perspektive der EMRK ist es begrüßenswert, dass zukünftig auf alle Möglichkeiten und Konsequenzen, die § 329 StPO-E bietet, hinzuweisen ist.

#### aa) Notwendigkeit der Anpassung von § 323 Abs. 1 S. 2 StPO

Problematisch ist, dass § 323 Abs. 1 S. 2 StPO keine sprachliche Anpassung erfahren soll. Dieser begnügt sich bislang damit, dass der Angeklagte in der Ladung *auf die Folgen des Ausbleibens ausdrücklich hinzuweisen ist.* Damit ist er auf § 329 StPO abgestimmt, der sich unmittelbar nur mit dem Ausbleiben des Angeklagten bei Beginn einer Hauptverhandlung beschäftigt. § 329 StPO-E will den Anwendungsbereich der Norm jedoch nicht nur auf das *Ausbleiben bei Beginn eines Hauptverhandlungstermins* erstrecken, sondern auch Fälle erfassen, in denen beispielsweise der Verteidiger körperlich anwesend ist, den Angeklagten jedoch nicht weiter vertritt

1376 Vgl. zur Konventionswidrigkeit dieser Formalie und zu einem Lösungsvorschlag 8. Kapitel § 1 III. 2. a).

1377 BR-Drs. 491/14 (Fn. 19) S. 71.

(§ 329 Abs. 1 S. 2 Nr. 1 StPO-E). Dieser Fall kann grammatikalisch kaum unter den Begriff des „Ausbleibens" subsumiert werden.[1378]

Deshalb sollte der Wortlaut des § 323 Abs. 1 S. 2 StPO schlicht fordern, dass auf die sich aus § 329 StPO und § 330 StPO ergebenden Folgen ausdrücklich hinzuweisen ist. Als sprachliches Vorbild kann insofern § 35a S. 2 StPO herangezogen werden, wonach ein Angeklagter bereits in der Rechtsmittelbelehrung über die Rechtsfolgen der §§ 329, 330 StPO hinzuweisen ist, wenn gegen ein Urteil Berufung zulässig ist.

### bb) Alternative: Hinweispflicht als Voraussetzung des Rechts auf Vertretung

Alternativ könnte die Belehrungspflicht über das Recht auf Vertretung auch in den Wortlaut des § 329 StPO-E aufgenommen werden. Als Vorbild könnte insofern § 232 Abs. 1 S. 1 StPO dienen, wonach der Angeklagte ausdrücklich in der Ladung darauf hingewiesen werden muss, *daß in seiner Abwesenheit verhandelt werden kann.* Ist diese Voraussetzung nicht erfüllt, fehlt es an den Voraussetzungen für eine ordnungsgemäße Abwesenheitsverhandlung, so dass es beim Grundsatz des § 230 Abs. 1 StPO verbleibt. Die Hinweispflicht dient folglich dem Schutz des Angeklagten vor überraschenden Abwesenheitsverhandlungen und damit seinem Recht auf Gehör.[1379] Entsprechend könnte die Hinweispflicht im Rahmen des § 329 StPO-E der Absicherung des Rechts auf Verteidigung in Abwesenheit dienen.

Ob dies i.S.d. EMRK ist, kann nur beurteilt werden, wenn man die Konsequenzen bedenkt, die eintreten, wenn ein entsprechender Hinweis ausnahmsweise fehlt. Im Fall des § 232 Abs. 1 S. 1 StPO führt dies bislang dazu, dass gleichzeitig auch eine Voraussetzung für die Zulässigkeit der Vertretung gemäß §§ 332, 234, 232 StPO fehlt, so dass die Berufung des Angeklagten gemäß § 329 Abs. 1 S. 1 StPO zu verwerfen ist,[1380] selbst wenn ein vertretungsbereiter Verteidiger erschienen ist. Ein Formerfordernis, das grundsätzlich dem Schutz des Angeklagten dienen soll, wird in der Berufungsinstanz erneut zum Mittel der „Bestrafung" des Angeklagten pervertiert, obwohl der Angeklagte auf die Erteilung des Hinweises keinerlei Einfluss hat.[1381] Dieses Problem würde durch § 329 StPO-E zwar obsolet. Die Aufnahme der Hinweispflicht auf ein Recht auf Vertretung unmittelbar in den Wortlaut des § 329 StPO-E

---

1378 *Börner* HRRS 2014, 132, 133 sieht in der mangelhaften Belehrung des Angeklagten de lege lata ein Einfallstor für die Revision bei Stattgabe eines Abwesenheitsverfahrens.

1379 BGHSt 25, 165, 167; BayObLG, NJW 1970, 1562; BayObLGSt 1960, 273, 274; *Küper* GA 118 (1971) 289, 292; KK-StPO/*Gmel* § 232 Rn. 4.

1380 So die h.M.: BGHSt 25, 165, 166 f.; BayObLG, NJW 1970, 1055; OLG Hamm, NJW 1954, 1131; OLG Oldenburg, NJW 1952, 1151; *Meyer-Goßner* § 329 StPO Rn. 15; KMR-StPO/*Brunner* § 329 Rn. 7; a.A. OLG Stuttgart, NJW 1962, 2023; OLG Zweibrücken, NJW 1968, 1977; *Küper* in: FS für Wolter, S. 1019 ff.; *ders.* NJW 1973, 1334, 1335; *ders.* GA 118 (1971) 289, 302; *ders.* NJW 1970, 1562; *ders.* JZ 1969, 272, 274.

1381 Kritisch auch *Küper* in: FS für Wolter, S. 1019, 1030.

lässt jedoch einen ähnlichen Mechanismus befürchten. Aus der Perspektive des Art. 6 Abs. 3 lit. c EMRK sollte im Ergebnis davon abgesehen werden.

#### cc) Ergebnis

Der Wortlaut des § 323 Abs. 1 S. 2 StPO ist dahingehend zu ändern, dass der Angeklagte in der Ladung auf die sich aus den §§ 329, 330 StPO ergebenden Konsequenzen ausdrücklich hinzuweisen ist.

### *c) Zurechnung von Verschulden und fehlender Vertretungsbereitschaft des Verteidigers an den Angeklagten*

Zwei weitere Punkte aus der Begründung des Gesetzesentwurfs geben Anlass zur kritischen Überprüfung.

Der erste Aspekt betrifft die Frage der genügenden Entschuldigung. Nach der Begründung führt ein Nichterscheinen nur dann zur Verwerfung der Berufung, wenn es nicht genügend entschuldigt ist. Künftig soll ein Verwerfungsurteil nur in Betracht kommen, wenn sowohl der Angeklagte als auch der Verteidiger nicht genügend entschuldigt sind. Hinsichtlich der möglichen Entschuldigungsgründe wird auf die durch die Rechtsprechung bisher entwickelte Kasuistik verwiesen. Dabei müsse sich ein unentschuldigt nicht erschienener Angeklagter auch ein unentschuldigtes Nichterscheinen des ihn vertretenden Verteidigers wie eigenes zurechnen lassen. Der ausgebliebene Angeklagte sei nicht allein dadurch genügend entschuldigt, dass er vortragen könne, einen pflichtbewussten und sorgfältigen Verteidiger mit der Vertretung beauftragt und sich auf dessen Erscheinen als Vertreter im Termin verlassen zu haben.[1382]

Ohne dass der Gesetzesentwurf darauf hinweist, will er damit eine Kehrtwende einleiten, was die Zurechnung von Verteidigerverschulden betrifft. Er verschweigt dabei, dass nach bisheriger Rechtslage die Berufung des Angeklagten verworfen wird, wenn *sein Ausbleiben* nicht genügend entschuldigt gewesen ist und er bei zulässiger Vertretung *tatsächlich* nicht durch einen mit schriftlicher Vertretungsvollmacht versehenen Verteidiger vertreten wird. Obwohl es der Wortlaut des § 329 Abs. 1 S. 1 StPO zulassen würde, die Wendung der *genügenden Entschuldigung* auch auf das Erscheinen des Vertreters zu beziehen,[1383] wird dies abgelehnt.[1384] Auch wenn man darin zunächst einen Nachteil für den Angeklagten vermuten würde,

---

1382 BR-Drs. 491/14 (Fn. 19) S. 71.

1383 So wohl *Esser* StV 2013, 331, 333 („Ist der Vertreter selbst genügend entschuldigt, so muss nach dem Wortlaut des § 329 Abs. 1 S. 1 StPO („das Ausbleiben") ebenfalls eine neue Hauptverhandlung anberaumt werden.").

1384 Jeweils zu § 412 StPO: OLG Hamburg, NJW 1965, 315 f.; OLG Karlsruhe, NJW 1983, 1073; BayObLGSt 1969, 1, 2; HK-StPO/*Kurth*/*Brauer* § 412 Rn. 11; vgl. OLG Karlsruhe, NStZ 1988, 471 zur Nichtanrechnung von Verteidigerverschulden i.R.d. §§ 329 Abs. 1, 44 StPO (Fristversäumnis); aber auch BRAK, Stellungnahme Nr. 14/2014 zur generellen Unzurechenbarkeit von Verschulden des Verteidigers i.R.d. § 329 StPO.

ist dies zu verneinen. Denn der Angeklagte gilt als entschuldigt, wenn er einen Verteidiger mit seiner Verteidigung beauftragt hat und davon ausgehen durfte, dass sein Verteidiger ihn in der Hauptverhandlung vertreten wird.[1385] Tatsächlich bewirkt damit die Anerkennung von Entschuldigungsgründen des Verteidigers eine Verschlechterung des Angeklagtenschutzes. Ein Antrag auf Wiedereinsetzung in den vorigen Stand wird keinen Erfolg mehr haben, wenn der Verteidiger schlicht zur Verhandlung nicht erscheinen wollte, der Angeklagte jedoch alles in seiner Macht Stehende getan hat, um seine Vertretung in der Hauptverhandlung sicherzustellen.

Darüber hinaus sieht § 329 Abs. 1 S. 2 Nr. 1 StPO-E vor, dass die Berufung zu verwerfen ist, wenn *sich der Verteidiger ohne genügende Entschuldigung entfernt hat und eine Abwesenheit des Angeklagten nicht genügend entschuldigt ist oder der Verteidiger den ohne genügende Entschuldigung nicht anwesenden Angeklagten nicht weiter vertritt.* Dabei sollen alle Fälle eines Nichtweitervertretens des Verteidigers aus rechtlichen oder tatsächlichen Gründen erfasst sein. Die erste Variante soll diejenigen Fälle aufgreifen, bei denen nach Wiederaufruf der Sache und Zuwarten einer angemessenen Wartefrist von wie bisher ca. 15 Minuten auf Seiten des Angeklagten niemand mehr erscheint.[1386] Nach der zweiten Variante soll die Berufung verworfen werden, wenn der Verteidiger von sich aus erkläre, den Angeklagten nicht weiter vertreten zu wollen oder zu können oder das Mandat niederzulegen. Dabei sollen die Gründe des Verteidigers hierfür, wie ein aus seiner Sicht nachhaltig gestörtes Vertrauensverhältnis zu seinem Mandanten, grundsätzlich unbeachtlich sein. Das Nichtweitervertreten muss auch nicht einmal ausdrücklich erklärt werden. Es soll schon genügen, wenn der Verteidiger schlicht an den Stellen der Hauptverhandlung untätig bleibt, an denen „ein Tätigwerden gemessen am Leitbild eines sorgfältigen und gewissenhaften sowie der Wahrung der Interessen des Angeklagten verpflichteten Verteidigers nach den Umständen erforderlich wäre“.[1387] Der Gesetzesentwurf rechtfertigt das Verwerfungsurteil in diesen Fällen damit, dass der Angeklagte seiner trotz Vertretungsmöglichkeit fortbestehenden Pflicht zum Erscheinen ohne genügende Entschuldigung nicht nachgekommen sei.[1388] Damit soll einer drohenden Prozessverschleppung vorgebeugt werden.[1389] Dem Angeklagten wird jedoch noch eine Chance gegeben, das Verwerfungsurteil abzuwenden, indem er selbst kurzfristig im Termin erscheint. Zu diesem Zweck soll das Gericht nach pflichtgemäßem Ermessen die Verhandlung unterbrechen können, um das Erscheinen des Angeklagten innerhalb eines angemessenen Zeitraums zu ermöglichen. Das Gericht soll jedoch nicht verpflichtet sein, den Angeklagten über den Wegfall der Vertretungsbereitschaft des Verteidigers vor einer Verwerfungsentscheidung zu informieren.[1390] Auch hier zeigt

1385 Ebd.
1386 BR-Drs. 491/14 (Fn. 19) S. 73.
1387 BR-Drs. 491/14 (Fn. 19) S. 73.
1388 BR-Drs. 491/14 (Fn. 19) S. 73.
1389 BR-Drs. 491/14 (Fn. 19) S. 73.
1390 BR-Drs. 491/14 (Fn. 19) S. 73.

sich, dass der Angeklagte vor einem Verwerfungsurteil nicht geschützt ist, selbst wenn er alles seinerseits Mögliche getan hat, um seine Vertretung im Termin sicherzustellen. Wenn das Gericht ihn über den Wegfall der Vertretung nicht informieren muss und der Verteidiger dies aufgrund eines gestörten Vertrauensverhältnisses nicht tut, hat der Angeklagte keine Chance mehr, dem Verwerfungsurteil durch sofortiges Handeln zu entgehen.

Insgesamt kann der Entwurf dahingehend bewertet werden, dass das Recht auf Vertretung im Strafprozess (gezwungenermaßen) zwar ausgeweitet werden soll, doch im Gegenzug soll der Angeklagte nun wie im Zivilrecht gemäß § 85 Abs. 2 ZPO auch für das Verschulden seines Vertreters gerade stehen müssen. Nach Ansicht der BRAK ist dies nur konsequent.[1391] Da die Begründung des Gesetzesentwurfs nur im Rahmen des § 329 Abs. 1 S. 1 StPO-E bei Anwesenheit des Angeklagten zwischen Wahl- und Pflichtverteidigung differenziert, bei § 329 Abs. 1 S. 2 Nr. 1 StPO-E hingegen nicht, ist davon auszugehen, dass die Regelung auf Wahl- und Pflichtverteidigung gleichermaßen angewandt werden soll.[1392] Dafür spricht auch, dass nach deutschem Recht die Pflichtverteidigerbestellung allein noch nicht zur Vertretung ermächtigt, sondern eine entsprechende Vollmacht an den Verteidiger ausgestellt werden muss (vgl. 8. Kapitel § 1 III. 2. a)).

#### aa) Problemaufriss aus der Perspektive der EMRK

Dem Gesetzesentwurf ist zuzugeben, dass er die Rechtsprechung des EGMR zum Recht auf Verteidigung in Abwesenheit beherzigt hat, wonach einem anstelle des Angeklagten erschienenen Verteidiger die Gelegenheit zu Stellungnahme in der Sache gewährt werden muss. Mehr als die Gewährleistung der *Möglichkeit*, sich durch einen Wahlverteidiger oder gegebenenfalls staatlich bestellten Verteidiger verteidigen zu lassen, verlangt auch Art. 6 Abs. 3 lit. c EMRK prinzipiell nicht.[1393] Wie bereits herausgearbeitet, entspricht es auch ständiger Rechtsprechung des EGMR, dass die Art der Verteidigung eine Angelegenheit zwischen Angeklagtem und Verteidiger ist. Fehler der Verteidigung sind grundsätzlich nicht dem Vertragsstaat zuzurechnen (vgl. 4. Kapitel § 3 II. 2.). Insofern stimmt der Gesetzesentwurf mit der Rechtsprechung des EGMR überein, da ein verschuldetes Nichterscheinen bzw. Nichtvertreten durchaus als Verteidigungsfehler gewertet werden kann, der grundsätzlich in den Verantwortungsbereich des Angeklagten fällt. Jedoch hätte die Bundesregierung auch beachten müssen, dass der EGMR ausnahmsweise eine positive Einstandspflicht des Staates fordert, wenn ein gravierender Verteidigungsmangel offenkundig ist bzw. die jeweiligen Behörden darüber in Kenntnis

1391 Vgl. BRAK, Stellungnahme Nr. 13/2014, S. 7.

1392 Vgl. BR-Drs. 491/14 (Fn. 19) S. 69 („Erscheint umgekehrt der Angeklagte, nicht aber der Pflichtverteidiger, gilt § 145 Absatz 1 StPO, wonach der Vorsitzende dem Angeklagten sogleich einen anderen Verteidiger zu bestellen hat oder das Gericht eine Aussetzung der Verhandlung beschließen kann.“).

1393 LR-EMRK/*Esser* Art. 6 Rn. 728.

gesetzt werden. Die schlichte Möglichkeit der Wahl eines Verteidigers oder auch die Bestellung eines Pflichtverteidigers reicht dann für die Garantie einer effektiven Verteidigung nicht aus.

Es gilt also zu prüfen, ob sich im unentschuldigten Ausbleiben des Wahl- bzw. Pflichtverteidigers in Abwesenheit des Angeklagten und im unentschuldigten nachträglichen Sichentfernen bzw. Nichtweitervertreten ein gravierender Verteidigungsmangel offenbaren kann. Wenn dies zu bejahen ist, ist zu klären, welche Schritte das Gericht vornehmen muss, um effektive Verteidigung zu gewährleisten.

#### bb) Gravierender Verteidigungsmangel bei unentschuldigtem Ausbleiben / Nichtweitervertreten

Aus der Sache *Tripodi*[1394] könnte folgen, dass im unentschuldigten Ausbleiben des Wahl- bzw. Pflichtverteidigers in Abwesenheit des Angeklagten und im unentschuldigten nachträglichen Sichentfernen bzw. Nichtweitervertreten kein gravierender Verteidigungsmangel liegt, der dem Staat zuzurechnen ist. Denn in diesem Fall hatte der Wahlverteidiger der Angeklagten versäumt, für die Verhandlung vor dem Kassationsgericht für Ersatz zu sorgen, obwohl dieser schon Wochen vor dem Termin wusste, dass er wegen einer Operation an der Verhandlung nicht würde teilnehmen können. Einen Antrag auf Vertagung der Verhandlung lehnte das Kassationsgericht ab, so dass das Rechtsmittel in Abwesenheit eines Verteidigers verworfen wurde.[1395] Der EGMR sah darin keine Verletzung von Art. 6 Abs. 3 lit. c EMRK.[1396] Daraus könnte folgen, dass auch der Vertreter des Angeklagten bei Bedarf für Ersatz sorgen muss, um die Rechtsfolge von § 329 Abs. 1 StPO abzuwenden. Allerdings ist zu beachten, dass der EGMR im Fall *Tripodi* die Eigenheiten des nationalen Verfahrens („special features of the procedure") besonders beachtet hat[1397] und die Verletzung der Konvention vor allem auch deshalb verneint hat, weil das Verfahren vor dem Kassationsgerichtshof eine Rechtsinstanz ist, die größtenteils schriftlich abläuft. Der Vortrag des Verteidigers in der mündlichen Verhandlung hätte sich nur auf solche Argumente beziehen dürfen, die bereits aus der Berufungsinstanz oder seinen Aufzeichnungen bekannt waren.[1398] Insofern ist die deutsche Berufungsinstanz als völlig neue zweite Tatsachen- und Rechtsinstanz keineswegs vergleichbar. Die Rechtssache *Tripodi* kann damit nicht herangezogen werden, um einen offenkundigen Verteidigungsmangel in der Berufungsinstanz zu verneinen.

1394 EGMR Tripodi ./. I, 22.2.1994, Serie A Nr. 281-B = ÖJZ 1994, 564. Vgl. auch *Grabenwarter/Pabel* § 24 Rn. 114.

1395 Vgl. EGMR Tripodi ./. I (Fn. 1394) §§ 16 f.

1396 EGMR Tripodi ./. I (Fn. 1394) § 31.

1397 EGMR Tripodi ./. I (Fn. 1394) § 27.

1398 EGMR Tripodi ./. I (Fn. 1394) § 28 („In this connection, it should be observed that the Italian Court of Cassation decides on points of law. Its proceedings are essentially written and at the hearing the appellant's lawyer may only present arguments in relation to submissions already made in the appeal and the memorials.").

Ist bei Beginn eines Hauptverhandlungstermins weder der Angeklagte noch sein Verteidiger unentschuldigt erschienen, wird die Berufung gemäß § 329 Abs. 1 S. 1 StPO-E verworfen. Der Gesetzesentwurf geht dabei von der Vermutung aus, dass der Angeklagte bei dieser Sachlage kein Interesse mehr an seinem Rechtsmittel hat und deshalb darauf verzichtet.[1399]

Legt man die Voraussetzungen des EGMR hinsichtlich eines ordnungsgemäßen Verzichts auf die Verteidigung insgesamt zugrunde (vgl. hierzu 6. Kapitel § 2), ist zuzugeben, dass das Gericht grundsätzlich von einem derartigen Verzicht ausgehen darf, wenn der Angeklagte ausreichend über sein Recht auf Anwesenheit und sein Recht auf Vertretung belehrt worden ist. Das Gericht hat damit seiner Fürsorgepflicht grundsätzlich genüge getan. Durch die umfassende Belehrungspflicht gemäß § 323 Abs. 1 S. 2 StPO (vgl. 8. Kapitel § 1 I. 1. 2. a)) wird der Angeklagte prinzipiell in die Lage versetzt, autonom darüber zu entscheiden, ob er sich selbst verteidigen, sich des Beistands eines Verteidigers bedienen, sich vertreten lassen oder auf ein Verteidigungsrecht bzw. alle seine Verteidigungsrechte verzichten möchte.

Allerdings ist zu beachten, dass der Gesetzesentwurf die Verwerfung der Berufung nicht nur bei *Ausbleiben zu Beginn einer Hauptverhandlung* vorsieht, sondern den Verzicht auch fingiert, wenn weder der Angeklagte noch sein Verteidiger *bei Beginn eines Hauptverhandlungstermins erscheint.* Damit ist neben der ersten und ausgesetzten Hauptverhandlung auch die unterbrochene Hauptverhandlung erfasst.[1400]

Wenn jedoch der Verteidiger des Angeklagten im ersten Hauptverhandlungstermin erschienen ist und in einem der nächsten Termine ausbleibt, kann nicht selbstverständlich angenommen werden, dass der Angeklagte auf seine Verteidigung insgesamt verzichten will. Indem er einen Verteidiger in die Verhandlung entsandt hat, hat er gezeigt, dass er an seiner Vertretung und damit an der Durchführung der Berufung Interesse hat. Da für den Angeklagten die Verwerfung der Berufung und damit der Verlust der letzten Tatsacheninstanz auf dem Spiel steht, sollte genau geprüft werden, ob das Gericht vom Vorliegen der Voraussetzungen des Verzichts ausgehen darf.

Wird die Verhandlung ausgesetzt, wird der Beschluss nach Maßgabe des § 35 Abs. 1, 2 StPO bekanntgegeben.[1401] Gemäß Nr. 137 Abs. 2 RiStBV wird der Angeklagte zum neuen Termin förmlich geladen, so dass darin durchaus die nötige Grundlage gesehen werden kann, autonom über einen Verzicht auf die Verteidigung insgesamt zu entscheiden. Bei Ausbleiben des Angeklagten und seines Verteidigers darf das Gericht die Berufung folglich verwerfen. Wird die Verhandlung lediglich unterbrochen, der Termin zur Fortsetzung jedoch außerhalb der Verhandlung

1399 Vgl. BR-Drs. 491/14 (Fn. 19) S. 70 f.
1400 Vgl. BR-Drs. 491/14 (Fn. 19) S. 70.
1401 BeckOK-StPO/*Gorf* § 228 Rn. 10.

festgelegt, ist er dem Angeklagten nach § 35 Abs. 2 S. 2 StPO zumindest formlos mitzuteilen.[1402]

Problematisch ist jedoch, dass bei Unterbrechung der Hauptverhandlung der Fortsetzungstermin in der Regel in der Hauptverhandlung bestimmt wird und deshalb die Bekanntgabe gemäß § 35 Abs. 1 S. 1 StPO durch Verkündung im Termin erfolgt. Der Vorsitzende weist dabei nach Nr. 137 Abs. 2 RiStBV darauf hin, dass weitere Ladungen nicht ergehen.[1403] Dem abwesenden Angeklagten ist der Termin jedoch dann nicht formlos gemäß § 35 Abs. 2 S. 2 StPO mitzuteilen, wenn er eigenmächtig im Verkündungstermin ausgeblieben ist[1404] bzw. er durch einen Verteidiger vertreten war[1405]. Damit wird es auch im Rahmen der Berufungsverhandlung genügen, den Fortsetzungstermin dem erschienenen Verteidiger bekannt zu geben. Dem Angeklagten wird damit unmittelbar keine Entscheidungsgrundlage für einen Verzicht auf Verteidigung im neuen Termin geliefert. Zwar beinhaltet bereits die Belehrung gemäß § 323 Abs. 1 S. 2 StPO einen Hinweis auf die Folgen des § 329 StPO-E. Jedoch sollte sich das Gericht beim unentschuldigten Ausbleiben des Verteidigers nach unterbrochener Hauptverhandlung der Konsequenzen dieses Verhaltens bewusst sein. Der Angeklagte verliert endgültig sein letztes umfassendes Rechtsmittel, selbst wenn er alles in seiner Macht Stehende getan hat, um seine Vertretung in der Verhandlung sicherzustellen. Im endgültigen Verlust des Rechtsmittels aufgrund des Verhaltens des Verteidigers kann sich durchaus ein gravierender Verteidigungsmangel offenbaren.[1406] Aus diesem Grund ist hier die Fürsorgepflicht des Gerichts zur Wahrung effektiver Verteidigung gefragt.

Ebenso wird die Berufung des Angeklagten gemäß § 329 Abs. 1 S. 2 Nr. 1 StPO-E verworfen, wenn sich der Verteidiger entgegen der Absprache mit dem Angeklagten einfach nachträglich aus der Verhandlung entfernt oder den Angeklagten schlicht nicht weitervertritt.

Der Angeklagte bzw. dessen Verteidiger hatte zwar die Gelegenheit zur Äußerung. In der Rechtssache *Gabrielyan* gegen Armenien v. 10.4.2012 hat der EGMR jedoch festgestellt, dass die schlichte Anwesenheit eines (Wahlpflicht-) Verteidigers nicht ausreicht, um den Anforderungen aus Art. 6 Abs. 3 lit. c EMRK gerecht zu werden („the mere presence of a lawyer is not sufficient to satisfy the requirements of Article 6 § 3 (c)").[1407] Im Ergebnis hat der EGMR die Verletzung der EMRK zwar verneint, weil der Angeklagte die Verteidigungsmängel, die das Ermittlungsverfahren

---

1402 *Pfeiffer* § 228 StPO Rn. 1; *Meyer-Goßner* § 228 StPO Rn. 9; strenger BGH, NStZ 1984, 41; BeckOK-StPO/*Gorf* § 228 Rn. 19 (Schriftform).

1403 BeckOK-StPO/*Gorf* § 228 Rn. 19; SK-StPO/*Deiters* § 228 Rn. 14; LR-StPO/*Becker* § 228 Rn. 18.

1404 BayObLG, NZV 1999, 306, 307; OLG Hamm, NStZ 1992, 498, 499; OLG Köln, NStZ 1991, 92; LR-StPO/*Becker* § 228 Rn. 18.

1405 BGH, NStZ 1988, 421; OLG Hamm, NStZ 1992, 498, 499; BeckOK-StPO/*Gorf* § 216 Rn. 1; LR-StPO/*Becker* § 234 Rn. 19.

1406 Ähnlich LR-EMRK/*Esser* Art. 6 Rn. 749; *Meyer-Ladewig* Art. 6 EMRK Rn. 237.

1407 Vgl. EGMR Gabrielyan ./. ARM (Fn. 347) § 66.

betrafen, nie vor Gericht bemängelt hat.[1408] Allerdings zeigt dieses Urteil, dass das Gericht keinesfalls die Augen hinsichtlich der Gründe für ein bestimmtes Verteidigungsverhalten verschließen darf.

Für § 329 Abs. 1 S. 2 Nr. 1 StPO-E bedeutet das, dass es für die Entscheidung über die Verwerfung der Berufung nicht irrelevant ist, ob der Angeklagte das Verhalten des Verteidigers durch Entziehung des Mandats legitimiert hat oder ob er stets von einer ordnungsgemäßen Vertretung ausgegangen ist.

Dabei fällt auf, dass die Berufung des Angeklagten bereits zu verwerfen sein soll, wenn der Verteidiger konkludent seine Vertretungsbereitschaft aufgibt. Dies soll gegeben sein, wenn „ein Tätigwerden gemessen am Leitbild eines sorgfältigen und gewissenhaften sowie der Wahrung der Interessen des Angeklagten verpflichteten Verteidigers nach den Umständen erforderlich wäre".[1409] Dieser Aspekt stammt wohl aus § 145 Abs. 1 S. 1 StPO, wonach dem Angeklagten bei notwendiger Verteidigung ein neuer Verteidiger zu bestellen ist, wenn sich sein bisheriger (Pflicht-) Verteidiger *weigert, die Verteidigung zu führen.* Teilweise wird auch hier von einer konkludenten Weigerung ausgegangen, wenn ein Tätigwerden nach Einschätzung des Gerichts bzw. des Vorsitzenden nach den Umständen erforderlich wäre.[1410] Nach anderer Ansicht ist hier Vorsicht geboten, da auch Passivität ein Verteidigungsverhalten darstellen kann. Deshalb wird gefordert, dass sich aus den Umständen eindeutig ergeben muss, dass der Verteidiger die Verteidigung nicht länger führen will. Gegebenenfalls ist der Verteidiger zu befragen.[1411] Da die Art der Verteidigung dem Einflussbereich des Gerichts entzogen ist, ist letzterer Auffassung zuzustimmen. Gleiches muss erst recht für § 329 Abs. 1 S. 2 Nr. 1 StPO-E gelten, da diese Norm, anders als § 145 StPO nicht dem Schutz des Angeklagten dient, sondern sogar eine Art „Bestrafung" für den Angeklagten darstellt.

Doch auch wenn sich aus dem Untätigbleiben des Verteidigers gleichzeitig der Wegfall seines Vertretungswillens ergibt, ist der Angeklagte hierfür nicht zu „bestrafen", wenn er alles in seiner Macht stehende getan hat, um seine Vertretung im Termin sicherzustellen. Der Angeklagte hat durch Entsendung eines Verteidigers grundsätzlich zum Ausdruck gebracht, dass er die Hauptverhandlung weder torpedieren noch auf seine Verteidigung und damit auf sein Rechtsmittel verzichten möchte. Die Verwerfung der Berufung kann damit grundsätzlich weder auf den Rechtsgedanken der Verwirkung noch auf den des Verzichts gestützt werden. Aus diesem Grund ist anstelle der Verwerfung der Berufung die Fürsorgepflicht des Gerichts gefragt.

---

1408 Vgl. EGMR Gabrielyan ./. ARM (Fn. 347) §§ 67 ff.

1409 BR-Drs. 491/14 (Fn. 19) S. 73.

1410 So Meyer-Goßner/*Schmitt* § 145 StPO Rn. 7.

1411 So LR-StPO/*Lüderssen*/*Jahn* § 145 Rn. 17; SK-StPO/*Wohlers* § 145 Rn. 10; HK-StPO/*Julius* § 145 Rn. 5.

### cc) Notwendige Schritte des Gerichts zur Gewährleistung effektiver Verteidigung

Es gilt zu klären, welche Schritte das Gericht in diesen Fällen ergreifen muss, um seiner Pflicht aus Art. 6 Abs. 3 lit. c EMRK gerecht zu werden.

#### (1) Gewährleistungen des Gesetzesentwurfs

Es ist insofern in Rechnung zu stellen, dass das Gericht die Berufung des Angeklagten gemäß § 329 Abs. 1 S. 1 StPO-E nur verwirft, wenn der Verteidiger nach einer Wartefrist von ca. 15 Minuten nicht erscheint[1412] und auch keine Entschuldigungsgründe ersichtlich sind, die von Amts wegen zu überprüfen sind[1413]. Dem Gericht im Zeitpunkt der Verwerfung der Berufung nicht bekannte Entschuldigungsgründe können zudem mit dem Antrag auf Wiedereinsetzung in den vorigen Stand gemäß § 329 Abs. 6 StPO-E geltend gemacht werden.[1414]

Zudem überprüft das Gericht auch im Zusammenhang mit § 329 Abs. 1 S. 2 Nr. 1 StPO-E eine genügende Entschuldigung des Verteidigers. Darüber hinaus kann der Angeklagte durch nachträgliches persönliches Erscheinen die Verwerfung der Berufung abwenden und das Gericht kann zu diesem Zweck bei entsprechender Ankündigung die Verhandlung nach pflichtgemäßem Ermessen unterbrechen.[1415] Es sind folglich etliche Mechanismen zur Gewährleistung effektiver Verteidigung zu verzeichnen.

Jedoch ist der Verteidigungsmangel besonders gravierend, wenn das Gericht eine Entschuldigung des Verteidigers ablehnt, weil ihm das (Wieder-) Erscheinen im Einzelfall zumutbar gewesen wäre. Darin offenbart sich ein Verteidigungsmangel, der das Gericht erst recht zur Fürsorge mahnen muss.

#### (2) Offizielle Benachrichtigung des Angeklagten über einen Fortsetzungstermin bei Unterbrechung / Wegfall der Vertretungsbereitschaft des Verteidigers

Damit das Gericht bei unentschuldigtem Ausbleiben des Angeklagten und seines Verteidigers im Fortsetzungstermin einer unterbrochenen Hauptverhandlung sicher sein kann, dass der Angeklagte auf seine Verteidigung insgesamt verzichten möchte, könnte der Angeklagte auch bei Terminierung in der Hauptverhandlung künftig offiziell über den Fortsetzungstermin informiert werden. Es könnte insofern auch bei Vertretung des Angeklagten auf § 35 Abs. 2 S. 2 StPO zurückgegriffen werden und der Angeklagte über den Fortsetzungstermin formlos in Kenntnis gesetzt werden. Schriftform ist dabei grundsätzlich nicht nötig, weil § 216 Abs. 1 StPO nicht

1412 Vgl. BR-Drs. 491/14 (Fn. 19) S. 70.
1413 Vgl. BR-Drs. 491/14 (Fn. 19) S. 71.
1414 Vgl. BR-Drs. 491/14 (Fn. 19) S. 78.
1415 Vgl. BR-Drs. 491/14 (Fn. 19) S. 73.

für die fortgesetzte Hauptverhandlung gilt.[1416] Wenn es zeitlich möglich ist, sollte jedoch zur Herstellung von Rechtssicherheit Schriftform oder gar die förmliche Zustellung gewählt werden.[1417]

Bei Wegfall der Vertretungsbereitschaft des Verteidigers könnte sich das Gericht des Verzichts des Angeklagten auf seine Verteidigung insgesamt versichern, indem es entgegen dem Vorschlag des Gesetzesentwurfs verpflichtet ist, „den Angeklagten über den Wegfall der Vertretungsbereitschaft des Verteidigers vor einer Verwerfungsentscheidung zu informieren“[1418]. Damit wäre gesichert, dass der Angeklagte autonom darüber entscheiden kann, die Verwerfung der Berufung durch persönliches Erscheinen abzuwenden. Bei unentschuldigtem Nichtweitervertreten des Verteidigers liegt es nämlich nahe, dass das Vertrauensverhältnis zum Mandanten gestört ist und der Verteidiger deshalb die Benachrichtigung nicht vornehmen wird.

Insofern kann zunächst auf das Urteil *Siyrak* gegen Russland v. 19.12.2013 verwiesen werden, worin der EGMR die Verletzung des Rechts auf Verteidigung gemäß Art. 6 Abs. 3 lit. c i.V.m. Abs. 1 EMRK festgestellt hat, weil die Pflichtverteidigerin des wegen Vergewaltigung zu acht Jahren Freiheitsstrafe verurteilten Beschwerdeführers weder selbst Rechtsmittel hiergegen eingelegt, noch an der Berufungshauptverhandlung teilgenommen hatte, um den Angeklagten zu verteidigen.[1419] Unerheblich war dabei, dass der Angeklagte nie um eine Unterbrechung der Verhandlung bzw. Ersetzung seiner Verteidigerin gebeten hatte. Der EGMR war der Ansicht, dass die staatlichen Stellen nichtsdestoweniger ihrer Pflicht zur Gewähr einer effektiven Verteidigung hätten nachkommen müssen.[1420] Der EGMR hat jedoch auch auf die Schwere der Anklage bzw. die Schwere der Sanktion verwiesen sowie auf die Tatsache, dass der Angeklagte anders als der Staatsanwalt in der Berufungshauptverhandlung nur per Videokonferenz zugeschaltet war.[1421] Auch in diesem Zusammenhang hat es der EGMR akzeptiert, dass die staatlichen Stellen nach nationalem Recht keine Möglichkeit hatten, in die Art der Verteidigung einzugreifen. Jedoch hat er aufgezeigt, welche Schritte zur Gewährleistung effektiver Verteidigung erforderlich gewesen wären: Das Berufungsgericht hätte sich wenigstens versichern können, ob der Angeklagte bewusst auf sein Recht auf Verteidigung durch einen Verteidiger verzichtet hat („it was for the appeal court to verify whether the applicant chose conscientiously to waive his right to legal assistance“). Wenn dem nicht so gewesen wäre, hätte das Gericht die Gründe für das Fernbleiben der Verteidigerin untersuchen können. Insofern hätte das Berufungsgericht untersuchen müssen, ob die Verteidigerin ordnungsgemäß zum Termin geladen worden ist bzw.

1416 BeckOK-StPO/*Gorf* § 216 Rn. 1; *Pfeiffer* § 216 StPO Rn. 1; *Meyer-Goßner* § 229 StPO Rn. 1.
1417 Ähnlich LR-StPO/*Becker* § 228 Rn. 18.
1418 BR-Drs. 491/14 (Fn. 19) S. 73.
1419 EGMR Siyrak ./. R, 19.12.2013, § 30.
1420 EGMR Siyrak ./. R (Fn. 1419) § 30.
1421 Vgl. EGMR Siyrak ./. R (Fn. 1419) § 31.

ob nicht die Unterbrechung der Verhandlung geboten ist. Da diese Schritte unterlassen worden sind, hat der EGMR eine Verletzung der Konvention festgestellt.[1422]

Dem Gesetzesentwurf ist aus dieser Perspektive zuzugeben, dass auch nach deutschem Recht das Institut der Verteidigung vom Staat unabhängig ist und damit für das Gericht keine Möglichkeit besteht, den Verteidiger zur Vertretung des Angeklagten anzuhalten. Auch ist nicht daran zu zweifeln, dass das Gesetz das Sichentfernen des Verteidigers als Vertreter aus grundrechtlicher Sicht nicht durch Normierung von gerichtlichen Zwangsmaßnahmen verhindern kann.[1423] Allerdings kann aus der Sache *Siyrak* geschlossen werden, dass es dem Gericht durchaus zumutbar ist, sich beim Angeklagten zu erkundigen, ob er auf seine Verteidigung tatsächlich verzichten möchte. Dabei ist jedoch zu beachten, dass im Fall *Siyrak* der Angeklagte per Videokonferenz zugeschaltet war. Die Nachfrage des Gerichts hätte damit ohne wesentliche Verzögerungen des Verfahrens vorgenommen werden können. Im Fall des § 329 Abs. 1 S. 2 Nr. 2 StPO-E ist der Angeklagte hingegen abwesend. In der Regel wird eine schnelle Rückfrage und sei es auch per Fernkommunikationsmittel nicht ohne Verzögerung der Hauptverhandlung erfolgen können. In der Regel wird das ärztliche Gutachten wohl nicht innerhalb der Frist des § 229 Abs. 1 SPO eingeholt werden können, so dass das Verfahren nicht selten ausgesetzt werden muss.[1424]

Der EGMR hat in der Sache *Balliu* v. 16.5.2005 anerkannt, dass die Fürsorgepflicht des Gerichts zur Gewährleistung effektiver Verteidigung auch von der Pflicht zur Gewährleistung eines Verfahrens innerhalb angemessener Frist gemäß Art. 6 Abs. 1 EMRK beeinflusst wird.[1425] In diesem Urteil hatte der EGMR darüber zu entscheiden, ob die Fehler eines Wahlverteidigers dem Vertragsstaat Albanien zuzurechnen sind.[1426] Der Angeklagte war unter anderem wegen Mordes angeklagt und wurde nach sieben Monaten und 21 Verhandlungstagen zu einer lebenslangen Freiheitsstrafe verurteilt. Sein Wahlverteidiger war an sechs aufeinanderfolgenden Verhandlungstagen unentschuldigt nicht anwesend und unterstützte seinen Mandanten insbesondere nicht im Rahmen des Schlussgehörs. Aus diesem Grund wurde die Verhandlung mehrmals unterbrochen und vertagt. Letztlich wurde dem Angeklagten eine Pflichtverteidigerin bestellt, die der Angeklagte jedoch ablehnte, so dass das Gericht die Verhandlung in Anwesenheit des Angeklagten, jedoch in Abwesenheit eines Verteidigers zu Ende führte.[1427] Der EGMR hat im Ergebnis eine

---

1422 Vgl. EGMR Siyrak ./. R (Fn. 1419) § 32.

1423 Vgl. BR-Drs. 491/14 (Fn. 19) S. 73.

1424 Kritisch deshalb DRB, Stellungnahme Nr. 6/14.

1425 Vgl. EGMR Balliu ./. ALB (Fn. 345) § 38 („Bearing in mind also the authorities' obligation under Article 6 § 1 of the Convention to conduct the proceedings "within a reasonable time", the circumstances of the applicant's representation during his trial do not disclose a failure to provide legal assistance as required by Article 6 § 3 (c ) of the Convention or a denial of a fair hearing under paragraph 1 of that provision.").

1426 EGMR Balliu ./. ALB (Fn. 345) § 34.

1427 Vgl. EGMR Balliu ./. ALB (Fn. 345) §§ 8 ff. zum Sachverhalt.

Verletzung von Art. 6 Abs. 3 lit. c i.V.m. Abs. 1 EMRK verneint.[1428] Dabei hat er darauf verwiesen, dass das Gericht zur Wahrung effektiver Verteidigung den Verteidiger entweder zur Erfüllung seiner Pflichten hätte anhalten oder ihn durch einen Pflichtverteidiger hätte ersetzen können. Aufgrund der Unabhängigkeit der Verteidigung vom Staat hat es der EGMR ausreichen lassen, dass der Angeklagte die Chance auf Pflichtverteidigung hatte und letztlich nach mehrmaliger Unterbrechung der Verhandlung in Anwesenheit, allerdings unverteidigt, verurteilt worden ist.[1429]

Es wäre dem Gericht folglich durchaus zumutbar, die Verhandlung zu unterbrechen, um den Angeklagten zu informieren. In der Praxis wird der Grund für das Ausbleiben des Angeklagten jedoch häufig darin liegen, dass er einer drohenden Inhaftierung entgehen will oder sich im Ausland aufhält und damit für das Gericht anders als der anwesende verhandlungsunfähige Angeklagte schwer bzw. überhaupt nicht erreichbar ist. In Anbetracht der Verpflichtung des Gerichts, gemäß Art. 6 Abs. 1 EMRK ein Verfahren in angemessener Frist zu gewähren, sollte dem Gericht eine Informationspflicht nur auferlegt werden, wenn dem Angeklagten nicht auf andere Weise effektive Verteidigung gewährt werden kann. Aus diesem Grund ist auch die Ausweitung der Mitteilungspflicht gemäß § 35 Abs. 2 S. 2 StPO wenig erfolgsversprechend.

#### (3) Erweiterung des Anwendungsbereichs von § 145 StPO / Recht auf Neuwahl eines Verteidigers

Dem Angeklagten könnte effektive Verteidigung in Abwesenheit garantiert werden, wenn ihm bei notwendiger Verteidigung nach Maßgabe von § 145 StPO gegebenenfalls ein neuer Verteidiger zu bestellen wäre bzw. die Chance bestehen würde, einen neuen Verteidiger als Vertreter zu wählen.

Die Voraussetzungen einer Verwerfung der Berufung bei Ausbleiben, nachträglichem Sichentfernen und Nichtweitervertreten gemäß § 329 Abs. 1 S. 1, S. 2 Nr. 1 StPO-E erinnern an die Voraussetzungen von § 145 Abs. 1 StPO, wonach der Vorsitzende dem Angeklagten im Fall notwendiger Verteidigung sogleich einen anderen Verteidiger bestellt, wenn *der Verteidiger in der Hauptverhandlung ausbleibt, sich unzeitig entfernt oder sich weigert, die Verteidigung zu führen.* Nach dieser Vorschrift ist der Verteidiger ausgeblieben, wenn er trotz ordnungsgemäßer Ladung zu Beginn der

---

1428 EGMR Balliu ./. ALB (Fn. 345) §§ 38, 46.

1429 EGMR Balliu ./. ALB (Fn. 345) § 35 („The Court notes that, as the applicant did not wish to defend himself in person and his chosen lawyer did not fulfil his duty, different courses were open to the Albanian authorities. Either they could cause Mr Leli, the applicant's chosen lawyer, to fulfil his duty, or they could replace him with an officially appointed lawyer. However, it was impossible, in view of the independence of the Bar, to force the applicant's counsel to act. Moreover, the applicant refused to be defended through the officially appointed lawyer. Thus, the domestic court chose a third course, namely to adjourn the hearings and then to proceed in the absence of the applicant's counsel, albeit in the applicant's presence.").

Hauptverhandlung nicht erscheint.[1430] Er entfernt sich zur Unzeit, wenn er den Sitzungssaal verlässt bzw. nach einer Unterbrechung nicht mehr erscheint, obwohl für den Mandanten noch wesentliche Verhandlungsteile bevorstehen.[1431] Die Weigerung, die Verteidigung zu führen, kann ausdrücklich oder auch konkludent erklärt werden. Letzteres ist zu bejahen, wenn der Verteidiger untätig bleibt, obwohl ein Tätigwerden nach den Umständen objektiv geboten wäre und sich der Wegfall des Verteidigungswillens hieraus eindeutig ergibt.[1432] Damit stimmen die Voraussetzungen mit denen des § 329 Abs. 1 S. 1, S. 2 Nr. 1 StPO-E überein. Allerdings soll § 145 StPO laut Begründung des Gesetzesentwurfs nur gelten, wenn der Angeklagte zur Hauptverhandlung erschienen ist. Bei Ausbleiben des Pflichtverteidigers wird ihm dann sogleich ein anderer Verteidiger bestellt oder gemäß § 145 Abs. 1 S. 2 StPO die Unterbrechung bzw. Aussetzung der Hauptverhandlung beschlossen.[1433] Nach ständiger Rechtsprechung ist das Ausbleiben des Pflichtverteidigers für die Verwerfung der Berufung gemäß § 329 Abs. 1 S. 1 StPO jedoch unbeachtlich, da in Abwesenheit des Angeklagten nicht zur Sache verhandelt wird bzw. keine Feststellungen zum Schuld- oder Strafausspruch getroffen werden, sondern nur die verfahrensrechtlichen Voraussetzungen für den Erlass eines Verwerfungsurteils überprüft werden.[1434]

§ 145 StPO bezweckt, dass dem Angeklagten in den Fällen notwendiger Verteidigung, insbesondere gemäß § 140 StPO, ein ausreichend vorbereiteter Verteidiger während der gesamten Dauer der Hauptverhandlung beisteht und so sein Recht auf effektive Verteidigung gemäß Art. 6 Abs. 3 lit. c EMRK gesichert ist.[1435] In den Fällen, in denen sich dem Gericht Verteidigungsmängel aufdrängen, muss dem Gericht einleuchten, dass der Angeklagte höchstwahrscheinlich auf sein Recht auf Verteidigung in Abwesenheit nicht verzichten will. Es ist zu beachten, dass die Neufassung des § 329 Abs. 1 StPO-E auch das Ausbleiben bzw. Nichtweitervertreten während einer laufenden Hauptverhandlung erfasst und damit Verhandlungsteile, in denen zur Sache verhandelt und die Schuld- und Straffrage behandelt wird. Damit kann die Berufung des Angeklagten nach dem Gesetzesentwurf verworfen werden, *obwohl* bereits über die Fragen der Schuld und Strafe verhandelt worden ist. Die Verteidigungsinteressen des Angeklagten sind damit in erhöhtem Maß zu schützen. Wenn gemäß § 329 Abs. 1, 2 StPO-E eine Verhandlung zur Sache gleichermaßen in Anwesenheit des Angeklagten oder seines vertretungsbereiten Verteidigers ermöglicht wird, ist es nicht einsichtig, weshalb die Verteidigungsinteressen in Abwesenheit des Angeklagten nicht gleichermaßen schützenswert sein sollen wie in Anwesenheit. Immerhin ergibt sich auch aus der Rechtsprechung des EGMR, dass das Recht auf

1430 HK-StPO/*Julius* § 145 Rn. 3; BeckOK-StPO/*Wessing* § 145 Rn. 2.
1431 OLG Köln, NJW 2005, 3588; BeckOK-StPO/*Wessing* § 145 Rn. 3; Meyer-Goßner/*Schmitt* § 145 StPO Rn. 6.
1432 Vgl. hierzu 8. Kapitel § 1 III. 2. c).
1433 Vgl. BR-Drs. 491/14 (Fn. 19) S. 69.
1434 OLG Hamm, NJW 1970, 1245 f.; OLG Stuttgart, NStZ-RR 2004, 338; OLG Hamm, NStZ-RR 2010, 245.
1435 Vgl. KK-StPO/*Laufhütte* § 145 Rn. 1; *Pfeiffer* § 145 StPO Rn. 1.

effektive Verteidigung nach Art. 6 Abs. 3 lit. c EMRK ebenso in Abwesenheit gilt, sowie nicht nur bei Wahl-, sondern auch bei Pflichtverteidigung (vgl. 2. Kapitel). Deshalb ist § 145 StPO auch im Fall des § 329 Abs. 1 StPO-E anzuwenden.

Dabei ist zu beachten, dass grundsätzlich die Unterbrechung bzw. Aussetzung der Verhandlung gemäß § 145 Abs. 1 S. 2 StPO Vorrang vor der Neubestellung des Verteidigers hat, da damit einer etwaigen Entschuldigung des Verteidigers vorgebeugt werden soll.[1436] Im Rahmen der Berufung des Angeklagten wird diese Regelung jedoch leerlaufen, da eine Entschuldigung des Verteidigers bereits nach § 329 Abs. 1 StPO-E vom Gericht zu beachten ist. Überflüssig ist die Neubestellung darüber hinaus, wenn der Angeklagte umgehend einen Verteidiger wählt. Diesem steht nach bisheriger Rechtslage bereits das Recht auf Vertagung entsprechend § 145 Abs. 3 StPO zu.[1437]

Gegen eine direkte Anwendbarkeit des § 145 Abs. 1 S. 1 StPO könnte jedoch sprechen, dass nach der Konzeption der StPO auch der Pflicht(wahl)verteidiger[1438] kein *Vertreter* des Angeklagten, sondern nur sein *Beistand* ist. Jedoch soll daran auch nicht gerüttelt werden, da der bestellte Beistand nach § 145 Abs. 3 StPO erklären kann, dass ihm die zur Vorbereitung der Verteidigung verbleibende Zeit nicht ausreicht, so dass die Verhandlung zu unterbrechen bzw. auszusetzen ist. In dieser Zeit könnte der Angeklagte den Verteidiger zur Vertretung ermächtigen und mit den nötigen Informationen ausstatten. Es soll folglich keine gesetzliche Vertretung eingeführt werden, so dass eine analoge Anwendung von § 145 StPO nicht nötig ist.

Im Ergebnis ist damit der Anwendungsbereich des § 145 StPO auch auf § 329 Abs. 1 StPO-E zu erstrecken.

Problematisch ist, dass § 145 StPO nur für den Fall der notwendigen Verteidigung gilt. Aus der Rechtsprechung des EGMR hat sich jedoch ergeben, dass die Fürsorgepflicht des Gerichts auch für den Fall der Wahlverteidigung gilt. Es wäre damit unbillig, einen Angeklagten, dessen beauftragter Wahlverteidiger sich entsprechend § 329 Abs. 1 S. 1, S. 2 Nr. 2 StPO-E verhält und damit das Rechtsmittel gefährdet, schlechter zu stellen als denjenigen, der notwendig verteidigt wird.[1439] Auch er hat durch Entsendung eines sorgfältigen und pflichtbewussten Verteidigers zum Ausdruck gebracht, dass er von seinem Recht gemäß Art. 6 Abs. 3 lit. c EMRK Gebrauch machen will. Diesen Missstand hat der Vorsitzende des 2. Strafsenats des BGH im Rahmen der Revisionshauptverhandlung erkannt und durch Verfügung v. 25.9.2014 entschieden, dass in allen Revisionshauptverhandlungen, in denen der

---

1436 Vgl. HK-StPO/*Julius* § 145 Rn. 6; KK-StPO/*Laufhütte* § 145 Rn. 2; SK-StPO/*Wohlers* § 145 Rn. 16.

1437 OLG Karlsruhe, StV 1991, 199, 200; HK-StPO/*Julius* § 145 Rn. 19; Meyer-Goßner/*Schmitt* § 145 StPO Rn. 15.

1438 Auch im Rahmen des § 145 StPO gilt § 142 Abs. 1 S. 1 StPO, wonach der Angeklagte einen Verteidiger seines Vertrauens vorschlagen kann. Vgl. SK-StPO/*Wohlers* § 145 Rn. 14; HK-StPO/*Julius* § 145 Rn. 8.

1439 Ähnlich die Kritik von *Pikart* NStZ 1984, 83, 84 bezüglich der Anwesenheitspflicht des notwendigen Verteidigers in der Revisionsinstanz.

Wahlverteidiger des abwesenden Angeklagten nicht erscheint, obwohl ihm der Termin der Verhandlung mitgeteilt wurde, dieser zum Pflichtverteidiger zu bestellen ist, um dem Recht auf Verteidigung in Abwesenheit gemäß Art. 6 Abs. 3 lit. c EMRK gerecht zu werden. Dies soll gelten, obwohl nach dem Wortlaut des § 350 Abs. 1 S. 1 und Abs. 2 StPO die Anwesenheit eines gewählten Verteidgers in der Revisionshauptverhandlung grundsätzlich nicht erforderlich sei.[1440]

Letztlich muss die Fürsorgepflicht des Gerichts auch im Berufungsverfahren gebieten, das Verfahren gemäß §§ 228 Abs. 1, 229 StPO zu unterbrechen, damit sich der Verteidiger möglicherweise seiner Aufgabe besinnt, der Angeklagte selbst zum Fortsetzungstermin erscheint oder sogar einen neuen Verteidiger wählt. Vor allem bei Neuwahl eines Verteidigers wird häufig die Aussetzung der Verhandlung angezeigt sein, da dieser bei wesentlichen Verhandlungsteilen nicht anwesend gewesen ist. Einer Aussetzung der Hauptverhandlung scheint jedoch § 228 Abs. 2 StPO entgegenzustehen. Danach gibt *eine Verhinderung des Verteidigers, unbeschadet der Vorschrift des § 145 StPO, dem Angeklagten kein Recht, die Aussetzung der Verhandlung zu verlangen.*[1441] Dieser Norm liegt jedoch die ratio zugrunde, dass der Angeklagte innerhalb der Einlassungs- und Ladungsfrist genügend Zeit hatte, einen Verteidiger seiner Wahl zu beauftragen. Gelingt ihm dies nicht, geht dies zu seinen Lasten und das Gericht kann davon ausgehen, dass der Angeklagte sich für die Selbstverteidigung entschieden hat und deshalb selbst ausreichend vorbereitet ist. Eine Verfahrensverzögerung durch Aussetzung ist dann nicht geboten.[1442] Wenn der Angeklagte jedoch während der Einlassungs- und Ladungsfrist einen Wahlverteidiger mit seiner Verteidigung und Vertretung beauftragt hat und im Vertrauen auf ihn gänzlich darauf verzichtet, sich selbst zu verteidigen, beruht die Verhinderung des Verteidigers nicht auf einem Verschulden des Angeklagten. Im Ergebnis ist dieser Fall nicht vom Zweck des § 228 Abs. 2 StPO erfasst.[1443]

Maßgeblich ist insofern § 265 Abs. 4 StPO, wonach *das Gericht auf Antrag oder von Amts wegen die Hauptverhandlung auszusetzen hat, falls dies infolge der veränderten Sachlage zur genügenden Vorbereitung der Anklage oder der Verteidigung angemessen erscheint.* Es ist anerkannt, dass eine veränderte Sachlage auch darin bestehen kann, dass der Wahlverteidiger verhindert gewesen ist[1444] bzw. ein neuer Verteidiger[1445] gewählt worden ist. Ob die Aussetzung und Unterbrechung zur Vorbereitung der Verteidigung angemessen ist, liegt im pflichtgemäßen Ermessen des

---

1440 BGH, Verfügung v. 25.9.2014 – 2 StR 163/14.

1441 Die Unterbrechung wird vom Wortlaut der Norm nicht ausdrücklich erfasst. Vgl. auch LR-StPO/*Becker* § 228 Rn. 21.

1442 Vgl. OLG Frankfurt, NStZ-RR 1996, 304, 305; OLG Celle, NJW 1965, 2264; OLG Düsseldorf, GA 126 (1979) 226, 227; *Heubel* NJW 1981, 2678; *Weider* StV 1983, 270, 271.

1443 Vgl. LR-StPO/*Becker* § 228 Rn. 24; HK-StPO/*Julius* § 228 Rn. 4; *Heubel* NJW 1981, 2678 jeweils bezüglich des Verteidigers als Beistand.

1444 Vgl. OLG Celle, NJW 1965, 2265 (Fernbleiben des Verteidigers); *Weider* StV 1983, 270, 271; *Heubel* NJW 1981, 2578, 2679.

1445 BGH, NJW 2000, 1350; BGH, NStZ 2009, 650.

Gerichts. Nach herrschender Auffassung sind dabei die Umstände des Einzelfalls maßgeblich, insbesondere ob es dem Angeklagten wegen der Bedeutung der Sache, der Schwierigkeit der Sach- und Rechtslage, der Lage des Verfahrens bei Eintritt des Verhinderungsfalls, des Grundes hierfür, dessen Voraussehbarkeit oder der voraussichtlichen Dauer der Verhinderung zumutbar ist, sich selbst zu verteidigen.[1446] Diesen Kriterien wird vor allem entgegengehalten, dass sie bereits bei Beurteilung der Frage der notwendigen Verteidigung gemäß § 140 Abs. 2 StPO relevant sind und deshalb nicht entscheidend sein können. In Abgrenzung zu § 228 Abs. 2 StPO soll dem Angeklagte stets eine effektive Wahlverteidigung ermöglicht werden, wenn die Verfehlung des Wahlverteidigers nicht auf ein Verschulden des Angeklagten zurückzuführen ist.[1447] Innerhalb der ständigen Rechtsprechung ist jedoch auch zu verzeichnen, dass die Gewährleistung des Art. 6 Abs. 3 lit. c EMRK im Rahmen der Abwägung zwischen der Beschleunigung des Verfahrens und dem Interesse des Angeklagten auf Verteidigung[1448] berücksichtigt wird.[1449] Da die Rechtsprechung des EGMR dem Angeklagten nicht nur in Anwesenheit, sondern wie gezeigt, auch in Abwesenheit ein Recht auf effektive Verteidigung gewährt, kann die Abwägung zur Möglichkeit der Selbstverteidigung nicht mehr der richtige Ansatzpunkt sein. In der Regel wird deshalb bei Neuwahl eines Verteidigers die Verhandlung auszusetzen sein.

Auf diese Weise könnte dem Angeklagten zwar auch in Abwesenheit effektive Verteidigung gewährleistet werden. Dabei darf jedoch nicht übersehen werden, dass der Angeklagte in der Praxis häufig der Verhandlung ferngeblieben sein wird, um sich der Gerichtsbarkeit zu entziehen. Es besteht damit die Gefahr, dass Unterbrechungen und Aussetzungen leerlaufen, weil der Angeklagte über den Stand des Verfahrens schlicht nicht informiert werden kann. Wenn möglich, sollten derartige fruchtlose Verzögerungen vermieden werden.

#### (4) Wiedereinsetzung in den vorigen Stand bei fehlendem Verschulden des Angeklagten

Dem Angeklagten könnte effektive Verteidigung gewährleistet werden, indem ein Antrag des Angeklagten auf Wiedereinsetzung in den vorigen Stand gemäß § 329 Abs. 6 StPO-E Erfolg hat, wenn er ihn binnen einer Woche nach Zustellung des Urteils beim Berufungsgericht stellt und darin glaubhaft machen kann (§ 45 Abs. 2 S. 1 StPO), dass er „einen pflichtbewussten und sorgfältigen Verteidiger mit der Vertretung beauftragt und sich auf dessen Erscheinen als Vertreter“[1450] sowie die Wahrnehmung des Vertretungsauftrags verlassen hat. Ein derartiger Vortrag würde belegen, dass der Angeklagte

---

1446 Vgl. KG, NZV 1993, 411; OLG Düsseldorf, GA 125 (1979) 226, 227; OLG Hamm, MDR 1972, 254; *Meyer-Goßner* § 265 StPO Rn. 43.

1447 So HK-StPO/*Julius* § 265 Rn. 21; *Weider* StV 1983, 270, 271.

1448 Vgl. hierzu OLG Frankfurt, NStZ-RR 1996, 304, 305.

1449 BGH, NStZ 1998, 530; OLG Braunschweig, StV 2008, 293 f.

1450 BR-Drs. 491/14 (Fn. 19) S. 71.

zwar auf sein Anwesenheitsrecht, jedoch nicht auf sein Recht auf Verteidigung in Abwesenheit verzichten wollte. Für die Frage des Verschuldens wäre damit allein auf die Person des Angeklagten abzustellen, ohne dass ihm ein Verschulden des Verteidigers gemäß § 85 Abs. 2 ZPO analog zuzurechnen wäre.

Hat der Antrag auf Wiedereinsetzung Erfolg, wird der Verwerfungsbeschluss aufgehoben. Der Angeklagte hätte in der neuen Berufungshauptverhandlung die Möglichkeit, autonom darüber zu entscheiden, ob er erneut zum Termin persönlich erscheint und sich eines Verteidigers als Beistand bedient oder ob er sich vertreten lässt. Beantragt der Angeklagte die Wiedereinsetzung in den vorigen Stand hingegen nicht, darf das Gericht davon ausgehen, dass der Angeklagte auf seine Verteidigung insgesamt verzichten wollte.

Zuzugeben ist jedoch, dass auch der Rechtsbehelf der Wiedereinsetzung in den vorigen Stand mit Unsicherheiten als Garant effektiver Verteidigung behaftet ist. Denn die Rechtsbehelfsfrist wird durch die Zustellung des Verwerfungsbeschlusses ausgelöst. Die Vorschriften über die Zustellung gemäß §§ 36 ff. StPO stellen jedoch keineswegs sicher, dass das Schriftstück dem Angeklagten stets persönlich übergeben wird. Vielmehr ist die öffentliche Zustellung im Rahmen der Berufung des Angeklagten nach Maßgabe von § 40 Abs. 3 StPO bereits zulässig, *wenn eine Zustellung nicht unter einer Anschrift möglich ist, unter der letztmals zugestellt wurde oder die der Angeklagte zuletzt angegeben hat.*[1451] Die Zustellung wird gemäß § 40 Abs. 1 S. 2 StPO fingiert, wenn seit dem Aushang der Benachrichtigung (§ 37 Abs. 1 StPO i.V.m. §§ 186 f. ZPO)[1452] an der Gerichtstafel des Berufungsgerichts[1453] zwei Wochen vergangen sind. Hintergrund dieser Vorschrift ist die Entlastung der Justiz, indem sie anders als im Rahmen der §§ 40 Abs. 1, 2 StPO nicht alle Möglichkeiten ausschöpfen muss, um die Zustellung auf andere Weise als durch öffentliche Zustellung zu bewirken.[1454] Wenn der Angeklagte die Durchführung der Berufung wünscht und damit den Eintritt der Rechtskraft verzögert, soll es ihm auch zumutbar sein, seine ladungsfähige Anschrift mitzuteilen und damit aktiv am Verfahren mitzuwirken.[1455] Folglich schwingt wie bei § 329 Abs. 1 S. 1 StPO der Rechtsgedanke der „Bestrafung" mit, falls er seiner Mitwirkungsobliegenheit nicht nachkommt. Wenn der Angeklagte jedoch berechtigterweise einen Verteidiger seines Vertrauens als Vertreter in die Berufungsverhandlung geschickt hat, hat er dadurch seine Mitwirkungsobliegenheit erfüllt. Insofern ist bereits nach geltendem

---

1451 Zur Anwendbarkeit der Vorschrift bei einem Verwerfungsurteil, vgl. BeckOK-StPO/*Larcher* § 40 Rn. 14; zur öffentlichen Zustellung der Ladung zum Berufungstermin vgl. OLG Karlsruhe, Beschl. v. 25.9.2013 – 2 (6) Ss 386/13 – AK 101/13, BeckRS 2014, 11569.

1452 Die Benachrichtigung enthält den Namen des Zustellungsadressats, die Bezeichnung des Prozessgegenstands, das Aktenzeichen sowie die Stelle, an der Einsicht in das Schriftstück gewährt wird. Vgl. SK-StPO/*Weßlau* § 40 Rn. 17.

1453 Zur Zuständigkeit vgl. § 37 Abs. 1 StPO i.V.m. § 186 Abs. 1 S. 1 ZPO.

1454 BT-Drs. 10/1313, S. 18.

1455 BT-Drs. 10/1313, S. 18.

Recht zu beachten, dass nach § 40 Abs. 3 StPO nur verfahren werden darf, wenn die Zustellung an den Verteidiger nach § 145a StPO nicht bewirkt werden kann.[1456] Gemäß § 145a Abs. 1 StPO gelten der *gewählte Verteidiger, dessen Vollmacht sich bei den Akten befindet, sowie der bestellte Verteidiger als ermächtigt, Zustellungen und sonstige Mitteilungen für den Beschuldigten in Empfang zu nehmen.* Da sich dem Gericht im Fall des § 329 Abs. 1 S. 2 Nr. 1 StPO-E jedoch die Ineffizienz der Verteidigung offenbart und die Möglichkeit der Wiedereinsetzung in den vorigen Stand Art. 6 Abs. 3 lit. c EMRK zur Geltung verhelfen soll, sollte der Vorsitzende gemäß § 36 Abs. 1 StPO i.V.m. § 145a Abs. 3 StPO davon absehen, an den Verteidiger zuzustellen und sich stattdessen für eine Zustellung an den Angeklagten entscheiden.[1457] Da der Angeklagte durch Entsendung eines sorgfältigen und pflichtbewussten Verteidigers in die Berufungsverhandlung gezeigt hat, dass er durchaus Interesse an der Aufrechterhaltung seines Rechtsmittels hat, ist der Rechtsgedanke der „Bestrafung" für eine unterlassene Mitteilung einer geänderten ladungsfähigen Anschrift[1458] verfehlt. Dies gilt umso mehr, weil § 329 StPO-E suggeriert, dass sich der Angeklagte bei Entsendung eines Verteidigers als Vertreter gerade *nicht* zur Verfügung halten muss. Aufgrund der sich aus Art. 6 Abs. 3 lit. c EMRK folgenden Sorgfaltspflicht des Gerichts muss zur Wahrung des Rechts auf Verteidigung (in Abwesenheit) sowie des Rechts auf Gehör alles getan werden, um den Angeklagten tatsächlich über das Verwerfungsurteil in Kenntnis zu setzen. Im Ergebnis sollte damit die öffentliche Zustellung allenfalls nach Maßgabe der §§ 40 Abs. 1, Abs. 2 StPO zulässig sein, so dass sie stets ultima ratio[1459] sein muss.

Die Gewährung der Wiedereinsetzung in den vorigen Stand bei fehlendem Verschulden des Angeklagten in Person ist geeignet, das Recht auf effektive Verteidigung in Abwesenheit zu gewährleisten. In der neuen Hauptverhandlung muss das Gericht jedoch erneut über die Effektivität der Hauptverhandlung wachen.

#### dd) Ergebnis

Zur Gewährleistung effektiver Verteidigung auch in Abwesenheit des Angeklagten erfordert es die Fürsorgepflicht des Gerichts, einem frist- und formgerechten Antrag auf Wiedereinsetzung in den vorigen Stand gemäß § 329 Abs. 6 StPO-E stattzugeben, wenn der Angeklagte glaubhaft machen kann, dass er „einen pflichtbewussten und

1456 BT-Drs. 10/1313, S. 19.

1457 Zur Anordnungsbefugnis des Vorsitzenden bezüglich des Zustellungsadressaten, vgl. OLG Koblenz, NStZ 1992, 194; SK-StPO/*Wohlers* § 145a Rn. 13; KK-StPO/*Laufhütte* § 145a Rn. 1.

1458 Vgl. BT-Drs. 10/1313, S. 18 („In diesen Fällen hat er aber mit der Berufung sein Interesse bekundet, daß das Urteil erster Instanz von dem Berufungsgericht überprüft wird. Es ist nicht unbillig, von ihm zu verlangen, daß er dann auch das seinerseits Erforderliche tut, damit das Verfahren abgeschlossen werden kann.").

1459 OLG Köln, Beschl. v. 26.5.2008 – 2 Ws 249/08, BeckRS 2008, 13509; SK-StPO/*Weßlau* § 40 Rn. 8; BeckOK-StPO/*Larcher* § 40 Rn. 1a.

sorgfältigen Verteidiger mit der Vertretung beauftragt und sich auf dessen Erscheinen als Vertreter im Termin [sowie auf dessen tatsächliche Vertretung] verlassen zu haben."[1460] Die Frist zur Stellung des Antrags auf Wiedereinsetzung darf dabei nicht nach Maßgabe der §§ 40 Abs. 3, 145a StPO ausgelöst werden.

### *d) Verwerfung der Berufung bei schuldhafter Verhandlungsunfähigkeit des Angeklagten*

Die Berufung des Angeklagten wird gemäß § 329 Abs. 1 S. 2 Nr. 3 StPO-E auch verworfen, wenn *der Angeklagte die Fortführung der Hauptverhandlung dadurch verhindert, dass er sich vorsätzlich und schuldhaft in einen seine Verhandlungsfähigkeit ausschließenden Zustand versetzt hat und kein Verteidiger mit schriftlicher Vertretungsvollmacht anwesend ist.*

Nach bisheriger Rechtslage wird die Berufung des Angeklagten nicht verworfen, wenn er sich *nach Beginn der Berufungshauptverhandlung* (vgl. § 329 Abs. 1 S. 1 StPO) *vorsätzlich und schuldhaft in einen seine Verhandlungsfähigkeit ausschließenden Zustand versetzt und dadurch wissentlich die ordnungsgemäße Durchführung der Hauptverhandlung in seiner Gegenwart verhindert.* Gemäß § 332 StPO i.V.m. § 231a StPO ist dann zwingend eine Abwesenheitshauptverhandlung durchzuführen, soweit das Gericht seine Anwesenheit nicht für unerlässlich hält. Nach § 231a Abs. 4 StPO ist dem Angeklagten sogar zwingend ein Pflichtverteidiger beizuordnen.

Im Ergebnis stellt die Neuregelung der Berufung des Angeklagten damit eine Verschlechterung der Rechtsstellung des Angeklagten dar. Es gilt zu prüfen, ob dabei nicht das Recht auf ein faires Verfahren bzw. auf effektive Verteidigung gemäß Art. 6 Abs. 1 i.V.m. Abs. 3 lit. c EMRK verletzt wird.

#### aa) Fehlen des Merkmals der wissentlichen Verhinderung der Hauptverhandlung

Der Gesetzesentwurf stellt in der Begründung klar, dass die § 329 Abs. 1 S. 2 Nr. 3 StPO-E zugrundeliegende Fallkonstellation an § 231a StPO angelehnt ist.[1461] Im direkten Vergleich fällt jedoch auf, dass § 329 Abs. 1 S. 2 Nr. 3 StPO-E anders als § 231a Abs. 1 S. 1 StPO nicht voraussetzt, dass der Angeklagte *wissentlich die ordnungsgemäße Durchführung oder Fortsetzung der Hauptverhandlung* verhindert haben muss. Nach der Begründung des Gesetzesentwurfs soll es darauf in der Berufung auch nicht ankommen, da der Angeklagte über die entsprechenden rechtlichen Folgen des § 329 StPO-E bereits in der Rechtsmittelbelehrung nach § 35a S. 2 StPO zu einem Zeitpunkt hingewiesen worden sein müsse, in dem er noch verhandlungsfähig war.[1462]

---

1460 BR-Drs. 491/14 (Fn. 19) S. 71.
1461 Vgl. BR-Drs. 491/14 (Fn. 19) S. 74.
1462 BR-Drs. 491/14 (Fn. 19) S. 74.

Wissentlichkeit ist nach den Regeln des materiellen Strafrechts zu kategorisieren und damit zu bejahen, wenn der Angeklagte gewusst und als sicher vorausgesehen hat, dass er durch die Beeinträchtigung seines Gesundheitszustands die ordnungsgemäße Durchführung der Hauptverhandlung verhindern wird. Er muss folglich zumindest mit dolus directus 2. Grades gehandelt haben. Dolus eventualis reicht nicht aus.[1463] Wenn der Entwurf für die Bejahung der Wissentlichkeit auf § 35a S. 2 StPO und damit auf die Rechtsmittelbelehrung abstellt, die auch auf die Folgen der §§ 329, 330 StPO hinzuweisen hat, ist zu beachten, dass der Vorsitzende gemäß Nr. 142 Abs. 1 RiStBV wegen der Einzelheiten auf ein Merkblatt verweisen wird, das dem Angeklagten auszuhändigen ist. Aufgrund der Komplexität des § 329 Abs. 1 StPO-E werden die verschiedenen Varianten einer möglichen Berufungsverwerfung zu diesen Einzelheiten zählen. Wenn sich der Angeklagte dieses Merkblatt nicht aufmerksam durchliest, kann im Rahmen des § 329 Abs. 1 S. 2 Nr. 3 StPO-E nicht von Wissentlichkeit ausgegangen werden. Der Gesetzesentwurf legt dem § 329 Abs. 1 S. 2 Nr. 3 StPO-E damit nicht das Merkmal der Wissentlichkeit, sondern des Wissenmüssens zugrunde. Insofern ist die Begründung des Gesetzesentwurfs nicht stimmig.

Allerdings ist zu beachten, dass der Angeklagte in der Ladung zur Berufungshauptverhandlung gemäß § 323 Abs. 1 S. 2 StPO anders als im Rahmen des § 231a StPO auf die Folgen der §§ 329, 330 StPO ausdrücklich und unmissverständlich zu einem Zeitpunkt hinzuweisen ist, in dem er noch nicht verhandlungsunfähig ist. Damit kann dem Gesetzesentwurf im Ergebnis zugestimmt werden.

Da der Angeklagte damit im Vorfeld umfassend über seine Rechte und Pflichten und die jeweiligen Konsequenzen seines Zuwiderhandelns belehrt wird, ist das Recht auf Anwesenheit in der Hauptverhandlung gemäß Art. 6 Abs. 3 lit. c, d, e, Abs. 1 EMRK auch nicht verletzt. Das Gericht darf von einem Verzicht auf Anwesenheit ausgehen und die Berufung verwerfen, wenn sich der Angeklagte vorsätzlich und schuldhaft in den Zustand der Verhandlungsunfähigkeit versetzt.

#### bb) Keine Gelegenheit zur Äußerung zur Anklage in der Berufungshauptverhandlung

Darüber hinaus sieht § 231a Abs. 1 S. 2 StPO vor, dass in Abwesenheit nur verhandelt werden darf, *wenn der Angeklagte nach Eröffnung des Hauptverfahrens Gelegenheit gehabt hat, sich vor dem Gericht oder einem beauftragten Richter zur Anklage zu äußern.* In § 329 Abs. 1 S. 2 Nr. 3 StPO-E fehlt eine entsprechende Regelung. Der Gesetzesentwurf erklärt dies damit, dass dem Angeklagten diese Möglichkeit zur Äußerung bereits in der ersten Instanz gewährt worden sei.[1464]

1463 Vgl. BT-Drs. 7/2989, S. 6; BGHSt 26, 228, 240; LR-StPO/*Becker* § 231a Rn. 5; KK-StPO/*Gmel* § 231a Rn. 8.

1464 Vgl. BR-Drs. 491/14 (Fn. 19) S. 71.

Der Gesetzgeber wollte mittels § 231a Abs. 1 S. 2 StPO sicherstellen, dass der Angeklagte nicht ungehört verurteilt wird.[1465] Aus diesem Grund wird teilweise angenommen, dass die Gelegenheit zur Äußerung aufgrund des Rechts auf Gehör gemäß Art. 103 Abs. 1 GG notwendig ist.[1466] Allerdings wird dem Angeklagten bereits durch ordnungsgemäße Ladung zum Termin (§§ 216 f. StPO) in der ersten Instanz wie auch in der Berufungsinstanz (§ 323 Abs. 1 StPO) die Gelegenheit zur Äußerung eröffnet. Wenn er sich anschließend im Termin seiner Äußerungsrechte nach den §§ 243 Abs. 5 S. 1, 257, 258 StPO begibt, indem er sich vorsätzlich und schuldhaft in den Zustand der Verhandlungsunfähigkeit versetzt, ist es aus Sicht von Art. 103 Abs. 1 GG grundsätzlich nicht geboten, ihm auf andere Weise erneut rechtliches Gehör zu gewähren.[1467] Ein ordnungsgemäßer Verzicht kann ebenso gemäß Art. 6 Abs. 1, Abs. 3 EMRK angenommen werden.

Im Ergebnis stellt § 231a Abs. 1 S. 2 StPO zwar eine Ausprägung rechtlichen Gehörs dar, jedoch ist sie rechtlich nicht geboten. Deshalb ist ihr Fehlen im Rahmen von § 329 Abs. 1 S. 2 Nr. 2 StPO-E auch nicht zu beanstanden.

#### cc) Notwendigkeit der Einholung eines ärztlichen Sachverständigengutachtens

Gemäß § 329 Abs. 1 S. 3 StPO-E entscheidet das Gericht erst nach Anhörung eines Arztes als Sachverständiger. Dieses Erfordernis ist wiederum § 231a Abs. 3 S. 1 StPO entnommen worden. Der Gesetzesentwurf weist darauf hin, dass der Arzt zu diesem Zweck in der Regel eine körperliche Untersuchung gemäß § 81a StPO durchführen wird, die der Angeklagte auch zu dulden hat.[1468] Der DRB hat insofern bemängelt, dass die Erstellung des ärztlichen Gutachtens selten innerhalb der Frist des § 229 Abs. 1 StPO eingeholt werden könne, so dass die Hauptverhandlung vielmehr auszusetzen sei und damit mit entsprechender Verzögerung von neuem zu beginnen sei.[1469]

Allerdings ist zu beachten, dass die Einholung des ärztlichen Sachverständigengutachtens das Recht auf Gehör sowie das Anwesenheitsrecht des Angeklagten absichert. Solange die Erstellung des Gutachtens innerhalb angemessener Frist erfolgt, kann im Einzelfall auch eine Aussetzung des Verfahrens geboten

---

1465 Vgl. BT-Drs. 7/2989, S. 6.

1466 So *Neuhaus* S. 146 f.; *Rieß* JZ 1975, 265, 270 (zusätzlich Betonung der Warnfunktion bezüglich der Durchführung einer Abwesenheitshauptverhandlung); *Baumann* ZRP 1975, 38, 43; SSW-StPO/*Grube* § 231a Rn. 12; SK-StPO/*Deiters* § 231a Rn. 28.

1467 Ähnlich KMR-StPO/*Eschelbach* § 231a Rn. 30; LR-StPO/*Becker* § 231a Rn. 12; vgl. zur Verwirkung der Äußerungsrechte auch BVerfGE 89, 120, 129 f.; 41, 246, 249; Maunz/Dürig-GG/*Schmidt-Aßmann* Art. 103 Abs. 1 Rn. 83; zur Verwirklichung des Gehörsanspruchs durch ordnungsgemäße Ladung vgl. auch BGHSt 17, 391, 396.

1468 Vgl BR-Drs. 491/14 (Fn. 19) S. 74; zu § 231a StPO vgl. *Neuhaus* S. 106 f.; zu § 81a StPO als Ermächtigungsgrundlage vgl. OLG Celle, StV 2012, 524 f.; LR-StPO/*Krause* § 81a Rn. 17; SK-StPO/*Rogall* § 81a Rn. 11.

1469 DRB, Stellungnahme 6/14.

sein, ohne dass eine konventionswidrige Verzögerung i.S.v. Art. 6 Abs. 1 EMRK eintritt.[1470] § 329 Abs. 1 S. 3 StPO-E löst damit nicht automatisch die Entschädigungspflicht gemäß §§ 198, 199 GVG für eine unangemessene Dauer des Gerichtsverfahrens aus.

Die durch die Begutachtung des Angeklagten verursachten Verzögerungen des Verfahrens sind zu dessen Schutz hinzunehmen und deshalb nicht zu beanstanden.

### dd) Erforderlichkeit eines Sonderfalls notwendiger Verteidigung?

Schließlich fällt auf, dass § 329 Abs. 1 StPO anders als § 231a Abs. 4 StPO nicht vorsieht, dass *dem Angeklagten, der keinen Verteidiger hat, ein Verteidiger zu bestellen ist, sobald eine Verhandlung ohne den Angeklagten in Betracht kommt.* § 231a Abs. 4 StPO normiert einen Sonderfall notwendiger Verteidigung.[1471] Der Verteidiger kann in der mündlichen Verhandlung nach Maßgabe der §§ 234, 234a StPO die Rechte des Angeklagten wahrnehmen.[1472] Der Gesetzesentwurf schweigt dazu, weshalb im Rahmen von § 329 Abs. 1 S. 2 Nr. 3 StPO-E von einer Parallelregelung abgesehen worden ist. Der Grund hierfür liegt wohl darin, dass § 329 Abs. 1 StPO anders als § 231a StPO keine Verhandlung zur Sache vorsieht und damit eine notwendige Verteidigung als überflüssig erachtet wird. Insofern kann damit auf die Argumentation zur Unanwendbarkeit des § 145 StPO bei der Berufung des Angeklagten zurückgegriffen werden (vgl. 8. Kapitel § 1 III. 2. c) cc) (3)).

Folglich stellt sich jedoch die Frage, ob bei vorsätzlich und schuldhaft herbeigeführter Verhandlungsunfähigkeit in der Berufungsverhandlung nicht auch ein besonderer Fall notwendiger Verteidigung zur Gewährleistung effektiver Verteidigung i.S.v. Art. 6 Abs. 3 lit. c EMRK geboten ist. Allerdings wird die Berufung des Angeklagten gemäß § 329 Abs. 1 S. 2 Nr. 3 StPO-E nur verworfen, wenn anstelle des verhandlungsunfähigen Angeklagten *kein Verteidiger mit schriftlicher Vertretungsvollmacht*[1473] erschienen ist. Diesbezüglich ist der Angeklagte in der Ladung auch ausdrücklich belehrt worden (§ 323 Abs. 1 StPO). Er ist sich damit in verhandlungsfähigem Zustand seiner Rechte auf Anwesenheit und Verteidigung in Abwesenheit bewusst gewesen. Hat der Angeklagte aber von seinem Recht auf Verteidigung in Abwesenheit erst gar keinen Gebrauch gemacht und verzichtet er auch auf sein Recht auf Anwesenheit, indem er sich vorsätzlich und schuldhaft in den Zustand der Verhandlungsunfähigkeit versetzt, darf das Gericht einen ordnungsgemäßen Verzicht auf Verteidigung insgesamt annehmen und die Berufung verwerfen. Es ist damit nicht geboten, dem Angeklagten einen notwendigen Verteidiger „aufzudrängen“.

---

1470 Vgl. LR-EMRK/*Esser* Art. 6 Rn. 322.
1471 KMR-StPO/*Eschelbach* § 231a Rn. 39; SSW-StPO/*Grube* § 231a Rn. 15.
1472 *Neuhaus* S. 156 f.; KMR-StPO/*Eschelbach* § 231a Rn. 39.
1473 Zur Streichung dieser Formalie siehe 8. Kapitel § 1 III. 2. a).

#### ee) Zwischenergebnis

Die Regelung § 329 Abs. 1 S. 2 Nr. 3, S. 3 StPO-E ist nicht zu beanstanden.

### *3. Ergebnis*

Im Ergebnis kann am Modell der Verwerfung der Berufung des Angeklagten gemäß § 329 Abs. 1 StPO-E festgehalten werden, wenn das Recht auf Verteidigung in Abwesenheit gemäß Art. 6 Abs. 3 lit. c, Abs. 1 EMRK noch stärker geschützt wird. Zu diesem Zweck ist das Schriftformerfordernis hinsichtlich der Vertretungsvollmacht des Verteidigers aus § 329 Abs. 1 S. 1 StPO-E zu streichen. Zur Sicherung des Anwesenheits- und Selbstverteidigungsrechts des Angeklagten kann dem Angeklagten bzw. seinem Verteidiger bei berechtigten Zweifeln an der Bevollmächtigung zur Vertretung, eine sekundäre, formlose Nachweispflicht aufgebürdet werden.

§ 323 Abs. 1 S. 2 StPO ist sprachlich dahingehend anzupassen, dass in der Ladung auf die *Rechtsfolgen der §§ 329, 330 StPO* hinzuweisen ist.

Zur Absicherung des Rechts auf Verteidigung in Abwesenheit muss der Antrag auf Wiedereinsetzung in den vorigen Stand gemäß § 329 Abs. 6 StPO-E nach wie vor Erfolg haben, wenn er form- und fristgemäß eingelegt worden ist und der Angeklagte glaubhaft machen kann, dass *ihn persönlich* am eigenen Ausbleiben bzw. am Ausbleiben / Nichtweitervertreten seines Verteidigers kein Verschulden trifft. Für das fristauslösende Ereignis der Zustellung des Verwerfungsurteils ist nicht auf die §§ 145a, 40 Abs. 3 StPO abzustellen.[1474]

## IV. Alternativen

Die Neufassung der Berufung des Angeklagten gemäß § 329 Abs. 1 StPO-E wird nach Maßgabe einiger Änderungen dem Recht auf effektive Verteidigung gemäß Art. 6 Abs. 3 lit. c EMRK gerecht. Damit kann aus der Perspektive der EMRK am Institut der Verwerfung der Berufung durchaus festgehalten werden. Allerdings sind noch andere Modelle zur Umsetzung der Rechtsprechung des EGMR denkbar.

### *1. Einheitliches Modell der Berufung*

Wie gezeigt, zwingt weder die EMRK noch der EGMR zur Einführung von Abwesenheitsverfahren. Allerdings können sie unter Einhaltung strenger Voraussetzungen konventionskonform sein. Da dieser Weg aus menschenrechtlicher Sicht durchaus offen steht, ist im Folgenden zu prüfen, ob es nicht generell zweckmäßig ist, vom „gespaltenen Modell" bei der Berufung des Angeklagten und der Staatsanwaltschaft Abstand zu nehmen und stattdessen nach dem Vorbild des § 329 Abs. 2 S. 1 HS. 2

---

1474 Bezüglich des § 329 Abs. 2 bisAbs. 6 StPO wird auf die Ausführungen unter 8. Kapitel § 1 IV. 1. c) ff. verwiesen, die bei Beibehaltung des „gespaltenen Berufungsmodells" entsprechend gelten.

StPO-E bei unentschuldigter Abwesenheit des Angeklagten die Durchführung einer Abwesenheitshauptverhandlung vorzusehen.

### *a) Zweckmäßigkeit der Aufgabe des „gespaltenen Modells"*

Für diese Lösung spricht zunächst die Vereinfachung des Rechts. Die komplizierte Regelung der verschiedenen maßgeblichen Zeitpunkte des Ausbleibens des Angeklagten bzw. seines Vertreters gemäß § 329 Abs. 1 StPO-E würde sich erübrigen.

Darüber hinaus würde nicht länger die Gefahr bestehen, dass ein unrichtiges erstinstanzliches Urteil nur aufgrund des Ausbleibens des Angeklagten bzw. seines Verteidigers rechtskräftig wird. Das Gericht wäre im Rahmen des § 329 Abs. 2 StPO-E wie bisher[1475] dazu verpflichtet, die Wahrheit auch in Abwesenheit des Angeklagten gemäß § 244 Abs. 2 StPO zu erforschen. Dem Grundsatz der Wahrheitserforschung wäre damit nicht nur Genüge getan, wenn das Berufungsgericht erneut verhandelt, nachdem die Sache vom Revisionsgericht zurückverwiesen worden ist (vgl. § 329 Abs. 1 S. 4 StPO-E).

Der einzige Grund, weshalb § 329 Abs. 2 StPO die Durchführung eines Abwesenheitsverfahrens vorsieht, liegt darin, dass die Staatsanwaltschaft nicht für eine Pflichtverletzung des Angeklagten „bestraft" werden kann, indem ihr das Rechtsmittel aus der Hand genommen wird. Die „Strafe" für den Angeklagten liegt in der Durchführung der Abwesenheitshauptverhandlung.

Will man wie der Gesetzesentwurf nach wie vor vom Dogma der grundsätzlichen Anwesenheitspflicht des Angeklagten in der Verhandlung ausgehen, ist wenig einsichtig, weshalb der Angeklagte nicht auch im Rahmen seiner Berufung für eine ungerechtfertigte Abwesenheit mit der Durchführung eines Abwesenheitsverfahrens „bestraft" werden kann. Die Fiktion fehlenden Interesses an der Fortführung seiner Berufung, wenn er seinen Mitwirkungsobliegenheiten nicht nachkommt, vermag nicht zu überzeugen. Denn diese Einschätzung ist bereits auf dem Boden der geltenden Rechtslage verfehlt. Legt der Angeklagte gegen ein Urteil Revision ein, ist er weder zur Anwesenheit in der Revisionshauptverhandlung verpflichtet, noch muss er einen Pflichtverteidiger zur Vertretung entsenden (§ 350 Abs. 2, 3 StPO).[1476] Er ist damit nicht zur Mitwirkung verpflichtet, obwohl er das Rechtsmittel initiiert und damit die Rechtskraft des Urteils verzögert hat. Das Argument, die Revisionsinstanz sei anders als die Berufungsinstanz eine reine Rechtsinstanz, zu der der Angeklagte als Laie ohnehin keinen Beitrag leisten könne,[1477] überzeugt nicht, da der Angeklagte selbst in einer Tatsacheninstanz, wie gezeigt, nicht den unumstößlichen Beitrag leisten kann, wie es die Norm des § 329 Abs. 1 S. 1 StPO-E propagiert. Dass eine Berufungshauptverhandlung

---

1475 Vgl. BeckOK-StPO/*Eschelbach* § 329 Rn. 240; HK-StPO/*Rautenberg* § 329 Rn. 31; *Meyer-Goßner* § 329 StPO Rn. 36.

1476 Vgl. BGH, Beschl. v. 1.10.1974 bei MDR 1975, 24 f.; KK-StPO/*Gericke* § 350 Rn. 7.

1477 Vgl. SK-StPO/*Wohlers* § 350 Rn. 11; BeckOK-StPO/*Wiedner* § 350 Rn. 5; KK-StPO/*Gericke* § 350 Rn. 1.

durchaus auch in Abwesenheit des Angeklagten stattfinden kann, zeigt wiederum § 329 Abs. 2 S. 1 StPO sowie § 329 Abs. 2 StPO-E.

Darüber hinaus steht dem Angeklagten das Rechtsmittel der Berufung nur zu, weil er aufgrund eines *staatlich* initiierten Verfahrens verurteilt worden ist. Solange noch keine Rechtskraft eingetreten ist, gilt der Grundsatz der Unschuldsvermutung gemäß Art. 6 Abs. 2 EMRK.[1478] Die Einlegung des Rechtsmittels durch den Angeklagten ändert damit an der Aufklärungspflicht des Gerichts gemäß § 244 Abs. 2 StPO nichts. Die Initiative des Staates für das Verfahren wirkt damit fort. Aus diesem Grund ist es nicht verständlich, weshalb die Berufung des Angeklagten anders behandelt wird als die der Staatsanwaltschaft.

Einer einheitlichen Durchführung eines Abwesenheitsverfahrens kann auch nicht entgegengehalten werden, dass dem Angeklagten durch seine ungerechtfertigte Abwesenheit ein Mittel zur Verfahrensverzögerung in die Hand gegeben wird. Denn § 329 Abs. 2 StPO fußt ebenso wie § 329 Abs. 1 S. 1 StPO auf dem Gedanken der Verfahrensbeschleunigung.[1479] Das Verfahren wird durch ein unentschuldigtes Fernbleiben des Angeklagten nicht verzögert, weil die Hauptverhandlung einfach ohne ihn weitergehen kann. Es ist zwar insgesamt eine Erhöhung der durchschnittlichen Dauer des Berufungsverfahrens sowie eine stärkere Belastung der Staatsanwaltschaften und Gerichte zu befürchten.[1480] Dies ist jedoch im Interesse der Wahrheitserforschung hinzunehmen.

Im Ergebnis sprechen gute Gründe dafür, vom „gespaltenen System" der Berufung Abstand zu nehmen und einheitlich nach dem Vorbild des § 329 Abs. 2 S. 1 HS. 2 StPO-E zu verfahren.

### *b) Anforderungen an ein konventionskonformes Abwesenheitsverfahren*

Legt man der Berufungsverhandlung einheitlich § 329 Abs. 2 S. 1 HS. 2 StPO-E zugrunde, kann ohne einen trotz ordnungsgemäßer Ladung[1481] unentschuldigt ausgebliebenen Angeklagten ohne weitere Voraussetzungen verhandelt werden.[1482] Da § 329 Abs. 2 S. 1 HS. 2 StPO-E damit einen eigenständigen Fall der zulässigen Verhandlung in Abwesenheit normiert, ist nach § 332 StPO i.V.m. § 234 StPO[1483] stets die Möglichkeit der Vertretung durch einen Verteidiger eröffnet. Die Eckpunkte eines konventionskonformen Abwesenheitsverfahrens sind damit eingehalten. Jedoch muss dem Angeklagten auch im Detail effektive Verteidigung gewährleistet werden. Zu diesem Zweck sind die aus Art. 6 Abs. 3 lit. c EMRK folgenden Grundsätze aufzuzeigen.

---

1478 *Meyer-Ladewig* Art. 6 EMRK Rn. 212; LR-EMRK/*Esser* Art. 6 Rn. 481.

1479 BGHSt 17, 391, 395; *Meyer-Goßner* § 329 StPO Rn. 35.

1480 So kritisch auch BR-Drs. 491/14 (Fn. 19) S. 63; DRB, Stellungnahme Nr. 6/2014.

1481 Hierzu gelten die in 8. Kapitel § 1 III. 2. b) entwickelten Grundsätze.

1482 Vgl. BR-Drs. 491/14 (Fn. 19) S. 75.

1483 Nach hier vertretener Auffassung soll vom Schriftformerfordernis der Vertretungsvollmacht generell abgesehen werden, vgl. 8. Kapitel § 1 III. 2. a).

### aa) Gewährleistung effektiver Verteidigung in Abwesenheit des Angeklagten

Auch wenn der Angeklagte durch Abschaffung der Möglichkeit des Verwerfungsurteil im Rahmen seiner Berufung nicht mehr durch den Verlust des Rechtsmittels „bestraft" werden kann, sondern das Gericht eine Verhandlung zur Sache durchführt, ist zu beachten, dass das Verfahren in Abwesenheit des Angeklagten zu einem Abschluss gebracht wird. Dem Angeklagten ist folglich das Recht auf Verteidigung in Abwesenheit in effektiver Weise zu garantieren.

Zu diesem Zweck ist auch hier von dem Schriftformerfordernis der Vertretungsvollmacht Abstand zu nehmen (vgl. 8. Kapitel § 1 III. 2. a)).

Darüber hinaus ist zu beachten, dass gemäß §§ 332, 234 StPO zwar die *Möglichkeit* der Verteidigung in Abwesenheit gewährt wird, die auch Art. 6 Abs. 3 lit. c EMRK grundsätzlich fordert. Ein Abwesenheitsurteil ergeht jedoch auch dann, wenn weder der Angeklagte unentschuldigt noch dessen (Pflicht-) Verteidiger erscheinen bzw. der Verteidiger sich nachträglich entfernt oder den Angeklagten schlicht nicht weiter vertritt. Wie bereits im Rahmen von § 329 Abs. 1 S. 1, S. 2 StPO erörtert, ist in den Fällen offensichtlicher gravierender Verteidigungsmängel die Fürsorgepflicht des Gerichts gefragt. Begrüßenswert ist insofern, dass die Anwendbarkeit von § 145 StPO (i.V.m. § 332 StPO) bei der Verhandlung in Abwesenheit des Angeklagten auf die Berufung der Staatsanwaltschaft hin bereits nach geltendem Recht anerkannt ist.[1484] Entsprechend muss auch jenseits der Fälle notwendiger Verteidigung ein Recht auf effektive Wahlverteidigung gewährleistet und das Verfahren gegebenenfalls nach § 265 Abs. 4 StPO ausgesetzt werden (vgl. hierzu 8. Kapitel § 1 III. 2. c) cc) (3)).

### bb) Notwendigkeit eines ärztlichen Sachverständigengutachtens über die Verhandlungs(un)fähigkeit des Angeklagten

Gemäß § 329 Abs. 2 S. 1 HS. 2 StPO-E findet eine Verhandlung auf eine Berufung der Staatsanwaltschaft auch dann statt, wenn der Angeklagte *nicht genügend entschuldigt ist.* Ein Abwesenheitsurteil soll nach der Begründung des Gesetzesentwurfs auch dann ergehen, wenn sich der Angeklagte vorsätzlich und schuldhaft in den Zustand der Verhandlungsunfähigkeit versetzt hat.[1485] Dabei soll § 329 Abs. 2 S. 1 StPO-E eine von den §§ 231 ff. StPO unabhängige Regelung schaffen.[1486] Abgesehen von § 231b StPO, auf den § 329 Abs. 2 S. 2 StPO-E explizit verweist, werden die §§ 231 Abs. 1 S. 1, 231a StPO von § 329 Abs. 2 S. 1 StPO als lex specialis

1484 Vgl. OLG Brandenburg, Beschl. v. 1.9.2011 – 1 Ws 135/11, BeckRS 2011, 27533.
1485 Vgl. BR-Drs. 491/14 (Fn. 19) S. 75.
1486 Vgl. BR-Drs. 491/14 (Fn. 19) S. 75.

ausgeschlossen.[1487] Es stellt sich damit die Frage, ob diese Grundsätze auch für ein einheitliches Berufungsmodell herangezogen werden sollen.

Da § 329 Abs. 2 S. 1 StPO de lege lata auf die Voraussetzungen von § 329 Abs. 1 S. 1 StPO und damit für die Durchführbarkeit einer Abwesenheitshauptverhandlung auf das unentschuldigte Ausbleiben des Angeklagten *bei Beginn einer Hauptverhandlung* verweist, haben die §§ 332, 231a StPO einen eigenen Anwendungsbereich, wenn sich der Angeklagte nach diesem Zeitpunkt in den Zustand der Verhandlungsunfähigkeit versetzt.[1488] Das bedeutet, dass auch in der Berufungsinstanz erst dann in Abwesenheit des Angeklagten verhandelt werden darf, wenn gemäß §§ 332, 231a Abs. 3 S. 1 StPO ein Arzt als Sachverständiger gehört worden ist.

Da die Einholung des ärztlichen Sachverständigengutachtens das Anwesenheits- und Selbstverteidigungsrecht des Angeklagten schützt, ist es wenig einsichtig, weshalb die Begutachtung im Rahmen des § 231a StPO und des § 329 Abs. 1 S. 3 StPO-E geboten sein soll, bei der Berufung der Staatsanwaltschaft hingegen nicht. Sowohl gemäß § 329 Abs. 1 StPO-E als auch gemäß § 329 Abs. 2 StPO-E ergeht eine Entscheidung des Gerichts in Abwesenheit des Angeklagten. Wenn die Verhandlungsunfähigkeit selbst bei derjenigen Urteilsform, die *keine Entscheidung in der Sache* enthält, sichergestellt werden muss, dann muss dies erst recht für ein Abwesenheitsverfahren gelten, das in der Sache entscheidet. Es leuchtet darüber hinaus auch nicht ein, das Anwesenheits- und Selbstverteidigungsrecht des Angeklagten über § 231a Abs. 3 S. 1 StPO in der ersten Tatsacheninstanz besonders zu schützen, in der zweiten Tatsacheninstanz hingegen nicht. Die Verhandlungsfähigkeit des Angeklagten ist zwar ein Aspekt des von der EMRK garantierten Anwesenheitsrechts, jedoch ist zuzugeben, dass weder die EMRK noch der EGMR fordert, dass sie mittels eines Sachverständigengutachtens zu verifizieren ist. Wenn sie jedoch im deutschen Recht auf diese Art und Weise besonders geschützt wird, sollte dies nach dem Gebot der Einheit der Rechtsordnung auch in der Berufungsinstanz gelten.

### cc) Notwendige Verteidigung bei Verhandlungsunfähigkeit

Konsequenterweise ist auch zu klären, ob dem unverteidigten Angeklagten gemäß § 231a Abs. 4 StPO ein Verteidiger zu bestellen ist, wenn eine Verhandlung zur Sache ohne den Angeklagten in Betracht kommt. Insofern kann jedoch auf obige Ausführungen verwiesen werden und ein Verzicht des Angeklagten auf seine Verteidigung insgesamt angenommen werden, wenn der Angeklagte trotz entsprechender Belehrung keinen Verteidiger als Vertreter in die Verhandlung entsandt hat. Das Recht auf Verteidigung in Abwesenheit soll sich nach dem Gesetzesentwurf wie bisher aus

---

1487 Vgl. BR-Drs. 491/14 (Fn. 19) S. 77; a.A. NV, Stellungnahme v. 9.4.2014 (Fn. 550) II. 4, wonach die Anwendbarkeit der §§ 231, 231a StPO im RefE klargestellt werden soll.

1488 Vgl. KMR-StPO/*Brunner* § 329 Rn. 35 („Fehlen die Verwerfungsvoraussetzungen nach § 329 Abs. 1 S. 1 [StPO], richtet sich das Verfahren nach den Vorschriften der ersten Instanz.“).

den §§ 332, 234 StPO ergeben.[1489] Damit das Gericht jedoch eindeutig von einem Verzicht auf die Verteidigung insgesamt ausgehen kann, sollte bei einem einheitlichen Berufungsmodell bereits in § 329 Abs. 2 StPO-E ausdrücklich auf das Recht auf Vertretung durch einen entsprechend bevollmächtigten Verteidiger verwiesen werden. Damit ist sichergestellt, dass die Belehrung gemäß § 323 Abs. 1 S. 2 StPO auch auf das Recht auf Verteidigung in Abwesenheit ausdrücklich verweisen muss.[1490]

#### dd) Ergebnis

Anstelle von § 329 Abs. 1, Abs. 2 StPO-E sollte § 329 Abs. 1 StPO-Vorschlag lauten:

> [1]Soweit nicht besondere Gründe die Anwesenheit des Angeklagten erfordern, findet die Hauptverhandlung auch ohne ihn statt, wenn er nicht genügend entschuldigt ist. [2]Der Angeklagte hat das Recht, sich durch einen zur Vertretung bevollmächtigten Verteidiger vertreten zu lassen. [3]Die §§ 231a Abs. 1, Abs. 2 und Abs. 3, 231b StPO bleiben unberührt.

### *c) Erforderlichkeit der Verhandlung in Anwesenheit des Angeklagten*

Hält man im Übrigen an § 329 Abs. 2 S. 1 StPO-E fest, bleibt zu klären, was unter der Wendung *„soweit nicht besondere Gründe die Anwesenheit des Angeklagten erfordern“* zu verstehen ist und ob es sinnvoll ist, diese Ausnahme vom Abwesenheitsverfahren auch im Rahmen eines einheitlichen Berufungsmodells fruchtbar zu machen.

#### aa) „Soweit besondere Gründe die Anwesenheit … erfordern“, § 329 Abs. 2 S. 1 StPO-E

Der Gesetzesentwurf stellt in der Begründung ausdrücklich klar, dass bewusst eine andere Formulierung als in § 231 Abs. 2 StPO („das Gericht seine fernere Anwesenheit nicht für erforderlich erachtet“) und §§ 231a Abs. 1 S. 1, 231b Abs. 1 S. 1 StPO („soweit das Gericht dessen Anwesenheit nicht für unerlässlich hält“) gewählt worden sei, da bei § 329 Abs. 2 S. 1 StPO-E nicht der Rechtsgedanke der Verwirkung, sondern der der Verwirklichung des Rechts des Angeklagten auf Vertretung durch seinen Verteidiger im Vordergrund stehe.[1491]

Die Wendung soll verdeutlichen, dass das Berufungsgericht grundsätzlich verpflichtet sei, ohne den Angeklagten zu verhandeln und die Anwesenheit des Angeklagten eher in Ausnahmefällen für erforderlich zu erachten sei.[1492] Das Gericht habe zudem zu prüfen, ob auch eine zeitweilige Anwesenheit des Angeklagten ausreichend sei („soweit“).[1493] Damit hat sich der Gesetzesentwurf für ein abgestuftes

---

1489 Vgl. BR-Drs. 491/14 (Fn. 19) S. 75.

1490 Es entspricht bereits geltender Rechtslage, dass die Ladung auch auf das Recht auf Vertretung gemäß §§ 332, 234 StPO hinweisen soll. Vgl. BeckOK-StPO/*Eschelbach* § 323 Rn. 4.

1491 BR-Drs. 491/14 (Fn. 19) S. 75.

1492 Vgl. BR-Drs. 491/14 (Fn. 19) S. 75.

1493 Vgl. BR-Drs. 491/14 (Fn. 19) S. 77.

System entschieden, wonach dem Angeklagten vorrangig das Recht auf Verteidigung in Abwesenheit zwingend zu gewähren ist, ehe seine Anwesenheit gemäß § 329 Abs. 3 StPO-E gegebenenfalls zwangsweise mittels Vorführung bzw. Verhaftung erzwungen wird. Dies ist durchaus ein möglicher Weg, dem Angeklagten effektiv das Recht auf Verteidigung in Abwesenheit gemäß Art. 6 Abs. 3 lit. c EMRK zu gewährleisten (vgl. hierzu 5. Kapitel § 5). Aufgrund des Gebots der Verhältnismäßigkeit ist dieser Weg auch zu präferieren.

Obwohl die Abwesenheitsverhandlung in § 329 Abs. 2 S. 1 StPO fakultativ ausgestaltet ist („kann"), soll bereits nach geltendem Recht aus der ratio der Verfahrensbeschleunigung folgen, dass zwingend in Abwesenheit des Angeklagten zu verhandeln ist, wenn nicht die Anwesenheit des Angeklagten aufgrund der Aufklärungspflicht des Gerichts gemäß § 244 Abs. 2 StPO erforderlich ist.[1494] Der hierzu entwickelten Kasuistik bedient sich auch der Gesetzesentwurf, um den unbestimmten Rechtsbegriff der *besonderen Gründe* auszufüllen.[1495] Die Anwesenheit des Angeklagten ist danach insbesondere erforderlich, wenn in der Hauptverhandlung eine Gegenüberstellung mit Zeugen bzw. Mitangeklagten stattfinden soll, dem in der mündlichen Verhandlung unverteidigten Angeklagten (vgl. § 234a StPO) ein rechtlicher Hinweis nach § 265 Abs. 1, Abs. 2 StPO zu erteilen ist[1496] oder das Gericht sich einen eigenen persönlichen Eindruck vom Angeklagten machen muss, was insbesondere bei der Strafmaßberufung hinsichtlich der Frage der Bewährung (§ 56 Abs. 1 StGB) bzw. der Neubemessung der Strafe (§ 46 StGB) geboten sein soll[1497].

Problematisch ist, dass der RefE des BMJV noch geneigt war, einen besonderen Grund für die Anwesenheit des Angeklagten anzunehmen, je mehr Umstände des Falles im Wissen des Angeklagten verankert sind, „auch, wenn er nicht zu einer Sacheinlassung verpflichtet ist."[1498] Bezeichnenderweise hat die Bundesregierung den RefE in diesem Punkt bei Fassung des Gesetzesentwurfs nicht übernommen.[1499] Der RefE erweckt den Eindruck, als könne die Notwendigkeit der Anwesenheit des Angeklagten mit der Hoffnung auf Selbstbelastung begründet werden, selbst wenn der Angeklagte im Vorfeld angekündigt hat, sich nicht zur Sache einlassen zu wollen. Diese Auffassung wird nach geltendem Recht vor allem im Rahmen des § 236 StPO vertreten, wonach es der Lebenserfahrung entspreche, dass sich ein Angeklagter in der jeweiligen sich ändernden Prozesssituation erneut eigenverantwortlich

1494 Vgl. BGHSt 17, 391, 398; OLG Karlsruhe, NStZ-RR 2004, 21; OLG Hamm, StV 1997, 346; OLG Stuttgart, NStZ 1987, 377; OLG Zweibrücken, NJW 1973, 2120; SK-StPO/*Frisch* § 329 Rn. 48; LR-StPO/*Gössel* § 329 Rn. 83.

1495 Vgl. BR-Drs. 491/14 (Fn. 19) S. 75 f.

1496 BGHSt 17, 391, 397 f.; HK-StPO/*Rautenberg* § 329 Rn. 31.

1497 Vgl. OLG Köln, StraFo 2011, 360; OLG Karlsruhe, NStZ-RR 2004, 21; OLG Hamm, StV 1997, 346; OLG Hamburg, StV 1982, 558; OLG Köln, NJW 1963, 1265.

1498 RefE (Fn. 19) S. 49; wohl aus BeckOK-StPO/*Eschelbach* § 329 Rn. 40 entnommen, der auf OLG Köln, NJW 1963, 1265 verweist. Dieses Urteil enthält eine derartige Feststellung jedoch gerade nicht.

1499 BR-Drs. 491/14 (Fn. 19) S. 76.

entscheide, ob er seinen einmal gefassten Entschluss zu schweigen, beibehalte oder ändere. Darin zeige sich seine Stellung als Subjekt des Verfahrens.[1500] Dem ist jedoch entgegenzuhalten, dass die Subjektstellung des Angeklagten auch dadurch gewahrt wird, dass seine ursprüngliche, autonom getroffene Entscheidung über das Fernbleiben in der Hauptverhandlung respektiert wird. Nach der Begründung des Gesetzesentwurfs sind „[d]ie Bedeutung des persönlichen Eindrucks, einer eventuellen Einlassung sowie des Frage- und Antragsrechts des Angeklagten einerseits und der sonstigen Beweise andererseits abzuwägen, um zu prüfen, ob die Anwesenheit des Angeklagten für Zwecke der Sachaufklärung der Option einer rascher durchzuführenden Verhandlung in seiner Abwesenheit vorzuziehen ist."[1501] Darüber hinaus soll die Abwesenheitsverhandlung der Regelfall sein.[1502] Da der Angeklagte, der sein Schweigen gegebenenfalls über seinen Verteidiger angekündigt hat, zur Sachaufklärung keinen Beitrag leisten wird, ist die Anordnung des persönlichen Erscheinens in diesem Fall unzulässig, wenn die Anwesenheit des Angeklagten nicht aus einem anderen Grund (z.B. Gegenüberstellung) geboten ist. Auch wenn die Anwesenheitspflicht an sich noch kein Verstoß gegen die Selbstbelastungsfreiheit darstellt (vgl. 5. Kapitel § 4 I. 1. a)), würde ansonsten das von § 329 Abs. 2 S. 1 StPO-E propagierte Regel-Ausnahmeverhältnis umgekehrt[1503]. Bei persönlicher Anwesenheit des Angeklagten steigt nämlich stets die Wahrscheinlichkeit, dass er sein Schweigen bricht. Das Merkmal des *besonderen Grundes* für die Anwesenheit des Angeklagten ist damit restriktiv auszulegen und nur zu bejahen, wenn dem Gericht nicht bereits vorab bekannt ist, dass sich der Angeklagte ohnehin nicht zur Sache einlassen möchte bzw. die Befragung des gegebenenfalls erschienenen Vertreters nicht für ausreichend erachtet wird.

#### bb) Enumeration der „besonderen Gründe" für die Erforderlichkeit der Anwesenheit

Mit dieser Maßgabe könnte durchaus an der Formulierung des § 329 Abs. 2 S. 1 StPO-E festgehalten werden. Allerdings ist zu beachten, dass der Angeklagte bei Vorliegen besonderer Gründe für seine persönliche Anwesenheit *eine zur Urteilsfindung*

---

1500 BGHSt 38, 251, 255 f. (zu § 73 Abs. 2 OWiG a.F.); OLG Stuttgart, NStZ-RR 2005, 349; OLG Stuttgart, MDR 1994, 193 f.; *Meyer-Goßner* § 236 StPO Rn. 5; SK-StPO/*Deiters* § 236 Rn. 2 f.; vgl. auch Göhler-OWiG/*Seitz* § 73 Rn. 8 selbst für § 73 Abs. 2 OWiG n.F.; a.A. OLG Hamburg, MDR 1989, 936 f.; OLG Saarbrücken, NStZ 1989, 480 m. abl. Anm. *Meyer*; BayObLG, NStZ 1986, 368 m. abl. Anm. *Göhler*; BayObLGSt 1983, 48 jeweils zu § 73 Abs. 2 OWiG a.F.; LR-StPO/*Becker* § 236 Rn. 11; *Stephan* in: Burhoff (Hrsg.), Hdb. OWi, Rn. 1689, 1691; KMR-StPO/*Paulus* § 236 Rn. 3; *Schmuck/Leipner* SVR 2012, 91, 94 („die Teilnahme des Angeklagten [macht] – gerade bei Schweigeverteidigung – kaum Sinn").

1501 BR-Drs. 491/14 (Fn. 19) S. 75; vgl. auch RefE (Fn. 19) S. 48 f.

1502 Vgl. BR-Drs. 491/14 (Fn. 19) S. 75; vgl auch RefE (Fn. 19) S. 48.

1503 So die generelle Befürchtung des DRB, Stellungnahme Nr. 6/14; vgl. zum OWi-Verfahren (§ 73 Abs. 2 OWiG a.F.) nur OLG Saarbrücken, NStZ 1989, 480.

*berufene Person* i.S.v. § 226 Abs. 1 StPO ist, da ohne sein persönliches Erscheinen keine sachgerechte Entscheidung möglich ist. Ergeht folglich ein Abwesenheitsurteil in Verkennung eines besonderen Grundes für seine Anwesenheit, greift der absolute Revisionsgrund gemäß § 338 Nr. 5 StPO. Das Beruhen des Urteils auf diesem Fehler wird damit ohne weiteres vermutet. Dies wiegt besonders schwer, weil das Gericht aus dem Gesetz die *besonderen Gründe* für die Notwendigkeit der Anwesenheit nicht ablesen kann und damit mit erheblicher Rechtsunsicherheit belastet wird.[1504]

Diese Problematik hat wohl auch die Bundesregierung bei Fassung des Gesetzesentwurfs erkannt und anders als noch der RefE des BMJV einen neuen § 340 StPO-E vorgesehen. Danach soll die *Revision gegen das auf eine Berufung des Angeklagten ergangene Urteil* nicht darauf gestützt werden können, *dass besondere Gründe die Anwesenheit* des Angeklagten *in der Verhandlung erfordert hätten.*[1505] Nach der Begründung des Gesetzesentwurfs soll der Angeklagte, der in einer auf seine Berufung hin anberaumten Hauptverhandlung nicht erscheine und sich wirksam durch einen Verteidiger vertreten lasse, bei einer Revision gegen ein Berufungsurteil nicht rügen können, dass besondere Gründe seine Anwesenheit erfordert hätten. Eine solche Rüge würde sich im Wesentlichen als selbstwidersprüchliches Handeln („venire contra factum proprium") darstellen und soll daher explizit ausgeschlossen werden.[1506] Einer derartigen Sichtweise wäre nur zuzustimmen, wenn der Grundsatz der Anwesenheit im deutschen Strafprozess allein der Verwirklichung der Interessen des Angeklagten dienen würde. Doch wie auch der Gesetzesentwurf regelmäßig betont, dient das persönliche Erscheinen des Angeklagten nicht nur der Verwirklichung des Rechts auf Gehör des Angeklagten, sondern auch dem öffentlichen Interesse an einer möglichst vollständigen Ermittlung der Wahrheit.[1507] Insofern ist es nicht verständlich, weshalb sich ein Angeklagter widersprüchlich verhält, wenn er diesen objektiven Aspekt mittels der Revision rügt. Darüber hinaus verkennt der Gesetzesentwurf, dass zwischen dem Recht auf Anwesenheit und dem Recht auf Verteidigung durch einen Rechtsbeistand gemäß Art. 6 Abs. 3 lit. c EMRK zu differenzieren ist. Die faktische Vertretung durch einen Verteidiger suspendiert nicht das Recht auf Anwesenheit des Angeklagten in der Hauptverhandlung. Schließlich ist es wenig einsichtig, weshalb ein Verstoß gegen § 231 Abs. 2 StPO einen absoluten Revisionsgrund gemäß § 338 Nr. 5 StPO darstellen soll, sofern der Angeklagte in einem wesentlichen Teil der Hauptverhandlung abwesend und seine Anwesenheit erforderlich war, im Fall der Berufung des Angeklagten hingegen nicht.[1508] Auch im Rahmen von § 231 Abs. 2 StPO geht das Abwesenheitsurteil auf ein eigenmächtiges Entfernen des Angeklagten zurück. Das Recht zur Revision wird hier jedoch nicht mit dem Grundsatz „venire contra factum proprium" abgelehnt. Eine Regelung

1504 Kritisch deshalb auch DRB, Stellungnahme Nr. 6/14.
1505 BR-Drs. 491/14 (Fn. 19) S. 2.
1506 BR-Drs. 491/14 (Fn. 19) S. 80.
1507 Vgl. hierzu nur BR-Drs. 491/14 (Fn. 19) S. 44, 45, 61.
1508 Vgl. hierzu auch BR-Drs. 491/14 (Fn. 19) S. 48.

wie § 340 StPO-E würde im Ergebnis zu uneinheitlicher Rechtsanwendung führen. Der Revisionsanfälligkeit von Berufungsurteilen ist folglich auf andere Weise zu begegnen.

Die Rechtsunsicherheit könnte der Gesetzgeber beseitigen, indem er anstelle des unbestimmten Rechtsbegriffs der *besonderen Gründe* enumerativ diejenigen Fälle aufzählt, in denen das Gericht die persönliche Anwesenheit des Angeklagten anordnen und gegebenenfalls zwangsweise durchsetzen darf. Beispielsweise könnte zu diesem Katalog die Strafmaßberufung gehören, bei der sich das Gericht mit der Frage der Aussetzung der Vollstreckung der Strafe zur Bewährung zu beschäftigen und damit auch die Persönlichkeit des Angeklagten in die Prognoseentscheidung einzubeziehen hat (§ 56 Abs. 1 S. 2 StGB). Doch auch eine derartige Strafmaßberufung indiziert nicht automatisch die Notwendigkeit der Anwesenheit des Angeklagten.[1509] Zum einen belegt bereits § 407 Abs. 2 S. 2 StPO, dass über die Frage der Vollstreckung einer Freiheitsstrafe bis zu einem Jahr auf Bewährung auch entschieden werden kann, ohne dass der den Strafbefehl erlassende Richter bzw. das Gericht dem verteidigten Angeklagten auch nur einmal ins Auge geblickt hat. Zum anderen gilt der Grundsatz der Selbstbelastungsfreiheit auch im Rahmen einer Strafmaßberufung. Hat der Angeklagte angekündigt, sich nicht zur Sache und damit auch nicht zu den Strafzumessungsaspekten einlassen zu wollen, wird das Gericht aus seiner *Persönlichkeit* keine Schlüsse ziehen können.[1510] Dieses Beispiel belegt bereits, dass keine Hauptverhandlung der anderen gleicht und die Anordnung des persönlichen Erscheinens tatsächlich stets eine Frage der Abwägung im Einzelfall sein muss. Dies hat wohl auch der Gesetzgeber so gesehen, da er die Entscheidung über die Erforderlichkeit der Anwesenheit des Angeklagten stets in das pflichtgemäße Ermessen des Gerichts gelegt hat (vgl. §§ 231 Abs. 2, 231a S. 1, 236 StPO). Damit ist es schlicht nicht möglich, jeden potentiellen Fall notwendiger Anwesenheit abstrakt gesetzlich zu normieren. Eine enumerative Lösung besonderer Gründe für die Anwesenheit des Angeklagten scheidet folglich aus.

### cc) Anwesenheitspflicht als Aspekt der Aufklärungspflicht des Gerichts, § 244 Abs. 2 StPO

Die Revisionsanfälligkeit von Berufungsurteilen in Abwesenheit könnte jedoch dadurch eingedämmt werden, dass man von einer ausdrücklichen Normierung der

1509 A.A. DRB, Stellungnahme 6/14, wonach das Gericht in den häufigen Fällen, „in denen der Angeklagte mit seiner Berufung eine Bewährungsstrafe anstrebt, wohl immer die Notwendigkeit sehen [wird], sich einen persönlichen Eindruck von dem Angeklagten zu verschaffen."

1510 In diese Richtung auch *Püschel* StraFo 2012, 493, 494; zum Fehlen eines Beitrags zur Sachverhaltsaufklärung bei Berufung des Angeklagten auf sein Schweigerecht vgl. OLG Stuttgart, NStZ 1987, 377; OLG Zweibrücken, NJW 1973, 2120; zur Geltung des Selbstbelastungsprivilegs auch im Rahmen der Strafzumessung vgl. nur BGH, NStZ 2013, 708; *Fischer* § 46 StGB Rn. 49.

Notwendigkeit der Anwesenheit des Angeklagten aus *besonderen Gründen* absieht und wie nach geltendem Recht das Erfordernis der Anwesenheit als Aspekt der Amtsaufklärungspflicht gemäß § 244 Abs. 2 StPO auffasst. Nach dieser Lösung wäre die Anwesenheit des Angeklagten nicht i.S.v. § 338 Nr. 5 StPO gesetzlich vorgeschrieben. Der Angeklagte bzw. die Staatsanwaltschaft müssten vielmehr die Aufklärungsrüge erheben, die mit einer erhöhten Darlegungslast verbunden ist[1511] und auch die Beruhensprüfung gemäß § 337 StPO nicht entbehrlich macht.[1512] Wie gezeigt zwingt der EGMR nicht dazu, die Anwesenheitspflicht auf ein Minimum zu reduzieren[1513] oder gar die Gründe hierfür gesetzlich festzuschreiben und damit revisionsrechtlich abzusichern. Es reicht völlig aus, wenn dem erschienenen Vertreter rechtliches Gehör geschenkt wird und die Effizienz der Verteidigung in Abwesenheit garantiert wird. Aus dieser Perspektive ist es grundsätzlich überflüssig, die Revisionsanfälligkeit von Berufungsurteilen zu steigern und damit die Justiz unnötig zu belasten.

### dd) Anlehnung an § 73 Abs. 2 OWiG

Allerdings birgt die Anordnung der persönlichen Anwesenheit des Angeklagten als Aspekt der allgemeinen Aufklärungspflicht des Gerichts die Gefahr, dass die Anwesenheit des Angeklagten regelmäßig angeordnet wird. Dass diese Befürchtung nicht unbegründet ist, zeigt ein Blick in die Rechtsgeschichte des OWiG. Denn nach § 73 Abs. 2 OWiG a.F. konnte das Gericht *zur Aufklärung des Sachverhalts das persönliche Erscheinen des Betroffenen anordnen.* Obwohl nach alter Rechtslage im gerichtlichen Bußgeldverfahren gemäß § 73 Abs. 1 OWiG a.F. kein Grundsatz der Anwesenheitspflicht bestand, wurde diese Passage von den Gerichten regelmäßig dazu missbraucht, die Anwesenheit des Betroffenen in der mündlichen Verhandlung sicherzustellen. Das gesetzliche Regel-Ausnahme-Verhältnis wurde so umgekehrt.[1514] Als der Gesetzgeber 1998[1515] auch im OWi-Verfahren den Grundsatz der Anwesenheitspflicht einführte, reagierte er auf diesen Missstand und stellte in

---

1511 Zu den strengen Voraussetzungen vgl. *Meyer-Goßner* § 244 StPO Rn. 80 ff.

1512 Ob nach dem Gesetzesentwurf auch die Aufklärungsrüge ausgeschlossen werden sollte, ergibt sich aus der Begründung nicht eindeutig. Dort heißt es nämlich, dass „insbesondere" die Revision gemäß § 338 Nr. 5 StPO ausgeschlossen werden soll. Vgl. hierzu BR-Drs. 291/14 (Fn. 19) S. 80.

1513 A.A. NV, Stellungnahme v. 9.4.2014 (Fn. 550) II. 5., wonach der Angeklagte nach der Rechtsprechung des EGMR auch in den Fällen des § 244 Abs. 2 StPO ein Recht auf Vertretung haben müsse.

1514 Vgl. nur BGHSt 38, 251, 255 f. (Spekulation über Einlassung zur Sache / zuverlässigere Angaben von Zeugen in Gegenwart des Betroffenen ausreichend); hierzu eingehend *Schneider* NZV 1999, 14, 16; vgl. auch *Gebhardt* DAR 65 (1996) 1, 3; *Schneider* in: Berz/Burmann (Hrsg.), Hdb. Straßenverkehrsrecht, 12 D Rn. 43; *Rochow* zfs 1999, 366; *Ostendorf* ZRP 1994, 335, 336.

1515 Gesetz zur Änderung des Gesetzes über Ordnungswidrigkeiten und anderer Gesetze v. 26.1.1998, BGBl. I 1998, 156.

§ 73 Abs. 2 OWiG klar, dass eine Entbindung des Betroffenen von seiner Anwesenheitspflicht insbesondere zwingend ist, wenn *seine Anwesenheit zur Aufklärung wesentlicher Gesichtspunkte des Sachverhalts nicht erforderlich ist.*[1516] Das Merkmal der „Wesentlichkeit“ verdeutlicht dabei den Ausnahmecharakter der Erforderlichkeit der Anwesenheit für die Wahrheitsermittlung. Da sich diese Regelungsform in der Praxis durchaus bewährt hat,[1517] sollte aufgrund des Gebots der Verhältnismäßigkeit darauf zurückgegriffen werden.

Im Ergebnis sollte die Wendung *soweit nicht besondere Gründe die Anwesenheit des Angeklagten erfordern* gestrichen werden. § 329 Abs. 1 StPO-Vorschlag könnte demzufolge lauten:

> [1]Soweit nicht zur Aufklärung wesentlicher Gesichtspunkte des Sachverhalts die Anwesenheit des Angeklagten erforderlich ist, findet sie auch ohne ihn statt, wenn er nicht genügend entschuldigt ist. [2]Der Angeklagte hat das Recht, sich durch einen zur Vertretung bevollmächtigten Verteidiger vertreten zu lassen. [3]Die §§ 231a Abs. 1, Abs. 2 und Abs. 3, 231b StPO bleiben unberührt.

### ee) Zwangsweise Herstellung der Anwesenheit „soweit dies zur Durchführung der Hauptverhandlung geboten ist“

In den Fällen, in denen die Anwesenheit des Angeklagten zur Sachaufklärung unbedingt erforderlich ist, müssen dem Gericht auch Mittel zur Sicherstellung der Präsenz des Angeklagten zur Verfügung stehen. Nach § 329 Abs. 3 StPO-E *ist* die *Vorführung* und die *Verhaftung* des Angeklagten *anzuordnen, soweit dies zur Durchführung der Hauptverhandlung geboten ist.* Diese Formulierung soll deutlicher als der bisherige § 329 Abs. 4 StPO zum Ausdruck bringen, dass das Gericht bei der Entscheidung über das weitere Verfahren keinen Ermessensspielraum hat.[1518] Der letzte Halbsatz soll deklaratorisch die Geltung des Verhältnismäßigkeitsgrundsatzes im Rahmen der Entscheidung über das „Ob“ sowie das „Wie“ der Zwangsanwendung verdeutlichen.[1519] Da der bisherige § 329 Abs. 4 S. 2 StPO ein Teilaspekt des Verhältnismäßigkeitsprinzips ist, geht er nach der Begründung des Gesetzesentwurfs in diesem allgemeinen Hinweis auf.[1520] Der DRB kritisiert, dass ein ausdrücklicher Hinweis auf den Grundsatz der Verhältnismäßigkeit nicht erforderlich sei, da er ohnehin gelte. Er finde in der Strafprozessordnung nur dort eigens Erwähnung, wo die Prüfung der Verhältnismäßigkeit besonders hohen Anforderungen unterliege. Dies berge entgegen der Begründung des Gesetzesentwurfs die Gefahr des Verlustes der einheitlichen Rechtsanwendung und Auslegung in sich.[1521]

---

1516 Zum Anliegen, Rechtsklarheit zu schaffen, vgl. BT-Drs. 13/5418, S. 9.
1517 Hierauf wird im 9. Kapitel § 3 I. ausführlich eingegangen.
1518 BR-Drs. 491/14 (Fn. 19) S. 77.
1519 Vgl. BR-Drs. 491/14 (Fn. 19) S. 77.
1520 Vgl. BR-Drs. 491/14 (Fn. 19) S. 77.
1521 DRB, Stellungnahme Nr. 6/14.

Es ist jedoch zu beachten, dass der Grundsatz der Verhältnismäßigkeit in der StPO regelmäßig dann ausdrücklich erwähnt wird, wenn der Eingriff in das jeweilige Grundrecht besonders schwer wiegt. So ist das Übermaßverbot beispielsweise in § 112 Abs. 1 S. 2 StPO ausdrücklich geregelt.[1522] Danach darf die Untersuchungshaft nicht angeordnet werden, *wenn sie zu der Bedeutung der Sache und der zu erwartenden Strafe oder Maßregel der Besserung und Sicherung außer Verhältnis steht.* Gemäß § 120 Abs. 1 S. 1 StPO ist der Haftbefehl aufzuheben, *wenn die weitere Untersuchungshaft … außer Verhältnis steht.* Damit wird sichergestellt, dass in das Recht auf Freiheit der Person gemäß Art. 2 Abs. 2 S. 2 GG nur *soweit* und *solange* eingegriffen wird, als dies zur Durchführung des Strafverfahrens bzw. der Strafvollstreckung geboten ist. Auch § 329 Abs. 3 StPO-E normiert die Ermächtigungsgrundlage für Eingriffe in die Freiheit der Person. Aus Gründen der „Einheitlichkeit, Rechtsklarheit und des Appellcharakters"[1523] ist ein Verweis auf das Übermaßverbot damit nur konsequent.

Da § 329 Abs. 3 StPO-E den Vorrang der Abwesenheitsverhandlung beherzigt, ist er auch mit Art. 2 Abs. 2 S. 2 GG sowie Art. 5 Abs. 1 S. 2 lit. b EMRK vereinbar. Diese Regelung sollte deshalb auch für ein einheitliches Berufungsmodell gewählt werden.

#### ff) Konsequenzen für die Untersuchungshaft

Überdies ist noch zu klären, welche Konsequenzen die Ausweitung des Rechts auf Verteidigung in Abwesenheit auf die Zulässigkeit der Verhängung der Untersuchungshaft gemäß §§ 112 ff. StPO hat.

Wie bereits dargelegt, dient die Untersuchungshaft der Durchführbarkeit des Strafverfahrens sowie der Ermöglichung der Strafvollstreckung. „[I]st sie zu einem dieser Zwecke nicht mehr nötig, so ist es unverhältnismäßig und daher grundsätzlich unzulässig, sie anzuordnen, aufrechtzuerhalten oder zu vollziehen."[1524] Ist die Durchführbarkeit des Strafverfahrens folglich auch in Abwesenheit des Angeklagten gesichert, ist die Untersuchungshaft wegen Flucht (§ 112 Abs. 2 Nr. 1 StPO) bzw. Fluchtgefahr (§ 112 Abs. 2 Nr. 2 StPO) zukünftig grundsätzlich nicht mehr gerechtfertigt.[1525] Nur ausnahmsweise, wenn die persönliche Anwesenheit des Angeklagten für die Durchführung der Hauptverhandlung erforderlich ist, wird ein Haftbefehl wegen Flucht bzw. Fluchtgefahr noch Bestand haben können.[1526] Die Ausweitung des Rechts auf Vertretung bewirkt also auch die Eindämmung der U-Haft aufgrund apokrypher Haftgründe.

---

1522 Das Übermaßverbot wird auch ausdrücklich in den §§ 81 Abs. 2, 81h Abs. 1, 97 Abs. 5, 100c Abs. 5, 111m Abs. 1, 163b Abs. 2, 163d Abs. 1 StPO erwähnt.

1523 BR-Drs. 491/14 (Fn. 19) S. 67.

1524 BVerfG, NJW 2001, 1341.

1525 KG, JR 1977, 34; OLG Stuttgart, NStZ 1982, 217; SK-StPO/*Paeffgen* § 112 Rn. 22e; KMR-StPO/*Wankel* § 112 Rn. 5; *Oerder*/*Hagmann* StRR 2014, 84, 88.

1526 Begrüßend *Püschel* StraFo 2012, 493, 495.

### *d) Unterrichtungspflicht des Vorsitzenden*

*Wurde auf eine Berufung der Staatsanwaltschaft* in Abwesenheit des unentschuldigt ausgebliebenen Angeklagten verhandelt, *ohne dass ein Verteidiger mit schriftlicher Vertretungsvollmacht anwesend war*, sieht § 329 Abs. 4 S. 1 StPO-E vor, *dass der Vorsitzende, solange mit der Verkündung des Urteils noch nicht begonnen worden ist, einen erscheinenden Angeklagten oder Verteidiger mit schriftlicher Vertretungsvollmacht von dem wesentlichen Inhalt dessen zu unterrichten hat, was in seiner Abwesenheit verhandelt worden ist.* Diese Unterrichtungspflicht ist zur Gewährleistung eines konventionskonformen Abwesenheitsverfahrens zwar nicht erforderlich.[1527] Die Nichtbeachtung der Unterrichtungspflicht stellt auch einen relativen Revisionsgrund (§ 337 StPO) dar.[1528] Jedoch dient sie der Verwirklichung des Rechts auf Gehör gemäß Art. 103 Abs. 1 GG. Insofern ist sie durchaus sinnvoll. Da § 329 Abs. 4 S. 1 StPO-E an § 231a Abs. 2 StPO angelehnt ist,[1529] zählen zu den wesentlichen Verhandlungsteilen diejenigen, die für die Verteidigung des Angeklagten maßgeblich sind,[1530] d. h. die in Abwesenheit des Angeklagten gestellten Anträge, abgegebenen Erklärungen, beispielsweise von Zeugen, und ergangenen Beschlüsse.[1531]

Auffällig ist jedoch in Abgrenzung zu § 231a StPO, dass die Unterrichtungspflicht nicht greift, wenn der *vertretene* Angeklagte nachträglich in der Hauptverhandlung erscheint. Das Recht auf Gehör gemäß Art. 103 Abs. 1 GG ist jedoch bereits im Recht auf Anwesenheit verwirklicht und gebietet deshalb keine persönliche Unterrichtung des Angeklagten. Aufgrund des besonderen Vertrauensverhältnisses des Angeklagten zu seinem *Vertreter*, scheint es durchaus legitim, die Unterrichtung des Angeklagten als Angelegenheit des Mandatsverhältnisses aufzufassen.

Mit der Maßgabe, dass vom Erfordernis der schriftlichen Vertretungsvollmacht abgesehen wird, kann die Regelung des § 329 Abs. 4 S. 1 StPO-E für ein einheitliches Berufungsmodell übernommen werden.

### *e) Rücknahme der Berufung der Staatsanwaltschaft ohne Zustimmung des Angeklagten*

Gemäß § 329 Abs. 4 S. 2 StPO-E kann die Staatsanwaltschaft in Abwesenheit des Angeklagten ihre Berufung auch ohne seine Zustimmung zurücknehmen, es sei denn das Berufungsgericht verhandelt erneut, nachdem die Sache vom Revisionsgericht zurückverwiesen worden ist.[1532] Dies entspricht dem bisherigen § 329 Abs. 2 S. 2 StPO. Insofern wird eine Ausnahme zu § 303 S. 1 StPO normiert, wonach die Zurücknahme eines Rechtsmittels nach Beginn der Hauptverhandlung

---

1527 Deshalb kritisch DRB, Stellungnahme 6/14.

1528 BGH, NStZ-RR 2010, 283 zu §§ 231b Abs. 2, 231a Abs. 2 StPO.

1529 BR-Drs. 491/14 (Fn. 19) S. 78.

1530 *Meyer-Goßner* § 231a StPO Rn. 21 mit Verweis auf § 247 StPO Rn. 16.

1531 BGH, StV 2008, 174, 175; KK-StPO/*Gmel* § 231a Rn. 25; BeckOK-StPO/*Gorf* § 231a Rn. 21.

1532 Vgl. BR-Drs. 491/14 (Fn. 19) S. 78.

nur mit Zustimmung des Gegners erfolgen kann. Umstritten ist jedoch, ob die Staatsanwaltschaft von dieser Ausnahmevorschrift auch außerhalb der Hauptverhandlung Gebrauch machen kann. Das LG Dresden hat dies in einem Beschluss v. 16.11.1998 bejaht, da die Sachlage in und außerhalb der Hauptverhandlung für Berufungsgericht und Berufungsführer identisch sei. Würde man ein Zustimmungserfordernis außerhalb der Hauptverhandlung fordern, müsse entweder ohne den Angeklagten verhandelt werden oder das Erscheinen des Angeklagten erzwungen werden. Gerade letzteres sei jedoch, wenn der Angeklagte nicht auffindbar sei oder aber im Ausland lebe, häufig nicht möglich. Das Verfahren könnte dann auf unabsehbare Zeit nicht abgeschlossen werden.[1533] Dem stimmt auch die NV zu und fordert i.d.S. eine Klarstellung im Gesetzesentwurf.[1534] Dagegen hat das OLG München in einem Beschluss v. 24.9.2007 vorgebracht, dass § 329 Abs. 2 S. 2 StPO eine Ausnahmevorschrift sei, die eng auszulegen sei. Die Gefahr der Verhinderung des Verfahrensabschlusses bestehe nicht, weil § 329 Abs. 2 S. 2 StPO die Zustimmungsfreiheit der Rücknahme der Berufung für jede erneute Berufungshauptverhandlung vorsehe.[1535] In Anbetracht dessen, dass § 303 S. 1 StPO die materielle Gerechtigkeit schützt[1536] und der Abschluss des Verfahrens keinesfalls verhindert, sondern allenfalls zugunsten des Schutzzwecks der Norm verzögert wird, sollte entgegen der Forderung der NV an einer restriktiven Handhabung von § 329 Abs. 4 S. 2 StPO-E festgehalten werden.

#### *f) Klarstellung des Wegfalls einzelner Taten im Verwerfungsurteil*

§ 329 Abs. 5 StPO-E normiert wie § 329 Abs. 1 S. 3 StPO, dass *bei der Verwerfung der Berufung der Inhalt des aufrechterhaltenen Urteils klarzustellen ist, wenn die Verurteilung wegen einzelner von mehreren Taten weggefallen* ist; zudem *können die erkannten Strafen auf eine neue Gesamtstrafe zurückgeführt werden.* Da § 329 Abs. 5 StPO-E nur die Situation der Verwerfung der Berufung des Angeklagten erfasst[1537] und diese Option nach hier vertretener Auffassung ausscheiden sollte, ist § 329 Abs. 5 StPO-E überflüssig.[1538]

#### *g) Antrag auf Wiedereinsetzung in den vorigen Stand*

§ 329 Abs. 6 StPO-E sieht vor, dass *der Angeklagte binnen einer Woche nach der Zustellung des Urteils die Wiedereinsetzung in den vorigen Stand unter den in den §§ 44*

1533 LG Dresden, NStZ 1999, 265.
1534 NV, Stellungnahme v. 9.4.2014 (Fn. 550) II. 2.
1535 OLG München, NStZ 2008, 120.
1536 BGHSt 23, 277, 279 (kein Schutz des Gegners); BeckOK-StPO/*Cirener* Vor § 303; KK-StPO/*Paul* § 303 Rn. 1.
1537 Vgl. SK-StPO/*Frisch* § 329 Rn. 44; *Meyer-Goßner* § 329 StPO Rn. 32.
1538 A.A wohl BR-Drs. 491/14 (Fn. 19) S. 78, der davon ausgeht, dass auch „die Verwerfung der Berufung der Staatsanwaltschaft" betroffen sein kann. Diese Möglichkeit ist jedoch auch nach dem Gesetzesentwurf auf die Berufung des Angeklagten beschränkt.

*und 45 bezeichneten Voraussetzungen beantragen kann.* Nach der Begründung des RefE des BMJV sollte dies auch gelten, wenn der Angeklagte seinen Verteidiger mit einer schriftlichen Vertretungsvollmacht ausgestattet hat und gemäß § 329 Abs. 2 StPO-E in Anwesenheit des ihn vertretenden Verteidigers gegen ihn verhandelt worden ist.[1539] Nach Ansicht der NV hingegen sollte das Recht auf Wiedereinsetzung ausschließlich auf Verwerfungsurteile begrenzt werden, die in Abwesenheit des Angeklagten und eines gesondert bevollmächtigten Verteidigers ergangen sind. Dies trage dem Gedanken Rechnung, dass der Angeklagte sich tatsächlich durch einen Verteidiger in der Verhandlung vertreten lassen könne. Es erschließe sich nicht, weshalb dem Angeklagten bei Vertretung durch seinen Verteidiger das Recht auf Durchführung der Hauptverhandlung erneut eingeräumt werden solle.[1540] Die Bundesregierung hat bei der Fassung des Gesetzesentwurfs diese Kritik beherzigt und in die Gesetzesbegründung ausdrücklich aufgenommen, dass für eine Wiedereinsetzung kein Raum sei, wenn der Angeklagte in der Hauptverhandlung wirksam vertreten worden sei.[1541] Der Bundesrat geht in seiner Stellugnahme zum Gesetzesentwurf v. 28.11.2014 sogar noch einen Schritt weiter und fordert zur Klarstellung, dass der Wortlaut des § 329 Abs. 6 StPO-E um die Passage „sofern er nicht durch einen Verteidiger mit schriftlicher Vertretungsvollmacht vertreten wurde“ ergänzt wird.[1542] In den Fällen, in denen ein Verteidiger mit schriftlicher Vertretungsvollmacht erschienen sei, sei zur Wahrung der Rechte des Angeklagten das Rechtsmittel der Revision ausreichend.[1543]

Dem ist jedoch entgegenzuhalten, dass die Vertragsstaaten gemäß Art. 6 Abs. 1, Abs. 3 EMRK nicht nur das Recht auf Verteidigung in Abwesenheit wahren müssen, sondern gleichrangig auch das Recht auf Anwesenheit in der Hauptverhandlung. Zur Heilung von Konventionsverstößen ist ein Rechtsbehelf vorzusehen, der einen gleich bleibenden Prüfungsmaßstab vorsieht. Das Rechtsmittel der Revision, das sich nur auf die Überprüfung von Rechtsfehlern beschränkt, genügt deshalb nicht. Das Recht auf Wiedereinsetzung in den vorigen Stand gemäß § 329 Abs. 6 StPO-E ist hingegen geeignet, etwaige Verstöße gegen die Konvention zu heilen, da der Prüfungsumfang des Gerichts gleich bleibt.[1544] Aus diesem Grund ist an der Regelung des RefE mit der dort vorgesehenen Begründung festzuhalten.

### *h) Regelungsvorschlag: § 329 StPO-Vorschlag*

Im Ergebnis könnte ein einheitliches Berufungsmodell gesetzlich folgendermaßen geregelt werden:

---

1539 RefE (Fn. 19) S. 52.
1540 NV, Stellungnahme v. 9.4.2014 (Fn. 550) II. 1.
1541 BR-Drs. 491/14 (Fn. 19) S. 79.
1542 BR-Drs. 491/14 (Fn. 19).
1543 BR-Drs. 491/14 (Beschluss) (Fn.19).
1544 Zu den Anforderungen an die Heilung eines Konventionsverstoßes vgl. 3. Kapitel § 2 III.

(1) [1]Soweit nicht zur Aufklärung wesentlicher Tatsachen die Anwesenheit des Angeklagten erforderlich ist, findet die Hauptverhandlung auch ohne ihn statt, wenn er nicht genügend entschuldigt ist. [2]Der Angeklagte hat das Recht, sich durch einen zur Vertretung bevollmächtigten Verteidiger vertreten zu lassen. [3]Die §§ 231a Abs. 1, Abs. 2 und Abs. 3, 231b StPO bleiben unberührt.
(2) Ist eine Verhandlung gegen einen ohne genügende Entschuldigung nicht anwesenden Angeklagten nach Absatz 1 nicht zulässig, ist die Vorführung oder Verhaftung des Angeklagten anzuordnen, soweit dies zur Durchführung der Hauptverhandlung geboten ist.
(3) [1]Wurde nach Absatz 1 verfahren, ohne dass ein zur Vertretung bevollmächtigter Verteidiger anwesend war, hat der Vorsitzende, solange mit der Verkündung des Urteils noch nicht begonnen worden ist, einen erscheinenden Angeklagten oder zur Vertretung bevollmächtigten Verteidiger von dem wesentlichen Inhalt dessen zu unterrichten, was in seiner Abwesenheit verhandelt worden ist. [2]Eine Berufung der Staatsanwaltschaft kann in den Fällen des Absatzes 1 auch ohne Zustimmung des Angeklagten zurückgenommen werden; dies gilt nicht, wenn das Berufungsgericht erneut verhandelt, nachdem die Sache vom Revisionsgericht zurückverwiesen worden ist.
(4) Der Angeklagte kann binnen einer Woche nach der Zustellung des Urteils die Wiedereinsetzung in den vorigen Stand unter den in den §§ 44 und 45 bezeichneten Voraussetzungen beanspruchen.

## 2. *Abschaffung der Berufungsinstanz*

Eine weitere Alternative zu einer aufwändigen gesetzlichen Änderung der Berufungsinstanz könnte darin liegen, dass die Berufung als Rechtsmittel gänzlich abgeschafft wird. *Gerst* hat dies als „die schlimmste anzunehmende Variante der Reaktion des Gesetzgebers" auf das Urteil des EGMR in der Sache *Neziraj* bezeichnet.[1545]

Der Gedanke der Abschaffung der Berufung ist keineswegs neu. Seit den 60-er Jahren keimt er immer wieder in der Diskussion zur Reform der Rechtsmittel auf.[1546] Hauptargument ist dabei die Vermeidung der Verzögerung des Verfahrens aufgrund der vollständigen Wiederholung der Hauptverhandlung. Je tatferner die Berufungshauptverhandlung stattfindet, umso mehr schwindet das Erinnerungsvermögen der Zeugen, einige versterben oder ziehen weg, Beweismittel verlieren aufgrund des Zeitablaufs an Beweiskraft. Dies sei nur durch Einsparungen bei den Grundsätzen der Mündlichkeit und Unmittelbarkeit zu kompensieren. Mit den Worten *Tröndles* „gleicht [der Berufungsrichter] einem Koch, von dem man erwartet, daß er mit weniger Fleisch und geringeren und schlechteren Zutaten einen besseren Braten bereitet."[1547]

1545 *Gerst* StRR 2013, 23, 24.
1546 Auch um die Jahrtausendwende ist die Diskussion erneut entfacht. Vgl. hierzu im Überblick SK-StPO/*Frisch* Vor § 312 Rn. 4; *Kühne* Strafprozessrecht, § 63 Rn. 1060.1.
1547 *Tröndle* GA 1967 (114) 161, 170 f.; zust. *Hauck* in: Gropp/Öztürk/Sözüer/Wörner (Hrsg.), Deutsches und türkisches Strafrecht/Strafprozessrecht, S. 201, 210; zum Ganzen siehe auch *Meyer-Goßner* JZ 1978, 329 f.; *Meyer-Teschendorf/Hofmann* ZRP

Schließlich soll die Berufungsinstanz das Verantwortungsgefühl der Amtsrichter schwächen, da die erste Instanz zu einer reinen „Versuchsinstanz" degradiert würde.[1548] Schließlich habe die Berufungsinstanz ihre Daseinsberechtigung verloren, weil die Notwendigkeit einer zusätzlichen Kontrollinstanz amtsgerichtlicher Urteile, anders als noch zu Zeiten der Einführung durch den Reichsstrafprozessgesetzgeber, nicht mehr gegeben sei. Die Rechtmäßigkeit amtsgerichtlicher Urteile sei heutzutage etwa mit dem relativ frühen Akteneinsichtsrecht bei Abschluss der Ermittlungen sowie in Gestalt des Zwischenverfahrens abgesichert.[1549]

Befürworter der Berufung halten dem entgegen, dass die zweite Tatsacheninstanz ein Garant für die Akzeptanz amtsgerichtlicher Urteile sei. In der Rechtswirklichkeit müssten die Amtsgerichte eine Vielzahl an Fällen in einer Art summarischem Verfahren schlicht „wegschaufeln".[1550] Da die Berufungsinstanz dem Bürger jedoch eine erneute Tatsachen- und Rechtsinstanz an die Hand gebe, werde dieses System akzeptiert. Die Berufungsinstanz sei ein „effektives und bürgernahes Rechtsmittel"[1551], die Revision hingegen sei dem Laien nur schwer zu vermitteln, da die Tatsachengrundlage des Urteils nicht anfechtbar sei. Der Wegfall der Berufung führe letztlich zur faktischen Verkürzung des Rechtsschutzes.[1552]

Zunächst ist klarzustellen, dass das Rechtsmittel der Berufung weder von Verfassungs wegen[1553] noch von der EMRK[1554] gefordert wird. Weder das GG noch die EMRK setzen die Garantie eines Instanzenzugs voraus. Wird ein solcher jedoch gewährt, sind effektiver Rechtsschutz nach Art. 19 Abs. 4 GG sowie das Recht auf ein faires Verfahren gemäß Art. 6 EMRK zu gewährleisten.[1555] Aus dieser Warte spricht zunächst nichts gegen die Abschaffung der Berufungsinstanz. Vielmehr scheinen

---

1998, 131, 136; *Jerouscheck* GA 1992 (139), 493, 514 f.; *Kühne* Strafprozessrecht, § 63 Rn. 1060.

1548 *Tröndle* GA 1967 (114) 161, 173 f.

1549 *Hauck* in: Gropp/Öztürk/Sözüer/Wörner (Hrsg.), Deutsches und türkisches Strafrecht/Strafprozessrecht, S. 201, 211.

1550 *Dahs* NStZ 1999, 321, 323; *Bertram* NJW 2000, 2312, 2315 f.; *Becker/Kinzig* ZRP 2000, 321, 322; *Nobis* StV 2000, 449, 42; *Lilie* D 46.

1551 *Nobis* StV 2000, 449, 453.

1552 *Dahs* NStZ 1999, 321, 323; *Roxin/Schünemann* Strafverfahrensrecht, § 54 Rn. 5.

1553 BVerfGE 15, 275, 280; 49, 329, 340; *Gerst* StRR 2013, 23, 24; *Kintzi* DRiZ 2000, 187, 193; *Schünemann* in: FS für Geppert, S. 649, 653; *Hauck* in: Gropp/Öztürk/Sözüer/Wörner (Hrsg.), Deutsches und türkisches Strafrecht/Strafprozessrecht, S. 201, 208.

1554 Vgl. nur EGMR Lalmahomed ./. NL (Fn. 146) § 34 („The Court notes at the outset that Article 6 does not compel Contracting Parties to provide appeals in civil or criminal cases."); LR-EMRK/*Esser* Art. 6 Rn. 991; *Schünemann* in: FS für Geppert, S. 649, 653. Art. 2 des 7. ZP wurde von Deutschland nicht ratifiziert. Vgl. hierzu bereits 3. Kapitel § 2 III. 2.

1555 EGMR Lalmahomed ./. NL (Fn. 146) § 36 („Even so, a Contracting Party which provides for the possibility of an appeal is required to ensure that persons amenable to the law shall enjoy before the appellate court the fundamental guarantees contained in Article 6."); *Schünemann* in: FS für Geppert, S. 649, 653.

die Beseitigung der Berufung und damit die Streichung von § 329 Abs. 1 S. 1 StPO der einfachste Weg zu sein, Konventionskonformität herzustellen.

Es ist jedoch höchst zweifelhaft, ob diese radikale Lösung tatsächlich Gewähr dafür bieten kann, der Rechtsprechung des EGMR zum Recht auf Verteidigung in Abwesenheit vollumfänglich Rechnung zu tragen. Das Urteil des EGMR in der Sache *Neziraj* hat sich zwar an der konventionswidrigen Handhabung von § 329 Abs. 1 S. 1 StPO entzündet, jedoch wurzelt die Konventionswidrigkeit des deutschen Strafprozessrechts, wie gezeigt, viel tiefer. Denn auch die Verweigerung der Verteidigung in Abwesenheit wegen Fehlens einer schriftlichen Vertretungsvollmacht, hat sich als Verstoß gegen Art. 6 Abs. 3 lit. c, Abs. 1 EMRK entpuppt. Da das Schriftformerfordernis ein Anliegen des gesamten Strafprozesses ist, würde die Abschaffung allein der Berufung diesen Konventionsverstoß nicht beheben. Darüber hinaus ist das Strafbefehlsverfahren akzessorisch zur Berufung ausgestaltet. Die Abschaffung der Berufung würde folglich auch in diesem Bereich gesetzliche Änderungen nötig machen. Schließlich ist auch zu beachten, dass die Verwerfung der Berufung des Angeklagten tatsächlich ein „Schattendasein“[1556] fristet. Die Rechtspflegestatistik des Statistischen Bundesamts im Bereich Strafgerichte für das Jahr 2012 hat ergeben, dass bezogen auf die Zahl der Beschuldigten insgesamt (52.590)[1557] die Berufung nur in 6,78% (3.567) der Fälle nach § 329 Abs. 1 S. 1 StPO verworfen worden ist.[1558] Diese geringe Zahl zeigt, dass die Regelung des § 329 Abs. 1 S. 1 StPO nicht den entscheidenden Anstoß geben kann, die komplette Berufungsinstanz abzuschaffen. Es stünde völlig außer Verhältnis, ein Rechtsmittel, das Rechtssicherheit und Rechtsfrieden vermittelt, zu streichen, um einer Ausweitung des Rechts auf Vertretung zu entgehen. Im Ergebnis würde die Abschaffung der Berufung nicht nur *nicht* die Konventionswidrigkeit des derzeitigen Gesetzeszustandes beseitigen, sondern eine umfassende und grundlegende Reform des *kompletten* Instanzenzugs heraufbeschwören. Die Einsparung der zweiten Instanz würde zu einer Mehrbelastung der Amtsgerichte führen, die dann neben der Bewältigung der hohen Fallzahlen auch noch vor dem praktischen Problem stünden, stets revisionsfeste Urteile zu erlassen.[1559] Dies alles ist wohl auch dem Gesetzgeber bewusst, woraus sich erklärt, dass die Bundesregierung diese Variante bei Ausarbeitung ihres Gesetzesentwurfs nicht einmal in Betracht gezogen hat.

Da die Berufungshauptverhandlung auch in Abwesenheit des Angeklagten bei Gewährleistung des Rechts auf Verteidigung ebenso gut durchführbar ist, kann die Konventionswidrigkeit des § 329 Abs. 1 S. 1 StPO die Diskussion um die Abschaffung der zweiten Tatsacheninstanz nicht neu beleben.

---

1556 BRAK, Stellungnahme Nr. 13/2014, S. 10; zur geringen Zahl von Abwesenheitsverfahren insgesamt vgl. *Olk* S. 88; *Rieß* ZStW 90 (1985) Beiheft, 175, 176 f.

1557 Statistisches Bundesamt, Rechtspflege 2012, Strafgerichte, Fachserie 10, Reihe 2.3, S. 90.

1558 Statistisches Bundesamt, Rechtspflege 2012, Strafgerichte, Fachserie 10, Reihe 2.3, S. 90.

1559 Ähnlich DAV, Stellungnahme Nr. 29/2005, S. 26.

### 3. *Sprungrevision gegen erstinstanzliches Urteil*

Nach Ansicht von *Meyer-Mews* ist ein Verwerfungsurteil nach § 329 Abs. 1 S. 1 StPO dann mit der Konvention vereinbar, wenn dem Angeklagten nach Verkündung des Urteils die Möglichkeit der Sprungrevision gegen das Urteil erster Instanz erhalten bliebe und eine Revisionshauptverhandlung durchgeführt werden würde. Das Verwerfungsurteil selbst enthalte keine Gründe, mit denen sich die Revision in tatsächlicher und rechtlicher Hinsicht auseinander setzen könnte.[1560] Nach geltendem Recht kann *ein Urteil gegen das Berufung zulässig ist* nach Maßgabe von § 335 Abs. 1 StPO *statt mit Berufung mit Revision angefochten werden.* Das Wahlrecht endet dabei mit Ablauf der Revisionsbegründungsfrist.[1561] Nach dem Vorschlag von *Meyer-Mews* müsste demzufolge die Statthaftigkeit der Sprungrevision nach Verwerfung der Berufung wieder aufleben.

Mittels der Revision (§§ 333 ff. StPO) kann grundsätzlich durch Erhebung einer Verfahrensrüge geltend gemacht werden, dass die Berufung zu Unrecht verworfen worden ist, weil der Angeklagte durch einen erschienenen und vertretungsbereiten Verteidiger ordnungsgemäß i.S.d. § 329 Abs. 1 S. 1 StPO i.V.m. Art. 6 Abs. 3 lit. c, Abs. 1 EMRK vertreten worden ist.[1562]

Jedoch beschränkt sich die Prüfungskompetenz des Revisionsgerichts allein darauf, das Berufungsurteil auf Rechtsfehler zu untersuchen. Da das Verwerfungsurteil keine Feststellungen zur Sache enthält, kann das Revisionsgericht nur überprüfen, ob die Voraussetzungen des § 329 Abs. 1 S. 1 StPO zutreffend beurteilt worden sind.[1563] Nur wenn dies zu verneinen ist, wird das Revisionsgericht die Sache an die Berufungsinstanz zurückverweisen (§ 354 Abs. 2 StPO), so dass eine erneute umfängliche Überprüfung der Tatsachen- und Rechtsfragen eröffnet ist.[1564] Eine neue Verhandlung i.S.d. Rechtsprechung des EGMR, die an keine besonderen Voraussetzungen geknüpft sein darf (vgl. 5. Kapitel § 7), kann im Rechtsmittel der Revision gegen das Verwerfungsurteil damit nicht erblickt werden. Insofern kann *Meyer-Mews* zugestimmt werden.

Die Zulässigkeit der Sprungrevision gegen das erstinstanzliche Urteil hätte den Vorteil, dass das Urteil erster Instanz tatsächliche und rechtliche Ausführungen enthält, die das Revisionsgericht zu überprüfen hat. Allerdings ist zu beachten, dass das Revisionsgericht ausschließlich eine Rechtsinstanz und gerade keine neue

---

1560 *Meyer-Mews* NJW 2002, 1928.

1561 BeckOK-StPO/*Wiedner* § 335 Rn. 5; KK-StPO/*Gericke* § 335 Rn. 4; *Pfeiffer* § 335 StPO Rn. 3.

1562 Vgl. zur Rüge: OLG München, StV 2013, 301, 302; OLG Celle, NStZ 2013, 615; OLG Bremen, StV 2014, 211; OLG Hamburg, Beschl. v. 3.12.2013 – 1 – 25/13 (REV), BeckRS 2014, 00512; OLG Düsseldorf, StV 2013, 299; OLG Hamm, BeckRS 2012, 24376; OLG Köln, NStZ-RR 1999–112; BayObLG, NStZ-RR 2000, 307; OLG Oldenburg, NStZ 1999, 156.

1563 Vgl. SK-StPO/*Frisch* § 329 Rn. 72 ff.; LR-StPO/*Gössel* § 329 Rn. 95.

1564 Vgl. SK-StPO/*Frisch* § 329 Rn. 76 f.

Tatsacheninstanz ist.[1565] Das bedeutet, dass es grundsätzlich an den Tatbestand des erstinstanzlichen Urteils gebunden ist und diesbezüglich nur eine reine Rechtskontrolle vornehmen darf, etwa ob gegen Denkgesetze verstoßen worden ist oder ob offenkundige Tatsachen missachtet worden sind.[1566] Diese beschränkte Überprüfungsmöglichkeit stellt damit keine ausreichende Heilung eines Konventionsverstoßes i.S.d. Rechtsprechung des EGMR (vgl. 5. Kapitel § 7) dar.

Im Ergebnis ist der Vorschlag von *Meyer-Mews*, die Zulässigkeit der Sprungrevision auszuweiten, abzulehnen.

### *4. Ergebnis*

Der Gesetzgeber sollte sich für die Einführung eines einheitlichen Berufungsmodells entscheiden. Die Abschaffung der Berufungsinstanz bzw. die Ausweitung der Zulässigkeit der Sprungrevision gegen das erstinstanzliche Urteil sind keine tauglichen Mittel, Konventionskonformität herzustellen.

## V. Sonstige notwendige Gesetzesänderungen

Bei einer Änderung von § 329 StPO-E muss auch das übrige Recht der Berufung angepasst werden.

### *1. Berufung durch den gesetzlichen Vertreter, § 330 StPO*

Auch der gesetzliche Vertreter[1567] des Angeklagten ist gemäß § 298 Abs. 1 StPO befugt, *selbstständig von den zulässigen Rechtsmitteln Gebrauch* zu *machen.* Er darf damit, anders als der Verteidiger (vgl. § 297 StPO), auch gegen dessen ausdrücklichen Willen Berufung einlegen.[1568] § 330 StPO enthält für diesen Fall eine spezielle Regelung. Nach § 330 Abs. 1 StPO ist auch der Angeklagte zur Berufungshauptverhandlung zu laden und kann bei seinem Ausbleiben zwangsweise vorgeführt werden. Die Hauptverhandlungshaft ist hingegen ausgeschlossen.[1569] § 330 Abs. 2 StPO enthält eine Sonderregelung für den Fall des unentschuldigten Ausbleibens des gesetzlichen Vertreters bzw. des Angeklagten in der Berufungshauptverhandlung. Nach § 330 Abs. 2 S. 1 StPO wird zur Sache verhandelt, wenn allein der gesetzliche Vertreter in der Hauptverhandlung ausgeblieben ist. Gleiches gilt nach § 330 Abs. 2 S. 2 HS. 2 StPO, wenn allein der Angeklagte unentschuldigt bzw. nicht zulässig vertreten ausgeblieben ist. Eine Verwerfung der Berufung des

---

1565 AnwK-StPO/*Lohse* Vorb. § 333 Rn. 2; LR-StPO/*Franke* Vor § 333 StPO Rn. 2.

1566 Vgl. hierzu *Roxin/Schünemann* Strafverfahrensrecht, § 55 Rn. 26.

1567 Wer gesetzlicher Vertreter ist, ist nach dem bürgerlichen Recht zu beurteilen. Eine gesetzliche Vertretungsmacht ergibt sich beispielsweise aus § 1629 BGB. Vgl. hierzu BeckOK-StPO/*Cirener* § 298 Rn. 1.

1568 BeckOK-StPO/*Cirener* § 298 Rn. 2; KK-StPO/*Paul* § 298 Rn. 1.

1569 BeckOK-StPO/*Eschelbach* § 330 Rn. 4; KK-StPO/*Paul* § 330 Rn. 1.

gesetzlichen Vertreters kommt gemäß § 330 Abs. 2 S. 2 HS. 1 StPO in entsprechender Anwendung von § 329 Abs. 1 S. 1 StPO nur in Betracht, wenn weder der Angeklagte noch sein gesetzlicher Vertreter zu Beginn der Berufungshauptverhandlung erschienen sind, das Ausbleiben nicht genügend entschuldigt ist und kein Fall zulässiger Vertretung des Angeklagten vorliegt. In diesem Fall wird angenommen, dass weder der Angeklagte noch sein gesetzlicher Vertreter ein Interesse an der Durchführung der Berufung haben.[1570]

Der Gesetzesentwurf sieht vor, dass § 330 Abs. 2 S. 2 HS. 1 StPO um das Recht des Angeklagten auf Vertretung durch einen schriftlich zur Vertretung bevollmächtigten Verteidiger[1571] ergänzt wird.[1572] Da § 330 Abs. 2 S. 2 StPO ohnehin auf § 329 Abs. 1 StPO verweist, ist dieser Hinweis rechtlich zwar nicht geboten, aber aus Gründen der Klarstellung durchaus zu begrüßen. Neben einigen weiteren redaktionellen Anpassungen[1573] soll zukünftig neben der Vorführung auch der Hauptverhandlungshaftbefehl möglich sein. Solange der Grundsatz der Verhältnismäßigkeit eingehalten wird, ist auch dagegen nichts einzuwenden.

Entscheidet sich der Gesetzgeber hingegen für ein einheitliches Berufungsmodell, sollte auch die Berufung des gesetzlichen Vertreters i.d.S. angepasst werden. Das bedeutet, dass auch bei Ausbleiben des Angeklagten und des gesetzlichen Vertreters in Abwesenheit verhandelt werden sollte, solange die Aufklärungspflicht des Gerichts (§ 244 Abs. 2 StPO) nicht das persönliche Erscheinen des Angeklagten erfordert. In diesem Fall könnte das Gericht die Anwesenheit des Angeklagten durch Vorführung bzw. Verhaftung sicherstellen.

§ 330 StPO könnte dementsprechend folgendermaßen lauten:

> (1) Ist von dem gesetzlichen Vertreter die Berufung eingelegt worden, so hat das Gericht auch den Angeklagten zu der Hauptverhandlung zu laden.
> (2) Bleiben der Angeklagte oder der gesetzliche Vertreter oder beide in einem Hauptverhandlungstermin unentschuldigt aus, gilt § 329 StPO entsprechend.

1570 SK-StPO/*Frisch* § 329 Rn. 6.

1571 Zur Konventionswidrigkeit dieses Merkmals, vgl. 8. Kapitel § 1 III. 2. a).

1572 Vgl. BR-Drs. 491/14 (Fn. 19) S. 79. Der gesetzliche Vertreter kann sich ohnehin jederzeit durch einen Rechtsanwalt vertreten lassen, vgl. OLG Bremen, NJW 1960, 1171.

1573 Vgl. hierzu BR-Drs. 491/14 (Fn. 19) S. 2, 79: In § 330 Abs. 1 StPO werden die Wörter *vorzuladen und kann ihn bei seinem Ausbleiben zwangsweise vorführen lassen* durch die Wörter *zu laden* ersetzt. Die Möglichkeit der Anordnung von Zwangsmaßnahmen soll durch einen umfassenden Verweis auf § 329 Abs. 5 StPO-E gewährleistet werden. In § 330 Abs. 2 S. 2 HS. 1 StPO werden die Wörter *einer Hauptverhandlung* durch die Wörter *eines Hauptverhandlungstermins* ersetzt.

### 2. *Schriftformerfordernis der Vertretungsvollmacht, §§ 234, 314 Abs. 2, 341 Abs. 2, 350 Abs. 2 S. 1, 378 S. 1, 387 Abs. 1, 411 Abs. 2 S. 1 StPO*

Der Gesetzesentwurf sieht vor, dass die §§ 234, 314 Abs. 2, 341 Abs. 2, 350 Abs. 2 S. 1, 378 S. 1, 411 Abs. 2 S. 1 StPO einheitlich an § 329 Abs. 1 StPO-E angepasst werden, so dass sich auch hier das Erfordernis der schriftlichen Vertretungsvollmacht unmittelbar aus dem Gesetz ergeben soll.[1574] Nach hier vertretener Auffassung stellt das Schriftformerfordernis jedoch eine Verletzung von Art. 6 Abs. 3 lit. c, Abs. 1 EMRK dar, wenn das Recht auf Verteidigung an die Erfüllung dieser Formalie geknüpft wird (vgl. 5. Kapitel § 6). Ob die Forderung nach einer schriftlichen Vertretungsvollmacht in den §§ 234, 314 Abs. 2, 341 Abs. 2, 350 Abs. 2 S. 1, 378 S. 1, 411 Abs. 2 S. 1 StPO gegen die Konvention verstößt, kann damit nicht pauschal beantwortet werden. Vielmehr ist im Einzelfall zu prüfen, ob das Recht auf Verteidigung dadurch ungebührlich behindert wird.

§ 234 StPO macht das Recht auf Vertretung in Abwesenheit vom Vorliegen einer schriftlichen Vertretungsvollmacht abhängig. Ist diese Voraussetzung nicht eingehalten, wird der Angeklagte in Abwesenheit verurteilt, ohne dass der Verteidiger den Angeklagten vertreten kann. Folglich ist eine ungebührliche Behinderung des Rechts auf Verteidigung in Abwesenheit gegeben. Gleiches gilt im Privatklageverfahren. Der Angeklagte kann sich gemäß § 387 Abs. 1 StPO nur durch einen Verteidiger vertreten lassen, wenn dieser hierzu schriftlich bevollmächtigt ist. Noch deutlicher zeigt sich der Konventionsverstoß in § 411 Abs. 2 S. 1 StPO. Denn das Strafbefehlsverfahren ist wie das Berufungsverfahren konzipiert, so dass der Einspruch des Angeklagten bei unentschuldigtem Ausbleiben bzw. nicht ordnungsgemäßer Vertretung mangels schriftlicher Bevollmächtigung gemäß § 412 S. 1 StPO verworfen wird.[1575] Auch in der revisionsrechtlichen Hauptverhandlung ergeht in Abwesenheit des Angeklagten ein Urteil, ohne dass dessen erschienener Vertreter gehört wird, wenn es an einer schriftlichen Vertretungsvollmacht mangelt (vgl. § 350 Abs. 2 S. 1 StPO). Da der Verteidiger gerade die juristischen Defizite des Angeklagten auszugleichen vermag, ist auch hierin eine unangemessene Beschränkung des Rechts auf Verteidigung zu erblicken. Im Rahmen der §§ 234, 411 Abs. 2 S. 1, 350 Abs. 2 S. 1 StPO würde es damit gegen die Konvention verstoßen, wenn am Erfordernis der schriftlichen Vertretungsvollmacht festgehalten werden würde.

Anders ist dies hingegen bei den §§ 314 Abs. 2, 341 Abs. 2 StPO. In beiden Fällen wird lediglich der Zeitpunkt des Laufs der Berufungs- bzw. Revisionseinlegungsfrist geregelt. Ist der Angeklagte in Abwesenheit bei der Verkündung des Urteils nicht

---

1574 Vgl. BR-Drs. 491/14 (Fn. 19) S. 80. Die Vertretung des Nebenklägers gemäß § 397 Abs. 2 S. 1 StPO ist hingegen nicht an eine schriftliche Vertretungsvollmacht geknüpft. Zum unentschuldigten Ausbleiben des Nebenklägers in der Berufungshauptverhandlung vgl. *Rieß* NStZ 2000, 120.

1575 Vgl. hierzu auch *Schellenberg* NStZ 1994, 570, 571.

durch einen schriftlich bevollmächtigten Verteidiger vertreten gewesen, beginnt die Frist schlicht mit der Zustellung des Urteils.[1576] Das Recht auf Verteidigung in Abwesenheit wird damit im Ergebnis nicht behindert. Auch kann keine Konventionswidrigkeit festgestellt werden, wenn der Gesetzesentwurf fordert, dass § 378 S. 1 StPO um das Erfordernis der schriftlichen Vertretungsvollmacht erweitert wird. Denn § 378 StPO betrifft die Vertretung des Privatklägers. Art. 6 Abs. 3 EMRK („charged with a criminal offence") schützt jedoch nur denjenigen, gegen den die Privatklage erhoben ist, d. h. den Angeklagten und gerade nicht den Privat*kläger*.[1577] Die Verfasser des Gesetzesentwurfs haben überdies übersehen, dass auch § 434 Abs. 1 StPO das Erfordernis einer schriftlichen Vertretungsvollmacht normiert. Hierbei geht es aber um das Recht auf Vertretung des Einziehungsbeteiligten i.S.v. § 431 Abs. 1 S. 1 letzter HS StPO, so dass Art. 6 Abs. 3 EMRK auch auf diesen Nebenbeteiligten nicht anwendbar ist[1578] und deshalb am Schriftformerfordernis aus der Perspektive der EMRK festgehalten werden kann.

Nichtsdestowenigerist dem Gesetzesentwurf darin zuzustimmen, dass möglichst Rechtseinheit geschaffen werden sollte.[1579] Um in jedem Fall den Anforderungen der EMRK gerecht zu werden, sollte vom Schriftformerfordernis pauschal Abstand genommen werden und stattdessen einheitlich auf die Wendung *ein zur Vertretung bevollmächtigter Verteidiger* abgestellt werden. Da im Rahmen des § 434 Abs. 1 StPO die Wendung *Verteidiger* bewusst vermieden worden ist, weil der Einziehungsbeteiligte eher die Stellung eines Hauptintervenienten habe,[1580] kann an der bisherigen Formulierung angeknüpft werden und die Wendung *durch einen zur Vertretung bevollmächtigten Rechtsanwalt oder eine andere Person, die als Verteidiger gewählt werden kann, vertreten lassen* verwendet werden.

### *3. Ergänzung von § 341 Abs. 2 StPO*

Unabhängig davon, ob der Gesetzgeber am Gesetzesentwurf der Bundesregierung festhält oder sich für ein einheitliches Berufungsmodell entscheidet, wird das Recht auf Verteidigung in Abwesenheit in der Berufungsinstanz erweitert. Zu Recht hat deshalb die NV in ihrer Stellungnahme zum RefE angemerkt, dass auch § 341 Abs. 2 StPO um die Vorschrift des § 329 StPO zu ergänzen ist.[1581] Dies ist nun im Gesetzesentwurf der Bundesregierung geschehen.[1582] Wird ein Angeklagter in

---

1576 Vgl. BeckOK-StPO/*Wiedner* § 341 Rn. 30; KK-StPO/*Paul* § 314 Rn. 2.

1577 Vgl. LR-EMRK/*Esser* Art. 6 Rn. 69; allgemein zum unentschuldigten Ausbleiben des Privatklägers in der Berufungshauptverhandlung vgl. *Rieß* NStZ 2000, 120.

1578 LR-EMRK/*Esser* Art. 6 Rn. 69, wonach Nebenbeteiligte nicht schon unter den Schutz von Art. 6 Abs. 3, Abs. 1 EMRK fallen, nur weil sie nach § 433 Abs. 1 StPO die Befugnisse eines Angeklagten haben.

1579 Vgl. BR-Drs. 491/14 (Fn. 19) S. 80.

1580 Vgl. SK-StPO/*Weßlau* § 434 Rn. 1.

1581 NV, Stellungnahme v. 9.4.2014 (Fn. 550) II. 3.

1582 Vgl. BR-Drs. 491/14 (Fn. 19) S. 80.

der Berufungshauptverhandlung ordnungsgemäß durch einen Verteidiger vertreten, beginnt folglich die Frist zur Einlegung der Revision bereits mit Verkündung des Urteils.

### 4. *Konsequenzen für das Strafbefehlsverfahren, § 412 StPO*

Da § 412 StPO für die Hauptverhandlung nach Einspruch gegen einen Strafbefehl ähnlich wie § 329 Abs. 1 StPO konzipiert ist[1583] und deshalb auf die §§ 329 Abs. 1, 3, 4, 330 StPO verweist, sah der RefE des BMJV auch insofern eine Anpassung vor. Künftig sollte § 412 S. 1 StPO-E wie folgt gefasst sein: *Ist bei Beginn eines Hauptverhandlungstermins weder der Angeklagte noch ein Verteidiger mit schriftlicher Vertretungsvollmacht erschienen und ist das Ausbleiben nicht genügend entschuldigt, so ist § 329 Abs. 1 Satz 1, 3 und 4, Abs. 3 und 6 entsprechend anzuwenden.*[1584] Abgesehen davon, dass das Erfordernis der schriftlichen Vertretungsvollmacht konventionswidrig ist und deshalb nicht in den RefE hätte aufgenommen werden dürfen, vermochte der RefE das Recht auf Verteidigung in Abwesenheit wie im Rahmen von § 329 Abs. 1 StPO-E durchaus zu wahren. Nicht einsichtig ist jedoch, weshalb der RefE nur auf § 329 Abs. 1 S. 1 und S. 3 StPO-E verwiesen hat, nicht hingegen auf § 329 Abs. 1 S. 2 StPO-E. Denn der Verweis auf § 329 Abs. 1 S. 3 StPO macht nur Sinn, wenn auch § 329 Abs. 1 S. 2 Nr. 3 StPO inbegriffen ist, da das Gebot der Einholung eines Sachverständigengutachtens über die Verhandlungsunfähigkeit des Angeklagten an diese Norm anknüpft.[1585] Hier lag wohl ein redaktionelles Versehen vor. Die Bundesregierung hat sich im Gesetzesentwurf dafür entschieden § 412 S. 1 StPO folgendermaßen abzuändern: *§ 329 Absatz 1, 3, 5 und 6 ist entsprechend anzuwenden.*[1586] Damit ist das redaktionelle Versehen behoben.

Würde der Gesetzgeber hingegen ein einheitliches Berufungsmodell wählen, wäre die Verwerfung der Berufung obsolet und er könnte sich im Rahmen des § 412 StPO nicht der Verweisung auf § 329 StPO-E bedienen. Der Wortlaut der Norm müsste an den Vorschlag des Gesetzesentwurfs zu § 329 StPO-E angepasst werden. Alternativ könnte jedoch auch im Rahmen der Einspruchshauptverhandlung von der Verwerfung des Einspruchs Abstand genommen werden und stattdessen bei unentschuldigtem Ausbleiben des Angeklagten und seines Vertreters in Abwesenheit verhandelt werden. Ähnlich wie bei der Berufung des Angeklagten wäre dies zweckmäßig, weil damit die Gefahr gebannt wäre, offensichtlich fehlerhafte Strafbefehle durch Verwerfung des Einspruchs aufrechterhalten zu müssen[1587].

---

1583 SK-StPO/*Weßlau* § 329 Rn. 1; KK-StPO/*Maur* § 412 Rn. 1.
1584 Hierzu auch RefE (Fn. 19) S. 4.
1585 Vgl. RefE (Fn. 19) S. 47.
1586 BR-Drs. 491/14 (Fn. 19) S. 3, 80.
1587 Zu diesem Problem vgl. SK-StPO/*Weßlau* § 412 Rn. 13; LR-StPO/*Gössel* § 412 Rn. 33 f.

I.d.S. könnte § 412 StPO wie folgt lauten:

[1]Ist bei Beginn eines Hauptverhandlungstermins der Angeklagte weder erschienen noch durch einen zur Vertretung bevollmächtigten Verteidiger vertreten und ist das Ausbleinen nicht genügend entschuldigt, so ist § 329 entsprechend anzuwenden. [2]Hat der gesetzliche Vertreter Einspruch eingelegt, so ist auch § 330 entsprechend anzuwenden.

## VI. Praktische Folgen der Änderung

Egal ob der Gesetzgeber das gespaltene Berufungsmodell mit den hier vorgeschlagenen Änderungen beibehält oder, was nicht zu erwarten ist, sich für ein einheitliches Modell der Berufung entscheidet, ist in jedem Fall eine Mehrbelastung der Gerichte und Staatsanwaltschaften zu erwarten.[1588] In den Stellungnahmen zum RefE stellt dies einen der Hauptkritikpunkte dar.[1589] Es ist richtig, dass durch den Wegfall der für den Angeklagten belastenden Anwesenheitspflicht die Zahl der Berufungen steigen dürfte.[1590] Hinzu kommt, dass aufgrund der Ausweitung des Rechts auf Vertretung bzw. der Abwesenheitsverhandlungen, in der Regel umfangreichere Beweisaufnahmen sowie ausführliche Urteilsbegründungen notwendig sein werden.[1591] Auch ist es denkbar, dass die zivilrechtlichen Schadensersatzklagen gegen Verteidiger, die bislang zu vernachlässigen sind, zunehmen werden, wenn der Verteidiger verstärkt als Vertreter fungiert und so mit Wirkung für und gegen seinen Mandanten agieren darf.[1592] Doch diese Mehrbelastung der Justiz führt zu einer Entlastung des Angeklagten und damit zur Verwirklichung effektiven Menschenrechtsschutzes – eine völkervertragsrechtliche Pflicht, die Deutschland selbst eingegangen ist.

# § 2. Auswirkungen auf die erste Instanz

Das Urteil des EGMR in der Sache *Neziraj* betrifft zwar konkret nur die Regelung des § 329 Abs. 1 S. 1 StPO und damit nur die Berufungsinstanz. Allerdings hat der EGMR in der Rechtssache *Krombach*[1593] ein Recht auf Verteidigung in Abwesenheit auch in der ersten Instanz bejaht (vgl. 2. Kapitel § 5), worauf er sogar im Urteil *Neziraj* nachdrücklich hingewiesen hat[1594]. Da Deutschland über

---

1588 Vgl. BR-Drs. 491/14 (Fn. 19) S. 63.

1589 Vgl. DRB, Stellungnahme Nr. 6/14; NV, Stellungnahme v. 9.4.2014 (Fn. 550) II. 6.

1590 BR-Drs. 491/14 (Fn. 19) S. 63; NV, Stellungnahme v. 9.4.2014 (Fn. 550) II. 6.

1591 NV, Stellungnahme v. 9.4.2014 (Fn. 550) II. 6.

1592 Vgl. *Krause* NStZ 2000, 225, wonach der Grund für die geringe Relevanz der zivilrechtlichen Haftung des Strafverteidigers wohl darin liegt, dass der Verteidiger anders als im Zivilprozess „nicht Vertreter des Beschuldigten ist mit der Folge, dass dem Beschuldigten Versäumnisse des Verteidigers prozessual nicht zugerechnet werden können".

1593 EGMR Krombach ./. F (Fn. 6).

1594 EGMR Neziraj ./. D (Fn. 6) § 53 („Moreover, in the case of *Krombach*, the applicant had not been allowed to be represented by counsel in his absence at his trial

Art. 1 EMRK an den gesamten übertragungsfähigen Inhalt der Rechtsprechung des EGMR gebunden ist (vgl. 7. Kapitel), ist zu klären, ob nicht nur in der Berufungsinstanz, sondern auch im Rahmen der erstinstanzlichen Hauptverhandlung Änderungsbedarf besteht.

## I. Gebot der Abschaffung der Anwesenheitspflicht aus Art. 6 Abs. 1 i.V.m. 3 lit. c EMRK

Der Angeklagte ist in der erstinstanzlichen Hauptverhandlung nicht nur zur Anwesenheit berechtigt, sondern grundsätzlich auch verpflichtet. Dies ergibt sich aus § 230 Abs. 1 StPO, wonach *gegen einen ausgebliebenen Angeklagten eine Hauptverhandlung nicht stattfindet.* Des Weiteren stellt § 231 Abs. 1 S. 1 StPO klar, dass die Anwesenheitspflicht für die gesamte Dauer der Hauptverhandlung gilt[1595], da sich *der erschienene Angeklagte aus der Verhandlung nicht entfernen darf.* Nur ausnahmsweise gestattet das Gesetz eine erstinstanzliche Verhandlung in Abwesenheit des Angeklagten (vgl. §§ 231 Abs. 2, 231a, 231b, 231c, 232, 233, 247 StPO). Nur in diesen Fällen kann sich der Angeklagte durch einen *mit schriftlicher Vollmacht versehenen Verteidiger* vertreten lassen (vgl. §§ 234, 411 Abs. 2, 387 Abs. 2 StPO). Ansonsten ist gemäß § 230 Abs. 2 StPO *die Vorführung anzuordnen oder ein Haftbefehl zu erlassen, wenn das Ausbleiben des Angeklagten nicht genügend entschuldigt* ist. Nach § 236 StPO ist *das Gericht* zudem *stets befugt, das persönliche Erscheinen des Angeklagten anzuordnen und durch einen Vorführungsbefehl oder Haftbefehl zu erzwingen.*[1596]

Da in der ersten Instanz das Recht auf Vertretung auf wenige Ausnahmefälle beschränkt ist, hält die überwiegende Ansicht in der Literatur auch hier eine Verletzung der Konvention für gegeben.[1597] Diese Auffassung rührt jedoch daher, dass die

---

hearing at first instance. The Court nevertheless considered the case comparable in relation to the issue raised by the cases cited above as the applicant equally failed to appear at a hearing to which he had been properly summoned.").

1595 Vgl. LR-StPO/*Becker* § 230 Rn. 5; SK-StPO/*Deiters* § 230 Rn. 4.

1596 Vgl. Graphische Darstellung und detaillierte Ausführungen zum Anwesenheitsgrundsatz bei *Rieß* ZStW 90 (1978) Beiheft, 175, 176 ff.

1597 So *Püschel* StraFo 2012, 493, 495 („Diese Reduzierung der Verteidigung auf eine akzessorisch verstandene Unterstützungs- und Beistandsfunktion ist mit Art. 6 Abs. 3 lit. c EMRK im vom EGMR in ständiger Rechtsprechung gedeuteten Sinne unvereinbar."); *Weigend* in: FS für Kühl, S. 947, 951 („Dies würde wohl bedeuten, dass das Nicht-Erscheinen des geladenen Angeklagten entgegen § 230 Abs. 1 S. 1 StPO die Durchführung der Hauptverhandlung nicht hindert, sofern sich der Angeklagte durch einen Verteidiger vertreten lassen möchte."); vorsichtiger *Esser* StV 2013, 331, 339 („Es könnte durchaus sein, dass die ... Anwesenheitspflicht des Angeklagten das nächste Bollwerk der StPO ist, das in ein paar Jahren unter dem Gewicht menschenrechtlicher Garantien im Strafverfahren in sich zusammenbrechen wird.").

Rechtsprechung des EGMR zu Art. 6 Abs. 1 i.V.m. Abs. 3 lit. c EMRK i.S.e. absoluten Rechts auf Vertretung interpretiert wird.[1598]

Nach hier vertretener Auffassung postuliert der EGMR jedoch gerade kein absolutes Recht auf Vertretung bzw. Abwesenheit, sondern stellt es den Vertragsstaaten gleichwertig frei, die Anwesenheit des Angeklagten „auf andere Weise" als durch Entziehung des Rechts auf Verteidigung sicherzustellen (vgl. 5. Kapitel § 5).

Legt man diese Sichtweise der Überprüfung der Konventionskonformität der ersten Instanz zugrunde, ist eine Verletzung von Art. 6 Abs. 1 i.V.m. Abs. 3 lit. c EMRK abzulehnen. Ist der Angeklagte in der mündlichen Hauptverhandlung unentschuldigt ausgeblieben, wird ihm nicht sein Recht auf Verteidigung aberkannt, sondern seine Anwesenheit wird mittels Vorführung bzw. Verhaftung und damit auf „andere Weise" i.S.d. Rechtsprechung des EGMR sichergestellt. Ist hingegen eine Abwesenheitsverhandlung zulässig, hat der Angeklagte ohnehin das Recht auf Vertretung. Zur Herstellung von Konventionskonformität wäre damit nur die Abschaffung des Erfordernisses der schriftlichen Vertretungsvollmacht notwendig (vgl. 8. Kapitel § 1 III. 2. a)).

Entgegen *Esser*[1599] ändert auch die Rechtsprechung des EGMR in der Sache *Krombach* nichts. Obwohl der EGMR dort in erster Instanz ein Recht auf Vertretung bejaht hat, ist der Fall nicht mit einer deutschen erstinstanzlichen Hauptverhandlung vergleichbar. In der Sache *Krombach* wurde der flüchtige Angeklagte in Abwesenheit, ohne Beteiligung seines Verteidigers verurteilt. Die Wiederaufnahme des Verfahrens war an die Kaution der persönlichen Freiheit geknüpft. Aus diesen Gründen hat der EGMR einen Verstoß gegen Art. 6 Abs. 3 lit. c, Abs. 1 EMRK bejaht (vgl. 2. Kapitel § 5). Nach deutschem Recht wird ohne Anwesenheit des Angeklagten hingegen erst gar nicht über die Anklage in einer mündlichen Verhandlung entschieden. Damit wird allenfalls die Durchführung der Hauptverhandlung an die Kaution der persönlichen Freiheit geknüpft. Für eine „Bestrafung" des Angeklagten i.S.d. Rechtsprechung des EGMR fehlt es demzufolge an einer Entscheidung in der Sache ohne Beteiligung des erschienenen Verteidigers.

Der Angeklagte wird folglich in der erstinstanzlichen Hauptverhandlung zu keinem Zeitpunkt für sein unentschuldigtes Ausbleiben „bestraft", wenn der Gesetzgeber vom Formerfordernis der Vertretungsvollmacht Abstand nimmt.

---

1598 Vgl. *Püschel* StraFo 2012, 493, 495 („Recht auf Vertretung durch einen Rechtsanwalt"); *Weigend* in: FS für Kühl, S. 947, 951 („menschenrechtlich verbürgter Anspruch auf Vertretung durch einen Verteidiger"); *Esser* StV 2013, 331, 339 („Recht des Angeklagten auf „Vertretung" durch einen Verteidiger").

1599 *Esser* StV 2013, 331, 339 („Das *Krombach*-Urteil des *EGMR* ... weist bereits in diese Richtung.").

## II. Ausweitung des Rechts auf Vertretung als Gebot der Verhältnismäßigkeit, Art. 5 EMRK

Es ist bereits aufgezeigt worden, dass der EGMR in seiner Rechtsprechung zu Art. 6 Abs. 1 i.V.m. Abs. 3 lit. c EMRK den Vertragsstaaten eine Wahlmöglichkeit zwischen der Gewährleistung eines „Rechts auf Vertretung" oder der Herstellung der Anwesenheit „auf andere Weise" eröffnet hat, jedoch dem Recht auf Vertretung unter Verhältnismäßigkeitserwägungen gegebenenfalls der Vorzug zu gewähren ist (vgl. 8. Kapitel § 1 II. 3. e)).

Der Grundsatz der Verhältnismäßigkeit gab bereits in der Vergangenheit aus nationaler Perspektive Anlass zur Hinterfragung der unveräußerlichen Anwesenheitspflicht im Strafprozess. So hat *Julius* betont, dass „ein staatlich verordneter Teilnahmezwang einen nicht unerheblichen Eingriff in die verfassungsrechtlich durch Art. 1 Abs. 1 und Art. 2 Abs. 1 GG gewährleistete Subjektstellung des Angeklagten darstellt und somit, wie jeder staatliche Eingriff in die Freiheitssphäre, am Grundsatz der Verhältnismäßigkeit zwischen Mittel und Zweck zu messen ist."[1600] Da zum Schutz des Angeklagten vor Überraschungsentscheidungen ausreichende Mechanismen vorhanden seien (z. B. § 265 StPO) und mit einer ständigen Präsenzpflicht erhebliche persönliche Belastungen für den Angeklagten einhergingen, kommt *Julius* zu dem Ergebnis, dass die Unverfügbarkeit der Anwesenheit des Angeklagten gegen den Grundsatz der Verhältnismäßigkeit verstoße.[1601] Frischen Wind könnte die Argumentation von *Julius* damit nun durch die Rechtsprechung des EGMR zum Recht auf Verteidigung in Abwesenheit erlangen, indem das vom EGMR postulierte Recht auf Vertretung die Erforderlichkeit der ständigen Anwesenheit des Angeklagten noch weiter zurückdrängt. Im Ergebnis könnte dadurch bereits die Anordnung der Anwesenheit seine Legitimation verlieren.

Aus der Perspektive der Rechtsprechung des EGMR ist jedoch zu beachten, dass der EGMR eine nationale Anwesenheitspflicht sogar Wert schätzt und gerade nicht antasten will. Insofern ist vor allem an das Urteil in der Sache *Van Geyseghem* zu erinnern, worin der EGMR sogar ausdrücklich darauf hingewiesen hat, dass es nach belgischem Recht die Möglichkeit gegeben hätte, die Anwesenheit des Angeklagten anzuordnen, wogegen es keine Rechtsmittel gegeben hätte („In any event, the Criminal Court may order the accused to attend. No appeal shall lie against such a decision.").[1602] Darüber hinaus ist zu beachten, dass die Ladung des Angeklagten, die gemäß § 216 Abs. 1 StPO *unter der Warnung* ergeht, *da[ss] im Falle seines unentschuldigten Ausbleibens seine Verhaftung oder Vorführung erfolgen w[ü]rde*, noch keinen Eingriff in Art. 5 Abs. 1 S. 1 EMRK darstellt. Dies folgt bereits aus Art. 5 Abs. 1 S. 2 EMRK, dessen Katalog dafür spricht, dass das Merkmal „depriviation of liberty" eine faktische Aufhebung der persönlichen Freiheit

1600 *Julius* GA 139 (1992) 295, 303.
1601 *Julius* GA 139 (1992) 295, 303 f.
1602 EGMR (GK) Van Geyseghem ./. B (Fn. 6) § 34.

voraussetzt.[1603] Die Androhung von Zwangsmitteln bzw. die Anordnung der Anwesenheit als solche reichen hierfür noch nicht aus.[1604] Vielmehr liegt hier nur ein Eingriff in die allgemeine Handlungsfreiheit gemäß Art. 2 Abs. 1 GG vor[1605], die jedoch von der EMRK nicht gewährleistet wird.[1606] Darin liegt ein weiterer Beleg dafür, dass der Grundsatz der Anwesenheitspflicht von der Konvention unangetastet bleiben soll.

Anders ist dies jedoch im Rahmen der zwangsweisen Durchsetzung der Anwesenheitspflicht mittels Vorführung und Haftbefehl gemäß § 230 Abs. 2 StPO. Hier greift über die Garantie der Freiheit der Person gemäß Art. 5 Abs. 1 S. 1 EMRK auch der Grundsatz der Verhältnismäßigkeit. Wenn das legitime Ziel der ordnungsgemäßen Durchführung der Hauptverhandlung ebenso gut im Beisein des Verteidigers als Vertreter gewährleistet ist, stellt es einen Verstoß gegen den Grundsatz der Verhältnismäßigkeit dar, in die Freiheit des Angeklagten einzugreifen (vgl. 8. Kapitel § 1 II. 3. e)). Diese Rechtsauffassung sollte grundsätzlich i.S.d. Gesetzesentwurfs sein, weil danach auch § 230 Abs. 2 StPO dahingehend ergänzt werden soll, dass die Vorführung bzw. Verhaftung nur anzuordnen ist, *soweit dies zur Durchführung der Hauptverhandlung geboten ist.* Damit soll vor allem auch zur Beachtung des Verhältnismäßigkeitsgebots gemahnt werden (Appellcharakter).[1607]

Über den Kniff des Art. 5 EMRK ist damit der zwangsweisen Durchsetzung der Anwesenheitspflicht partiell die Grundlage entzogen.

## III. Diskussion von Lösungsvorschlägen

Es ist im Folgenden zu klären, wie den Vorgaben der EMRK in der ersten Tatsacheninstanz Rechnung getragen werden könnte.

---

1603 SK-EMRK/*Paeffgen* Art. 5 Rn. 9; *Grabenwarter/Pabel* § 21 Rn. 5.

1604 EGMR Lipkowsky u. Cormack ./. D (E), 18.1.2011 („It is neither submitted that coercive detention had been enforced nor even that it had been ordered against her in an explicit court decision, as required by the relevant domestic legal provisions.") Bezeichnenderweise hat der EGMR die Androhung von Zwangshaft im Urteil auch nicht im Hinblick auf Art. 2 Abs. 1 4.ZP untersucht; LR-EMRK/*Esser* Art. 5 Rn. 28; IntKomm-EMRK/*Renzikowski* Art. 5 Rn. 56; KK-EMRK-GG/*Dörr* Kap. 13 Rn. 122.

1605 So die ganz herrschende Meinung, vgl. BVerfGE 22, 21, 26 (Verpflichtung zur Teilnahme an einem Verkehrsunterricht); *Jäger* S. 191, 198; *Manssen* Staatsrecht II, Rn. 293; KK-EMRK-GG/*Dörr* Kap. 13 Rn. 131; offengelassen Maunz/Dürig-GG/*Di Fabio* Art. 2 Abs. 2 S. 2 Rn. 27; a.A. Sachs-GG/*Murswiek* Art. 2 Rn. 231 (aber Restriktion auf Ebene des Eingriffs).

1606 LR-EMRK/*Esser* Art. 8 Rn. 1 (Fn. 1); *Grabenwarter/Pabel* § 21 Rn. 2; IntKomm-EMRK/*Renzikowski* Art. 5 Rn. 16.

1607 Vgl. BR-Drs. 491/14 (Fn. 19) S. 67 f.

## *1. Vertretung des Angeklagten als Aspekt der Verhältnismäßigkeit*

Da die Gewährleistung des Rechts auf Verteidigung in Abwesenheit ein milderes, gleich geeignetes Mittel im Vergleich zur zwangsweisen Herstellung der Anwesenheit des Angeklagten ist, wenn die Durchführbarkeit der Hauptverhandlung nicht von der Person des Angeklagten abhängt, könnte es ausreichen, das Recht auf Vertretung als Aspekt der Verhältnismäßigkeit zu berücksichtigen. Insofern könnte es beim Vorschlag des Gesetzesentwurfs bleiben, der den Grundsatz der Verhältnismäßigkeit in § 230 Abs. 2 StPO noch stärker sprachlich hervorheben möchte.[1608] Nur die Begründung des Gesetzes müsste den Hinweis enthalten, dass das Recht auf Verteidigung in Abwesenheit Vorrang vor der Anwendung unmittelbaren Zwangs hat, wenn die Durchführung der Hauptverhandlung ebenso gewährleistet ist. Nach dem Vorbild von § 236 StPO könnte folglich trotz Anordnung der Anwesenheit und Androhung von zwangsweiser Durchsetzung auch in Abwesenheit des Angeklagten verhandelt werden, wenn die Durchführung der Hauptverhandlung gleichermaßen gesichert ist.[1609]

Dieser Vorschlag würde jedoch mit der Systematik des Gesetzes in Konflikt geraten. Denn das Recht auf Vertretung ist derzeit akzessorisch zur Zulässigkeit einer ausnahmsweisen Abwesenheitsverhandlung konzipiert (§ 234 StPO) und steht damit nicht auf einer Stufe mit den Alternativen zur zwangsweisen Durchsetzung der primären Anwesenheitspflicht. Eine Anreicherung der Verhältnismäßigkeitsprüfung um den Aspekt der Vertretung des Angeklagten wäre folglich nicht stringent und ist deshalb abzulehnen.

## *2. Abschaffung der Anwesenheitspflicht*

Eine weitere Alternative wäre die generelle Abschaffung der Anwesenheitspflicht des Angeklagten in der mündlichen Hauptverhandlung.

Für diejenigen Fälle, in denen die Amtsaufklärungspflicht gemäß § 244 Abs. 2 StPO die persönliche Anwesenheit des Angeklagten erfordert, könnte eine Vorschrift i.S.d. § 236 StPO vorgesehen werden.[1610] Diese Lösung hätte den Vorteil, dass die komplizierten Ausnahmetatbestände der §§ 231 Abs. 2 ff. StPO überflüssig wären und der Angeklagte diese Ausnahmen nicht mehr missbrauchen müsste[1611], um seiner Anwesenheitspflicht zu entgehen.

---

1608 Vgl. BR-Drs. 491/14 (Fn. 19) S. 67 f.

1609 Zu § 236 StPO vgl. KG, NJW 2007, 2345 (Strafbefehlsverfahren); BayObLG, NJW 1970, 1055; BeckOK-StPO/*Gorf* § 236 Rn. 9; SK-StPO/*Deiters* § 236 Rn. 11.

1610 Vgl. hierzu bereits *Julius* GA 139 (1992) 295, 299 („Zur Sicherung [der] im staatlichen Interesse [liegenden Maxime der Wahrheitserforschung] würde ... eine am gerichtlichen Ermessen und an den Aufklärungserfordernissen der jeweiligen Prozeßsituation orientierten Vorschrift wie die des § 236 StPO völlig ausreichen.").

1611 Kritisch zum Formenmissbrauch auch *Rieß* ZStW 90 (1985) Beiheft, 175, 211.

Zudem wäre dieser Lösungsweg mit der EMRK vereinbar, da der EGMR Abwesenheitsverfahren unter strengen Voraussetzungen für zulässig erachtet (vgl. 3. Kapitel).

Andererseits ist jedoch zu beachten, dass auch der EGMR die Durchführung von Verfahren in Anwesenheit des Angeklagten präferiert und nationale Anwesenheitspflichten in ständiger Rechtsprechung akzeptiert (vgl. 3. Kapitel § 2). Wenn folglich ein Weg gefunden werden könnte, das Recht auf Verteidigung in Abwesenheit zu gewährleisten, ohne den Grundsatz der Anwesenheit aufgeben zu müssen, wäre diese Lösung zu bevorzugen.

### *3. Vertretung des Angeklagten als Ausnahme von der Anwesenheitspflicht*

Will man am Grundsatz der Anwesenheitspflicht festhalten, könnte dem Recht auf Verteidigung in Abwesenheit als milderes Mittel zur zwangsweisen Herstellung der Anwesenheit dadurch Rechnung getragen werden, dass die Vorschrift des § 234 StPO nicht länger nur eine akzessorische Norm zu den zulässigen Fällen der Abwesenheitsverhandlung darstellt, sondern eine zusätzliche eigenständige Ausnahme zum Grundsatz der ständigen Anwesenheit regelt.

#### *a) Entbindungsantrag als Voraussetzung*

Der Wortlaut von § 234 StPO könnte abgesehen vom Erfordernis der schriftlichen Vertretungsvollmacht übernommen werden, da darin bereits deutlich wird, dass der Angeklagte *berechtigt ist, sich durch einen* zur Vertretung bevollmächtigten Verteidiger *vertreten zu lassen, soweit die Hauptverhandlung ohne Anwesenheit des Angeklagten stattfinden kann.* Nur die Begründung des Gesetzes müsste dahingehend berichtigt werden, dass § 234 StPO nunmehr einen eigenen Ausnahmetatbestand zum Grundsatz der Anwesenheitspflicht darstellt. Das Recht auf Vertretung in den übrigen Fällen der Abwesenheitsverhandlung (vgl. §§ 231 Abs. 2 ff. StPO) müsste gesondert geregelt werden.

*Rieß* hat hingegen bereits im Jahr 1985 einen Lösungsansatz vorgeschlagen, nach dem es dem Gericht gestattet werden solle, den Angeklagten von seiner Anwesenheitspflicht auf dessen ausdrücklichen Antrag jedenfalls dann zu entbinden, wenn für ihn ein Verteidiger in der Hauptverhandlung mitwirke.[1612] Er präferiert damit ein Modell in Anlehnung an § 233 StPO.

Betrachtet man die Systematik der §§ 231 Abs. 2 ff. StPO fällt auf, dass diejenigen Ausnahmetatbestände von einem Antragserfordernis abhängen, die im Interesse des Angeklagten liegen (§§ 233, 231c StPO), diejenigen hingegen, die der Funktionstüchtigkeit der Rechtspflege (§§ 231 Abs. 2, 231a, 231b, 232 StPO) dienen, von einem Antrag unabhängig sind.[1613] Da die Gewährung des Rechts auf Verteidigung

---

1612 *Rieß* ZStW 90 (1985) Beiheft, 175, 211.

1613 Vgl. SK-StPO/*Deiters* § 233 Rn. 1; HK-StPO/*Julius* § 233 Rn. 1; LR-StPO/*Becker* § 231c Rn. 1.

in Abwesenheit im Interesse des Angeklagten liegt, wäre es deshalb konsequent, dieses an das Erfordernis eines Antrags zu knüpfen.

Insofern ist jedoch wieder zu beachten, dass das Formerfordernis keine ungebührliche („unduly") Behinderung des Rechts auf Vertretung darstellen darf. Wie im Rahmen von § 233 StPO sollte deshalb keine besondere Form des Antrags vorgeschrieben werden, so dass auch die (schriftliche) Bitte um Verhandlung in Anwesenheit des Verteidigers ausreichend sein soll. Im Regelfall soll der Antrag schriftlich oder zu Protokoll der Geschäftsstelle gestellt werden.[1614]

Auch der Zeitpunkt der Antragsstellung soll nicht festgelegt werden, so dass der Antrag alsbald nach Eröffnung des Hauptverfahrens und sogar noch in der Hauptverhandlung gestellt werden kann. Auf diese Weise kann verhindert werden, dass Zwangsmittel gegen den unentschuldigt ausgebliebenen Angeklagten angeordnet werden, wenn das Gericht den Antrag für begründet erachtet.[1615]

Zur Wahrung des Anwesenheitsrechts soll dem Angeklagten das Antragsrecht grundsätzlich persönlich zustehen.[1616] Gerade aber für den Fall, dass er es versäumt hat, im Vorfeld der Hauptverhandlung einen entsprechenden Antrag an das Gericht zu richten und der Verteidiger als Vertreter in der Hauptverhandlung erscheint, muss es im Hinblick auf die Effektivität der Verteidigung gemäß Art. 6 Abs. 3 lit. c, Abs. 1 EMRK möglich sein, dass der Verteidiger noch in der Hauptverhandlung den Antrag auf Vertretung für den Angeklagten stellen kann.[1617] Insofern darf die Bevollmächtigung des Verteidigers nicht an ein Schriftformerfordernis gekoppelt werden.[1618] Es genügt grundsätzlich, wenn er zur Vertretung bevollmächtigt ist. Eine besondere Bevollmächtigung hinsichtlich der Stellung des Antrags auf Entbindung ist nicht erforderlich.[1619]

Damit der Angeklagte über sein Recht auf Entbindung bei ordnungsgemäßer Vertretung informiert wird, sollte der Angeklagte entsprechend Nr. 120 Abs. 1 RiStBV auch über dieses Antragsrecht möglichst schon vor der Ladung zum Termin belehrt werden.[1620]

---

1614 LR-StPO/*Becker* § 233 Rn. 8; SK-StPO/*Deiters* § 233 Rn. 6; BeckOK-StPO/*Gorf* § 233 Rn. 1.

1615 LR-StPO/*Becker* § 233 Rn. 9; HK-StPO/*Julius* § 233 Rn. 11.

1616 HK-StPO/*Julius* § 233 Rn. 2; BeckOK-StPO/*Gorf* § 233 Rn. 1.

1617 So bereits ganz herrschende Meinung für § 233 StPO vgl. BeckOK-StPO/*Gorf* § 233 Rn. 1; SK-StPO/*Deiters* § 233 Rn. 8; LR-StPO/*Becker* § 233 Rn. 10.

1618 So jedoch noch geltendes Recht, vgl. BGHSt 25, 281, 284; OLG Köln, NStZ 2002, 268; LR-StPO/*Becker* § 233 Rn. 10.

1619 Im Rahmen des § 233 StPO wird überwiegend auch keine besondere schriftliche Ermächtigung bezüglich des Antrags auf Entbindung gefordert, vgl. OLG Köln, NStZ 2002, 268 (zu § 74 Abs. 2 OWiG); LR-StPO/*Becker* § 233 Rn. 10; HK-StPO/*Julius* § 233 Rn. 2; SK-StPO/*Deiters* § 233 Rn. 8; a.A. noch RGSt 54, 210, 211; 64, 239, 245; OLG Düsseldorf, NJW 1960, 1921, 1922; OLG Frankfurt, NJW 1952, 1107.

1620 Zu § 233 StPO vgl. BeckOK-StPO/*Gorf* § 233 Rn. 2.

Die Begründung des Antrags sollte vor allem darauf hinweisen, dass das persönliche Erscheinen des Angeklagten für die Wahrheitserforschung nicht förderlich ist, insbesondere weil sich der Angeklagte bei zwangsweiser Herstellung der Anwesenheit auf sein Schweigerecht berufen wird.

### *b) Entscheidung des Gerichts durch Beschluss nach pflichtgemäßem Ermessen*

Ebenfalls in Anlehnung an § 233 StPO sollte das Gericht in der jeweiligen Besetzung[1621] durch förmlichen Beschluss[1622] über den Antrag auf Entbindung entscheiden. Lehnt es den Antrag ab, ist diese Entscheidung gemäß § 34 StPO zu begründen.[1623]

Ergeht der Beschluss außerhalb der Hauptverhandlung, ist er nach § 35 Abs. 2 StPO bekanntzumachen.[1624] Obwohl keine Frist in Gang gesetzt wird, sollte in Anbetracht der Disposition über den Anwesenheitsgrundsatz dennoch die förmliche Zustellung nach § 35 Abs. 2 S. 1 StPO an den Angeklagten gewählt werden.[1625] Nach Maßgabe des § 145a StPO ist auch die Zustellung an den Verteidiger möglich, dessen Vollmacht sich bei den Akten befindet. Erfolgt die Entscheidung innerhalb der Hauptverhandlung, ist der Beschluss gemäß § 35 Abs. 1 StPO gegenüber dem Angeklagten bzw. seinem Verteidiger als Vertreter zu verkünden.[1626]

Das Gericht muss nach pflichtgemäßem Ermessen entscheiden.[1627] Leitend muss dabei die Erwägung sein, ob das persönliche Erscheinen des Angeklagten zur Wahrheitserforschung bzw. zur Erfüllung der Amtsaufklärungspflicht gemäß § 244 Abs. 2 StPO[1628] unbedingt erforderlich ist oder ob es nicht ausreichend ist, die Verhandlung im Beisein des Verteidigers als Vertreter zu führen. Das Gericht muss folglich den Grundsatz der Verhältnismäßigkeit beachten.

Das Verhältnismäßigkeitsprinzip gebietet auch, dass der Angeklagte von der ganzen Hauptverhandlung, von einzelnen Verhandlungstagen oder von einzelnen sachlichen Teilen der Hauptverhandlung befreit werden kann.[1629]

---

1621 LR-StPO/*Becker* § 233 Rn. 12; SK-StPO/*Deiters* § 233 Rn. 9.

1622 LR-StPO/*Becker* § 233 Rn. 14; SK-StPO/*Deiters* § 233 Rn. 9.

1623 LR-StPO/*Becker* § 233 Rn. 14.

1624 SK-StPO/*Deiters* § 233 Rn. 11; BeckOK-SPO/*Gorf* § 233 Rn. 4.

1625 BayObLG, NJW 1970, 1055, 1056; KK-StPO/*Gmel* § 233 Rn. 8.

1626 LR-StPO/*Becker* § 233 Rn. 17; SK-StPO/*Deiters* § 233 Rn. 12; BeckOK-StPO/*Gorf* § 233 Rn. 5.

1627 LR-StPO/*Becker* § 233 Rn. 12; HK-StPO/*Julius* § 233 Rn. 4; BeckOK-StPO/*Gorf* § 233 Rn. 3.

1628 Dieser Aspekt spielt auch im Rahmen der Abwägungsentscheidung nach § 233 StPO eine entscheidende Rolle, vgl. LR-StPO/*Becker* § 233 Rn. 12; HK-StPO/*Julius* § 233 Rn. 4; SK-StPO/*Deiters* § 233 Rn. 10; BeckOK-StPO/*Gorf* § 233 Rn. 3.

1629 So auch LR-StPO/*Becker* § 233 Rn. 13; HK-StPO/*Julius* § 233 Rn. 11; SK-StPO/*Deiters* § 233 Rn. 9 jedoch einschränkend bzgl. örtlicher Entbindung; *Meyer-Goßner* § 233 StPO Rn. 11 einschränkend bzgl. einzelner sachlicher Verhandlungsabschnitte.

### c) *Notwendigkeit der Vernehmung des Angeklagten?*

Des Weiteren stellt sich die Frage, ob der Angeklagte im Vorfeld der mündlichen Hauptverhandlung durch einen beauftragten oder ersuchten Richter bzw. per Videokonferenz vom erkennenden Richter[1630] außerhalb der Hauptverhandlung antizipiert vernommen werden muss, wie dies in § 233 Abs. 2 StPO vorgeschrieben ist. Dieser „vorweggenommene Teil der Hauptverhandlung"[1631] soll das Recht des Angeklagten auf rechtliches Gehör gemäß Art. 103 Abs. 1 GG wahren.[1632]

Allerdings ist zu beachten, dass der Angeklagte selbst bei Entbindung von der Anwesenheitspflicht zugunsten seines Rechts auf Verteidigung in Abwesenheit zur mündlichen Hauptverhandlung zu laden ist. Damit wird seinem Recht auf Anwesenheit und gleichzeitig seinem Recht auf Gehör Rechnung getragen. Zur Verwirklichung des Gehörsanspruchs ist keine antizipierte Vernehmung des Angeklagten zur Anklage erforderlich. Dies belegt gerade § 231a StPO, der in Abgrenzung zu § 231 Abs. 2 StPO greift, wenn der Angeklagte *noch nicht über die Anklage vernommen war.*

Darüber hinaus soll der neue Ausnahmetatbestand nur Anwendung finden, wenn die Vertretung des Angeklagten durch einen hierzu bevollmächtigten Verteidiger sichergestellt ist. Charakteristisch hierfür ist folglich, dass auf Seiten des Angeklagten stets ein Verteidiger zur Verfügung steht, der als Sprachrohr des Angeklagten dient und Adressat von Fragen der Staatsanwaltschaft und des Gerichts ist. Diese Eigenschaft fehlt dem Ausnahmetatbestand gemäß § 233 StPO gerade.

Im Ergebnis ist eine antizipierte Vernehmung des Angeklagten nach dem Vorbild des § 233 Abs. 2, 3 StPO abzulehnen.

### d) *Anordnung des persönlichen Erscheinens, § 236 StPO*

Falls sich nachträglich herausstellt, dass die Amtsaufklärungspflicht des Gerichts die Anwesenheit des Angeklagten in Person erfordert, besteht die Möglichkeit, das persönliche Erscheinen des Angeklagten gemäß § 236 StPO[1633] durch förmlichen

---

1630 § 233 Abs. 2 S. 3 StPO ist durch Gesetz zur Intensivierung des Einsatzes von Videokonferenztechnik im gerichtlichen und staatsanwaltschaftlichen Verfahren v. 25.4.2013 (BGBl. I 2013, 935, 936), in Kraft seit 1.11.2013, eingefügt worden. Vgl. hierzu BeckOK-StPO/*Gorf* § 233 Rn. 7a.

1631 So vielfach bezeichnet, vgl. nur OLG Hamburg, NJW 1972, 2322; *Meyer-Goßner* § 233 StPO Rn. 15; abl. SK-StPO/*Deiters* § 233 Rn. 15.

1632 LR-StPO/*Becker* § 233 Rn. 18; SK-StPO/*Deiters* § 233 Rn. 14; BeckOK-StPO/*Gorf* § 233 Rn. 7.

1633 Zum Zweck der Verwirklichung der Amtsaufklärungspflicht vgl. BGHSt 30, 172, 175 f.; SK-StPO/*Deiters* § 236 Rn. 1.

Beschluss des Gerichts[1634] anzuordnen und gegebenenfalls durch Vorführungsbefehl und Haftbefehl zu erzwingen.[1635]

Die Entscheidung über die Anordnung des persönlichen Erscheinens steht im pflichtgemäßen Ermessen des Gerichts. Maßgeblich muss dabei sein, dass der Verteidiger den zur Wahrheitserforschung notwendigen Beitrag nicht leisten kann und deshalb die Person des Angeklagten erforderlich ist, etwa weil eine Identifizierungsmaßnahme bzw. ein Augenschein notwendig ist oder, weil die begründete Annahme besteht, dass zu vernehmende Zeugen bzw. Mitangeklagte in Anwesenheit des Angeklagten zuverlässigere Angaben machen werden (vgl. 8. Kapitel § 1 IV. 1. c)).[1636]

Leistet der Angeklagte der Anordnung pflichtwidrig keine Folge, kann das Gericht trotz Vertretung des Angeklagten durch einen bevollmächtigten Verteidiger die Vorführung bzw. Haft anordnen. Es ist zu beachten, dass die Anwendung unmittelbaren Zwangs die vorherige Androhung voraussetzt, die regelmäßig mit der Ladung zum Termin zu verbinden ist (vgl. § 216 Abs. 1 S. 1 StPO).[1637] Darüber hinaus ist auch hier besonderes Augenmerk auf den Grundsatz der Verhältnismäßigkeit zu legen und zu prüfen, ob die Vertretung des Angeklagten durch seinen Verteidiger dem Gebot der Sachaufklärung tatsächlich nicht genügt.[1638]

#### *e) Rechtsbehelfe*

Die Anordnung des persönlichen Erscheinens als der Urteilsfindung vorausgehende Entscheidung kann nicht mittels der Beschwerde (§ 305 S. 1 StPO) angefochten werden.[1639] Erst wenn gegen den Angeklagten Zwangsmittel verhängt werden, ist die Beschwerde statthaft (vgl. § 305 S. 2 StPO).[1640] Bei Verhaftung ist zudem die weitere Beschwerde gemäß § 310 Abs. 1 Nr. 1 StPO zulässig.[1641] Ist die Anordnung des persönlichen Erscheinens rechtsfehlerhaft unter Verstoß

---

1634 KMR-StPO/*Paulus* § 236 Rn. 7; LR-StPO/*Becker* § 236 Rn. 9.

1635 OLG Stuttgart, MDR 1994, 193; LR-StPO/*Becker* § 236 Rn. 1; KK-StPO/*Gmel* § 236 Rn. 1; *Schmuck/Leipner* SVR 2012, 91, 93.

1636 Vgl. auch *Schmuck/Leipner* SVR 2012, 91, 93 unter Betonung der besonderen Rechtfertigungsbedürftigkeit der Anordnung des persönlichen Erscheinens bei Anwesenheit eines vertretungsbereiten Verteidigers; ebenso KMR-StPO/*Paulus* § 236 Rn. 6.

1637 KMR-StPO/*Paulus* § 236 Rn. 7; LR-StPO/*Becker* § 236 Rn. 13, 16; SK-StPO/*Deiters* § 236 Rn. 11.

1638 So bereits nach geltendem Recht KG, NJW 2007, 2345; OLG Düsseldorf, NStZ-RR 1998, 180 f.; LG Essen, StraFo 2010, 28.

1639 *Schmuck/Leipner* SVR 2012, 91, 93; SK-StPO/*Deiters* § 236 Rn. 12; LR-StPO/*Becker* § 236 Rn. 17.

1640 *Schmuck/Leipner* SVR 2012, 91, 93; BeckOK-StPO/*Gorf* § 236 Rn. 12; *Pfeiffer* § 236 StPO Rn. 4.

1641 Vgl. *Matt* NJW 1991, 1801 zur Statthaftigkeit der (weiteren) Beschwerde nach den §§ 304, 310 StPO bei nicht vollzogenem Haftbefehl.

gegen § 244 Abs. 2 StPO unterblieben, ist das Urteil mittels der Aufklärungsrüge (§ 337 StPO) revisibel.[1642]

Hat das Gericht in Abwesenheit verhandelt, obwohl die Voraussetzungen einer ordnungsgemäßen Vertretung nicht vorgelegen haben, greift der absolute Revisionsgrund gemäß § 338 Nr. 5 StPO.[1643]

## IV. Regelungsvorschlag: § 234b StPO-Vorschlag

§ 234b StPO-Vorschlag könnte damit folgendermaßen lauten:

> Der Angeklagte kann auf seinen Antrag von der Verpflichtung zum Erscheinen in der Hauptverhandlung entbunden werden, soweit die Hauptverhandlung ohne Anwesenheit des Angeklagten stattfinden kann und er durch einen zur Vertretung bevollmächtigten Verteidiger vertreten wird.

Indem das Recht auf Vertretung von den Fesseln der Akzessorietät befreit wird, könnte zum einen am Grundsatz der Anwesenheitspflicht festgehalten und zum anderen dem Gebot der Achtung der Menschenrechte Rechnung getragen werden.

1642 KMR-StPO/*Paulus* § 236 Rn. 13; SK-StPO/*Deiters* § 236 Rn. 13; BeckOK-StPO/*Gorf* § 236 Rn. 12.

1643 Zur parallelen Problematik bei § 233 StPO, vgl. SK-StPO/*Deiters* § 233 Rn. 30.

# 9. Kapitel: Auswirkungen auf das OWi-Verfahren

In § 74 Abs. 2 OWiG findet sich eine dem § 329 Abs. 1 S. 1 StPO vergleichbare Vorschrift. Danach *hat das Gericht den Einspruch* gegen einen Bußgeldbescheid *ohne Verhandlung zur Sache durch Urteil zu verwerfen*, wenn *der Betroffene ohne genügende Entschuldigung ausgeblieben* ist, *obwohl er von der Verpflichtung zum Erscheinen nicht entbunden war*. Insofern stellt sich die Frage, ob die Rechtsprechung des EGMR zum Recht auf Verteidigung in Abwesenheit gemäß Art. 6 Abs. 1 i.V.m. Abs. 3 lit. c EMRK auch im Bereich des gerichtlichen Bußgeldverfahrens Auswirkungen hat. Der Gesetzesentwurf der Bundesregierung hat sich dieser Problematik nicht angenommen.[1644]

## § 1. Anwendbarkeit der EMRK

Gemäß Art. 6 Abs. 3 EMRK ist der Anwendungsbereich insbesondere auf eine „*strafrechtlich angeklagte* Person" („Everyone charged with a criminal offence"; „Tout accusé") zugeschnitten. Nach nationalem Verständnis fällt das OWi-Recht jedoch gerade nicht unter das klassische Kriminalstrafrecht.[1645] Es gilt folglich zu klären, ob Art. 6 Abs. 1 i.V.m. Abs. 3 lit. c EMRK im Bereich der OWi-Verfahren („regulatory offence") überhaupt anwendbar ist.

### I. EGMR Öztürk ./. Deutschland – Anwendbarkeit von Art. 6 Abs. 3 lit. e EMRK

Der EGMR war erstmals im Urteil *Öztürk* gegen Deutschland v. 21.2.1984[1646] mit der Frage der Anwendbarkeit der Konvention im deutschen Ordnungswidrigkeitenrecht befasst. Konkret hatte der EGMR zu entscheiden, ob die Belastung eines Betroffenen mit den Dolmetscherkosten gegen Art. 6 Abs. 3 lit. e EMRK verstößt.[1647] Gegen den Beschwerdeführer war ein Bußgeldbescheid erlassen worden, weil er einen Verkehrsunfall verursacht hatte. Hiergegen hatte er Einspruch eingelegt, den er jedoch nach Durchführung der Hauptverhandlung wieder zurückgenommen hatte. Da dem Beschwerdeführer jedoch ein Dolmetscher gestellt worden war, sollte er die Kosten hierfür übernehmen. Der EGMR sah darin eine Verletzung von Art. 6 Abs. 3 lit. e EMRK („free assistance of an interpreter").[1648]

---

1644 Der Gesetzesentwurf beschränkt sich in der Begründung darauf, den Status quo des OWi-Verfahrens darzustellen. Vgl. hierzu BR-Drs. 491/14 (Fn. 19) S. 48.

1645 Vgl. *Klesczewski* OWi, Rn. 4; *Bohnert* OWi, Rn. 1.

1646 EGMR Öztürk ./. D, 21.2.1984, Serie A Nr. 73 = NJW 1985, 1273.

1647 Eingehend hierzu *Bélorgey* S. 41 ff.

1648 Eingehend hierzu *Bélorgey* S. 41 ff.

### 1. *Begriff „criminal charge"*

Der EGMR hat das Merkmal der „Anklage" bejaht[1649], obwohl im deutschen Ordnungswidrigkeitenverfahren an keiner Stelle die Terminologie des „Angeklagten" bzw. „Angeschuldigten" (vgl. § 157 StPO) verwendet wird, sondern die tatverdächtigen Personen stets als „Betroffene" bezeichnet werden[1650]. Der Begriff „charge" soll entsprechend der herausragenden Bedeutung des Rechts auf ein faires Verfahren weit[1651] und autonom[1652] ausgelegt werden. Der EGMR definiert „charge" in ständiger Rechtsprechung als „official notification given to an individual by the competent authority of an allegation that he has committed a criminal offence".[1653] Folglich kann darunter nicht nur die Anklage i.S.d. nationalen Strafverfahrensrechts subsumiert werden, sondern auch, wie im Fall *Öztürk*, die Zustellung eines Bußgeldbescheids[1654]; aber auch ein früherer Zeitpunkt kann entscheidend sein, wenn gegen den Betroffenen Maßnahmen getroffen werden, aus denen sich seine Beschuldigung ergibt und diese sich auf ihn auswirken.[1655]

### 2. *OWi-Verfahren als Strafverfahren*

Darüber hinaus war problematisch, ob Ordnungswidrigkeiten als „strafrechtlich" („criminal") eingeordnet werden können. Der EGMR hat dies im Urteil *Öztürk* bejaht. Dabei hat er auf die sog. *Engel-Kriterien*[1656] zurückgegriffen, die er in seinem *Engel*-Urteil gegen die Niederlande[1657] grundlegend entwickelt hat: Maßgeblich soll dabei die rechtliche Einordnung des fraglichen Vergehens im nationalen

---

1649 EGMR Öztürk ./. D (Fn. 1646) § 55; zust. *Bélorgey* S. 75 f.; a.A. IntKomm-EMRK/*Vogler* Art. 6 Rn. 233 ff.

1650 *Bohnert* OWi, Rn. 301; eingehend zum Begriff des „Betroffenen" *Klesczenwski* OWi, Rn. 757 ff.

1651 Vgl. EGMR Mikolajová ./. SLO, 18.1.2011, § 41.

1652 Dies ist bereits deshalb erforderlich, weil der in der französischen Fassung verwandte Begriff „accusation" nur für Schwurgerichtsverfahren verwendet wird; EGMR Neumeister ./. A (Fn. 352) § 18; Engel u. a. ./. NL (Fn. 339) § 81; Öztürk ./. D (Fn. 1646) § 47; Mikolajová ./. SLO (Fn. 1651) § 40; LR-EMRK/*Esser* Art. 6 Rn. 68; *Meyer-Ladewig* Art. 6 EMRK Rn. 21; *Ambos* ZStW 115 (2003) 583, 595 f.

1653 EGMR Deweer ./. B (Fn. 152) § 46; Eckle ./. D, 15.7.1982, Serie A Nr. 51, § 84 = EuGRZ 1983, 371; Öztürk ./. D (Fn. 1646) § 55; (GK) McFarlane ./. IRL, 10.9.2010, § 143.

1654 EGMR Öztürk ./. D (Fn. 1646) § 55; kritisch zu diesem späten Zeitpunkt *Schroth* EuGRZ 1985, 557, 558; in diese Richtung auch *Barrot* ZJS 2010, 701, 702.

1655 EGMR Eckle ./. D (Fn. 1653) § 73; *Meyer-Ladewig* Art. 6 EMRK Rn. 22.

1656 LR-EMRK/*Esser* Art. 6 Rn. 70; *Meyer-Ladewig* Art. 6 EMRK Rn. 23; *Barrot* ZJS 2010, 701, 702.

1657 EGMR Engel u. a. ./. NL (Fn. 339) § 81 ff. Der Fall betraf jedoch Sanktionen, die gegen eingezogene Wehrpflichtige verhängt worden waren und nach niederländischem Recht als Disziplinarmaßnahmen zu qualifizieren waren.

Recht als „starting point“[1658] sein. Der deutsche Gesetzgeber hat sich im Bereich der Ordnungswidrigkeiten nach Auffassung des EGMR für eine Entkriminalisierung entschieden[1659] und die Verfolgung nicht unter eine Kriminalstrafe gestellt. Diese nationale Einordnung ist für den EGMR jedoch nur ein Indiz mit beschränktem Aussagewert („relative value“).[1660] Denn hier soll entweder auf das zweite *Engel-Kriterium* zurückzugreifen sein, wonach für die Zuordnung einer Materie zum Strafrecht auch die Art des Vergehens („the nature of the offence“) bzw. der zu sanktionierenden Zuwiderhandlung maßgeblich sein könne oder es müsse alternativ auf das dritte *Engel-Kriterium* abgestellt werden, wonach es auf die Art der Zuwiderhandlung sowie die Art und Schwere der angedrohten Sanktion ankomme („the nature and degree of severity of the penalty“).[1661] Nach dem EGMR unterscheide sich eine Ordnungswidrigkeit von der Kriminalstraftat vor allem durch das Verfahren und die Sanktion, nicht aber durch die tatbestandliche Struktur. Es handle sich um allgemeine Rechtsregeln, die an alle Verkehrsteilnehmer gerichtet und mit repressiv und präventiv wirkenden Sanktionen bewehrt seien. Aus der Sanktionsdrohung ergebe sich das mit der Norm verbundene allgemeine Ge- bzw. Verbot. Die Verkehrsordnungswidrigkeit sei demnach ihrer Natur nach eine strafrechtliche Norm („punitive character“). Da Art. 6 EMRK keinen Hinweis darauf enthalte, dass nur schwerwiegende Delikte („certain degree of seriousness“) erfasst werden sollen, gelte dies auch für geringfügige Verstöße wie eine Verkehrsordnungswidrigkeit.[1662] Doch auch anhand des dritten Kriteriums lässt sich dies begründen: Verglichen mit der Geldstrafe erscheint die Geldbuße zwar weniger belastend. Sie bleibt jedoch eine Sanktion mit dem Ziel der Ahndung und Abschreckung.[1663] Anhand des zweiten[1664] bzw. dritten *Engel-Kriteriums* wird somit der Anwendungsbereich des Art. 6 EMRK auch für den Bereich der Ordnungswidrigkeiten eröffnet.

---

1658 EGMR Mikolajová ./. SLO (Fn. 1651) § 41.

1659 EGMR Öztürk ./. D (Fn. 1646) § 46.

1660 EGMR Öztürk ./. D (Fn. 1646) § 47; *Meyer-Ladewig* Art. 6 EMRK Rn. 23; nach Auffassung *Schroth* EuGRZ 1984, 557, 559 liegt in der Auslagerung der OWi nur eine kriminalitäts*begrenzende* Gesetzgebungsmaßnahme, so dass bereits die Einstufung im deutschen Recht zur Erfüllung der „strafrechtlichen Handlung“ i.S.v. Art. 6 EMRK geführt hätte.

1661 EGMR Öztürk ./. D (Fn. 1646) § 50; Matyjek ./. PL, 24.4.2007, §§ 43 ff.; Zaicevs ./. LET, 31.7.2007, § 53; (GK) Ezeh u. Connors ./. UK (Fn. 544) § 82; LR-EMRK/*Esser* Art. 6 Rn. 70; *Meyer-Ladewig* Art. 6 EMRK Rn. 23 ff.

1662 EGMR Öztürk ./. D (Fn. 1646), § 53; *Schroth* EuGRZ 1984, 557, 560 f.; *Bélorgey* S. 73; a.A. Göhler-OWiG/*Seitz* § 46 Rn. 10a (keine „kriminelle Tat“).

1663 *Schroth* EuGRZ 1984, 557, 560.

1664 EGMR Öztürk ./ D (Fn. 1646) §§ 51 ff.; Kadubec ./. SLO, 2.9.1998, Reports 1998-VI, §§ 46 ff.

## II. Übertragung der Grundsätze auf Art. 6 Abs. 1 i.V.m. Abs. 3 lit. c EMRK

Im Fall *Öztürk* hatte der EGMR zwar nur über die Frage zu entscheiden, ob konkret Art. 6 Abs. 3 lit. e EMRK im deutschen OWi-Verfahren Anwendung findet. Dass seine Ausführungen hierzu jedoch allgemeine Bedeutung haben, steht jedenfalls seit dem Urteil des EGMR in der Sache *Lutz* gegen Deutschland v. 25.8.1987[1665] fest,[1666] in dem der EGMR selbst die Allgemeingültigkeit des Urteils *Öztürk* betonte[1667] und schließlich auch die Anwendbarkeit von Art. 6 Abs. 2 EMRK im deutschen OWi-Verfahren bejahte[1668].

Daraus kann geschlossen werden, dass auch das Recht auf Verteidigung in Abwesenheit gemäß Art. 6 Abs. 1 i.V.m. Abs. 3 lit. c EMRK im gerichtlichen Bußgeldverfahren Anwendung findet.

# § 2. EGMR Tolmachev ./. Estland

Die bisherigen Judikate des EGMR zum Recht auf Verteidigung in Abwesenheit betrafen allesamt den klassischen Bereich des Straf- und Strafprozessrechts. Nichtsdestoweniger können sich auch daraus Parallelfälle für Verfahren wegen einer OWi ergeben. Wie jedoch bereits *Sitzer* prophezeit hat, wird ein Urteil des EGMR im Bereich des Ordnungswidrigkeitenrechts nicht lange auf sich warten lassen.[1669] Und tatsächlich: Seit dem 16.11.2013 ist eine Beschwerde gegen Estland in der Sache *Tolmachev* beim EGMR anhängig, die die Verletzung des Rechts auf Verteidigung durch einen Rechtsbeistand gemäß Art. 6 Abs. 1 i.V.m. Abs. 3 lit. c EMRK im Rechtsmittelverfahren gegen einen Bußgeldbescheid betrifft. Derzeit sind die Parteien zur Abgabe von Stellungnahmen aufgerufen.[1670]

## I. Sachverhalt und Rechtslage

Dem Beschwerdeführer wurde wegen eines Vergehens gegen die öffentliche Ordnung eine Geldbuße von 80 € auferlegt. Gegen diese Entscheidung legte er Rechtsmittel zum Amtsgericht (*Viru County Court*) ein. Zum Termin der mündlichen Verhandlung konnte der Angeklagte jedoch nicht persönlich geladen werden, weil er sich im Ausland aufhielt und seine Mutter die Entgegennahme der Ladung verweigerte. Obwohl das persönliche

---

1665 EGMR Lutz ./. D, 25.8.1987, Serie A Nr. 123 = EuGRZ 1987, 399.

1666 So auch *Bélorgey* S. 76 f.; im Ergebnis auch *Sitzer* StraFo 2014, 1; *Püschel/Sommer* AnwBl. 2013, 168, 172; *Püschel* StraFo 2012, 493, 495; vgl. auch *Gebhardt* DAR 65 (1996) 1, 2.

1667 Zur ständigen Bezugnahme auf das Urteil *Öztürk* vgl. nur EGMR Lutz ./. D (Fn. 1665) §§ 52, 54, 55.

1668 EGMR Lutz ./. D (Fn. 1665) §§ 50 ff.

1669 *Sitzer* StraFo 2014, 1, 4.

1670 EGMR Tolmachev ./. EST (Fn. 26).

Erscheinen des Angeklagten angeordnet worden war, erschien der Angeklagte in der Hauptverhandlung nicht. Der anstelle des Angeklagten erschienene Verteidiger beantragte, in Abwesenheit des Angeklagten zu verhandeln. Dies lehnte das Gericht ab und verwarf das Rechtsmittel, weil es davon ausging, dass es der Angeklagte versäumt hatte, dem Gericht seine neue ladungsfähige Anschrift mitzuteilen und trotz Kenntnis des Termins der mündlichen Hauptverhandlung nicht erschienen war. Letzteres schloss das Gericht daraus, dass der Vater des Angeklagten, der im Zuschauerraum gesessen hatte, erklärt hatte, dass der Angeklagte innerhalb der nächsten 5 Jahre nicht nach Estland zurückkehren werde. Darüber hinaus habe es der Verteidiger versäumt, die Vertagung der Verhandlung zu beantragen. Die Berufung des Verteidigers gegen das erstinstanzliche Urteil blieb erfolglos.[1671]

Art. 126 Abs. 1 OWiG-EST sieht vor, dass die Anwesenheit des Angeklagten angeordnet werden kann, wenn das Gericht sie für erforderlich erachtet. Kommt der Angeklagte dieser Anwesenheitspflicht nicht nach, obwohl er darüber per Ladung in Kenntnis gesetzt worden ist und ist die Verhandlung auch nicht vertagt worden, verwirft das Gericht das Rechtsmittel gemäß Art. 126 Abs. 2 OWiG-EST. Nach Art. 125 Abs. 1 OWiG-EST kann das Gericht die Verhandlung bis zu einem Monat auf Antrag unterbrechen.[1672]

## II. Bewertung

Dieser Sachverhalt wirft zwei Probleme aus der Perspektive eines fairen Verfahrens gemäß Art. 6 Abs. 1 EMRK auf. Zum einen ist zweifelhaft, ob nicht das Recht auf Anwesenheit des Angeklagten in der mündlichen Hauptverhandlung verletzt worden ist. Zum anderen ist fraglich, ob dem Angeklagten das Recht auf Verteidigung durch einen Verteidiger gewährt worden ist.

Die Gewährleistung des Rechts auf Anwesenheit ist deshalb problematisch, weil der Angeklagte aufgrund seines Auslandsaufenthalts zu keinem Zeitpunkt persönlich und offiziell zur mündlichen Verhandlung geladen worden war. Ob demnach die Voraussetzungen eines Verzichts gegeben sind, ist höchst zweifelhaft. Zwar erkennt auch der EGMR an, dass das Recht auf Anwesenheit nicht verletzt ist, wenn der Angeklagte es bewusst und ohne Grund versäumt hat, dem Gericht seine neue ladungsfähige Anschrift mitzuteilen.[1673] Allerdings verpflichtet der EGMR die Konventionsstaaten auch dazu, ausreichende Nachforschungen hinsichtlich einer ladungsfähigen Anschrift anzustellen. Ein Zustellungsversuch bei der angegebenen

1671 Zum Sachverhalt vgl. EGMR Tolmachev ./. EST (Fn. 26).

1672 Zur Rechtslage in Estland vgl. EGMR Tolmachev ./. EST (Fn. 26).

1673 Vgl. EGMR Demebukov ./. BUL (Fn. 317) § 54. Der Beschwerdeführer hatte sich ohne Grund entgegen des Verbots, seinen Aufenthalt zu verlassen, entfernt und es unterlassen, den Behörden seine neue Adresse mitzuteilen. Der EGMR hat eine Verletzung des Rechts auf Anwesenheit verneint. Vgl. hierzu auch LR-EMRK/*Esser* Art. 6 Rn. 670.

Adresse reicht insofern nicht aus.[1674] Auch kann dem Gericht nicht gefolgt werden, wenn es davon ausgeht, dass der Angeklagte von dem Termin tatsächliche Kenntnis hatte, weil sein Vater im Termin erschienen ist. Aufgrund der örtlichen Nähe der Eltern zum Gerichtsstandort ist es nicht unwahrscheinlich, dass sie aus anderen Quellen als von ihrem Sohn vom Termin erfahren haben und den Sohn nicht darüber in Kenntnis gesetzt haben. Aus diesen Gründen ist es höchst zweifelhaft, ob der Angeklagte durch schlichtes Ausbleiben in der mündlichen Verhandlung konkludent auf sein Anwesenheitsrecht verzichtet hat.

Diese Frage wird der EGMR, ähnlich wie im Fall *Harizi*, jedoch nicht beurteilen. Denn der Beschwerdeführer macht geltend, in seinem Recht auf Verteidigung durch einen *Verteidiger* verletzt worden zu sein. Seine Rüge bezieht sich folglich nicht auf das Recht auf Anwesenheit und Selbstverteidigung, sondern auf das hiervon zu trennende Recht auf Verteidigung in Abwesenheit durch einen Verteidiger. Dies wird besonders deutlich, weil in den an die Parteien gerichteten Fragen, die Judikate *Van Geyseghem* und *Neziraj* zitiert werden,[1675] die sich auch nicht mit der Verletzung des Rechts auf Anwesenheit, sondern mit dem Recht auf Vertretung beschäftigen.

Insofern erinnert der Sachverhalt an die Urteile *Kari-Pekka Pietiläinen* und *Neziraj*, in denen ebenfalls die Durchführung einer mündlichen Verhandlung als Reaktion auf ein ungerechtfertigtes Ausbleiben des Angeklagten verweigert wurde. Eine Besonderheit könnte sich allenfalls daraus ergeben, dass die Anwesenheit des Angeklagten in der Sache *Tolmachev* angeordnet wurde, weil das Gericht sein persönliches Erscheinen für erforderlich hielt. Im Anschluss an *Kari-Pekka Pietiläinen* könnte der EGMR nunmehr gezwungen sein, zu entscheiden, wie konventionskonform mit einem ausgebliebenen Angeklagten zu verfahren ist, wenn seine Anwesenheit „strictly necessary" ist.

Es steht jedoch zu erwarten, dass der EGMR seiner mehr als 20-jährigen Rechtsprechungstradition treu bleiben wird und das Recht auf Verteidigung in Abwesenheit auch in Fällen anerkennen wird, die „strictly necessary" sind. Auch hier wird er wohl entscheiden, dass die Anwesenheit des Angeklagten „auf andere Weise" als durch Entziehung seiner Verteidigungsgarantie geahndet werden muss. Ein erstes Indiz hierfür ergibt sich bereits daraus, dass der Sachverhalt zwar mitteilt, *dass* das Gericht die Anwesenheit für notwendig gehalten hat, nicht hingegen welche Gründe das Gericht zu dieser Annahme bewogen haben. Es liegt folglich nahe, dass der EGMR das Recht auf Verteidigung durch einen Verteidiger wie bisher von dem nationalen Verlangen nach Anwesenheit des Angeklagten differenzieren wird und eine Einschränkung der Konventionsgarantie auch in Fällen „strictly necessary" nicht zulässt. Insbesondere wird er eine Verletzung der Konvention auch deshalb nicht ablehnen, weil der Verteidiger des Angeklagten keinen Antrag auf Vertagung der Verhandlung gestellt hat. Denn dieser Antrag hätte nur dazu beigetragen, das Recht des Angeklagten auf

1674 Vgl. EGMR Seliwiak ./. PL (Fn. 140) § 60 (Zwischenzeitliche Inhaftierung des Angeklagten); LR-EMRK/*Esser* Art. 6 Rn. 672.

1675 EGMR Tolmachev ./. EST (Fn. 26).

Anwesenheit zu wahren. Das Recht auf Verteidigung in Abwesenheit wird hiervon hingegen nicht berührt. Damit kann der Konventionsverstoß mittels dieses Antrags nicht geheilt werden. Diese Ausführungen wird der EGMR wohl mit „the more so" einleiten, da sie nicht zu den tragenden Gründen des Urteils gehören werden.

Im Ergebnis wird der EGMR auch in der Sache *Tolmachev* eine Verletzung von Art. 6 Abs. 1 i.V.m. Abs. 3 lit. c EMRK feststellen.

## § 3. Vereinbarkeit des OWi-Verfahrens mit der EMRK

Ob auch das deutsche OWi-Verfahren tatsächlich gegen die Grundsätze des EGMR verstößt, kann erst beurteilt werden, wenn der geltende Rechtszustand dargelegt worden ist.

### I. Gerichtliches Verfahren bei Einspruch gegen einen Bußgeldbescheid de lege lata

#### *1. Einordnung in den Regelungskontext*

Die Vorschrift § 74 Abs. 2 OWiG ist anwendbar, wenn ein Betroffener in zulässiger Weise Einspruch gegen einen Bußgeldbescheid eingelegt hat (vgl. § 71 Abs. 1 OWiG) und sich das Gericht (§ 68 Abs. 1 OWiG)[1676] für die Durchführung eines Verfahrens mit Hauptverhandlung (§ 71 OWiG) anstelle eines schriftlichen Verfahrens gemäß § 72 OWiG entschieden hat. Ähnlich der strafprozessualen Berufungsinstanz sowie dem Verfahren nach Einspruch gegen einen Strafbefehl[1677] überprüft das Gericht nicht die Rechtmäßigkeit des Bußgeldbescheids, sondern beurteilt den Sachverhalt im Hinblick auf Tatsachen- und Rechtsfragen völlig neu. Der Bußgeldbescheid grenzt dabei ähnlich der strafrechtlichen Anklage bzw. des Eröffnungsbeschlusses den Gegenstand der gerichtlichen Untersuchung ein.[1678]

#### *2. Grundsatz der Anwesenheitspflicht und Recht auf Entbindung*

Ähnlich wie im Strafprozessrecht ist der Betroffene gemäß § 73 Abs. 1 OWiG *zum Erscheinen in der Hauptverhandlung verpflichtet.* Allerdings ist der Grundsatz der Anwesenheitspflicht im Bußgeldverfahren gelockert.[1679]

---

1676 Zuständig ist das Amtsgericht, in dessen Bezirk die zuständige Verwaltungsbehörde (§§ 36 f. OWiG) ihren Sitz hat. Funktionell ist der Einzelrichter zuständig. Vgl. hierzu *Bohnert* § 68 OWiG Rn. 1.

1677 Vgl. auch § 71 Abs. 1 OWiG, wonach sich das Verfahren nach zulässigem Einspruch nach den Vorschriften der StPO richtet, die nach zulässigem Einspruch gegen einen Strafbefehl gelten.

1678 *Mitsch* OWi, § 30 Rn. 7; *Klesczewski* OWi, Rn. 963.

1679 *Sitzer* StraFo 2014, 1, 2; *Klesczewski* OWi, Rn. 970.

Nach § 73 Abs. 2 OWiG entbindet ihn das Gericht auf seinen Antrag von dieser Verpflichtung, wenn er sich zur Sache geäußert oder erklärt hat, dass er sich in der Hauptverhandlung nicht zur Sache äußern werde und seine Anwesenheit zur Aufklärung wesentlicher Gesichtspunkte des Sachverhalts nicht erforderlich ist. Das *Recht* auf Anwesenheit bleibt von dieser Entbindung hingegen unberührt, so dass er trotzdem zum Termin ordnungsgemäß (§§ 213 ff. StPO i.V.m. §§ 46 Abs. 1, 74 Abs. 3 OWiG) zu laden ist.[1680]

Damit fällt auf, dass der Betroffene der Verhandlung nur berechtigt fernbleiben darf, wenn er hierzu durch eine entsprechende Antragstellung beigetragen hat. Eine Entbindung von Amts wegen ist nicht möglich,[1681] selbst wenn das Gericht der Auffassung ist, dass die Anwesenheit des Betroffenen zur Entscheidungsfindung nicht förderlich ist[1682]. Der Antrag muss auch für jeden Hauptverhandlungstermin neu gestellt werden.[1683] Allerdings werden an den Antrag keine besonderen Form- bzw. Fristerfordernisse gestellt. Er kann sogar telefonisch oder auf andere Weise mündlich gestellt werden.[1684] Eine Begründungspflicht besteht nicht. Zudem kann er auch konkludent ergehen, solange sich hinreichend deutlich ergibt, dass der Betroffene von seiner Anwesenheitspflicht in der Hauptverhandlung befreit werden möchte.[1685] Auch der Verteidiger des Betroffenen ist zur Antragstellung berechtigt. Allerdings hängt der Erfolg dieses Antrags auch im Bußgeldverfahren davon ab, dass der Verteidiger zur Vertretung des Betroffenen durch eine schriftliche Vollmacht ermächtigt worden ist.[1686]

Auch an die Äußerung des Betroffenen zur Sache bzw. an die Erklärung, sich in der Hauptverhandlung nicht zur Sache äußern zu wollen, werden keine besonders hohen Anforderungen gestellt.[1687] Für eine Äußerung zur Sache ist maßgeblich, dass sie gemäß § 74 Abs. 1 S. 2 OWiG in der Hauptverhandlung durch Verlesung bzw. Mitteilung des wesentlichen Inhalts verwertbar ist[1688] und einen Bezug zum Tatvorwurf aufweist[1689]. Ob die Äußerung letztlich zur Sachaufklärung beitragen

---

1680 Göhler-OWiG/*Seitz* § 73 Rn. 17 f.; *Krumm* DAR 78 (2008) 413, 416.

1681 BayObLG, NStZ-RR 2000, 149; Göhler-OWiG/*Seitz* § 73 Rn. 4; *Krumm* DAR 78 (2008) 413; *Burhoff* VRR 2007, 250.

1682 Ablehnend deshalb *Rochow* zfs 1999, 366, 367.

1683 KG, VRS 99 (2000) 372; *Krumm* DAR 78 (2008) 413 f.; *Burhoff* VRR 2007, 250, 252; *Bohnert* § 73 OWiG Rn. 9.; a.A. *Meyer* NZV 2010, 496.

1684 Göhler-OWiG/*Seitz* § 73 Rn. 4; *Krumm* DAR 78 (2008) 413.

1685 BayObLG, NZV 1999, 139, 140 (Einverständnis mit Entscheidung im Beschlussweg und Ankündigung, im Fall einer mündlichen Verhandlung nicht zur Sache aussagen zu wollen, ausreichend); Göhler-OWiG/*Seitz* § 73 Rn. 4; *Rebmann/Roth/Herrmann* § 73 OWiG Rn. 7.

1686 OLG Hamm, Beschl. v. 23.5.2014 – 5 RBs 70/14, BeckRS 2014, 15108; OLG Köln, NStZ-RR 2002, 114, 116; Göhler-OWiG/*Seitz* § 73 Rn. 4; *Krumm* DAR 78 (2008) 413.

1687 *Krumm* DAR 78 (2008) 413, 414.

1688 *Rebmann/Roth/Herrmann* § 73 OWiG Rn. 9; Göhler-OWiG/*Seitz* § 73 Rn. 6.

1689 *Krumm* DAR 78 (2008) 413, 414.

kann, ist irrelevant.[1690] Der Betroffene kann sich etwa in einem Anhörungsbogen, dem Einspruchsschreiben oder dem polizeilichen Vernehmungsprotokoll zur Sache einlassen.[1691] Es genügt sogar die schriftsätzliche Erklärung des Verteidigers zur Sache, jedoch erneut unter der Prämisse des Vorliegens einer schriftlichen Vertretungsvollmacht.[1692]

Für eine positive Bescheidung des Entbindungsantrags muss jedoch kumulativ hinzukommen, dass die Anwesenheit des Betroffenen nicht *zur Aufklärung wesentlicher Gesichtspunkte des Sachverhalts erforderlich* ist. Das Gericht hat zwar bezüglich dieser Frage einen Beurteilungsspielraum, allerdings ergibt sich aus der ständigen Rechtsprechung, dass dieser Einschätzung des Gerichts enge Grenzen gesetzt sind.

Maßgeblich ist stets, ob die Anwesenheit des Betroffenen zur Erfüllung der Aufklärungspflicht gemäß §§ 46 Abs. 1 OWiG, 244 Abs. 2 StPO unverzichtbar ist. Die Entscheidung über den Entbindungsantrag setzt dabei eine sachgerechte, am Aufklärungsziel ausgerichtete, umfassende Würdigung aller Umstände des Einzelfalls voraus, wobei die berechtigten Belange des Betroffenen, der Verhandlung fernzubleiben und das Interesse an möglichst vollständiger Sachaufklärung gegeneinander abzuwägen sind. Dabei wird vor allem dem Grundsatz der Verhältnismäßigkeit und dem Übermaßverbot große Bedeutung zugemessen und angestrebt, den Betroffenen, der an der Verhandlung nicht teilnehmen möchte, möglichst wenig zu belasten.[1693]

Insofern ist vor allem zu begrüßen, dass im Verfahren wegen einer OWi bereits anerkannt ist, dass ein Entbindungsantrag nicht wegen der spekulativen Erwägung, der Betroffene werde in der Hauptverhandlung vielleicht doch Angaben machen, abgelehnt werden darf.[1694] Allenfalls wenn sich ganz konkrete und nicht nur theoretische Anhaltspunkte ergeben, dass sich der Angeklagte entgegen seiner Ankündigung doch zur Sache einlassen werde, darf der Entbindungsantrag abgelehnt werden.[1695] Dem Grundsatz „nemo tenetur, se ipsum accusare" wird folglich

---

1690 Göhler-OWiG/*Seitz* § 73 Rn. 6.

1691 KK-OWiG/*Senge* § 73 Rn. 22; Göhler-OWiG/*Seitz* § 73 Rn. 6.

1692 OLG Frankfurt a.M., NZV 1993, 281 f. m. zust. Anm. *Göhler* NStZ 1994, 71, 74; *Krumm* DAR 78 (2008) 413, 414; KK-OWiG/*Senge* § 73 Rn. 22.

1693 OLG Saarbrücken, Beschl. v. 12.12.2007 – Ss (B) 65/07 (68/07), BeckRS 2008, 01123; vgl. auch OLG Frankfurt a.M., NZV 2012, 307, 308; OLG Bamberg, SVR 2009, 393, 394; Göhler-OWiG/*Seitz* § 73 Rn. 8; eingehend auch *Krumm* DAR 78 (2008) 413, 414 ff.; *Burhoff* VRR 2007, 250, 253 f.

1694 OLG Köln, NZV 2013, 50, 51; KG, NStZ 2011, 584, 585; OLG Bamberg, SVR 2009, 393, 394; vgl. OLG Stuttgart, NZV 2014, 186, 187, wonach das Spekulationsverbot auch hinsichtlich der Annahme von angeblich „falschen Geständnissen" gilt; vgl. auch *Schneider* NZV 1999, 14, 16, wonach der Wortlaut „erforderlich" für ein Spekulationsverbot spricht; *ders.* in: Berz/Burmann (Hrsg.), Hdb. Straßenverkehrsrecht, 12 D Rn. 60 ff.

1695 OLG Jena, zfs 2013, 174, 175 (Berufung des Betroffenen auf schuldminderndes „Augenblicksversagen" zur Vermeidung eines Fahrverbots); kritisch *Sitzer* StraFo 2014, 1, 2, der bemängelt, dass die Entbindung eines Schweigenden de lege lata immer noch nicht zwingend sei.

im OWi-Verfahren mehr Bedeutung zugemessen als im grundrechtssensibleren Strafprozessrecht.

Darüber hinaus darf ein Entbindungsantrag auch nicht pauschal abgelehnt werden, weil die schlichte Anwesenheit des Betroffenen angeblich die Vernehmung von Zeugen „effektiver gestalten“ würde. Es entspricht ständiger Rechtsprechung, dass nicht ersichtlich sei, weshalb von einem in der Hauptverhandlung anwesenden, jedoch schweigenden Betroffenen überhaupt Auswirkungen auf das Aussageverhalten eines zur wahrheitsgemäßen Aussage verpflichteten Tatzeugen zu erwarten wären[1696] – eine Erkenntnis, die im Strafprozessrecht noch nicht angekommen ist.

Ebenso kann die Ablehnung des Entbindungsantrags nicht schlicht damit begründet werden, dass sich das Gericht ein Bild vom Betroffenen machen müsse[1697] – ein Aspekt, der wie gezeigt, regelmäßig im Rahmen der Rechtfertigung des strafprozessualen Anwesenheitsgrundsatzes auftaucht.

Auch die Notwendigkeit der „schulmeisterhaften“ Belehrung des Betroffenen über den Sinn und Zweck von Geschwindigkeitsmessungen ist kein tauglicher Ablehnungsgrund.[1698] Auch darin liegt ein Gesichtspunkt, der in der Strafzweckdiskussion zur Rechtfertigung der Anwesenheitspflicht im Strafprozess anklingt.

Hingegen darf ein Antrag auf Entbindung nur abgelehnt werden, wenn zur weiteren Sachaufklärung die bloße physische Präsenz des berechtigterweise schweigenden Betroffenen genügt.[1699] Insofern ist anerkannt, dass der Betroffene zu erscheinen verpflichtet ist, etwa wenn er als Täter von einem Zeugen[1700] bzw. anhand eines Lichtbildes identifiziert werden muss oder, wenn er mit Zeugen in der Hauptverhandlung zum Zweck der Prüfung der Glaubwürdigkeit einander widersprechender Sachverhaltsschilderungen gegenübergestellt werden muss[1701].

Teilweise wird auch ein möglicher Übergang ins Strafverfahren (§ 81 OWiG) als hinreichender Ablehnungsgrund angesehen, weil im Strafverfahren bekanntlich der Grundsatz der Anwesenheitspflicht besteht.[1702] Dem hält *Schneider* jedoch zu Recht entgegen, dass der *mögliche* Übergang in ein Strafverfahren kein Aspekt ist, der die *Erforderlichkeit* der Anwesenheit des Betroffenen zur Aufklärung *wesentlicher* Gesichtspunkte des Sachverhalts zu rechtfertigen vermag.[1703] Dies gilt noch viel

---

1696 OLG Bamberg, SVR 2009, 393, 394; OLG Bamberg, SVR 2013, 272, 273; KG, DAR 2011, 146; OLG Düsseldorf, Beschl. v. 22.8.2012 – IV-1 RBs 121/12, Tz. 5 (juris) m. zust. Anm. *Krenberger* jurisPR-VerkR 11/2013 Anm. 5.

1697 OLG Düsseldorf, NZV 2007, 586; OLG Koblenz, NZV 2007, 587; zust. *Krumm* DAR 78 (2008) 413, 415; *Fromm* DAR 83 (2013) 368, 369.

1698 OLG Frankfurt a.M., NStZ-RR 2011, 350, 351.

1699 OLG Bamberg, NZV 2013, 612; OLG Bamberg, SVR 2009, 393, 394.

1700 OLG Düsseldorf, Beschl. v. 14.12.2011 – IV-1 RBs 144/11, BeckRS 2012, 12830 (Identifizierung des Betroffenen durch Polizei wegen verbotswidrigen Mobiltelefonierens im Straßenverkehr); abl. *Krenberger* zfs 2013, 364, 365.

1701 OLG Saarbrücken, Beschl. v. 12.12.2007 – Ss (B) 65/07 (68/07), BeckRS 2008, 01123.

1702 So Göhler-OWiG/*Seitz* § 73 Rn. 9; KK-OWiG/*Senge* § 73 Rn. 31.

1703 *Schneider* in: Berz/Burmann (Hrsg.), Hdb. Straßenverkehrsrecht, 12 D Rn. 81.

mehr, weil nach hier vertretener Auffassung das Gebot der ständigen Anwesenheit im Strafprozess durch die Aufwertung des Rechts auf Verteidigung in Abwesenheit weiter zurückgedrängt werden soll.

Besonders hervorzuheben ist, dass in der Abwägungsentscheidung im Rahmen des § 73 Abs. 2 OWiG stets zu berücksichtigen ist, ob im Verhältnis zur persönlichen Anwesenheit des Betroffenen nicht auch die Vertretung dessen durch einen Verteidiger ausreicht.[1704] Das Recht auf Vertretung durch den hierzu bevollmächtigten Verteidiger ist folglich im OWi-Verfahren bereits als milderes gleich effektives Mittel anerkannt. Begründet wird dies damit, dass der Verteidiger den Betroffenen in der Erklärung und im Willen vertreten kann. Der Vertreter könne deshalb für den Betroffenen mit bindender Wirkung Erklärungen abgeben und entgegennehmen. Die persönlichen Verfahrensrechte des Betroffenen, wie das Anwesenheitsrecht, das rechtliche Gehör und die Äußerungsbefugnisse gingen auf den vertretenden Verteidiger über. Nach § 265 Abs. 1, Abs. 2 StPO erforderliche Hinweise könnten dem Verteidiger gegeben werden (§ 74 Abs. 1 S. 3 StPO).[1705] Selbst die Klärung etwaiger Zweifel, ob sich der Betroffene den Sachvortrag des Verteidigers als eigene Einlassung zu eigen mache, gebiete es nicht, das persönliche Erscheinen anzuordnen. Vielmehr könne das erkennende Gericht hierzu auch den Verteidiger nach entsprechender Belehrung befragen oder eine entsprechende schriftliche Erklärung der Verfahrensbeteiligten herbeiführen und verlesen und protokollieren.[1706]

Liegen die Voraussetzungen gemäß § 73 Abs. 2 OWiG kumulativ vor, ist der Betroffene zwingend von seiner Anwesenheitspflicht zu entbinden. Das Gesetz eröffnet dem Gericht keinen Ermessensspielraum.[1707] Die Hauptverhandlung wird dann gemäß § 74 Abs. 1 S. 1 OWiG in Abwesenheit des Betroffenen durchgeführt.

### 3. *Recht auf Vertretung als akzessorisches Recht zur Entbindungsentscheidung*

Die erfolgreiche Entbindung des Angeklagten von seiner Anwesenheitspflicht ist zudem das Einfallstor für das Recht auf Vertretung *durch einen schriftlich bevollmächtigten Verteidiger* gemäß § 73 Abs. 3 OWiG. Die schriftliche Vollmacht wertet den Verteidiger wie im Strafprozess vom einfachen Beistand des Betroffenen zu dessen Vertreter auf.[1708] In dieser Eigenschaft wird der Verteidiger zum Vertreter

1704 OLG Saarbrücken, Beschl. v. 12.12.2007 – Ss (B) 65/07 (68/07), BeckRS 2008, 01123.
1705 OLG Saarbrücken, Beschl. v. 12.12.2007 – Ss (B) 65/07 (68/07), BeckRS 2008, 01123.
1706 OLG Zweibrücken, NZV 2011, 97, 98; hierzu auch *Fromm* DAR 83 (2013) 368, 369.
1707 OLG Bamberg, NZV 2013, 612; OLG Köln, NZV 2013, 50; OLG Bamberg, Beschl. v. 24.10.2012 – 3 Ss OWi 1425/12, BeckRS 2012, 24387, wonach eine dennoch durchgeführte Abwesenheitsverhandlung gemäß § 74 Abs. 1 OWiG das Recht auf Anwesenheit des Betroffenen verletze. *Rochow* zfs 1999, 366, 367.
1708 Göhler-OWiG/*Seitz* § 73 Rn. 27; *Rebmann*/*Roth*/*Herrmann* § 73 OWiG Rn. 17; Burmann/Heß/Jahnke/*Janker* Rn. 77a; *Burhoff* VRR 2007, 250, 251. Der unterbevollmächtigte Verteidiger bedarf hingegen keiner separaten schriftlichen Vollmacht,

des Betroffenen im Willen und in der Erklärung. Er fungiert als Aussagemittler des Betroffenen und kann etwa Erklärungen zur Sache abgeben oder seine Zustimmung zu gerichtlichen Anträgen erteilen.[1709]

Wird der Betroffene hingegen nicht entbunden und erscheint er dennoch unentschuldigt nicht zum Termin, ist der Einspruch des Betroffenen zwingend nach § 74 Abs. 2 OWiG zu verwerfen. Der Betroffene kann hiergegen gemäß § 74 Abs. 4 OWiG zwar Wiedereinsetzung in den vorigen Stand beantragen, jedoch hat dieser Antrag nur Erfolg, wenn er ohne eigenes Verschulden verhindert war, an der Hauptverhandlung teilzunehmen (§ 46 Abs. 1 OWiG i.V.m. § 44 StPO).[1710] Daneben besteht die Möglichkeit der Rechtsbeschwerde, §§ 79 ff. OWiG, mit der der Betroffene unter den strengen Voraussetzungen der Verfahrensrüge (§§ 79 Abs. 3, 80 Abs. 3 OWiG i.V.m. § 344 Abs. 2 S. 2 StPO) geltend machen kann, der Tatrichter habe § 74 Abs. 2 OWiG rechtsfehlerhaft angewendet.[1711] Mittels der allgemeinen Sachrüge kann die Überprüfung auf das Fehlen von Verfahrensvoraussetzungen oder das Vorliegen von Verfahrenshindernissen erreicht werden.[1712]

## II. Problemaufriss aus der Perspektive der EMRK

Der Überblick über das Einspruchsverfahren im Ordnungswidrigkeitenrecht zeigt, dass im deutschen OWi-Verfahren anders als nach estnischem Recht der Grundsatz der Anwesenheit vorherrscht. Die Rechtssache *Neziraj* hat jedoch gelehrt, dass dieser Aspekt keinerlei Auswirkungen auf die Geltung des Rechts auf Verteidigung in Abwesenheit hat.

Darüber hinaus wird das Anwesenheitsgebot im Vergleich zum Strafprozess bei weitem lockerer gehandhabt, weil dem Betroffenen gemäß § 73 Abs. 2 OWiG ein Antrag auf Entbindung von der Erscheinenspflicht zusteht. Er hat sogar einen Anspruch auf Entbindung, wenn die Voraussetzungen der Norm vorliegen, die ihrerseits regelmäßig weit zugunsten des Betroffenen auszulegen sind.

Da das Recht auf Vertretung des Betroffenen gemäß § 73 Abs. 3 OWiG akzessorisch zur positiven Entscheidung des Gerichts über die Entbindung von der

---

vgl. *Schneider* in: Berz/Burmann (Hrsg.), Hdb. Straßenverkehrsrecht, 12 D Rn. 100; zur Rechtsstellung des Verteidigers im OWi-Verfahren allgemein, vgl. *Klesczewski* OWi, Rn. 771; zum Recht auf Wahlverteidigung im Bußgeldverfahren vgl. *Burhoff* VRR 2013, 272.

1709 *Göhler* NStZ 1994, 71, 74; Göhler-OWiG/*Seitz* § 73 Rn. 27; *Rebmann/Roth/Herrmann* § 73 OWiG Rn. 17; *Schneider* in: Berz/Burmann (Hrsg.), Hdb. Straßenverkehrsrecht, 12 D Rn. 98; *Burhoff* VRR 2007, 250. 253.

1710 KK-OWiG/*Senge* § 74 Rn. 44; Göhler-OWiG/*Seitz* § 74 Rn. 35; *Mitsch* OWi, § 30 Rn. 13.

1711 Hierzu vgl. nur OLG Koblenz, NZV 2007, 587; *Krumm* DAR 78 (2008) 413, 416.

1712 KK-OWiG/*Senge* § 74 Rn. 55; zur Abgrenzung vom Antrag auf Wiedereinsetzung vgl. OLG Koblenz, Urt. v. 31.8.2009 – 1 SsBs 93/09, Tz. 8 (juris).

Anwesenheitspflicht ausgestaltet ist, kommt ihm ein wesentlich weiterer Anwendungsbereich zu als im Strafprozessrecht.

Wird der Antrag auf Entbindung von der Pflicht zum Erscheinen dennoch abgelehnt und erscheint der Betroffene unentschuldigt nicht zum Termin, ist der Einspruch zwingend gemäß § 74 Abs. 2 OWiG zu verwerfen, selbst wenn ein sachverhaltsvertrauter und vertretungsbereiter Verteidiger erschienen ist.[1713] Eine Analogie zu § 411 StPO wird abgelehnt.[1714] Eine konventionsfreundliche Auslegung i.S.d. Rechtsprechung des EGMR in der Sache *Neziraj* soll am „eindeutigen Wortlaut" von § 74 Abs. 2 OWiG scheitern. Eine Vertretung des Betroffenen durch den Verteidiger sei nur unter den in § 73 Abs. 3 OWiG genannten Voraussetzungen zulässig.[1715] Der Bußgeldbescheid lebt dann wieder auf und wird rechtskräftig.[1716] Insofern ergeht eine das Verfahren abschließende Entscheidung, ohne dass dem Betroffenen das Recht auf Verteidigung in Abwesenheit gewährt worden ist. Diese Grundsätze gelten mangels einer dem § 329 Abs. 1 S. 2 StPO entsprechenden Regel auch dann, wenn die Sache vom Rechtsbeschwerdegericht an das Amtsgericht zurückverwiesen worden ist.[1717] Folglich liegt ein Verstoß gegen Art. 6 Abs. 1 i.V.m. Abs. 3 lit. c EMRK vor.

Doch die Regelung des § 74 Abs. 2 OWiG ist nicht die einzige Norm, die mit den Grundsätzen des EGMR in Konflikt gerät. Selbst wenn der Betroffene von seiner Pflicht zum Erscheinen in der Hauptverhandlung gemäß § 73 Abs. 2 OWiG entbunden worden ist, hängt die Vertretung des Angeklagten durch einen Verteidiger gemäß §§ 74 Abs. 1, 73 Abs. 3 OWiG davon ab, dass der Verteidiger seine Vertretungsvollmacht schriftlich nachweisen kann.[1718] Kann der erschienene Verteidiger diesen Nachweis nicht führen, wird ihm kein rechtliches Gehör als *Vertreter* geschenkt. Er kann den Betroffenen nur verteidigen. Das bedeutet, dass der erschienene Verteidiger für den Betroffenen keine Erklärungen zur Sache abgeben kann, etwa in Form eines Geständnisses. Zudem kann er gerichtlichen Anträgen weder zustimmen noch einen Verzicht erklären. Rechtliche Hinweise nach § 265 Abs. 1, 2 StPO können dem erschienenen Verteidiger jedoch auch in der Funktion als Verteidiger erteilt werden (§ 74 Abs. 1 S. 3 OWiG). Gemäß § 74 Abs. 1 OWiG ergeht allerdings unabhängig

---

1713 *Stephan*, in: Burhoff (Hrsg.), Hdb. OWi, Rn. 1695; *Beck* DAR 68 (1999) 521, 522; *Rochow* zfs 1999, 366, 367.

1714 LG Berlin, VRS 121 (2011), 144, 146.

1715 OLG Dresden, Beschl. v. 7.3.2014 – OLG 23 Ss 56/14 (Z), BeckRS 2014, 07116; OLG Brandenburg, Beschl. v. 26.5.2014 – (1 Z) 53 Ss-OWi 125/14 (79/14), BeckRS 2014, 10930; kritisch *Rebmann/Roth/Herrmann* § 74 OWiG Rn. 11; abl. *Püschel* StraFo 2012, 493, 495.

1716 *Mitsch* OWi, § 30 Rn. 13; *Klesczewski* OWi, Rn. 970.

1717 BGHSt 57, 282, 286 m. zust. Anm. *Paul* NStZ 2013, 488; *Krenberger* zfs 2013, 112; hierzu auch *Ernemann* DAR 81 (2012) 677, 681.

1718 OLG Oldenburg, NZV 2011, 407, 408; KG, VRS 120 (2011) 200; OLG Hamm, Beschl. v. 13.7.2011 – III-4 RBs 193/11, BeckRS 2011, 25293; Göhler-OWiG/*Seitz* § 73 Rn. 27; *Sitzer* StraFo 2014, 1, 2.

von der ordnungsgemäßen Vertretung des Betroffenen eine Entscheidung in der Sache.[1719] Scheitert folglich die Vertretung des Betroffenen an der Erfüllung des Formerfordernisses, wird in der Sache unter Beschneidung des Rechts auf Verteidigung in Abwesenheit gemäß Art. 6 Abs. 1 i.V.m. Abs. 3 lit. c EMRK entschieden. Hierin liegt folglich ein weiterer relevanter Konventionsverstoß, den es zu beheben gilt.

## § 4. Diskussion von Lösungsvorschlägen

Es wäre wünschenswert, dass die Konventionswidrigkeit des gerichtlichen Bußgeldverfahrens behoben wird, ehe Deutschland auch bezüglich dieser Verfahrenskonstellation vom EGMR verurteilt wird.

### I. Wiedereinsetzung und Rechtsbeschwerde als Heilung des Konventionsverstoßes

Auch im Bereich des OWi-Verfahrens soll erwogen werden, dass die Konventionswidrigkeit des Einspruchsverfahrens nachträglich geheilt wird, wenn die Rechtsbehelfe der Wiedereinsetzung (§ 74 Abs. 4 OWiG) bzw. der Rechtsbeschwerde (§§ 79 ff. OWiG) das Recht auf Verteidigung in Abwesenheit nachträglich gewährleisten.

Gemäß § 74 Abs. 4 OWiG i.V.m. §§ 44 f. StPO richtet sich das Wiedereinsetzungsverfahren jedoch nach den gleichen Maßstäben wie im Strafprozess,[1720] so dass die glaubhafte Darlegung der unverschuldeten Säumnis des *Betroffenen* für den Erfolg des Antrags maßgeblich ist. Das Vorbringen, der erschienene und vertretungsbereite Verteidiger sei *rechtsfehlerhaft* nicht gehört worden, kann den Antrag entsprechend den Ausführungen zu § 329 StPO (vgl. 8. Kapitel § 1 I. 4. a)) nicht begründen. § 74 Abs. 4 OWiG kann damit die Konventionswidrigkeit des Einspruchsverfahrens nicht heilen.

Darüber hinaus offenbart § 79 Abs. 3 S. 1 OWiG, dass das Rechtsmittel der Rechtsbeschwerde eine „eingeschränkte Revision“[1721] darstellt, deren Prüfungsumfang sich ausschließlich auf Rechtsfragen (§§ 79 Abs. 3 S. 1 OWiG, 344 Abs. 2 S. 1 StPO) beschränkt[1722]. Eine umfassende neue Verhandlung auch hinsichtlich der Tatsachenfrage, wie vom EGMR gefordert, findet damit nicht statt. Folglich ist die Rechtsbeschwerde kein taugliches Heilungsmittel.

### II. Konventionskonforme Auslegung von § 74 OWiG

Bevor eine Änderung des Gesetzes erwogen wird, ist zu prüfen, ob nicht bereits eine konventionskonforme Auslegung von § 74 OWiG möglich ist.

---

1719 Vgl. *Rebmann/Roth/Herrmann* § 74 OWiG Rn. 4.

1720 *Rebmann/Roth/Herrmann* § 74 Rn. 23; Göhler-OWiG/*Seitz* § 74 Rn. 46 f.; *Bohnert* § 74 OWiG, Rn. 28.

1721 *Klescezewski* OWi, Rn. 993.

1722 *Rebmann/Roth/Herrmann* § 79 OWiG Rn. 1; *Klescezewski* OWi, Rn. 1012 ff.; *Mitsch* OWi, § 31 Rn. 2.

### 1. *Schriftformerfordernis der Vertretungsvollmacht, §§ 74 Abs. 1, 73 Abs. 3 OWiG*

Wie gezeigt, liegt die Wurzel der Konventionswidrigkeit im Fall der Entbindung des Angeklagten von der Anwesenheitspflicht und der Durchführung eines Abwesenheitsverfahrens nach § 74 Abs. 1 OWiG im Erfordernis des schriftlichen Nachweises der Vertretungsvollmacht.

Diese formelle Voraussetzung hat jedoch in § 74 Abs. 1 OWiG selbst keinen Niederschlag gefunden, so dass der Wortlaut der Norm einer konventionsfreundlichen Auslegung dahingehend, die Vertretung nicht von einer überflüssigen Formalie abhängig zu machen, nicht entgegensteht.

Allerdings ist zu beachten, dass § 74 Abs. 1 S. 1 OWiG die Durchführung eines Abwesenheitsverfahrens von einer positiven Entbindungsentscheidung des Gerichts abhängig macht. Systematisch betrachtet, wird damit unmittelbar auf § 73 OWiG verwiesen, der in § 73 Abs. 3 OWiG ausdrücklich die Vertretung des Betroffenen von einer schriftlichen Vollmacht abhängig macht. Anders als im Rahmen der völkerrechtsfreundlichen Auslegung von § 329 Abs. 1 S. 1 StPO fehlt im Einspruchsverfahren wegen einer OWi damit zum einen eine Wendung wie „in Fällen, in denen [die Vertretung] zulässig ist“, die unmittelbar durch Art. 6 Abs. 1 i.V. Abs. 3 lit. c EMRK ausgefüllt werden könnte. Zum anderen ist das Schriftformerfordernis unmittelbar im Einspruchsverfahren geregelt, so dass die Systematik einer konventionsfreundlichen Auslegung entgegensteht.

### 2. *Verwerfung des Einspruchs, § 74 Abs. 2 OWiG*

Der Wortlaut des § 74 Abs. 2 OWiG führt kumulativ die Voraussetzungen für ein Verwerfungsurteil auf. Der Einspruch ist danach zwingend zu verwerfen, wenn der Betroffene 1. unentschuldigt ausgeblieben und 2. von seiner Pflicht zum Erscheinen nicht entbunden worden ist.[1723] Im Vergleich zu § 329 Abs. 1 S. 1 StPO ist das Recht auf Vertretung, „in Fällen, in denen dies zulässig ist“, damit nicht gleichwertig zur genügenden Entschuldigung als Hinderungsgrund für ein Verwerfungsurteil ausgestaltet. Auch wenn das Prinzip „enumeratio, ergo limitatio“ einer völkerrechtsfreundlichen Auslegung zwar grundsätzlich nicht entgegensteht, eröffnet der Wortlaut von § 74 Abs. 2 OWiG kein Einfallstor für eine konventionskonforme Auslegung dahingehend, dass auch eine Vertretung des Angeklagten gemäß Art. 6 Abs. 1 i.V.m. Abs. 3 lit. c EMRK die Verwerfung des Einspruchs verhindert. Folglich ist der herrschenden Rechtsprechung zuzustimmen, wenn sie davon ausgeht, dass eine konventionskonforme Auslegung von § 74 Abs. 2 OWiG am eindeutigen Wortlaut scheitert.

---

1723 Darüber hinaus muss der Betroffene noch ordnungsgemäß geladen, insbesondere nach § 74 Abs. 3 OWiG belehrt worden sein, vgl. *Rebmann/Roth/Herrmann* § 74 OWiG Rn. 12.

## III. Beseitigung des Schriftformerfordernisses der Vertretungsvollmacht

Zur Durchführung eines konventionskonformen Abwesenheitsverfahrens gemäß § 74 Abs. 1 OWiG müsste der Wortlaut des § 73 Abs. 3 OWiG, wie bereits für den Strafprozess vorgeschlagen, folgendermaßen angepasst werden:

> (3) Hat das Gericht den Betroffenen von der Verpflichtung zum persönlichen Erscheinen entbunden, so kann er sich durch einen *zur Vertretung bevollmächtigten Verteidiger vertreten lassen.*

## IV. Entschuldigungslösung

Zur Behebung der Konventionswidrigkeit von § 74 Abs. 2 OWiG ist *Sitzer* der Ansicht, dass die Wendung „ohne genügende Entschuldigung in § 74 Abs. 2 OWiG ähnlich der Passage „in Fällen, in denen dies zulässig ist" in § 329 Abs. 1 S. 1 StPO Raum für richterliche Rechtsfortbildung i.S.d. Rechtsprechung des EGMR biete.[1724]

Die Beurteilung einer genügenden Entschuldigung des Betroffenen richtet sich nach den gleichen Maßstäben wie im Rahmen von § 329 Abs. 1 S. 1 StPO (vgl. 8. Kapitel § 1 I. 2. c)).[1725] Aus diesem Grund vermag auch die Fallgruppe des „Entschuldigten Ausbleibens aufgrund unrichtigen Rats des Verteidigers"[1726] keine befriedigende Berücksichtigung der Rechtsprechung des EGMR liefern, da der Betroffene auch im OWi-Verfahren hinreichend über seine Anwesenheitspflicht sowie die Folgen des unentschuldigten Ausbleibens (§ 74 Abs. 3 OWiG) in der Ladung belehrt worden sein muss,[1727] so dass er sich gegebenenfalls über ein tatsächliches Recht auf Vertretung bei Gericht erkundigen muss.[1728]

Anders als im Rahmen von § 329 Abs. 1 S. 1 StPO würde jedoch eine richterliche Rechtsfortbildung des Entschuldigungsbegriffs nicht dazu führen, dass Teile des § 74 Abs. 2 OWiG obsolet werden würden. Konventionskonformität könnte folglich dadurch hergestellt werden, dass das Gericht eine genügende Entschuldigung von Amts wegen bejaht, wenn trotz fehlender Entbindung von der Pflicht zum Erscheinen anstelle des Betroffenen ein vertretungsbereiter Verteidiger erscheint.

---

1724 *Sitzer* StraFo 2014, 1, 3.

1725 *Burhoff* VRR 2007, 250, 255; vgl. auch OLG Köln, NZV 1999, 261; *Krumm* SVR 2008, 173; ausführlich zu den Entschuldigungsgründen vgl. *Rebmann/Roth/Herrmann* § 74 OWiG Rn. 14 ff.; *Fromm* DAR 83 (2013) 172.

1726 Zur Geltung auch im OWi-Verfahren vgl. OLG Hamm, Beschl. v. 31.1.2013 – III-1 RBs 178/12, BeckRS 2013, 04005; BayObLG, NStZ 1991, 341; Göhler-OWiG/*Seitz* § 74 Rn. 32; zur Ablehnung bei kurzfristigem Antrag auf Terminsverlegung vgl. LG Berlin, NZV 2006, 48; BayObLG, NJW 1995, 1568, 1569; KG, NZV 1993, 453.

1727 Vgl. Göhler-OWiG/*Seitz* § 74 Rn. 20; *Rebmann/Roth/Herrmann* § 74 OWiG Rn. 12.

1728 Zur Erkundigungspflicht bei Aussagen des Verteidigers im Widerspruch zur Ladung vgl. BayObLG, NStZ-RR 2003, 85; Göhler-OWiG/*Seitz* § 74 Rn. 32; *Rebmann/Roth/Herrmann* § 74 OWiG Rn. 14.

Eine Verwerfung des Einspruchs wäre damit nicht länger möglich, so dass letztlich die maßgebliche „Bestrafung“ des Betroffenen durch Beschneidung des Rechts auf Verteidigung in Abwesenheit ausbleiben würde.

Eine derartige richterrechtliche Rechtsfortbildung kann jedoch allenfalls eine Übergangslösung sein, da das Recht auf Vertretung im Einspruchsverfahren selbst gemäß § 73 Abs. 3 OWiG akzessorisch zu einer positiven Entbindungsentscheidung ausgestaltet ist. Die Anerkennung des Rechts auf Vertretung als genereller Entschuldigungsgrund wäre hierzu widersprüchlich.[1729]

## V. Anpassung der Entbindungspraxis

Darüber hinaus hat *Sitzer* zur Herstellung von Konventionskonformität auch die Anpassung der Entbindungspraxis erwogen, da er bezweifelt, dass die Anwesenheit des Betroffenen wirklich jemals „erforderlich“ i.S.v. § 73 Abs. 2 OWiG ist.[1730]

Darin könnte eine taugliche Möglichkeit gesehen werden, dem Recht auf Verteidigung in Abwesenheit Rechnung zu tragen, weil der Antrag auf Entbindung nicht frist- und formgebunden ist[1731] und nach ganz herrschender Auffassung sogar noch nach Beginn der Hauptverhandlung bis zur Verhandlung zur Sache vom schriftlich zur Vertretung bevollmächtigten Verteidiger gestellt werden kann.[1732] Mit der Prämisse, dass vom Schriftformerfordernis der Vertretungsvollmacht abgesehen wird, könnte der Verteidiger folglich dem Recht des Betroffenen auf Verteidigung in Abwesenheit durch einen späten Entbindungsantrag zur Geltung verhelfen und die Verwerfung des Einspruchs bei unentschuldigtem Ausbleiben des Betroffenen noch in „letzter Minute“ abwenden.[1733]

Allerdings sind entgegen *Sitzer* durchaus Fälle denkbar, in denen die Aufklärungspflicht des Gerichts das persönliche Erscheinen des Betroffenen „erforderlich“ i.S.v. § 73 Abs. 2 OWiG macht, etwa wenn Identifizierungsmaßnahmen notwendig sind. Zuzugeben ist zwar, dass unter Achtung des Nemo-tenetur-Prinzips die Zahl der Fälle, in denen die persönliche Anwesenheit des Betroffenen tatsächlich notwendig ist, gering ist. In diesen, wenn auch wenigen, Fällen hilft die Person des Verteidigers allerdings nicht weiter. Die Verhandlung gerät ins Stocken, was zum

1729 Auch *Sitzer* StraFo 2014, 1, 3 bezeichnet die Option der richterlichen Rechtsfortbildung der „genügenden Entschuldigung“ als „Notfall“-Lösung.

1730 *Sitzer* StraFo 2014, 1, 4.

1731 Göhler-OWiG/*Seitz* § 73 Rn. 4; *Rebmann/Roth/Herrmann* § 73 OWiG Rn. 7.

1732 Grundlegend OLG Celle, NZV 2010, 420, 421; OLG Düsseldorf, NStZ-RR 2012, 258 (Ls.); OLG Karlsruhe, NZV 2006, 50; KK-OWiG/*Senge* § 73 Rn. 19; *Rebmann/Roth/Herrmann* § 73 OWiG Rn. 7; *Krenberger* zfs 2013, 364; *Fromm* SVR 2010, 86, 87; *Krumm* DAR 78 (2008) 413, 416; *Burhoff* VRR 2007, 250, 252; *Schneider* in: Berz/Burmann (Hrsg.), Hdb. Straßenverkehrsrecht, 12 D Rn. 50; a.A. Göhler-OWiG/*Seitz* § 73 Rn. 4.

1733 Zur Abwendung der Verwerfung des Einspruchs auf diese Weise vgl. *Stephan* in: Burhoff (Hrsg.), Hdb. OWi, Rn. 1683; *Fromm* DAR 83 (2013) 368, 369.

Grundsatz der Verfahrensbeschleunigung in Widerspruch steht. Darüber hinaus bezieht das Gericht, wie gezeigt, bereits nach geltendem Recht in die Abwägung gemäß § 73 Abs. 2 OWiG mit ein, ob die Verhandlung mit dem zur Vertretung bevollmächtigten Verteidiger zur Durchführung der Hauptverhandlung ausreichend ist. Nur wenn dies nicht der Fall ist, darf der Antrag auf Entbindung abgelehnt werden.

Im Ergebnis ist folglich kein Raum für die Anpassung der Entbindungspraxis, da bereits de lege lata das Recht auf Verteidigung in Abwesenheit als milderes Mittel zur Ablehnung des Entbindungsantrags anerkannt ist. Für diejenigen wenigen Fälle, in denen die Durchführung der Hauptverhandlung tatsächlich von der Anwesenheit des Angeklagten abhängt, kann auch eine *Anpassung* der Entbindungspraxis keine befriedigende Lösung bieten.

## VI. Recht auf Vertretung als eigenständiger Entbindungsgrund

Eine taugliche Lösung könnte jedoch darin liegen, dass das Recht auf Vertretung gemäß § 73 Abs. 3 OWiG aus seiner Akzessorietät gelöst wird und ähnlich wie für das Verfahren erster Instanz im Strafverfahren als eigenständiger Entbindungsgrund kumulativ zu § 73 Abs. 2 OWiG konzipiert wird. Im Fall der Vertretung durch einen hierzu bevollmächtigten Verteidiger wäre der Betroffene damit zwingend von seiner Pflicht zum Erscheinen zu entbinden, so dass in diesem Fall die Voraussetzungen eines Verwerfungsurteils gemäß § 74 Abs. 2 OWiG nicht vorliegen würden.

Um das Recht auf Verteidigung in Abwesenheit gemäß Art. 6 Abs. 1 i.V.m. Abs. 3 lit. c EMRK effektiv zu gewährleisten, dürfte die Entbindung des Betroffenen selbst dann nicht abgelehnt werden, wenn seine Anwesenheit zur Aufklärung wesentlicher Gesichtspunkte des Sachverhalts erforderlich wäre. Dem Gericht müsste folglich ein Mittel an die Hand gegeben werden, die persönliche Anwesenheit des Betroffenen gegebenenfalls sicherzustellen, wenn die Aufklärungspflicht diese unbedingt erfordert. Es sind, wie gezeigt, durchaus Fälle denkbar, in denen die Person des Verteidigers zur Aufklärung der Sache nicht beitragen kann – etwa wenn eine Identifizierungsmaßnahme nötig ist. Allerdings ist zu beachten, dass die Regelung nach § 74 Abs. 1 OWiG abgesehen vom Erfordernis der Schriftform der Vertretungsvollmacht an keinem Konventionsverstoß leidet. Das Aufklärungsinteresse des Gerichts ist bereits über das Korrektiv in § 73 Abs. 2 OWiG ausreichend abgesichert. Der Einsatz von Zwangsmaßnahmen, wie Vorführung oder Haft, ist nicht vorgesehen.[1734] Deshalb ist von diesen, den Betroffenen belastenden Maßnahmen, so weit wie möglich abzusehen. Es ist folglich eine taugliche Lösung allein für das Verfahren bei *unberechtigtem* Ausbleiben in der Hauptverhandlung zu suchen.

1734 *Bohnert* § 46 OWiG Rn. 108; Göhler-OWiG/*Seitz* § 46 Rn. 15; *Mitsch* OWi, § 30 Rn. 13.

## VII. Einheitliches Einspruchsmodell

Es könnte, wie im Rahmen von § 329 StPO vorgeschlagen, ein einheitliches Einspruchsmodell gewählt werden. Danach wäre die Variante der Verwerfung des Einspruchs gemäß § 74 Abs. 2 OWiG zu streichen und bei unentschuldigtem Ausbleiben des Betroffenen trotz ablehnender Entbindungsentscheidung stets eine Abwesenheitsverhandlung gemäß § 74 Abs. 1 OWiG durchzuführen, in dessen Rahmen dem erschienenen Verteidiger nach Maßgabe des § 73 Abs. 3 OWiG[1735] stets rechtliches Gehör zu schenken wäre.

Eine derartige Regelung würde zur Vereinfachung des Rechts und damit zur Herstellung von Rechtsklarheit – wie bereits vom Reformgesetzgeber 1998 intendiert[1736] – führen. Darüber hinaus würde die Gefahr gebannt, dass offenkundig rechtsfehlerhafte Bußgeldbescheide rechtskräftig werden, weil dem Richter aufgrund der zwingenden Vorschrift des § 74 Abs. 2 OWiG hinsichtlich einer Korrektur bislang noch die Hände gebunden sind.

Letzteres Argument erscheint hingegen wiederum zweifelhaft, wenn man zu der Alternative abwägt, dem Gericht wie nach alter Rechtslage Ermessen bezüglich der Verwerfung des Einspruchs einzuräumen, so dass bereits in dessen Grenzen derartige Aspekte berücksichtigt werden können. Hinzu kommt, dass das Interesse des Gesetzgebers, die Justiz im Bereich der OWi-Verfahren möglichst zu entlasten, nicht zu verachten ist. Ordnungswidrigkeiten zählen nach nationalem Verständnis zwar zum Strafrecht im weiteren Sinne[1737] und werden auch vom Anwendungsbereich des Art. 6 EMRK erfasst (vgl. 9. Kapitel § 1), allerdings haben sie stets verhältnismäßig geringfügige Sachen zum Gegenstand. Zwar ist im Bereich des Strafrechts argumentiert worden, dass auch im Bagatellbereich (§§ 232, 233 StPO) die Grenzen der Rechtsstaatlichkeit eingehalten werden müssen (vgl. 9. Kapitel § 1), jedoch bleibt das OWi-Verfahren noch weit hinter dieser Schwelle zurück,[1738] weil gemäß § 1 OWiG keine empfindlichen (kurzfristigen) Freiheitsstrafen verhängt werden können. Es ist zwar zuzugeben, dass auch eine Geldbuße[1739] oder die Verhängung einer Nebenfolge wie eines Fahrverbots im Einzelfall eine schwere Belastung des Betroffenen darstellen können; wenn aber an der Wertung des Gesetzgebers hinsichtlich der Notwendigkeit der Anwesenheitspflicht festgehalten werden kann, ohne dass die Grundsätze des Rechts auf Verteidigung in Abwesenheit beschnitten werden und dabei gleichzeitig ein Entlastungseffekt für die Justiz eintritt, sollte dieser ausgewogene Weg beschritten werden.

---

1735 An der Forderung, das Erfordernis des schriftlichen Nachweises der Vertretungsvollmacht abzuschaffen, ist jedoch festzuhalten.

1736 BT-Drs. 13/5418, S. 9.

1737 *Rebmann/Roth/Herrmann* Vor § 1 OWiG Rn. 1; *Mitsch* OWi, Rn. 2; *Schroth* EuGRZ 1985, 557, 559.

1738 So auch *Beck/Berr* OWi-Sachen, Rn. 1.

1739 Gemäß § 17 Abs. 1 OWiG beträgt das Höchstmaß der Geldbuße 1000 €. Zur Anhebung des Regelbußgeldrahmens von 1000 DM auf 2000 DM, vgl. BT-Drs. 13/418, S. 8.

Ein einheitliches Einspruchsmodell ist im Ergebnis im OWi-Verfahren abzulehnen.

## VIII. Rückkehr zu § 74 OWiG a.F.

*Sitzer* hat schließlich vorgeschlagen, zur Behebung der Konventionswidrigkeit des Bußgeldverfahrens das Kunststück einer „Rolle rückwärts" hin zur alten bis zum 28.2.1998 geltenden Fassung des § 74 OWiG zu vollziehen.[1740]

### 1. *Regelungsgehalt von § 74 OWiG a.F.*

§ 74 OWiG hatte seit dem Gesetz zur Änderung des Gesetzes über Ordnungswidrigkeiten, Straßenverkehrsgesetze und anderer Gesetze vom 7.7.1986[1741] folgenden Wortlaut:

> § 74 OWiG – Verfahren bei Abwesenheit
>
> (1) Bleibt der Betroffene in der Hauptverhandlung aus, ohne dass sein persönliches Erscheinen oder seine richterliche Vernehmung angeordnet ist, und ist er auch nicht durch einen Verteidiger vertreten, so wird der wesentliche Inhalt seiner früheren Vernehmung und etwaiger schriftlicher oder protokollarischer Erklärungen, die er zur Sache abgegeben hat, bekanntgegeben oder festgestellt, dass er sich nicht geäußert hat, obwohl ihm dazu Gelegenheit gegeben war.
>
> (2) [1]Bleibt der Betroffene, dessen persönliches Erscheinen angeordnet ist, ohne genügende Entschuldigung aus, so kann das Gericht den Einspruch durch Urteil verwerfen; nach Beginn der Hauptverhandlung ist die Verwerfung des Einspruchs nur mit Zustimmung der Staatsanwaltschaft zulässig. [2]Verwirft das Gericht den Einspruch nicht, so ordnet es die Vorführung des Betroffenen an oder verfährt nach Abs. 1.
>
> (3) Der Betroffene ist in der Ladung über die Abs. 1 und 2 zu belehren.
>
> (4) Findet die Hauptverhandlung ohne den Betroffenen statt, so genügt es, wenn die nach § 265 Abs. 1 und Abs. 2 der Strafprozessordnung erforderlichen Hinweise dem Verteidiger gegeben werden.
>
> (5) Hat die Hauptverhandlung nach Abs. 1 oder 2 ohne den Betroffenen stattgefunden, so gilt § 235 der Strafprozessordnung entsprechend.

Im Vergleich zur geltenden Fassung fällt auf, dass § 74 Abs. 1, 2 OWiG a.F. von *der Anordnung der Pflicht zum Erscheinen* spricht. Dies liegt daran, dass nach alter Rechtslage gemäß § 73 Abs. 1 OWiG a.F. keine Anwesenheitspflicht bestand. Es lag nach § 73 Abs. 2 OWiG a.F. vielmehr im Ermessen des Gerichts *zur Aufklärung des Sachverhalts das persönliche Erscheinen des Betroffenen anzuordnen.*[1742] Damit ist die alte Rechtslage mit dem estnischen OWi-Verfahren vergleichbar.

---

1740 *Sitzer* StraFo 2014, 1, 3.

1741 BGBl. I 1986, 977.

1742 BGHSt 38, 251, 255; OLG Saarbrücken, NStZ 1989, 480; *Wieser* Hdb. Bußgeldverfahren[2], S. 470; *Bohnert* Grundriss OWi, S. 89; *Deutscher* NZV 1999, 185, 187;

Obwohl das Gesetz zur Änderung des Gesetzes über Ordnungswidrigkeiten und anderer Gesetze v. 26.1.1998[1743] die Anwesenheitspflicht des Betroffenen eingeführt hat, hat die Neufassung von § 73 Abs. 2 OWiG zu einer Verbesserung der Rechtsstellung des Betroffenen geführt. Denn nach geltendem Recht kommt ihm ein *Anspruch auf Entbindung* von der Anwesenheitspflicht zu, wenn die gesetzlichen Voraussetzungen gegeben sind. Nach § 73 Abs. 2 OWiG a.F. hatte er nur einen *Anspruch auf eine ermessensfehlerfreie Entscheidung* des Gerichts[1744], was dazu führte, dass die Anordnung der persönlichen Anwesenheit entgegen der gesetzlichen Konzeption zur Regel wurde.[1745]

Im Gegenzug ist jedoch auch die Möglichkeit der Verwerfung des Einspruchs gemäß § 74 Abs. 2 OWiG für den Betroffenen nachteilig erweitert worden. Nach § 74 Abs. 2 OWiG a.F. lag die Entscheidung über die Verwerfung des Einspruchs bei unentschuldigtem Ausbleiben des Betroffenen trotz Anordnung des persönlichen Erscheinens im Ermessen des Gerichts. Statt den Einspruch zu verwerfen, konnte das Gericht gemäß § 74 Abs. 2 S. 2 OWiG a.F. auch die Vorführung des Betroffenen anordnen oder nach Abs. 1 a.F. in Abwesenheit des Betroffenen verhandeln.[1746] Das bedeutet, dass das Gericht bei unentschuldigtem Ausbleiben des Betroffenen den Einspruch nicht zwingend verwerfen musste, wenn anstatt seiner ein vertretungsbereiter Verteidiger erschienen war. Vielmehr musste das Gericht seine Ermessensentscheidung bzgl. der Verwerfung des Einspruchs begründen, wenn der erschienene Verteidiger vortrug, für seinen Mandanten zur Sachaufklärung beitragen zu können.[1747] Bei Ausübung des Wahlrechts musste stets ermessensleitend sein, auf welche Weise das Verfahren möglichst rasch zu einem Abschluss gebracht werden konnte.[1748] Deshalb war die Verwerfung des Einspruchs die Regel. In besonders gelagerten Ausnahmefällen war jedoch stattdessen eine Verhandlung zur Sache möglich, etwa wenn ein Verteidiger erschienen war, sich zu einer sachlichen Einlassung für fähig und willens erklärt hatte und dadurch eine umfassende Sachaufklärung möglich war.[1749]

---

*Katholnigg* NJW 1998, 568, 570; *Krüger* in: Dogmatik und Praxis des Strafverfahrens, S. 87; abl. *Beck/Berr* OWi-Sachen, Rn. 68 (Anwesenheitspflicht als Verstoß gegen Verhältnismäßigkeit).

1743 BGBl. I 1998, 156.

1744 Vgl. hierzu etwa OLG Saarbrücken, NStZ 1989, 480 m. Anm. *Meyer.*

1745 Vgl. nur BGHSt 38, 251, 255 f. (Spekulation über Einlassung zur Sache / zuverlässigere Angaben von Zeugen in Gegenwart des Betroffenen ausreichend); hierzu eingehend *Schneider* NZV 1999, 14, 16; vgl. auch *Gebhardt* DAR 65 (1996) 1, 3; *Schneider* in: Berz/Burmann (Hrsg.), Hdb. Straßenverkehrsrecht, 12 D Rn. 43; *Rochow* zfs 1999, 366; *Ostendorf* ZRP 1994, 335, 336.

1746 *Rochow* zfs 1999, 366; *Mitsch* ZIS 2011, 502, 504 insbesondere auch zur Unvereinbarkeit der Neufassung mit § 82 Abs. 2 OWiG.

1747 OLG Köln, StraFo 1997, 179; KK-OWiG[1]/*Senge* § 74 Rn. 46 f.

1748 *Göhler*-OWiG[11] § 74 Rn. 34; KK-OWiG[1]/*Senge* § 74 Rn. 27.

1749 BayObLG VRS 39, 284 f.; VRS 50, 454 f.; BayObLG, Beschl. v. 23.11.1978 – 1 Ob OWi 693/78 bei *Rüth* DAR 1979, 229, 245; BayObLG, Beschl. v. 20.10.1983 – 1 Ob OWi 349/83 bei *Rüth* DAR 1984, 233, 247; KK OWiG[1]/*Senge* § 74 Rn. 27.

### 2. *Wahrung des Rechts auf Verteidigung in Abwesenheit durch § 74 Abs. 2 OWiG a.F.?*

*Sitzer* hat jedoch zu Recht die Rückkehr zur alten Regelung als taugliche Lösung zur Herstellung von Konventionskonformität abgelehnt.[1750] Denn das Erscheinen eines vertretungsbereiten Verteidigers war rechtshistorisch kein Hinderungsgrund für den Erlass eines Verwerfungsurteils bei angeordnetem persönlichen Erscheinen. Vielmehr konnte das Gericht den Einspruch des Betroffenen selbst dann verwerfen, wenn der erschienene Verteidiger erklärte, dass sich der Betroffene zur Sache nicht einlassen werde.[1751] Gleiches galt für den Fall, dass der Verteidiger vortrug, sich für den Betroffenen zur Sache äußern zu können.[1752]

Die Anordnung des persönlichen Erscheinens schloss die Vertretung des Betroffenen aus.[1753] Das Verwerfungsurteil wurde nicht wie § 329 Abs. 1 S. 1 StPO mit einer Rücknahmefiktion des Einspruchs begründet, sondern damit, dass dem Betroffenen nicht das Recht zustehe, den Verfahrensablauf durch seine Äußerung zu bestimmen; vielmehr sei dem Ausbleiben des Betroffenen, wenn er nicht aus anderen Gründen entschuldigt sei, mangelndes Interesse an der Wahrnehmung seiner Prozessrolle zu entnehmen.[1754]

## IX. „Halbe Rolle rückwärts" zu § 74 Abs. 2 a.F. unter Anlehnung an § 411 Abs. 2 StPO

Es ist jedoch zu beachten, dass *Sitzer* die Rückkehr zu § 74 Abs. 2 OWiG a.F. nicht deshalb abgelehnt hat, weil das Gesetz als solches bereits gegen Art. 6 Abs. 1 i.V.m. Abs. 3 lit. c EMRK verstoßen hätte, sondern weil die einzelnen Merkmale der Regelung traditionell so *ausgelegt* wurden, dass letztlich eine konventionswidrige Rechtspraxis entstand. Aus diesem Grund spricht nichts dagegen, beim historischen Regelungstorso Anleihen zu nehmen und diese zukünftig i.S.d. Konvention sowie der Rechtsprechung des EGMR auszufüllen.

### 1. *Wahrung der Anwesenheitspflicht*

Anders als von *Sitzer* intendiert, soll hingegen auch im Bußgeldverfahren versucht werden, dem Recht auf Verteidigung in Abwesenheit Geltung zu verschaffen, ohne dabei den Grundsatz der Anwesenheitspflicht gemäß § 73 Abs. 1 OWiG anzutasten.

---

1750 *Sitzer* StraFo 2014, 1, 3.
1751 BGHSt 38, 251.
1752 *Göhler*-OWiG[11] § 74 Rn. 33; vgl. auch *Bohnert* Grundriss OWi, S. 90.
1753 *Göhler*-OWiG[11] § 74 Rn. 33.
1754 *Göhler*-OWiG[11] § 73 Rn. 19, § 74 Rn. 34; *ders.* JR 1983, 523, 524; KK-OWiG[1]/*Senge* § 74 Rn. 22.

## 2. *Verwerfung des Einspruchs als Ermessensentscheidung des Gerichts*

In diesem Sinne könnte § 74 Abs. 2 S. 1 OWiG-Vorschlag dem Gericht zukünftig wieder Ermessen („kann") bzgl. der Entscheidung über die Verwerfung des Einspruchs einräumen.

In Abweichung zur historischen Rechtsprechung müsste nunmehr das Gericht bei Ausübung des Ermessens zusätzlich berücksichtigen, dass nach der Rechtsprechung des EGMR der Einspruch des Betroffenen nicht verworfen werden darf, wenn dieser zwar unentschuldigt ausgeblieben und stattdessen ein vertretungsbereiter Verteidiger erschienen ist. Ein dennoch ergehendes Verwerfungsurteil wäre damit ermessensfehlerhaft und könnte mit der Rechtsbeschwerde jedenfalls wegen willkürlicher[1755] Verletzung rechtlichen Gehörs (§ 80 Abs. 1 Nr. 2 OWiG, Art. 103 Abs. 1 GG) angegriffen werden, da die sachlichen Einwendungen des Betroffenen in Vertretung durch seinen Verteidiger unberücksichtigt geblieben sind.[1756] Diese Maßstäbe für die Ausübung des Ermessens könnten in der Gesetzesbegründung ausdrücklich niedergelegt werden, so dass grundsätzlich keine gegenteilige Rechtspraxis entstehen dürfte.

## 3. *Recht auf Vertretung als Ausschlussgrund für die Verwerfung des Einspruchs*

Zur Herstellung von Rechtssicherheit wäre jedoch anzuraten, den Ausschluss eines Verwerfungsurteils bei ordnungsgemäßer Vertretung des Betroffenen direkt im Gesetz zu normieren. Auf diese Weise könnte zudem ein gewisser Gleichlauf mit dem strafprozessualen Strafbefehlsverfahren gewährleistet werden, weil bei ordnungsgemäßer Vertretung des Angeklagten gemäß §§ 411 Abs. 2, 412 S. 1 StPO ebenso eine Verwerfung des Einspruchs ausscheidet. Da § 71 Abs. 1 OWiG ohnehin auf die §§ 407 ff. StPO verweist,[1757] soweit das OWiG nichts anderes bestimmt, wäre eine derartige Regelung durchaus mit dem Willen des Gesetzes vereinbar. An der Einräumung von gerichtlichem Ermessen sollte jedoch dennoch festgehalten werden, weil das Gericht damit seiner gerichtlichen Fürsorgepflicht hinsichtlich der Gewährleistung des Rechts auf Verteidigung in Abwesenheit entsprechen kann und bei fehlender *faktischer* Vertretung nicht zur Verwerfung verpflichtet ist, sondern die Voraussetzungen eines ordnungsgemäßen Verzichts auf die Konventionsgarantie absichern könnte (vgl. hierzu 6. Kapitel § 2). Dieses Bedürfnis gilt im OWi-Verfahren

1755 Zu diesem Erfordernis vgl. OLG Frankfurt a.M., NStZ-RR 2006, 383; *Fromm* DAR 83 (2013) 368, 371.

1756 Zur Zulässigkeit dieses Antrags vgl. nur OLG Dresden, Beschl. v. 7.3.2014 – OLG 23 Ss 56/14 (Z), BeckRS 2014, 07116; OLG Brandenburg, Beschl. v. 26.5.2014 – (1 Z) 53 Ss-OWi 125/14 (79/14), BeckRS 2014, 10930; vgl. auch *Krumm* DAR 78 (2008) 413, 416; *Fromm* SVR 2010, 86, 91 ff.

1757 Göhler-OWiG/*Seitz* § 71 Rn. 1; KK-OWiG/*Senge* § 73 Rn. 3.

umso mehr, weil der Vergleich zu § 329 Abs. 1 S. 1 StPO zeigt, dass § 74 Abs. 2 OWiG nicht nur im Fall des Ausbleibens des Betroffenen *zu Beginn einer Hauptverhandlung* greift, sondern jegliches Ausbleiben unabhängig vom Zeitpunkt mit einem Verwerfungsurteil belegt.[1758]

Wenn das Gesetz dem Gericht wieder Ermessen bezüglich der Entscheidung über die Verwerfung des Einspruchs einräumt, ist auch wieder Raum für die Zustimmungsbedürftigkeit der Staatsanwaltschaft.[1759]

### 4. *Rückkehr zur Vorführung nach § 74 Abs. 2 S. 2 OWiG a.F.*

Darüber hinaus soll auch nicht übersehen werden, dass die Aufklärungspflicht des Gerichts teilweise das persönliche Erscheinen des Betroffenen erforderlich macht. Das bedeutet, dass dem Gericht eine Möglichkeit an die Hand zu geben ist, die Anwesenheit des Betroffenen, gegebenenfalls gegen seinen Willen, in der mündlichen Verhandlung sicherzustellen, um das Verfahren nicht unnötig zu verzögern.

§ 74 Abs. 2 S. 2 OWiG a.F. enthielt noch die Alternative der *Vorführung* des Betroffenen.[1760] Die Vorführung war insbesondere angebracht, wenn die Anwesenheit des Betroffenen in der Hauptverhandlung zur vollständigen Aufklärung des Sachverhalts unerlässlich war.[1761] Diese Option ist jedoch durch das Änderungsgesetz v. 28.1.1998 zugunsten einer strikten Verwerfungsregel gestrichen worden.[1762] Aus diesem Grund ist nach geltendem Recht anerkannt, dass dem Bußgeldrichter keine Zwangsmittel zur Verfügung stehen, um das Erscheinen des Betroffenen vor Gericht zu erzwingen. § 230 Abs. 2 StPO, der die Vorführung normiert, soll nicht anwendbar sein und eine Verhaftung bzw. vorläufige Festnahme verbiete sich nach § 46 Abs. 3 S. 1 OWiG.[1763]

Das Zwangsmittel der Vorführung erneut im gerichtlichen Bußgeldverfahren vorzusehen, widerspricht jedoch nicht dem Willen bzw. der Systematik des Gesetzes. Zum einen wird diese Option der alten Fassung von § 74 Abs. 2 OWiG entnommen und zum anderen ist die Vorführung des Betroffenen nach geltendem Recht auch gemäß § 46 Abs. 5 OWiG im Verfahren vor der Verwaltungsbehörde vorgesehen. Wenn jedoch sogar im verwaltungsbehördlichen Verfahren zu freiheitsbeschränkenden und damit höchst grundrechtssensiblen Methoden gegriffen werden darf, dann ist dies erst recht im gerichtlichen Verfahren zulässig, das in ein der Rechtskraft fähiges Urteil mündet. Letztlich ist erneut eine Parallele zum Strafbefehlsverfahren erkennbar, da nach § 236 StPO jederzeit die Anordnung und zwangsweise Herstellung der Anwesenheit des Angeklagten möglich ist.[1764]

---

1758 Vgl. *Rebmann/Roth/Herrmann* § 74 OWiG Rn. 13; Göhler-OWiG/*Seitz* § 74 Rn. 28.

1759 Zur Abschaffung vgl. BT-Drs. 13/5418, S. 9.

1760 Vgl. hierzu *Bohnert* Grundriss OWi, S. 90.

1761 KK-OWiG[1]/*Senge* § 74 Rn. 23.

1762 BT-Drs. 13/5418, S. 9 („Dadurch entfällt der bislang geltende Absatz 2 Satz 2").

1763 OLG Celle, NZV 2012, 44, 45; OLG Stuttgart, NZV 2001, 491, 492; *Bohnert* § 46 OWiG Rn. 108; *Mitsch* OWi, § 30 Rn. 13; *ders.* ZIS 2011, 502; *Kotz* ZAP Fach 22, 619, 620.

1764 KK-StPO/*Gmel* § 236 Rn. 2; *Pfeiffer* § 236 StPO Rn. 1.

Problematisch ist jedoch, ob die Anwendung des Zwangsmittels der Vorführung im Ordnungswidrigkeitenverfahren mit Art. 5 Abs. 1 S. 2 lit. c EMRK vereinbar ist. Danach ist eine *rechtmäßige Festnahme oder Freiheitsentziehung zur Vorführung vor die zuständige Gerichtsbehörde* nur zulässig, *wenn* ein *hinreichender Verdacht besteht, dass die betreffende Person eine Straftat* („offence") *begangen hat.* Teilweise wird vertreten, dass Handlungen, die nur mit einer Geldbuße geahndet werden können, keine Straftat i.S.v. Art. 5 Abs. 1 S. 2 EMRK darstellen würden. Dass der Begriff „Straftat" folglich in Art. 5 Abs. 1 S. 2 lit. c EMRK enger als in Art. 6 und 7 EMRK ausgelegt werde, erkläre sich durch die unterschiedliche Schutzrichtung dieser Garantien. Da § 46 Abs. 3 S. 1 OWiG die Unterbringung, Verhaftung und vorläufige Festnahme jedoch ohnehin für unzulässig erkläre, bleibe die strittige Frage im deutschen Recht praktisch ohne Auswirkung.[1765] Nach dieser Auffassung werden damit rein freiheits*beschränkende* Maßnahmen wie der Vorführungsbefehl ohnehin aus dem Schutzbereich von Art. 5 EMRK ausgeklammert, so dass eine erneute Einführung des Vorführungsbefehls im gerichtlichen Bußgeldverfahren auch nach dieser Auffassung mit der Konvention vereinbar wäre. Doch auch wenn man kurzfristige freiheitsbeschränkende Maßnahmen vom Schutzbereich des Art. 5 EMRK erfasst sieht, ist die Vorführung des Betroffenen im gerichtlichen Bußgeldverfahren mit der EMRK vereinbar. Zum einen ist es nicht notwendig, im Rahmen von Art. 5 EMRK vom Gebot der autonomen Auslegung des Begriffs der „Straftat" Abstand zu nehmen.[1766] Folglich können auch Ordnungswidrigkeiten, die nach nationalem Verständnis nur mit einer Geldbuße belegt sind, als „Straftat" i.S.d. Art. 5 EMRK gewertet werden. Ob die Anwendung unmittelbaren Zwangs mit Art. 5 Abs. 1 S. 2 lit. c EMRK vereinbar ist, ist letztlich keine Frage der Schutzbereichseröffnung, sondern eine Frage der Verhältnismäßigkeit. Insofern ist es grundsätzlich in Anbetracht von § 46 Abs. 5 OWiG durchaus verhältnismäßig, die Möglichkeit der *Vorführung* im gerichtlichen Bußgeldverfahren vorzusehen. Dabei ist jeweils im konkreten Einzelfall zu beurteilen, ob es mit Art. 5 Abs. 1 S. 2 lit. c EMRK vereinbar ist, dieses Zwangsmittel einzusetzen. Von der Möglichkeit eines Haftbefehls ist jedoch abzusehen, da diese Art der Freiheits*entziehung* im Verfahren wegen einer OWi nicht einmal als *Rechtsfolge* vorgesehen ist. Es wäre folglich unverhältnismäßig, das Mittel der Haft zur Aufklärung des Tatvorwurfs einzusetzen.[1767]

## *5. Voraussetzungen einer ordnungsgemäßen Ladung*

Wie gezeigt, kann ein Verzicht auf das Recht zur Anwesenheit bzw. das Recht auf Verteidigung in Abwesenheit nur angenommen werden, wenn der Betroffene über seine Rechte bzw. die Folgen seiner Säumnis im Vorfeld belehrt worden ist.

---

1765 LR-EMRK/*Esser* Art. 5 Rn. 115.

1766 Zum Gleichlauf der Auslegung von Art. 5 und Art. 6 EMRK vgl. auch EGMR Epple ./. D, 24.3.2005, § 34 = NVwZ 2006, 797.

1767 Vgl. Göhler-OWiG/*Seitz* § 46 Rn. 12.

§ 74 Abs. 3 OWiG normiert bereits de lege lata, dass der Betroffene in der Ladung über § 74 Abs. 1 oder Abs. 2 OWiG sowie über die §§ 73, 77b Abs. 1 S. 1 und 3 OWiG belehrt werden muss. Dieser Grundsatz gilt für jede Ladung zu einer Hauptverhandlung etwa bei Umladung bzw. Aussetzung. Der Hinweis in einer früheren Ladung soll nicht ausreichen, da dem Betroffenen die Folgen seiner Säumnis stets deutlich vor Augen geführt werden müssen, zumal nicht ohne weiteres unterstellt werden könne, dass dem Betroffenen eine frühere Ladung, auf die Bezug genommen werde, noch zur Verfügung stehe.[1768]

Wird das Recht auf Verteidigung in Abwesenheit nun in § 74 Abs. 2 OWiG verankert, wird auch die Belehrungspflicht gemäß § 74 Abs. 3 OWiG um dieses Recht angereichert, ohne dass eine sprachliche Anpassung nötig wäre. Diese Belehrung ist dann eine ausreichende Grundlage für die Annahme eines ordnungsgemäßen Verzichts auf das Recht auf Verteidigung in Abwesenheit.

## X. Regelungsvorschlag: § 74 Abs. 2 OWiG-Vorschlag

Zuzugeben ist zwar, dass diese Lösung nicht die gleiche Verfahrensbeschleunigung und Entlastung der Justiz bietet wie eine strikte Verwerfungspraxis und damit den Interessen des OWi-Reform-Gesetzgebers 1998 nicht ganz gerecht wird. Allerdings hat der Gesetzgeber auch betont, bei aller Beschleunigung von OWi-Massenverfahren „elementare prozessuale Rechte der Betroffenen [nicht] in Frage ... stellen“[1769] zu wollen. Zur Gewährleistung effektiver Verteidigung i.S.d. EMRK sind folglich gewisse zeitliche Einbußen bzw. ein Mehrbedarf an Personal hinzunehmen.

§ 74 Abs. 2 OWiG-Vorschlag könnte im Ergebnis folgendermaßen lauten:

> (2) [1]Bleibt der Betroffene ohne genügende Entschuldigung aus, obwohl er von der Verpflichtung zum Erscheinen nicht entbunden war, kann das Gericht den Einspruch ohne Verhandlung zur Sache durch Urteil verwerfen, wenn der Betroffene nicht durch einen zur Vertretung bevollmächtigten Verteidiger vertreten ist; nach Beginn der Hauptverhandlung ist die Verwerfung des Einspruchs nur mit Zustimmung der Staatsanwaltschaft zulässig. [2]Verwirft das Gericht den Einspruch nicht, so ordnet es die Vorführung des Betroffenen an oder verfährt nach Abs. 1.

Eine derartige Regelung würde gewährleisten, dass der Einspruch des unentschuldigt ausgebliebenen Betroffenen nicht mehr verworfen werden kann, wenn ein vertretungsbereiter Verteidiger erschienen ist. Auf der anderen Seite ist das Gebot der Sachaufklärung nicht gefährdet, da das Gericht den Betroffenen vorführen kann. Die Einräumung von Ermessen hinsichtlich der Verwerfung des Einspruchs bei Ausbleiben eines vertretungsbereiten Verteidigers ermöglicht es dem Gericht, seiner Fürsorgepflicht hinsichtlich der Überprüfung der Voraussetzungen eines

1768 OLG Köln, NStZ-RR 2000, 179; vgl. auch BVerfG, NStZ-RR 2004, 372; *Rebmann/Roth/Herrmann* § 74 OWiG Rn. 22; Burmann/Heß/Jahnke/*Janker* Rn. 81; *Schneider* in: Berz/Burmann (Hrsg.), Hdb. Straßenverkehrsrecht, 12 D Rn. 44.

1769 BT-Drs. 13/3691, S. 6.

ordnungsgemäßen Verzichts auf das Recht auf Verteidigung in Abwesenheit Rechnung zu tragen.

## § 5. Ergebnis

Art. 6 Abs. 1 i.V.m. Abs. 3 lit. c EMRK gilt auch im Verfahren wegen einer OWi. In diese Richtung weist auch das beim EGMR anhängige Verfahren gegen Estland in der Sache *Tolmachev.* Das deutsche gerichtliche Bußgeldverfahren ist konventionswidrig, weil das Recht auf Vertretung durch einen Verteidiger im Verfahren bei erlaubter Abwesenheit an die Erfüllung des Schriftformerfordernisses der Vertretungsvollmacht geknüpft ist und bei unerlaubter Abwesenheit der Einspruch des Betroffenen nach § 74 Abs. 2 OWiG zwingend zu verwerfen ist, selbst wenn ein vertretungsbereiter Verteidiger erschienen ist. Eine konventionsfreundliche Auslegung der §§ 73, 74 OWiG scheitert am eindeutigen Wortlaut bzw. der Gesetzessystematik. Ebenso sind eine Entschuldigungslösung, die Anpassung der Entbindungspraxis, die Ausgestaltung des Rechts auf Vertretung als eigenständiger Entbindungsgrund sowie ein einheitliches Einspruchsmodell abzulehnen. Vielmehr sollte der Gesetzgeber in § 73 Abs. 3 OWiG das Erfordernis des schriftlichen Nachweises der Vertretungsvollmacht streichen. § 74 Abs. 2 OWiG ist in Anlehnung an § 74 Abs. 2 OWiG a.F. als Ermessensentscheidung des Gerichts auszugestalten, wobei das Recht auf Vertretung als Hinderungsgrund für eine Einspruchsverwerfung wie im Strafbefehlsverfahren auszugestalten ist. Die Möglichkeit der Vorführung ist wiederzubeleben.

# 10. Kapitel: Besonderheiten im Jugendstrafverfahren

Die bisherigen Judikate des EGMR zum Recht auf Verteidigung in Abwesenheit betrafen stets Strafverfahren gegen erwachsene Angeklagte. Aus diesem Grund stellt sich die Frage, ob die darin entwickelten Prinzipien ohne weiteres auf das deutsche Jugendstrafverfahren übertragen werden können. Dass diese Problematik von aktueller Relevanz ist, zeigt der Beschluss des KG v. 7.2.2014, in dem die Verwerfung der Berufung eines unentschuldigt ausgebliebenen Angeklagten durch die Jugendkammer bestätigt worden ist, obwohl zwei Verteidiger zur Vertretung des Angeklagten erschienen waren.[1770]

## § 1. Anwendbarkeit der EMRK

Zunächst ist zu klären, ob Art. 6 Abs. 1 i.V.m. Abs. 3 lit. c EMRK überhaupt im deutschen Strafverfahren gegen Jugendliche bzw. Heranwachsende[1771] anwendbar ist.

Anders als das deutsche Recht (vgl. § 2 Abs. 2 JGG) sieht die EMRK keine speziellen Garantien im Verfahren gegen Jugendliche bzw. Heranwachsende vor.[1772] Die Beschuldigtenrechte gemäß Art. 6 EMRK knüpfen vielmehr an keine Altersgrenzen an, so dass sie in Verfahren gegen Jugendliche, Heranwachsende und Erwachsene gleichsam gelten.[1773]

Dass das Verfahren gegen Jugendliche jedoch auch nach den Grundsätzen der EMRK eine besondere Verfahrenssituation darstellt, zeigt sich bereits an Art. 6 Abs. 1 S. 2 EMRK, wonach der Ausschluss der Öffentlichkeit von der Verhandlung des Gerichts über die strafrechtliche Anklage im Interesse eines Jugendlichen („interests of juveniles") möglich ist.[1774]

I.d.S. betont der EGMR auch in ständiger Rechtsprechung: „[I]t is essential that a child charged with an offence is dealt with in a manner which takes full account of his age, level of maturity and intellectual and emotional capacities, and that steps are

---

1770 KG, Beschl. v. 7.2.2014 – (4) 161 Ss 5/14 (14/14), BeckRS 2014, 06969.

1771 Nach § 1 Abs. 2 JGG ist Jugendlicher, wer zur Zeit der Tat vierzehn, aber noch nicht achtzehn, Heranwachsender, wer zur Zeit der Tat achtzehn, aber noch nicht einundzwanzig Jahre alt ist.

1772 Anders etwa Art. 14 Abs. 4 IPBPR: „In the case of juvenile persons, the procedure shall be such as will take account of their age and the desirability of promoting their rehabilitation."

1773 Vgl. *Esser* S. 798; *Keiser* ZStW 120 (2008) 25, 28; *Radtke* ZJJ 2011, 120, 121; zur Verteidigungsgarantie vgl. *Kuhn* S. 126; *Fromm* ZJJ 2009, 26, 27, 29; *Rose* NStZ 2013, 315, 316 (speziell zur Anwendbarkeit des Beschleunigungsgrundsatzes gemäß Art. 6 Abs. 1 S. 1 EMRK).

1774 *Esser* S. 798; *Keiser* ZStW 120 (2008) 25, 27.

taken to promote his ability to understand and to participate in the proceedings."[1775] Dabei sind altersspezifische Verständnisschwierigkeiten nach dem EGMR insbesondere durch effektive Gewährleistung des Rechts auf Verteidigung durch einen Rechtsbeistand gemäß Art. 6 Abs. 1 i.V.m. Abs. 3 lit. c EMRK zu beheben.[1776]

Zur Auslegung der EMRK zieht der EGMR überdies die außerhalb der EMRK stehenden internationalen „jugendstrafrechtsbezogenen Menschenrechtsstandards" heran.[1777] In diesen internationalen Leitlinien wird stets das Recht des Kindes auf einen Rechtsbeistand als Mindeststandard eines fairen Strafverfahrens betont, wie ein Blick auf Nr. 14.2, 7.1 der *Bejing-Rules*[1778] („the right to counsel") der Vereinten Nationen, Art. 40 Abs. 2 lit. b ii) („legal guardians"), Art. 37 lit. d („legal...assistance") der KRK[1779], die Leitlinien des Ministerkomitees des Europarats für eine kindergerechte Justiz v. 17.11.2010[1780] (Nr. 37–43), sowie § 40 („legal assistance") des *General Comment* Nr. 10 (2007) des UN-Komitees für die Rechte des Kindes v. 25.7.2007[1781] beweist. Besonders deutlich wird das herausragende Schutzbedürfnis Jugendlicher in Bezug auf das Recht auf Verteidigung durch einen Verteidiger in dem RiL-Vorschlag der Europäischen Kommission über Verfahrensgarantien in Strafverfahren für verdächtige oder beschuldigte Kinder.[1782] „Kind" ist nach Art. 3 RiL *jede Person, die das 18. Lebensjahr noch nicht vollendet hat*, so dass auch der Jugendliche i.S.v. § 1 Abs. 2 JGG von dem Vorschlag erfasst ist. Nach Art. 6 Abs. 1 RiL müssen die Vertragsstaaten die Unterstützung von Kindern durch einen Rechtsbeistand während des gesamten Strafverfahrens sicherstellen. Ein nach der EMRK möglicher Verzicht auf die Verteidigungsgarantie wird ausdrücklich ausgeschlossen, weil nach ErwG Nr. 16 davon auszugehen sei, dass

1775 EGMR (GK) V. ./. UK, 16.12.1999, ECHR 1999-X, § 86; (GK) T ./ UK, 16.12.1999, § 84; S.C. ./. UK (Fn. 142) § 28; Panovits ./. ZYP (Fn. 599) § 67.

1776 EGMR (GK) T. ./. UK (Fn. 157) § 88; Panovits ./. ZYP (Fn. 599) § 67; Güveç ./. TRK, 20.1.2009, § 131; Adamkiewicz ./. PL, 2.3.2010, § 89; LR-EMRK/*Esser* Art. 6 Rn. 986; vgl. auch *Kilkelly* S. 123; *Bung* StV 2011, 625, 627 f.

1777 EGMR (GK) V. ./. UK (Fn. 1775) § 73; (GK) T. ./. UK (Fn. 157) §§ 43 ff.; vgl. auch *Keiser* ZStW 120 (2008) 25, 27.

1778 United Nations Standard Minimum Rules for the Administration of Juvenile Justice, A/Res/40/33 v. 29.11.1985, abrufbar unter: http://www.un.org/documents/ga/res/40/a40r033.htm (Stand: 6.12.2014); deutsche Fassung: ZStW 99 (1987) 253.

1779 Convention on the Rights of the Child, A/Res/44/25 v. 20.11.1989, BGBl. 1992 II, S. 121; seit 5.4.1992 in Deutschland in Kraft, abrufbar unter: http://www.un.org/documents/ga/res/44/a44r025.htm (Stand: 6.12.2014); *Pruin* ZJJ 2011, 127, 130.

1780 Abrufbar unter: http://www.coe.int/t/dghl/standardsetting/childjustice/Source/GuidelinesChildFriendlyJustice_DE.pdf (Stand: 6.12.2014).

1781 General Comment No. 10 (2007), Children's rights in juvenile justice, CRC/C/GC/10, abrufbar unter: http://www2.ohchr.org/english/bodies/crc/docs/CRC.C.GC.10.pdf (Stand: 6.12.2014).

1782 KOM (2013) 822 endg. v. 27.11.2013, abrufbar unter: http://www.europarl.europa.eu/meetdocs/2009_2014/documents/com/com_com(2013)0822_/com_com(2013)0822_de.pdf (Stand: 6.12.2014).

Kinder nicht in der Lage seien, ein Strafverfahren richtig zu verstehen und ihm zu folgen. Allenfalls im Bagatellbereich soll die Pflichtverteidigung ausgeschlossen werden können.

Die Garantien der EMRK und damit insbesondere Art. 6 Abs. 1 i.V.m. Abs. 3 lit. c EMRK sind im Verfahren gegen Jugendliche und Heranwachsende folglich nicht nur anwendbar, sondern werden vom EGMR je nach Lage des Einzelfalls mit einem besonders hohen Schutzniveau belegt.

# § 2. Berufungsverfahren

## I. De lege lata

Im JGG finden sich nur wenige besondere Vorschriften für das Verfahren der Berufung gegen Urteile des Jugendrichters bzw. des Jugendschöffengerichts (vgl. §§ 41 Abs. 2, 55, 59 Abs. 1 JGG). Aus diesem Grund sind gemäß § 2 Abs. 2 JGG weitgehend die Vorschriften der §§ 312 ff. StPO anwendbar.[1783]

Die Konsequenzen des Ausbleibens des Angeklagten in der Hauptverhandlung richten sich zum einen danach, wer die Berufung eingelegt hat und zum anderen danach, ob der Angeklagte zur Zeit der Tat Jugendlicher oder Heranwachsender gewesen ist bzw. ob Jugend- oder Erwachsenenstrafrecht anwendbar ist.

Hat der gesetzliche Vertreter (§ 298 StPO) oder der Erziehungsberechtigte (§ 67 Abs. 3 JGG) Berufung eingelegt und bleibt nur der Angeklagte unentschuldigt aus, könnte gemäß § 330 Abs. 2 S. 2 HS. 2 StPO grundsätzlich in Abwesenheit des jugendlichen Angeklagten verhandelt werden.[1784] Dem steht jedoch § 50 Abs. 1 JGG als Spezialregelung (§ 2 Abs. 2 JGG) entgegen, wonach *die Hauptverhandlung nur dann ohne den Angeklagten stattfinden kann, wenn dies im allgemeinen Verfahren zulässig wäre, besondere Gründe dafür vorliegen und der Staatsanwalt zustimmt.* Regelmäßig wird deshalb nach den §§ 330 Abs. 1, 133 Abs. 2, 134 StPO zu verfahren und die Vorführung des jugendlichen Angeklagten anzuordnen sein.[1785] Im Verfahren gegen einen Heranwachsenden findet hingegen § 50 Abs. 1 JGG generell keine Anwendung (vgl. § 109 Abs. 1, Abs. 2 JGG). Eine Verwerfung der Berufung kommt jedenfalls nicht in Betracht, weil es sich um ein selbstständiges Rechtsmittel des Erziehungsberechtigten bzw. des gesetzlichen Vertreters handelt, auf das der Angeklagte keinen Einfluss hat und das gemäß § 50 Abs. 3 JGG (§ 109 Abs. 2 JGG) nicht ohne dessen Zustimmung zurückgenommen werden kann.[1786]

Ähnliches gilt im Rahmen der Berufung der Staatsanwaltschaft: Bleibt der jugendliche Angeklagte unentschuldigt in der mündlichen Verhandlung aus, steht der Durchführung einer Abwesenheitsverhandlung gemäß § 329 Abs. 2 S. 1 StPO die

1783 *Schäfer* NStZ 1999, 330.

1784 So *Brunner/Dölling* § 55 JGG Rn. 4, aber bedenklich hinsichtlich Jugendlicher.

1785 *Eisenberg* § 55 JGG Rn. 21a; Ostendorf-JGG/*Schady* § 55 Rn. 10.

1786 OLG Bremen, NJW 1960, 1171; *Eisenberg* § 55 JGG Rn. 21a; *Brunner/Dölling* § 55 JGG Rn. 4; HK-JGG/*Schatz* § 55 Rn. 25; *Schäfer* NStZ 1998, 330, 334.

besondere Anwesenheitsregel nach § 50 Abs. 1 JGG entgegen. Hier ist insbesondere auf die Anwendung unmittelbaren Zwangs nach § 329 Abs. 4 StPO zurückzugreifen.[1787]

Bleibt der gesetzliche Vertreter oder Erziehungsberechtigte in der Berufungsverhandlung aus und ist er auch nicht anwaltlich vertreten[1788], obwohl er das Rechtsmittel selbst eingelegt hat, wird gemäß § 330 Abs. 2 S. 1 JGG in Anwesenheit des erschienenen jugendlichen bzw. heranwachsenden Angeklagten verhandelt.[1789]

Erscheint zudem auch der jugendliche / heranwachsende Angeklagte nicht, ist die Berufung des gesetzlichen Vertreters bzw. des Erziehungsberechtigten gemäß §§ 330 Abs. 2 S. 2, 329 Abs. 1 S. 1 StPO zu verwerfen.[1790]

Hat der jugendliche / heranwachsende Angeklagte Berufung eingelegt und erscheint sein gesetzlicher Vertreter bzw. Erziehungsberechtigter im Termin nicht, wird zur Sache verhandelt.

Hat der jugendliche / heranwachsende Angeklagte Berufung eingelegt und erscheint er unentschuldigt nicht zur Verhandlung, ist seine Berufung nach § 329 Abs. 1 S. 1 StPO zu verwerfen.[1791]

## II. Problemaufriss aus der Perspektive der EMRK

Damit vermag auch im Jugendstrafverfahren ein vertretungsbereiter Verteidiger die Verwerfung der Berufung des Angeklagten vor der Jugendkammer nicht zu verhindern, wenn der Angeklagte bei Beginn einer Berufungshauptverhandlung unentschuldigt ausgeblieben ist. Eine konventionskonforme Auslegung von § 329 Abs. 1 S. 1 StPO wird auch hier wegen der Bindung der Gerichte an die geltenden Gesetze gemäß Art. 20 Abs. 3, 97 Abs. 1 GG abgelehnt.[1792]

Selbst wenn eine Abwesenheitsverhandlung durchgeführt wird, wird das Recht auf Vertretung nach Maßgabe von § 234 StPO i.V.m. § 2 Abs. 2 JGG an den schriftlichen Nachweis der Vertretungsvollmacht geknüpft.[1793]

Des Weiteren ist auch im Jugendstrafrecht die Anwendung unmittelbaren Zwangs zulässig, um das persönliche Erscheinen des Angeklagten sicher zu stellen. Insofern könnte, wie bereits für das allgemeine Strafprozessrecht erläutert (vgl. 8. Kapitel § 1 II. 3. e)), das Recht auf Verteidigung in Abwesenheit durch einen Verteidiger

---

1787 *Eisenberg* § 55 JGG Rn. 21; HK-JGG/*Schatz* § 55 Rn. 25; a.A. *Brunner/Dölling* § 55 JGG Rn. 4 (Anwendbarkeit von § 329 Abs. 2 S. 1 StPO, aber bedenklich bei Jugendlichen).

1788 Zu dieser Möglichkeit vgl. OLG Bremen, NJW 1960, 1171.

1789 *Brunner/Dölling* § 55 JGG Rn. 4; HK-JGG/*Schatz* § 55 Rn. 24.

1790 *Eisenberg* § 55 JGG Rn. 21a; *Brunner/Dölling* § 55 JGG Rn. 4.

1791 Ostendorf-JGG/*Schady* § 55 Rn. 10; HK-JGG/*Schatz* § 55 Rn. 27.

1792 KG, Beschl. v. 7.2.2014 – (4) 161 Ss 5/14 (14/14), BeckRS 2014, 06969.

1793 Zum Erfordernis der Schriftform vgl. KG, Beschl. v. 7.2.2014 – (4) 161 Ss 5/14 (14/14), BeckRS 2014, 06969; zur Anwendbarkeit strafprozessualer Regelungen allgemein vgl. HK-JGG/*Sonnen* § 2 Rn. 19.

ein milderes, gleich effektives Mittel sein und so zur Unverhältnismäßigkeit des Freiheitsentzugs führen.

Selbst eine „jugendtümliche" Vorgehensweise darf nicht *pauschal* dazu führen, dass tragende Grundsätze der EMRK wie das Recht auf Verteidigung in Abwesenheit gemäß Art. 6 Abs. 1 i.V.m. Abs. 3 lit. c EMRK relativiert werden.[1794]

## III. Diskussion von Lösungsmodellen

Ebenso wie im Erwachsenenstrafrecht ist auch im Jugendstrafrecht eine gegebenenfalls bestehende Konventionswidrigkeit zu beheben, ehe der EGMR Deutschland erneut verurteilt.

### *1. Abschaffung des Schriftformerfordernisses der Vertretungsvollmacht*

Mit Abschaffung des Schriftformerfordernisses der Vertretungsvollmacht im Rahmen der StPO (vgl. 8. Kapitel § 1 III. 2. a)) ist dieser Forderung zugleich im Jugendstrafverfahren der Boden entzogen, da diesbezüglich im JGG keine spezielle Regelung besteht (§ 2 Abs. 2 JGG).

### *2. § 50 Abs. 1 JGG als lex specialis zu § 329 Abs. 1 S. 1 StPO*

Die konventionswidrige Verwerfung der Berufung eines unentschuldigt ausgebliebenen jugendlichen Angeklagten könnte dadurch vermieden werden, dass § 50 Abs. 1 JGG als lex specialis die Anwendbarkeit von § 329 Abs. 1 S. 1 StPO regelmäßig sperrt.[1795]

#### *a) Zweck und Voraussetzungen von § 50 Abs. 1 JGG*

Aus § 50 Abs. 1 JGG ergibt sich im Verfahren gegen Jugendliche ein im Vergleich zum Erwachsenenstrafrecht gesteigertes Anwesenheitsgebot.[1796] Eine Hauptverhandlung in Abwesenheit setzt kumulativ neben der Zulässigkeit nach den Regeln der StPO nämlich *besondere Gründe* für eine Abwesenheitsverhandlung sowie die Zustimmung der Staatsanwaltschaft voraus. § 50 Abs. 1 JGG ist unmittelbar nur gegen Jugendliche vor den Jugendgerichten anwendbar. Findet die Verhandlung vor den Erwachsenengerichten statt, wird seine entsprechende Anwendbarkeit

1794 Vgl. *Walter* ZJJ 2008, 224, 228 im Bezug auf die Selbstbelastungsfreiheit und die Unschuldsvermutung.

1795 So nach alter herrschender Auffassung, vgl. hierzu HK-JGG[5]/*Schoreit* § 55 Rn. 4a m.w.N.

1796 *Streng* Jugendstrafrecht, Rn. 216.

jedoch bejaht (vgl. § 104 Abs. 2 JGG).[1797] Im Verfahren gegen Heranwachsende ist § 50 Abs. 1 JGG dagegen nicht zu beachten (vgl. § 109 Abs. 1 JGG).[1798]

Die Voraussetzungen von § 50 Abs. 1 JGG werden regelmäßig nicht vorliegen, wie bereits ein Blick auf Nr. 1 RiJGG zu § 50 JGG[1799] beweist. Danach sollte eine Hauptverhandlung in Abwesenheit des Angeklagten nur in Erwägung gezogen werden, *wenn es sich um eine geringfügige Verfehlung handelt, auf Grund des Berichts der Jugendgerichtshilfe ein klares Persönlichkeitsbild vorliegt, und das Erscheinen des Jugendlichen wegen weiter Entfernung mit großen Schwierigkeiten verbunden ist oder wenn gegebenenfalls eine Abtrennung des Verfahrens gegen den abwesenden Jugendlichen mit Rücksicht auf eine umfangreiche Beweisaufnahme unangebracht ist.* Dabei ist jedoch zu bedenken, dass bei „geringfügigen Verfehlungen" in der Regel auf das Mittel der Diversion gemäß §§ 45, 47 JGG zurückgegriffen wird.[1800] Auch eine weite räumliche Entfernung rechtfertigt nicht ohne weiteres eine Abwesenheitsverhandlung, weil ihr mittels der flexiblen Zuständigkeitsregelung gemäß § 42 JGG begegnet werden kann.[1801] Insgesamt wird bei der Bejahung von § 50 Abs. 1 JGG zur Restriktion gemahnt, so dass im Jugendstrafverfahren ein ganz schmaler Bereich für die Durchführung von Verfahren in Abwesenheit des Angeklagten verbleibt.[1802]

Der Grund für dieses strenge Anwesenheitsgebot liegt darin, dass das Jugendstrafverfahren anders als das Erwachsenenstrafverfahren nicht als „Tatstrafrecht", sondern als „Täterstrafrecht" zu kategorisieren ist.[1803] Zu der „objektiven" Sachverhalts- und Wahrheitsermittlung tritt im Jugendstrafverfahren das primäre Ziel der Individualprävention, das primär durch Erziehung erreicht werden soll.[1804] Dies ergibt sich nunmehr ausdrücklich aus § 2 Abs. 1 S. 2 JGG[1805]. Dabei sind

---

1797 *Eisenberg* § 50 JGG Rn. 1; *Reisenhofer* Jugendstrafrecht, Rn. 196; *Jäger* S. 92.

1798 OLG Bremen, NJW 1960, 1171; HK-JGG/*Schatz* § 50 Rn. 4; Ostendorf-JGG/*Schady* § 50 Rn. 2.

1799 Die RiL zum Jugendgerichtsgesetz i.d.F. vom 1.8.1994 stellen Vereinbarungen der Landesjustizverwaltungen dar. Sie binden die weisungsgebundenen Staatsanwälte, wohingegen sie für die unabhängigen Richter nur unverbindliche Hinweise und Empfehlungen darstellen können. Hierzu vgl. *Streng* Jugendstrafrecht, Rn. 44.

1800 HdK-JGG/*Trüg* § 50 Rn. 13; HK-JGG/*Schatz* § 50 Rn. 16; *Laubenthal/Baier/Nestler* Jugendstrafrecht, Rn. 365.

1801 HdK-JGG/*Trüg* § 50 Rn. 13; HK-JGG/*Schatz* § 50 Rn. 16.

1802 Vgl. HdK-JGG/*Trüg* § 50 Rn. 13; *Eisenberg* § 50 JGG Rn. 18, der zusätzlich noch „erhebliche zusätzliche Belastungen etwa für Ausbildung" und „enge persönliche Beziehungen" nennt.

1803 *Streng* Jugendstrafrecht, Rn. 15; *Scholz* ZJJ 2012, 190, 192.

1804 Zum Erziehungsgedanken als tragendes Unterscheidungsmerkmal von Jugendstrafrecht und allgemeinem Strafrecht, vgl. *Weiyel* ZJJ 2008, 32; vgl. auch *Dölling* ZJJ 2012, 124.

1805 Der Erziehungsgedanke als vorrangiges Ziel ist seit der Neufassung des § 2 Abs. 1 JGG durch das 2. JGGÄndG v. 13.12.2007 (BGBl. I 2007, 2894) bestätigt. Hierzu ausführlich *Goerdeler* ZJJ 2008, 137.

nicht nur die Rechtsfolgen sondern vor allem auch das Verfahren und damit die Hauptverhandlung als solche erzieherisch auszugestalten.[1806] Da *Erziehung durch Verhandlung*[1807] selbstredend nur in Anwesenheit des Angeklagten erreicht werden kann, erklärt sich, weshalb § 50 Abs. 1 JGG die Voraussetzungen einer Abwesenheitsverhandlung gegenüber dem allgemeinen Strafprozessrecht verschärft.

Würde folglich § 50 Abs. 1 JGG der Verwerfung der Berufung des Angeklagten regelmäßig entgegenstehen, wäre das jugendstrafrechtliche Berufungsverfahren bereits jetzt ohne Gesetzesänderung konventionskonform.

### *b) Anwendbarkeit von § 50 Abs. 1 JGG im Berufungsverfahren*

Streitig ist jedoch, ob § 50 Abs. 1 JGG im Berufungsverfahren überhaupt anwendbar ist. *Schäfer* verneint dies, weil § 50 Abs. 1 JGG ausschließlich für das erstinstanzliche Verfahren gelte, da die Norm inhaltlich an die Vorschriften der §§ 230 ff. StPO anknüpfe. § 50 Abs. 1 JGG impliziere, dass noch keine Sachentscheidung vorliege, es also darum gehe, den persönlichen Eindruck von dem Jugendlichen für die Entscheidungsfindung sicherzustellen.[1808] Nach ganz herrschender Auffassung soll § 50 Abs. 1 JGG hingegen auch in der Berufungshauptverhandlung anwendbar sein, weil auch hier der persönliche Eindruck von dem Jugendlichen für die Entscheidungsfindung maßgeblich sei.[1809] Da das Berufungsgericht eine völlig eigenständige Bewertung der Tatsachen- und Rechtsfragen vornimmt und sich somit einen eigenen persönlichen Eindruck vom Angeklagten machen muss, ist der herrschenden Auffassung zu folgen und die Anwendbarkeit von § 50 Abs. 1 JGG in der Berufungsinstanz zu bejahen.

Nach heute ganz herrschender Auffassung soll § 50 Abs. 1 JGG jedoch der Verwerfung der Berufung des Jugendlichen nach § 329 Abs. 1 S. 1 StPO nicht entgegenstehen, weil diese Vorschrift nur im Fall der *Durchführung einer Hauptverhandlung* greifen soll. Da nach § 329 Abs. 1 S. 1 StPO eine solche jedoch gerade nicht durchgeführt werde, sondern nur ein Prozessurteil ergehe, sei diese Vorschrift nicht anwendbar. Vielmehr stehe § 50 Abs. 1 JGG nur einer Sachentscheidung entgegen.[1810]

Bedenkt man den Grundsatz des Vorrangs der völkerrechtsfreundlichen Auslegung, sollte versucht werden, die Anwendbarkeit von § 50 Abs. 1 JGG in den

---

1806 Zum Zweck vgl. HK-JGG/*Schatz* § 50 Rn. 3; Nr. 1 RiJJ zu § 50 JGG („Im Jugendstrafverfahren ist der persönliche Eindruck, den das Gericht von dem Jugendlichen erhält, von entscheidender Bedeutung."); zum Geltungsbereich von § 2 Abs. 1 S. 2 JGG auch für das Hauptverfahren/die Hauptverhandlung vgl. *Goerdeler* ZJJ 2008, 137, 141.

1807 Vgl. auch *Streng* Jugendstrafrecht, Rn. 216 („Hauptverhandlung als erzieherisch sinnvolle Begegnung zwischen Richter und Angeklagtem); *Hauber* ZfJ 1977, 112, 113 (Jugendgerichtsverhandlung als „große pädagogische Chance").

1808 *Schäfer* NStZ 1998, 330, 334.

1809 HK-JGG/*Schatz* § 50 Rn. 9; vgl. Ostendorf-JGG/*Schady* § 50 Rn. 5; HdK-JGG/*Trüg* § 50 Rn. 12.

1810 Ostendorf-JGG/*Schady* § 55 Rn. 10; HK-JGG/*Schatz* § 55 Rn. 27; OLG Düsseldorf, NStZ 1987, 523; a.A. noch HK-JGG⁵/*Schoreit* § 55 Rn. 4a.

Grenzen sämtlicher eröffneter Auslegungsspielräume möglichst auch in der Situation des § 329 Abs. 1 S. 1 StPO für anwendbar zu erklären. Insofern ist zu beachten, dass der Wortlaut von § 50 Abs. 1 JGG nicht von der *Durchführung der Hauptverhandlung* spricht, sondern allein regelt, wann die Hauptverhandlung ohne den Angeklagten *stattfinden* kann. Die Frage des unentschuldigten Ausbleibens des Angeklagten ist zudem der Prüfung des § 50 Abs. 1 JGG keineswegs zeitlich vorgelagert. Vielmehr stellt § 329 Abs. 1 S. 1 StPO auf den *Beginn einer Hauptverhandlung* ab. Damit überschneiden sich § 329 Abs. 1 S. 1 StPO und § 50 Abs. 1 JGG. Der Wortlaut von § 50 Abs. 1 JGG steht folglich einer völkerrechtsfreundlichen Auslegung nicht entgegen. Auch bestehen keine systematischen Bedenken. Wie gezeigt, soll § 50 Abs. 1 JGG sicherstellen, dass dem Gericht der für die Entscheidungsfindung persönliche Eindruck von dem jugendlichen Angeklagten vermittelt wird. Insofern spiegelt sich in § 50 Abs. 1 JGG der Gedanke des Jugendstrafrechts als Erziehungsstrafrecht wieder, der auch für die Ausgestaltung des Verfahrens gilt (vgl. § 2 Abs. 1 JGG). Mit dem Gedanken der Erziehung ist es jedoch kaum vereinbar, gegen Jugendliche die Vorschrift des § 329 Abs. 1 S. 1 StPO anzuwenden, da das Gericht sehenden Auges unrichtige erstinstanzliche Urteile aufrechterhalten muss. Es ist schleierhaft, wie diese prozessuale Vorgehensweise der Erziehung des Angeklagten und damit dem Zweck der Legalbewährung dienlich sein soll, zumal dem Jugendlichen gemäß § 55 Abs. 2 JGG keine Revision gegen das Verwerfungsurteil zusteht. Schließlich ist mit Verwerfung der Berufung die Rechtskraft des erstinstanzlichen Sachurteils besiegelt, so dass das Berufungsgericht mittelbar doch in der Sache entscheidet.

Aus diesen Gründen wäre es durchaus möglich, § 50 Abs. 1 JGG als lex specialis zu § 329 Abs. 1 S. 1 StPO aufzufassen und somit der Verwerfung der Berufung eines unentschuldigt ausgebliebenen jugendlichen Angeklagten den Boden zu entziehen.

#### *c) Ergebnis*

Da § 50 Abs. 1 JGG jedoch nicht im Verfahren gegen Heranwachsende anwendbar ist (§ 109 Abs. 1 JGG),[1811] kann diese Lösung nur teilweise ein konventionskonformes Berufungsverfahren im Jugendstrafrecht bieten.

### *3. Anwendbarkeit von § 329 StPO-Vorschlag im Jugendstrafrecht*

Nach hier vertretener Auffassung wäre ein einheitliches Berufungsmodell i.S.v. § 329 StPO-Vorschlag geeignet, das Recht auf Verteidigung in Abwesenheit des Angeklagten zu wahren. Gemäß § 2 Abs. 2 JGG wäre diese Regelung auch im jugendstrafrechtlichen Berufungsverfahren anwendbar. Zu klären bleibt jedoch, inwiefern dieses Modell mit den Besonderheiten des Jugendstrafrechts zu vereinbaren ist bzw. welche Modifikationen notwendig sind.

---

1811 OLG Bremen, NJW 1960, 1171; HK-JGG/*Schatz* § 50 Rn. 4; Ostendorf-JGG/*Schady* § 50 Rn. 2.

### a) *Vertretung des Angeklagten als Ausnahme nach dem Gesetzesentwurf*

Auch der Gesetzesentwurf der Bundesregierung sieht die Anordnung der persönlichen Anwesenheit des Angeklagten vor, wenn *besondere Gründe* diese erfordern. In Bezug auf Jugendstrafsachen wird ausgeführt, dass es in aller Regel auf den persönlichen Eindruck des Gerichts vom Angeklagten ankomme. In Berufungsverfahren gegen Jugendliche und Heranwachsende sei die erzieherische Orientierung der Hauptverhandlung und die besondere Bedeutung zu berücksichtigen, die der persönlichen Kommunikation zwischen Gericht und Angeklagtem für die Rechtsfolgenauswahl, -bemessung und -akzeptanz zukomme. § 50 Abs. 1 JGG soll dazu führen, dass das Verhältnis von Abwesenheits- und Anwesenheitshauptverhandlung nach § 329 StPO-E umgekehrt wird: Es müssten besondere Gründe dafür vorliegen, dass in seiner Abwesenheit verhandelt werden könne – auch wenn ein Verteidiger als Vertreter anwesend sein sollte. Bei Heranwachsenden sei eine entsprechend restriktive Handhabung von § 329 Abs. 2 StPO-E geboten.[1812]

Es stellt sich folglich die Frage, ob im Jugendstrafrecht die Umkehr des Regel-Ausnahmeverhältnisses von § 329 StPO-E/§ 329 StPO-Vorschlag und damit die Zunahme des Zwangsmitteleinsatzes unter dem Gesichtspunkt der Verhältnismäßigkeit gerechtfertigt ist.

### b) *Kritische Überprüfung des strengen Anwesenheitsgebots*

Erklärtes Ziel des Jugendstrafrechts ist im Gegensatz zum Erwachsenenstrafrecht gemäß § 2 Abs. 1 S. 1 JGG *vor allem erneuten Straftaten eines Jugendlichen oder Heranwachsenden entgegenzuwirken.* Vorrangiges Mittel hierzu ist nach § 2 Abs. 1 S. 2 JGG die Erziehung, nach der sowohl die Rechtsfolgen als auch das Verfahren ausgerichtet werden sollen. Der Gedanke des Jugendstrafrechts als Erziehungsstrafrecht[1813] bzw. Täterstrafrecht spiegelt sich auch in zahllosen Vorschriften des JGG wieder.[1814]

#### aa) Erziehung durch Anwesenheit?

Die Einschätzung des Gesetzesentwurfs hinsichtlich der geringen Relevanz des Rechts auf Verteidigung in Abwesenheit im Jugendstrafverfahren könnte folglich durchaus seine Richtigkeit haben. Denn selbst wenn sich der Angeklagte in der Hauptverhandlung auf sein Schweigerecht (§ 243 Abs. 5 S. 1 StPO i.V.m. § 2 Abs. 2 JGG) beruft und sich so als Beitrag zur objektiven Sachverhaltsaufklärung

---

1812 BR-Drs. 491/14 (Fn. 19) S. 76.

1813 BGHSt 36, 37, 42 („Im Vordergrund steht der Erziehungsgedanke als Basis aller Regelungen des Jugendstrafrechts.").

1814 Siehe etwa §§ 3, 9, 10 Abs. 1, 12, 17 Abs. 3, 18 Abs. 2, 21 Abs. 1, 24 Abs. 1, 3, 31 Abs. 3, 35 Abs. 2, 37, 38 Abs. 2, 43, 45 Abs. 2, 46, 47 Abs. 1, 48 Abs. 3, 51 Abs. 1, 54 Abs. 2, 69 Abs. 2, 71 Abs. 1, 90 Abs. 1, 105 Abs. 1 Nr. 1 JGG; vgl. hierzu auch *Streng* Jugendstrafrecht, Rn. 15.

entzieht, könnte als Rechtfertigung für die Pflicht zur persönlichen Anwesenheit immer noch der Rechtsgedanke der Erziehung angeführt werden.[1815] Insofern leuchtet ein, dass der Verteidiger des Angeklagten kaum stellvertretend für den Angeklagten erzogen werden kann bzw. muss.

Jedoch ist in diesem Zusammenhang an die Worte des BVerfG in seinem Urteil v. 16.1.2003 betreffend die Zurückdrängung des elterlichen Erziehungsrechts im Jugendstrafverfahren zu erinnern:

> „Allerdings kann dem das Jugendstrafrecht prägenden Erziehungsgedanken, der kein staatliches Erziehungsprivileg etabliert und das vorrangige elterliche Erziehungsrecht nicht suspendiert (...), jedenfalls vor Abschluss des Verfahrens keine besondere Bedeutung zukommen. Die erzieherische Einwirkung auf den Jugendlichen mit dem Ziel künftig straffreien Lebens (...) setzt grundsätzlich den justizförmigen Nachweis der durch eine konkrete Straftat erkennbar gewordenen Erziehungsbedürftigkeit eines Jugendlichen sowie die Festsetzung einer an dieser Bedürftigkeit ausgerichteten Rechtsfolge voraus. Während eines laufenden Strafverfahrens wird es regelmäßig an der Möglichkeit einer solchen Feststellung fehlen (...).“[1816]

Erziehung durch Anwesenheit in der Hauptverhandlung ist folglich ohne justizförmige Feststellung des Erziehungsbedarfs, was regelmäßig den Nachweis der Schuld voraussetzt, nicht zulässig.[1817] Dies zeigt auch eine Zusammenschau von § 2 Abs. 1 S. 1 und S. 2 JGG, wonach nicht die Erziehung selbst Ziel oder Anliegen des Jugendstrafrechts ist, sondern nur Mittel zum Zweck der Erreichung künftiger Legalbewährung von Jugendlichen und Heranwachsenden.[1818] Dieser Einschätzung steht auch § 71 Abs. 1 JGG nicht entgegen, wonach der Richter bereits im Vorverfahren bis zur Rechtskraft des Urteils vorläufige Anordnungen über die Erziehung treffen kann. Anders als die Anwesenheitspflicht in der Hauptverhandlung sind diese Anordnungen nämlich rechtlich nicht erzwingbar.[1819] Es ist folglich eindringlich zu betonen, dass auch in einem Täter- und Erziehungsstrafrecht die rechtsstaatlichen Grundsätze der Unschuldsvermutung und des Selbstbelastungsprivilegs zu beachten sind.[1820]

Darüber hinaus wird das „Prinzip“ *Erziehung durch Anwesenheit* bereits durch § 51 Abs. 1 S. 1 JGG erschüttert, weil danach der Vorsitzende den Angeklagten für die Dauer solcher Erörterungen von der Verhandlung ausschließen soll, aus denen *Nachteile für seine Erziehung* entstehen.

---

1815 In diese Richtung wohl LR-EMRK/*Esser* Art. 6 Rn. 985 („Die Anwesenheit des Minderjährigen ist wegen des Erziehungsgedankens essentiell und eine Hauptverhandlung sollte daher möglichst nie in Abwesenheit des Angeklagten erfolgen.“); *Laue* JA 2010, 294, 296.

1816 BVerfGE 107, 104, 119 (zum Anwesenheitsausschluss der Eltern).

1817 Vgl. ähnlich *Goerdeler* ZJJ 2008, 137, 141 allgemein zur Zwangserziehung; BT-Drs. 16/6293 v. 4.9.2007, S. 9.

1818 Vgl. hierzu BT-Drs. 16/6293 v. 4.9.2007, S. 9.

1819 Vgl. *Streng* Jugendstrafrecht, Rn. 154.

1820 *Reisenhofer* Jugendstrafrecht, § 4 Rn. 7.

Hinzu kommt, dass sich der persönliche Anwendungsbereich des JGG gemäß § 1 Abs. 2 JGG nach dem Alter des Angeklagten richtet, das er *zur Zeit der Tat* hatte. Liegt zwischen Tatbegehung und Anklage ein langer Zeitraum und hat der Angeklagte deshalb ein Alter erreicht, in dem Erziehung sinnlos ist, ist auch die Anwesenheit im Prozess als Mittel der Erziehung nicht zielführend.

Insofern könnte man folgern, dass zur Verwirklichung von Jugendstrafrecht als „Erziehungsstrafrecht" die Anwesenheit des (jugendlichen) Angeklagten in der Hauptverhandlung nicht zwingend notwendig ist.

#### bb) Ermittlung der Persönlichkeit

Allerdings ist zu beachten, dass im Rahmen eines „Täterstrafrechts" die Ermittlung der Persönlichkeit des Angeklagten zur Sachaufklärungspflicht des Gerichts gemäß § 244 Abs. 2 StPO i.V.m. § 2 Abs. 2 JGG gehört. Kommt das Gericht dieser Pflicht nicht nach, ist das (Berufungs-)Urteil revisibel (§ 337 StGB).[1821] Weder der Bericht der Jugendgerichtshilfe noch ein Sachverständigengutachten entbinden den Richter von seiner eigenen Amtsaufklärungspflicht, zumal die Einholung von Gutachten keineswegs stets verpflichtend ist[1822]. Wie wichtig es ist, dass das Gericht ein „Bild" vom Angeklagten gewinnt, zeigt ein Blick auf das Rechtsfolgensystem des JGG, das sich insgesamt nicht nach der Schwere der Tat als solcher richtet, sondern den Fokus auf die Erziehung des Angeklagten richtet. Die Sanktionen der „Erziehungsmaßregeln" (§ 9 JGG) implizieren dieses Ziel schon begrifflich. Doch selbst die „Zuchtmittel" (§ 13 JGG), die gemäß § 5 Abs. 2 JGG der Ahndung der Tat dienen, sollen nach herrschender Auffassung weniger dem Vergeltungsbedürfnis der Allgemeinheit dienen, sondern vielmehr eine pädagogische und sühnend-schuldausgleichende Reaktion darstellen.[1823] Und selbst bei der Verhängung der Jugendstrafe (§ 17 JGG) – der einzig echten Kriminalstrafe im JGG – dominiert der Erziehungsgedanke und damit die Person des Angeklagten. Die Bejahung von *schädlichen Neigungen* (§ 17 Abs. 2 Alt. 1 JGG) hängt maßgeblich davon ab, ob ein Jugendlicher oder Heranwachsender der Durchführung einer längeren *Gesamterziehung* bedarf. Und selbst die *Schwere der Schuld* (§ 17 Abs. 2 Alt. 2 JGG) ist „nicht abstrakt nach dem verwirklichten Tatbestand messbar"[1824], es ist mehr auf die subjektiven und persönlichkeitsbegründenden Beziehungen des Täters zu seiner Tat als auf deren äußere Schwere abzustellen.[1825] Bei der Bemessung der Jugendstrafe schreibt das Gesetz in § 18 Abs. 2 JGG sogar ausdrücklich vor, dass eine *erforderliche*

1821 *Laubenthal/Baier/Nestler* Jugendstrafrecht, Rn. 266; *Eisenberg* § 43 JGG Rn. 61.

1822 OLG Koblenz, StV 2011, 592 (Für die „Reifeentscheidung nach § 105 Abs. 1 Nr. 1 JGG [ist] in der Regel die Anhörung eines Sachverständigen nicht geboten. Einer solchen bedarf es jedoch dann, wenn Anlass zu Zweifeln über die normale Reifeentwicklung bestehen, insbesondere, wenn Auffälligkeiten in der sittlichen und geistigen Entwicklung vorliegen.").

1823 *Eisenberg* § 13 JGG Rn. 7; HdK-JGG/*Linke* § 13 Rn. 3; *Streng* Jugendstrafrecht, Rn. 396.

1824 BGH, NStZ 2009, 450.

1825 Vgl. BGHSt 15, 224, 225 f.; *Eisenberg* § 17 JGG Rn. 29.

*erzieherische Einwirkung* ermöglicht werden soll. *Reisenhofer* formuliert deshalb prägnant: „Dass in Abwesenheit des Angeklagten keine Jugendstrafe verhängt werden kann, versteht sich von selbst".[1826]

Täterstrafrecht kann folglich nur praktiziert werden, wenn das Gericht den „Täter" bereits vor Augen hatte. Im Jugendstrafrecht ist damit anders als im Erwachsenenstrafrecht durchaus einzusehen, dass sich das Gericht „ein Bild vom Angeklagten" machen muss. Damit soll nicht der Grundsatz der Unschuldsvermutung in Frage gestellt werden, denn nach deutschem Recht gewinnt das Gericht seine Überzeugung – und damit auch ein „Bild" für die Rechtsfolgen – aus dem Inbegriff der *gesamten* Hauptverhandlung (§ 261 StPO).[1827] Eine Spaltung in ein Tatsachen- und Schuldinterlokut ist dem deutschen Strafprozess fremd. Die Einführung eines solchen hat der EGMR auch nicht intendiert, da er die Tür zur Herstellung der Anwesenheit des Angeklagten „auf andere Weise" als durch Entziehung des Rechts auf Verteidigung offengelassen hat. Letztlich kann das Gebot der ständigen Anwesenheitspflicht im Jugendstrafverfahren leichter akzeptiert werden als im Erwachsenenstrafrecht, weil hier die Öffentlichkeit zumindest im Verfahren gegen Jugendliche nach § 48 Abs. 1 JGG ausgeschlossen ist und somit der „Pranger Anklagebank" weitgehend entfällt.[1828]

### cc) Gebot der Restriktion bei Anordnung des persönlichen Erscheinens

Jedoch soll damit nicht den pauschalen Ausführungen des Gesetzesentwurfs in seiner Gesamtheit zugestimmt werden. Denn auch in einem Täterstrafrecht ist zur Ermittlung der Persönlichkeit des Angeklagten nicht stets und ständig seine Anwesenheit in Person erforderlich. Es ist zwar richtig, dass im deutschen Jugendstrafprozess der Dialog zwischen Richter und (jugendlichem) Angeklagten im Vordergrund steht. Aber letztlich spielen die Gutachten und Ausführungen von Fachleuten wie der Jugendgerichtshilfe (§ 38 JGG) die entscheidende Rolle bei der Festlegung der Sanktionsart und -schwere.[1829] Die Praxis zeigt, dass der (jugendliche) Angeklagte zwar stets vom Richter zu seiner Strafsache vernommen und angehört wird; bezeichnenderweise obliegt es dem Jugendlichen jedoch nicht selbst, seine persönlichen Umstände zu erläutern. Die entsprechenden Informationen erhält der Jugendrichter vielmehr vom Vertreter der Jugendgerichtshilfe, meist ein Sozialarbeiter.[1830] Auch die Ermittlung der Persönlichkeit des Angeklagten hat nach §§ 43 Abs. 1, 109 Abs. 1 JGG soweit wie möglich bereits im Vorverfahren zu erfolgen.

---

1826 *Reisenhofer* Jugendstrafrecht, Rn. 197.

1827 Vgl. *Reisenhofer* Jugendstrafrecht, Rn. 195.

1828 Im Verfahren gegen Heranwachsende gilt § 48 JGG nicht (vgl. § 109 JGG). Allerdings gibt es nach § 109 Abs. 1 S. 4 JGG die Möglichkeit, die Öffentlichkeit auszuschließen, wenn dies im Interesse des Heranwachsenden geboten ist. Zu weiteren Konstellationen eingehend *Streng* Jugendstrafrecht, Rn. 210 ff.

1829 *Rap/Weijers* ZJJ 2013, 304.

1830 *Rap/Weijers* ZJJ 2013, 304, 310.

Des Weiteren ist auf die weichenstellenden Vorschriften der §§ 3, 105 Abs. 1 Nr. 1 JGG hinzuweisen. Die strafrechtliche Verantwortlichkeit eines Jugendlichen, d. h. die Fähigkeit, das Unrecht seiner Tat einzusehen und nach dieser Einsicht zu handeln, muss vom Gericht stets positiv im Urteil festgestellt werden. Allerdings beurteilen sich Einsichts- und Steuerungsfähigkeit immer nach dem *Zeitpunkt der Tat*. Bei Tatferne wird es dem Gericht allerdings kaum möglich sein, aus dem in der Hauptverhandlung gewonnenen Persönlichkeitsbild des Angeklagten eine retrospektive Beurteilung seiner Verantwortlichkeit vornehmen zu können. Gleiches gilt im Rahmen von § 105 Abs. 1 Nr. 1 JGG, wonach die Frage der Anwendbarkeit von Jugendstrafrecht auf Heranwachsende dann zu bejahen ist, wenn die Gesamtwürdigung der Persönlichkeit des Täters ergibt, dass er *zur Zeit der Tat* nach seiner sittlichen oder geistigen Entwicklung noch einem Jugendlichen gleichstand. Darüber hinaus ist auch durchaus das Problem bekannt, dass die Anwesenheit des Angeklagten die Gesamtwürdigung der Persönlichkeit negativ beeinflusst und verfälscht: Die Berücksichtigung der körperlichen Entwicklung des Angeklagten wird als Indiz für die geistig-seelische Reife herangezogen. Zwar kann ein körperlicher Entwicklungsrückstand durchaus mit einiger Wahrscheinlichkeit für eine seelisch-geistige Entwicklungsverzögerung sprechen. Umgekehrt bedeutet eine körperliche Frühreife keineswegs auch eine gleichsame charakterliche Reifung.[1831]

### 4. *Ergebnis*

Im Ergebnis wird dem Recht auf Verteidigung in Abwesenheit im Jugendstrafverfahren tatsächlich ein geringer Anwendungsbereich verbleiben. Allerdings ist bei der Anordnung des persönlichen Erscheinens im Jugendstrafrecht gleichsam wie im Erwachsenenstrafrecht zur Restriktion zu mahnen. Erziehung und Persönlichkeitserforschung können nicht *pauschal* die Zurückdrängung des Rechts des Jugendlichen auf Verteidigung in Abwesenheit rechtfertigen. Hier ist regelmäßig eine Beurteilung der Notwendigkeit im Einzelfall vorzunehmen und die Anordnung mit den ermessensleitenden Gesichtspunkten zu begründen.

## IV. Kein Recht auf Vertretung durch einen Beistand, § 69 Abs. 3 S. 2 JGG-E

Nach dem Vorschlag des Gesetzesentwurfs soll § 69 Abs. 3 JGG um folgenden Satz ergänzt werden: „Zu einer Vertretung des Angeklagten ist er nicht befugt."[1832]

---

1831 *Eisenberg* § 105 JGG Rn. 28; *Streng* Jugendstrafrecht, Rn. 75; *Laubenthal/Baier/Nestler* Jugendstrafrecht, Rn. 90.

1832 BR-Drs. 491/14 (Fn. 19) S. 10.

## 1. Zweck und Voraussetzungen der Beistandschaft

Gemäß § 69 Abs. 1 JGG kann der Vorsitzende dem jugendlichen Beschuldigten[1833] in jeder Lage des Verfahrens einen Beistand bestellen, wenn kein Fall der notwendigen Verteidigung vorliegt. Für Heranwachsende gilt diese Vorschrift nicht (vgl. § 109 Abs. 1 JGG). Der Beistand erfüllt eine „verfahrensrechtliche Unterstützungsfunktion", die insbesondere auch in der Betreuung des Angeklagten liegt.[1834] Nach ganz überwiegender Auffassung kommt dem Beistand dabei keine Erziehungsfunktion zu.[1835] Wie sich aus einem Umkehrschluss zu § 69 Abs. 2 JGG ergibt, kann zum Beistand jede Person außer dem Erziehungsberechtigten und dem gesetzlichen Vertreter bestellt werden, wenn hierdurch ein Nachteil für die Erziehung zu erwarten wäre.[1836]

Nach § 69 Abs. 3 S. 2 JGG hat der Beistand *in der Hauptverhandlung die Rechte eines Verteidigers.* Damit kann er insbesondere Anträge stellen, zu Anträgen anderer Verfahrensbeteiligter Stellung nehmen, Erklärungen zur Sache abgeben, sich mit dem Angeklagten beraten und Entscheidungen in der Hauptverhandlung anfechten.[1837] Die Erweiterung der Rechte des Verteidigers um eine Vertretungsfunktion würde damit gleichzeitig auch dem Beistand eine Vertreterrolle zukommen lassen und so die Verwerfung der Berufung bei Erscheinen eines vertretungsbereiten Beistands gemäß § 329 Abs. 1 StPO-E verhindern. Daraus erklärt sich, weshalb der Gesetzesentwurf die Vertretung des Angeklagten durch den Beistand ausschließen möchte. Das Erscheinen eines vertretungsbereiten Beistands anstelle des unentschuldigt ausgebliebenen jugendlichen Angeklagten soll die Verwerfung des Einspruchs nicht verhindern.[1838] Im Rahmen von § 329 StPO-Vorschlag würde eine derartige Änderung bewirken, dass eine Vertretung des jugendlichen Angeklagten in der Sache ausgeschlossen ist.

## 2. Zugelassener Personenkreis

Als „Vertreter" kommen im Jugendstrafverfahren ausschließlich solche Personen in Betracht, die auch als „Verteidiger" nach dem allgemeinen Strafverfahrensrecht zugelassen sind (vgl. 8. Kapitel § 1 I. d) aa)). Durch die §§ 68, 83 Abs. 3 JGG werden nur die Fälle der notwendigen Verteidigung erweitert.[1839] Hervorzuheben ist, dass

1833 Wird das Verfahren gegen Jugendliche vor den für allgemeine Strafsachen zuständigen Gerichten durchgeführt, liegt die Anwendung von § 69 JGG im Ermessen des Richters (§ 104 Abs. 2 JGG).

1834 Ostendorf-JGG/*Sommerfeld* § 69 Rn. 2; vgl. *Kaum* S. 107 f.

1835 Ostendorf-JGG/*Sommerfeld* § 69 Rn. 2; HdK-JGG/*Trüg* § 69 Rn. 1; HK-JGG/*Diemer* § 69 Rn. 1; a.A. *Eisenberg* § 69 JGG Rn. 3 („erzieherische Angebote").

1836 *Laubenthal/Baier/Nestler* Jugendstrafrecht, Rn. 259; *Eisenberg* § 69 JGG Rn. 6. In der Regel wird eine Vertrauensperson des Jugendlichen gewählt.

1837 Eingehend *Kaum* S. 119 ff. Gemäß § 69 Abs. 3 JGG liegt jedoch die Gewährung von Akteneinsicht im pflichtgemäßen Ermessen des Vorsitzenden des befassten Gerichts (§ 147 Abs. 5 StPO i.V.m. § 2 Abs. 2 JGG).

1838 Vgl. BR-Drs. 491/14 (Fn. 19) S. 100.

1839 *Zieger* Verteidigung Jugendstrafsachen, Rn. 148; *Radbruch* StV 2003, 553.

der „Jugendverteidiger“ anders als der „Jugendstaatsanwalt“ oder „Jugendrichter“ nach den Regeln des JGG nicht besonders *erzieherisch befähigt und in der Jugenderziehung erfahren* (vgl. § 37 JGG) sein muss.[1840]

### *3. Vereinbarkeit des beschränkten Vertreterkreises mit der EMRK*

Aus der Sicht von Art. 6 Abs. 3 lit. c EMRK bleibt es den Vertragsstaaten unbenommen, an die Qualifikation eines anwaltlichen Beistands bzw. Vertreters bestimmte Anforderungen zu stellen (vgl. 4. Kapitel § 3 II.). Damit ist die intendierte Neuregelung des § 69 Abs. 3 S. 2 JGG-E mit der EMRK vereinbar.

## V. Zusammenfassung

Zur Herstellung von Konventionskonformität im Jugendstrafverfahren trägt die Abschaffung des Schriftformerfordernisses der Vertretungsvollmacht im allgemeinen Strafverfahrensrecht bei.

Die Anwendung von § 50 Abs. 1 JGG im Fall des § 329 Abs. 1 S. 1 StPO i.V.m. § 2 Abs. 2 JGG vermag nur im Verfahren gegen Jugendliche einen Verstoß gegen Art. 6 Abs. 1 i.V.m. Abs. 3 lit. c EMRK zu vermeiden.

Die hier vorgeschlagene Fassung von § 329 StPO (vgl. 8. Kapitel § 1 IV 4.) ist auch im Jugendstrafverfahren anwendbar. Aufgrund der jugendstrafrechtlichen Besonderheiten als „Täterstrafrecht“ ist jedoch die Anordnung des persönlichen Erscheinens des Jugendlichen / Heranwachsenden regelmäßig erforderlich.

Der Ausschluss einer Vertretung des Angeklagten durch seinen Beistand gemäß § 69 Abs. 3 S. 2 JGG-E ist mit der EMRK vereinbar.

# § 3. Erste Instanz

Gemäß § 50 Abs. 1 JGG findet die Hauptverhandlung insbesondere nur dann ohne den Angeklagten statt, wenn dies *im allgemeinen Verfahren zulässig wäre*. Damit wird auf die §§ 231, 231a, 231b, 231c, 232, 233 StPO[1841] verwiesen. Wenn nach hier vertretener Auffassung der Ausnahmenkatalog im allgemeinen Strafprozessrecht

1840 *Zieger* Verteidigung Jugendstrafsachen, Rn. 149; *Streng* Jugendstrafrecht, Rn. 135; *Reisenhofer* Jugendstrafrecht, § 4 Rn. 1, 6 unter Hinweis darauf, dass sich Verteidigung und Erziehung keineswegs ausschließen; vgl. auch RiJGG zu § 68 JGG, wonach keine besondere Erziehungsfähigkeit an einen Pflichtverteidiger gestellt wird. Zur Diskussion über das Bedürfnis der Einbindung des Verteidigers in den Erziehungsauftrag vgl. etwa *Walter* NStZ 1987, 481, 483; *Eisenberg* NJW 1984, 2913, 2916 f.; *Radbruch* StV 1993, 553 f.;vgl. auch *Cohnitz* S. 65 ff.

1841 Streitig ist die Anwendbarkeit der §§ 276 ff., 286 ff. StPO, vgl. hierzu *Eisenberg* § 50 JGG Rn. 16 m.w.N. Schwierigkeiten bei der Anwendung der §§ 232, 233 StPO ergeben sich aus der Vergleichbarkeit der Sanktionen, vgl. hierzu *Reisenhofer* Jugendstrafrecht, Rn. 197.

um § 234b StPO-Vorschlag erweitert wird, wächst folglich automatisch der Anwendungsbereich des § 50 Abs. 1 JGG um diese Vorschrift an.

Allerdings müssen auch hier wiederum *besondere Gründe* für die Durchführung einer Verhandlung in Abwesenheit vorliegen. Die Wahrung des Rechts auf Verteidigung in Abwesenheit gemäß Art. 6 Abs. 1 i.V.m. Abs. 3 lit. c EMRK kann zwar durchaus im Einzelfall einen derartigen besonderen Grund darstellen, weshalb eine pauschale Ablehnung einer Abwesenheitsverhandlung ausscheidet. Allerdings ist dem Jugendstrafrecht zuzugeben, dass es als „Täterstrafrecht" auf die Person des Angeklagten angewiesen und zugeschnitten ist, weshalb die Forderung nach persönlicher Anwesenheit wie im Berufungsverfahren regelmäßig begründet sein wird (vgl. zur Begründung 10. Kapitel § 2 III. 3. b)).

Auch wenn im Verfahren gegen Heranwachsende § 50 Abs. 1 JGG nicht anwendbar ist (§ 109 Abs. 1 JGG), wird das Gericht im Rahmen seiner Ermessensentscheidung nach § 234b StPO-Vorschlag regelmäßig berücksichtigen, dass die Person des heranwachsenden Angeklagten im Mittelpunkt der Verhandlung und Entscheidung steht und nicht die „objektive" Tat als solche. Insbesondere die Notwendigkeit der Persönlichkeitserforschung i.S.v. § 105 Abs. 1 Nr. 1 JGG[1842] kann im Einzelfall die Ablehnung der Entbindung von der Erscheinenspflicht begründen.

## § 4. OWi-Verfahren

Gemäß § 46 Abs. 1 OWiG sind die verfahrensrechtlichen Vorschriften des JGG sinngemäß auch im Bußgeldverfahren anwendbar, soweit das OWiG nichts anderes bestimmt. Dabei ist § 73 Abs. 1 OWiG zwar lex specialis zu § 50 Abs. 1 JGG. Allerdings ist der in § 50 Abs. 1 JGG verkörperte Gedanke der Erziehung vor allem bei der Frage der Entbindung von der Anwesenheitspflicht gemäß § 73 Abs. 2 OWiG zu berücksichtigen. Daraus erklärt sich, weshalb ein Antrag eines jugendlichen Betroffenen auf Entbindung von der Erscheinenspflicht tendenziell abgelehnt wird.[1843] Heranwachsende werden hingegen im gerichtlichen Bußgeldverfahren Erwachsenen gleichgestellt, so dass – ungeachtet der Tatsache, dass § 50 Abs. 1 JGG ohnehin unanwendbar ist – eine ablehnende Entbindungsentscheidung nicht mit der Heranwachsendeneigenschaft des Betroffenen begründet werden kann.[1844] Damit ist der Verwerfung des Einspruchs (§ 74 Abs. 2 OWiG) jedenfalls bei unentschuldigtem Ausbleiben jugendlicher Betroffener Tür und Tor geöffnet.

Zweifelhaft erscheint dabei bereits die Restriktion der Entbindungspraxis. Denn auch gegen Jugendliche können als Rechtsfolgen im Bußgeldverfahren nur Geldbuße und Fahrverbot festgesetzt werden. Das auf die Person des Angeklagten und auf dessen Erziehung ausgerichtete Sanktionensystem des JGG ist hingegen nicht

1842 Vgl. *Reisenhofer* Jugendstrafrecht, Rn. 196.
1843 HdK-JGG/*Trüg* § 50 Rn. 9; Göhler-OWiG/*Seitz* § 71 Rn. 62; *Eisenberg* § 50 JGG Rn 9.
1844 OLG Frankfurt a.M., NZV 2012, 307, 308; *Fromm* DAR 83 (2013) 368, 370.

anwendbar.[1845] Da das Gericht im Jugendstrafverfahren vor allem im Hinblick auf die Rechtsfolgen einen persönlichen Eindruck vom Angeklagten gewinnen muss, scheint diese Begründung im OWi-Verfahren nicht überzeugend. Gleichwohl ist auch hier anerkannt, dass die Rechtsfolgen jugendgemäß ausgestaltet werden sollen.[1846]

Wendet man nun § 74 Abs. 2 OWiG-Vorschlag auch im OWi-Verfahren vor dem Jugendrichter[1847] an, darf der Einspruch des Jugendlichen / Heranwachsenden nicht verworfen werden, wenn ein vertretungsbereiter Verteidiger erschienen ist. Allerdings ist bereits dargelegt worden, dass eine Orientierung der Rechtsfolgen am „Täter" bzw. die Erziehung des „Täters" wenig erfolgsversprechend ist, wenn statt seiner ein Verteidiger erschienen ist. Insofern steht dem Jugendrichter das Zwangsmittel der Vorführung gemäß § 74 Abs. 2 S. 2 OWiG zur Verfügung, wenn die Anwesenheit eines jugendlichen / heranwachsenden Betroffenen notwendig ist.

---

1845 Vgl. BayObLG, NJW 1972, 837; *Krumm* NZV 2010, 68, 70.

1846 *Krumm* NZV 2010, 68, 70.

1847 Gemäß § 68 Abs. 1, Abs. 2 OWiG ist im Verfahren gegen Jugendliche und Heranwachsende der Jugendrichter am Amtsgericht zuständig, in dessen Bezirk die Verwaltungsbehörde ihren Sitz hat. Regelmäßig ist dies in der Praxis aufgrund des Geschäftsverteilungsplans auch der „Erwachsenenbußgeldrichter". Vgl. hierzu *Krumm* NZV 2010, 68.

# 11. Kapitel: Ausblick – Auswirkungen auf den Ablauf der Hauptverhandlung

Die Umsetzung der Leitlinien des EGMR lässt wohl auch deshalb so lange auf sich warten, weil sich Rechtsprechung und Literatur vor der scheinbar unlösbaren Aufgabe sehen, den Verteidiger nunmehr als echten Stellvertreter in die Hauptverhandlung einzubauen – ein Konzept, das dem deutschen Strafprozess grundsätzlich fremd ist.[1848] Ob diese Angst berechtigt bzw. die Rechtsprechung des EGMR tatsächlich so weitreichende Konsequenzen für die Stellung des Strafverteidigers hat, soll im Folgenden anhand ausgewählter Probleme in der Hauptverhandlung untersucht werden.

## § 1. Wahrnehmung prozessualer Rechte

Es ist bereits anerkannt, dass der Verteidiger in der Vertreterrolle für den Angeklagten stellvertretend alle Verfahrensrechte wahrnehmen kann bzw. Adressat aller prozessualen Mitteilungen ist.[1849] So kann der Verteidiger beispielsweise die Rügen der §§ 6a, 16, 222 StPO hinsichtlich der Zuständigkeit bzw. Besetzung des Gerichts für den Angeklagten erheben.[1850] Er kann auch auf eine ordnungsgemäße und rechtzeitige Ladung gemäß § 217 Abs. 3 StPO verzichten.[1851] Weiter ist er als Vertreter Adressat eines Hinweises gemäß § 265 Abs. 1 StPO, wenn sich die Änderung eines rechtlichen Gesichtspunkts in der Verhandlung ergibt.[1852]

## § 2. Mündliche Einlassung zur Sache, § 243 Abs. 5 S. 1 StPO

Ist der Angeklagte ordnungsgemäß durch einen Verteidiger vertreten, ist dieser gemäß § 243 Abs. 5 S. 1 StPO darauf hinzuweisen, dass es ihm freisteht, sich zur Anklage zu äußern oder nicht zur Sache auszusagen.[1853] Selbst wenn der Verteidiger vorträgt, vom Angeklagten keine Informationen zu haben, wird dies als Ausübung des Schweigerechts gewertet und nicht als Verweigerung der Vertretung.[1854] Entscheidet sich der Verteidiger für eine Einlassung zur Sache, ist im Strafprozess[1855]

---

1848 Vgl. insofern auch Ausblick bei BRAK, Stellungnahme Nr. 13/2014, S. 10 f.

1849 SK-StPO/*Deiters* § 234 Rn. 5; LR-StPO/*Becker* § 234 Rn. 12; *Eisenberg/Pincus* JR 2003, 397, 402; *Olk* S. 89.

1850 LR-StPO/*Becker* § 234 Rn. 13; *Meyer-Goßner* § 234 StPO Rn. 9.

1851 OLG Hamm, NJW 1954, 1856.

1852 BayObLGSt 170, 228, 229.

1853 BayObLGSt 1982, 156, 157; 1974, 35, 36.

1854 OLG Köln, NJW 1962, 1735.

1855 Im Bußgeldverfahren ist anerkannt, dass die von einem Verteidiger abgegebenen Erklärungen dem ausgebliebenen Betroffenen zugerechnet werden können, wenn der Mandant ihn hierzu ausdrücklich bevollmächtigt hat oder sich die Erklärung

mittlerweile anerkannt, *dass* der Verteidiger für den Angeklagten Erklärungen zur Sache abgeben kann. Uneinigkeit herrscht jedoch darüber, mit welcher dogmatischen Begründung die Sacheinlassung letztlich im Urteil verwertbar ist.[1856]

## I. Meinungsstand

Nach einer wenig verbreiteten Auffassung ist eine Vertretung des Angeklagten bei der Einlassung zur Sache generell ausgeschlossen.[1857] Der Verteidiger kann danach jedoch entsprechende Erklärungen des Angeklagten an das Gericht weiter vermitteln (sog. „Übermittlungslösung"). Die vorgetragene Erklärung ist dabei nicht als Erklärung des Angeklagten zu werten, sondern als Erklärung des Verteidigers.[1858] Dieser „Übermittlungslösung" ähnlich ist der Vorschlag von *Park*, der die Vertretung des Angeklagten in der Erklärung, jedoch nicht im Willen postuliert.[1859] Nach *Fezer* ist die Erklärung des Verteidigers dann mit der eines „Zeugen vom Hörensagen" vergleichbar. Das Gericht dürfe sich im Rahmen der Wahrheitserforschung (§ 244 Abs. 2 StPO) mit der Aussage eines „Zeugen vom Hörensagen" nicht begnügen und so auch nicht mit der des Vertreters. Das Gericht sei verpflichtet, nachzuprüfen, ob das, was der Angeklagte dem „Vertreter" gegenüber geäußert hat, wahr ist. Deshalb müsse es ohnehin den Angeklagten hören.[1860] *Geppert* hingegen erkennt zwar die Parallele zur Fallgruppe des „Zeugen vom Hörensagen" an, kategorisiert den Verteidiger jedoch nicht als Zeugen, sondern als Beistand, der als Organ der Rechtspflege nicht der Wahrheitspflicht des Zeugen, sondern nur einem allgemeinen Missbrauchsverbot unterliege.[1861] Gegen eine echte Stellvertretung wird zudem eingewandt, dass es sich bei der Einlassung zur Sache um einen höchstpersönlichen Erlebnisbericht des Angeklagten handle, den der Verteidiger nicht zu leisten vermöge.[1862] Darüber hinaus unterliege der Verteidiger anders als der Angeklagte der Wahrheitspflicht, die auch nicht durch seine Schutzaufgabe relativiert werde.[1863]

Nach herrschender Auffassung soll sich der Verteidiger hingegen bei zulässiger Abwesenheit des Angeklagten mit Wirkung für diesen zur Sache einlassen können

---

durch nachträgliche Genehmigung zu eigen macht. Vgl. hierzu BGH, NStZ 2005, 703; OLG Zweibrücken, NZV 2011, 97; *Fromm* DAR 83 (2013) 368, 369.

1856 Vgl. LR-StPO/*Becker* § 234 Rn. 14.

1857 So wohl *Spendel* JZ 1959, 737, 739; *ders.* in: FS für Kohlmann, S. 683, 687; *von Kries* Deutsches Strafprozeßrecht, S. 233.

1858 *Geppert* in: FS für Rudolphi, S. 643, 656 f.; LR-StPO/*Becker* § 234 Rn. 14; *Fezer* JR 1980, 83.

1859 *Park* StV 2001, 589, 594 f.; StV 1998, 59, 61; so bereits diskutiert von *Weber* S. 109.

1860 *Fezer* JR 1980, 82, 83; zum Beweiswert einer Aussage eines „Zeugen vom Hörensagen" auch *Olk* S. 114.

1861 *Geppert* in: FS für Rudolphi, S. 643, 656 f.

1862 BRAK, Stellungnahme Nr. 13/2014, S. 10; *Olk* S. 94; *Kruse* S. 92 ff.

1863 BRAK, Stellungnahme Nr. 13/2014, S. 10 f.

(sog. „Vertretungslösung").[1864] Sie beruft sich vor allem auf die Motive, wonach „die Erklärungen des Verteidigers als Erklärungen des Angeklagten selbst behandelt werden müssen und zwar auch insoweit, als sie Zugeständnisse enthalten".[1865] Bei Zweifeln des Gerichts, ob der Verteidiger die Sachdarstellung des Angeklagten richtig wiedergegeben habe, müsse das Gericht das persönliche Erscheinen des Angeklagten oder dessen kommissarische Vernehmung anordnen.[1866]

## II. „Vertretungslösung" als Gebot von Art. 6 Abs. 1 i.V.m. Abs. 3 lit. c EMRK?

Teilweise wird die Rechtsprechung des EGMR zum Recht auf Verteidigung in Abwesenheit so interpretiert, dass die herrschende „Vertretungslösung" nun endgültig besiegelt und konventionsrechtlich geboten ist. Prägnant formuliert *Püschel*, dass dem Angeklagten das fundamentale Recht, sich durch einen Verteidiger vertreten zu lassen, nicht ausgerechnet bei seinem wichtigsten Verteidigungsmittel, der Einlassung zur Sache, genommen werden dürfe.[1867] Auch die Bundesregierung hat sich in ihrem Gesetzesentwurf zu § 329 StPO ohne weiteres der herrschenden „Vertretungslösung" angeschlossen[1868] – und dies, obwohl der Gesetzesentwurf davon zeugt, dass das Anwesenheitsgebot so weit wie möglich erhalten werden und dem Recht auf Vertretung so wenig Raum wie möglich eingeräumt werden soll.[1869]

Insofern ist jedoch erneut daran zu erinnern, dass der EGMR kein absolutes Recht auf Vertretung fordert, sondern nur, *dass* sich der Angeklagte auch in Abwesenheit verteidigen lassen kann. Auf welche Art und Weise die Erklärungen des Angeklagten über seinen Verteidiger in der Entscheidung des Gerichts berücksichtigt werden, gibt der EGMR nicht vor.[1870] Faktisch kann der Verteidiger sowohl nach der „Vertretungs"- als auch nach der „Übermittlungslösung" zur Sache vortragen und den Angeklagten in Abwesenheit verteidigen. Aufgrund des Unmittelbarkeitsprinzips (§ 250 S. 1 StPO) kommt zwar einer eigenen Einlassung des Angeklagten ein höherer Beweiswert zu als einer übermittelten Erklärung des

1864 BayObLGSt 1995, 202, 203; 1982, 156, 157; OLG Frankfurt, NZV 1993, 281; *Beulke* in: FS für Strauda, S. 89, 90; *Dencker* in: FS für Fezer, S. 115, 126; *Schäfer* in: FS für Dahs, S. 441, 451; *Eisenberg/Pincus* JZ 2003, 397, 402; *Park* StV 1998, 59, 60; *ders.* StV 2001, 589, 594; *Fezer* JR 1980, 82, 83 f.; *Schorn* JR 1966, 7, 9; KK-StPO/*Gmel* § 234 Rn. 5; *Pfeiffer* § 234 StPO Rn. 1; *Olk*, S. 101 ff.; im Ergebnis auch *Püschel* StraFo 2012, 493, 495.

1865 *Hahn* Materialien I, S. 188.

1866 *Beulke* in: FS für Strauda, S. 87, 90.

1867 *Püschel* StraFo 2012, 493, 495, offengelassen von *Weigend* in: FS für Kühl, S. 947, 959.

1868 BR-Drs. 491/14 (Fn. 19) S. 75.

1869 Ablehnend deshalb DRB, Stellungnahme Nr. 6/2014.

1870 Ähnlich DRB, Stellungnahme Nr. 6/2014.

Verteidigers.[1871] Ein minderer Beweiswert stellt nach der hier vertretenen Auslegung der Rechtsprechung des EGMR jedoch nicht die maßgebliche „Bestrafung" des Angeklagten für ein unentschuldigtes Ausbleiben dar.

### III. Ergebnis

Im Ergebnis reicht die Rechtsprechung des EGMR nicht so weit, dass sie auch über das *Wie* der Einlassung zur Sache in Vertretung entscheidet. Letztlich sind sowohl die „Vertretungs"- als auch die „Übermittlungslösung" konventionskonform.

## § 3. Erklärungsrecht und Recht auf das letzte Wort, §§ 257 Abs. 1, 258 Abs. 2 HS. 2 StPO

Neben der Einlassung zur Sache gelten auch das Recht des Angeklagten auf Abgabe einer Erklärung nach § 257 Abs. 1 StPO sowie das Recht auf das letzte Wort gemäß § 258 Abs. 2 HS. 2 StPO als höchstpersönliche Rechte. Deshalb wird teilweise vertreten, dass der Angeklagte sich bei diesen Rechten nicht vertreten lassen könne.[1872]

Aus der Perspektive der effektiven Verteidigung gemäß Art. 6 Abs. 3 lit. c EMRK ist die Verweigerung der Vertretung im Rahmen des § 257 Abs. 1 StPO irrelevant, da der Verteidiger aus eigenem Recht gemäß § 257 Abs. 2 StPO die notwendigen Erklärungen nach der Vernehmung des Angeklagten und nach jeder einzelnen Beweiserhebung abgeben kann.[1873] Im Unterschied zur Vertretung des Angeklagten nach § 257 Abs. 1 StPO muss der Verteidiger nach § 257 Abs. 2 StPO zwar nicht nach jeder Vernehmung bzw. Beweiserhebung über die Geltendmachung seines Erklärungsrechts befragt werden, sondern er muss das Erklärungsrecht verlangen. Da ihm dies jedoch auch in seiner Eigenschaft als Vertreter zumutbar ist, führt dieser *formale* Unterschied nicht zu einer Verletzung der Konvention, die ohnehin derartigen Formalia wenig Bedeutung zumisst.

Ein eigenes Recht auf das letzte Wort hat der Verteidiger hingegen nicht.[1874] Bedenkt man jedoch den Sinn und Zweck des „letzten Wortes", wird dem Angeklagten

---

1871 Vgl. insofern *Geppert*, in: FS für Rudolphi, S. 643, 657, der bzgl. der „Übermittlungslösung" auf die Parallele zum „Zeugen vom Hörensagen" verweist, was ein Beweismittel mit verminderter Beweiskraft darstellt; vgl. hierzu BeckOK-StPO/*Eschelbach* § 261 Rn. 53.

1872 Zum Recht auf das letzte Wort: BGH bei *Holtz* MDR 1978, 458, 460; KK-StPO/*Ott* § 258 Rn. 14; *Pfeiffer* § 258 StPO Rn. 7; *Spendel* JZ 1959, 737, 741; *ders.* in: FS für Kohlmann, S. 683, 688; *Kotz* ZAP Fach 22, 647, 650; offengelassen von *Weigend* in: FS für Kühl, S. 947, 959; a.A. *Olk*, S. 103. Zum Erklärungsrecht: RGSt 44, 284, 285; KMR-StPO/*Stuckenberg* § 257 Rn. 11; *Spendel* JZ 1959, 737, 741; a.A. *Olk*, S. 103.

1873 Im Ergebnis auch LR-StPO/*Becker* § 234 Rn. 17; KMR-StPO/*Stuckenberg* § 257 Rn. 11.

1874 Nach BGH, Urt. v. 31.1.1978 – 5 StR 533/77 bei *Holtz* MDR 1978, 458, 460 soll die Gelegenheit zum Schlussvortrag ausreichen; so wohl auch *Neuhaus* S. 156 f.

in Abwesenheit die durch Art. 103 Abs. 1 GG abgesicherte Möglichkeit genommen, sozusagen in letzter Sekunde für ihn günstige Umstände darzulegen und so auf die Urteilsberatung und Urteilsverkündung Einfluss zu nehmen[1875]. Die Wichtigkeit des Verteidigungsmittels ergibt sich vor allem daraus, dass die Nichtgewährung des letzten Wortes nach herrschender Meinung grundsätzlich einen relativen Revisionsgrund (§ 337 StPO) darstellt, weil nicht auszuschließen ist, dass bei Gewährung dieses Rechts das Urteil des Gerichts anders ausgefallen wäre.[1876] Mag man die tatsächlichen Wirkungen des letzten Wortes auf die Entscheidung des Gerichts auch für gering beurteilen,[1877] kann jedoch nicht bestritten werden, *dass* dem Angeklagten im Falle der Vertretung die *Chance* auf eine letztmalige Beeinflussung des Gerichts jedenfalls völlig genommen wird. Dies hat wohl auch die Bundesregierung gesehen, da sie in ihrem Gesetzesentwurf zu § 329 StPO-E ohne weitere Erläuterung von einem Recht auf Vertretung im letzten Wort ausgegangen ist.[1878]

Erneut ist jedoch daran zu erinnern, dass der EGMR das Recht des Angeklagten auf Verteidigung in Abwesenheit nicht i.S.e. völligen Gleichstellung des Angeklagten und seines Verteidigers im Prozess versteht. Entscheidend ist allein, *dass* dem Verteidiger überhaupt rechtliches Gehör geschenkt wird. Eine nationale Einschätzung, *partiell* Verteidigungsmittel als höchstpersönlich zu kategorisieren, wird vom EGMR nicht angetastet. Die Bundesregierung hätte folglich der grundsätzlichen Linie des Gesetzesentwurfs, wonach kein absolutes Recht auf Vertretung gewährleistet werden soll, treu bleiben und eine Vertretung im letzten Wort ablehnen können.

## § 4. Zustimmung zur Einbeziehung einer Nachtragsanklage, § 266 Abs. 1 StPO

Angesichts der Rechtsprechung des EGMR zum Recht auf Verteidigung in Abwesenheit besteht in der Literatur Unsicherheit, welche Befugnisse dem Vertreter nunmehr im Fall einer Nachtragsanklage gemäß § 266 StPO zukommen.[1879] Gemäß § 266 Abs. 1 StPO kann das Gericht eine Anklage, die der Staatsanwalt in der Hauptverhandlung auf weitere Straftaten des Angeklagten erstreckt, durch Beschluss in das Verfahren einbeziehen, wenn es für sie zuständig ist und der Angeklagte zustimmt.

---

1875 Zum Sinn und Zweck des letzten Wortes: BGH, StraFo 2009, 109; NStZ 1993, 551; NStZ 1987, 423; KK-StPO/*Ott* § 258 Rn. 14; *Bleicher* StRR 2013, 404.

1876 BGH, NStZ-RR 2010, 152; *Eisenberg* Beweisrecht, Rn. 817; *Bleicher* StRR 2013, 404, 407.

1877 Vgl. zur Beurteilung des letzten Wortes aus der Sicht der Praxis: *Bleicher* StRR 2013, 404, 408, wonach jedenfalls im Rahmen der Strafzumessung durch ein eindringliches Schlusswort durchaus Chancen bestehen, die es zu nutzen gilt.

1878 BR-Drs. 491/14 (Fn. 19) S. 75.

1879 BRAK, Stellungnahme Nr. 13/2014, S. 10.

In Abgrenzung zu § 265 StPO genügt die Erteilung eines rechtlichen Hinweises an den Verteidiger (vgl. § 234a StPO) damit nicht, wenn eine neue prozessuale Tat in das Verfahren eingeführt, die nicht Gegenstand der Anklage und damit der Kognitionsbefugnis des Gerichts ist. Eine neue prozessuale Tat liegt vor, wenn ein einheitlicher geschichtlicher Lebensvorgang gegeben ist, der sich von anderen ähnlichen bzw. gleichartigen unterscheidet und innerhalb dessen der Angeklagte einen Straftatbestand verwirklicht hat oder haben soll.[1880] Diesbezüglich muss sich wie nach § 170 Abs. 1 StPO ein hinreichender Tatverdacht ergeben.[1881] Des Weiteren setzt ein positiver Einbeziehungsbeschluss die sachliche Zuständigkeit des Hauptverhandlungsgerichts voraus.[1882] Mangels funktionaler Zuständigkeit des Gerichts findet § 266 StPO in der Berufungsinstanz keine Anwendung.[1883]

## I. Zustimmung des Angeklagten als höchstpersönliche Erklärung

Der Wortlaut von § 266 Abs. 1 StPO schreibt ausdrücklich vor, dass *der Angeklagte* der Einbeziehung der Anklage in das laufende Verfahren *zustimmen* muss. Diese Zustimmung muss ausdrücklich und eindeutig ergehen. Das Schweigen auf den Vortrag einer Nachtragsanklage reicht hierfür nicht aus. Es handelt sich bei der Zustimmungserklärung um eine zu protokollierende, wesentliche Förmlichkeit des Verfahrens (§§ 273, 274 StPO).[1884]

Fehlt diese Zustimmungserklärung und wird die Anklage dennoch einbezogen, soll nach ganz überwiegender Auffassung zwar kein Prozesshindernis vorliegen; auf die vom Angeklagten zulässig erhobene Verfahrensrüge (§ 337 StPO) soll das Verfahren jedoch trotzdem eingestellt werden müssen.[1885]

---

1880 BVerfGE 56, 22, 28; BGHSt 32, 215, 216; *Meyer-Goßner* § 264 StPO Rn. 2; *Radtke* NStZ 2012, 479, 480 f.

1881 SK-StPO/*Velten* § 266 Rn. 9; *Meyer-Goßner* § 266 StPO Rn. 16; LR-StPO/*Stuckenberg* § 266 Rn. 16.

1882 Die örtliche Zuständigkeit ist nach § 13 StPO (Gerichtsstand des Zusammenhangs) stets gegeben. Die Zuständigkeit eines niedrigeren Gerichts ist gemäß § 269 StPO unschädlich. Die sachliche Zuständigkeit ist damit nur relevant, wenn ein Gericht höherer Ordnung für die Aburteilung zuständig wäre (vgl. § 270 StPO zur Verweisung an das höhere zuständige Gericht). Insgesamt hierzu vgl. SK-StPO/*Velten* § 266 Rn. 13.

1883 So nach ganz herrschender Auffassung: BGHSt 33, 167; RGSt 42, 91; 62, 130; KK-StPO/*Kuckein* § 266 Rn. 5; KMR-StPO/*Stuckenberg* § 266 Rn. 3; *Bandemer* JA 1994, 397 ff.

1884 BGH, NStZ 1984, 2172; KK-StPO/*Kukein* § 266 Rn. 7; LR-StPO/*Stuckenberg* § 266 Rn. 17. Zur Notwendigkeit der Zustimmung des Angeklagten auch bei Verbindung weiterer Verfahren während einer bereits begonnenen Hauptverhandlung gegen denselben Angeklagten vgl. eingehend *Gubitz/Bock* StraFo 2007, 225.

1885 BGH, NStZ-RR 1999, 303, 304; KK-StPO/*Kukein* § 266 Rn. 7; BGHSt 53, 108 (offengelassen bzgl. Prozesshindernis); a.A. SK-StPO/*Velten* § 266 Rn. 19 (Prozesshindernis); *Meyer-Goßner* § 266 StPO Rn. 14.

Anlässlich der Rechtsprechung des EGMR zum Recht auf Verteidigung in Abwesenheit stellt sich die Frage, ob der anstelle des Angeklagten erschienene und vertretungsbereite Verteidiger die Zustimmung zur Nachtragsanklage erklären bzw. verweigern darf.

Nach geltendem Recht hat der Angeklagte die Zustimmung in Person abzugeben. Eine Vertretung in Abwesenheit soll bei dieser höchstpersönlichen Erklärung ausgeschlossen sein, selbst wenn der Verteidiger die notwendige Vertretungsvollmacht nach § 234 StPO innehat. Begründet wird dies damit, dass der Angeklagte selbst darüber entscheiden muss, ob er sich schon ausreichend für die Verteidigung gerüstet sieht und sich bereits mental auf den neuen Tatvorwurf eingestellt hat.[1886]

## II. Recht auf Vertretung aus Art. 6 Abs. 1 i.V.m. Abs. 3 lit. c EMRK?

Diese Rechtsauffassung könnte nun aufgrund der Rechtsprechung des EGMR zum Recht auf Verteidigung in Abwesenheit obsolet sein.

Allerdings postuliert der EGMR in seiner Rechtsprechung kein absolutes Recht auf Vertretung. Es kommt allein darauf an, ob der Angeklagte in seinem Recht auf Verteidigung beschnitten wird, nur weil er in der Hauptverhandlung nicht anwesend ist. Wird jedoch die Zustimmung des Verteidigers im Rahmen des § 266 Abs. 1 StPO nicht für ausreichend erachtet, fehlt eine Zulässigkeitsvoraussetzung, so dass das Gericht die Erhebung der Nachtragsanklage ablehnen muss. Die Staatsanwaltschaft kann jedoch die nicht rechtshängig gewordene Tat ohne jegliche Bindung an den Ablehnungsbeschluss zum gleichen oder einem anderen Gericht anklagen.[1887] Ein Nachteil für den Angeklagten aufgrund der Verweigerung der Vertretung ist im Ergebnis damit nicht ersichtlich. Art. 6 Abs. 1 i.V.m. Abs. 3 lit. c EMRK ist folglich nicht verletzt, wenn man am höchstpersönlichen Charakter der Zustimmungserklärung nach § 266 Abs. 1 StPO festhält.

Außerdem ist eine *neue* Anklage i.S.v. Art. 6 Abs. 3 EMRK Gegenstand von § 266 StPO, so dass dem Angeklagten auch erneut die Wahlfreiheit zustehen muss, ob er sich diesbezüglich selbst verteidigen möchte oder sich eines Verteidigers bedienen möchte. Folglich muss er auch persönlich mit dem neuen Tatvorwurf konfrontiert werden. Damit dient das Erfordernis einer höchstpersönlichen Erklärung sogar der Stärkung des Rechts auf Verteidigung nach Art. 6 Abs. 3 lit. c EMRK.

---

1886 LR-StPO/*Becker* § 234 Rn. 11; LR-StPO/*Stuckenberg* § 266 Rn. 17; *Meyer-Goßner* § 266 StPO Rn. 12; KK-StPO/*Kuckein* § 266 Rn. 7; KMR-StPO/*Stuckenberg* § 266 Rn. 16; *Jahn*/*Schmitz* wistra 2001, 328, 333; SK-StPO/*Velten* § 266 Rn. 15 auch zum Streit, ob der Verteidiger *in Anwesenheit* des Angeklagten die Zustimmung für seinen Mandanten erteilen darf. A.A. *Weber* S. 162 ff., der allerdings ein Weiterverhandeln ohne den Angeklagten nach Einbeziehung ausschließt.

1887 LR-StPO/*Stuckenberg* § 266 Rn. 28; SK-StPO/*Velten* § 266 Rn. 24; *Jahn*/*Schmitz* wistra 2001, 328, 334.

Schließlich ist zu beachten, dass § 266 StPO der Vereinfachung und Beschleunigung des Verfahrens dient.[1888] Zu diesem Zweck entfällt das komplette Ermittlungsverfahren, was zu einer Gefährdung der Wahrheitserforschung führt.[1889] Ahnte der Angeklagte nichts vom neuen Tatvorwurf, wird er in der Hauptverhandlung damit „überrumpelt".[1890] Die Zeit für die Vorbereitung der Verteidigung ist dann begrenzt, weil allenfalls eine Unterbrechung der Hauptverhandlung nach § 266 Abs. 3 StPO stattfinden kann, was gegebenenfalls wiederum im Ermessen des Vorsitzenden liegt.[1891] Damit ist auch Art. 6 Abs. 3 lit. b EMRK tangiert. Wird die Nachtragsanklage in das Verfahren einbezogen, findet regelmäßig keine Wiederholung der gesamten Beweisaufnahme statt, da sich der hinreichende Tatverdacht grundsätzlich aus einer Zeugenaussage oder einem Geständnis des Angeklagten in der Hauptverhandlung ergibt.[1892] Im Ergebnis werden durch § 266 StPO wichtige Absicherungen eines rechtsstaatlichen Strafverfahrens suspendiert, so dass es durchaus angebracht ist, die *persönliche* Zustimmung des Angeklagten zu einem derartigen „Schnellverfahren" einzuholen.

### III. Ergebnis

Aus der Perspektive der EMRK darf am Erfordernis der Höchstpersönlichkeit der Zustimmungserklärung des Angeklagten zur Einbeziehung einer Nachtragsanklage gemäß § 266 StPO festgehalten werden.

## § 5. Zustimmung zur Verständigung, § 257c Abs. 4 S. 4 StPO

Mit Gesetz v. 29.7.2009[1893] ist die Verständigung im Strafverfahren auf eine gesetzliche Grundlage gestellt worden. Nach § 257c Abs. 1 S. 1 StPO kann sich das Gericht in geeigneten Fällen mit den Verfahrensbeteiligten über den weiteren Fortgang und das Ergebnis des Verfahrens verständigen, wobei gemäß § 257c Abs. 1 S. 2 StPO die Amtsaufklärungspflicht des Gerichts (§ 244 Abs. 2 StPO) unberührt bleibt. Gegenstand einer Verständigung dürfen nach § 257c Abs. 2 StPO nur die Rechtsfolgen sein, die Inhalt des Urteils und der dazugehörenden Beschlüsse sein können, sonstige verfahrensbezogene Maßnahmen im zugrundeliegenden Erkenntnisverfahren sowie das Prozessverhalten der Verfahrensbeteiligten. Ausgeschlossen sind hingegen der Schuldspruch sowie Maßregeln der Besserung und

---

1888 HK-StPO/*Julius* § 266 Rn. 1; LR-StPO/*Stuckenberg* § 266 Rn. 1; SK-StPO/*Velten* § 266 Rn. 4; *Gubitz/Bock* StraFo 2007, 225, 227.

1889 SK-StPO/*Velten* § 266 Rn. 4.

1890 *Gubitz/Bock* StraFo 2007, 225, 228.

1891 LR-StPO/*Stuckenberg* § 266 Rn. 33; SK-StPO/*Velten* § 266 Rn. 3.

1892 BGH, NStZ 1984, 2172; SK-StPO/*Velten* § 266 Rn. 26; LR-StPO/*Stuckenberg* § 266 Rn. 32.

1893 Gesetz zur Regelung der Verständigung im Strafverfahren v. 29.7.2009, BGBl. I 2009, 2353.

Sicherung (§ 257c Abs. 2 S. 3 StPO). Eine Verständigung kommt jedoch gemäß § 257c Abs. 3 S. 4 StPO nur zustande, wenn neben der Staatsanwaltschaft auch der *Angeklagte* dem Vorschlag des Gerichts zustimmt.

Vor dem Hintergrund der Rechtsprechung des EGMR zum Recht auf Verteidigung in Abwesenheit stellt sich nunmehr die Frage, ob eine Verfahrensverständigung auch in Abwesenheit des Angeklagten zwingend möglich sein muss bzw. ob die Zustimmung zum „Deal" auch durch den vertretungsbereiten Verteidiger erteilt werden können muss.[1894]

Dass diese Fragestellung von erheblicher Praxisrelevanz ist, zeigt sich vor allem daran, dass im Falle einer Verständigung aufgrund der damit einhergehenden rechtlichen Schwierigkeiten regelmäßig ein Fall notwendiger Verteidigung gemäß § 140 Abs. 2 S. 1 StPO gegeben ist[1895] und folglich stets eine Vertretung in der Erklärung ins Auge gefasst werden kann.

Mit dem Problem der Vertretung des Angeklagten im Rahmen einer Verständigung haben sich bislang nur wenige Stimmen in der Literatur auseinandergesetzt. *Velten* fordert eine persönliche Zustimmung des Angeklagten zur Verständigung. Die Zustimmung des Verteidigers ersetze die des Angeklagten nicht. Das sei vor allem deshalb von Bedeutung, weil ein Problem der Absprachen darin bestehe, dass Verteidiger die Angeklagten vielfach nicht ausreichend in die Entscheidungsfindung einbeziehen würden.[1896] *Stuckenberg*[1897] und *Meyer-Goßner*[1898] hingegen gehen ohne nähere Begründung davon aus, dass die Zustimmung zur Verständigung keine höchstpersönliche Erklärung darstelle und so auch vom Verteidiger in Vertretung erklärt werden könne.

Die Rechtsprechung des EGMR zum Recht auf Verteidigung in Abwesenheit könnte demzufolge eine Streitentscheidung zugunsten eines Rechts auf Vertretung bewirken ehe der Streit auf nationaler Ebene richtig entfacht ist.

Erneut ist die Gegenprobe durchzuführen: Wird der Angeklagte in seinem Recht auf Verteidigung gemäß Art. 6 Abs. 3 lit. c, Abs. 1 EMRK beschnitten, wenn das Zustimmungserfordernis an das Merkmal der Höchstpersönlichkeit geknüpft wird? Auf den ersten Blick könnte man dies bejahen, wenn man bedenkt, dass vor allem die Rechtsfolgen der Tat Teil der Verfahrensabsprache sind und dem Angeklagten bei Verweigerung der Vertretung in der Zustimmungserklärung diese „Chance" auf einen günstigen Ausgang genommen wird. Allerdings ist zu beachten, dass die Verständigung als solche niemals unmittelbare Grundlage des Urteils ist. Das BVerfG hat in seinem Urteil v. 19.3.2013 ausdrücklich klargestellt, dass § 257c StPO nur deshalb verfassungskonform ist, weil nach § 257c Abs. 1 S. 2 StPO die Amtsaufklärungspflicht

---

1894 Angedeutet bereits bei BRAK, Stellungnahme Nr. 13/2014, S. 10.

1895 OLG Naumburg, NStZ 2014, 116; SK-StPO/*Velten* § 257c Rn. 23; BeckOK-StPO/*Eschelbach* § 257c Rn. 28.

1896 SK-StPO/*Velten* § 257c Rn. 23; so wohl auch OLG Hamm, Beschl. v. 23.7.2013 – 3 RVs 49/13, BeckRS 2014, 03740.

1897 LR-StPO/*Stuckenberg* § 257c Rn. 53.

1898 *Meyer-Goßner* § 257c StPO Rn. 25.

des Gerichts gemäß § 244 Abs. 2 StPO zu beachten ist.[1899] Sowohl bei Verweigerung als auch bei Bejahung der Verständigung greift damit stets § 244 Abs. 2 StPO, so dass der Angeklagte durch Verweigerung der Vertretung in der Zustimmung nicht unmittelbar durch eine gerichtliche Entscheidung „bestraft" wird.

Selbst wenn sich auf nationaler Ebene die Auffassung durchsetzt, dass die Zustimmung des Angeklagten höchstpersönlich zu erteilen ist, ist darin im Ergebnis keine Verletzung der Konvention zu erblicken.

## § 6. Zustimmung zur Einstellung des Verfahrens, § 153 Abs. 2 S. 1 StPO

Des Weiteren erscheint die Einstellungspraxis nach § 153 Abs. 2 StPO bedenklich, wenn der Angeklagte durch einen Verteidiger vertreten ist. Gemäß § 153 Abs. 2 S. 1 StPO kann das Gericht nach Klageerhebung in jeder Lage des Verfahrens mit Zustimmung der Staatsanwaltschaft und des Angeschuldigten das Verfahren einstellen. Nach Satz 2 ist die Zustimmung des Angeschuldigten insbesondere nicht notwendig, wenn die Hauptverhandlung in den Fällen des § 231 Abs. 2 und der §§ 232 und 233 StPO in seiner Abwesenheit durchgeführt werden kann. Ist der Angeklagte in Abwesenheit durch seinen Verteidiger vertreten, soll es auf seine Zustimmung jedoch nicht ankommen.

So hat das OLG Düsseldorf in seinem Beschluss vom 17.10.1991 entschieden, dass das Gericht das Verfahren gemäß § 153 Abs. 2 StPO auch ohne Zustimmung des für den Angeklagten erschienenen Verteidigers als Vertreter einstellen darf, wenn die Zustimmung des Angeklagten gemäß § 153 Abs. 2 S. 2 StPO in den Fällen der §§ 231 Abs. 2, 232, 233 StPO nicht notwendig ist.[1900] Zur Begründung wird angeführt, dass der Gesetzgeber, hätte er eine Vertretungsregel treffen wollen, hierauf in der Vorschrift selbst hingewiesen hätte.[1901] Zweifeln lässt jedoch ein anderes Argument: „Wenn jedoch der A[ngeklagte] durch sein Fernbleiben von der H[auptverhandlung] sein nur eingeschränktes Interesse an der Fortführung des Strafverfahrens zum Ausdruck bringt, soll der Wille des A[ngeklagten] prozeßökonomischen Entscheidungen nicht mehr im Wege stehen."[1902] Wenn man jedoch bedenkt, dass das Zustimmungserfordernis dem Angeklagten die Möglichkeit gewährleisten soll, „die Durchführung des Hauptverfahrens, in der Regel mit dem Ziel des Freispruchs",[1903] zu erzwingen, wird dem Angeklagten durch Verweigerung der Vertretung ein wichtiges

1899 BVerfGE 133, 168, 207 ff.

1900 OLG Düsseldorf, MDR 1992, 1174; so auch LR-StPO/*Becker* § 234 Rn. 21; KK-StPO/*Gmel* § 234 Rn. 5; a.A. wohl *Meyer-Goßner* § 234 StPO Rn. 9, wonach der Verteidiger die Zustimmung nach den §§ 153 Abs. 2 S. 1, 153a Abs. 2, 153b Abs. 2 StPO verweigern darf.

1901 OLG Düsseldorf, MDR 1992, 1174.

1902 OLG Düsseldorf, MDR 1992, 1174.

1903 BT-Drs. 7/550, S. 298.

Verteidigungsmittel genommen. Die Begründung des OLG Düsseldorf dahingehend, dass ihm dieses Recht nicht zustehen solle, weil er ohnehin sein eingeschränktes Interesse an der Fortführung des Strafverfahrens bekundet habe, zeigt den wahren Charakter dieser Rechtspraxis: Der Angeklagte wird für seine Abwesenheit „bestraft", indem ihm die Chance auf einen Freispruch genommen wird. Da das Anklagemonopol bei der Staatsanwaltschaft liegt, hat der Angeklagte auch keine Möglichkeit, das Verfahren neu zu beleben und einen Freispruch zu erstreiten.[1904] Dies ist mit Art. 6 Abs. 1 i.V.m. Abs. 3 lit. c EMRK und der Rechtsprechung des EGMR nicht zu vereinbaren. Dem Angeklagten ist damit ein Recht auf Vertretung zuzugestehen.

## § 7. Ergebnis

Dieser Ausblick hat gezeigt, dass die Rechtsprechung des EGMR zu Art. 6 Abs. 1 i.V.m. Abs. 3 lit. c EMRK nur absichert, *dass* der Angeklagte ein Recht auf Verteidigung in Abwesenheit hat. Die *Art und Weise* der Umsetzung dieser Vorgaben ist jedoch den Vertragsstaaten überlassen. Für die Durchführung der Hauptverhandlung als solcher ergeben sich aus der Rechtsprechung des EGMR damit keine konkreten Vorgaben. Hier sind die nationalen Gerichte sowie der Gesetzgeber gefragt. Die Angst vor der Einführung einer echten Stellvertretung im Strafprozess ist damit unbegründet.

1904 Zum beschränkten Strafklageverbrauch nach § 153 Abs. 2 StPO vgl. Meyer-Goßner/*Schmitt* § 153 StPO Rn. 37.

# 12. Kapitel: Zusammenfassung und Fazit

Eine eingehende Analyse der Rechtsprechung des EGMR zum Recht auf Verteidigung in Abwesenheit gemäß Art. 6 Abs. 1 i.V.m. Abs. 3 lit. c EMRK sowie die Untersuchung der Konsequenzen für das deutsche Strafverfahrensrecht, das OWi-Verfahren und das Jugendstrafverfahren haben ergeben, dass die Angst Deutschlands vor der Umsetzung der Rechtsprechung des EGMR unbegründet ist. Folgende Ergebnisse können als Leitlinien für die Bewältigung dieser Aufgabe dienen:

## § 1. Recht auf Vertretung in der Rechtsprechung des EGMR

Der EGMR beschäftigt sich nunmehr seit mehr als 20 Jahren mit der Frage, ob ein Angeklagter, der ordnungsgemäß zur mündlichen Hauptverhandlung geladen worden ist und es dennoch vorsätzlich vermeidet, zu erscheinen, weiterhin i.S.d. Art. 6 Abs. 3 lit. c EMRK berechtigt ist, den Beistand eines Verteidigers zu erhalten („The question accordingly arises whether an accused who deliberately avoids appearing in person remains entitled to „legal assistance of his own choosing“ within the meaning of Art. 6 Abs. 3 lit. c.“).[1905]

In allen Urteilen, die der EGMR bislang gegen fünf Vertragsstaaten (Frankreich, Niederlande, Belgien, Finnland und Deutschland)[1906] erlassen hat, lautete die Antwort immer gleich:

Der Angeklagte hat ein Recht auf Verteidigung in Abwesenheit.

Sämtliche Unterschiede in den Rechtsordnungen bzw. den zugrundeliegenden Sachverhalten konnten an dieser Reichweite der Konventionsgarantie nach Art. 6 Abs. 1 i.V.m. Abs. 3 lit. c EMRK nichts ändern.

Die Allgemeingültigkeit dieser Aussage stand jedoch nicht schon seit dem ersten Urteil des EGMR in der Sache *Poitrimol* fest, sondern hat sich erst im Laufe der Zeit herauskristallisiert. In der Sache *Neziraj* gegen Deutschland hat der EGMR erstmals seine tragenden Grundsätze als solche tituliert und der Prüfung im Einzelfall vorweggestellt. Im Ergebnis muss sich nun jedes nationale Strafverfahrensrecht an folgender Abwägung messen lassen:

Einerseits ist die Anwesenheit des Angeklagten im Interesse eines fairen Strafverfahrens von größter Bedeutung. Dies gilt sowohl im ersten als auch im zweiten Rechtszug. Auf der anderen Seite ist es für die Fairness eines Strafverfahrens aber auch

1905 Vgl. EMGR Poitrimol ./. F (Fn. 6) § 32; Neziraj ./. D (Fn. 6) § 46.

1906 EGMR Poitrimol ./. F (Fn. 6); Lala ./. NL (Fn. 6); (GK) Van Geyseghem ./. B (Fn. 6); Van Pelt ./. F (Fn. 6); Krombach ./. F (Fn. 6); Stroek ./. B (Fn. 6); Goedhart ./. B (Fn. 6); Harizi ./. F (Fn. 6); Kari-Pekka Pietiläinen ./. FIN (Fn. 6); Neziraj ./. D (Fn. 6).

von entscheidender Bedeutung, dass der Angeklagte angemessen verteidigt wird. Dies gilt gleichfalls für die erste wie für die Rechtsmittelinstanz. Bei der Abwägung dieser beiden Aspekte eines fairen Verfahrens überwiegt regelmäßig letzteres Interesse. Den Vertragsstaaten bleibt es zwar unbenommen, ungerechtfertigte Abwesenheiten zu sanktionieren. Doch eines steht fest: Dies darf nicht durch Entziehung des Rechts auf Verteidigung gemäß Art. 6 Abs. 1 i.V.m. Abs. 3 lit. c EMRK geschehen.

Der EGMR versteht damit das Recht auf Verteidigung durch einen Verteidiger gemäß Art. 6 Abs. 3 lit. c EMRK („legal assistance") völlig unabhängig von der Anwesenheit des Angeklagten in der Hauptverhandlung. Es ist folglich auch in einem Abwesenheitsverfahren zu gewährleisten.

## § 2. Anerkennung von Abwesenheitsverfahren auf europäischer und internationaler Ebene

Ein Recht auf Verteidigung in Abwesenheit setzt jedoch voraus, dass überhaupt in Abwesenheit des Angeklagten verhandelt werden darf. Deshalb ist im folgenden Kapitel zunächst ermittelt worden, ob bzw. unter welchen Voraussetzungen der EGMR Verfahren in Abwesenheit des Angeklagten für konventionskonform erachtet.

Nach Ansicht des EGMR sind Verfahren in Abwesenheit des Angeklagten nicht von vornherein unvereinbar („incompatible") mit der EMRK, wenn das Recht auf Anwesenheit gewahrt ist. Dieses wird von der Konvention nicht ausdrücklich gewährt, sondern als denknotwendig für die Garantien der Selbstverteidigung, Konfrontation und Dolmetscherunterstützung (Art. 6 Abs. 1 i.V.m. Abs. 3 lit. c, d, e EMRK) vorausgesetzt. Es gilt nicht absolut, sondern kann aus überwiegenden Interessen der Rechtspflege, des Zeugenschutzes oder zum Schutz des Angeklagten selbst eingeschränkt werden. Ebenso ist es auch ausdrücklich bzw. konkludent verzichtbar. Dies setzt voraus, dass der Angeklagte ausreichend über Ort und Zeit der Verhandlung informiert sowie über die Folgen der Säumnis aufgeklärt worden ist. Werden diese Anforderungen nicht eingehalten und wird dennoch ein Abwesenheitsurteil erlassen, liegt eine Verletzung des Rechts auf Anwesenheit vor, die jedoch heilbar ist, wenn nach innerstaatlichem Recht eine erneute Überprüfungsmöglichkeit hinsichtlich Rechts- und Tatsachenfragen besteht („fresh determination"). Im besten Fall sollte diese Überprüfung in der gleichen Instanz stattfinden, in der auch der Konventionsverstoß begründet liegt. Ein neuer Spruchkörper muss jedoch nicht zusammentreten. Auch ein Verbot der „reformatio in peius" ist nicht angezeigt.

Der EGMR befindet sich bei der Anerkennung von Abwesenheitsverfahren im europäischen und internationalen Vergleich in bester Gesellschaft. Der Europarat hat bereits 1975 erkannt, dass Abwesenheitsverfahren aufgrund der steigenden Mobilität der Gesellschaft zunehmen werden und hat deshalb die Resolution (75) 11 v. 21.5.1975 erlassen. Auch auf EU-Ebene wird versucht, das Recht auf Anwesenheit bzw. die Mindestvoraussetzungen von Abwesenheitsverfahren zu regeln. Insofern sind der RB 2009/299/JI v. 26.2.2009 zur Stärkung der Verfahrensrechte von

Personen und zur Förderung der Anwendung des Grundsatzes der gegenseitigen Anerkennung auf Entscheidungen, die im Anschluss an eine Verhandlung ergangen sind, zu der die betroffenen Personen nicht erschienen sind[1907] sowie der Richtlinienvorschlag der Europäischen Kommission v. 27.11.2013 zur Stärkung bestimmter Aspekte der Unschuldsvermutung sowie des Anwesenheitsrechts in der strafrechtlichen Hauptverhandlung[1908] von Bedeutung. Leider bleibt der Grundrechtsschutz auf europäischer Ebene hinter den Vorgaben der EMRK zurück, so dass ein „minimalistischer EU-Grundrechtsschutz" zu befürchten ist, der zu Verurteilungen durch den EGMR führen wird.

Auch nach dem IPBPR sind Verfahren in Abwesenheit anerkannt. Art. 14 Abs. 3 lit. d IPBPR wird dabei ebenso wie Art. 6 EMRK ausgelegt. Zudem sind Abwesenheitsverhandlungen selbst vor den internationalen Strafgerichtshöfen, die sich mit den schwersten Verbrechen auseinandersetzen, die einer Völkergemeinschaft widerfahren können, keine Seltenheit. Besonders hervorzuheben ist dabei der IStGH in Den Haag, vor dem nunmehr gemäß Rule 134*ter* und *quater* der *Rules of Procedure and Evidence* ausnahmsweise Befreiungen von der Anwesenheitspflicht in der Verhandlung möglich sind. Darüber hinaus nimmt auch der Sondergerichtshof für den Libanon eine besondere Rolle ein, da er neben dem IMT Nürnberg der erste internationale Gerichtshof ist, der Verfahren in vollständiger Abwesenheit des Angeklagten vorsieht.

## § 3. Auslegung von Art. 6 Abs. 3 lit. c EMRK als Recht auf Vertretung

Die Analyse der Rechtsprechung des EGMR hat ergeben, dass ein konventionskonformes Abwesenheitsverfahren nicht nur die Wahrung des Rechts auf Anwesenheit, sondern auch des Rechts auf Verteidigung gemäß Art. 6 Abs. 3 lit. c EMRK voraussetzt. Der EGMR interpretiert dabei den Begriff „legal assistance" weit als „Recht auf Vertretung" („representation"), ohne eine Begründung zu liefern. Folglich war durch Auslegung von Art. 6 Abs. 3 lit. c EMRK zu ermitteln, ob die These des EGMR bezüglich eines Rechts auf Vertretung in Abwesenheit tatsächlich haltbar ist.

Die Interpretation des Wortlauts von Art. 6 Abs. 3 lit. c EMRK („legal assistance") nach Wortsinn, Systematik und Telos hat jedoch ergeben, dass das Recht auf Verteidigung von der Anwesenheit des Angeklagten völlig unabhängig ist und somit aus der Konvention durchaus auch ein (absolutes) Recht auf Vertretung folgen kann. Bestärkt wird diese Rechtsauffassung dadurch, dass auch in den Art. 14 Abs. 3 lit. d IPBPR, Art. 67 Abs. 1 lit. d IStGH-Statut und Art. 47, 48 EUC eine Trennung zwischen dem Recht auf Anwesenheit und dem Recht auf Verteidigung durch einen Verteidiger vorgenommen wird.

---

1907 RB 2009/299/JI (Fn. 169).
1908 RiL-Vorschlag, COM (2013) 821 final v. 27.11.2013 (Fn. 197).

## § 4. Relatives Recht auf Vertretung nach der Rechtsprechung des EGMR

Auch wenn die Auslegung von Art. 6 Abs. 3 lit. c EMRK ergeben hat, dass die Verteidigungsgarantie durchaus als absolutes Recht auf Vertretung verstanden werden könnte, hat eine eingehende Analyse der Rechtsprechung des EGMR zu diesem Themenkomplex ergeben, dass der EGMR dem Angeklagten allenfalls ein relatives Recht auf Vertretung zubilligt.

Dabei ist zunächst der Abwägungsvorgang des EGMR bei der Überprüfung einer Verletzung von Art. 6 Abs. 1 i.V.m. Abs. 3 lit. c EMRK Schritt für Schritt mit dem Ergebnis nachvollzogen worden, dass praktisch kein Fall denkbar ist, in dem das nationale Erfordernis der persönlichen Anwesenheit des Angeklagten in der Hauptverhandlung die Gewährleistung effektiver Verteidigung durch einen Verteidiger zu überwiegen vermag. Nichtsdestowenigerhat der EGMR dem Angeklagten durch diese Rechtsprechung kein absolutes Recht auf Vertretung oder gar Abwesenheit zugesprochen. Vielmehr hat der EGMR den Vertragsstaaten zwei Wege für die Durchführung einer fairen strafrechtlichen Hauptverhandlung aufgezeigt:

- Am Erfordernis einer Hauptverhandlung in Anwesenheit des Angeklagten kann festgehalten werden, wenn das persönliche Erscheinen „auf andere Weise" sichergestellt wird als durch (Drohung mit der) Entziehung des Rechts auf Verteidigung durch einen Verteidiger *oder*
- es kann in Abwesenheit des Angeklagten eine Entscheidung ergehen, wenn ein erschienener vertretungsbereiter Verteidiger anstelle des Angeklagten gehört wird.

Das Recht auf Verteidigung in Abwesenheit ist dabei seitens der Konvention an keinerlei Formanforderungen geknüpft. Sie sind jedoch zulässig, solange sie die Ausübung der Verteidigungsgarantie nicht ungebührlich („unduly") behindern.

Eine Heilung des Rechts auf Verteidigung in Abwesenheit ist ähnlich dem Recht auf Anwesenheit zwar theoretisch möglich, doch praktisch wenig prozessökonomisch.

Losgelöst von den Einzelfällen, die der Rechtsprechung des EGMR zugrunde lagen, ist es nach mehr als 20 Jahren „Rechtsprechungstradition" dann auch möglich gewesen, das relative Recht auf Vertretung zu verallgemeinern und weitere Fallgruppen zu entwickeln: So muss das Recht auf Verteidigung in Abwesenheit nicht nur bei Wahlverteidigung, sondern auch unter den Voraussetzungen der Pflichtverteidigergarantie gemäß Art. 6 Abs. 3 lit. c Alt. 3 EMRK gewährleistet werden. Ein Verzicht auf das Recht auf Verteidigung in Abwesenheit setzt stets die Belehrung des Angeklagten diesbezüglich im Vorfeld der Hauptverhandlung voraus. Erscheinen weder der Angeklagte noch der (Pflicht-) Verteidiger in der mündlichen Verhandlung, ist Art. 6 Abs. 3 lit. c EMRK nicht verletzt, wenn das Gericht in Abwesenheit entscheidet, nachdem es alle zumutbaren Anstrengungen unternommen hat, um eine effektive Verteidigung zu gewährleisten.

## § 5. Pflicht Deutschlands zur Befolgung der Urteile des EGMR

Diese Vorgaben des EGMR bzw. der EMRK gilt es nun umzusetzen.

Ohne Zweifel resultiert aus Art. 46 Abs. 1 EMRK eine unmittelbare Befolgungspflicht in der Sache *Neziraj*. Doch auch jenseits der Grenzen des konkreten Streitgegenstands hat sich Deutschland völkervertragsrechtlich verpflichtet (Art. 1 EMRK), den Menschenrechtsstandard der Konvention auf nationaler Ebene zu gewährleisten. Die EMRK als „living instrument" wird nicht nur von Urteilen gegen Deutschland selbst, sondern auch gegen andere Vertragsstaaten geprägt, so dass es gilt, weitere Konventionsverletzungen in sog. „Parallelfällen" zu vermeiden.

Dabei steht auch die deutsche Rechtsprechung in der Pflicht. Da die EMRK auf nationaler Ebene als einfaches Bundesgesetz umgesetzt worden ist, ist der nationale Richter gemäß Art. 20 Abs. 3 GG zur Beachtung der EMRK verpflichtet. Bei der Lösung von Normkonflikten gilt der „Grundsatz der völkerrechtsfreundlichen Auslegung". Das BVerfG hat die EMRK sowie die Judikate des EGMR in seinem *Görgülü*-Beschluss v. 14.10.2004 (BVerfGE 111, 307) sogar zur Auslegungshilfe für das Grundgesetz erklärt und sie damit auf die Ebene der Verfassung „hochgezont". Die Berücksichtigung der Vorgaben der EMRK scheidet vor Gericht folglich aufgrund eines Konflikts mit der Verfassung nur aus, wenn diese ihrerseits nicht i.S.d. Konvention ausgelegt werden kann. Harmoniert einfaches Bundesrecht nicht mit den Gewährleistungen des EGMR bzw. der EMRK, sind alle anerkannten Auslegungsmethoden (Wortlaut, Telos, Systematik, Historie) bis an ihre äußerste Grenze zu bemühen, um Völkerrechtskonformität herzustellen. Die Nichtberücksichtigung der Judikate des EGMR kann mittels der Verfassungsbeschwerde zum BVerfG (Art. 93 Abs. 1 Nr. 4a GG) über das grundrechtsgleiche Recht gemäß Art. 20 Abs. 3 GG gerügt werden.

Sieht sich ein Gericht trotz Beachtung des Vorrangs völkerrechtsfreundlicher Auslegung gehindert, eine nationale Bestimmung i.S.d. EMRK anzuwenden, besteht die Pflicht zur Erhebung einer konkreten Normenkontrolle zum BVerfG (Art. 100 Abs. 1 GG).

Konkret bezogen auf die Sache *Neziraj* und damit die Frage der konventionsfreundlichen Auslegung von § 329 Abs. 1 S. 1 StPO ist anschließend noch untersucht worden, ob deutsche Gerichte aufgrund des Nichtannahmebeschlusses des BVerfG v. 27.12.2006[1909] gehindert sind, das Recht auf Verteidigung in Abwesenheit bei der Interpretation der Norm zu berücksichtigen. Da der Nichtannahmebeschluss jedoch keine entgegenstehende Rechtskraft gemäß § 31 BVerfGG entfaltet, war dies zu verneinen.

---

1909 BVerfG, StraFo 2007, 190.

# § 6. Konsequenzen für die deutsche StPO

## I. Unzulässigkeit der Verwerfung der Berufung, § 329 Abs. 1 S. 1 StPO

Da die Verurteilung Deutschlands in der Sache *Neziraj* auf der konventionswidrigen Handhabung von § 329 Abs. 1 S. 1 StPO fußt, sind zunächst die Konsequenzen der Rechtsprechung des EGMR für diese Vorschrift herausgearbeitet worden.

Die derzeitige Verwerfungspraxis in der Berufung bei unentschuldigtem Ausbleiben des Angeklagten zu Beginn einer Berufungshauptverhandlung verstößt gegen Art. 6 Abs. 1 i.V.m. Abs. 3 lit. c EMRK, weil die Fälle zulässiger Vertretung auf den Ausnahmekatalog vom Anwesenheitsgrundsatz der StPO beschränkt sind (vgl. §§ 332, 234 StPO i.V.m. §§ 231 Abs. 2, 231a, 231b, 232, 411 Abs. 2, 387 Abs. 1 StPO).

### 1. *Möglichkeit der völkerrechtsfreundlichen Auslegung*

Zur Beseitigung dieser Konventionswidrigkeit ist zunächst die Möglichkeit einer völkerrechtsfreundlichen Auslegung des geltenden § 329 Abs. 1 S. 1 StPO untersucht worden.

Dabei hat sich ergeben, dass das Recht auf Verteidigung in Abwesenheit gemäß Art. 6 Abs. 1 i.V.m. Abs. 3 lit. c EMRK nicht als genügende Entschuldigung für das Ausbleiben des Angeklagten im Berufungstermin berücksichtigt werden kann.

Jedoch gelingt eine konventionsfreundliche Auslegung der Passage „in Fällen, in denen dies zulässig ist". Der Wortlaut der Norm beschränkt die Fälle zulässiger Vertretung keineswegs auf den Ausnahmenkatalog der StPO, sondern steht einer erweiternden Auslegung i.S.d. Art. 6 Abs. 1 i.V.m. Abs. 3 lit. c EMRK durchaus offen gegenüber. Auch die Systematik des § 329 StPO selbst bzw. der § 234 i.V.m. §§ 230, 231, 231a, 231b, 231c, 232, 233, 411 Abs. 2, 412, 387 Abs. 1, 415 Abs. 1, 350 Abs. 2 StPO stehen einer völkerrechtsfreundlichen Auslegung nicht entgegen. Im Gegenteil – die Ausnahmen vom Anwesenheitsgrundsatz zeigen gerade, dass der deutschen StPO Verfahren in Abwesenheit des Angeklagten bereits nach geltendem Recht in großem Maße bekannt sind. Die Tür zu Abwesenheitsentscheidungen ist damit längst offen.

Auch die Prozessmaximen der Mündlichkeit und Unmittelbarkeit können eine Erweiterung des Rechts des Angeklagten auf Vertretung nicht verhindern. Ebenso vermag das *Recht* auf Gehör gemäß Art. 103 Abs. 1 GG nicht zu rechtfertigen, weshalb der Angeklagte *verpflichtet* ist, in der Verhandlung ständig in Person anwesend zu sein. Der Grundsatz der Wahrheitserforschung kann die persönliche Anwesenheitspflicht nur partiell rechtfertigen. Auch die Stellung des Strafverteidigers im deutschen Strafprozess, die regelmäßig in der Form des Beistands beschrieben wird, steht einer völkerrechtsfreundlichen Auslegung nicht entgegen, da ausnahmsweise auch die Vertretungsfunktion anerkannt wird und folglich gerade darin das Einfallstor für eine völkerrechtsfreundliche Auslegung liegt.

Ein entgegenstehender historischer Wille des Gesetzgebers konnte nicht festgestellt werden. Auch der Telos der Norm i.S.d. Verfahrensbeschleunigung wird nicht untergraben, wenn anstelle des Angeklagten mit dem Verteidiger verhandelt wird.

Im Ergebnis darf die Berufung des Angeklagten nicht verworfen werden, wenn er unentschuldigt ausgeblieben ist und statt seiner ein vertretungsbereiter Verteidiger erschienen ist. Die Zulässigkeit der Vertretung hängt dabei nicht davon ab, dass der Verteidiger mit einer *schriftlichen* Vertretungsvollmacht ausgestattet ist. Die Konvention fordert die Einhaltung derartiger Formalia nicht. Aus diesem Grund darf eine völkerrechtsfreundliche Auslegung auch nicht deshalb abgelehnt werden, weil der Angeklagte nach geltendem Recht gemäß § 323 Abs. 1 S. 2 StPO nicht über die Möglichkeit einer Abwesenheitsverhandlung bei Vertretung durch einen Verteidiger belehrt wird. Eine derartige Argumentation wäre zirkulär.

Alternativ ist noch untersucht worden, ob anstelle der Ausweitung des Rechts auf Vertretung nicht völkerrechtskonform bei unentschuldigter Abwesenheit des Angeklagten auf § 329 Abs. 4 StPO zurückgegriffen werden könnte und so mittels Zwangsmaßnahmen (Vorführung, Haft) die Anwesenheit des Angeklagten „auf andere Weise" hergestellt werden könnte. Wortlaut, Systematik, Historie und Telos der Norm würden dieser Interpretation nicht entgegenstehen. Allerdings stellen diese freiheitsentziehenden Maßnahmen einen Eingriff in Art. 2 Abs. 2 S. 2 GG sowie Art. 5 Abs. 1 EMRK dar, der nur unter Beachtung des Verhältnismäßigkeitsprinzips zu rechtfertigen ist. Hier hat sich ergeben, dass die Gewährung des Rechts auf Vertretung grundsätzlich als milderes Mittel zur zwangsweisen Herstellung der Anwesenheit des Angeklagten anzusehen ist.

Letztlich hat der EGMR in seiner Rechtsprechung zu Art. 6 Abs. 1 i.V.m. Abs. 3 lit. c EMRK zwar das Recht auf Verteidigung in Abwesenheit gleichrangig zur Herstellung der Anwesenheit des Angeklagten „auf andere Weise" garantiert. Aus Art. 5 EMRK folgt jedoch, dass das Recht auf Vertretung Vorrang vor der zwangsweisen Herstellung der Anwesenheit des Angeklagten hat.

### 2. *Entwurf eines Gesetzes zur Stärkung des Rechts auf Vertretung durch einen Verteidiger in der Berufungshauptverhandlung*

Nach hier vertretener Auffassung ist bereits eine völkerrechtsfreundliche Auslegung von § 329 Abs. 1 S. 1 StPO möglich und eine Gesetzesänderung damit grundsätzlich nicht angezeigt. Da die Bundesregierung jedoch bereits auf die Verurteilung Deutschlands in der Sache *Neziraj* reagiert hat und *den Entwurf eines Gesetzes zur Stärkung des Rechts auf Vertretung durch einen Verteidiger in der Berufungshauptverhandlung* verfasst hat, ist dieser Gesetzesentwurf auch auf seine Konventionskonformität untersucht worden.

Das Recht auf Vertretung wird danach von den Fangstricken der Ausnahmen des Anwesenheitsgrundsatzes in der ersten Instanz befreit und als eigenständiger Hinderungsgrund für den Erlass eines Verwerfungsurteils konzipiert, so dass grundsätzlich die Vorgaben des EGMR berücksichtigt werden.

Allerdings verstößt das Erfordernis einer schriftlichen Vertretungsvollmacht gegen die EMRK, da das Recht auf Verteidigung dadurch ungebührlich („unduly“) behindert wird. Vielmehr muss es grundsätzlich ausreichen, dass der Wahl- bzw. Pflichtverteidiger seine Bevollmächtigung zur Vertretung vor Gericht geltend macht. Nur bei berechtigten Zweifeln an der Bevollmächtigung des Verteidigers darf dem Angeklagten eine sekundäre Nachweispflicht hinsichtlich der Vollmacht auferlegt werden, wobei der Nachweis auch fernmündlich erfolgen kann. Im Zuge der Gesetzesnovelle ist das Schriftformerfordernis auch in den §§ 234, 314 Abs. 2, 341 Abs. 2, 350 Abs. 2 S. 1, 378 S. 1, 387 Abs. 1, 411 Abs. 2 S. 1 StPO zu streichen.

Da § 329 Abs. 1 StPO-E anders als nach geltendem Recht nicht nur die Folgen des unentschuldigten *Ausbleibens* in der Hauptverhandlung regelt, sondern beispielsweise auch die Konsequenzen des zwischenzeitlichen Sichentfernens des Angeklagten bzw. Nichtweitervertretens durch den Verteidiger mit einem Verwerfungsurteil belegt, muss auch der Wortlaut des § 323 Abs. 1 S. 2 StPO angepasst werden, so dass der Angeklagte auch hinsichtlich dieser Varianten in der Ladung belehrt werden muss.

Konventionsrechtlich nicht haltbar ist, dass ein Verschulden des Verteidigers in der mündlichen Hauptverhandlung künftig dem Angeklagten zugerechnet werden soll und damit die Berufung des Angeklagten selbst dann soll verworfen werden dürfen, wenn der Angeklagte „einen pflichtbewussten und sorgfältigen Verteidiger mit der Vertretung beauftragt und sich auf dessen Erscheinen als Vertreter“[1910] sowie die Wahrnehmung des Vertretungsauftrags verlassen hat und dieser im Termin nicht erscheint, sich pflichtwidrig entfernt bzw. den Angeklagten schlicht nicht weiter vertritt. Die Führung der Verteidigung ist zwar auch nach Ansicht des EGMR grundsätzlich eine Angelegenheit zwischen Angeklagtem und Verteidiger. Allerdings gebietet es die Fürsorgepflicht des Gerichts, bei offenkundigen Verteidigungsmängeln zur Gewährleistung effektiver Verteidigung aktiv einzuschreiten. Insofern muss sich das Gericht im Rahmen der Entscheidung über die Verwerfung der Berufung des Angeklagten nicht nur versichern, dass der Angeklagte auf sein Recht auf Anwesenheit, sondern auch auf sein Recht auf Vertretung verzichtet hat. Ein Verzicht auf das Recht auf Vertretung kann jedoch nicht angenommen werden, wenn der Angeklagte zum ersten Verhandlungstermin einen Verteidiger als Vertreter entsandt hat und dieser in einem Folgetermin bzw. nach unterbrochener Verhandlung ausbleibt oder den Angeklagten schlicht nicht weiter vertritt. Das Vorliegen der Verzichtsvoraussetzungen kann zwar dadurch abgesichert werden, dass der Angeklagte über den Wegfall der Vertretung offiziell zu benachrichtigen ist. Eine derartige Lösung ist jedoch mit Verfahrensverzögerungen verbunden. Gleiches gilt, wenn man die Verhandlung unterbricht oder gar aussetzt, um dem Angeklagten die Möglichkeit der Neuwahl eines Verteidigers zu gewährleisten bzw. einen neuen Pflichtverteidiger zu bestellen (§ 145 StPO). Am besten wäre die Effektivität der Verteidigung gewährleistet, wenn der Angeklagte im Rahmen des Antrags auf

1910 BR-Drs. 491/14 (Fn. 19) S. 71.

Wiedereinsetzung in den vorigen Stand gemäß § 329 Abs. 6 StPO-E geltend machen könnte, dass er „einen pflichtbewussten und sorgfältigen Verteidiger mit der Vertretung beauftragt und sich auf dessen Erscheinen als Vertreter"[1911] verlassen hat. In der neuen Hauptverhandlung hätte der Angeklagte folglich erneut das Recht auf Anwesenheit sowie auf Vertretung durch einen Verteidiger.

Unbedenklich ist hingegen, dass die Berufung des Angeklagten künftig nach § 329 Abs. 1 S. 2 Nr. 3 StPO-E entgegen § 231a StPO auch verworfen werden soll, wenn sich der Angeklagte vorsätzlich und schuldhaft in einen seine Verhandlungsunfähigkeit ausschließenden Zustand versetzt hat und kein Verteidiger anwesend ist. Solange der Angeklagte über diese Konsequenz in der Ladung gemäß § 323 Abs. 1 S. 2 StPO hinzuweisen ist, ist das Recht auf Anwesenheit genügend abgesichert. Insofern ist es auch zu begrüßen, dass der Verwerfung der Berufung gemäß § 329 Abs. 1 S. 3 StPO-E die Einholung eines ärztlichen Sachverständigengutachtens vorauszugehen hat. Die Verteidigung des Angeklagten ist in dieser Situation nicht entsprechend § 231a Abs. 4 StPO durch Bestellung eines Pflichtverteidigers sicherzustellen.

Mit diesen Vorgaben könnte am Gesetzesentwurf in konventionskonformer Weise durchaus festgehalten werden.

### *3. Einheitliches Berufungsmodell: § 329 StPO-Vorschlag*

Nach hier vertretener Auffassung sollte das „gespaltene Berufungsmodell", das hinsichtlich der Konsequenzen des unentschuldigten Ausbleibens des Angeklagten zwischen der Berufung des Angeklagten und der der Staatsanwaltschaft differenziert, zugunsten eines „einheitlichen Berufungsmodells" aufgegeben werden. Danach soll regelmäßig in Abwesenheit des Angeklagten verhandelt werden, wenn der Angeklagte unentschuldigt in der Berufungsverhandlung ausbleibt. Auf die Frage, wer das Rechtsmittel eingelegt hat, soll es nicht länger ankommen. Dabei muss das Gericht natürlich auch die effektive Verteidigung des Angeklagten in Abwesenheit sicherstellen. Gegebenenfalls kann hier die Unterbrechung bzw. gar Aussetzung der Verhandlung angezeigt sein. Beruht die fehlende Entschuldigung des Angeklagten darauf, dass er sich vorsätzlich oder schuldhaft in den Zustand der Verhandlungsunfähigkeit versetzt hat, sollte zur Absicherung des Rechts auf Anwesenheit ebenso wie nach § 329 Abs. 1 S. 4 StPO ein ärztliches Sachverständigengutachten eingeholt werden. Hingegen soll auch hier kein Fall der notwendigen Verteidigung gegeben sein.

Zuzugeben ist jedoch, dass die persönliche Anwesenheit des Angeklagten teilweise für die Durchführung der Hauptverhandlung notwendig sein kann. Insofern ist es durchaus legitim, dass § 329 Abs. 2 S. 1 StPO-E die Durchführung einer Abwesenheitshauptverhandlung vorsieht, „soweit nicht besondere Gründe die Anwesenheit des Angeklagten erfordern". Eine derartige Regelung gibt jedoch nicht vor, wann ein derartiger „besonderer Grund" gegeben ist, was zu revisionsrechtlichen

---

1911 BR-Drs. 491/14 (Fn. 19) S. 71.

Unsicherheiten (§ 338 Nr. 5 StPO) führt. Eine Enumeration der „besonderen Gründe“ ist jedoch abstrakt nicht umsetzbar. Das Erfordernis der Anwesenheit des Angeklagten allgemein als Aspekt der Wahrheitserforschungspflicht des Gerichts gemäß § 244 Abs. 2 StPO aufzufassen, wäre grundsätzlich möglich, hat im Rahmen des § 73 Abs. 2 OWiG a.F. jedoch dazu geführt, dass die Anordnung des persönlichen Erscheinens zur Regel wurde, obwohl nach a.F. kein Anwesenheitsgrundsatz galt. In Anlehnung an § 73 Abs. 2 OWiG n.F. sollte künftig eine Verhandlung in Abwesenheit des Angeklagten stattfinden, „soweit nicht zur Aufklärung wesentlicher Gesichtspunkte des Sachverhalts die Anwesenheit des Angeklagten erforderlich ist“.

Da § 329 Abs. 3 StPO-E die Anwendung von Zwangsmitteln auf den Bereich beschränkt, „soweit dies zur Durchführung der Hauptverhandlung geboten ist“, kann daran auch für ein einheitliches Berufungsmodell festgehalten werden. Ebenso können die Regelungen des § 329 Abs. 4 und Abs. 6 StPO-E übernommen werden. § 329 Abs. 5 StPO-E ist jedoch bei Abschaffung der Verwerfung der Berufung obsolet.

Folgt man einem einheitlichen Berufungsmodell ist auch die Regel des § 330 StPO für den Fall der Berufung des gesetzlichen Vertreters sprachlich anzupassen. Gleiches gilt für das Strafbefehlsverfahren, das nach § 412 S. 1 StPO nach geltendem Recht noch auf § 329 Abs. 1 StPO verweist.

## II. Recht auf Vertretung als eigener Ausnahmetatbestand in der ersten Instanz: § 231b StPO-Vorschlag

Des Weiteren ist untersucht worden, ob die Rechtsprechung des EGMR zu Art. 6 Abs. 1 i.V.m. Abs. 3 lit. c EMRK auch Auswirkungen auf die erste Tatsacheninstanz hat.

Nach geltendem Recht findet gegen einen ausgebliebenen Angeklagten gemäß § 230 Abs. 1 StPO erst gar keine Hauptverhandlung statt, wenn nicht einer der Ausnahmetatbestände der §§ 231 Abs. 2 ff. StPO greift. Ist das Ausbleiben des Angeklagten nicht genügend entschuldigt, ist die Vorführung des Angeklagten anzuordnen oder ein Haftbefehl zu erlassen (§ 230 Abs. 2 StPO).

Im Ergebnis ergeht in der ersten Instanz keine Entscheidung, ohne dass entweder die Anwesenheit des Angeklagten „auf andere Weise“ durch Zwangsmittel sichergestellt oder dem Angeklagten in Abwesenheit ein Recht auf Vertretung (§ 234 StPO) gewährt worden ist. Abgesehen vom Erfordernis der Schriftform der Vertretungsvollmacht besteht damit kein Konflikt mit der Rechtsprechung des EGMR zum Recht auf Verteidigung in Abwesenheit.

Allerdings ist auch im Rahmen der ersten Instanz zu beachten, dass in die Freiheit der Person gemäß § 230 Abs. 2 StPO nur eingegriffen werden darf, wenn die Durchführung der Hauptverhandlung nicht durch ein milderes, gleich effektives Mittel sichergestellt werden kann. Der Grundsatz der Verhältnismäßigkeit (Art. 5 EMRK) hat im Ergebnis Anlass dazu gegeben, das Recht auf Vertretung gemäß § 234 StPO aus den Fesseln der Akzessorietät zu den Ausnahmen vom Anwesenheitsgrundsatz zu befreien und als eigenständigen Ausnahmetatbestand zu konzipieren. Danach soll der Angeklagte künftig auf seinen Antrag von der Verpflichtung zum Erscheinen in der Hauptverhandlung entbunden werden können, soweit die Hauptverhandlung ohne Anwesenheit des Angeklagten stattfinden kann und er durch einen zur Vertretung bevollmächtigten Verteidiger vertreten wird (§ 234b StPO-Vorschlag).

## § 7. Konsequenzen für das deutsche OWi-Verfahren, § 74 Abs. 2 OWiG-Vorschlag

Auch die geltende Rechtslage des Einspruchsverfahrens gegen einen Bußgeldbescheid hat Anlass gegeben, die Konventionskonformität der §§ 73 f. OWiG näher zu untersuchen.

Dabei ist zunächst anhand des Urteils des EGMR in der Sache *Öztürk* gegen Deutschland v. 21.2.1984[1912] festgestellt worden, dass das Recht auf Verteidigung in Abwesenheit gemäß Art. 6 Abs. 3 lit. c i.V.m. Abs. 1 EMRK auch im Ordnungswidrigkeitenrecht Anwendung findet – und dies obwohl es nach nationalem Verständnis nicht zum klassischen Kriminalstrafrecht zählt.

Folglich sind durchaus auch im OWi-Recht Parallelfälle zur Rechtsprechung des EGMR zum Recht auf Verteidigung in Abwesenheit denkbar. Doch wird eine Verurteilung im Bereich des OWi-Verfahrens selbst nicht lange auf sich warten lassen, da bereits in der Sache *Tolmachev* gegen Estland eine Beschwerde beim EGMR anhängig ist, die das Recht auf Vertretung im Bußgeldverfahren zum Gegenstand hat.

Die Untersuchung des Einspruchsverfahrens im OWi-Recht hat ergeben, dass auch hier Konventionsverstöße gegen Art. 6 Abs. 3 lit. c i.V.m. Abs. 1 EMRK zu verzeichnen sind. Insofern ist das Erfordernis einer *schriftlichen* Vertretungsvollmacht gemäß § 73 Abs. 3 OWiG wie im Strafprozess als „unduly" zu kategorisieren. Da eine konventionskonforme Auslegung des Wortlauts nicht gelingt, ist dieses Erfordernis durch eine gesetzliche Änderung aufzugeben. Weiter erinnert die Vorschrift § 74 Abs. 2 OWiG stark an § 329 Abs. 1 S. 1 StPO. Das Gericht hat danach den Einspruch des Betroffenen ohne Verhandlung zur Sache durch Urteil zu verwerfen, wenn er ohne genügende Entschuldigung ausgeblieben ist, obwohl er von der Verpflichtung zum Erscheinen nach Maßgabe des § 73 Abs. 2 OWiG nicht entbunden war. Das Recht auf Vertretung kann sich wie im Strafprozess nur im Rahmen der Ausnahmen vom Anwesenheitsgrundsatz, sprich nur bei positiver Entbindungsentscheidung des Gerichts, entfalten. Eine konventionsfreundliche Auslegung von § 74 Abs. 2 OWiG wird aufgrund des eindeutigen Wortlauts der Norm überwiegend abgelehnt.[1913]

Da die Rechtsbehelfe des Antrags auf Wiedereinsetzung gemäß § 74 Abs. 4 OWiG sowie der Rechtsbeschwerde (§§ 79 ff. OWiG) keine tauglichen Mittel zur Behebung der Konventionswidrigkeit darstellen, ist der Versuch einer konventionskonformen Auslegung von § 74 Abs. 2 OWiG unternommen worden. Da sich in

1912 EGMR Öztürk ./. D (Fn. 1646).

1913 Vgl. OLG Dresden, Beschl. v. 7.3.2014 – OLG 23 Ss 56/14 (Z), BeckRS 2014, 07116; OLG Brandenburg, Beschl. v. 26.5.2014 – (1Z) 53 Ss-OWi 125/14 (79/14), BeckRS 2014, 10930.

§ 74 Abs. 2 OWiG anders als in § 329 Abs. 1 S. 1 StPO jedoch keine Passage wie „in Fällen, in denen dies zulässig ist" findet, fehlt ein Einfallstor für eine völkerrechtsfreundliche Interpretation. Auch die Möglichkeiten der Berücksichtigung der Rechtsprechung des EGMR als Entschuldigungsgrund sowie die Anpassung der Entbindungspraxis sind als dauerhafte Lösungen abgelehnt worden. Damit ist eine Gesetzesänderung angezeigt.

Die Konzeption des Rechts auf Vertretung als eigenständiger Entbindungsgrund ist jedoch verneint worden, weil die Konventionswidrigkeit allein im Verfahren nach *unberechtigter* Abwesenheit des Betroffenen liegt. Ansonsten müsste das Gesetz auch bei berechtigter Abwesenheit Zwangsmaßnahmen vorsehen, um die Anwesenheit des Betroffenen herstellen zu können, wenn die Person des Verteidigers zur Aufklärung wesentlicher Gesichtspunkte des Sachverhalts nicht ausreichend ist. Die §§ 71 ff. OWiG sehen jedoch gerade keinen Zwangsmitteleinsatz vor.

Auch die Einführung eines einheitlichen Einspruchsmodells, das dem Vorschlag für das Berufungsverfahren gleicht, so dass bei berechtigtem wie bei unberechtigtem Ausbleiben des Betroffenen stets ein Abwesenheitsverfahren durchzuführen ist, ist im Ergebnis abgelehnt worden. Da Ordnungswidrigkeiten aus dem klassischen Bereich des Strafrechts ausgegliedert worden sind, wird dadurch zum Ausdruck gebracht, dass an ihrer Aufklärung ein verringertes Interesse besteht. Es ist damit nachvollziehbar, dass Verfahrensbeschleunigungen, insbesondere auch durch Verwerfung von Einsprüchen, gewünscht sind.

Da das Recht auf Verteidigung in Abwesenheit dennoch zu wahren ist, ist der Vorschlag von *Sitzer* untersucht worden, ob Konventionskonformität schlicht durch Rückkehr zur alten Fassung von § 74 Abs. 2 OWiG hergestellt werden könnte.[1914] Im Ergebnis ist dies jedoch verneint worden, da das Gericht nach dieser Regel trotz der Einräumung von Ermessen durch Erscheinen eines vertretungsbereiten und sachverhaltskundigen Verteidigers nicht gehindert war, den Einspruch des Betroffenen zu verwerfen.

Nach hier vertretener Auffassung sollte § 74 Abs. 2 OWiG wie nach alter Rechtslage als Ermessensentscheidung des Gerichts konzipiert, das Recht auf Vertretung als Ausschlussgrund für ein Verwerfungsurteil ausdrücklich geregelt und die Vorführung als Mittel zur Herstellung der persönlichen Anwesenheit des Betroffenen wiederbelebt werden.

## § 8. Besonderheiten des Jugendstrafrechts als „Täterstrafrecht"

Nachdem herausgearbeitet worden ist, welche gesetzlichen Änderungen in der StPO und dem OWiG vorgenommen werden müssen, um dem Recht auf Verteidigung in Abwesenheit gemäß Art. 6 Abs. 1 i.V.m. Abs. 3 lit. c EMRK gerecht zu werden,

1914 Vgl. *Sitzer* StraFo 2014, 1.

musste noch untersucht werden, ob bzw. unter welchen Voraussetzungen die Regeln im deutschen Jugendstrafverfahren Anwendung finden können.

Zunächst ist dargestellt worden, dass die EMRK anders als das deutsche Recht zwar nicht zwischen Jugendlichen, Heranwachsenden und Erwachsenen differenziert, der EGMR jedoch bei der Überprüfung der Konventionsgarantien sehr wohl auf das Alter bzw. den Reifezustand des Grundrechtsträgers Rücksicht nimmt.

Wie im Erwachsenenstrafrecht wird die Berufung eines Jugendlichen bzw. Heranwachsenden gemäß § 2 Abs. 2 JGG i.V.m. § 329 Abs. 1 S. 1 StPO verworfen, wenn er unentschuldigt im Termin ausgeblieben ist und auch kein Fall zulässiger Vertretung vorliegt. § 50 Abs. 1 JGG, der den Anwendungsbereich von Abwesenheitsverhandlungen für das Verfahren gegen Jugendliche gegenüber dem Erwachsenenstrafrecht noch weiter eindämmt, steht einem Verwerfungsurteil nicht entgegen. Folglich verstößt das Verfahren bei unentschuldigtem Ausbleiben des Angeklagten im Berufungstermin auch im Jugendstrafverfahren gegen die Konvention.

Zur Behebung dieser Konventionswidrigkeit kann zwar § 50 Abs. 1 JGG völkerrechtsfreundlich als Hinderungsgrund für die Verwerfung der Berufung ausgelegt werden. Da § 50 Abs. 1 JGG jedoch nur im Verfahren gegen Jugendliche anwendbar ist, kann diese Lösung keine Allgemeingültigkeit beanspruchen.

Vielmehr ist § 329 StPO-Vorschlag (einheitliches Berufungsmodell) auch im Jugendstrafverfahren anwendbar. Da das Jugendstrafrecht jedoch als „Täterstrafrecht" konzipiert ist, ist es hinzunehmen, dass die Anwesenheit des Angeklagten häufiger als im Erwachsenenstrafrecht angeordnet werden wird.

Nicht zu beanstanden ist, dass der Gesetzesentwurf vorsieht, dem Beistand des Angeklagten gemäß § 69 Abs. 3 S. 2 JGG-E keine Vertretungsfunktion zuzuschreiben.

Die Besonderheit des Jugendstrafrechts als „Täterstrafrecht" führt auch im Rahmen der § 2 Abs. 2 JGG i.V.m. § 231b StPO-Vorschlag und § 74 Abs. 2 OWiG-Vorschlag dazu, dass die Anwesenheit des Angeklagten vermehrt notwendig sein wird und gegebenenfalls auch zwangsweise hergestellt werden muss.

## § 9. Keine Auswirkungen der Rechtsprechung des EGMR auf den Ablauf der Hauptverhandlung

Nachdem die Rechtsgrundlagen für die Verwirklichung des Rechts auf Verteidigung in Abwesenheit im deutschen Strafprozessrecht, dem OWi-Verfahren und dem Jugendstrafverfahren ermittelt waren, war noch ein weiteres Umsetzungshemmnis in der deutschen Literatur auszumerzen: Die Angst vor der praktischen Umsetzung des Rechts auf Vertretung in einem Strafverfahrensrecht, das vom Anwesenheitsgrundsatz geprägt ist.

Eine Analyse von ausgewählten Problemen in der Hauptverhandlung hat dabei ergeben, dass die Rechtsprechung des EGMR zu Art. 6 Abs. 1 i.V.m. Abs. 3 lit. c EMRK nicht so weit reicht, dass nunmehr auch ein absolutes Recht auf Vertretung bei der Einlassung zur Sache (§ 243 Abs. 5 S. 1 StPO), der Wahrnehmung des Rechts auf das letzte Wort (§ 258 Abs. 2 HS. 2 StPO), der Zustimmung zur

Einbeziehung einer Nachtragsanklage (§ 266 Abs. 1 StPO) und der Zustimmung zur Verständigung (§ 257c Abs. 4 S. 4 StPO) gewährt werden muss. Erneut hat sich gezeigt, dass die Rechtsprechung des EGMR nur greift, wenn eine Entscheidung in Abwesenheit des Angeklagten ergeht, ohne dass ein erschienener Verteidiger hierzu gehört wird. Insofern ist künftig gemäß § 153 Abs. 2 S. 1 StPO auch die Zustimmung des Vertreters zur Einstellung des Verfahrens nach Klageerhebung einzuholen. Im Übrigen obliegt die Ausgestaltung der Hauptverhandlung unter Beteiligung des Verteidigers als Vertreter allein dem nationalen Strafverfahren.

Im Ergebnis hat sich damit die Sorge vor einer Anpassung der geltenden Rechtsordnung an die Rechtsprechung des EGMR als nicht begründet erwiesen.

## § 10. Fazit und Ausblick

Insgesamt soll diese Arbeit dazu beitragen, den „Dornröschenschlaf" Deutschlands hinsichtlich der Rezeption der Rechtsprechung des EGMR endgültig zu beenden. Die Justiz sollte sich nicht länger hinter statischen, vermeintlich unumstößlichen Prozessmaximen und -grundsätzen verstecken und sich endlich der eigentlichen Aufgabe stellen: Der Verwirklichung des Rechts des Angeklagten auf Verteidigung in Abwesenheit!

Ob das Recht des Angeklagten auf Vertretung bei eigener Abwesenheit in der Hauptverhandlung tatsächlich den befürchteten Regelfall im deutschen Strafverfahren bilden wird, wird erst die Praxis zeigen. Anzumerken ist insofern nur, dass die Vereinbarung der Vertretung des Angeklagten stets eine Angelegenheit zwischen dem Angeklagten und seinem Verteidiger sein wird. Möglicherweise werden die Verteidiger erkennen, dass sich die Abwesenheit des Mandanten als Verteidigungsmittel nicht eignet.[1915] Dies ändert jedoch nichts daran, dass Deutschland das *Recht des Angeklagten* auf Verteidigung in Abwesenheit zu realisieren hat. Ob davon in der Praxis tatsächlich Gebrauch gemacht werden wird, steht auf einem anderen Blatt.

1915 So *Volk* in: FS für Böttcher, S. 213, 221; kritisch auch *Gillmeister* in: FS für Schiller, S. 173, 185.

# Literaturverzeichnis

*Ahlbrecht, Heiko,* EU-Rahmenbeschluss zu Abwesenheitsverurteilungen – ein fatales Fanal, in: 25 Jahre Arbeitsgemeinschaft Strafrecht des Deutschen Anwaltsvereins (Hrsg.), Strafverteidigung im Rechtsstaat, S. 1055, Nomos, Baden-Baden 2009 (zitiert: *Ahlbrecht* in: FS 25 Jahre AG Strafrecht, S.).

*Altenhain, Karsten / Hagemeier, Ina / Haimerl, Michael,* Die Vorschläge zur gesetzlichen Regelung der Urteilsabsprachen im Lichte aktueller rechtstatsächlicher Erkenntnisse, in: NStZ 2007, 71.

*Ambos, Kai,* Der Europäische Gerichtshof für Menschenrechte und die Verfahrensrechte, in: ZStW 115 (2003) 583.

– Europarechtliche Vorgaben für das (deutsche) Strafverfahren – Teil I, Zur Rechtsprechung des EGMR von 2000–2002, in: NStZ 2002, 628.

– Der neue Internationale Strafgerichtshof – ein Überblick, in: NJW 1998, 3743.

– Verfahrensverkürzung zwischen Prozeßökonomie und „fair trial“, Eine Untersuchung zum Strafbefehlsverfahren und zum beschleunigten Verfahren, in: Jura 1998, 281.

AnwaltKommentar StPO, Krekeler, Wilhelm / Löffelmann, Markus / Sommer, Ulrich, DeutscherAnwaltVerlag, Bonn, 2. Auflage 2010 (zitiert: AnwK-StPO/*Bearbeiter* § Rn.).

*Arndt, Adolf,* 1. Ohne Kommentar. – 2. Das Schweigen vor Gericht (§§ 52, 243 Abs. 4, 261 StPO; Art. 2 und 6 Abs. 1 GG; Art. 6 Abs. 2 EMRK). – 3. Zur Güterabwägung bei Grundrechten (Art. 5 GG), in: NJW 1966, 869.

*Arnim, Dorothee von,* Die Verwertbarkeit widerrechtlich erlangter Beweismittel in Fällen der Verletzung der Selbstbelastungsfreiheit („nemo tenetur se ipsum accusare“) nach deutschem Recht und nach der Europäischen Menschenrechtskonvention, in: Groning, Gilbert H. / Schöbener, Burkhard / Bausbach, Winfried / Irmscher, Tobias H. (Hrsg.), Iustitia et Pax, Gedächtnisschrift für Dieter Blumenwitz, S. 265, Duncker & Humblot, Berlin 2008 (zitiert: *Von Arnim* in: GedS für Blumenwitz, S.).

*Artkämper, Heiko,* Gegenüberstellungen – Erkenntnisquelle mit Kautelen, Zu einigen praktischen Problemen im Umgang mit Identifizierungsmaßnahmen im Sinne des § 58 II StPO, in: Kriminalistik 1995, 645.

*Ast, Stephan,* Vom Recht auf Verteidigung zum Recht auf Vertretung?, in: JZ 2013, 780.

*Bair, Johann,* The international covenant on civil and political rights and its (first) optional protocol, a short commentary based on views, general comments and concluding observations by the Human Rights Committee, Peter Lang, Frankfurt a.M. 2005 (zitiert: *Bair* Art. IPBPR S.).

*Bandemer, Dagmar,* Nachtragsanklage – lebendige Mauer: Ein Versuch, ihre Wirkung in der Berufungsinstanz zu erklären, in: JA 1994, 397.

*Bar, Christian von,* Anmerkung zu EuGH Rs. C-7/98 (Krombach), 28.3.2000, in: JZ 2000, 725.

*Barrot, Johannes,* Die Unschuldsvermutung in der Rechtsprechung des EGMR, in: ZJS 2010, 701.

*Bartels, Sonja,* Die Auslieferung zur Vollstreckung eines Abwesenheitsurteils in Europa, Kovač, Hamburg 2014 (zitiert: *Bartels* S.).

*Baumann, Jürgen,* Strafprozeßreform in Raten, in: ZRP 1975, 38.

*Baxhenrich, Bernhard,* Die Verhandlungsfähigkeit des Angeklagten, Münster 1979 (zitiert: *Baxhenrich* S.).

*Beck, Wolf-Dieter,* Anwesenheitspflicht des Betroffenen in der Hauptverhandlung, in: DAR 1999, 521.

*Beck, Wolf-Dieter / Berr, Wolfgang,* OWi-Sachen im Straßenverkehrsrecht, C.F. Müller, Heidelberg, 5. Auflage 2006 (zitiert: *Beck/Berr* OWi-Sachen, Rn.).

*Becker, Monika / Kinzig, Jörg,* Von Berufungsköchen und Eingangsgerichten – Neues Rechtsmittelsystem für die Strafjustiz?, in: ZRP 2000, 321.

Beck'scher Online-Kommentar, GG, Epping, Volker / Hillgruber, Christian (Hrsg.), C.H. Beck, München, Stand: 1.9.2014 (zitiert: BeckOK-GG/*Bearbeiter* Art. Rn.).

Beck'scher Online-Kommentar, Strafprozessordnung mit RiStBV und MiStra, Graf, Peter (Hrsg.), C.H. Beck, München, Stand: 8.9.2014 (zitiert: BeckOK-StPO/*Bearbeiter* § Rn.).

*Bélorgey, Harald,* Gegebener und gebotener Einfluß des Art. 6 EMRK auf das deutsche Bußgeldverfahren, Shaker, Aachen 2003 (zitiert: *Bélorgey* S.).

*Bernhardt, Rudolf,* Die Europäische Menschenrechtskonvention und die deutsche Rechtsordnung, in: EuGRZ 1996, 339.

*Bernsdorff, Norbert / Borowsky, Martin,* Die Charta der Grundrechte der Europäischen Union, Handreichungen und Sitzungsprotokolle, Nomos, Baden-Baden 2002 (zitiert: *Bernsdorff/Borowsky* S.).

*Bernsmann, Klaus,* Hauptverhandlung ohne den Angeklagten? Eine Überlegung zu Art. 103 Abs. 2 GG, in: Ziemske, Burkhardt (Hrsg.), Festschrift für Martin Kriele zum 65. Geburtstag, S. 697 ff., C.H. Beck, München 1997 (zitiert: *Bernsmann* in: FS für Kriele, S.).

*Bertram, Günter,* Notwendigkeit einer Reform der Strafjustiz?, in: NJW 2000, 2312.

*Bethge, Herbert,* Grundpflichten als verfassungsrechtliche Dimension, in: NJW 1982, 2145.

*Beukelmann, Stephan,* Die Anwesenheitspflicht des Angeklagten, in: NJW-Spezial 2014, 376.

*Beulke, Werner,* Äußerungen des Strafverteidigers in der Hauptverhandlung als Einlassung des Angeklagten?, in: Beulke, Werner (Hrsg.), Festschrift zu Ehren des Strafrechtsausschusses der Bundesrechtsanwaltskammer, anlässlich des Ausscheidens seines Vorsitzenden Gunter Widmaier und der Mitglieder Egon Müller, Eberhard Wahle und Matthias Weihrauch sowie der ständigen Gäste Herbert Bölter, Herbert Landau, Georg Linden und Lothar Senge bei der 196. Tagung vom 13.–15. Oktober 2006 in Münster, S. 87, Luchterhand, Neuwied 2006 (zitiert: *Beulke* in: FS für Strauda, S.).

– Der Grundsatz der Unmittelbarkeit in der Hauptverhandlung – Neue Entwicklungen, Chancen und Anfechtungen, in: Böttcher, Reinhard (Hrsg.), Verfassungsrecht, Menschenrechte, Strafrecht, Kolloquium für Dr. Walter Gollwitzer zum 80. Geburtstag am 16. Januar 2004 in München, S. 1, De Gruyter Recht, Berlin 2004 (zitiert: *Beulke* in: FS für Gollwitzer, S.).

*Beulke, Werner / Witzigmann, Tobias,* Das Akteneinsichtsrecht des Strafverteidigers in Fällen der Untersuchungshaft, in: NStZ 2011, 254.

*Bleckmann, Albert,* Verfassungsrang der Europäischen Menschenrechtskonvention?, in: EuGRZ 1994, 149.

*Bleicher, Ralf,* Das letzte Wort (§ 258 Abs. 2 StPO), Echte Einwirkungsmöglichkeit des Angeklagten, (nur) Stolperstein für die Instanzgerichte oder (letzte) Chance im Revisionsverfahren?, in: StRR 2013, 404.

*Bloy, René,* Die Ausgestaltung der Rechtsmittel im deutschen Strafprozeßrecht, in: JuS 1986, 585.

*Bohnert, Joachim,* Ordnungswidrigkeitenrecht, C.H. Beck, München, 4. Auflage 2010 (zitiert: *Bohnert* OWi, Rn.).

– OWiG, Kommentar zum Ordnungswidrigkeitengesetz, C.H. Beck, München, 3. Auflage 2010 (zitiert: *Bohnert* § OWiG Rn.).

– Grundriss des Ordnungswidrigkeitenrechts, Walter de Gryter & Co., Berlin 1996 (zitiert: *Bohnert* Grundriss OWi, S.).

*Bosch, Nikolaus,* Aspekte des nemo-tenetur-Prinzips aus verfassungsrechtlicher und strafprozessualer Sicht, Ein Beitrag zur funktionsorientierten Auslegung des Grundsatzes „nemo tenetur se ipsum accusare“, Duncker & Humblot, Berlin 1998 (zitiert: *Bosch* S.).

*Börner, René,* Das Verwerfungsverbot aus § 329 Abs. 1 S. 1 StPO i.V.m. Art. 6 Abs. 1, Abs. 3 lit. c EMRK in der Revision, in: HRRS 2014, 132.

*Böse, Martin,* Die verfassungsrechtlichen Grundlagen des Satzes „Nemo tenetur se ipsum accusare“, in: GA 149 (2002) 98.

*Breuer, Marten,* Karlsruhe und die Gretchenfrage: Wie hast du's mit Straßburg?, in: NVwZ 2005, 412.

*Brodowski, Dominik,* Strafrechtsrelevante Entwicklungen in der Europäischen Union – ein Überblick, in: ZIS 2010, 376.

*Brunner, Rudolf / Dölling, Dieter*, Jugendgerichtsgesetz, Kommentar, De Gruyter, Berlin u. a., 12. Auflage 2011 (zitiert: *Brunner/Dölling* § JGG Rn.).

*Bung, Jochen*, Internationale und innerstaatliche Perspektiven für ein rationales und humanes Jugendkriminalrecht, in: StV 2011, 625.

*Burhoff, Detlef*, Anmerkung zu OLG Bremen, Beschl. v. 10.6.2013 – 2 Ss 11/13 (StV 2014, 211), in: VRR 2013, 389.

– Anmerkung zu OLG Hamm, Beschl. v. 12.11.2012 – III-3 RBs 253/12 (VRR 2013, 272), in: VRR 2013, 272.

– Handbuch für die strafrechtliche Hauptverhandlung, ZAP-Verlag, Münster, 7. Auflage 2013 (zitiert: *Burhoff* Hdb. HV, Rn.).

– Entbindung vom Erscheinen in der Hauptverhandlung des Bußgeldverfahrens, in: VRR 2007, 250.

– Handbuch für das straßenverkehrsrechtliche OWi-Verfahren, ZAP-Verlag, Münster, 3. Auflage 2012 (zitiert: *Bearbeiter* in: Burhoff (Hrsg.), Hdb. OWi, Rn.).

*Burmann, Michael / Heß, Rainer* (Hrsg.), Handbuch des Straßenverkehrsrechts, Band 1, Zivilrecht, C.H. Beck, München, 32. Lieferung, Stand: Mai 2014 (zitiert: *Bearbeiter* in: Berz/Burmann (Hrsg.), Hdb. Straßenverkehrsrecht, Rn.).

*Burmann, Michael / Heß, Rainer /Jahnke, Jürgen /Janker, Helmut* (Hrsg.), Straßenverkehrsrecht Kommentar, C. H. Beck, München, 23. Auflage 2014 (zitiert: Burmann/Heß/Jahnke/Janker/*Bearbeiter* Rn.).

*Busch, Richard*, Begründung, Anfechtung und Revisibiliät der Berufungsurteile der §§ 329 I und 412 I StPO, in: JZ 1963, 457.

*Bühler, Claudia*, Das Abwesenheitsverfahren im zürcherischen Strafprozessrecht, Zürich 1992 (zitiert: *Bühler* S.).

*Cohnitz, Wolf-Günther*, Der Verteidiger in Jugendsachen, Luchterhand, Darmstadt u. a. 1957 (zitiert: *Cohnitz* S.).

Collected Edition of the „Travaux Préparatoires" of the European Convention on Human Rights/Council of Europe, Nijhoff, Martinus (Hrsg.), Nijhoff, The Hague 1975–1985, 8 vols. (zitiert: Collected Edition of the „Travaux Préparatoires" of the European Convention on Human Rights).

*Cremer, Hans-Joachim*, Zur Bindungswirkung von EGMR-Urteilen, in: EuGRZ 2004, 683.

*Csaki, Alexander*, Die Wiederaufnahme des Verfahrens nach Urteilen des Europäischen Gerichtshofs für Menschenrechte in der deutschen Rechtsordnung, Kovač, Hamburg 2008 (*Csaki* S.).

*Czerner, Frank*, Inter-partes- versus erga omnes-Wirkung der EGMR-Judikate in den Konventionsstaaten gemäß Art. 46 EMRK, Eine Problemanalyse auch aus strafverfahrensrechtlicher Perspektive, in: AVR 46 (2008) 345.

*Dahs, Hans*, Rechtsmittelreform im Strafprozeß?, in: NStZ 1999, 321.

– Das rechtliche Gehör im Strafprozess, C.H. Beck, München u. a. 1965 (zitiert: *Dahs* S.).

*Dahs, Hans / Langkeit, Jochen*, Das Schweigerecht des Beschuldigten und seine Auskunftsverweigerung als „verdächtiger Zeuge" – Zugleich Anmerkung zu BGH, Urteil vom 26.5.1992 – 5 StR 122/92, NStZ 1992, 448 – in: NStZ 1993, 213.

*Degenhart, Christoph*, Staatsrecht I, Staatsorganisationsrecht, Mit Bezügen zum Europarecht, C.F. Müller, Heidelberg, 30. Auflage 2014 (zitiert: *Degenhart* Staatsrecht I, Rn.).

*Demko, Daniela*, Das Recht des Angeklagten auf unentgeltlichen Beistand eines staatlich bestellten Verteidigers und das Erfordernis der „interests of justice", in: Gaede, Karsten / Meyer, Frank / Schlegel, Stephan (Hrsg.), HRRS-Festgabe für Gerhard Fezer zum 70. Geburtstag, S. 1, G. Strate, Hamburg 2008 (zitiert: *Demko* in: HRRS-FG für Fezer, S.).

*Dencker, Friedrich*, Die Form der Vernehmung des Angeklagten zur Sache, in: Weßlau, Edda (Hrsg.), Festschrift für Gerhard Fezer zum 70. Geburtstag, S. 115, De Gruyter Recht, Berlin 2008 (zitiert: *Dencker* in: FS für Fezer, S.).

*Denz, Renate*, Zulässigkeit und Umfang des Strafverfahrens gegen Abwesende, Dargestellt für das französische, italienische, österreichische und schweizerische Recht, Bonn u. a. 1969 (zitiert: *Denz* S.).

*Deutscher, Alex*, Erste praktische Erfahrung mit der OWiG-Reform aus gerichtlicher und behördliche Sicht, in: NZV 1999, 185.

*Dölling, Dieter*, Generalprävention durch Jugendstrafrecht, in: ZJJ 2012, 124.

*Dreier, Horst* (Hrsg.), Grundgesetz-Kommentar, Band III, Art. 83–146, Mohr Siebeck, Tübingen, 2. Auflage 2008 (zitiert: Dreier-GG/*Bearbeiter* Art. Rn.).

*Dünnebier, Hans*, Das Kontumazialverfahren ist abgeschafft, in: Lüttger, Hans (Hrsg.), Festschrift für Ernst Heinitz zum 70. Geburtstag – am 1.1.1972, S. 669, De Gruyter, Berlin 1972 (zitiert: *Dünnebier* in: FS für Heinitz, S.).

*Ehlers, Dirk*, Die Europäische Menschenrechtskonvention, in: Jura 2000, 372.

*Ehricke, Ulrich*, Die richtlinienkonforme Auslegung nationalen Rechts vor Ende der Umsetzungsfrist einer Richtlinie, in: EuZW 1999, 553.

*Eisele, Jörg*, Die Bedeutung der Europäischen Menschenrechtskonvention für das deutsche Strafverfahren, in: JA 2005, 390.

– Die Berücksichtigung der Beschuldigtenrechte der EMRK im deutschen Strafprozess aus dem Blickwinkel des Revisionsgerichts, in: JR 2004, 12.

*Engisch, Karl*, Einführung in das juristische Denken, Kolhammer, Stuttgart, 11. Auflage 2010 (zitiert: *Engisch* Juristisches Denken, S.).

Entstehungsgeschichte der Artikel des Grundgesetzes, Neuausgabe des Jahrbuchs des öffentlichen Rechts der Gegenwart, Band 1, Häberle, Peter (Hrsg.), Mohr Siebeck, Tübingen, 2. Auflage 2010 (zitiert: JöR Art. S.).

*Eisenberg, Ulrich*, Jugendgerichtsgesetz, C.H. Beck, München, 17. Auflage 2014 (zitiert: *Eisenberg* § JGG).
– Beweisrecht der StPO, Spezialkommentar, C.H. Beck, München, 8. Auflage 2013 (zitiert *Eisenberg* Beweisrecht, Rn.).
– Sich-Entfernen bzw. Fernbleiben während der Hauptverhandlung (§ 231 II StPO), in: NStZ 2012, 63.
– Visuelle und auditive Gegenüberstellung im Strafverfahren, Empirische und rechtliche Zusammenhänge, Kriminalistik 1995, 458.
– Der Verteidiger im Jugendstrafverfahren, in: NJW 1984, 2913.
*Eisenberg, Ulrich / Pincus, Helen,* Sachäußerungen des schweigenden Angeklagten in der Hauptverhandlung, in: JZ 2003, 397.
EMRK/GG Konkordanzkommentar zum europäischen und deutschen Grundrechtsschutz, Band I, Kapitel 1–19, Dörr, Oliver / Grote, Rainer / Marauhn, Thilo (Hrsg.), Tübingen 2013 (zitiert: KK-EMRK-GG I/*Bearbeiter* Kap. Rn.).
*Engel, Daniel,* Die Berufungsverwerfung aufgrund Säumnis des Angeklagten im Lichte der jüngsten Rechtsprechung des EGMR sowie des OLG München, in: ZJS 2013, 339 ff.
*Enneccerus, Ludwig / Nipperdey, Hans Carl,* Allgemeiner Teil des Bürgerlichen Rechts, Erster Band, Erster Halbband, Mohr Siebeck, Tübingen, 1952 (zitiert: *Enneccerus/Nipperdey* Allgemeiner Teil des Bürgerlichen Rechts, Bd. 1 Halbbd. 1, § Ziffer).
*Ernemann, Andreas,* Die Rechtsprechung des Bundesgerichtshofs in Verkehrsstrafsachen und Bußgeldverfahren, in: DAR 2012, 677.
*Eser, Albin,* Funktionswandel strafrechtlicher Prozeßmaximen: Auf dem Weg zur „Reprivatisierung des Strafverfahrens?", in: ZStW 104 (1992) 361.
*Esser, Robert,* Europäisches und Internationales Strafrecht, C.H. Beck, München 2014 (zitiert: *Esser* Europäisches und Internationales Strafrecht, § Rn.).
– Zur Bestellung des Verteidigers im Ermittlungsverfahren. Plädoyer für eine Reform des § 141 Abs. 3 StPO im Lichte der EMRK und der EU-Richtlinie zum Recht auf Verteidigerbeistand, in: Esser, Robert / Günther, Hans-Ludwig / Jäger, Christian / Mylonopoulus, Christos / Öztürk, Bahri (Hrsg.), Festschrift für Hans-Heiner Kühne zum 70. Geburtstag am 21. August 2013, S. 539, Müller, Heidelberg 2013 (zitiert: *Esser* in: FS für Kühne, S.).
– Anmerkung zu OLG Stuttgart, Beschl. v. 30.1.2006 – 1 Ss 5/06 (StV 2007, 232), in: StV 2007, 235.
– Grenzen für verdeckte Ermittlungen gegen inhaftierte Beschuldigte aus dem europäischen nemo-tenetur-Grundsatz, in: JR 2004, 98.
– Die Umsetzung der Urteile des Europäischen Gerichtshofs für Menschenrechte im nationalen Recht – ein Beispiel für die Dissonanz völkerrechtlicher Verpflichtungen und verfassungsrechtlicher Vorgaben?, in: StV 2005, 348.

– Anmerkung zu OLG München, Beschl. v. 17.1.2013 – 4 StRR (A) 18/12 (StV 2013, 301):, in: StraFo 2013, 252.

– (Nichts) Neues aus Straßburg – Effektive Verteidigung bei Nichterscheinen des Angeklagten zu Beginn der Hauptverhandlung in der Berufungsinstanz (§ 329 Abs. 1 S. 1 StPO), in: StV 2013, 331.

– Auf dem Weg zu einem europäischen Strafverfahrensrecht, De Gruyter, Berlin 2002 (zitiert: *Esser* S.).

*Esser, Robert / Gaede, Karsten / Tsambikakis, Michael*, Übersicht zur Rechtsprechung des EGMR in den Jahren 2008 bis Mitte 2010 – Teil II, in: NStZ 2011, 140.

Europäisches Strafrecht, Sieber, Ulrich / Brüner, Franz-Hermann / Satzger, Helmut / Heintschel-Heinegg, Bernd (Hrsg.), Nomos, Baden-Baden 2011 (zitiert: *Bearbeiter* in: Hdb. Europäisches Strafrecht, § Rn.).

*Feiber, Oskar*, Verfassungswidriges Wiederaufnahmerecht, in: NJW 1986, 699.

*Fezer, Gerhard*, Anmerkung zu OLG Hamm, Urt. v. 27.3.1979 – 4 Ss 2376/78 (JR 1980, 82), in: JR 1980, 83.

– Die Funktion der mündlichen Verhandlung im Zivilprozeß und im Strafprozeß, Mohr Siebeck, Tübingen 1970 (zitiert: *Fezer* S.).

*Franz, Otto*, Die kurzfristige Freiheitsentziehung durch die Polizei, in: NJW 1953, 240.

*Frenz, Walter* (Hrsg.), Handbuch Europarecht, Band 4, Europäische Grundrechte, Springer, Berlin 2009 (zitiert: *Bearbeiter* in: Hdb-EuR, Rn.).

*Freud, Sigmund*, Hysterie und Angst, Studienausgabe, Band VI, Fischer Taschenbuch, Frankfurt a.M. 1971 (zitiert: *Freud* Hysterie und Angst, S.).

*Frister, Helmut*, Der Anspruch des Beschuldigten auf Mitteilung der Beschuldigung aus Art. 6 Abs. 3 lit. a EMRK, in: StV 1998, 159.

*Fromm, Ingo*, Überblick über neue Entscheidungen zum Entbinden des Betroffenen von der Erscheinungspflicht in der Hauptverhandlung, §§ 73 II, 74 I OWiG, in: DAR 83 (2013) 368.

– Fernbleiben des Betroffenen von der mündlichen Verhandlung – Krankheit als Entschuldigungsgrund, in: DAR 83 (2013) 172.

– Die Entbindung des Betroffenen von der Verpflichtung zum Erscheinen in der Hauptverhandlung nach § 73 Abs. 2 OWiG, in: SVR 2010, 86.

– Die Auswechselung des Pflichtverteidigers im Jugendstrafverfahren, in: ZJJ 2009, 26.

*Frowein, Jochen*, Das Bundesverfassungsgericht und die Europäische Menschenrechtskonvention, in: Fürst, Walther (Hrsg.), Festschrift für Wolfgang Zeidler, Band 2, S. 1763, De Gruyter, Berlin u. a. 1987 (zitiert: *Frowein* in: FS für Zeidler, S.).

*Frowein, Jochen / Peukert, Wolfgang*, EMRK-Kommentar, Engel, Kehl am Rhein, 3. Auflage 2009 (zitiert: Frowein/Peukert/*Bearbeiter* Art. EMRK Rn.).

*Gaede, Karsten*, Minimalistischer EU-Grundrechtsschutz bei der Kooperation im Strafverfahren, in: NJW 2013, 1279.

– Fairness als Teilhabe – Das Recht auf konkrete und wirksame Teilhabe durch Verteidigung gemäß Art. 6 EMRK, Duncker & Humblot, Berlin 2006 (zitiert: *Gaede* S.).

*Gebhardt, Hans-Jürgen*, Reform des OWi-Gesetzes, ein Rechts- oder Finanzproblem, in: DAR 65 (1996) 1.

*Geppert, Klaus*, Schriftliche oder mündliche Erklärungen des Verteidigers als Einlassung des Angeklagten selbst, in: Rogall, Klaus (Hrsg.), Festschrift für Hans-Joachim Rudolphi zum 70. Geburtstag, S. 643, Luchterhand, Neuwied 2004 (zitiert: *Geppert* in: FS für Rudolphi, S.).

*Gerst, Joachim*, Rechtsprechungsreport EGMR Neziraj ./. D, 8.11.2012, in: StRR 2013, 23.

*Goerdeler, Jochen*, Das „Ziel der Anwendung des Jugendstrafrechts" und andere Änderungen des JGG – Zum 2. JGG-Änderungsgesetz vom 13. Dezember 2007, in: ZJJ 2008, 137.

*Gollwitzer, Walter*, Die Verfahrensstellung des in der Hauptverhandlung nicht anwesenden Angeklagten, in: Festschrift für Herbert Tröndle zum 70. Geburtstag am 24. August 1989, Jescheck, Hans Heinrich (Hrsg.), S. 455, De Gruyter, Berlin u. a. 1989 (zitiert: *Gollwitzer* in: FS für Tröndle, S.).

– Anmerkung zu LG Chemnitz, Beschl. v. 11.8.1995 – 1 Qs 173/95 (StV 1996, 255), in: StV 1996, 255.

*Göhler, Erich*, Aus der Rechtsprechung zum Gesetz über Ordnungswidrigkeiten, in: NStZ 1994, 71.

– Anmerkung zu BayObLG, Beschl. v. 24.10.1985 – 1 Ob OWi 299/85 (NStZ 1986, 368), in: NStZ 1986, 368.

– Anmerkung zu BayObLG, Beschl. v. 19.4.1983 – 1 Ob OWi 100/83 (JR 1983, 522), in: JR 1983, 523.

*Göhler, Erich* (Begr.), Gesetz über Ordnungswidrigkeiten, Gürtler, Franz / Seitz, Helmut (Hrsg.), C.H. Beck, München, 16. Auflage 2012 (Göhler-OWiG/*Bearbeiter* § Rn.).

*Grabenwarter, Christoph*, Wirkungen eines Urteils des Europäischen Gerichtshofs für Menschenrechte – am Beispiel des Falls M. gegen Deutschland, in: JZ 2010, 857.

– Grundrechtsvielfalt und Grundrechtskonflikte im europäischen Mehrebenensystem – Wirkungen von EGMR-Urteilen und der Beurteilungsspielraum der Mitgliedstaaten, in: EuGRZ 2011, 229.

*Grabenwarter, Christoph / Pabel, Katharina*, Europäische Menschenrechtskonvention, C.H. Beck, München, 5. Auflage 2012 (zitiert: *Grabenwarter/Pabel* § Rn.).

*Grau, Nadine,* Der Haftgrund der Fluchtgefahr bei Beschuldigten mit ausländischem Wohnsitz, in: NStZ 2007, 10.

*Grünwald, Gerald,* Anmerkung zu BGHSt 26, 228, in: JZ 1976, 767.

*Grützner, Heinrich / Pötz, Paul-Günther /Kreß, Claus,* Internationaler Rechtshilfeverkehr in Strafsachen, Band 6, Loseblatt, C.F. Müller, Heidelberg, 3. Auflage, 35. Lieferung, Stand: April 2014 (zitiert: Grützner/Pötz/Kreß/*Bearbeiter*).

*Gubitz, Michael / Bock, Dennis,* Zur Verbindung weiterer Verfahren während einer bereits begonnenen Hauptverhandlung gegen denselben Angeklagten, in: StraFo 2007, 225.

*Gundel, Jörg,* Die Krombach-Entscheidung des EGMR: Europäischer Menschenrechtsschutz mit (Durchsetzungs-) Schwächen, in: NJW 2001, 2380.

*Gusy, Christoph,* Wirkungen der Rechtsprechung des Europäischen Gerichtshofs für Menschenrechte in Deutschland, in: JA 2009, 406.

*Günther, Hans-Ludwig,* Die Schweigebefugnis des Tatverdächtigen im Straf- und Bußgeldverfahren aus verfassungsrechtlicher Sicht, in: GA 125 (1978) 193.

*Güttner, Sven,* Anmerkung zu OLG München (BeckRS 2013, 03324), in: FD-StrafR 2013, 343625.

*Hahn, Carl,* Die gesamten Materialien zu den Reichsjustizgesetzen, Band 3, Materialien zur Strafprozeßordnung, Abteilung 1, Stegemann, Eduard (Hrsg.), 2. Auflage, Aachen 1983 (zitiert: *Hahn* Materialien I, S.).

– Abteilung 2, Berlin 1983 (zitiert: *Hahn* Materialien II, S.).

*Hanack, Ernst-Walter,* Die Rechtsprechung des Bundesgerichtshofs zum Strafverfahrensrecht (Bd. 11–22 der Amtlichen Sammlung), in: JZ 1973, 693.

Handbuch der Grundrechte in Deutschland und Europa, Band V, Grundrechte in Deutschland: Einzelgrundrechte II, Merten, Detlef / Papier, Hans-Jürgen (Hrsg.), Müller, Heidelberg 2013 (zitiert: HGR/*Bearbeiter* § Rn.).

Handbuch des Staatsrechts der Bundesrepublik Deutschland, Band VIII, Grundrechte: Wirtschaft, Verfahren, Gleichheit, Issensee, Josef / Kirchhof, Paul (Hrsg.), Heidelberg, 3. Auflage 2010 (zitiert: HStR VIII/*Bearbeiter* § Rn.).

Handkommentar Jugendgerichtsgesetz, Meier, Bernd-Dieter / Rössner, Dieter / Trüg, Gerson / Wulf, Rüdiger (Hrsg.), Nomos, Baden-Baden, 2. Auflage 2014 (zitiert: HdK-JGG/*Bearbeiter* § Rn.).

*Hassemer, Winfried,* Gefährliche Nähe: Die Entfernung des Angeklagten aus der Hauptverhandlung (§ 247 StPO) – BGH, NJW 1985, 1478, in: JuS 1986, 25.

*Hauber, Rudolf,* Durchführung und Gestaltung der Hauptverhandlung als pädagogische Aufgabe des Jugendrichters, in: ZfJ 1977, 112.

*Hauck, Pierre,* Totgesagte leben länger! Plädoyer für eine Rechtsmittelreform in Strafsachen, in: Gropp, Walter / Öztürk, Bahri / Sözüer, Adem / Wörner, Liane (Hrsg.), Beiträge zum deutschen und türkischen Strafrecht und Strafprozessrecht,

S. 201, Nomos, Baden-Baden 2010 (zitiert: *Hauck* in: Gropp/Öztürk/Sözüer/Wörner (Hrsg.), Deutsches und türkisches Strafrecht/Strafprozessrecht, S.).

*Hecker, Bernd,* Europäisches Strafrecht, Springer, Heidelberg u. a., 4. Auflage 2012 (zitiert: *Hecker* Europäisches Strafrecht, § Rn.).

*Hecker, Gottfried,* Handbuch der konsularischen Praxis, C.H. Beck, München 1982 (zitiert: Hdb-Konsularische Praxis/*Bearbeiter* Rn.).

Heidelberger Kommentar, Jugendgerichtsgesetz mit Jugendstrafvollzugsgesetzen, Diemer, Herbert / Schatz, Holger / Sonnen, Bernd-Rüdeger (Hrsg.), C.F. Müller, Heidelberg u. a., 6. Auflage 2011 (zitiert: HK-JGG/*Bearbeiter* § Rn.).

– Diemer, Herbert / Schoreit, Armin / Sonnen, Bernd-Rüdeger (Hrsg.), C.F. Müller, Heidelberg u. a., 5. Auflage 2008 (zitiert: HK-JGG[5]/*Bearbeiter* § Rn.).

Heidelberger Kommentar, Strafprozessordnung, Gercke, Björn / Julius, Karl-Peter u. a. (Hrsg.), C.F. Müller, Heidelberg u. a., 5. Auflage 2012 (HK-StPO/*Bearbeiter* § Rn.).

*Heubel, Horst,* Die Verschiebung der Hauptverhandlung wegen Verspätung des Verteidigers, in: NJW 1981, 2678.

*Hillgruber, Christian,* Der Schutz des Menschen vor sich selbst, Vahlen, München 1992 (zitiert: *Hillgruber* S.).

*Hodler, Christian,* Die Freiheit der Person nach der neuen Europäischen Menschenrechtskonvention, in: NJW 1953, 531.

*Hohendorf, Andreas,* Probleme bei Pflichtverteidigerbestellung nach § 408b StPO, in: MDR 1993, 597.

*Hüls, Silke / Reichling, Tilmann,* Der abwesende Angeklagte in der (Berufungs-) Hauptverhandlung nach der EGMR-Entscheidung Neziraj vs. Deutschland – Zugleich Anmerkungen zu OLG Bremen, Beschl. v. 10.06.2013 – 2 Ss 11/13 = StV 2014, 211 und OLG Celle, Beschl. v. 19.03.2013 – 32 Ss 29/13 = StV 2014, 209 –, in: StV 2014, 242.

Internationaler Kommentar zur Europäischen Menschenrechtskonvention, Band 1, Pabel, Katharina / Schmal, Stefanie (Hrsg.), Loseblatt, Carl Heymanns, Köln, 25. Lieferung, Stand: 25.10.2013 (zitiert: IntKomm-EMRK/*Bearbeiter* Art. Rn.).

*Jahn, Matthias,* Strafprozessrecht: Innerstaatliche Wiederaufnahme und EMRK, in: JuS 2013, 273.

*Jahn, Matthias / Schmitz, Alexandra,* Rechtsmissbrauch im Strafverfahren bei Verweigerung notwendiger Mitwirkungshandlungen?, in: wistra 2001, 328.

*Jarass, Hans D.,* Strafrechtliche Grundrechte im Unionsrecht, in: NStZ 2012, 611.

– Die Bindung der Mitgliedstaaten an die EU-Grundrechte, in: NVwZ 2012, 457.

*Jäger, Tilman,* Die Anwesenheit des Angeklagten in der Hauptverhandlung, Kovač, Hamburg 2005 (zitiert: *Tilmann* S.).

*Jerouscheck, Günter,* Wie frei ist die freie Beweiswürdigung? – Überlegungen zur Genese, Funktion und zu Perspektiven eines strafprozessualen Rechtsinstituts, in: GA 1992 (139) 493.

*Joseph, Sarah / Castan, Melissa,* The International Convenant on Civil and Political Rights, Cases, Materials and Commentary, Oxford Univ. Press, Oxford, 3. Auflage 2013 (zitiert: *Joseph/Castan* ICCPR, Rn.).

*Julius, Karl-Peter,* Zur Disponibilität des strafprozessualen Anwesenheitsgebots, in: GA 139 (1992) 295.

*Kadelbach, Stefan,* Der Status der Europäischen Menschenrechtskonvention im deutschen Recht, in: JURA 2005, 480.

*Kaiser, Eberhard,* Die Verteidigervollmacht und ihre Tücken, in: NJW 1982, 1367.

*Kamp, Hartmut,* Der Haftbefehl nach § 230 Abs. 2 StPO aus der Sicht der Praxis, in: Rogall, Klaus (Hrsg.), Festschrift für Hans-Joachim Rudolphi zum 70. Geburtstag, S. 661, Luchterhand, Neuwied 2004 (zitiert: *Kamp* in: FS für Rudolphi, S.).

Karlsruher Kommentar zum Gesetz über Ordnungswidrigkeiten, Senge, Lothar (Hrsg.), C.H. Beck, München, 4. Auflage 2014 (zitiert: KK-OWiG/*Bearbeiter* § Rn.).

- Boujong, Karlheinz (Hrsg.), C.H. Beck, München 1989 (zitiert: KK-OWiG[1]/*Bearbeiter* § Rn.).

Karlsruher Kommentar zur Strafprozessordnung, Hannich, Rolf (Hrsg.), C.H. Beck, München, 7. Auflage 2013 (zitiert: KK-StPO/*Bearbeiter* § Rn.).

*Karpenstein, Ulrich / Mayer, Franz,* EMRK, Konvention zum Schutz der Menschenrechte und Grundfreiheiten, C.H. Beck, München 2012 (zitiert: Karpenstein/ Mayer/*Bearbeiter* Art. EMRK Rn.).

*Katholnigg, Oskar,* Das Gesetz zur Änderung des Gesetzes über Ordnungswidrigkeiten und anderer Gesetze, in: NJW 1998, 568.

*Kaum, Markus,* Der Beistand im Strafprozeßrecht, V. Florentz, München 1992 (zitiert: *Kaum* S.).

*Keiser, Claudia,* Jugendliche Täter als strafrechtlich Erwachsene? Das Phänomen der „Adulteration“ im Lichte internationaler Menschenrechte, in: ZStW 120 (2008) 25.

- Die Anwendung des >>nemo-tenetur-Grundsatzes<< auf das Prozeßverhalten des Angeklagten, Zugleich Anmerkung zu BGH StV 2000, 234 und StV 2000, 293, in: StV 2000, 633.

*Kempf, Eberhard,* Opferschutzgesetz und Strafverfahrensänderungsgesetz 1987, Gegenreform durch Teilgesetze, in: StV 1987, 215.

*Kilkelly, Ursula,* The Child and the European Convention on Human Rights, Ashgate Dartmouth, Aldershot u. a. 1999 (zitiert: *Kilkelly* S.).

*Kintzi, Heinrich,* Reform der Rechtsmittel in Strafsachen, in: DRiZ 2000, 187.

*Kirchhof, Ferdinand,* Grundrechtsschutz durch europäische und nationale Gerichte, in: NJW 2011, 3681.

*Klein, Eckart*, Anmerkung zu BVerfG, Beschl. v. 14.10.2004 – 2 BvR 1481/04 (BVerfGE 111, 307), in: JZ 2004, 1176.

*Kleinknecht, Th.*, Anmerkung zu BGH, Urt. v. 26.10.1965 – 5 StR 415/65 (BGHSt 20, 281), in: JR 1966, 270.

*Klesczewski, Diethelm*, Ordnungswidrigkeitenrecht, Vahlen, München 2010 (zitiert: *Klesczewski* OWi, Rn.).

– Die Berufung im Strafprozessrecht, Beispiel Deutschland, http://www.uni-leip.zig.de/~straf/forschung/berufung.pdf (Stand: 6.12.2014).

*Klitsch, Sonja*, Der neue EU-Rahmenbeschluss zu Abwesenheitsverurteilungen – ein Appell zur Revision, in: ZIS 2009, 11.

*Kleinknecht, Theodor / Müller, Hermann / Reitberger, Leonhard*, Kommentar zur Strafprozessordnung, *Heintschel-Heinegg, Bernd von / Stöckel, Heinz* (Hrsg.), Loseblatt, Luchterhand, Neuwied, 72. Lieferung, Stand: Mai 2014 (zitiert: KMR-StPO/*Bearbeiter* § Rn.).

– Band 1, §§ 1–93.

– Band 2, §§ 94–150.

– Band 4, §§ 226–295.

– Band 5, §§ 296–406h.

*Ko, Shi-Myon*, Die Anwesenheit des Angeklagten in der Hauptverhandlung, Tutte, Passau 2000 (zitiert: *Ko* S.).

Kommentar zur Strafprozeßordnung, Band 2/Teilband 1, §§ 94–212b, Achenbach, Hans / Dästner, Christian / Wassermann, Rudolf (Hrsg.), Luchterhand, Neuwied u. a. 1992 (zitiert: AltKomm-StPO/*Bearbeiter* § Rn.).

*Koschwitz, Jürgen*, Die kurzfristige polizeiliche Freiheitsentziehung, Duncker & Humblot, Berlin 1969 (zitiert: *Koschwitz* S.).

*Kotz, Peter*, Folgen des Ausbleibens von Angeklagten/Betroffenen in der Hauptverhandlung, Teil 3, in: ZAP Fach 22, 647.

– Folgen des Ausbleibens von Angeklagten/Betroffenen in der Hauptverhandlung, in: ZAP Fach 22, 619.

– Dometsch- und Übersetzungsleistungen zur Überwindung von Sprachbarrieren im Strafverfahren, in: StV 2012, 124.

*Kübel, Ralf*, Zur Problematik der strafprozessualen Körperhermeneutik, in: GA 153 (2006) 469.

*Krack, Ralf*, Die Rehabilitierung des Beschuldigten im Strafverfahren, Mohr Siebeck, Tübingen 2002 (zitiert: *Krack* S.).

*Krause, Daniel*, Die zivilrechtliche Haftung des Strafverteidigers, in: NStZ 2000, 225.

*Krauß, Detlef*, Das Prinzip der materiellen Wahrheit im Strafprozeß, in: Grünwald, Gerhard (Hrsg.), Festschrift für Friedrich Schaffstein zum 70. Geburtstag am 28.

Juli 1975, S. 411, Schwartz, Göttingen 1975 (zitiert: *Krauß* in: FS für Schaffstein, S.).

– Der Grundsatz der Unschuldsvermutung im Strafverfahren, in: Müller-Dietz, Heinz (Hrsg.), Strafrechtsdogmatik und Kriminalpolitik, S. 153, Carl Heymanns, Köln u. a. 1971 (zitiert: *Krauß* in: Müller-Dietz (Hrsg.) Strafrechtsdogmatik und Kriminalpolitik, S.).

*Krenberger, Benjamin*, Anmerkung zu OLG Hamm, Beschl. v. 3.4.2014 – 5 RVs 11/14 (zfs 2014, 470), in: zfs 2014, 470.

– Anmerkung zu BGH, Beschl. v. 18.7.2012 – 4 StR 603/11 (BGHSt 57, 282), in: zfs 2013, 112.

– Rechtsprechungsübersicht zu §§ 73, 74 OWiG für das Jahr 2012, in: zfs 2013, 364.

– Anmerkung zu OLG Düsseldorf, Beschl. v. 22.8.2012, 1 RBs 121/12 (juris), in: jurisPR-VerkR 11/2013 Anm. 5.

*Krey, Volker*, Grundzüge des Strafverfahrensrechts (4. Teil), in: JA 1983, 638.

*Kries, August von,* Lehrbuch des Deutschen Strafprozeßrechts, Mohr Siebeck, Freiburg 1892 (zitiert: *Von Kries* S.).

*Krug, Björn*, Anmerkung zu OLG Bremen, Beschl. v. 10.06.2013 – 2 Ss 11/13, BeckRS 2013, 13229, in: FD-StrafR 2013, 349182.

*Krumm, Carsten*, OWi-Verfahren vor dem Jugendrichter – 10 Fragen und 10 Antworten, in: NZV 2010, 68.

– Nichterscheinen aus privaten und beruflichen Gründen im OWi-Verfahren, in: SVR 2008, 173.

– Probleme im Bußgeldverfahren bei der Entbindung des Betroffenen von der Pflicht zum persönlichen Erscheinen, in: DAR 78 (2008) 413.

*Kruse, Michael*, Parteierklärungen und Sachverhaltsfeststellungen in der Hauptverhandlung, Duncker & Humblot, Berlin 2001 (zitiert: *Kruse* S.).

*Krüger, Jochen*, Gibt es ein prozessuales Recht auf Abwesenheit von der Hauptverhandlung?, in: Dogmatik und Praxis des Strafverfahrens, Beiträge anläßlich des Colloquiums zum 65. Geburtstag von Gerhard Kielwein, Heike Jung u. Heinz Müller-Dietz (Hrsg.), S. 87, Carl Heymanns, Köln u. a. 1989 (zitiert: *Krüger* in: Dogmatik und Praxis des Strafverfahrens, S.).

*Kuhn, Thomas*, Verfahrensfairneß im Jugendstrafrecht – Das deutsche Recht und das Recht der USA im Vergleich, VVF, München 1996 (zitiert: *Kuhn* S.).

*Kühl, Christian*, Freie Beweiswürdigung des Schweigens des Angeklagten und der Untersuchungsverweigerung eines angehörigen Zeugen – BGHSt 32, 140, in: JuS 1986, 115.

*Kühne, Hans-Heiner*, Strafprozessrecht, C.F. Müller, Heidelberg u. a., 8. Auflage 2010 (zitiert: *Kühne* Strafprozessrecht, § Rn.).

*Küper, Wilfried*, „Bagatellsachen", Abwesenheitsverhandlung (§ 232 Abs. 1 S. 1 StPO), Vertretungsbefugnis (§ 234 StPO), Anordnung persönlichen Erscheinens (§ 236 StPO) und Verwerfung der Berufung (§ 329 Abs. 1 S. 1 StPO), in: Zöller, Mark-Alexander (Hrsg.), Gesamte Strafrechtswissenschaft in internationaler Dimension, Festschrift für Jürgen Wolter zum 70. Geburtstag am 7. September 2013, S. 1019, Duncker & Humblot, Berlin 2013 (zitiert: *Küper* in: FS für Wolter, S.).

– Zur Auslegung des § 329 I 2 StPO, in: NJW 1977, 1275.

– Anmerkung zu BGH, Urt. v. 27.3.1973 – 5 StR 655/72 (NJW 1973, 1006), in: NJW 1973, 1334.

– Berufungsverwerfung nach § 329 I StPO wegen Verhandlungsunfähigkeit des Angeklagten? – BGHSt 23, 331, in: JuS 1972, 127.

– Zum strafprozessualen „Versäumnisurteil" in sog. Bagatellsachen (§ 232 StPO), in: GA 118 (1971) 289.

– Anmerkung zu BayObLG, Beschl. v. 20.11.1969 – RReg. 4 b St 84/69 (NJW 1970, 1055), in: NJW 1970, 1562.

– Anmerkung zu OLG Zweibrücken, Urt. v. 9.5.1968 – Ss 65/68 (JZ 1969, 271) in: JZ 1969, 272.

*Lam, Jan / Meyer-Mews, Hans*, Die gestörte Verteidigung – Möglichkeiten und Grenzen des Widerrufs der Pflichtverteidigerbestellung, in: NJW 2012, 177.

*Lampe, Joachim*, Verletzung der EMRK in Deutschland: Verwerfung der Berufung des Angeklagten bei Nichterscheinen in der Hauptverhandlung trotz anwesendem Verteidiger, in: jurisPR-StrafR 5/2013 Anm. 1.

Langenscheidt Großwörterbuch Französisch, deutsch-französisch; französisch-deutsch, Walter Gottschalk (Hrsg.), Langenscheidt, Berlin 2009.

*Last, Christina*, Garantie wirksamen Rechtsschutzes gegen Maßnahmen der Europäischen Union, Zum Verhältnis von Art. 47 Abs. 1, 2 GRCh und Art. 263 ff. AEUV, Mohr Siebeck, Tübingen 2008 (zitiert: *Last* S.).

*Laubenthal, Klaus / Baier, Helmut / Nestler, Nina*, Jugendstrafrecht, Springer, Berlin u. a., 2. Auflage 2010 (zitiert: *Laubenthal/Baier/Nestler* Jugendstrafrecht, Rn.).

*Laue, Christian*, Die Hauptverhandlung ohne den Angeklagten, in: JA 2010, 294.

Leipziger Kommentar StGB, Band 2, §§ 32–55, Laufhütte, Heinrich Wilhelm / Rissing-van Saan, Tuth / Tiedemann, Klaus (Hrsg.), De Gruyter, Berlin, 12. Auflage 2006 (zitiert: LK-StGB/*Bearbeiter* § Rn.).

*Lemke, Michael*, Rechtmäßigkeitserfordernisse des strafrichterlichen Vorführungsbefehls, in: NJW 1980, 1494.

*Lilie, Hans*, Ist für die Strafjustiz ein dreigliedriger Justizaufbau, eine Reform des Rechtsmittelsystems und eine Aufgabenverlagerung auf außergerichtliche Verfahren zu empfehlen?, Gutachten D für den 63. Deutschen Juristentag, in: Ständige Deputation des Deutschen Juristentages (Hrsg.), Verhandlungen des 63. Deutschen Juristentages, Band I, Gutachten, C.H. Beck, München 2000 (zitiert: *Lilie*).

*Littwin, Frank*, Grundrechtsschutz gegen sich selbst, das Spannungsverhältnis von grundrechtlichem Selbstbestimmungsrecht und Gemeinschaftsbezogenheit des Individuums, Peter Lang, Frankfurt a. M. u. a. 1993 (zitiert: *Littwin* S.).

*Löwe-Rosenberg*, Die Strafprozessordnung und das Gerichtsverfassungsgesetz, Großkommentar, Erb, Volker / Esser, Robert u. a. (Hrsg.), De Gruyter, Berlin u. a., 26. Auflage (zitiert: LR-StPO/*Bearbeiter* § Rn.),

- Band 1, §§ 1–47, 2006.
- Band 2, §§ 48–93, 2008.
- Band 4, §§ 112–150, 2007.
- Band 6 / Teil 1, §§ 213–255a, 2013.
- Band 6 / Teil 2, §§ 256–295, 2013.
- Band 7 / Teil 2, §§ 312–373a, 2013.
- Band 8, §§ 374–448, 2009.
- Band 11, EMRK; IPBPR, 2012.

*Löwe-Rosenberg*, Die Strafprozessordnung und das Gerichtsverfassungsgesetz, Großkommentar, Dünnebier, Hanns / Gollwitzer, Walter u. a. (Hrsg.), Band 3, §§ 213–358, De Gruyter, Berlin u. a., 23. Auflage 1978 (zitiert: LR-StPO[23]/*Bearbeiter* § Rn.).

*Lutz, Louise*, Die Verteidigung und das Verbot, den Angeschuldigten zu einer Selbstbelastung zu verpflichten, in: ZStrR 120 (2002) 410.

*Lüer, Gunnar*, Die Versäumung im Berufungsverfahren, Das strafprozessuale Anwesenheitsprinzip im Spannungsfreld von autonomer Subjektstellung und öffentlicher Interessen am Beispiel des § 329 Abs. 1, 2 StPO, Peter Lang, Frankfurt a.M. u. a. 2003 (zitiert: *Lüer* S.).

*Maatz, Rüdiger*, Die Fortsetzung der Hauptverhandlung in Abwesenheit des Angeklagten – Zur Prüfungskompetenz des Revisionsgerichts in Fällen des § 231 Abs. 2 StPO, in: DRiZ 1991, 200.

*Maleika, Elke*, Freiheitsstrafe und Strafbefehl: eine unmögliche Kombination?, Shaker, Aachen 2000 (zitiert: *Maleika* S.).

*Maluga, Gabriele*, Anmerkung zu OLG Celle, Beschl. v. 19.3.2013 – 32 Ss 29/13 (NStZ 2013, 615), in: jurisPR-StrafR 23/2013, Anm. 1.

*Mandla, Christoph*, „Wesentliche Förderung“ und „Verhandeln zur Sache“ – Probleme des § 229 StPO, Zugleich Anmerkung zu BGH, Urteil vom 11.7.2008 (5 StR 74/08) und Beschluss vom 5.11.2008 (1 StR 583/08), in: NStZ 2011, 1.

*Manssen, Gerrit*, Staatsrecht II, Grundrechte, C.H. Beck, München, 10. Auflage 2011 (zitiert: *Manssen* Staatsrecht II, Rn.).

*Martin, Sigmund P.*, Freiheitsstrafe beim Ausbleiben des Angeklagten? – Prozessuale Probleme des Strafbefehlsverfahrens nach dem Rechtspflegeentlastungsgesetz –, in: GA 142 (1995) 121.

*Marxen, Klaus / Tiemann, Frank*, Die Wiederaufnahme in Strafsachen, Beulke, Werner / Ignor, Alexander (Hrsg.), C.F. Müller, Heidelberg u. a., 3. Auflage 2014 (zitiert: *Marxen/Tiemann* Wiederaufnahme, Rn.).

*Matt, Holger*, Nemo tenetur se ipsum accusare – Europäische Perspektiven, in: GA 153 (2006) 323.

– Zur (weiteren) Beschwerde nach §§ 304, 310 StPO, in: NJW 1991, 1801.

Maunz / Dürig, Grundgesetz Kommentar, Herzog Roman / Scholz Rupert u. a. (Hrsg.), C.H. Beck, München, 71. Lieferung, Stand: März 2014 (zitiert: Maunz/Dürig-GG/*Bearbeiter* Art. Rn.).

– Band I, Texte, Art. 1–5.

– Band III, Art. 16–22.

– Band VI, Art. 86–106b.

*Maunz, Theodor / Schmidt-Bleibtreu, Bruno / Klein, Franz / Bethge, Herbert* (Hrsg.), Bundesverfassungsgerichtsgesetz, C.H. Beck, München, 44. Lieferung, Stand: Juli 2014 (zitiert: Maunz/Schmidt-Bleibtreu/Klein/Bethge/*Bearbeiter* § BVerfGG Rn.).

*Maur, Lothar*, Verletzung der Europäischen Konvention zum Schutz der Menschenrechte und Grundfreiheiten als neuer Wiederaufnahmegrund im Strafverfahren, in: NJW 2000, 338.

*Meyer, Jürgen*, Anmerkung zu OLG Saarbrücken, Beschl. v. 7.3.1989 – Ss (B) 225/87 (49/87) (NStZ 1989, 480), in: NStZ 1989, 481.

*Meyer, Jürgen* (Hrsg.), Charta der Grundrechte der Europäischen Union, Nomos, Baden-Baden, 4. Auflage 2014 (zitiert: Meyer/*Bearbeiter* Art. EUC Rn.).

*Meyer-Goßner, Lutz*, Strafprozessordnung mit GVG und Nebengesetzen, C.H. Beck, München, 57. Auflage 2014 (zitiert: Meyer-Goßner/*Bearbeiter* § StPO Rn.).

– Änderungen der Strafprozessordnung durch das Rechtspflegeentlastungsgesetz, in: NJW 1993, 498.

– Das Strafverfahrensänderungsgesetz 1987, in: NJW 1987, 1161.

– Empfiehlt es sich, das Rechtsmittel in Strafsachen grundlegend, insbesondere durch Einführung eines Einheitsrechtsmittels, zu ändern?, in: JZ 1989, 329.

*Meyer-Ladewig, Jens / Petzold, Herbert*, Die Bindung deutscher Gerichte an Urteile des EGMR, Neues aus Straßburg und Karlsruhe, in: NJW 2005, 15.

*Meyer-Lohkamp, Jens / Venn, Nikolai*, Vom (Un-)Sinn der schriftlichen „Strafprozessvollmacht“, in: StraFo 2009, 265.

*Meyer-Mews, Hans*, Die Einlassung und Vernehmung des Angeklagten zur Sache gem. § 243 IV 2 StPO, in: JR 2003, 36.

– Die Völkerrechts- und Konventionswidrigkeit des Verwerfungsurteils gem. § 329 I 1 StPO, in: NJW 2002, 1928.

*Meyer-Teschendorf, Klaus G. / Hofmann, Hans*, Eine neue Balance zwischen rechtsstaatlicher Sicherheit und Optimierung der Justiz, Vorschläge des Sachverständigenrates „Schlanker Staat“ zur Modernisierung und Entlastung der Justiz, in: ZRP 1998, 132.

*Meyer, Torsten*, Fortwirkung des Entbindungsbeschlusses nach § 73 II OWiG bei Verlegung des Hauptverhandlungstermins, in: NZV 2010, 496.

*Michel, Norbert*, Der Haftbefehl in der Berufungsinstanz, in: MDR 1991, 933.

*Miebach, Klaus*, Der teilschweigende Angeklagte – materiell-rechtliche und prozessuale Fragen anhand der BGH-Rechtsprechung –, in: NStZ 2000, 234.

*Mitsch, Wolfgang*, Die Pflicht ausländischer „Verkehrssünder“ zur Anwesenheit in der Hauptverhandlung vor einem deutschen Straf- oder Bußgeldgericht, in: ZIS 2011, 502.

– Recht der Ordnungswidrigkeiten, Springer, Berlin u. a., 2. Auflage 2005 (zitiert: *Mitsch* OWi, § Rn.).

*Mosbacher, Andreas*, Straßburg locuta – § 329 I StPO finita?, in: NStZ 2013, 312.

– Aktuelles Strafprozessrecht, in: JuS 2013, 699.

*Müller, Egon*, Der Grundsatz der Waffengleichheit im Strafverfahren, in: NJW 1976, 1063.

Münchener Kommentar zum Bürgerlichen Gesetzbuch, Band 1, Allgemeiner Teil, §§ 1–240, ProstG, AGG, Säcker, Franz Jürgen / Rixecker, Roland (Hrsg.), C.H. Beck, München, 6. Auflage 2012 (zitiert: MüKo-BGB/*Bearbeiter* § Rn.).

Münchener Kommentar zum Strafgesetzbuch, Joecks, Wolfgang / Miebach, Klaus (Hrsg.), C.H. Beck, München, 2. Auflage (zitiert: MüKo-StGB/*Bearbeiter* § Rn.).

– Band 2, §§ 38–79b StGB, 2012.

– Band 4, §§ 185–262 StGB, 2012.

*Muscheler, Karlheinz*, Singualria non sunt extendenda, in: Drenseck, Walter (Hrsg.), Festschrift für Heinrich Wilhelm Kruse zum 70. Geburtstag, S. 135, O Schmidt, Köln 2001 (zitiert: *Muscheler* in: FS für Kruse, S.).

*Netzer, Felix*, Krimi, Tragödie und Lehrbuch-Klassiker – Der Fall Krombach, in: ZJS 2009, 752.

*Neuhaus, Christa*, Der Grundsatz der ständigen Anwesenheit des Angeklagten in der strafprozessualen Hauptverhandlung 1. Instanz unter besonderer Berücksichtigung des § 231a StPO, Köln 2000 (zitiert: *Neuhaus* S.).

*Niethammer, E.*, Die Hauptverhandlung ohne den Angeklagten, in: Festschrift für Ernst Heinrich Rosenfeld zu seinem 80. Geburtstag am 14. August 1949, De Gruyter, Berlin 1949 (zitiert: *Niethammer* in: FS für Rosenfeld, S.).

*Nobis, Frank*, Die Reform der Rechtsmittel im Strafprozeß, in: StV 2000, 449.

*Nowak, Manfred*, U.N. Convenant on Civil and Political Rights – CCPR Commentar, N.P. Engel, Kehl u. a., 2. Auflage 2005 (zitiert: *Nowak* Art. IPBPR Rn.).

*Odenthal, Hans-Jörg*, Identifizierung von Verdächtigen, Gegenüberstellung und Wahllichtbildvorlage, in: StraFo 2013, 62.

– Die Gegenüberstellung im Strafverfahren, Boorberg, Stuttgart u. a., 3. Auflage 1999 (zitiert: *Odenthal* S.).

*Oehmichen, Anna,* Sonderbares Recht am Sondergerichtshof für den Libanon: Die Entscheidungen zur Legalität und *In-Absentia,* in: Esser, Robert, Günther, Hans-Ludwig, Jäger, Christian, Mylonopoulus, Christos Öztürk, Bahri (Hrsg.), Festschrift für Hans-Heiner Kühne zum 70. Geburtstag am 21. August 2013, S. 613, Müller, Heidelberg 2013 (zitiert: *Oehmichen* in: FS für Kühne, S.).

*Oerder, Monika / Hagmann, Daniel,* Die Rechtsprechung des Europäischen Gerichtshofs für Menschenrechte (EGMR) im Jahr 2012, in: StRR 2014, 84.

*Olk, Sebastian,* Die Abgabe von Sacherklärungen des Angeklagten durch den Verteidiger, Peter Lang, Frankfurt a.M. 2006 (zitiert: *Olk* S.).

*Ostendorf, Heribert* (Hrsg.), Jugendgerichsgesetz, Nomos, Baden-Baden, 9. Auflage 2013 (zitiert: Ostendorf-JGG/*Bearbeiter* § Rn.).

– Reform des Ordnungswidrigkeitenrechts, in: ZRP 1994, 335.

*Ostle, Fritz,* § 411 Abs. 3 StPO – „klarer Wortlaut" und wirklicher Sinn, in: NJW 1968, 486.

Oxford dictionary of English, Angus Stevenson (Hrsg.), Oxford u. a., 3. Auflage 2010.

*Pache, Eckhard,* Das europäische Grundrecht auf einen fairen Prozess, in: NVwZ 2001, 1342.

– Die Europäische Menschenrechtskonvention und die deutsche Rechtsordnung, in: EuR 2004, 393.

*Paeffgen, Hans-Ulrich,* Vorüberlegungen zu einer Dogmatik des Untersuchungshaft-Rechts, Carl Heymanns, Köln u. a. 1986 (zitiert: *Paeffgen* S.).

*Papier, Hans-Jürgen,* Umsetzung und Wirkung der Entscheidungen des Europäischen Gerichtshofes für Menschenrechte aus der Perspektive der nationalen deutschen Gerichte, in: EuGRZ 2006, 1.

*Park, Tido,* Die prozessuale Verwertbarkeit verschiedener Formen der Beschuldigteneinlassung im Strafverfahren, in: StV 2001, 589.

– Anmerkung zu BGH, Beschl. v. 14.8.1997 – 1 StR 441/97 (StV 1998, 59), in: StV 1998, 59.

*Paul, Carsten,* Anmerkung zu BGH, Beschl. v. 18.7.2012 – 4 StR 603/11 (BGHSt 57, 282), in: NStZ 2013, 488.

*Paul, Christiane,* Das Abwesenheitsverfahren als rechtsstaatliches Problem, Peter Lang, Frankfurt a.M. 2007 (zitiert: *Paul* S.).

*Paulus, R.,* Anmerkung zu OLG Stuttgart, Beschl. v. 13.12.1985 – 4 Ws 374/85 (NStZ 1986, 520 f.), in: NStZ 1985, 521.

*Pauly, Jürgen,* Das Wiedererkennen im Straf- und Bußgeldverfahren, Verteidigungsfehler und Revision, in: StraFo 1998, 41.

*Payandeh, Mehrhard*, Die EMRK als grundrechtsbeschränkendes Gesetz?, in: JuS 2009, 212.

– Konventionswidrige Gesetze vor deutschen Gerichten, in: DÖV 2011, 382.

*Perron, Walter*, Überlegungen zum Verhältnis von Strafrecht und Strafprozeßrecht, in: Ebert, Udo (Hrsg.), Festschrift für Ernst-Walter Hanack zum 70. Geburtstag am 30. August 1999, S. 473, De Gruyter, Berlin, 1999 (zitiert: *Perron* in: FS für Hanack, S.).

*Pfefferkorn, Fabian*, Einführung in das französische Strafverfahren, Eine systematische Darstellung der procédure pénale, LIT, Münster, 2006 (zitiert: *Pfefferkorn* S.).

*Pfeiffer, Gerd*, Strafprozessordnung – Kommentar, C.H. Beck, München, 5. Auflage 2005 (zitiert: *Pfeiffer* § StPO Rn.).

*Pierini, Jean Paul*, Verletzungen der EMRK-Verfahrensgarantien und Wiedergutmachung am Beispiel des italienischen Abwesenheitsverfahrens, in: ZStW (125) 2014, 951.

*Pikart, Heinz*, Anmerkung zu BVerfG, Beschl. v. 18.10.1983 – 2 BvR 462/82 (NStZ 1984, 82), in: NStZ 1984, 83.

*Pruin, Ineke*, Die Implementierung internationaler Jugendstrafrechtsstandards in die Rechtssysteme Europas, in: ZJJ 2011, 127.

*Putzke, Holm*, Anmerkung zu BGH, Beschl. v. 25.7.2011 – 1 StR 631/10, in: ZJS 2012, 383.

*Püschel, Christof*, Anmerkung zu EGMR Neziraj ./. D, 8.11.2013 (StraFo 2012, 490), in: StraFo 2012, 493.

*Püschel, Christof / Sommer, Ulrich*, Der Anwalt als Compliance-Officer im Strafprozess, Neue Rechtsprechung des BGH und EGMR – was Anwälte wissen sollten, in: AnwBl. 2013, 168.

*Quarthal, Benedikt*, Nachträglich verlängerte Sicherungsverwahrung und der EGMR – zur innerstaatlichen Rechtswirkung der Europäischen Konvention für Menschenrechte, in: JURA 2011, 495.

*Radbruch, Jochen*, Zur Reform der Verteidigung in Jugendstrafsachen, in: StV 1993, 553.

*Radtke, Henning*, Der strafprozessuale Tatbegriff auf europäischer und nationaler Ebene, in: NStZ 2012, 479.

– Europäisches Jugendstrafrecht? Zum unionsrechtlichen Rahmen für die Gestaltung des Jugendstrafrechts in den Mitgliedstaaten der Europäischen Union, in: ZJJ 2011, 120.

*Radtke, Henning / Hohmann, Olaf* (Hrsg.), Strafprozessordnung Kommentar, Vahlen, München 2011 (zitiert: Radtke/Hohmann/*Bearbeiter* § StPO Rn.).

*Ranft, Otfried*, Grundzüge des Strafbefehlsverfahrens, in: JuS 2000, 633.

*Rap, Stephanie / Weijers, Ido*, Der Jugendstrafprozess in Deutschland, Frankreich und den Niederlanden, in: ZJJ 2013, 304.

*Rath, Jürgen*, Zum Begriff der Verhandlungsfähigkeit im Strafverfahren, in: GA 1997, 214.

*Reichling, Tilman*, Anmerkung zu OLG Dresden, Beschl. v. 21.8.2012 – 3 Ss 336/12 (StRR 2013, 26), in: StRR 2013, 27.

*Reisenhofer, Marion*, Jugendstrafrecht in der anwaltlichen Praxis, Deutscher AnwaltVerlag, Bonn, 2. Auflage 2012 (zitiert: *Reisenhofer* Jugendstrafrecht, Rn.).

*Ress, Georg*, Wirkung und Beurteilung der Urteile und Entscheidungen der Straßburger Konventionsorgane, in: EuGRZ 1996, 350.

*Richter II, Christian*, Reden – Schweigen – Teilschweigen – Anmerkung zum Verteidigungsverhalten des Beschuldigten –, in: StV 1994, 697.

*Richtsteig, Michael*, Wiener Übereinkommen über diplomatische und konsularische Beziehungen, Nomos, Baden-Baden, 2. Auflage 2010 (zitiert: WÜK/*Richtsteig* S.).

*Rieß, Peter*, Über die Aufgaben des Strafverfahrens, in: JR 2006, 269.

– Dreigliedriger Aufbau der Strafjustiz und Rechtsmittelreform in Strafsachen – empflehlenswert, möglich oder abzulehnen?, in: JZ 2000, 813.

– Sicherung einer effektiven Strafrechtspflege – ein Verfassungsgebot?, in: StraFo 2000, 364.

– Unentschuldigtes Ausbleiben des Angeklagten, Privatklägers oder Nebenklägers in der Berufungshauptverhandlung, in: NStZ 2000, 120.

– Die Hauptverhandlung in Abwesenheit des Angeklagten in der Bundesrepublik Deutschland, in: Deutsche strafrechtliche Landesreferate zum X. Internationalen Kongreß für Rechtsvergleichung Budapest 1978 – Beiheft zur Zeitschrift für die gesamte Strafrechtswissenschaft, Jescheck, Hans-Heinrich (Hrsg.), S. 175, Berlin u. a. 1978 (zitiert: *Rieß* ZStW 90 (1985) Beiheft, 175).

– Die Durchführung der Hauptverhandlung ohne den Angeklagten, in: JZ 1975, 265.

– Der Hauptinhalt des Ersten Gesetzes zur Reform des Strafverfahrensrechts (1.StRG), in: NJW 1975, 89.

*Rieß, Peter / Hilger, Hans*, Das neue Strafverfahrensrecht – Opferschutzgesetz und Strafverfahrensänderungsgesetz 1987 – 2. Teil, in: NStZ 1987, 204.

– Das neue Strafverfahrensrecht – Opferschutzgesetz und Strafverfahrensänderungsgesetz 1987 –, in: NStZ 1987, 145.

*Rochow, Holger*, Die Verpflichtung des Betroffenen zum persönlichen Erscheinen in der Hauptverhandlung im Rahmen von OWi-Verfahren, in: zfs 1999, 366.

*Rogall, Klaus*, Der Beschuldigte als Beweismittel gegen sich selbst, ein Beitrag zur Geltung des Satzes „Nemo tenetur se ipsum prodere“ im Strafprozeß, Duncker & Humblot, Berlin 1977 (zitiert: *Rogall* S.).

*Roschmann, Christian*, „Das Schweigerecht des Beschuldigten im Strafprozeß; seine rechtlichen und faktischen Grenzen“, Bremen 1983 (zitiert: *Roschmann* S.).

*Rose, Frank Guido*, Wenn die (Jugend-)Strafe der Tat nicht auf dem Fuße folgt: Die Auswirkungen von Verfahrensverzögerungen im Jugendstrafverfahren, in: NStZ 2013, 315.

*Rosenau, Henning*, Anmerkung zu BayObLG, Beschl. v. 24.2.1999 – 5 St RR 237/98 (JR 2000, 80), in: JR 2000, 81.

*Roxin, Imme*, Bindungswirkung von EGMR-Urteilen?, 3 Beispiele aus der deutschen Strafgerichtsbarkeit, in: 25 Jahre Arbeitsgemeinschaft Strafrecht des Deutschen Anwaltsvereins (Hrsg.), Strafverteidigung im Rechtsstaat, S. 1070, Nomos, Baden-Baden 2009 (zitiert: *Roxin* in: FS 25 Jahre AG Strafrecht, S.).

*Roxin, Klaus / Schünemann, Bernd*, Strafverfahrensrecht, 28. Auflage, C.H. Beck, München 2014 (zitiert: *Roxin/Schünemann* Strafverfahrensrecht, § Rn.).

*Rönnau, Thomas / Wegner, Kilian*, Grund und Grenzen der Einwirkung des europäischen Rechts auf das nationale Strafrecht – ein Überblick unter Einbeziehung aktueller Entwicklungen –, in: GA 2013, 561.

*Ruffert, Matthias*, Die Europäische Menschenrechtskonvention und innerstaatliches Recht, in: EuGRZ 2007, 245.

*Rupp, Felix*, Haftbefehl gemäß § 230 II StPO im Rahmen von Großverfahren, in: NStZ 1990, 576.

*Rüping, Hinrich*, Der Grundsatz des rechtlichen Gehörs und seine Bedeutung im Strafverfahren, Berlin 1976 (zitiert: *Rüping* S.).

*Rüth, Karl*, Die Rechtsprechung des Bayerischen Obersten Landesgerichts in Verkehrsstrafsachen und Bußgeldverfahren, in: DAR 53 (1984) 233.

– Die Rechtsprechung des Bayerischen Obersten Landesgerichts in Verkehrsstrafsachen und Bußgeldverfahren, in: DAR 48 (1979) 229.

*Sachs, Michael / Battis, Ulrich* (Hrsg.), Grundgesetz Kommentar, C.H. Beck, München, 6. Auflage 2011 (zitiert: Sachs-GG/*Bearbeiter* Art. Rn.).

*Saenger, Ingo*, Die Wiedereinsetzung in den vorigen Stand im Strafverfahren, in: JuS 1991, 842.

*Safferling, Christoph*, Der EuGH, die Grundrechtecharta und nationales Recht: Die Fälle Åkerberg Fransson und Melloni, in: NStZ 2014, 545.

*Safferling, Christoph / Hartwig, Alena*, Das Recht zu schweigen und seine Konsequenzen, Entwicklungen in nationalen und internationalen Strafverfahren, in: ZIS 2009, 784.

*Satzger, Helmut*, Internationales und Europäisches Strafrecht, Strafanwendungsrecht, Europäisches Straf- und Strafverfahrensrecht, Völkerstrafrecht, Nomos, Baden-Baden 6. Auflage 2013 (zitiert: *Satzger* Internationales und Europäisches Strafrecht, § Rn.).

Satzger, Helmut / Schluckebier, Wilhelm / Widmaier, Gunter (Hrsg.), Strafprozessordnung, Kommentar, Carl Heymanns, Köln 2014 (zitiert: SSW-StPO/*Bearbeiter* § Rn.).

*Savigny, Friedrich Carl von*, System des heutigen römischen Rechts, Band 1, Berlin 1840 (zitiert: *Von Savigny* System des heutigen römischen Rechts, Bd. 1, S.).

*Sax, Walter*, Zur Frage der Zuslässigkeit der sofortigen Verwerfung der Berufung (§ 329 Abs. 1 StPO) bei Ausbleiben des Angeklagten in einer späteren Hauptverhandlung, in: JR 1967, 41.

*Schabas, William A.*, The International Criminal Court, Oxford Univ. Press, Oxford 2010 (zitiert: *Schabas* ICC, S.).

*Scharf, Peter / Kropp, Christian*, Zeitliche Schranken beim Haftbefehl nach § 230 StPO, in: NStZ 2000, 297.

*Schäfer, Gerhard*, Die Einlassung zur Sache durch den Verteidiger, in: Widmaier, Gunter (Hrsg.), Festschrift für Hans Dahs, S. 441, Schmidt, Köln 2005 (zitiert: *Schäfer* in: FS für Dahs, S.).

*Schäfer, Herbert*, Das Berufungsverfahren in Jugendsachen, in: NStZ 1998, 330.

*Schellenberg, Frank*, Zur Verhängung von Freiheitsstrafen im Strafbefehlsweg, in: NStZ 1994, 570.

– Der Strafbefehl nach § 408a StPO in der Praxis, in: NStZ 1994, 370.

*Schlaich, Klaus / Korioth, Stefan*, Das Bundesverfassungsgericht, Stellung, Verfahren, Entscheidungen, C.H. Beck, München, 9. Auflage 2012 (zitiert: Schlaich/Korioth/*Bearbeiter* Bundesverfassungsgericht, Rn.).

*Schmidhäuser, Eberhard*, Zur Frage nach dem Ziel des Strafprozesses, in: Bockelmann, Paul (Hrsg.), Festschrift für Eberhard Schmidt zum 70. Geburtstag, S. 511, Vandenhoeck & Ruprecht, Göttingen 1971 (zitiert: *Schmidhäuser* in: FS für Schmidt, S.).

Schmidt-Bleibtreu, Bruno / Klein, Franz (Begr.), GG Kommentar zum Grundgesetz, Hofmann, Hans / Henneke, Hans-Günter (Hrsg.), Carl Heymanns, Köln, 13. Auflage 2014 (zitiert: Schmidt-Bleibtreu-GG/*Bearbeiter* Art. Rn.).

*Schmidt, Eb.*, Anmerkung zu KG, Urteil v. 7.11.1968 – 3 Ss 283/68 (JR 1969, 270), in: JR 1969, 270.

*Schmuck, Markus / Leipner, Miriam*, § 411 Abs. 2 S. 1 StPO und Befangenheitsantrag, in: SVR 2012, 91.

*Schnarr, Karl Heinz*, Das Schicksal der Vollmacht nach Beiordnung des gewählten Verteidigers, in: NJW 1986, 488.

*Schneider, David*, Singularia non sunt extendenda – Zur Analogiefähigkeit von Ausnahmevorschriften, in: JA 2008, 174.

*Schneider, Jörg*, Die Pflicht des Betroffenen zum persönlichen Erscheinen in der Hauptverhandlung des Bußgeldverfahrens – Zur Neuregelung des § 73 I OWiG in der seit dem 1.3.1998 geltenden Fassung, in: NZV 1999, 14.

*Scholz, Christian*, Über das Kommunizieren im Jugendstrafrecht – Realitäten und Illusionen, in: ZJJ 2012, 190.

*Schorn, Hubert*, Verteidigung und Vertretung im Strafverfahren, in: JR 1966, 7.

*Schönberger, Christoph*, Der Rahmenbeschluss, Unionssekundärrecht zwischen Völkerrecht und Gemeinschaftsrecht, in: ZaöRV 2007, 1107.

*Schroth, Hans-Jürgen*, Europäische Menschenrechtskonvention und Ordnungswidrigkeitenrecht, in: EuGRZ 1985, 557.

*Schröder, Friedrich-Christian*, Revision der Staatsanwaltschaft bei Verwerfung der Berufung des nichterschienenen Angeklagten, in: NJW 1973, 308.

*Schubarth, Martin*, Zur Tragweite des Grundsatzes der Unschuldsvermutung, Helbing & Lichtenhahn, Basel u. a. 1978 (zitiert: *Schubarth* S.).

*Schünemann, Bernd*, Gedanken zur zweiten Instanz in Strafsachen, in: Geisler, Claudius von / Kraatz, Erik / Kretschmer, Joachim / Schneider, Hartmut / Sowada, Christoph (Hrsg.), Festschrift für Klaus Geppert zum 70. Geburtstag am 10. März 2011, S. 649, De Gruyter, Berlin u.a 2011 (zitiert: *Schünemann* in: FS für Geppert, S.).

*Seibert, Claus*, Das Schweigen des Angeklagten, in: NJW 1965, 1706.

*Selbmann, Frank*, Anpassungsbedarf der Regelungen zur Wiederaufnahme des Verfahrens an die Vorgaben der EMRK, in; ZRP 2006, 124.

*Sëyfi, Natascha*, Das Sicherungsverfahren (§§ 413 – 416 StPO), Peter Lang, Frankfurt a.M. u. a. 2002 (zitiert: *Sëyfi* S.).

*Simon, Oliver*, Die Beschuldigtenrechte nach Art. 6 Abs. 3 EMRK, Ein Vergleich zur StPO im Hinblick auf die Auswirkungen der Konventionsrechte auf die deutsche Strafrechtsprechung, Medien-Verlag Köhler, Tübingen 1998 (zitiert: *Simon* S.).

*Sitzer, Marc*, Rolle rückwärts? Zur aktuellen Fassung des § 74 Abs. 2 OWiG, in: StraFo 2014, 1.

SK-StPO, Systematischer Kommentar zur Strafprozessordnung – Mit GVG und EMRK, Wolter, Jürgen (Hrsg.), Carl Heymanns, Köln, 4. Auflage (zitiert: SK-StPO/*Bearbeiter* § Rn.).

- Band I, §§ 1–93 StPO, 2014.
- Band II, §§ 94–136a StPO, 2010.
- Band III, §§ 137–197 StPO, 2011.
- Band IV, §§ 198–246 StPO, 2011.
- Band V, §§ 246a-295 StPO, 2012.
- Band VI, §§ 296–332 StPO, 2013.

– Band VII, §§ 333–373a StPO, 2014.

– Band VIII, §§ 374–495 StPO, 2013.

– Band X, EMRK, 2012.

*Sommer, Ulrich*, Neue Entscheidungen des Europäischen Gerichtshofs für Menschenrechte, in: StraFo 1999, 402.

*Spaniol, Margret*, Das Recht auf Verteidigerbeistand im Grundgesetz und in der Europäischen Menschenrechtskonvention, Duncker & Humblot, Berlin 1990 (zitiert: *Spaniol* S.).

*Spendel, Günter*, Die Idee der Verteidigung, in: Hirsch, Hans Joachim (Hrsg.), Festschrift für Günter Kohlmann zum 70. Geburtstag, S. 683, Schmidt, Köln 2003 (zitiert: *Spendel* in: FS für Kohlmann, S.).

– Die Vollmacht und Rechtsstellung des Strafverteidigers, in: JZ 1959, 737.

Staudinger, J. von, Kommentar zum Bürgerlichen Gesetzbuch mit Einführungsgesetz und Nebengesetzen, Buch 1, Allgemeiner Teil, Neubearbeitung 2009 (zitiert: Staudinger/*Bearbeiter* § BGB Rn.).

*Stein, Ulrich*, Die Anwesenheitspflicht des Angeklagten in der Hauptverhandlung, in: ZStW 97,1 (1985) 303.

*Stephan, Michael*, Anmerkung zu OLG Rostock, Beschl. v. 29.2.2008 – 1 Ws 60/08 (StRR 2008, 310) in: StRR 2008, 310.

*Stern, Klaus*, Die Schutzpflichtenfunktion der Grundrechte: Eine juristische Entdeckung, DÖV 2010, 241.

*Sternberg-Lieben, Detlef*, Einstellungsurteil oder Freispruch, in: ZStW 108 (1996) 721.

*Streinz, Rudolf*, Anmerkung zu EuGH, Rs. C-399/11 (Melloni ./. Ministrio Fiscal), 26.2.2013, in: JuS 2013, 661.

*Streng, Franz*, Jugendstrafrecht, C.F. Müller, Heidelberg u. a., 3. Auflage 2012 (zitiert: *Streng* Jugendstrafrecht, Rn.).

*Stuckenberg, Carl-Friedrich*, Die normative Aussage der Unschuldsvermutung, in: ZStW 111 (1999) 422.

*Swoboda, Sabine*, Das Recht der Wiederaufnahme in Europa, Bestandsaufnahme und Ausblick, in: HRRS 2009, 188.

*Tettinger, Peter J.* / *Stern, Klaus*, Europäische Grundrechte-Charta, C.H. Beck, München 2006 (zitiert: Tettinger/Stern/*Bearbeiter* Vor Art. EUC Rn.).

*Tonikikis, Stelios*, Grundzüge der richtlinienkonformen Auslegung und Rechtsfortbildung, in: JA 2013, 598.

*Trechsel, Stefan*, Die Garantie der persönlichen Freiheit (Art. 5 EMRK) in der Straßburger Rechtsprechung, in: EuGRZ 1980, 514.

– Die Verteidigungsrechte in der Praxis zur Europäischen Menschenrechtskonvention, in: ZStrR 96 (1979) 337.

*Tröndle, Herbert,* Zur Frage der Berufung in Strafsachen – Rückschau und Ausblick, in: GA 1967 (114) 161.

*Undeutsch, Udo,* Die Verwertbarkeit unwillkürlicher Ausdruckserscheinungen bei der Aussagewürdigung, Eine Anfrage von psychologischer Seite, in: ZStW 87 (1975), 650.

*Vedder, Christoph / Heintschel von Heinegg, Wolff* (Hrsg.), Europäisches Unionsrecht, EUV/AEUV/Grundrechte-Charta, Handkommentar, Baden-Baden 2011 (Vedder/ Heintschel von Heinegg/*Bearbeiter* Art. EUC Rn.).

*Verrell, Torsten,* Die Selbstbelastungsfreiheit im Strafverfahren, Ein Beitrag zur Konturierung eines überdehnten Verfahrensgrundsatzes, C.H. Beck, München 2001 (zitiert: *Verrell* S.).

– Nemo tenetur – Rekonstruktion eines Verfahrensgrundsatzes – 2. Teil, in: NStZ 1997, 415.

*Viellechner, Lars,* Berücksichtigungspflicht als Kollisionsregel, in: EuGRZ 2011, 203.

*Villiger, Mark E.,* Handbuch der Europäischen Menschenrechtskonvention (EMRK), Schulthess, Zürich, 2. Auflage 1999 (zitiert: *Villiger* Art. EMRK Rn.).

*Vivell, Alexander,* Das Strafbefehlsverfahren nach Eröffnung des Hauptverfahrens (§ 408a StPO), Eine kritische Untersuchung und Analyse, Peter Lang, Frankfurt a.M. 2005 (zitiert: *Vivell* S.).

*Volk, Klaus,* Die Anwesenheitspflicht des Angeklagten – ein Anachronismus, in: Recht gestalten, dem Recht dienen, in: Schöch, Heinz / Albrecht, Hans-Jörg (Hrsg.), Festschrift für Reinhard Böttcher zum 70. Geburtstag am 29. Juli 2007, S. 213, De Gruyter, Berlin 2007 (zitiert: *Volk* in: FS für Böttcher, S.).

*Walter, Michael,* Jugendgerichte und Jugendgerichtshilfen als Wegbereiter einer fortdauernden Kriminalrechtsreform, in: ZJJ 2008, 224.

– Stellung und Bedeutung des Strafverteidigers im jugendkriminalrechtlichen Verfahren, in: NStZ 1987, 481.

*Walz, Christian,* Das Ziel der Auslegung und die Rangfolge der Auslegungskriterien, in: ZJS 2010, 482.

*Warnking, Vera,* Strafprozessuale Beweisverbote in der Rechtsprechung des Europäischen Gerichtshofs für Menschenrechte und ihre Auswirkungen auf das deutsche Recht, Peter Lang, Frankfurt a.M. 2009 (zitiert: *Warnking* S.).

– Die Anwesenheit des Angeklagten in der Hauptverhandlung – Menschenrecht oder verfahrensrechtliche Obliegenheit, in: Esser, Robert / Harich, Björn / Lohse, Frank / Sinn, Arndt, Die Bedeutung der EMRK für die nationale Rechtsordnung, Vorträge und Referate der Sommerakademie in Antalya/Kemer vom 14.–28. September 2003, S. 55, Berliner Wissenschafts-Verlag, Berlin 2004 (zitiert: *Warnking* in: Esser/Harnich u.a (Hrsg.), Bedeutung der EMRK, S.).

*Waszczynski, Dominik*, Anmerkung zu OLG Celle, Beschl. v. 19.3.2013 – 32 Ss 29/13 (NStZ 2013, 615) und OLG München, Beschl. v. 17.1.2013 – 4 StRR (A) 18/12 (NStZ 2013, 558), in: NStZ-RR 2014, 18.

*Weider, Hans-Joachim*, Anmerkung zu BayObLG, Beschl. v. 3.11.1982 – Rreg 4 St 196/82, in: StV 1983, 270.

*Weigend, Thomas*, „Das erledigt mein Anwalt für mich." – Hat der Angeklagte ein Recht darauf, sich in der Hauptverhandlung vertreten zu lassen?, in: Heger, Martin / Kelker, Brigitte / Schramm, Edward (Hrsg.), Festschrift für Kristian Kühl zum 70. Geburtstag, S. 947, C.H. Beck, München 2014 (zitiert: *Weigend* in: FS für Kühl, S.).

– Der Entwurf einer Europäischen Verfassung und das Strafrecht, in: ZStW 116 (2004) 275.

– Unverzichtbares im Strafverfahrensrecht, in: ZStW 113 (2001) 271.

– Die Europäische Menschenrechtskonvention als deutsches Recht – Kollisionen und ihre Lösung, in: StV 2000, 384.

– Deliktsopfer und Strafverfahren, Duncker & Humblot, Berlin 1989 (zitiert: *Weigend* S.).

*Weinsheimer, Willi*, Auslegung von Ausnahmevorschriften und Vorschriften mit „eindeutigem" Wortlaut, in: NJW 1959, 566.

*Weiß, Hans-Dietrich*, Die „Verteidigervollmacht" – ein tückischer Sprachgebrauch, in: NJW 1983, 89.

*Weißer, Bettina*, Die Wirkungen von EU-Rahmenbeschlüssen auf das mitgliedstaatliche Recht, Zugleich Besprechung von EuGH EuZW 2005, 433 („Pupino"), in: ZIS 2006, 562.

*Welp, Jürgen*, Die Rechtsstellung des Strafverteidigers, in: ZStW 90 (1978) 804.

*Wendisch, Günter*, Anmerkung zu OLG Oldenburg, Beschl. v. 11.5.1989 – 1 Ws 78/89 (StV 1990, 165), in: StV 1990, 166.

*Werle, Gerhard*, Völkerstrafrecht, Mohr Siebeck, Tübingen, 3. Auflage 2012 (zitiert: *Werle* Völkerstrafrecht, Rn.).

– Aufbau oder Abbau des Rechtsstaats, in: JZ 1991, 789.

*Weyel, Frank Heiner*, Geschichte und Wandel des Erziehungsgedankens, in: ZJJ 2008, 32.

*Widmaier, Gunter*, Verhandlungs- und Verteidigungsfähigkeit – Verjährung und Strafmaß – Zu den Entscheidungen des BGH und des BVerfG im Revisionsverfahren gegen Erich Mielke, in: NStZ 1995, 361.

*Wiegmann, Barbara*, Das Wiedererkennen im Straf- und Bußgeldverfahren, Die strafprozessuale Problematik des Wiedererkennens – Vortrag anläßlich des Strafverteidiger-Kolloquiums im November 1997 in Düsseldorf –, in: StraFo 1998, 37.

Wiener Übereinkommen über konsularische Beziehungen vom 24. April 1963, Kommentar für die Praxis, Wagner, Niklas / Raasch, Holger / Pröbstl, Thomas (Hrsg.), Berliner Wissenschafts-Verlag, Berlin 2007 (zitiert: WÜK/*Wagner/Raasch/Pröpstl* S.).

*Wieser, Raimund*, Handbuch des Bußgeldverfahrens, Richard Boorberg, Stuttgart u. a., 2. Auflage 1996 (zitiert: *Wieser* Hdb. Bußgeldverfahren[2], S.).

*Williams, Sarah*, Hybrid and Internationalised Criminal Tribunals: Selected Jurisdictional Issues, Hart, Oxford u. a. 2012 (zitiert: *Williams* S.).

*Wimmer, August*, Unschuldsvermutung – Verdacht – Freispruch, in: ZStW 80 (1968) 369.

*Wolf, Gerhard*, Das System des Rechts der Strafverteidigung, Die Struktur der gesetzlichen Regelung und ihre Bedeutung für die Praxis, D.&M. Gäbner, Frankfurt (Oder) 2000 (zitiert: *Wolf* S.).

*Würdinger, Markus*, Ausnahmevorschriften sind analogiefähig!, in: JuS 2008, 949.

– Die Analogiefähigkeit von Normen, in: AcP 206 (2006) 946.

*Zehetgruber, Christoph*, Zur Unvereinbarkeit von § 329 Abs. 1 S. 1 StPO mit der EMRK, Zugleich eine Besprechung der Entscheidung des OLG München vom 17. Januar 2013 – 4 StRR (A) 18/12, in: HRRS 10/2013, 397.

*Zieger, Matthias*, Verteidigung in Jugendstrafsachen, C.F. Müller, Heidelberg u. a., 6. Auflage 2013.

**Internationales und Europäisches Strafverfahrensrecht**

Herausgegeben von Hans-Heiner Kühne und Robert Esser

Band 1 Sibyl Stein: Zum europäischen *ne bis in idem* nach Artikel 54 des Schengener Durchführungsübereinkommens. Zugleich ein Beitrag zur rechtsvergleichenden Auslegung zwischenstaatlich geltender Vorschriften. 2004.

Band 2 Friederike Charlotte Grube: Richter ohne Robe. Laienrichter in Strafsachen im deutschen und anglo-amerikanischen Rechtskreis. Eine rechtsgeschichtliche und rechtsvergleichende Untersuchung unter besonderer Berücksichtigung verfassungsrechtlicher Aspekte. 2005.

Band 3 Christiane Paul: Das Abwesenheitsverfahren als rechtsstaatliches Problem. Rechtsvergleichende Untersuchung deutscher, englischer, französischer, niederländischer und österreichischer Regelungen angesichts der Rechtsprechung des Europäischen Gerichtshofs für Menschenrechte. 2007.

Band 4 Kai Peter Hecheltjen: Der Richtervorbehalt im kartellrechtlichen Nachprüfungsverfahren der Europäischen Kommission. 2007.

Band 5 Martina Werwie-Haas: Die Umsetzung der strafrechtlichen Entscheidungen des Europäischen Gerichtshofs für Menschenrechte in Deutschland, Österreich, der Schweiz und im Vereinigten Königreich. 2008.

Band 6 Vera Warnking: Strafprozessuale Beweisverbote in der Rechtsprechung des Europäischen Gerichtshofs für Menschenrechte und ihre Auswirkungen auf das deutsche Recht. 2009.

Band 7 Christian Mülfarth: Grundlagen und Grenzen von Beweiserhebung und Beweisverwertung im spanischen Strafverfahren. Eine rechtsvergleichende Untersuchung. 2009.

Band 8 Daniel Joachim Hußung: Der Tatbegriff im Artikel 54 des Schengener Durchführungsübereinkommens. 2011.

Band 9 Johannes Stalberg: Zum Anwendungsbereich des Art. 50 der Charta der Grundrechte der Europäischen Union (ne bis in idem). 2013.

Band 10 Oded Friedmann: The Possibility of the ICJ and the ICC Taking Action in the Wake of Israel's Operation "Cast Lead" in the Gaza Strip. A Jurisdiction and Admissibility Analysis. 2013.

Band 11 Andreas Neuendorf: Bedeutung und Rezeption des Art. 6 Abs. 1 EMRK im deutschen und englischen Steuerrecht. 2013.

Band 12 Sandra Maria Beckert: Sachverständigengutachten im Strafverfahren zur Glaubwürdigkeit und zur Schuldfähigkeit im Falle der Untersuchungsverweigerung des zu Begutachtenden. 2014.

Band 13 Jennifer Pöschl: Recht des Angeklagten auf Vertretung. Menschenrechtliche Standards und ihre Auswirkungen auf den deutschen Strafprozess. 2015.

www.peterlang.com